基本ページ

アプローチ　見開きの主題を問いにしています。この問いについて考えることで，学習の見通しや，課題意識をもって，学習に臨むことができます。

時代スケール
学習している時代がわかります。

Q　資料に関する問いです。自分なりに答えを考えてから，解説文や説明文を読みましょう。

資料から考える　現代的な諸課題
- 問いにそって順に資料を読みとります。
- 「現代的な諸課題」には，現代社会にもつながるような問いを掲載しています。
- 時期　推移　比較　関連　は，読みとったり，考えたりする際の視点です。
- 考えたことについては，文章で表現したり，意見交換をしたりしましょう。
- 解答例はWebで公開しています(目次に二次元コードを掲載)。

まとめ　見開き全体のまとめです。学習内容の概略をつかむことができます。

インデックス(左ページ)　学習している地域がわかります。

欧米　アジア　日本

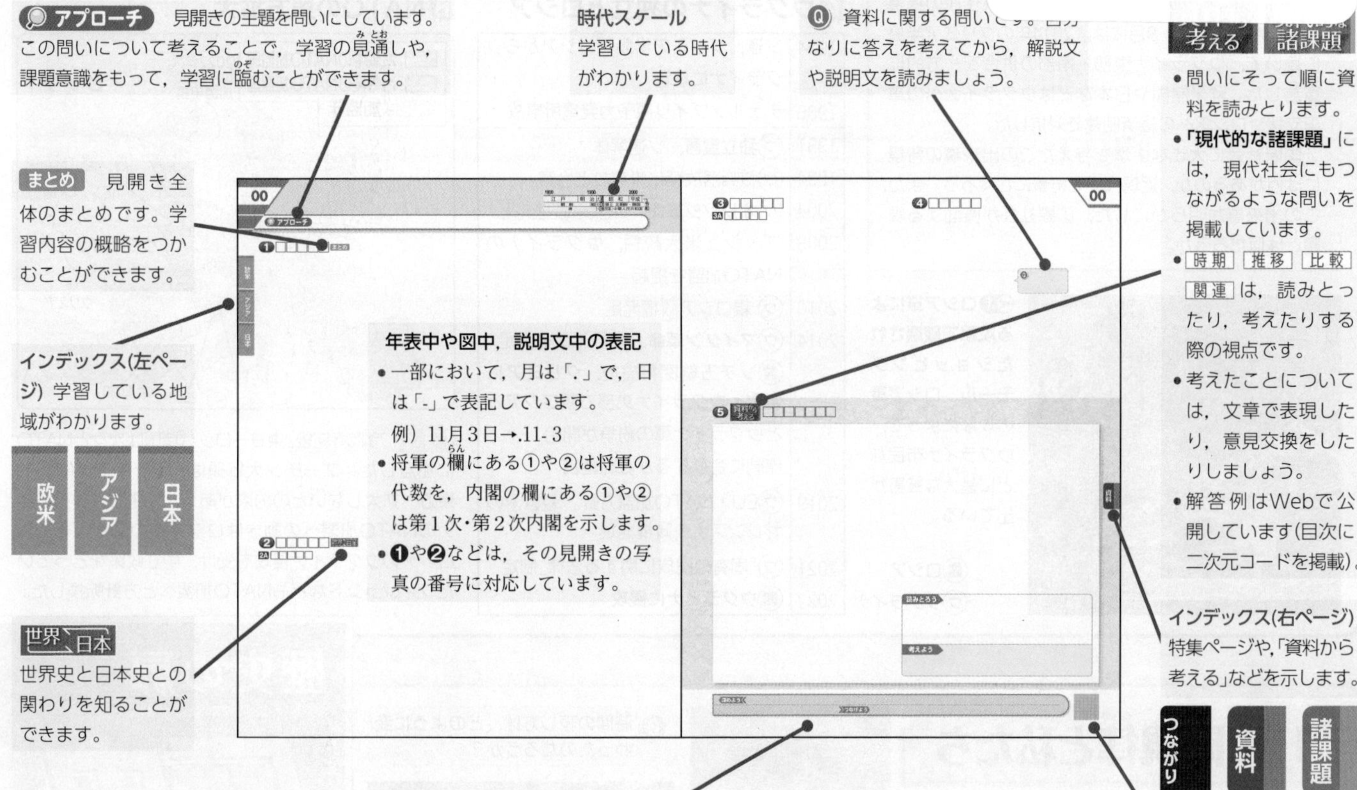

年表中や図中，説明文中の表記
- 一部において，月は「.」で，日は「-」で表記しています。
例）11月3日→.11-3
- 将軍の欄にある①や②は将軍の代数を，内閣の欄にある①や②は第1次・第2次内閣を示します。
- ❶や❷などは，その見開きの写真の番号に対応しています。

世界・日本　世界史と日本史との関わりを知ることができます。

インデックス(右ページ)　特集ページや，「資料から考える」などを示します。

つながり　資料　諸課題

世界遺産　ユネスコの世界文化遺産に登録された文化財

→p.123　参照ページ

巻末史料35　巻末の文字史料(p.208～215)へのリンク

深めよう　見開きの学習をふり返り，深く考えるための問いです。

つなげよう　学習したことを，他の地域や他分野とつなげて考える問いや，後の時代の学習への橋渡しになる問いです。視野を広げ，時代の流れをつかむことができます。

二次元コード　図像や動画などを見ることができます(www.hamajima.co.jp/rekishi/museum/shinsho-rekiso-top/からもアクセスできます)。
ご利用は無料ですが，通信料がかかります。校則やマナーを守ってお使いください。

主な特集ページ

歴史資料読みとき講座　p. 4～8
- 歴史の資料には，どのようなものがあるのか。
- それぞれの資料には，どのような特質があるのか。

これらをふまえた上で，実際の資料を読みとったり，考察したりします。
読みとる際の視点やコツ，考察する際のポイントなどが身につきます。

つながりでとらえる世界と日本　p.12～31
- 時期別の世界地図や年表を掲載。

中学校で学んだことをふまえ，国や王朝の場所や，歴史の大きな流れをつかむことができます。
その時代に活躍した人物や，人とモノの交流，江戸・東京の景観の移り変わりも知ることができます。

「近代化への問い」「国際秩序の変化や大衆化への問い」「グローバル化への問い」　p.32・108・164
- 各編の最初に，見通しや問いを立てるページ。

各編に関係する資料から情報を集めたり，読みとったりします。その中で抱いた疑問をもとに，自分自身で問いを立てるページです。

つながりで読みとく　p.50・70・94など
- 歴史上の出来事を，一国の出来事ではなく，世界史的な視点でとらえ直すページ。

背景・影響を多面的・多角的に考察することができます。

Topic　p.40・62・106
- 「移民」など，ある特定のテーマで構成。

基本ページとは異なるテーマから見ることで，歴史の理解を深めることができます。

学習にあたって

年代の表記　→p.9
- 年代は西暦で表記し，必要に応じて日本の年号をカッコで補い，併記しています。
- 1872（明治5）年までの西暦（新暦・太陽暦）と日本暦（旧暦・太陰太陽暦）とは約1か月の違いがあります。日本の出来事を表記する際は旧暦をもととし，西暦に換算していません。
例）安政1年12月21日は西暦に換算すると1855年2月7日だが，1854（安政1）年12月21日と表記。
- 年号の一番最後の年は，次の年号の1年で表記しています。
例）2019年＝令和1年

文字史料
- 必要に応じて訳文にし，一部を新字体や太字に，漢字や片仮名を平仮名にしています。「…」は省略を示します。

Newsを歴史から読みとく

2022年2月，ロシアのプーチン大統領は，ウクライナへの全面侵攻を開始した。ウクライナのNATO加盟阻止，ウクライナ東部に住むロシア系住民の保護などを名目とした。9月には，2014年のクリミア半島に続いて，ウクライナ東部・南部の併合を一方的に宣言した。欧米諸国や日本などはウクライナへの軍事支援やロシアへの経済制裁で対抗した。

国際社会に大きな衝撃を与えたこの出来事の背景には何があるのか，近現代史を背景にさぐろう。また，この出来事が明らかにした，国際社会が直面する課題とは何だろうか。

◁1 **ロシア軍による攻撃で破壊されたショッピングモール** ロシア軍の攻撃によって，ウクライナ市民などに甚大な被害が出ている。

A ウクライナの独立とロシア

露ロシア　ウウクライナ

1954	ソ連，クリミア半島をロシアからウクライナに移管
1986	チェルノブイリ原子力発電所事故
1991	ウ**独立宣言**，ソ連解体
1994	ウ核兵器放棄に米英ロと合意
2004	ウ**オレンジ革命**。親欧米政権発足
2008	ブッシュ米大統領，ウクライナのNATO加盟を提起
2010	ウ 親ロシア政権発足
2014	ウ**マイダン革命**。親欧米政権発足 露ソチ五輪閉幕直後，**クリミアに侵攻**。ウクライナ東部で親ロシア派とウクライナ軍の紛争が開始 停戦に合意するが戦闘継続
2019	ウEU・NATO加盟方針。親欧米のゼレンスキー政権発足
2021	ウ「固有の民族に関する法律」制定
2022	露**ウクライナに侵攻**

B NATOの東方拡大

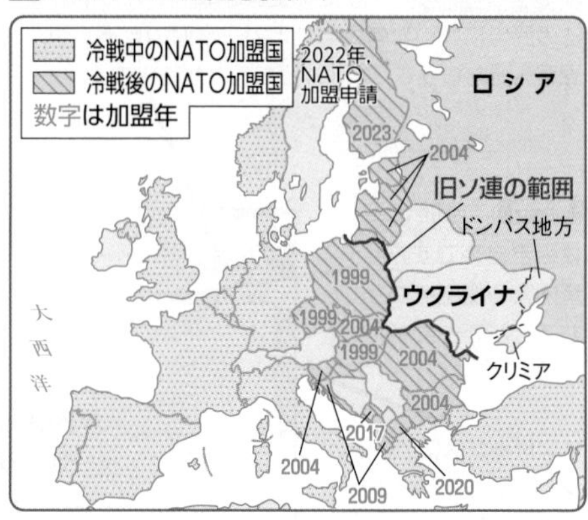

解説 冷戦終結後，東ヨーロッパ諸国は次々とNATOに加盟した。プーチン大統領は，米ソ間でNATOを東方へ拡大しないとの約束があったと主張，ウクライナのNATO加盟への動きはロシアへの脅威とした。ロシアのウクライナ侵攻を受け，中立政策をとっていたフィンランドなどもNATO加盟へと方針転換した。

1 時間規律と私たち

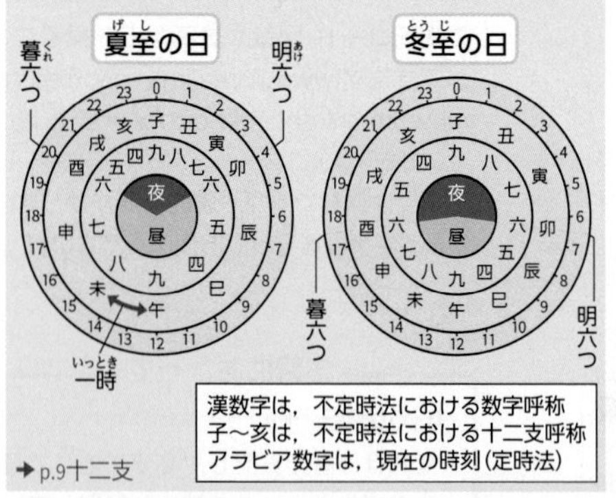

➔p.9十二支

△6 **江戸時代の時刻** 日の出と日の入りを昼夜の分界点とした。**不定時法**（昼夜を別々に等分する時刻の表示法）が用いられ，等分した一区切りを一時（一刻）とよんだ。季節で昼夜の長さが異なるため，例えば，夏至の日中の一時は約2時間40分，冬至の日は約1時間50分だった。1872（明治5）年の太陽暦導入（➔p.79）に伴い，**定時法**（1日を等分する時刻の表示法）が採用された。

△7 **時の鐘**（再建） 江戸時代の人々は，時を知らせる鐘の音や日時計で時刻を知った。

Q 時間の表し方は，どのように変わったのだろうか？

▷8 **明治時代の東京の新橋駅**（「風俗画報」1901〈明治34〉年）➔p.80

◁9 **旧グリニッジ天文台**（ロンドン） 国家間の交流が増えると，世界共通の時刻が必要となった。1884（明治17）年，**グリニッジ天文台を通る子午線が経度の基本とされた**。日本は1886年に東経135度の子午線を日本標準時とし，1888年から施行した。世界遺産

第二十二条　各「ステーション（駅）」の時刻を同一ならしむるため，左の各項を遵守すへし。
第一項　車長（車掌）は総て最初出発する「ステーション」の時計と自己の携へる時計を比較し，**遅速なきよう整理すへし**。また，帰路につくときもその出発「ステーション」の時計と再び比較し，もし差違あらは整理すへし。
（『営業線路従事諸員服務規程』）

◁10 **鉄道の運行規則**（1887〈明治20〉年） 出発や到着時刻の正確性が求められ，時計が普及した。

調べよう
- 近代の工場や学校における時間規律
- 身近な地域の鉄道の歴史

ロシアのウクライナ侵攻

今日のニュースの歴史的背景を，歴史総合の学習を通して考えてみましょう。

C プーチン大統領の歴史観（2022.2-21の演説）

A2 プーチン大統領

ウクライナは，我々にとって単なる隣国ではない。我々自身の歴史，文化，精神世界とは分かつことができない一部なのである。…現代のウクライナは，ボリシェヴィキによってつくられた。レーニンたちは，ロシアの歴史的領土の一部を，自身から分離，切断した。…2008年，ウクライナのNATO加盟に関する決定をアメリカが強く後押ししたことを思い出してほしい。…1990年，ドイツの統一についての問題が議論されていたとき，NATOの管轄権は東方へは1インチも拡大することはないとソ連はアメリカから約束された。（『プーチンの10年戦争』東京堂出版）

Q この主張は，ウクライナ人にとってはどのように感じられるのだろうか？

D 国際社会の分断

▶3 国連安保理で支援を訴えるゼレンスキー・ウクライナ大統領（2022年4月）

▼4 決議への賛否

ロシア軍のウクライナ撤退を求める国連総会決議（2023.2）	イスラエルとハマスに対し休戦を求める国連総会決議（2023.10）
賛成 米 英 仏 独 日 ブラジル ウクライナ イスラエルなど141か国 棄権 中 インドなど32か国 反対 露など7か国	賛成 露 中 ブラジル 仏など120か国 棄権 英 独 日 インド ウクライナなど45か国 反対 米 イスラエルなど14か国

Q 各国の投票行動から，何が読み取れるだろうか。

ガザの紛争とアメリカ

2023年10月，パレスチナ自治区のガザ地区➔p.172を統治するイスラム組織ハマスが，イスラエルを攻撃し民間人を殺害した。イスラエルはハマスの壊滅をめざしてガザ地区を攻撃し，民間人にも多くの犠牲者が出ている。

米はイスラエルを支持したが，国内外からの批判も大きい。ロシアは，ウクライナ侵攻を正当化する思惑からもパレスチナを支持(左表)。両国とも「二重基準」との批判を受け，国際社会の分断がいっそう明らかとなった。

A5 米・イスラエル首脳会談

調べよう 関係する国際社会の課題

- 冷戦後の安全保障体制➔p.154・166・191
- 国連安全保障理事会と拒否権➔p.152
- 核兵器の脅威と管理➔p.175
- 北方領土問題➔p.82

中学校で学んだ内容を思い出しながら，生活や身近な地域に見られる物や出来事の歴史を調べてみましょう。

2 パン食と私たち

Q 給食でパン食が始まった頃，日本や世界では，何が起きていたのだろうか？

（『東京名家繁昌図録』1883年）

- パン生地はヨーロッパと同じく小麦粉を使用する。
- ヨーロッパでは，パン生地を膨らませるためにイーストを用いるが，あんぱんは酒饅頭づくりで使う酒種で膨らませる。
- パンの中に，小豆からつくる餡を入れる。

A11 **木村屋とあんぱんとその製法** 1874（明治7）年に東京銀座の木村屋の**木村安兵衛**は，和洋折衷の「あんぱん」を考案した。あんぱんは銀座の名物になり，明治天皇（➔p.77）も食べた。パン食は明治時代末から大正時代に広まった。

Q あんぱんの日本独自の特色は，何だろうか？

年	献立
1942（昭和17）	すいとんの味噌汁
1947（昭和22）	ミルク（脱脂粉乳）・トマトシチュー
1950（昭和25）	コッペパン・ミルク（脱脂粉乳）・ポタージュスープ・コロッケ・せんキャベツ・マーガリン
1952（昭和27）	コッペパン・ミルク（脱脂粉乳）・鯨肉の竜田揚げ・せんキャベツ・ジャム
1963（昭和38）	コッペパン・ミルク・魚のすり身フライ・マカロニサラダ・マーガリン

（独立行政法人日本スポーツ振興センター「年代別モデル献立資料」を一部加工）

A12 **学校給食の献立の変化** 給食におけるパン食の普及は戦後になってからである。戦後の食糧難とアメリカからの小麦の援助が要因とされる。日本とアメリカは1954(昭和29)年に**MSA協定**(➔p.176)を結び，アメリカから兵器や農産物の援助を受ける代わりに，防衛力の強化が義務づけられた。その農産物の援助の中心がアメリカの余剰小麦であった。

◀13 **コッペパンの給食**（長野県，1953年） コッペパンは，イギリス系の食パンを小形にし，15～20cmの棒状に整形したパン。 撮影／熊谷元一

パンは何語？

パンは16世紀頃にポルトガル人が日本に伝えたという。パンは，ポルトガル語のpãoに由来する。このように，言葉の由来から歴史をうかがうこともできる。

江戸時代末から明治時代に欧米諸国の文献を翻訳する際，漢字を組み合わせたり，従来の語に新しい意味を与えたりすることで，多くの新しい日本語(和製漢語)が生まれた。

和製漢語の例…個人・自由・権利・社会・理論・官僚・革命・文化・哲学・郵便

和製漢語は明治時代末から大正時代にかけて中国などアジア各地に伝わった。

他国との交流が深まる中で，外国語となった日本語もある。

外国語となった日本語の例…uruxi(漆。ポルトガル語)・cha（茶。ポルトガル語）・zaibatsu(財閥。英語)・dekasegi／dekasegui(出稼ぎ。英語・スペイン語)・Nikkei(日系。英語・スペイン語)

調べよう

- 上にある言葉が生まれた背景
- チョコレートやカレーライス，インスタント食品など，身近な食べ物の歴史

歴史資料読みとき講座①

文字史料 ― 外交文書 ―

文字史料・図像・統計の基本的な読みとき方を身につけて，本誌の学習につなげていこう。

文字史料 読みときのカギ

誰が？ 筆者の立場を知ろう。また，その文書は誰に読ませるために書かれたものか確認しよう。

いつ？ 作成年代を確認し，どのような出来事と関係した記述か考えよう。［時期］［関連］

何を？ 書かれているのは，事実か，筆者の考えか，筆者が経験したことなのか，伝聞なのかをチェック。

オランダ国王，世界を語る

A オランダ国王からの親書(1844年)

今世界では一大事が起こっております。これは両国の交易だけでなく，貴国の政治にも関係することと憂慮し，陛下に書をお送りいたします。

近年，a イギリスが清に対して出兵したことは，我が国からの風説書でもご存じのことと思います。**強大な清帝国も，イギリスの武力の前に敗れ**，和親の条約を締結し，5つの港を開港しました。

…ヨーロッパでは，30年前に大乱が終結した後，各国の王は貿易での利益拡大を目指すようになりました。更には，b 機械を作り出すすべや，数々の技術を生み出しております。**特にイギリスは貿易の利を求め，時には武力すら用いることもあります。**

イギリスに敗れた清は数千人の兵を失ったうえに賠償金をも支払うことになりました。私は貴国にも同様の災難が降りかからないか，大変心配しております。

…現在の時勢を見るに，c 天下の民の距離は非常に近くなっており，蒸気船が作られてからは国の遠近にかかわらず，互いに交流をしております。**この中であえて国を閉ざし，万国との交流を拒絶するのは人々の望むところではありません。**

（『幕末維新外交資料集成』）

資料データ

誰が？ オランダ国王ウィレム2世から，江戸幕府へ

いつ？ 1844(弘化1)年

当時の日本…江戸幕府が「鎖国」を実施。外国船が日本近海に出現することが増加してきた時代。

当時のオランダ…ヨーロッパの中で唯一，「鎖国」下の日本と貿易をしていた国。幕府に海外情勢を知らせていた（オランダ風説書）。

送り手

A1 ウィレム2世

受け手

▶2 **徳川家慶** (1793～1853) 江戸幕府12代将軍。 徳川記念財団蔵

▶3 **水野忠邦** (1794～1851) 天保の改革を行った老中。 ➜p.71

写真提供者／東京都立大学図書情報センター

B 当時の世界と日本の動き

1775	**アメリカ独立戦争**(～83)⟶アメリカ合衆国独立
1789	**フランス革命**(～99)⟶**ナポレオン戦争**(～1815)
1807	フルトン，**蒸気船**を試作　産業革命が進展
1814	スティーヴンソン，**蒸気機関車**実用化 ➜p.44
1825	幕府が異国船打払令を発令 ➜p.72
1840	**アヘン戦争**…アヘンの密貿易をめぐり，イギリスと中国(清)が開戦(～42) ➜p.68
1841	水野忠邦の天保の改革(～43)
1842	天保の薪水給与令
1844	**オランダ国王の親書** A
1853	**ペリー来航**⟶日米和親条約締結(54)　日本の開国
	クリミア戦争(～56)
1858	日米修好通商条約 ➜p.73
1861	アメリカ南北戦争(～65) ➜p.59
1867	**大政奉還** ➜p.76　江戸幕府滅亡

読みとろう

① 下線部 a はどのような事件を指しているだろうか？ B の年表の中から選ぼう。
② 下線部 b のことを何というだろうか？年表の内容を参考に考えよう。
③ 下線部 c のようになったのはなぜだろうか？［関連］
④ 親書の内容として正しいものを，次の3つの中から1つ選ぼう。
　ア 清はイギリスとの戦争に勝利して，賠償金を獲得した。
　イ 日本は「鎖国」をしているので，諸外国から侵略される心配はない。
　ウ 現在の世界は，様々な国の人々が活発な交流を行っている。

考えよう

オランダ国王はなぜこのような親書を送ってきたのだろうか？次の3つの中から1つ選ぼう。
　ア 幕府に中国を侵略するよう勧めるため。
　イ 軍事的な侵略を受ける前に，幕府に開国することを勧めるため。
　ウ 幕府にイギリス船の打払いを依頼するため。

学習の中で読みとこう

外交文書・法令・条約
公的な文書で客観性が高い。決定事項を正確に伝えることが重視される文書。
アメリカ独立宣言 ➜p.47，**ミドハト憲法** ➜p.65
日本国憲法 ➜p.161　ほか

演説・意見書
筆者(話者)の主張を広く伝えるもの。主張の根拠を読みとることが大切。
開国をめぐる藩主の意見書 ➜p.73
「鉄のカーテン」演説 ➜p.154　ほか

手記・回想
個人の見聞や記憶。主観的な記述が比較的多く，公開を前提としていない場合もある。
岩倉使節団の記録 ➜p.81
ナチ党時代の回想 ➜p.137　ほか

解答：①アヘン戦争　②産業革命　③蒸気船などの交通網が発達したから。　④ ウ　考 イ

あの日の一面，何を伝えた？

A 戦争勃発の報道（「大阪朝日新聞」）

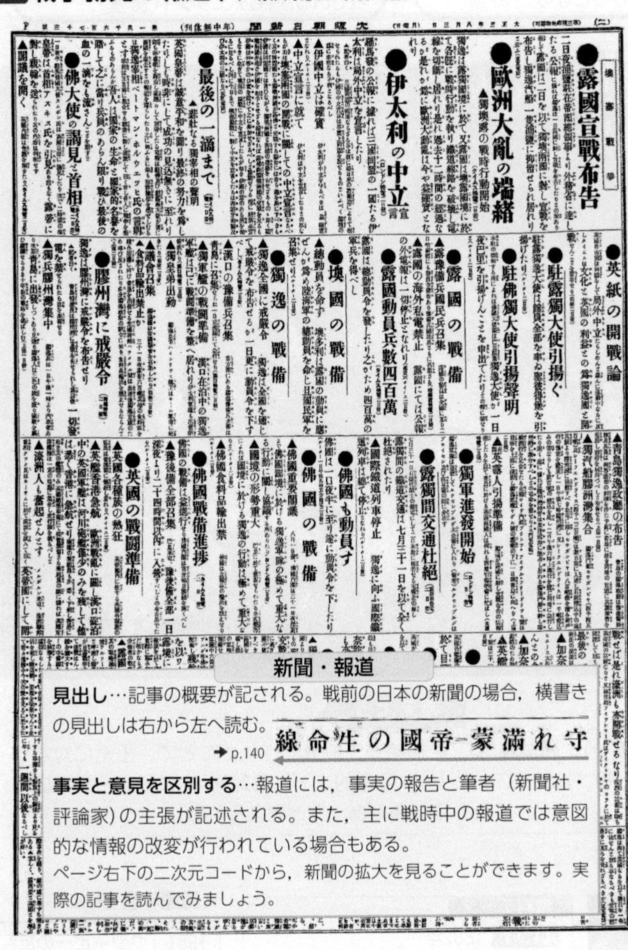

露國宣戰布告

歐洲大亂の端緒

伊太利の中立宣言

最後の一滴まで

佛大使の謁見と首相

英紙の開戰論

駐露獨大使引揚ぐ

駐佛獨大使引揚聲明

露國の戰備

露國動員兵數四百萬

墺國の戰備

獨逸の戰備

膠州灣に戒嚴令

獨軍進發開始

露獨間交通杜絶

佛國も動員す

佛國の戰備

佛國戰備進捗

英國の戰鬪準備

新聞・報道

見出し…記事の概要が記される。戦前の日本の新聞の場合，横書きの見出しは右から左へ読む。

線命生の國帝蒙滿れ守

➔p.140

事実と意見を区別する…報道には，事実の報告と筆者（新聞社・評論家）の主張が記述される。また，主に戦時中の報道では意図的な情報の改変が行われている場合もある。

ページ右下の二次元コードから，新聞の拡大を見ることができます。実際の記事を読んでみましょう。

大正三年八月三日（月曜日）

大阪朝日新聞

THE OSAKA ASAHI SHIMBUN.

獨逸の對露宣戰

獨の最後通牒

露獨開戰期

露獨作戰如何

読みとろう

① A の新聞は，いつ発行されたものだろうか？ 時期

② 次の3か国は何をしたと報道されているか，次のア～ウからそれぞれ選ぼう。

- ドイツ（獨逸）　• イタリア（伊太利）　• フランス（佛國）

ア　中立を宣言した　　イ　軍の動員を開始した

ウ　ロシア（露）に宣戦を布告した

③ この新聞は，何という戦争について報道しているだろうか？次のア～ウから1つ選ぼう。

ア　日露戦争　　イ　第一次世界大戦　　ウ　第二次世界大戦

考えよう

B の文章は，この戦争の勃発について分析した記事を要約したものである。筆者はこの戦争をどのようにとらえているか，次のア～ウの中から1つ選ぼう。 関連

ア　歴史的に考えれば，今回の戦争は突発的な出来事である。

イ　戦争の勃発は，長きにわたるゲルマン人とスラヴ人の人種対立の表れである。

ウ　戦争とはあくまで非常の事態であって，平和こそが常態であることを認識する必要がある。

B 歴史学者による解説記事

事柄は皇太子夫妻の惨死(ざんし)*という様な非常なる事件に始まったにせよ，今回の変は事実に咄嗟(とっさ)の変態である。しかしながら東南欧州における事情を社会的にまた歴史的に究(きわ)め来れば（研究してみれば）戦争の爆裂(ばくれつ)もまた，自然の経路（過程）の行きつまった所であって，決して咄発のものでないという事を知るべきである。**オーストリアとセルビアの戦争はある意味においては東欧におけるゲルマン・スラヴ二大民族の人種的大競争の一端(いったん)の出現にほかならんのである。**

…平和論者のみに限らず，一般の人々は，戦争を以て非常の現象とし，平和を常態(じょうたい)と思うけれども，**事実は戦争が常態で平和の方こそ非常態である**ということを拒(こば)むことが出来ない今日の有様なのである。

＊オーストリア皇位継承者の暗殺事件（サライェヴォ事件）

学習の中で読みとこう

不戦条約調印の報道 ➔p.121　雑誌にみる米騒動 ➔p.127
日中戦争・太平洋戦争期の報道 ➔p.140～151
サンフランシスコ平和条約・日米安全保障条約調印に対する世論 ➔p.163

↑開戦を伝える新聞

解答：①大正3（1914）年8月3日　②ドイツ…ウ　イタリア…ア　フランス…イ　③ イ　考 イ

歴史資料読みとき講座③ 図像資料 ― 絵画・風刺画 ―

図像資料 読みときのカギ

誰が？	いつ？	何を？
文字史料と同じく，どのような立場の人間が，誰に見せるために描いた(描かせた)のか考えよう。	描かれた時代やその背景を知れば，内容を読みとく手がかりになる。時期	どのような出来事や風景が描かれているのか考えよう。図像の場合は，「誰が描かれているか」もチェック！関連

ロイヤル・ファミリーはどう描かれた？

A「1846年のロイヤル・ファミリー(王室)」

資料データ

いつ？ **1846年のイギリス**…**ヴィクトリア女王**（位1837～1901）の治世下。産業革命を経て繁栄期を迎えていた。→p.54

誰が？何を？ ドイツ人宮廷画家ヴィンターハルターが，**ヴィクトリア女王とその一家を描いた**。女王と夫のアルバートのまわりに，王子・王女が描かれている。

▶1 一般公開された様子(「イラストレイテド・ロンドンニュース」1847年5月8日)

読みとろう 適切な語句を選んで，次の鑑賞文を完成させよう。

- 作者は宮廷画家であるため，右の絵は（① 王 ・ 国民 ）の意向で作成されたと考えられる。
- 女王は（② 議員 ・ 家族 ）に囲まれており，（③ 権力者 ・ 母 ）としての姿が強調されている。

考えよう

この絵が一般公開されたことで，王室に対する（④ 好意的 ・ 敵対的 ）なイメージを広める効果があったと考えられる。

B 風刺画に描かれた女王一家

イスラーム教徒の虐殺を神に感謝するのはキリスト教徒なのか？

IS IT CHRISTIAN TO THANK GOD FOR ISLAM SLAUGHTER?

資料データ

いつ？ 1882年

誰が？ アメリカで作成された風刺画。

●関連年表 →p.92

1881	ウラービーの反乱(～82)
1882	エジプト占領
1898	ファショダ事件
1899	南アフリカ戦争(～1902)
1904	英仏協商

読みとろう

教会の外ではイスラーム教徒との（⑤ 戦闘 ・ 交易 ）が行われており，Aの絵と比べると，王族たちは（⑥ 堂々とした ・ 不安げな ）表情である。当時のイギリスは，アフリカで（⑦ 植民地の獲得 ・ 独立の支援 ）を進めていた。

考えよう

この風刺画は，イギリスを（⑧ 支持する ・ 批判する ）意図で描かれたと考えられる。

学習の中で読みとこう

肖像画
主に国王や為政者(いせいしゃ)が描かれる。広く人々の目にとまるよう，展示・配布されることもある。
明治天皇の肖像 →p.77 ほか

風景画・景観写真
立地や生活・風俗が描かれる。意図的な強調や改変が行われることもある。
広州と長崎の貿易 →p.39 ほか

風刺画
ある出来事や人物を，主に批判的な視点で描いたもの。新聞や雑誌に掲載される。
自由民権運動 →p.84･85 ほか

ポスター・広告
広く人々に呼びかけを行うもの。標語(スローガン)にも注目。
第一次世界大戦 →p.111･112
新体制運動 →p.145 ほか

女王一家を描いた風刺画→

解答：①王 ②家族 ③母 ④好意的 ⑤戦闘 ⑥不安げな ⑦植民地の獲得 ⑧批判する

歴史資料読みとき講座④ 統計資料 ― 折れ線グラフ ―

統計資料 読みときのカギ

いつ？ 折れ線グラフは数値の変化が分かりやすい。変化が生じた年代を読みとろう。時期

どのように？ 数値の変化の大小だけでなく，その変化が一時的なものか，継続的なものかを読みとろう。推移

なぜ？ 読み取った変化が，どのような出来事の影響を受けたものか考えよう。関連

20世紀の工業をリードしたのは…？

A 20世紀における銑鉄(せんてつ)生産量の推移

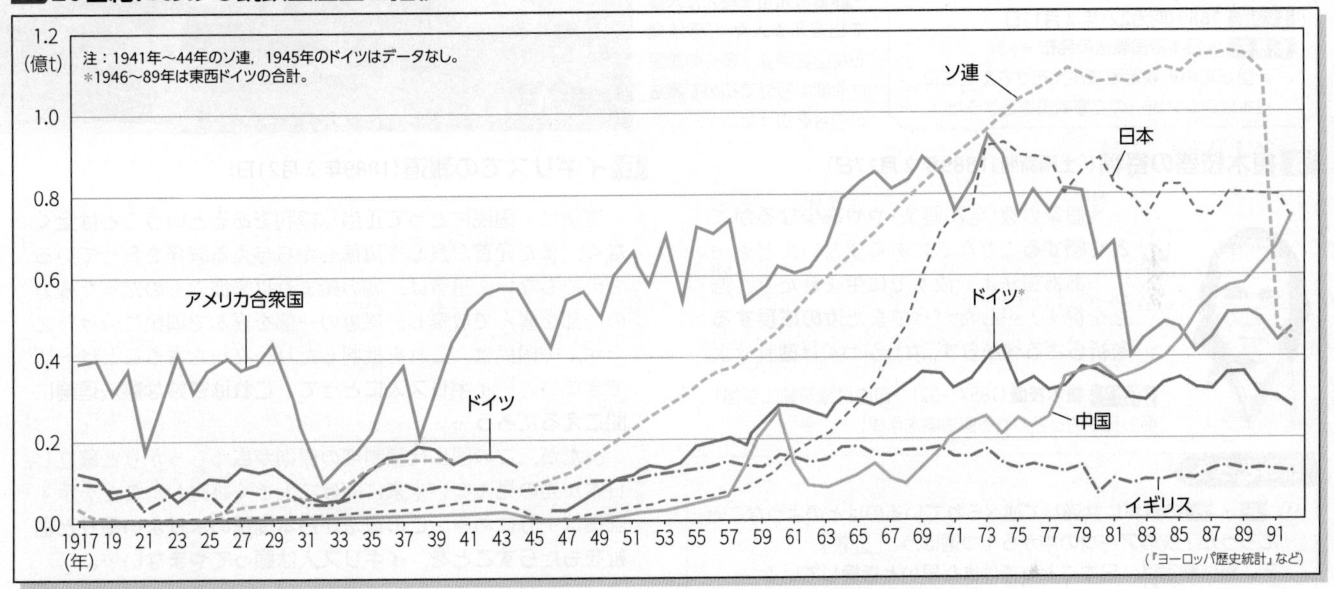

B 20世紀の世界

1914	第一次世界大戦（～18）→p.110~113
1917	ロシア革命→p.114·115
1928	ソ連，**五カ年計画**開始
1929	**世界恐慌**始まる→p.134·135
1933	ヒトラー内閣成立→p.136
1937	日中戦争（～45）→p.143
1939	**第二次世界大戦**（～45）→p.146~149
1950	朝鮮戦争（～53）→p.157 →日本，特需(とくじゅ)景気
1953	中国，五カ年計画開始
1955～	日本，**高度経済成長**（～73）→p.180~183
1958	中国，「大躍進(だいやくしん)」政策
1965	**ベトナム戦争**激化（～75）
1973	第１次石油危機→p.184
1979	ソ連，アフガニスタン侵攻
1980年代	日米貿易摩擦(まさつ)深刻化→p.188
1989	冷戦の終結→p.190·191
1991	ソ連の解体

（1950～1989：米ソ冷戦）

読みとろう

Aのグラフの６か国のうち，次の年で銑鉄生産量が最も多い国と，その年の日本の順位をそれぞれ書こう。時期

	最も多い国	日本の順位
1925年	アメリカ	5位
1955年	①	③
1985年	②	④

⑤ グラフ中のアメリカ，ソ連，中国の説明として適するものを，次のア～ウの中からそれぞれ選ぼう。推移

ア 第二次世界大戦終結後，1970年代まで生産量が増加し続けている。
イ 1929年からの世界恐慌で大きく生産量が減少した。
ウ 1980年代に生産量が大きく増加している。

考えよう

AのグラフとBの年表中の出来事との関連として適するものを，次のア～ウの中から１つ選ぼう。関連

ア ヒトラー政権下で，ドイツの工業は衰退した。
イ 五カ年計画を行っていたソ連は，世界恐慌の影響を受けなかった。
ウ ベトナム戦争の長期化により，東アジアの工業は大きな打撃を受けた。

学習の中で読みとこう

推移を示すグラフ

折れ線グラフや棒グラフが用いられる。中長期的な数値の推移を示すことができる。

帝国主義諸国の工業→p.90 日本の貿易額→p.139
アメリカとソ連の軍拡競争→p.167

割合を示すグラフ

円グラフや帯グラフが用いられる。複数のグラフを並べることで，数値の比較や推移の確認にも使用できる。

イギリスの貿易品の変化→p.32
日本と中国(清)の輸出入品の比較→p.75

解答：①アメリカ(合衆国) ②ソ連 ③5位 ④2位 ⑤アメリカ…イ ソ連…ア 中国…ウ 考 イ

資料

読みときから考察へ

考察

資料から情報を読みとることができたら，その出来事の意味や意義，特色を考察しよう。ここでは，大日本帝国憲法の発布に関する資料をもとに，人々が憲法発布をどう評価したか，多角的に考察していく。

1 憲法発布を終えた天皇を出迎える人々（「憲法発布桜田之景」） 多くの国民は新聞の号外で初めて憲法の内容を知った。

憲法発布，私はこう見た

資料データ

いつ？ 1889（明治22）年2月11日

何を？ 大日本帝国憲法の発布 ➜p.86

天皇が定める欽定憲法が発布されたことで，日本はアジア唯一の立憲制国家となった。

A 植木枝盛の寄稿（「土陽新聞」1889年2月17日）

其個条の数（全76個条）**やや寡少なるがごとく感ずる**ことなきにあらずといえども…

…ああ憲法よ，汝すでに生まれたり，吾之を祝す。…したがってまた**汝の成長するを祈らざるべからず**，汝ねがわくは健食せよ。

誰が？ **植木枝盛**（1857〜92） 自由民権運動に参加し，最も民主的と言われる憲法案を作成した。➜p.87

B イギリスでの報道（1889年2月21日）

憲法は…**国民にとって正当な権利であるということは全くなく**，また元首が良心や道徳心から与える義務を負っているものでもない。皇帝は，時の始まり以来彼のものだった権力の一部を喜んで放棄し，恩恵の一部を喜んで国民に分け与えたが，…国民は，これを批判したり…文句を言うことは一切できない。…**イギリス人にとって，これは奇妙な憲法理論に聞こえるだろう**…。

…だが，この国に代議制度の原則が広くしっかりと確立し，日本が先の見えない未来に向けて大きく跳躍したことを示す証拠は十分にある。**この憲法が日本国民のよりよい幸せと福祉をもたらすことを，イギリス人は願ってやまない**…。

（『外国新聞に見る日本②』毎日コミュニケーションズ）

当時のイギリス…1689年の「権利の章典」（➜p.20）によって**立憲君主政**が確立されて以降，議会政治が発展していた。

読みとろう

① A・B の資料に共通して述べられているのはどのようなことだろうか？次のア〜ウの中から1つ選ぼう。比較

ア　憲法制定は，日本にとってはまだ早いと指摘している。

イ　諸外国に劣らぬ憲法が制定されたことを称賛している。

ウ　憲法の不十分な点を指摘しつつも，今後の発展に期待している。

C ビゴーの風刺画（1888年1月1日）

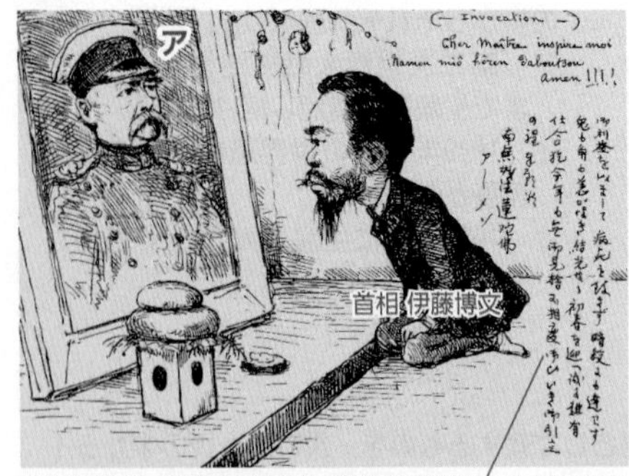

病にならず，暗殺もされず，新年を迎えることができました。今年もどうかお引き立てください。アーメン。

D 伊藤博文の憲法調査（1882年） ➜p.85

ドイツの有名な二人の法学者に学んで，国家組織の大枠を理解することができ，…天皇が最高の権力をもつことについて見通しがつきました。**英，米，仏の行きすぎた自由主義者の書物を誤って信じ，国を傾けようとしているのが今の日本の現状です**。しかし，それをくつがえす理由や方法を得ることができました。

（『史料日本近現代史1』三省堂）

E ビゴーの風刺画（1889年2月1日）

資料データ ➜p.85

誰が？ **ビゴー**（1860〜1927） **フランス**出身の画家。1882年来日。横浜の外国人居留地で，風刺雑誌「トバエ」を発行した。

当時のフランス…ドイツ（プロイセン）との戦争に敗れ，共和政が成立。海外では帝国主義政策を展開し，**ドイツとの対立が続いていた**。

読みとろう

② C アの人物は誰だろうか？ D の内容を参考に，次の3人の中から選ぼう。

ナポレオン　ワシントン　ビスマルク

③ E のイとウは，それぞれどの国を表しているだろうか？次の4つの国の中から選ぼう。

イギリス　日本　フランス　ドイツ

考えよう

この2枚の風刺画から，ビゴーが憲法発布をどのようにとらえていたと考えられるだろうか？比較

解答：① ウ ②ビスマルク ③イ…日本 ウ…ドイツ 考 母国フランスと対立するドイツ流の憲法を制定したことを苦々しく感じ，警告を発している。ビゴーの風刺画→

歴史総合の基礎知識

年代・暦

① 年代・世紀(西暦)

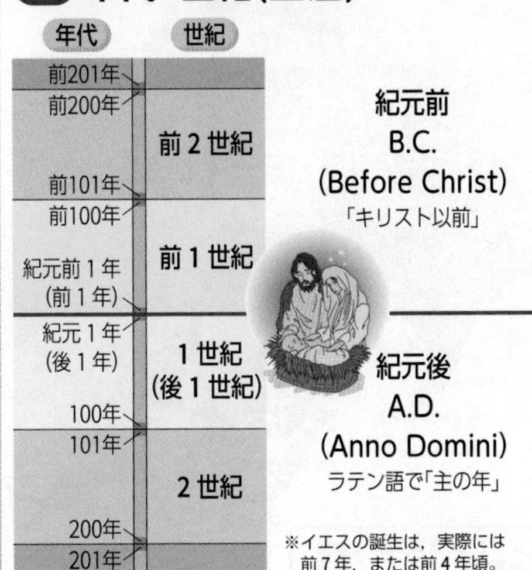

※イエスの誕生は，実際には前7年，または前4年頃。

1A 暦(こよみ)に関する用語

本書では，おもにキリスト紀元の西暦(グレゴリウス暦)によって，時代を表している。

年代…1789年，1945年のように，1年単位で年数を表したもの。「0年」はない。

世紀…年代を100年ごとに区切って表したもの。英語で世紀を意味する「century」の頭文字から，「2 c(＝2世紀)」と表記することもある。

紀年法…ある特定の年(紀元)を基準に定め，そこから年の数を数える方法。「明治」「平成」などの年号(元号)も紀年法の1つ。

1B 現在使われているおもな暦

西暦(グレゴリウス暦)

ローマ教皇グレゴリウス13世が1582年に制定。対抗宗教改革運動の一環(いっかん)として行われたので，新教諸国は拒否していたが，次第に各国で使用され，20世紀半ばまでには**世界の大半の国で公式に採用**された。

●西暦の発達

古代エジプトの太陽暦
↓
ユリウス暦(ユリウス＝カエサルが前45年に導入)
↓
グレゴリウス暦(1582年)

イスラーム暦(ヒジュラ暦)

ムハンマドがヒジュラ(聖遷(せいせん))を行った西暦622年7月16日を紀元元年1月1日とする。

1年が354日であるため，毎年11日ずつ新年が先に進み，33年でまる1年のずれが生じる。

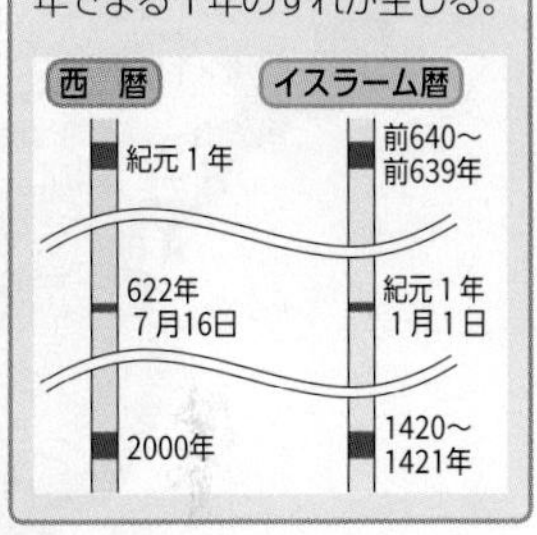

② 暦の表し方

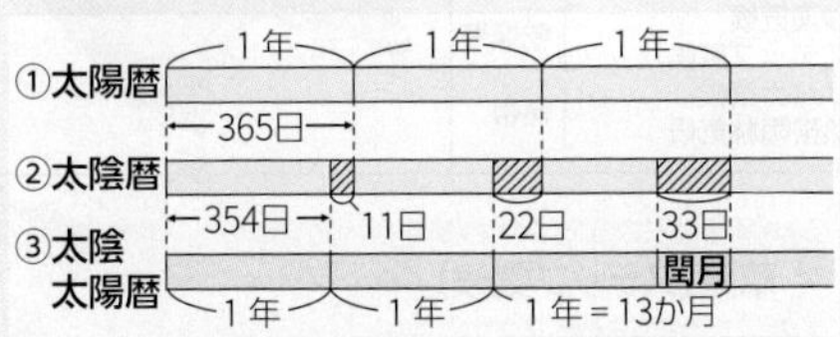

① 1年は地球が太陽の周りを1公転する365日。

② 月の満ち欠けの周期を1か月とする。1年は354日。季節と無関係で，農耕には適さない。

③ 太陰暦に太陽暦を取り入れて季節を調節。①②間のずれを補正して，19年に7回，1年を13か月とする。

解説　日本はかつて太陰太陽暦(旧暦)を用いていたが，**1872年(明治5)年に，欧米諸国と同じ太陽暦を採用した**。旧暦は太陽暦と1か月前後の差がある。

2A 干支(かんし・えと)

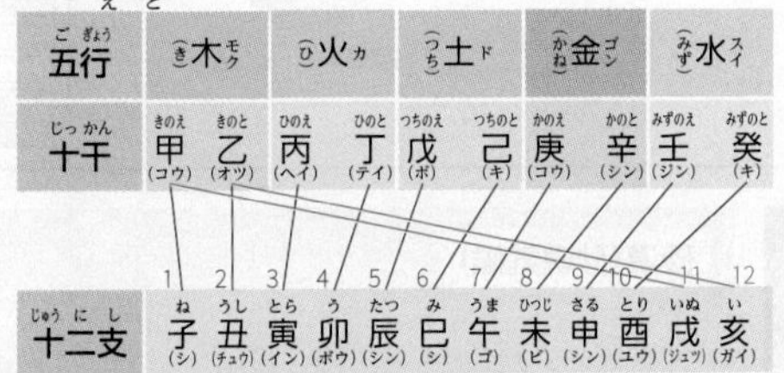

干支が使用された歴史用語の例
戊辰(ぼしん)戦争(1868～69，日)，辛亥(しんがい)革命(1911，中)

解説　干支は中国で古くから用いられ，朝鮮や日本にも伝わった。五行十干と十二支を組み合わせ，60年の周期で示す。このことから，60歳になると還暦(かんれき)の祝いをする風習ができた。

③ 年号(元号)

年号は，西暦とは別の年代の表し方。「皇帝は空間と時間を支配する」という古代中国の考え方に由来する。古くは，天皇の即位，吉事，災などを理由に改めたが，明治時代以降，天皇1代につき年号は1つとなった(**一世一元の制**)。

●西暦→年号への換算

西暦○年 － 1925 ＝ 昭和□年

西暦○年 － 1988 ＝ 平成□年

解説　2019年4月30日，平成の天皇が退位し，翌日から新年号「**令和(れいわ)**」が始まった。これは，一世一元の制が導入されて以降，初めての退位による改元となった。

政治・外交

④ 政治体制の違い

君主政(君主制)	特定の人物が君主として統治する政治体制。多くは世襲(せしゅう)。王政・帝政も君主政の一形態
共和政(共和制)	君主をもたない政治体制。近代の共和政は人民主権を基本とする
民主政(民主制)	多数派である民衆が主権をもつ政治体制。少数派による貴族政と対比される

大統領制	行政権をもつ大統領を国民が選ぶ。例：アメリカ合衆国，フランス
議院内閣制	内閣は国会の意思によって成立し，国会に対して責任を負う。イギリスで成立。例：日本

4A 国名などの略称

米	アメリカ(亜**米**利加)
英	イギリス(**英**吉利)
伊	イタリア(**伊**太利)
印	インド(**印**度)
墺	オーストリア(**墺**太利)
蘭	オランダ(和**蘭**)
西	スペイン(**西**班牙)
ソ	ソヴィエト連邦
韓	大韓民国
中	中国
独	ドイツ(**独**逸)
土	トルコ(**土**耳古)
日	日本
仏	フランス(**仏**蘭西)
普	プロイセン(**普**魯西)
露	ロシア(**露**西亜)
亜	アジア(**亜**細亜)
欧	ヨーロッパ(**欧**羅巴)

⑤ 列強の対外政策に関する用語

直轄領(ちょっかつりょう)	列強が，特定国の内政・外交・軍事など**主権を完全に掌握(しょうあく)した国**。独自の国号は消滅し，本国の法律が適用される。例：インド帝国(英)
保護国	列強が，外交権など**主権の重要部分を**，**条約により掌握した国**。国際法上は国号を持ち，主権を持つ。例：第2次日韓協約後の大韓帝国
自治領	大英帝国およびイギリス連邦内で**自治を与えられた地域**。ウェストミンスター憲章(けんしょう)で本国と同等の地位獲得。例：カナダ，アイルランド
割譲地(かつじょうち)	列強が，**条約により編入した特定国の領土の一部**。直轄領と同様に，本国の法律が適用される。例：南京条約(1842)後の香港島
租借地(そしゃくち)	列強が，**条約により期限付きで借りた特定国の領域**。期限満了により返還される。例：九竜(きゅうりゅう)半島新界地区
租界(そかい)	中国の特定都市内部に，列強が**租借によって設定した統治区域**。例：南京条約(1842)後の上海・天津・広州
勢力圏	鉱山採掘(さいくつ)権，鉄道敷設(ふせつ)権の獲得などにより，列強が**事実上勢力下に置いた地域**。例：中国分割後の長江流域(英)，福建(ふっけん)省(日)，山東(さんとう)省(独)

世界の気候

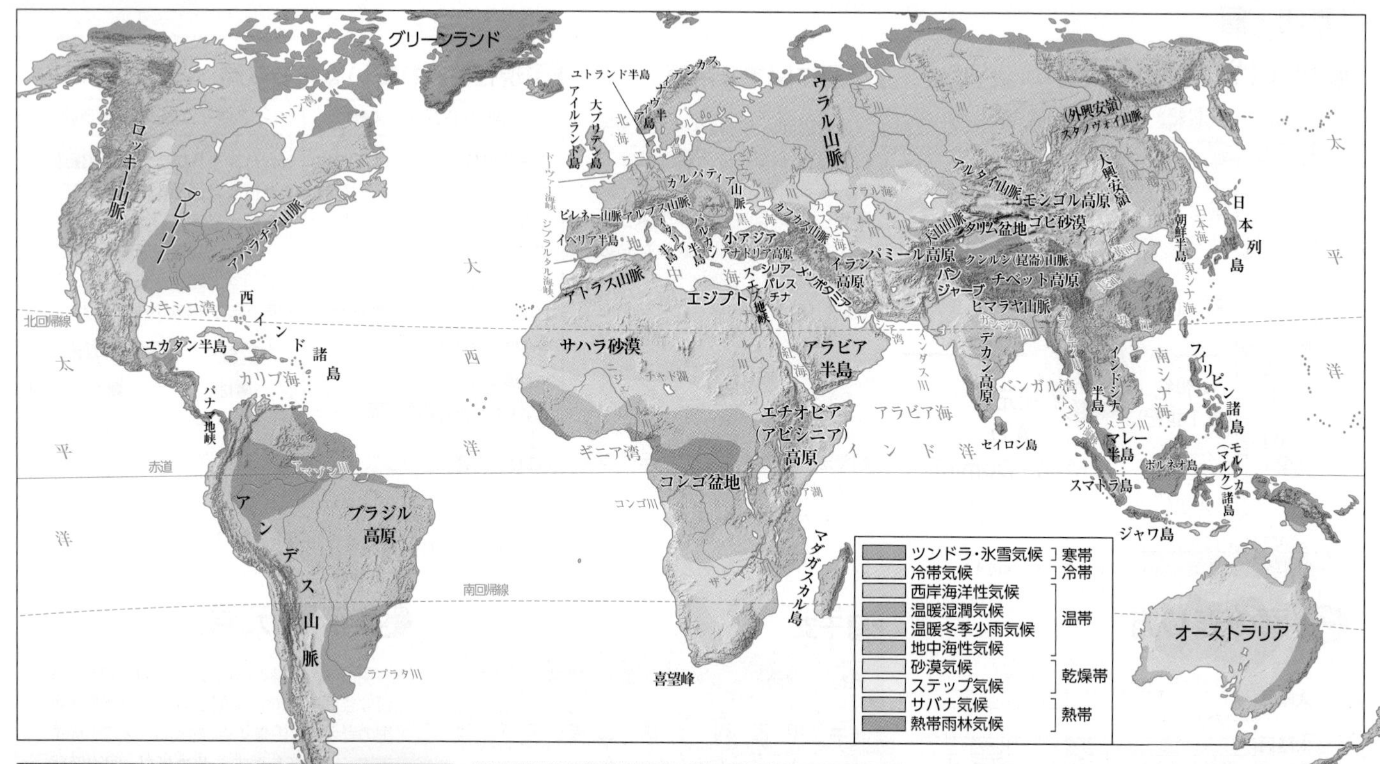

熱帯雨林(熱帯雨林気候)

A1 熱帯雨林気候　一年を通して高温多湿で，常緑広葉樹の密林が広がる。赤道付近の低緯度地域に分布。

砂漠(砂漠気候)

A2 砂漠気候　南北の回帰線付近や中緯度の大陸内陸部に分布。オアシス以外ではほとんど植生が見られない。

草原(ステップ気候)

A3 ステップ気候　砂漠気候に隣接する地域に分布。少量の雨が降り，丈の短い草原が広がる。

地中海性樹木(地中海性気候)

A4 地中海性気候　温帯のうち，雨は冬に多く降るが，夏は極端に雨が少なく乾燥する気候。

落葉広葉樹林(西岸海洋性気候)

A5 西岸海洋性気候　温帯のうち，一年を通して気温と降水量の差が小さい気候。おもに大陸西岸に分布。

針葉樹林(冷帯気候)

A6 冷帯気候　長く厳しい冬と短い夏が見られる気候。夏と冬の気温差が大きい。針葉樹の森林が広がる。

世界の宗教

1 世界の宗教分布

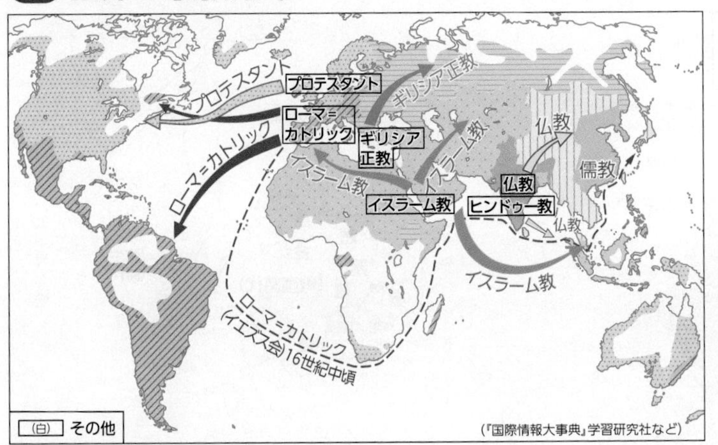

1A おもな宗教の流れ

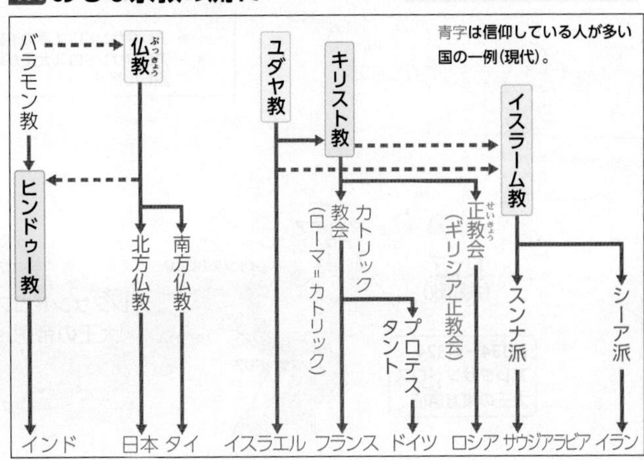

1B 世界のおもな宗教

＊1 キリスト教はペテロやパウロらの伝道により広まった。＊2 古代インドで形成された身分制の観念。

宗教	ユダヤ教	キリスト教	イスラーム教	ヒンドゥー教	仏教
開祖・創始者	**モーセ**(前13世紀)	**イエス**＊1	**ムハンマド**	特定の開祖はいない	**ガウタマ=シッダールタ**
成立年代	前5世紀頃(バビロン捕囚後)	1世紀	7世紀	紀元前後	前6～前5世紀頃
神の名	唯一神**ヤハウェ**	父なる神，子なるキリスト，聖霊	唯一神**アッラー**	多神教(**シヴァ・ヴィシュヌ**など)	なし(人間の普遍倫理である**法**(ダルマ))
教典	律法・**預言者**・諸書(『**旧約聖書**』など)	『**旧約聖書**』『**新約聖書**』	『**コーラン**』	『**リグ=ヴェーダ**』など複数 特定の教典はない	阿含経(あごんきょう)，大乗経典
教義特色	●**律法主義**(**モーセ**の「十戒」) ●**選民思想**(ユダヤ人のみ救済) ●救世主(**メシア**)思想	●イエスは**救世主**(メシア)(**キリスト**) ●ユダヤ教からの批判的な発展 ●神の絶対愛と隣人愛	●六信と五行の実践 ●**神への絶対的帰依(きえ)・偶像禁止** ●民族・貧富を超えた平等・連帯	●**ヴァルナ制**＊2**の肯定** ●沐浴(もくよく)やヨガなどの修行によって輪廻転生(りんねてんせい)から解脱(げだつ)	●**ヴァルナ制の否定** ●八正道(はっしょうどう)の実践などにより輪廻転生から解脱

◀1 メッカのカーバ聖殿と礼拝(れいはい)するイスラーム教徒(サウジアラビア) メッカはイスラーム教徒にとっての聖地。イスラーム教徒は毎日メッカに向かって礼拝を行い，イスラーム暦第12月には世界中から巡礼者(じゅんれいしゃ)が集まる。

◀3 サン=ピエトロ大聖堂(バチカン市国) キリスト教最大の聖堂で，カトリックの総本山。4世紀，キリスト教の使徒(しと)ペテロの墓の上に聖堂が建てられ，16世紀に再建，17世紀に現在の建物が建てられた。世界遺産

▶2 買い物を楽しむイスラーム教徒の女性(サウジアラビア) 国や地域によって女性の服装に対する考え方は異なる。髪を隠す程度のものから顔を覆(おお)い隠すものもある。アバヤと呼ばれるローブの中には，何を着ていても良い。

▶4 嘆(なげ)きの壁(イスラエル) ソロモン王時代の伝説に基づくユダヤ教の聖地。2世紀に離散(りさん)の民となったユダヤ人は，イェルサレムへの立ち入りも禁止されたが，年に一度だけこの壁の前で祈ることが許された。世界遺産

イスラーム法による禁忌(きんき)など

①飲酒は禁止。見つかれば笞打(むちう)ちの刑。窃盗(せっとう)は手足の切断。
②豚肉(ぶたにく)や，異教徒が殺した動物を食べることは禁止。
③貸付金による利子の取得は禁止。ただし投下資本による利潤は容認。
④男性は，平等に愛することができるなら，4人まで女性と結婚できる。
⑤女性は夫以外の男性に顔や肌を見せないよう，チャドルなどで隠す。
⑥左手は不浄(ふじょう)の手。物の受け渡しには使わない。

◀5 ガンジス川で沐浴(もくよく)するヒンドゥー教徒(インド) ガンジス川はヒンドゥー教で最も神聖な川で，川岸には多くの聖地がある。沐浴すれば，一切の罪・汚(けが)れが浄(きよ)められると信じられている。

前4世紀の世界

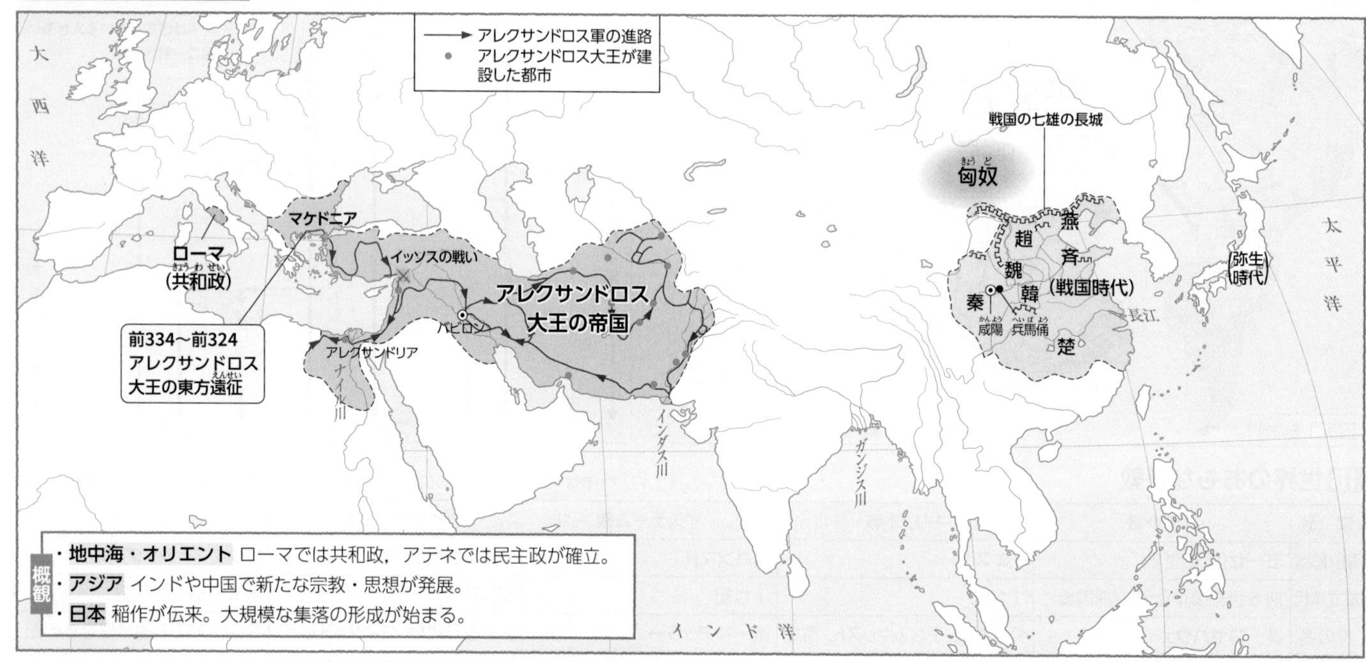

概観
- **地中海・オリエント** ローマでは共和政，アテネでは民主政が確立。
- **アジア** インドや中国で新たな宗教・思想が発展。
- **日本** 稲作が伝来。大規模な集落の形成が始まる。

	地中海・オリエント	アジア	日本
前5世紀	○ローマで共和政が成立 前500～前449 **ペルシア戦争** アテネ民主政の完成 前431～前404 **ペロポネソス戦争**	○インドで**仏教**，**ジャイナ教**成立 ○中国で**孔子**が活躍 鉄製農具の使用始まる ── 日本に稲作が伝播 ──	縄文時代
前4世紀	前334～前324 **アレクサンドロス大王の東方遠征** ヘレニズム文化の開花	○中国の戦国時代，諸子百家が活躍 前317頃 インドでマウリヤ朝成立	弥生時代

日本

稲作の伝来

長江の中・下流域が起源とされる稲作は，紀元前５～前４世紀頃*に日本に伝来したと考えられている。稲作の始まりによって，集団作業を取り仕切る指導者が現れると同時に，土地や生産物をめぐる争いも生じたため，**村が統一され，小国が形成されていった。**

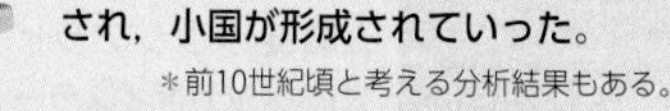

＊前10世紀頃と考える分析結果もある。

▶1 稲作の想像図（秋） 数種類の稲が栽培されており，石包丁で刈り取られた稲は高床倉庫に収納・保管された。

◀2 弥生土器 煮炊き用の甕，貯蔵用の壺，食物を盛る鉢や高杯があり，薄手で固いのが特色。写真は貯蔵用の壺。

高さ46.8cm

大阪 船橋遺跡出土 大阪府立弥生文化博物館蔵

地中海・オリエント

アテネの民主政

世界遺産

▲3 アテネのパルテノン神殿

ギリシアでは，前８世紀頃から都市国家（ポリス）が形成された。ペルシア戦争に従軍した市民の発言力が高まると，アテネでは**18歳以上の男性市民に参政権が与えられ**，**民会**を中心とした**直接民主政**が確立された。

西アジア

アレクサンドロス大王とヘレニズム文化

ギリシア北部，マケドニアの王**アレクサンドロス**は，前334年に東方遠征を開始し，インダス川にまで及ぶ大帝国を建国した。彼の死後間もなく帝国は分裂したが，この遠征によって，**ギリシア文化が東方へ伝播した。**

▲4 アレクサンドロス大王（前356～前323）

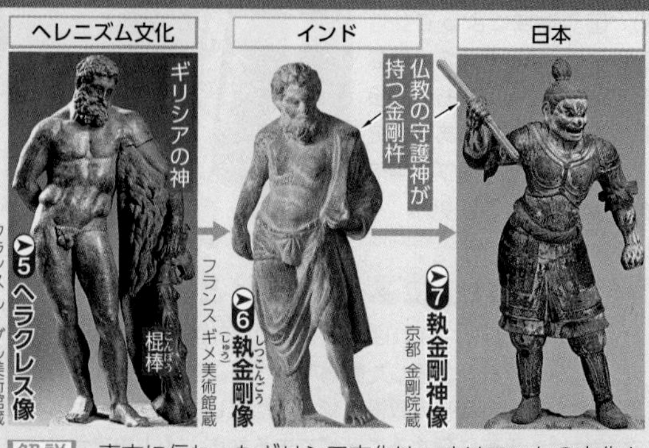

▶5 ヘラクレス像 フランス ルーブル美術館蔵

▶6 執金剛像 フランス ギメ美術館蔵

▶7 執金剛神像 京都 金剛院蔵

解説 東方に伝わったギリシア文化は，オリエントの文化と融合した。**ヘレニズム**と呼ばれる新たな文化は，**西はローマ帝国，東はインドや中国・日本にも大きな影響を及ぼした。**

後2世紀の世界

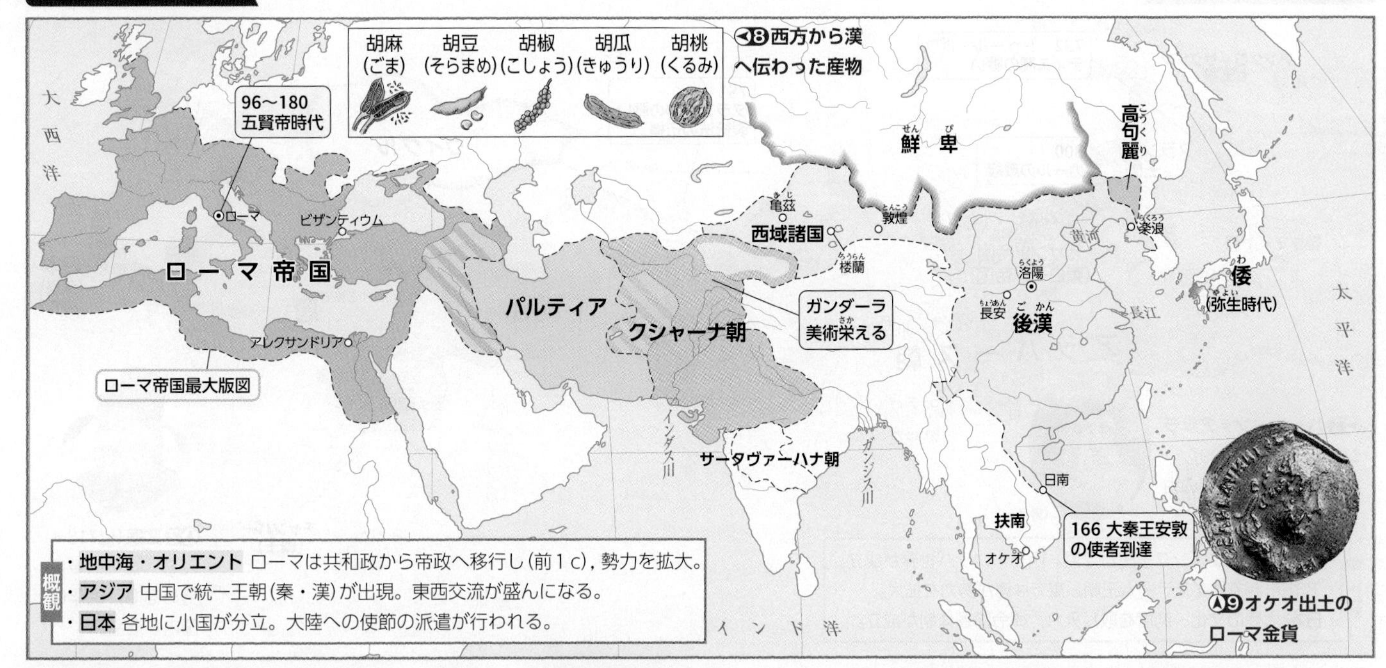

▲9 オケオ出土のローマ金貨

概観
- **地中海・オリエント** ローマは共和政から帝政へ移行し(前1c), 勢力を拡大。
- **アジア** 中国で統一王朝(秦・漢)が出現。東西交流が盛んになる。
- **日本** 各地に小国が分立。大陸への使節の派遣が行われる。

	地中海・オリエント	アジア	日本
前3	○共和政ローマの勢力拡大	前221 秦が中国統一 前202 前漢成立	弥生時代
前2	前2〜前1世紀 ローマ「内乱の1世紀」	前139 **武帝**が張騫を西域に派遣(前漢)	
前1	前27 ローマで帝政が始まる		
後1世紀		後25 後漢成立 ー後57 倭の奴国王が朝貢ー 「漢委奴国王」の金印を授かる	
後2世紀	96〜180 ローマの五賢帝時代 帝国領最大	東西交流の活性化 ー166 大秦王安敦の使者, 日南郡に来訪ー 184 黄巾の乱(後漢)	

日本

倭国と大陸の交流

●歴史書に記された日本

前1世紀頃の倭国

楽浪郡の海のかなたに倭の人々が住み, 100余りの小国に分れている…。(『漢書』地理志, 後1世紀編纂)

後1〜2世紀頃の倭国

57年, 倭の奴国が, 後漢の洛陽に朝貢してきた。…光武帝は奴国の王に金印と綬(印に通す紐)を与えた。(『後漢書』東夷伝, 5世紀編纂)

弥生時代の日本は朝鮮半島や中国と盛んな交流を行っており, 小国の王らは朝鮮の楽浪郡や, 漢に使節を派遣した。漢は貢ぎ物を持参(**朝貢**)してきた国の首長に対して爵位や印綬などの返礼の品を与え, 王の地位を認めた(**冊封**)。このような交流によって, 王らは大陸の先進的な文物を入手し, 倭内での地位の向上を図っていた。

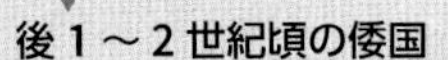

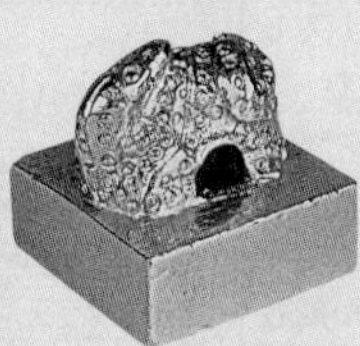

◁10「漢委奴国王」の金印 1辺23mm 福岡市博物館蔵

つながる モノ シルクロードの東西交流

前漢から後漢にかけての時代は, 陸と海とで東西交流が盛んになった時代である。前2世紀に西域に派遣された**張騫**によって西域事情が判明すると, **漢は積極的な対外進出を図った**。当時中国の交易品として珍重されていたのは絹であり,「シルクロード(絹の道)」を通じて遠くローマにまでもたらされた。

一方海上でも, **季節風を利用した交易が盛んに行われ**, 扶南(現在のベトナム南部・カンボジア)の外港オケオからはローマの金貨も出土している。

◁11 **中国産の絹をまとうローマの女性** ポンペイの壁画。

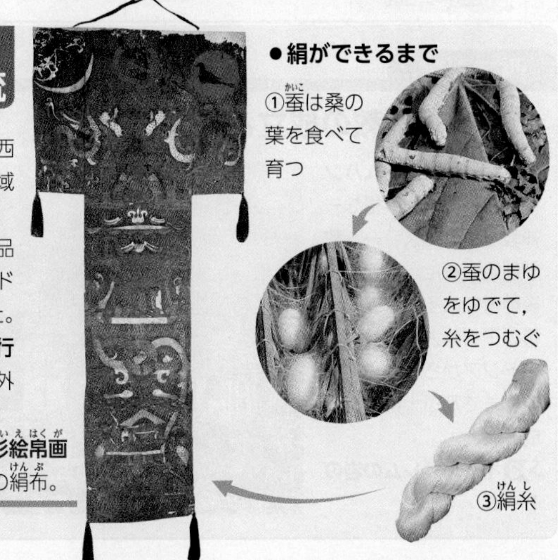

▷12 **彩絵帛画** 漢代の絹布。

8世紀の世界

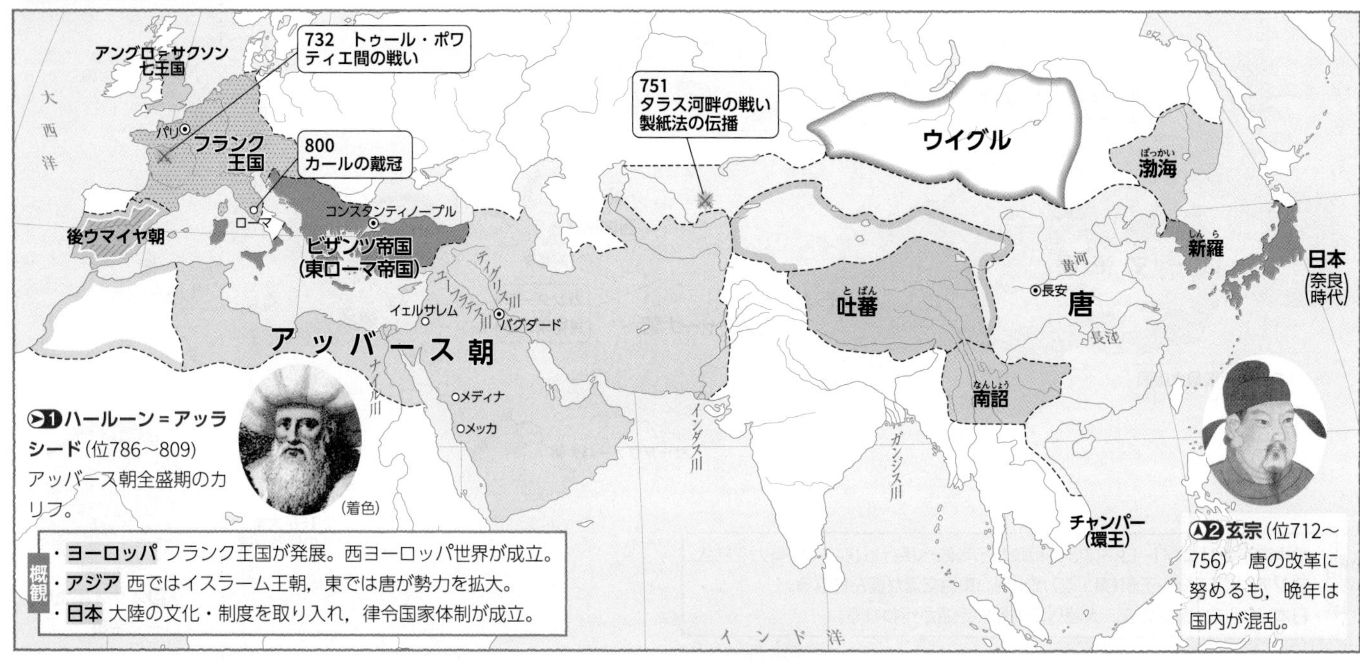

1 ハールーン＝アッラシード(位786～809) アッバース朝全盛期のカリフ。

2 玄宗(位712～756) 唐の改革に努めるも，晩年は国内が混乱。

概観
- **ヨーロッパ** フランク王国が発展。西ヨーロッパ世界が成立。
- **アジア** 西ではイスラーム王朝，東では唐が勢力を拡大。
- **日本** 大陸の文化・制度を取り入れ，律令国家体制が成立。

	ヨーロッパ	アジア	日本
6	○東ローマ帝国，版図最大	○中国，南北朝時代 581 **隋**建国	○仏教伝来 593～ 厩戸王(聖徳太子)，政務参加
7世紀		618 **唐**建国 ○アラビア半島でイスラーム教成立 622 **ヒジュラ**(聖遷) 661 ウマイヤ朝成立	○**遣隋使・遣唐使**の派遣 645 大化改新始まる 663 白村江(はくそんこう／はくすきのえ)の戦い 672 壬申の乱
8世紀	○東西キリスト教会の対立 732 トゥール・ポワティエ間の戦い 800 **カール戴冠** 西ヨーロッパ世界の形成	唐を中心とした東アジア文化圏の形成 750 **アッバース朝**成立 751 タラス河畔の戦い	701 **大宝律令**完成 律令国家体制の成立 710 平城京に遷都 794 平安京に遷都

西アジア

イスラーム教の成立と拡大

7世紀，預言者**ムハンマド**によって，厳格な一神教であるイスラーム教が創始された。彼の死後，後継者である**カリフ**の指導の下で勢力を拡大。中央アジアからイベリア半島にまで及ぶ大帝国を形成した。

3 イェルサレムの岩のドーム ムハンマドが昇天したとされる巨石の上に立つ。

日本

日本の律令国家体制と東アジアの交流

中国を統一した隋は，科挙や均田制を整備し，**中央集権体制を確立した**。日本は遣隋使を派遣してその制度を学び，**天皇中心の国づくりを目指した**。唐の時代に入ると東アジアの交流は活発化し，日本でも国際色豊かな文化が花開いた。

4 煬帝(位604～618) 大運河の建設や高句麗遠征を行った。

5 厩戸王(伝聖徳太子像)(574～622) 推古天皇の政務を補佐した。 宮内庁侍従職蔵

6 平城京復元模型 唐の都・**長安**を模倣して建設された。当時の長安は世界最大の都で，その都市計画は**律令**や**仏教**とともに，東アジア文化圏の周辺国家に伝わった。平城京・平安京だけでなく，新羅や渤海でも同様の形式の都が建設された。 奈良市蔵

現在の奈良市街中心部 / 東大寺 / 平城宮 / 外京 / 右京 / 左京 / 朱雀大路 / 唐招提寺 / 薬師寺 / 羅城門

大陸文化の受容と独自の制度

日本は大陸から律令制を中心とする多くの制度や技術を受容した。しかし一方では，天皇制に代表されるように，日本独自の制度を確立・存続させてもいた。

受容	非受容
●律令制(均田制・租調庸制) ●都城制・位階制・銅銭発行 ●仏教・儒学など ●漢字・漢詩	●易姓革命 ●科挙制 ●宦官

11世紀の世界

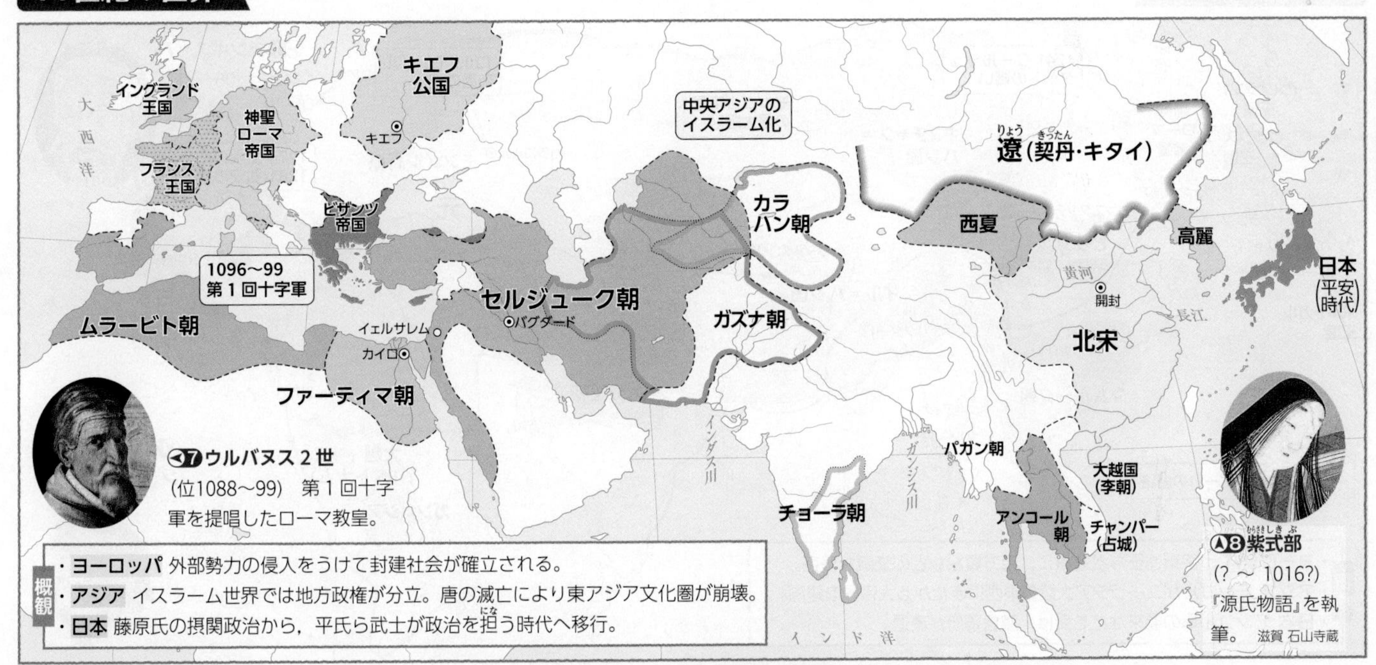

◀7 ウルバヌス2世
(位1088～99)　第1回十字軍を提唱したローマ教皇。

▲8 紫式部
(? ～ 1016?)
『源氏物語』を執筆。　滋賀 石山寺蔵

概観
- **ヨーロッパ** 外部勢力の侵入をうけて封建社会が確立される。
- **アジア** イスラーム世界では地方政権が分立。唐の滅亡により東アジア文化圏が崩壊。
- **日本** 藤原氏の摂関政治から，平氏ら武士が政治を担う時代へ移行。

	ヨーロッパ	アジア	日本
9	○フランク王国分裂	875　黄巣の乱(～884)	894　遣唐使派遣停止
10世紀	**フランス・ドイツ・イタリアの形成** ○ヴァイキングの活動 **封建社会の形成** 962　神聖ローマ帝国成立	907　唐滅亡 **東アジア文化圏の崩壊** 936　高麗，朝鮮半島を統一 960　宋(**北宋**)建国	**国風文化の形成**
11世紀	○叙任権闘争 1096～99　第1回十字軍		1016　藤原道長が摂政となる **摂関政治の全盛期**
12世紀		1127　北宋滅亡 →**南宋**建国 ○イスラーム勢力，インドへ拡大	1167　平清盛が太政大臣となる **平氏政権の成立** ○日宋貿易の隆盛 1185　平氏滅亡 ○**鎌倉幕府**成立

日本

貴族の政治から武士の政治へ

大阪 藤田美術館蔵

9～11世紀　律令制の定着とともに，藤原氏が朝廷で台頭。天皇が権威を担い，藤原氏が政治の実権を担う**貴族**支配の時代となった。

◀10 **藤原道長**(966～1027)　自らの娘を天皇に嫁がせることで，**外戚**として実権を握った。道長と息子の頼通の時代が，摂関政治の全盛期といわれる。

▼11 **関白藤原頼通の邸宅**(「駒競行幸絵巻」)　天皇を迎えた船遊びの様子が描かれている。

大阪 和泉市久保惣記念美術館蔵

▲13 **厳島神社**(広島県)　日宋貿易で経済的基盤を確立した平氏が厚い信仰をよせた。

12世紀　武士団の棟梁として台頭した平清盛は，武士として初めて**太政大臣**となり，政治の実権を握った。

▶12 **平清盛**(1118～81)**像**
京都 六波羅蜜寺蔵

ヨーロッパ

十字軍の遠征

トルコ系遊牧民の**セルジューク朝**が西方に進出すると，圧迫を受けた**ビザンツ帝国**はローマ教皇に援軍を要請。11世紀末から13世紀にかけて十字軍の派遣が繰り返され，聖地**イェルサレム**の奪回を目指した。

▼9 **ナポリを出港する騎士団**

13世紀の世界

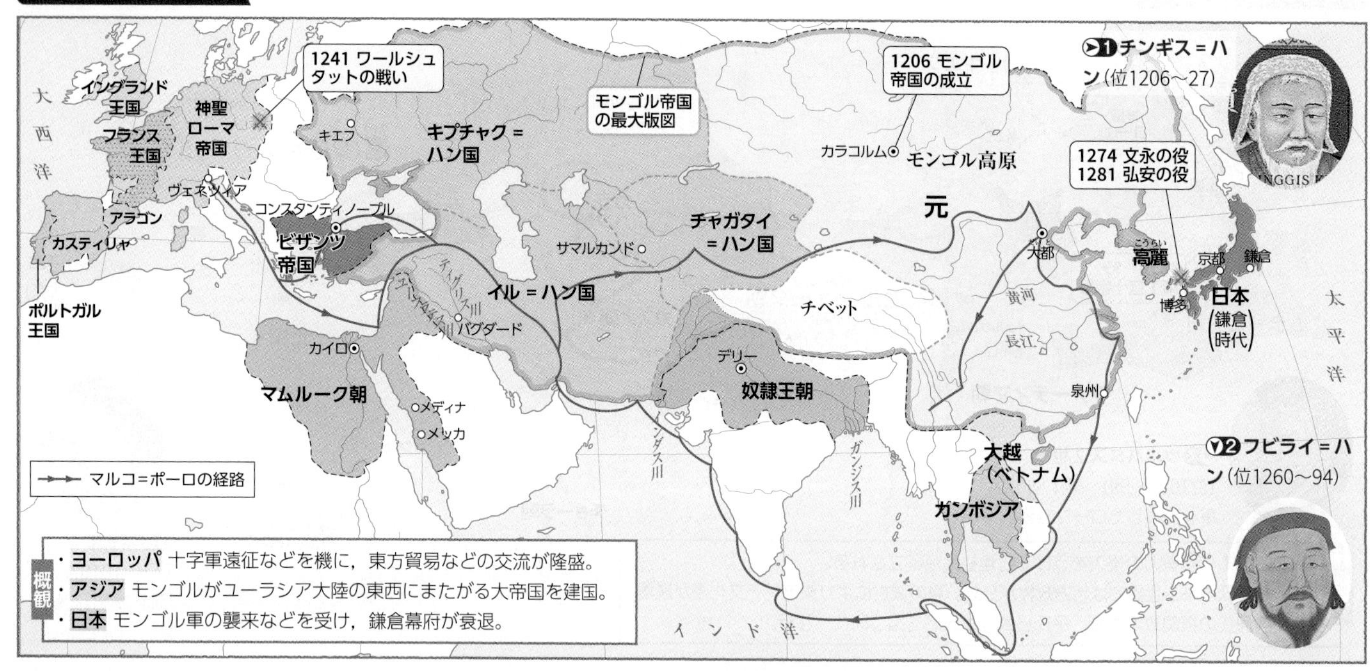

▶1 チンギス＝ハン(位1206～27)

▼2 フビライ＝ハン(位1260～94)

概観
- **ヨーロッパ** 十字軍遠征などを機に，東方貿易などの交流が隆盛。
- **アジア** モンゴルがユーラシア大陸の東西にまたがる大帝国を建国。
- **日本** モンゴル軍の襲来などを受け，鎌倉幕府が衰退。

	ヨーロッパ	アジア	日本
13世紀	1202～04 第4回十字軍 **東方貿易の発達** 1215 **大憲章**(マグナ＝カルタ)制定(イギリス) ○モンゴル帝国の侵攻を受ける	1206 チンギス＝ハン，モンゴル統一 **モンゴル帝国成立** 1258 **モンゴル帝国**，アッバース朝を滅ぼす 1260 **フビライ＝ハン**，皇帝に即位 1271 フビライ，国号を**元**(大元ウルス)とする ○マルコ＝ポーロ来訪 1276 南宋の滅亡	1203 北条時政，執権就任 **執権政治** 1221 承久の乱 1232 御成敗式目の制定 ○新仏教の誕生(親鸞，日蓮ら) **1274 文永の役** **1281 弘安の役** ○御家人の窮乏
	ユーラシア交流圏の形成		

日本

モンゴルの襲来と幕府の行き詰まり

●フビライの国書 ＊日本のこと。

上天の恩寵を受けた大蒙古国皇帝，書を日本国王に奉る。昔より，小国の王＊は領土が接すれば，書を交し関係を持つものです…。(中略)武力を用いることを好むわけではありません。

解説 南宋の攻略を目指していたフビライは，鎌倉幕府に対して南宋との貿易を絶ち，元へ朝貢するよう求めた。しかし，幕府はこの要求を拒否。2度にわたってモンゴル軍が日本に侵攻した(**元寇，蒙古襲来**)。

鎌倉幕府は，諸国の武士と主従関係を結び，朝廷との対立(承久の乱)を制した。しかし，モンゴルの襲来を機に御家人との信頼関係が揺らぎ，衰退へと向かった。

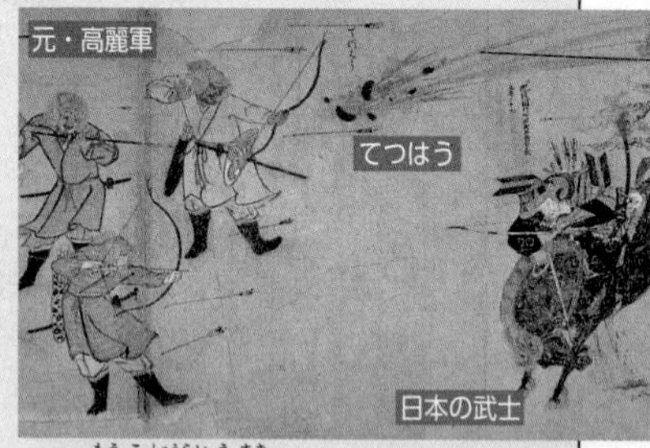

▲3「蒙古襲来絵巻」 東京 皇居三の丸尚蔵館蔵

Pick Up! この人 マルコ＝ポーロ(1254～1324)
―世界各地のオドロキを語る―

13世紀のユーラシア大陸は，モンゴル帝国による安定した支配の下で東西交流が活発となった。ヴェネツィア商人の家に生まれたマルコ＝ポーロは，1271年，父と共にモンゴルへと赴いた。17年間中国各地を旅し，見聞を広めて帰国。その後，ジェノヴァとの戦争で捕虜となり，獄中で旅の記録を口述した(『**世界の記述**』〈『**東方見聞録**』〉)。同時代の人々には信用されなかったが，後にコロンブスも愛読したという。

フビライに仕えたともいわれるが，元側の史料に記述がないことから，実在を疑う説もある。

◀4 マルコ＝ポーロ (ジェノヴァ市庁舎モザイク画)

●「黄金の国」ジパング

(この国には)莫大な量の黄金があるが，この島では非常に豊かに産するのである。…(ある君主は)すべて純金で覆われた，非常に大きな宮殿を持っている。…その価値は，とても数量で計り得ない。…さて，この莫大な財宝について耳にした皇帝フビライは，この島を征服しようと思いたった。(青木一夫訳『東方見聞録』)

▲5 中尊寺金色堂(岩手県) 世界遺産

15世紀の世界

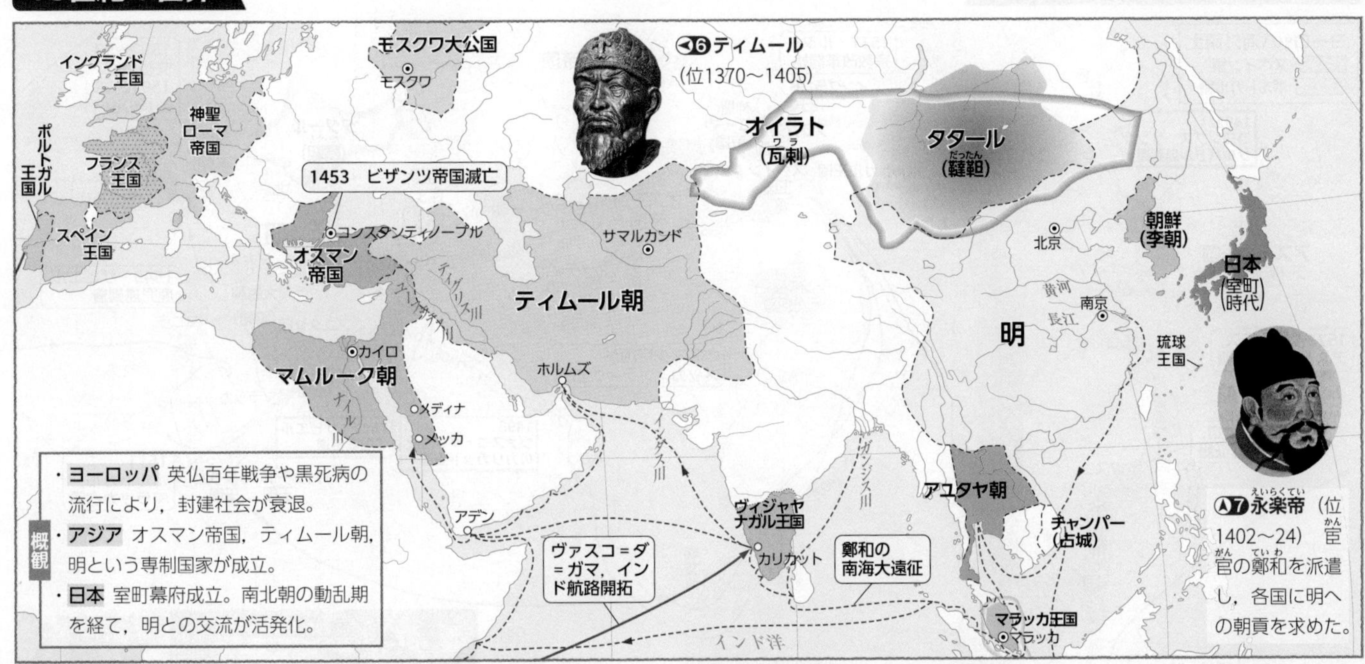

◀6 ティムール(位1370～1405)

▲7 永楽帝(位1402～24) 宦官の鄭和を派遣し，各国に明への朝貢を求めた。

概観
- **ヨーロッパ** 英仏百年戦争や黒死病の流行により，封建社会が衰退。
- **アジア** オスマン帝国，ティムール朝，明という専制国家が成立。
- **日本** 室町幕府成立。南北朝の動乱期を経て，明との交流が活発化。

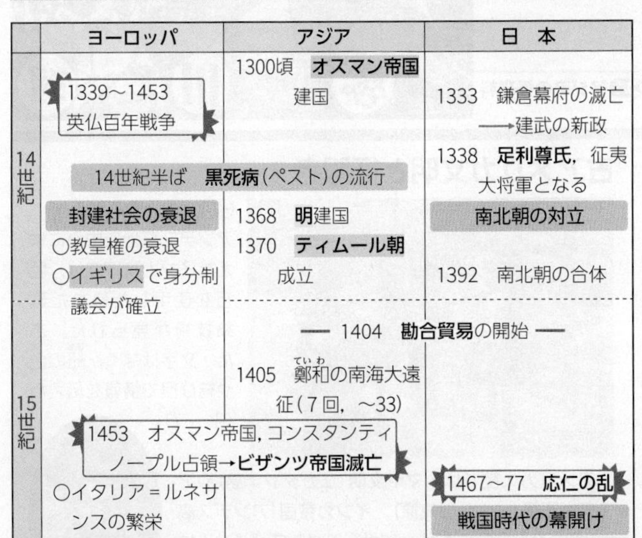

	ヨーロッパ	アジア	日本
14世紀	1339～1453 英仏百年戦争	1300頃 **オスマン帝国**建国	1333 鎌倉幕府の滅亡 ──→建武の新政 1338 **足利尊氏**，征夷大将軍となる
	14世紀半ば **黒死病**(ペスト)の流行		
	封建社会の衰退 ○教皇権の衰退 ○イギリスで身分制議会が確立	1368 **明**建国 1370 **ティムール朝**成立	**南北朝の対立** 1392 南北朝の合体
15世紀		── 1404 **勘合貿易**の開始 ──	
		1405 鄭和の南海大遠征(7回，～33)	
	1453 オスマン帝国，コンスタンティノープル占領→**ビザンツ帝国滅亡**		1467～77 **応仁の乱**
	○イタリア＝ルネサンスの繁栄		**戦国時代の幕開け**

日本

倭寇の活動と「日本国王」

▼8 明の官船と戦う倭寇(「倭寇図巻」) 16世紀の後期倭寇を描いている。 縦32cm，横522cm 東京大学史料編纂所蔵

▼9 永楽帝の勅書 愛知 徳川美術館蔵

▲10 足利義満 明に朝貢し，「日本国王」の称号を与えられた。 京都 鹿苑寺蔵

14世紀半ば，日本人を中心とする海賊(**前期倭寇**)の活動が活発化。中国や高麗沿岸部で略奪を行った。明は日本との間で**勘合貿易**を開始し，倭寇の活動の鎮静化を図った。

▶11 永楽通宝 日本国内で流通した明銭。(実物大)

ヨーロッパ

社会不安からルネサンスの開花へ

モンゴル帝国が形成したネットワークは，14世紀半ばに**黒死病(ペスト)の世界的な流行**という危機をまねいた。特にヨーロッパでは人口の3分の1が死亡し，領主支配の解体が進んだ。死の恐怖に直面した人々は，死後の再生と同時に，**現世でよりよく生きることを祈った**。このような思想が，**人間性や個性を重視するルネサンス**を導くこととなった。

◀12 **トゥルネー(ベルギー)の埋葬**(14世紀)

▶13 **「春」** ボッティチェリ(1478年頃) 縦203cm，横314cm ウフィツィ美術館蔵

16世紀(大航海時代)の世界

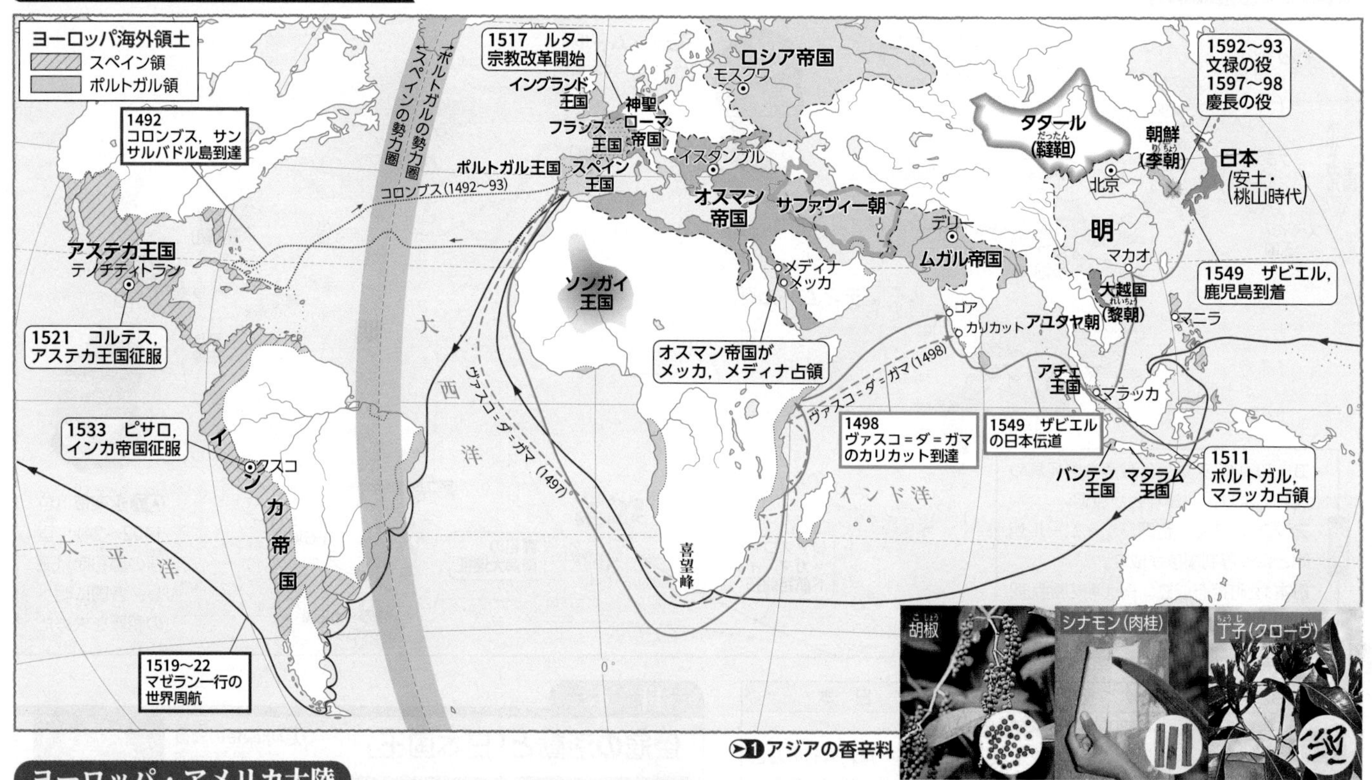

▶1 アジアの香辛料

ヨーロッパ・アメリカ大陸

新航路の開拓

◀2 サンサルバドル島に上陸するコロンブス一行

▲3 コロンブス(1451～1506)

◀4 ヴァスコ＝ダ＝ガマ(1469頃～1524)

アジア産香辛料への需要の高まりと，オスマン帝国の東地中海進出を受け，ポルトガルやスペインは新航路の開拓を目指した探検事業を推進した。アメリカ大陸到達やインド航路の確立によって，「世界の一体化」が進んだ。

▶5 マゼラン(1480頃～1521)

古アメリカ文明と征服者

◀6 インカの石積み
アンデス高地を中心に栄えたインカ帝国では，巨石を使用した優れた建築技術が見られた。また，文字はなく，紐の色や結び目で情報を伝えた(キープ)。

アメリカ大陸では，**マヤ文明**(ユカタン半島)や**アステカ王国**(メキシコ高原)，**インカ帝国**(アンデス高地)が古くから栄えたが，16世紀以降，スペイン人による征服とキリスト教化が進められた。

▶7 ピサロ(1470頃～1541) インカ帝国を滅ぼした。

A 貿易関係の変化(商業革命)

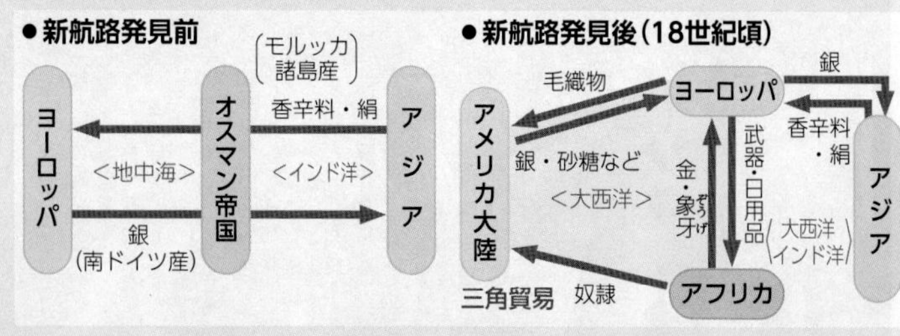

解説 新航路の開拓により，**商業の中心は地中海から大西洋へと移った**。また，アメリカ大陸から大量の銀が流入し，ヨーロッパでは物価が高騰した(**価格革命**)。

B 先住民の人口減少

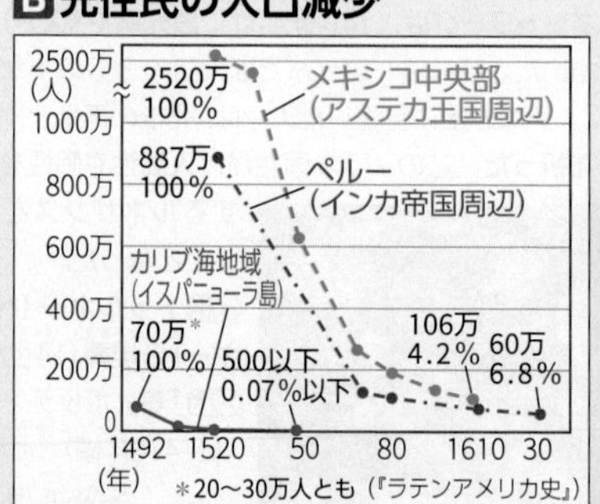

解説 「新大陸」を征服したスペイン人は，先住民を鉱山で使役するなど，過酷な搾取を行った。また，ヨーロッパからもたらされた伝染病により，先住民の人口は大幅に減少。先住民の奴隷化が禁止されると，アフリカから**黒人奴隷**が輸入された。

➜p.43

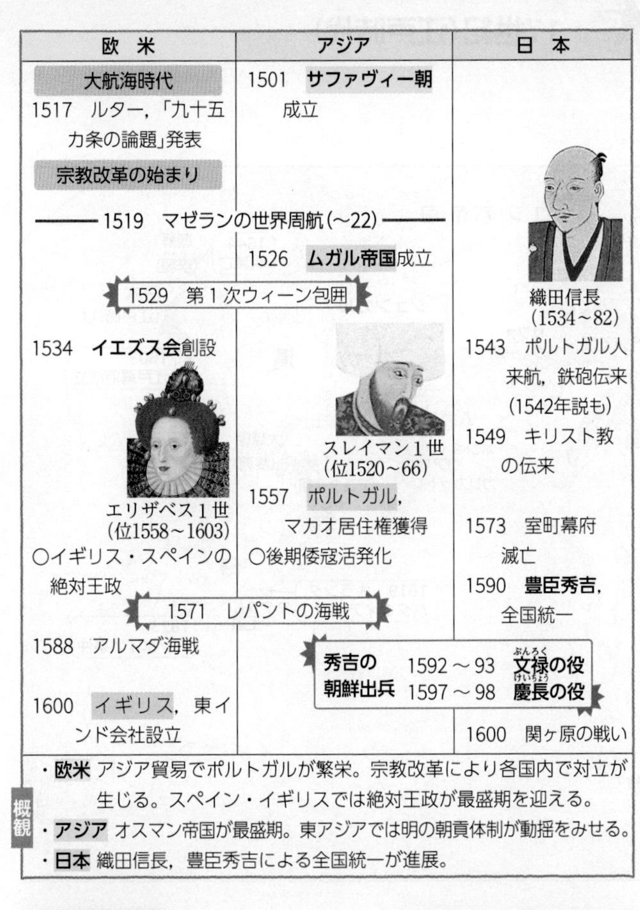

欧 米	アジア	日 本
大航海時代 1517 ルター，「九十五カ条の論題」発表 宗教改革の始まり	1501 **サファヴィー朝**成立	
―― 1519 マゼランの世界周航(～22) ――		
	1526 **ムガル帝国**成立	織田信長(1534～82)
1529 第1次ウィーン包囲		
1534 **イエズス会**創設 エリザベス1世(位1558～1603) ○イギリス・スペインの絶対王政	スレイマン1世(位1520～66) 1557 ポルトガル，マカオ居住権獲得 ○後期倭寇活発化	1543 ポルトガル人来航，鉄砲伝来(1542年説も) 1549 キリスト教の伝来 1573 室町幕府滅亡 1590 **豊臣秀吉**，全国統一
1571 レパントの海戦		
1588 アルマダ海戦 1600 イギリス，東インド会社設立	秀吉の朝鮮出兵 1592～93 **文禄の役** 1597～98 **慶長の役**	1600 関ヶ原の戦い

概観
- **欧米** アジア貿易でポルトガルが繁栄。宗教改革により各国内で対立が生じる。スペイン・イギリスでは絶対王政が最盛期を迎える。
- **アジア** オスマン帝国が最盛期。東アジアでは明の朝貢体制が動揺をみせる。
- **日本** 織田信長，豊臣秀吉による全国統一が進展。

つながる モノ 銀の流通

◀A8 **ヨーロッパで作られた日本地図**（ティセラ日本図，1595年）

▶9 **石見銀の丁銀** 島根県立古代出雲歴史博物館蔵

C アジアをめぐる銀の流れ

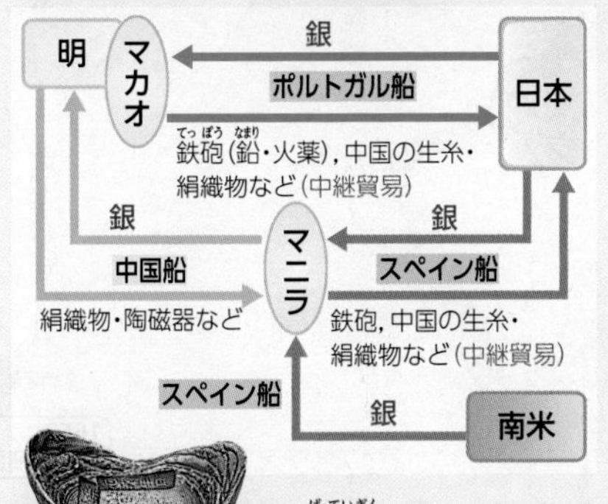

16世紀後半，南米の**ポトシ銀山**，日本の**石見銀山**で採掘された銀が世界で流通した。スペインは**マニラ**，ポルトガルは**マカオ**を拠点に銀を中継し，中国の絹や陶磁器を入手して大きな利益をあげた。大量の銀が流入した中国では，明・清代に**税の銀納化**が進んだ。

◀10 **馬蹄銀** 主に清代に流通した銀の秤量貨幣。 貨幣・浮世絵ミュージアム蔵

ヨーロッパ

宗教改革で揺らぐ社会

1517年，**ルター**が「**九十五カ条の論題**」を発表。ローマ教皇による贖宥状（免罪符）の販売を批判し，宗教改革が始まった。**カルヴァン**らがこれに続き，新教徒（プロテスタント）の勢力が拡大。各地で宗教戦争に発展した。一方カトリック側も，**イエズス会**を創設して布教活動を活発化させた（対抗宗教改革）。

A11 **ルター**（1483～1546）

▶12 **マリア十五玄義図**（江戸時代） 画像提供 / 京都大学総合博物館

▶13 **聖ポール天主堂跡**（マカオ） 17世紀初めに建設されたカトリック教会。ポルトガルが拠点を置いたマカオは，貿易だけでなく，アジアにおけるカトリック布教の中心地でもあった。 世界遺産

解説 **イグナティウス＝ロヨラ**や**フランシスコ＝ザビエル**らが創始したイエズス会は，**ポルトガルやスペインが開拓した航路を活用して**，南米やアジアでの布教活動を展開した。インドのゴアを中心に活動していたザビエルは，日本への布教を有望視し，1549年に鹿児島に来訪した。

日 本

ヨーロッパとの交流と天下統一

神戸市立博物館蔵

A14 **南蛮屏風** 貿易品を積んで来航した南蛮船（左）と，それを迎えるバテレン（伴天連…外国人宣教師）が描かれている。

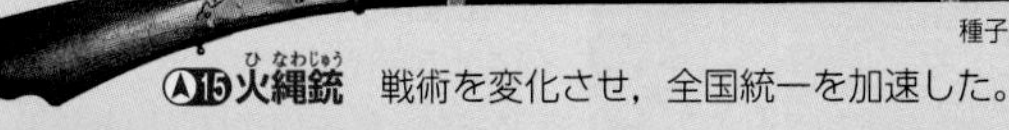

種子島開発総合センター蔵

A15 **火縄銃** 戦術を変化させ，全国統一を加速した。

鉄砲とキリスト教の伝来は，戦国時代の日本に大きな影響をもたらした。**織田信長**は鉄砲を積極的に取り入れて全国統一を進め，**豊臣秀吉**が統一を果たした。

一方，キリスト教は西日本を中心に信徒を獲得したが，これを警戒する秀吉や江戸幕府によって弾圧された。➜p.21

◀16 **フランシスコ＝ザビエル（シャヴィエル）**（1506頃～52） 神戸市立博物館蔵

17世紀の世界

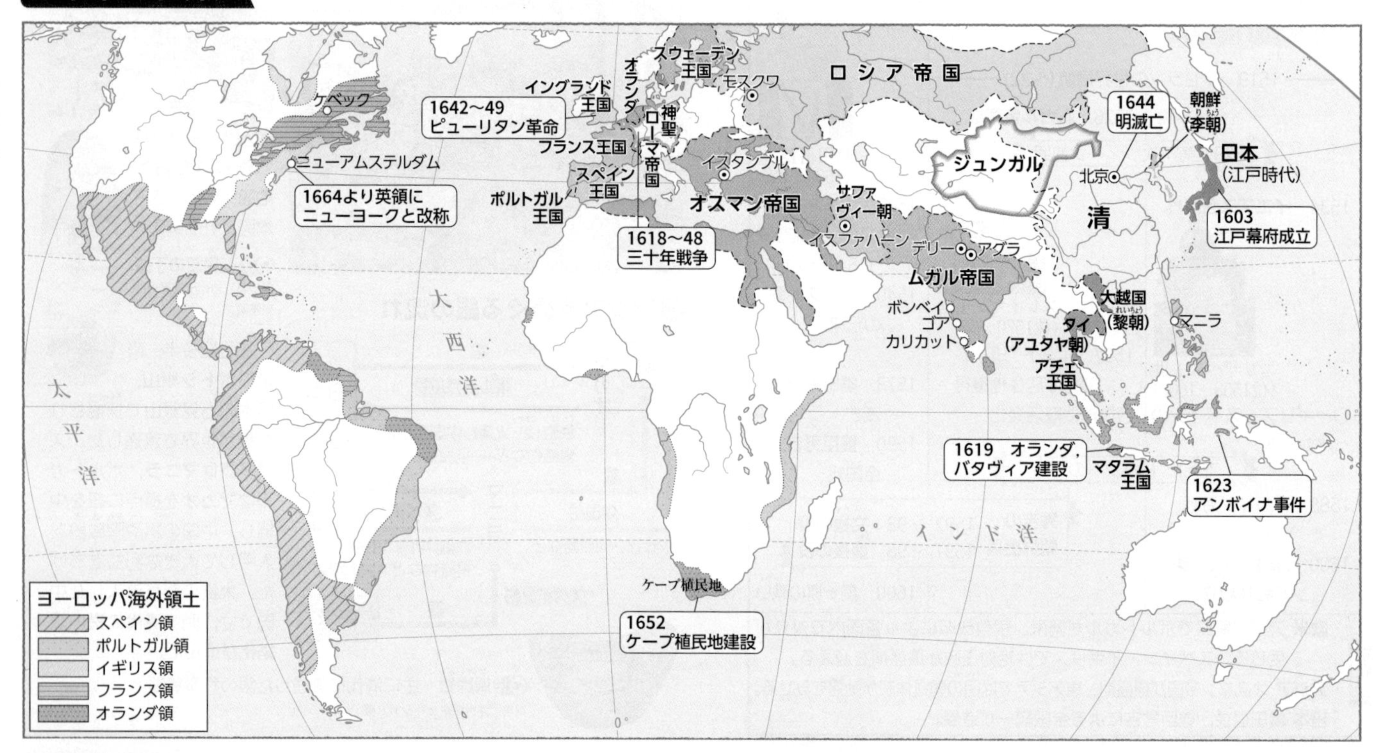

ヨーロッパ

主権国家体制の成立 巻末史料2

イギリスの革命 16世紀後半に絶対王政が全盛期を迎えたイギリスでは，17世紀に入ると国王の専制に対抗した**ピューリタン革命**が起こり，**共和政**が樹立された。クロムウェルの独裁を経て一時王政が復古したが，**名誉革命**によって**立憲君主政が確立された。**

◁1 **クロムウェル**(1599～1658)

● **権利の章典**(1689年)　…僧俗の貴族および庶民は…古来の自由と権利を擁護し，主張するため，つぎのように宣言した。…**国王は，王権により，国会の承認なしに法律の効力を停止し，または法律の執行を停止し得る権限があると称しているが，そのようなことは違法である。**　(『人権宣言集』岩波文庫)

解説　名誉革命で国王として迎えられたウィリアム3世とメアリ2世が，議会が提出した「権利の宣言」を承認。「**権利の章典**」として発布され，夫婦での共同統治が行われた。

△2 ヴェルサイユ宮殿「鏡の間」

フランスの絶対王政 フランスでは，**王権神授説**をより所としたルイ14世の時代に絶対王政が全盛期を迎えた。ルイ14世は，財務総監コルベールを登用して自国産業の保護と育成を図り(**重商主義政策**)，**官僚制**や**常備軍**の整備を進めたほか，積極的な侵略戦争を繰り返した。

▷3 **ルイ14世**(位1643～1715)

アジア

イスラーム王朝と諸宗教の共存 世界遺産

オスマン帝国 オスマン帝国は，16世紀以降ヨーロッパ諸国に対して通商の自由などの特権を認めた(**カピチュレーション**)。また，異教徒を**ミッレト**に組織して，貢納と引き換えに信仰の自由と自治を承認。イスタンブルは交流の結節点として発展した。

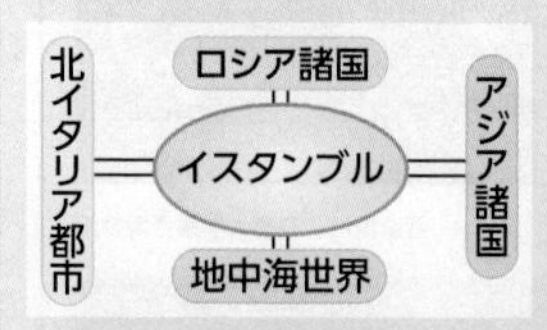

△4 イスタンブルのガラタ橋

△5 **イマームのモスク**　アッバース1世の命で建築されたモスク。イマームはシーア派指導者の称号。世界遺産

サファヴィー朝 イランでは，**シーア派**(十二イマーム派)を国教とするサファヴィー朝が繁栄。アッバース1世が首都とした**イスファハーン**は，アルメニアやインド，ヨーロッパの商人が集う国際都市であった。

◁6 **アッバース1世**(位1587～1629)

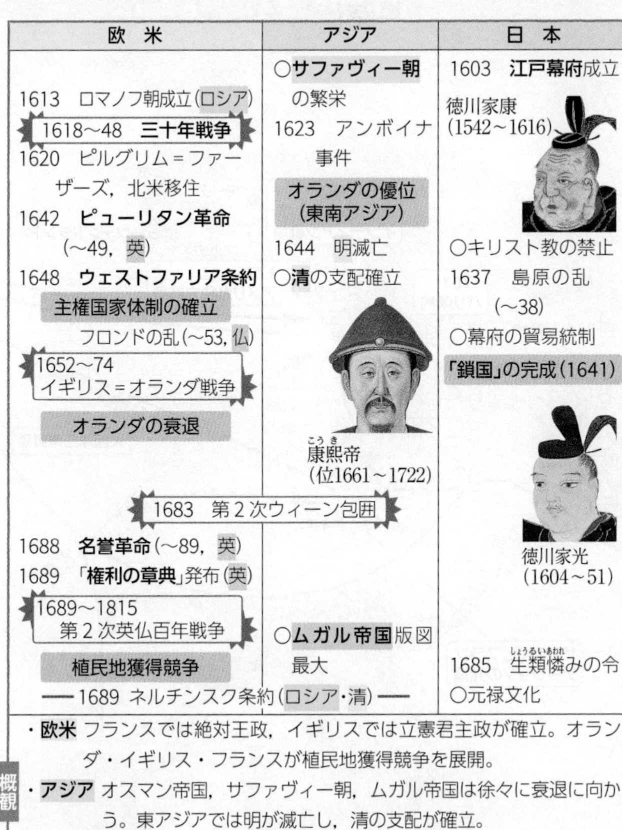

欧米	アジア	日本
	○サファヴィー朝の繁栄	1603 **江戸幕府**成立
1613 ロマノフ朝成立(ロシア)		徳川家康(1542～1616)
1618～48 **三十年戦争**	1623 アンボイナ事件	
1620 ピルグリム＝ファーザーズ，北米移住	オランダの優位(東南アジア)	
1642 **ピューリタン革命**(～49，英)	1644 明滅亡	○キリスト教の禁止
1648 **ウェストファリア条約**	○清の支配確立	1637 島原の乱(～38)
主権国家体制の確立		○幕府の貿易統制
フロンドの乱(～53，仏)		「鎖国」の完成(1641)
1652～74 イギリス＝オランダ戦争	康熙帝(位1661～1722)	
オランダの衰退		
1683 第2次ウィーン包囲		
1688 **名誉革命**(～89，英)		徳川家光(1604～51)
1689 **「権利の章典」**発布(英)		
1689～1815 第2次英仏百年戦争	○**ムガル帝国**版図最大	
植民地獲得競争		1685 生類憐みの令
1689 ネルチンスク条約(ロシア・清)		○元禄文化

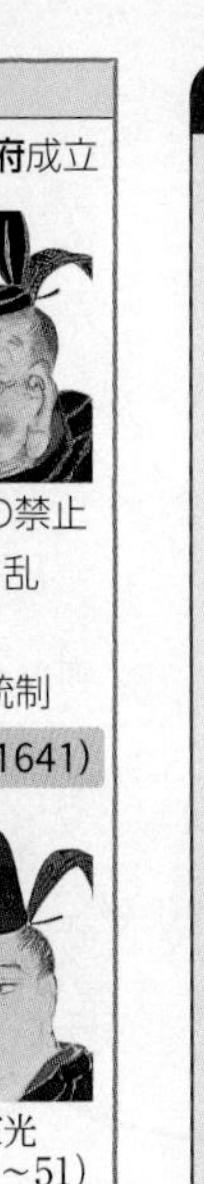

概観
- **欧米** フランスでは絶対王政，イギリスでは立憲君主政が確立。オランダ・イギリス・フランスが植民地獲得競争を展開。
- **アジア** オスマン帝国，サファヴィー朝，ムガル帝国は徐々に衰退に向かう。東アジアでは明が滅亡し，清の支配が確立。
- **日本** 江戸幕府が成立。「鎖国」の完成を経て，内政が安定。

日本

禁教から「鎖国」へ →p.38

江戸時代初期，幕府は活発な貿易を行ったが，徐々にこれを統制し，キリスト教も禁じた。最終的には**オランダ船**と**中国船**以外の来航が禁じられ，貿易港も**長崎**に限定。いわゆる「鎖国」体制が確立された。

▶10 **真鍮製の踏絵** キリスト教徒発見のために，1629年頃から長崎で絵踏が始められた。 長さ18.5cm 東京国立博物館蔵

A キリシタンの増加

年	人数
1549～59	6000人
69	1万8000～2万
79	13万以上
87	20万(バテレン追放令)
92	21万7500
1601	30万
14	37万前後(禁教令直後)

注：宣教師の報告などによる。
(五野井隆史『日本キリスト教史』)

◀11 **元和の大殉教**(1622年) 長崎でキリスト教宣教師や信徒が火刑・斬首された。

▶12 **天草四郎(益田時貞)**(1623？～38) **島原の乱**(島原・天草一揆)のリーダーとされる少年。領主の圧政やキリスト教弾圧に抵抗した。 熊本 天草市立天草キリシタン館蔵

解説 信徒の団結による反乱や，キリスト教布教を足掛かりとするスペイン・ポルトガルの侵略を警戒した幕府は禁教を強化し，宣教師や信徒を弾圧した。

▼7 **タージ＝マハルの墓廟と庭園**(アグラ郊外) 世界遺産

ムガル帝国 16世紀以降北インドへ侵入したムガル帝国では，現地の**ヒンドゥー教徒**との共存が統治の課題となった。文化面では**シク教**の創始や，タージ＝マハルに代表されるインド＝イスラーム文化が開花した。

● **ムガル帝国の統治政策**

アクバル(位1556～1605)時代

▲8 **アクバル**

非ムスリムに課す**人頭税(ジズヤ)**を廃止。自らはヒンドゥー教徒と結婚するなど，融和を図った。

→

アウラングゼーブ(位1658～1707)時代

帝国の最大版図を築く。敬虔なムスリムで，**ジズヤ復活**などの政策が非ムスリムの反抗を招いた。

◀9 **アウラングゼーブ**

つながる 人 朱印船貿易と東南アジア

17世紀初め，幕府は**朱印船貿易**を奨励し，多くの船が東南アジアに赴いた。主な輸出品は**銀**で，**中国産の生糸**を入手して帰国した。

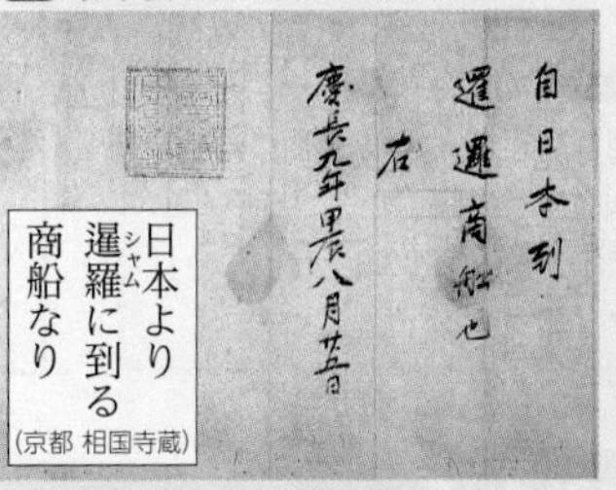

▼13 **朱印状**(海外渡航許可状)

自日本到暹羅商船也
右
慶長九年甲辰八月廿六日

日本より暹羅に到る商船なり
(京都 相国寺蔵)

▼14 **朱印船** 長崎市立博物館蔵

静岡 浅間神社蔵

▲15 **山田長政**と◀16 **その軍** 朱印船でシャム(タイ，アユタヤ朝)に渡り，日本町の長として貿易や江戸幕府との親善に活躍。国王を助けて政府の高官にもなった。

解説 朱印船貿易で多くの日本人が渡航した東南アジアでは，各地に**日本町**が形成された。特にマニラやアユタヤには，1000人以上の日本人が居住していたといわれる。

つながりでとらえる 世界と日本 18世紀

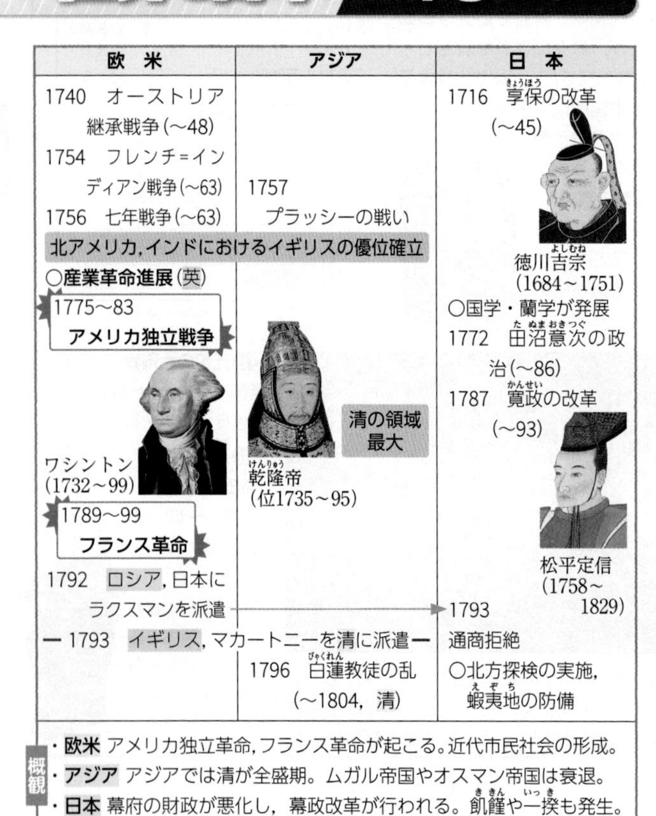

欧米	アジア	日本
1740 オーストリア継承戦争(~48)		1716 享保の改革(~45)
1754 フレンチ=インディアン戦争(~63)	1757 プラッシーの戦い	徳川吉宗(1684~1751)
1756 七年戦争(~63)		
北アメリカ,インドにおけるイギリスの優位確立		
○産業革命進展(英)		○国学・蘭学が発展
1775~83 アメリカ独立戦争	清の領域最大	1772 田沼意次の政治(~86)
ワシントン(1732~99)	乾隆帝(位1735~95)	1787 寛政の改革(~93)
1789~99 フランス革命		松平定信(1758~1829)
1792 ロシア,日本にラクスマンを派遣 →		1793 通商拒絶
1793 イギリス,マカートニーを清に派遣	1796 白蓮教徒の乱(~1804,清)	○北方探検の実施,蝦夷地の防備

概観
- **欧米** アメリカ独立革命,フランス革命が起こる。近代市民社会の形成。
- **アジア** アジアでは清が全盛期。ムガル帝国やオスマン帝国は衰退。
- **日本** 幕府の財政が悪化し,幕政改革が行われる。飢饉や一揆も発生。

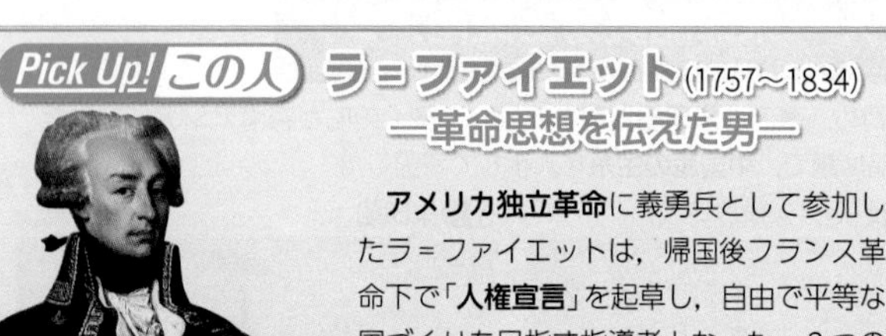

Pick Up! この人 ラ=ファイエット(1757~1834)
―革命思想を伝えた男―

アメリカ独立革命に義勇兵として参加したラ=ファイエットは,帰国後フランス革命下で「**人権宣言**」を起草し,自由で平等な国づくりを目指す指導者となった。2つの大陸の間の人や思想の交流が,大きな革命を引き起こす原動力となった。

◁1 ラ=ファイエット

160° A 120° B 80° C 40
ハドソン湾
1754~63 フレンチ=インディアン戦争
カナダ
ニューファンドランド
アカディア
1763 パリ条約
ニューヨーク
1775~83 アメリカ独立戦争
タバコ
西ルイジアナ
東ルイジアナ
砂糖・コーヒー
メキシコ(ヌエバエスパニャ)
ミシシッピ川
フロリダ
穀物
大西洋三角貿易
キューバ
ハイチ ドミニカ
アカプルコ
奴隷
銀
金・銀・砂糖
サトウキビプランテーションの発達
ヌエバグラナダ
ギアナ
太平洋
アマゾン川
ペルー
ブラジル
リオデジャネイロ
ラプラタ川
チリ
0 1000 2000km

つながるモノ 英国流「ティータイム」の始まり

イギリスにおける喫茶の風習は,世界貿易の拡大(→p.43地図)とともに確立された。中南米で生産される**砂糖**と,東インド会社がもたらす中国産の**茶**がその主役である。

▷2 **サトウキビプランテーション** サトウキビは,大航海時代(←p.18)以降,西インド諸島の**プランテーション**で栽培され,アフリカから多くの**奴隷**が導入された。→p.43

△3 **イギリスの喫茶風景**(18世紀初頭) 茶は17世紀から「舶来の仙薬」として輸入され,上・中流階級を中心に,砂糖を入れて飲むことが流行した。産業革命が進展した19世紀には,労働者の飲料として定着する。→p.45

◁4 **茶の栽培** 中国では漢代から喫茶が始まった。ヨーロッパでの需要が拡大すると,インドやセイロンで茶のプランテーションがつくられた。

D 0° E 40° F 80° G 120° H 160° I

ロシア帝国

1689
ネルチンスク条約
による国境線

1727
キャフタ条約
による国境線

(スタノヴォイ山脈)
外興安嶺

スウェーデン王国
ノルウェー王国
ペテルブルク
大(グレート＝)ブリテン王国
プロイセン王国
1700～21
北方戦争
オランダ
神聖ローマ帝国
ポーランド王国
オーストリア
フランス王国
ハンガリー
ポルトガル王国
スペイン王国
ナポリ王国
シチリア王国
イスタンブル
グルジア
オスマン帝国
アルジェリア
フェズ・モロッコ
地中海
バグダード
ヒヴァ＝ハン国
ブハラ＝ハン国
コーカンド＝ハン国
アフシャール朝
ドゥッラーニー朝
ザンド朝
カスピ海
ジュンガル
イリ
回部
ハルハ
チャハル
北京
漢城
朝鮮(李朝)
江戸
日本(江戸時代)
青海
雲台山
チベット(西藏)
清
シク王国
デリー
ネパール
アウド
ブータン
ムガル帝国
ベンガル
マラーター同盟
ビルマ(コンバウン朝)
カルカッタ
定海
寧波
漳州
厦門
琉球王国
広州
マカオ
1757
貿易港を広州1港に限定
ハノイ
タイ(アユタヤ朝)
アユタヤ
ベトナム
カンボジア
南シナ海
マニラ
香辛料
オマーン
ワッハーブ王国(サウード朝)
インダス川
ボンベイ
ニザム
マイソール王国
マドラス
ポンディシェリ
カリカット
1757
プラッシーの戦い
アラビア海
アチェ王国
バタヴィア
ジョクジャカルタ
工業製品
武器・綿織物など
ハウサ諸国
カネム＝ボルヌー王国
ベニン王国
エチオピア帝国
コンゴ王国
綿織物
インド洋
茶・絹・陶磁器
香辛料・コーヒー
ケープ植民地

ヨーロッパ海外領土
スペイン領
ポルトガル領
イギリス領
フランス領
オランダ領

東アジア
清の藩部
清の属国
おもな互市場

くらべる 世界 日本 三都の発展と商人の活躍

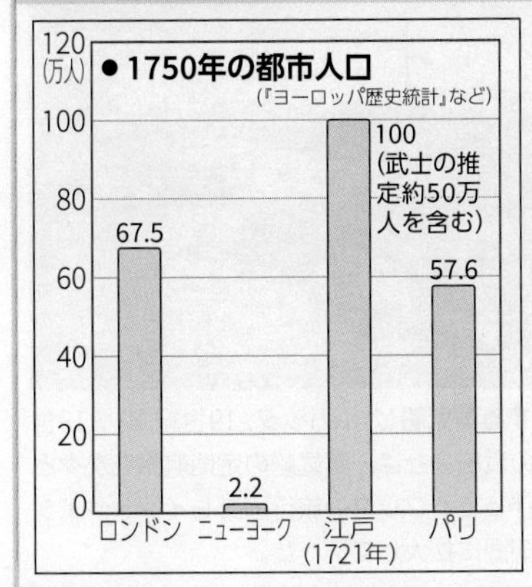

江戸幕府の成立以来,「将軍のお膝元」として発展を続けてきた**江戸**は,18世紀になると人口100万人を有する世界有数の大都市となった。各地の交通や諸産業の発達も著しく(➔p.37),「天下の台所」とよばれた**大坂**や,天皇が居住する**京都**が,江戸と並ぶ「**三都**」として繁栄した。

5 越後屋呉服店(「浮絵駿河町呉服屋図」) 三井高利が江戸に開業した呉服店(現在の三越)。「現金掛け値なし(即日払い)」という新商法で繁盛し,後に両替商も営んだ。

写真提供:公益財団法人三井文庫

つながりでとらえる 世界と日本 19世紀前半

欧米	アジア	日本
ナポレオン戦争 →1814 ウィーン会議(～15)	1796 白蓮教徒の乱(～1804，清) 1819 イギリス，シンガポール買収	外国船の接近 1808 フェートン号事件
―イギリス，インド，清の三角貿易―		
1823 モンロー宣言(米) 1830 **七月革命**		1825 異国船打払令 1828 シーボルト事件❶ 1833 天保の飢饉(～39) 1837 大塩の乱 1841 天保の改革(～43)
1840～42 **アヘン戦争**		
ヴィクトリア女王(位1837～1901) 1848 **二月革命** 諸国民の春 ○西部開拓進展(米) ○ロシアの南下政策	1842 **南京条約** 林則徐(リン ツォ シュイ)(1785～1850) 不平等条約の締結	1842 天保の薪水給与令 水野忠邦(1794～1851)

概観
- **欧米** ナポレオン戦争を経たヨーロッパでは，ナショナリズムが高揚。
- **アジア** 英・仏が東アジアに進出。清の朝貢貿易体制が動揺。
- **日本** 近海に外国船が出現。幕府の統治体制が揺らぎをみせる。

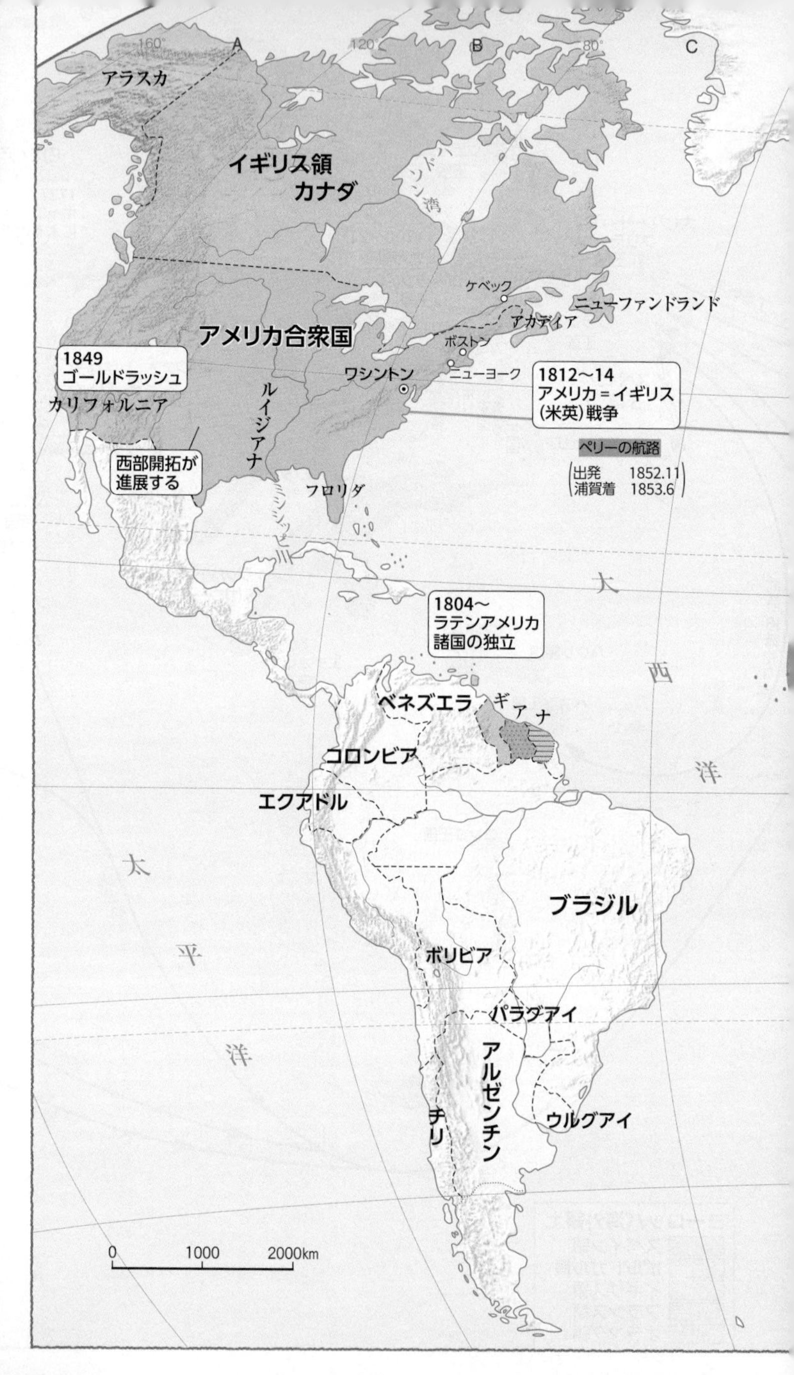

Pick Up! この人

シーボルト(1796-1866)
―日本と世界をつなぐドイツ人医師―

❶1 シーボルト 長崎歴史文化博物館蔵

1823年にオランダ商館医として来日。長崎郊外に鳴滝塾を開いて医学などを教えた。帰国時に国外への持ち出しが禁じられていた地図を所有していたことが発覚し，国外追放処分を受けた(**シーボルト事件**)。日本の動植物や書籍を研究し，著書『日本』を刊行。処分が解かれた後は再来日し，幕府の外交顧問も務めた。

つながる 交通 蒸気機関の発達とパックツアー

❶2 トマス＝クック(1808～92)

産業革命による蒸気機関の改良は，**鉄道や蒸気船などの新たな交通機関の発達をもたらした**(➡p.32・44)。これにより，19世紀以降，人の移動は量的にも空間的にも大きな拡大を見せる(➡p.62・63)。

イギリスのトマス＝クックは，1841年に鉄道を利用した国内のパック旅行を初めて企画。団体割引運賃を採用し，事業を拡大した。これにより，18世紀までは貴族の特権とされていた旅行が，広く大衆向けの娯楽として定着した。

❶3 クック社の広告

❶4 **インドに停泊する蒸気船**(カルカッタ，19世紀末) 19世紀以降，イギリスの汽船会社は，蒸気船の定期航路を次々と開設した。これに伴って，クックの旅行事業もインドやエジプトなど，大英帝国圏に拡大していった。

D E F G H I
40° 0° 40° 80° 120° 160°

シベリア
ロシア帝国
（スタノヴォイ山脈）
外興安嶺
ドイツ連邦
大（グレート＝）ブリテン＝アイルランド連合王国
北海
ペテルブルク
ロンドン
オランダ
プロイセン王国
ポーランド
1814～15
ウィーン会議
オーストリア帝国
1839～76
タンジマート
（恩恵改革）
フランス王国
スペイン王国
ポルトガル王国
イスタンブル
オスマン帝国
地中海
アルジェリア
1821～29
ギリシア独立戦争
エジプト
バグダード
ガージャール朝
ワッハーブ王国
（サウード朝）
メッカ
エチオピア帝国
カスピ海
西トルキスタン
ブハラ＝ハン国
イリ
新疆
ハルハ
黒竜江
チャハル
北京
朝鮮（李朝）
1822
松前藩領
日本（江戸時代）
1825
異国船打払令
青海
チベット
清
天京（南京）
上海
寧波
琉球王国
ネパール
デリー
インダス川
イギリス領インド
カルカッタ
ボンベイ
マドラス
ビルマ（コンバウン朝）
広州
マカオ
香港
1840～42
アヘン戦争
アラビア海
ベンガル湾
タイ
バンコク
カンボジア
南シナ海
ルソン
マニラ
フィリピン
スリランカ（セイロン）
アチェ王国
ペナン
マラッカ
シンガポール
スマトラ
ボルネオ
1826
海峡植民地成立
バタヴィア
ジャワ
インド洋
オーストラリア
ケープ植民地
ケープタウン

1 2 3 4 5 6
20° 0° 20° 40°

ヨーロッパ海外領土
- スペイン領
- ポルトガル領
- イギリス領
- フランス領
- オランダ領

くらべる！日本橋
東都名所 日本橋真景并ニ魚市全図
魚市場

A5「東都名所　日本橋真景并ニ魚市全図」（歌川広重筆）　幕府が整備した五街道の出発点。交通の拠点であるだけでなく，魚市場なども設けられ，江戸の人々の消費を支える場となった。

くらべる 世界 日本　江戸の繁栄と化政文化

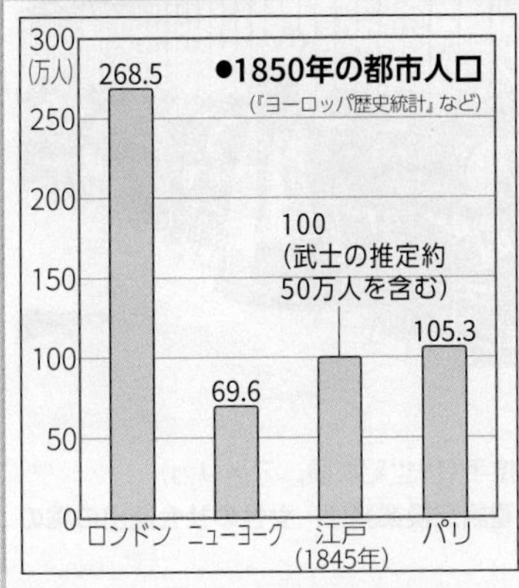

19世紀に入ると，産業革命を達成したイギリスが「**世界の工場**」として飛躍的な発展をみせた。

日本では，三都の繁栄や交通網の発達，出版・教育の普及を背景に，開放的な庶民文化が花開き，江戸から地方へと広まった（**化政文化**）。また，外国船の接近 （➔ p.70~72）や幕藩体制の動揺を受け，**尊王攘夷論**が形成されていったのもこの時期のことである。

6 **飛脚**（「富士百撰暁ノ不二」）　手紙などを運び，江戸・大坂間を最短3日で移動した。

つながりでとらえる 世界と日本 19世紀後半

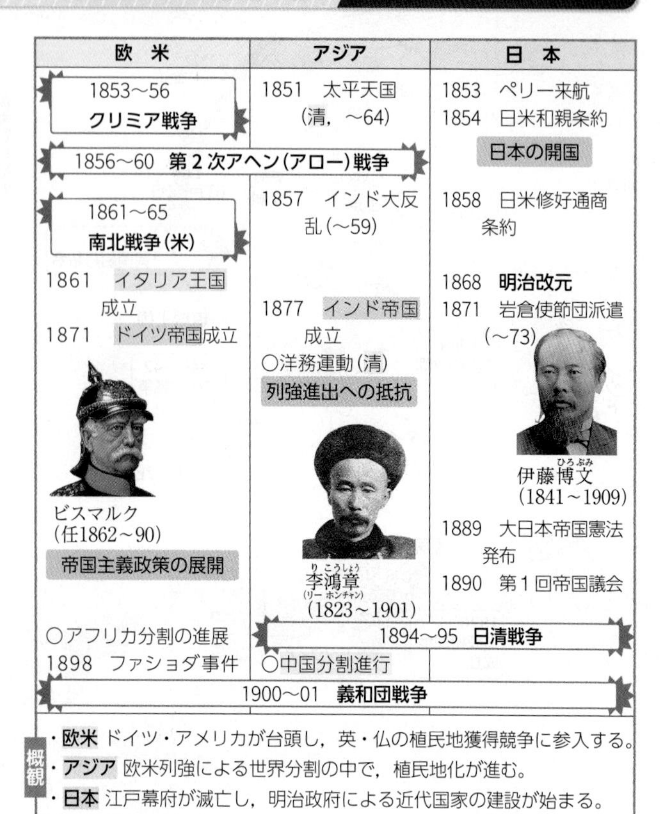

欧 米	アジア	日 本
1853〜56 クリミア戦争	1851 太平天国（清，〜64）	1853 ペリー来航 1854 日米和親条約 日本の開国
1856〜60 第2次アヘン(アロー)戦争		
1861〜65 南北戦争(米)	1857 インド大反乱(〜59)	1858 日米修好通商条約
1861 イタリア王国成立 1871 ドイツ帝国成立	1877 インド帝国成立 ○洋務運動(清) 列強進出への抵抗	1868 明治改元 1871 岩倉使節団派遣(〜73)
ビスマルク(任1862〜90) 帝国主義政策の展開	李鴻章(リー ホンチャン)(1823〜1901)	伊藤博文(1841〜1909) 1889 大日本帝国憲法発布 1890 第1回帝国議会
○アフリカ分割の進展 1898 ファショダ事件	1894〜95 日清戦争 ○中国分割進行	1894〜95 日清戦争
1900〜01 義和団戦争		

概観
- **欧米** ドイツ・アメリカが台頭し，英・仏の植民地獲得競争に参入する。
- **アジア** 欧米列強による世界分割の中で，植民地化が進む。
- **日本** 江戸幕府が滅亡し，明治政府による近代国家の建設が始まる。

Pick Up! この人

徳川慶喜(1837-1913) ―最後の将軍―

江戸幕府15代将軍。**フランス**の援助を受けて洋式陸軍の編成を進めるなど，幕政の改革を図った。各国代表とも積極的な謁見を重ねており，公使からもその手腕を高く評価されていた。

❶フランスのナポレオン3世(→p.54)**から贈られた軍服を着る慶喜** 千葉 松戸市戸定歴史館蔵

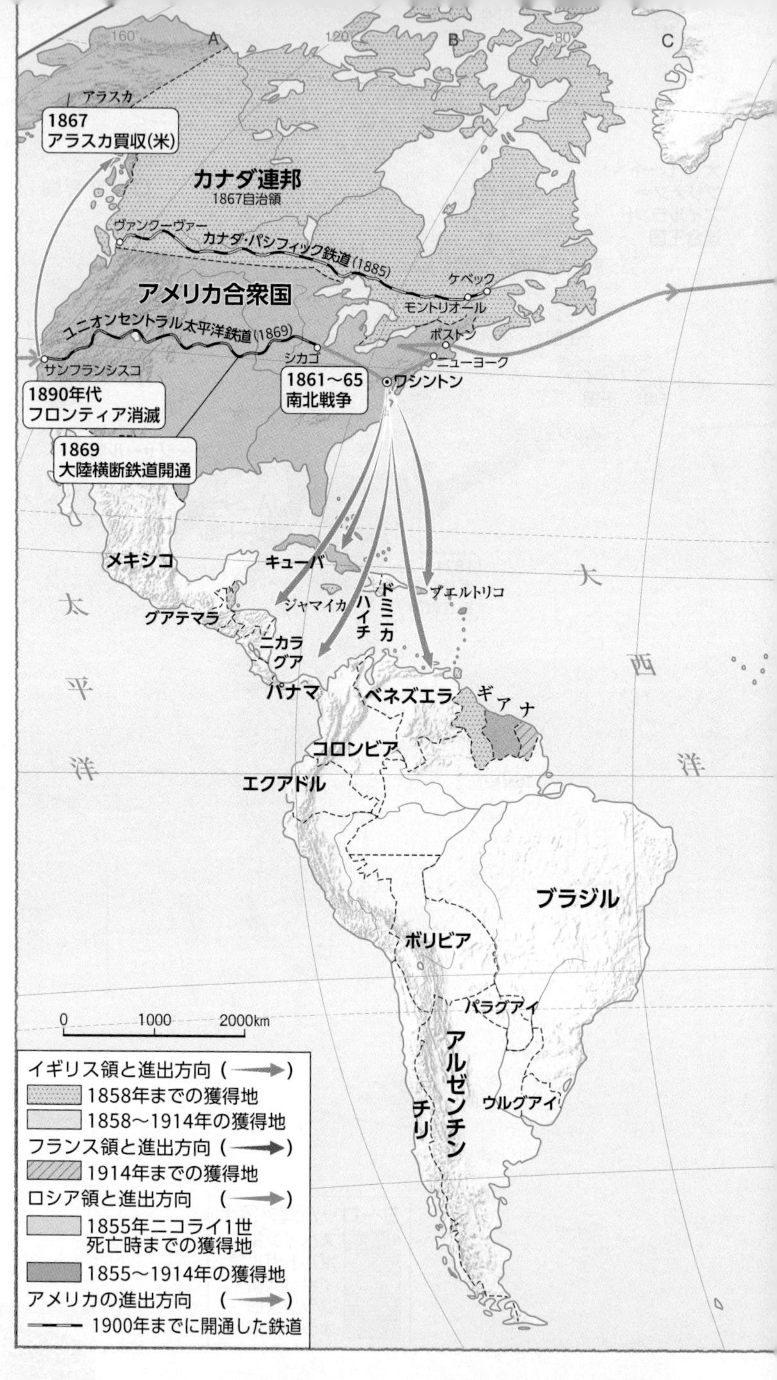

つながる 情報 通信の発達と近代国家の形成

●情報・通信技術の発達 →p.32・78

	（□日本）
1837	**モールス**(米)，**電信機**発明
1840	イギリスで近代郵便制度発足（全国均一料金・切手制度）
1851	ロイター通信社(英)誕生→p.54
1869[*1]	東京－横浜間に電信開通
1870[*2]	「横浜毎日新聞」発刊(日本初の日刊新聞)
1871	郵便制度発足 上海－長崎間に海底ケーブル敷設
1875	万国郵便連合発足(1877年，日本加盟)
1876	**ベル**(米)，**電話機**発明❷
1890	東京－横浜間の電話交換サービス開始
1895	**マルコーニ**(伊)，**無線電信**実験成功

＊1 太陽暦1870年。＊2 太陽暦1871年。

19世紀後半からイギリスが敷設を始めた海底ケーブルは，1860年代には早くも東アジアに到達した。1871年には日本と上海との間に電信が開通し，欧米の情報ネットワークと接続した。日本国内でも，明治維新以降国内の政治的統一のために情報通信網の確立が急がれた。電信・電話技術が導入されたほか，**前島密**が飛脚(←p.25)に代わる郵便事業の確立を進め，近代国家形成の過程で大きな役割を果たした。

❷ベルの電話機 1876年に発明されると，翌年日本にも輸入された。

❸女性電話交換手(19世紀末頃，アメリカ)
新たに誕生した**電話交換業務は，女性の社会進出の場の1つとなった。**

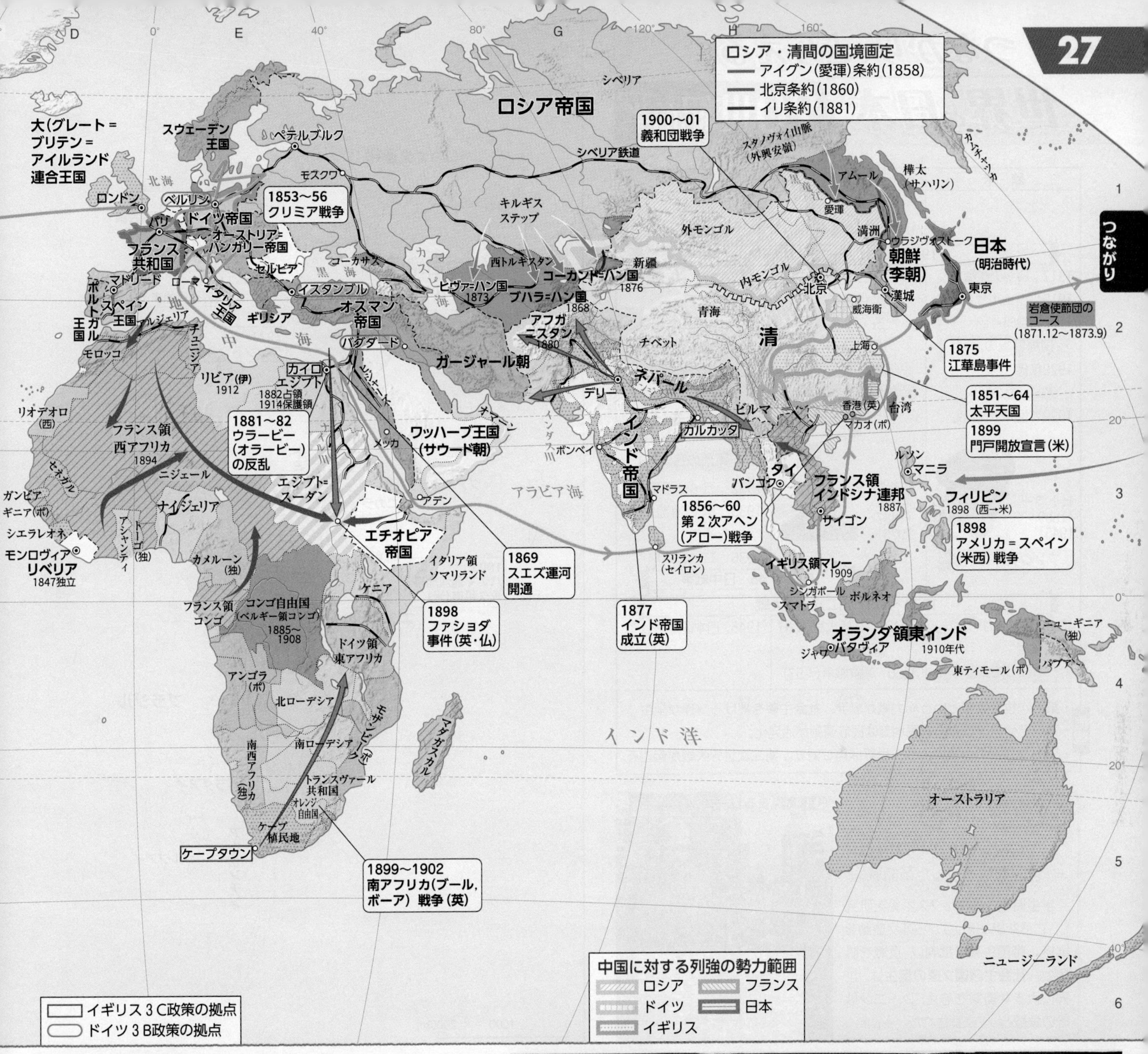

くらべる 世界 日本 近代都市の発展と日本の文明開化

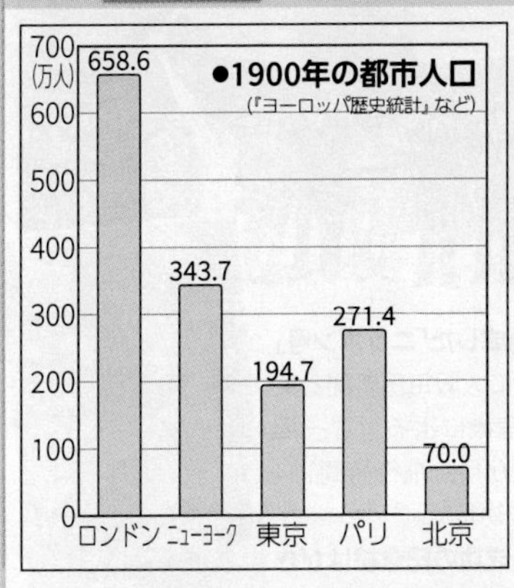

19世紀は大英帝国の最盛期（「**パクス＝ブリタニカ**」）であり，その首都ロンドンは繁栄を極めた。また，フランスでは**ナポレオン3世がパリの都市改造を主導し**，上下水道の整備などの近代化が進められた（➔p.61）。加えて，ヨーロッパからアメリカへの移民の増加（➔p.63）は，その窓口であるニューヨークの発展をもたらした。

Ⓐ4「**東京日本橋風景**」（歌川芳虎筆，1870年）　開国から明治維新を経て，日本には欧米の様々な文化が流入した。明治初期に描かれたこの錦絵には，自転車（➔p.2）・人力車などの新たな乗り物や，和洋入り乱れた風俗が描かれている。➔p.79

つながりでとらえる 世界と日本 20世紀前半

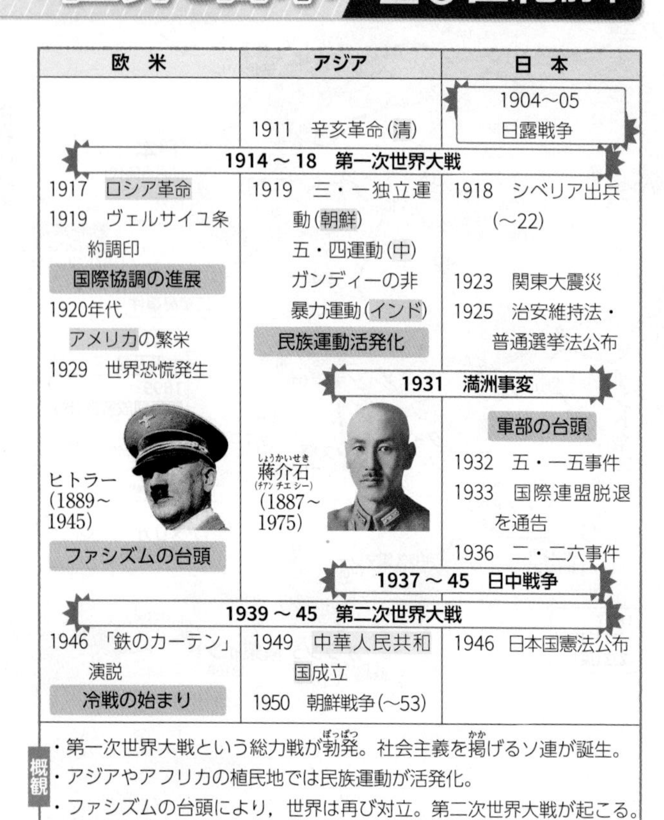

欧 米	アジア	日 本
	1911 辛亥革命(清)	1904～05 日露戦争
1914～18 第一次世界大戦		
1917 ロシア革命 1919 ヴェルサイユ条約調印 国際協調の進展 1920年代 アメリカの繁栄 1929 世界恐慌発生	1919 三・一独立運動(朝鮮) 五・四運動(中) ガンディーの非暴力運動(インド) 民族運動活発化	1918 シベリア出兵(～22) 1923 関東大震災 1925 治安維持法・普通選挙法公布
	1931 満洲事変	
ヒトラー(1889～1945) ファシズムの台頭	蔣介石(しょうかいせき)(チアン チエ シー)(1887～1975)	軍部の台頭 1932 五・一五事件 1933 国際連盟脱退を通告 1936 二・二六事件
	1937～45 日中戦争	
1939～45 第二次世界大戦		
1946 「鉄のカーテン」演説 冷戦の始まり	1949 中華人民共和国成立 1950 朝鮮戦争(～53)	1946 日本国憲法公布

概観
- 第一次世界大戦という総力戦が勃発(ぼっぱつ)。社会主義を掲(かか)げるソ連が誕生。
- アジアやアフリカの植民地では民族運動が活発化。
- ファシズムの台頭により，世界は再び対立。第二次世界大戦が起こる。

Pick Up! この人
レーニン(1870～1924) ➔p.114
―世界を揺るがした革命家―

学生時代からマルクス主義を研究し，亡命を繰り返しながら革命運動を継続。**帝国主義を批判**し，反戦を訴えた。**社会主義国ソ連の誕生**は，世界に大きな衝撃を与え，レーニンはその象徴として崇拝(すうはい)された。➔p.191

①演説するレーニン

つながる 交通 航空機の発達，空の時代へ

●航空機の発達 □日本

1903	**ライト兄弟**，初の動力飛行機の飛行成功 ➔p.60
1910	日本における動力飛行成功
1911	国産民間機の初飛行
1914～18	**第一次世界大戦**(➔p.110～113)で戦場に投入
1922	民間定期航空路営業開始
1927	リンドバーグ，大西洋単独無着陸横断飛行成功 ❷
1939	.8 国産機による世界一周成功(～.10) ❸ .9 第二次世界大戦勃発 ➔p.146

ライト兄弟による動力飛行の成功以降，航空機は軍用機や旅客・郵便輸送の手段として活用が広がり，日本でも国産機の開発が進められた。また，飛行家によるショーや長距離飛行への挑戦は大きく報じられ，大衆の心をひきつけた。

②リンドバーグ(1902～74) アメリカ，デトロイト出身の郵便飛行士。1927年，2万5000ドルの賞金がかけられたニューヨーク～パリ間の**大西洋単独無着陸飛行に成功**。アメリカの国民的英雄となった。

③世界一周を達成した「ニッポン号」 1939(昭和14)年に大阪毎日新聞と東京日日新聞が国産機による世界一周飛行を企画。約2か月，飛行時間194時間を費(つい)やして成功した。

④世界一周成功の記念絵はがき

くらべる 世界 日本 大都市の成長と大衆文化

20世紀前半は，**都市中間層が社会の中核を担い**，ニューヨークや東京では**大衆文化**が花開いた(➜ p.130～133)。電車や電灯が普及した東京では，関東大震災(1923<大正12>年)後には郊外の開発が進んだ。

◀5 三越呉服店 越後屋(← p.23) を継承し，1904（明治37）年，日本橋に初の百貨店を開店した。 ➜ p.132

▶6「日本橋繁華之光景」(土屋伝筆1926<大正15>年)

30 つながりでとらえる 世界と日本 20世紀後半

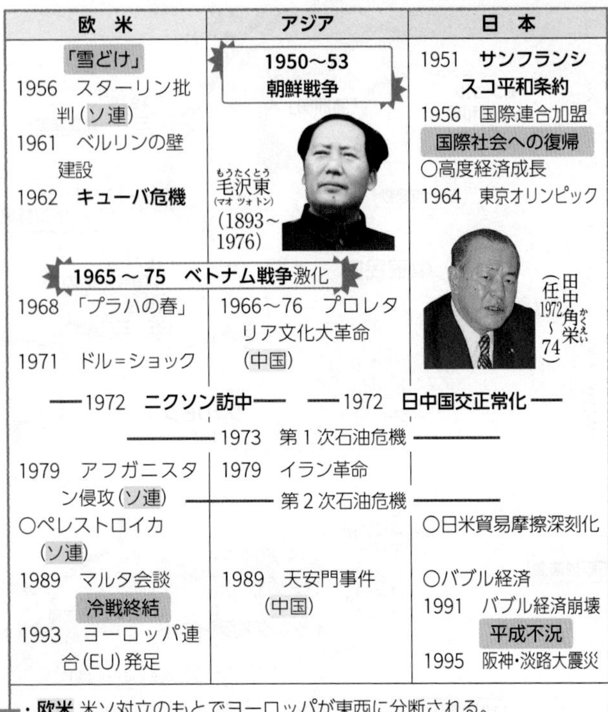

欧米	アジア	日本
「雪どけ」 1956 スターリン批判(ソ連) 1961 ベルリンの壁建設 1962 **キューバ危機**	**1950〜53 朝鮮戦争** 毛沢東(もうたくとう)(マオ ツォトン)(1893〜1976)	1951 **サンフランシスコ平和条約** 1956 国際連合加盟 国際社会への復帰 ○高度経済成長 1964 東京オリンピック 田中角栄(かくえい)(任1972〜74)
1965〜75 ベトナム戦争激化		
1968 「プラハの春」 1971 ドル=ショック	1966〜76 プロレタリア文化大革命(中国)	
1972 **ニクソン訪中**	1972 **日中国交正常化**	
1973 第1次石油危機		
1979 アフガニスタン侵攻(ソ連)	1979 イラン革命	
第2次石油危機		
○ペレストロイカ(ソ連) 1989 マルタ会談 冷戦終結 1993 ヨーロッパ連合(EU)発足	1989 天安門事件(中国)	○日米貿易摩擦深刻化 ○バブル経済 1991 バブル経済崩壊 平成不況 1995 阪神・淡路大震災

概観
- **欧米** 米ソ対立のもとでヨーロッパが東西に分断される。
- **アジア** 東西両陣営に属さない「第三世界」が形成される。
- **日本** 国際社会に復帰。高度経済成長期を迎えて経済発展を遂げる。

カナダ
アメリカ合衆国
オタワ
ワシントン
1963 米・ソ・英 部分的核実験禁止条約
1959 キューバ革命
1961 社会主義を宣言
1962 キューバ危機
メキシコ
メキシコシティ
ハバナ
キューバ
太平洋
大西洋
ベネズエラ
コロンビア
アマゾン川
ペルー
ブラジル
ブラジリア
ボリビア
チリ
アルゼンチン
パラグアイ
ウルグアイ
ブエノスアイレス

Pick Up! この人 ビートルズ—世界を魅了した若者たち—

2億枚以上のレコード売り上げを記録したイギリスのロックバンド。**対抗文化(カウンターカルチャー** ➔p.179**)** が広がりを見せた1960年代に，世界の若者から圧倒的な支持を得た。

◀1 1966年の日本公演

つながる 経済 グローバル化と多国籍企業

第二次世界大戦が終結すると，国境をまたいだ人・モノ・資本の移動が以前にも増して活発となった。世界規模で事業を展開する**多国籍企業**の成長もその1つの表れである。こうした**グローバル化の進展**は，各地の食文化や風俗といった生活様式に大きな変化をもたらした。一方で，世界的な貧富の格差は拡大の一途(いっと)をたどり，地球環境問題など，国際社会が連携して取り組むべき新たな課題が生じている。➔p.198

A マクドナルドの日本進出

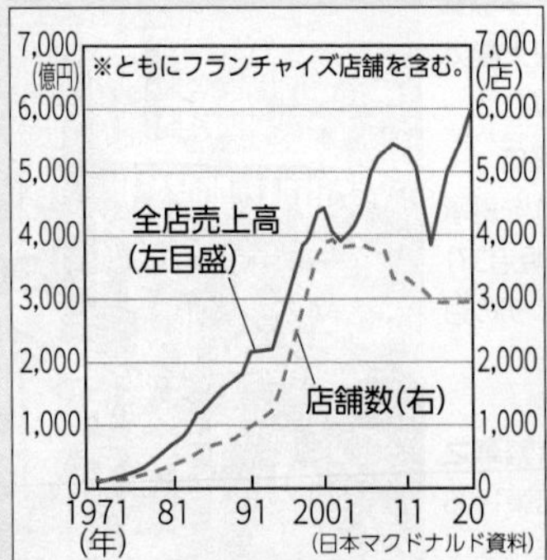

◀2 スターバックス銀座松屋通り店(日本1号店) 1996年開店。
写真提供 スターバックス コーヒー ジャパン

B 嗜好(しこう)飲料の消費量の推移

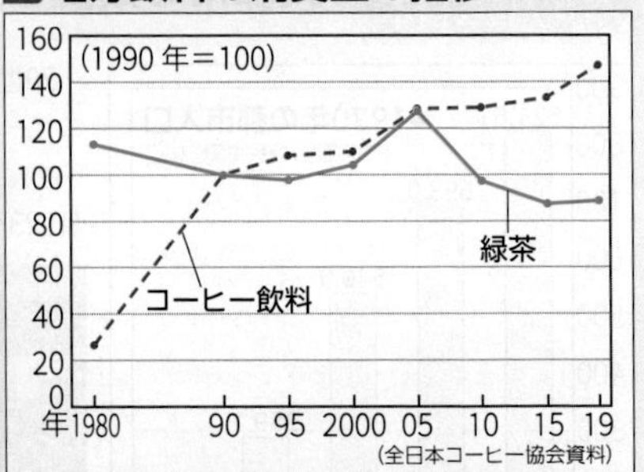

解説 1964年に経済協力開発機構(OECD)に加盟して**資本の自由化**を進めた日本には，海外企業が進出。外食産業においても多様化が進行し，日本人の食文化が大きく変化した。

ソヴィエト連邦

1948〜49
ベルリン封鎖

1966
仏，NATO脱退

1961（ベオグラード）
非同盟諸国首脳会議

1956
スターリン批判
平和共存政策

1950
中ソ友好同盟
相互援助条約

1960〜89
中ソ対立

1979
ソ連のアフガニスタン
侵攻

1955　バグダード条約
機構（METO）発足

1951
サンフランシスコ
平和条約
日米安全保障条約

1950〜53
朝鮮戦争（休戦中）

中東戦争
（第1次〜4次）

1965〜75
ベトナム戦争

1954
東南アジア条約機構
（SEATO）発足

1967
東南アジア諸国連合
（ASEAN）発足

第三世界

第三世界の自立
- アジア＝アフリカ会議（1955年）
- アジア・アフリカ諸国の独立
- 非同盟諸国首脳会議（1961年）

1955　アジア＝
アフリカ会議

1960
17か国独立
（アフリカの年）

1963
アフリカ統一機構
（OAU）発足

イギリス　西ドイツ　フランス　ユーゴスラヴィア（ティトー）　ギリシア　トルコ　モスクワ　アンカラ　テヘラン　イェルサルム　カイロ　リヤド　黒海　カスピ海　地中海　モロッコ　アルジェリア　リビア　エジプト（ナセル）　サウジアラビア王国　マリ　スーダン　ギニア　ガーナ（エンクルマ〈ンクルマ〉）　リベリア　エチオピア　ソマリア　キンシャサ　コンゴ民主共和国　ナイル川　インダス川　ガンジス川　アラビア海　ベンガル湾　インド洋　デリー　インド（ネルー）　モンゴル人民共和国　ウランバートル　中華人民共和国　北京　ピョンヤン　ソウル　日本　東京　ハノイ　ヤンゴン　タイ　バンコク　ベトナム　プノンペン　サイゴン　マニラ　クアラルンプール　シンガポール　インドネシア（スカルノ）　ジャカルタ　バンドン

0　1000　2000km

- NATO加盟国
- 米州機構（OAS）加盟国
- ワルシャワ条約機構加盟国およびソ連の同盟国
- EC加盟国（1967〜1973）
- アジア＝アフリカ（バンドン）会議参加国および第1回非同盟諸国首脳会議（ベオグラード会議）参加国
- 赤字　第三世界の主要国（　）内は指導者
- 冷戦関連
- ☆おもな米軍基地

「経済大国」への成長

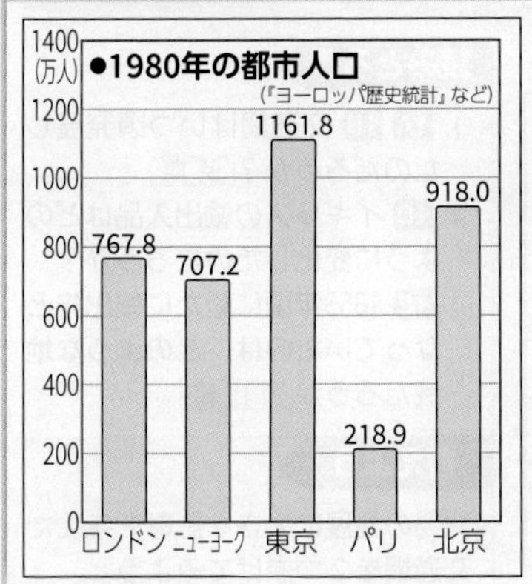

第二次世界大戦後，日本は戦後の復興から**高度経済成長期**を経て，「経済大国」としての地位を確立していった。一方，米ソ対立（冷戦）や日本の台頭に直面したヨーロッパ諸国は，**地域統合**による発展を模索し始める。➜p.169

冷戦終結後は，アメリカが唯一の超大国となったが，20世紀末からは**中国をはじめとするアジア諸国が急速な発展をみせ**，国際社会における影響力を増大させている。➜p.186・187

▶3 日本橋上に建設される首都高速道路（1963年）　1964（昭和39）年の東京オリンピック・パラリンピック開催に向けて，高速道路や新幹線などのインフラ整備が急速に進められた。

近代化への問い

アプローチ 資料を読みとって疑問点を見つけ，「近代化への問い」をつくってみよう。

1 交通と貿易

1A 交通・情報網の発達 ←p.24·26

1769	ワット(英)，蒸気機関を改良 →p.44
1807	フルトン(米)，蒸気船を建造 →p.44
1814	スティーヴンソン(英)❷，実用蒸気機関車を製作
1819	蒸気船サヴァンナ号(米)，大西洋横断に成功
1825	ストックトン・ダーリントン間に鉄道開通(英)❶
1830	マンチェスター・リヴァプール間で鉄道営業開始(英) →p.44
1837	モールス，電信機発明(米) →p.60
1840年代	ドイツで鉄道建設ブーム →p.56
1851	英仏間(ドーヴァー海峡)に海底電信ケーブル開通 →p.54地図
1853	ペリー(米)，軍艦4隻で浦賀沖に来航 →p.72
1863	ロンドンで初の地下鉄開通 →p.61
1866	大西洋横断海底電信ケーブル開通 →p.54地図
1869	大陸横断鉄道開通(米) →p.59
	スエズ運河開通 →p.64

解説 機械工業が発達し，原料・製品の輸送のため，交通機関が改良された。蒸気機関車，蒸気船が実用化され，交通網は飛躍的に発達した(交通革命)。

1B 各国の鉄道開通距離

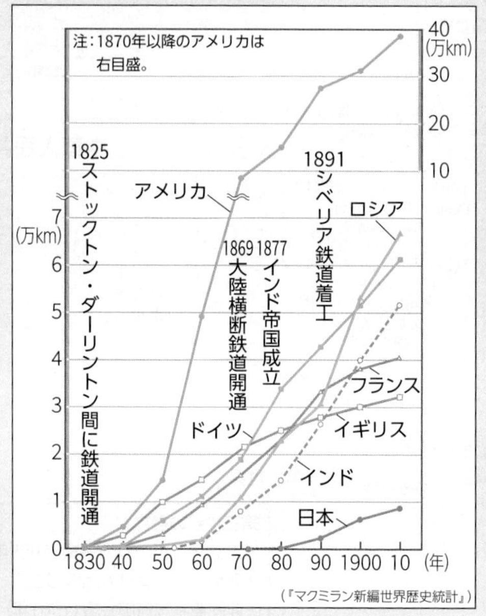

(『マクミラン新編世界歴史統計』)

❶ストックトン・ダーリントン間を走るロコモーション号 (イギリス，1825年) スティーヴンソンが製作した蒸気機関車。スティーヴンソンが運転する38両の貨車に600名の乗客と積荷を載せて走った。90tの石炭列車を引いて時速18kmを記録したとされている。→p.44地図

❷スティーヴンソン (1781～1848)

1C つながる世界

『八十日間世界一周』(1873年)

イギリスからの文明が入ってきたことによって，インドは様変わりした。実際，昔はインドを旅行しようと思えば，徒歩か馬，輿，そうでなければ人の背中におぶさるか，せいぜい二輪や四輪の馬車に頼るしかなかった。だが，**今はインダス川やガンジス川などの大河には蒸気船が高速で走り，鉄道も半島のあらゆる場所に縦横無尽に張りめぐらされている。** →p.66 (高野優訳『八十日間世界一周』光文社)

黒船来航の報告(1853年) →p.72

およそ三千石積みの船四隻，帆柱三本たてるも帆を使わず，前後左右，自在にあいなり…あたかも飛ぶ鳥のごとく，たちまち見失い候。

(加藤祐三『黒船異変』岩波書店)

❸黒船

1D イギリスの貿易品の変化

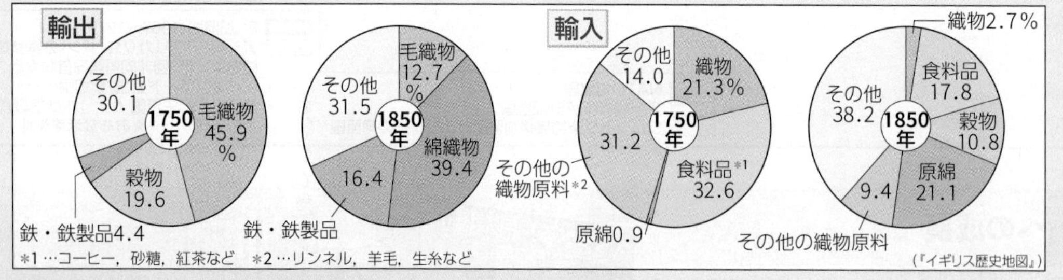

(『イギリス歴史地図』)

解説 18世紀半ば，フランスとの植民地戦争に勝利したイギリスは，広大な海外植民地を得た。従来，イギリスでは毛織物工業が国民産業であったが，綿織物の需要の高まりとともに，綿織物工業が飛躍的に発展した。広大な海外植民地は，**原料・食料の供給地**や国内で生産した**製品の市場**となった。→p.44・45

1E イギリスの輸出先の変化

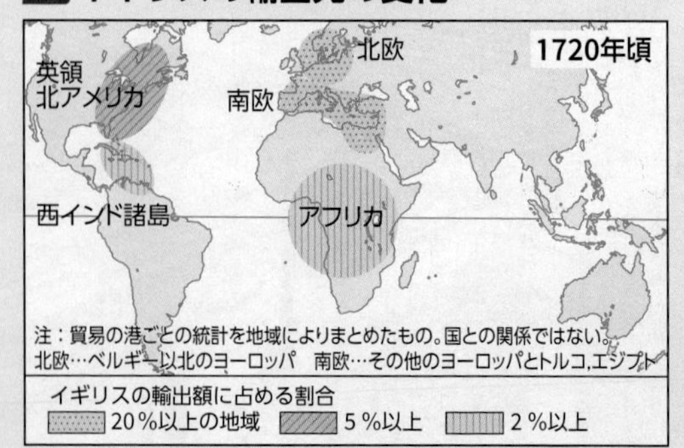

(『イギリス歴史統計』) (『The Industrial Revolution and British Overseas Trade』)

読みとろう

① 1A 1B 交通網はいつ頃発展したのだろうか？ 時期

② 1D イギリスの輸出入品はどのように変化したのだろうか？

③ 1E 1855年頃に新たに輸出先となっていたのは，どのような地域だろうか？ 比較

考えよう

貿易の発展に大きな影響を与えた交通網を2つ挙げてみよう。

❷ 産業と人口

2A イギリス諸都市の人口 →p.44 地図

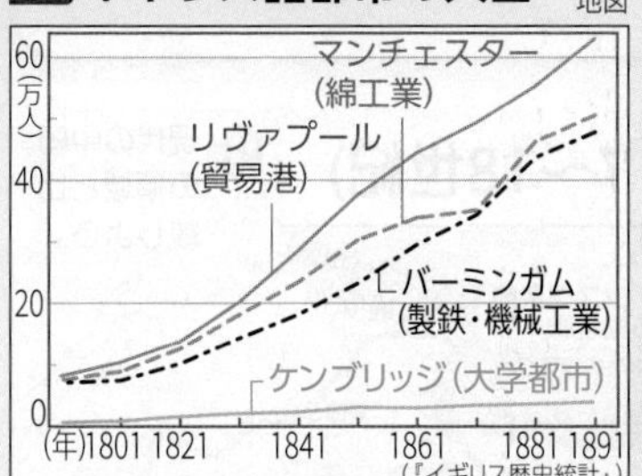

2B イギリス工業の発達 →p.44・45

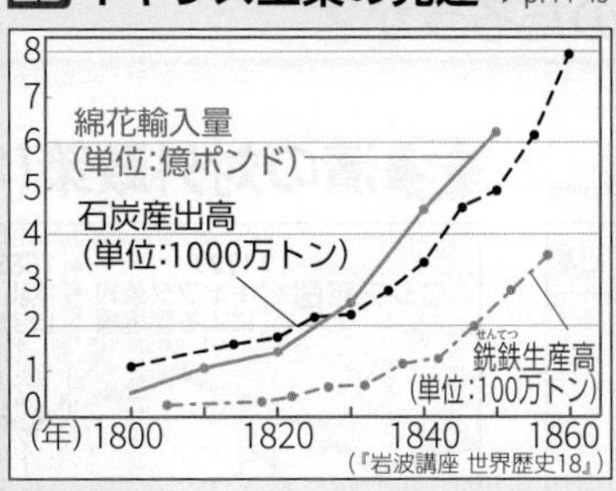

2C 日本の工場労働者の増加 →p.102

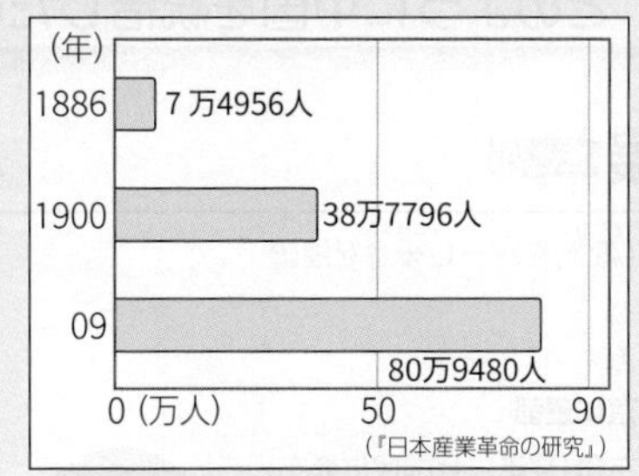

解説 産業革命の進展した19世紀の欧米諸国では，マンチェスター(英)やバーミンガム(英)のような大規模な工業都市も出現した。19世紀末には日本でも産業革命が進展し，賃金労働者が増加した。人口が流入した都市では，**過密やスラム形成**などの問題が生じた。

2D イギリスの工場における児童の状態 →p.45

工場法制定をめぐる特別委員会での報告(1832年)
好況時にあなたの娘たちは朝の何時に工場に行きましたか。
—娘たちは朝の3時には工場に行き，仕事を終えるのは夜の10時から10時半近くでした。
彼女たちの中でだれかこの労働のために事故をおこしたものはいますか。
—はい，長女が…人差し指の爪をひっかけ，関節の下からねじり取りました。そして，彼女は5週間…入院していました。
その期間彼女の賃金は支払われましたか。
—事故が起こると賃金は全く支払われませんでした。
(『世界史史料6』岩波書店)

◁4 炭鉱の児童労働者
産業革命期には，安価な労働力として女性や少年が雇用されたが，労働環境は劣悪であった。

2E 日本の女工小唄 →p.102

四つとせ　夜も寝ないで夜業する
長い寿命も短こなる　皆さんあわれと思わんせ…
十二とせ　十二時間がその間
煉瓦造りのその中で　辛いつとめをせにゃならん…
(細井和喜蔵『女工哀史』岩波書店)

読みとろう
① 2A 2B イギリスの都市人口の増加時期と，工業の発展時期には，どのような関係があるだろうか？ 関連
② 2C 日本の工場労働者はいつ頃増加しただろうか？ 時期

考えよう
工業が発展し，都市に人口が集中したことで，どのような問題が生じたのだろうか？

❸ 労働と家族 →p.44・45・101・102

A5 産業革命前の糸紡ぎ(18世紀後半)

A6 産業革命後の紡績工場(19世紀)

3A 家族関係の変化

A7「女性のつとめ：男性のよき伴侶」(英，1863年)　家族の死を知らされて落胆する夫を，優しく支える妻の姿が描かれている。中産階級の女性は，夫を支え家庭を守ることが望まれた。

解説 産業革命により，ブルジョアジーや中産階級などの市民層が台頭した。前近代は家族が協力して家業を行っていたが，市民層は「夫は外で働き，妻は家庭を守る」ようになり，妻は主婦となって家事使用人を監督した。一方，労働者家族の妻は，家事と就業の二重負担を抱えていた。

男工と女工の関係(日本，1898年)
　世が文明に進み，工場の数が殖え機械仕事が多くなると，自然に婦女子の仕事も増加する様になるが，こうなると下層人民は安楽になるかというと決してそうではない。婦女が工場で働いて夫の家計を助けるため世帯持ちが楽になるかと思うようだが，却って一家の家計は困難になる傾向がある。…今や，**婦女子を職工として男工の仕事を減らしその賃金を引き下げようとする資本家が出て来て**，続々と婦人を雇い入れる有り様である。
(『横山源之助全集第2巻』)

読みとろう
① ❸ 産業革命の前と後で，糸紡ぎの労働を行う場所は，どのように変化したのだろうか？
② 3A「男工と女工の関係」では，女性が働くようになっても家計は楽にならないというが，それはなぜだろうか？

考えよう
産業革命により，労働や家族関係はどのように変化したのだろうか？

》問いをつくろう《 産業革命により貿易が活発化し，交通機関が急速に発達した。また，工場労働者が増加し都市への人口集中が進み，労働のあり方や家族の関係も変化した。「近代化」について学習するなかで知りたいこと，考えてみたいことを挙げてみよう。

清の繁栄

1800		1900			2000	
江戸		明治	大正	昭和	平成	令和
朝鮮		韓国	日本領	北朝鮮・韓国		
清			中華民国	中華人民共和国		

アプローチ 清は，どのように中国を統治したのだろうか？

1 清の成立と発展 まとめ

➔p.68

王朝	皇帝	年	できごと	日本
明		1616	ヌルハチ，女真(満洲)を統一し後金を建国	
		1636	**国号を清と改称**	
		1637	朝鮮を服属させる	
		1644	明滅亡。**清，北京に遷都**	
			兵士に**辮髪令**発布❺(翌年，全国民に発布)	
清	康熙帝	1661	鄭成功，オランダ勢力を駆逐して台湾占領	江戸時代
		1673	三藩の乱(～81)	
		1683	鄭氏が降伏，**台湾が清の領土**となる	
		1689	ネルチンスク条約(ロシアとの国境画定)	
		1699	イギリスの広州貿易開始	
		1706	典礼問題によりイエズス会以外の布教を禁止	
		1713	盛世滋生人丁施行，地丁銀制開始(1717)	
	雍正帝	1724	**キリスト教布教禁止**	
			(宣教師をマカオに追放)	
		1727	キャフタ条約(ロシアとの国境画定)	
	乾隆帝	1757	貿易制限令(**対ヨーロッパ貿易を広州1港に限定**・公行(コホン)制) ➔p.38・39	
		1758	ジュンガル平定，翌年東トルキスタン(回部)と合わせて**新疆**とする 最大版図	
		1793	**イギリス使節マカートニー渡来**	
			(通商要求，不成功) ➔p.69	
		1796	白蓮教徒の乱(～1804)	

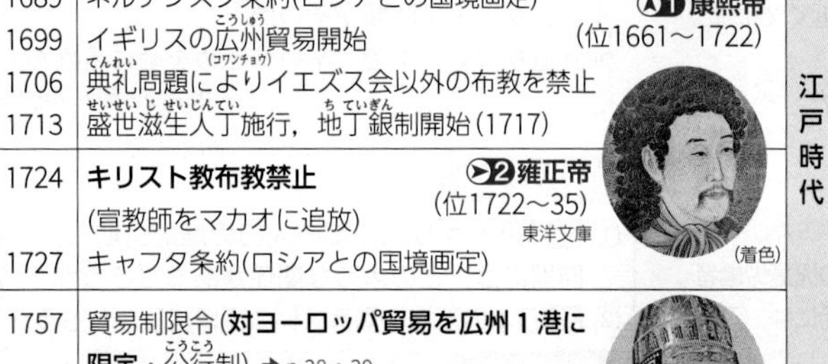

❶1 康熙帝(位1661～1722)

❷2 雍正帝(位1722～35) 東洋文庫 (着色)

❸3 乾隆帝(位1735～95)

2 清の対外政策(17～18世紀)

Q 現代の中国の領域と比較しよう。

1A 清の漢民族支配

(人口は清代初期)

女真(約30～60万人)

明の支配体制を継承，漢人を利用・懐柔

懐柔策
- **科挙の奨励**(儒教文化尊重)
- 国家的図書大編纂事業(漢人の知識人を吸収)
- **満漢併用制**(**満漢偶数官制**…中央の要職の定員を偶数に)
- 減税(明末の付加税廃止)

威圧策
- **八旗**(正規軍)を要地に配置。**緑営**(漢人の軍隊)による地方の治安維持
- **辮髪令**の実施(満洲風俗の強制)
- **文字の獄・禁書令**(反清・排満思想の弾圧)

士大夫層(郷紳)

漢人一般民衆(約2億人)

解説 清朝皇帝は，**ハンとして北方民族の伝統を維持した**。その一方で科挙を奨励，自らも朱子学を学び，**漢民族文化を保護した**。満漢併用制により漢人と満洲貴族の均衡をとる一方，思想統制や辮髪強制により漢人官僚を威圧した。

2A「中国」を構成する民族

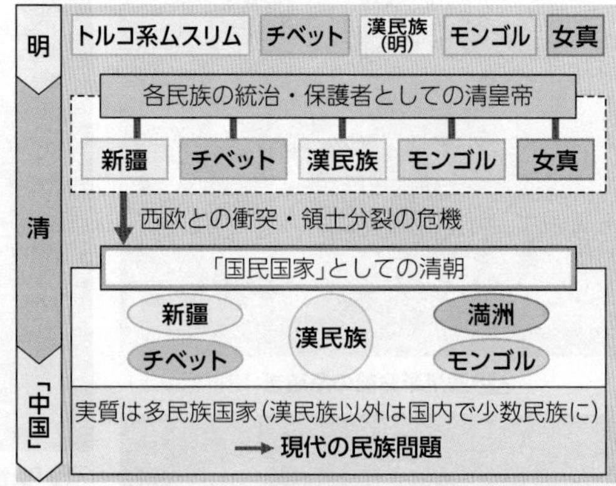

解説 清朝は藩部に対して自治を原則とし，**多民族の同君連合国家**という一面を持った。皇帝は，女真のハン，モンゴルの大ハン，儒教的天子，チベット仏教の最高施主，イスラーム教徒の保護者など，いくつもの顔を持っていた。

❹4『四庫全書』 乾隆帝の命により編集された一大叢書。重要書籍を集め，国内の学者数百人を動員し，10年の年月をかけて，経(儒教の経典)・史(歴史)・子(思想)・集(文学)の4部に分類・整理した。約8万巻。

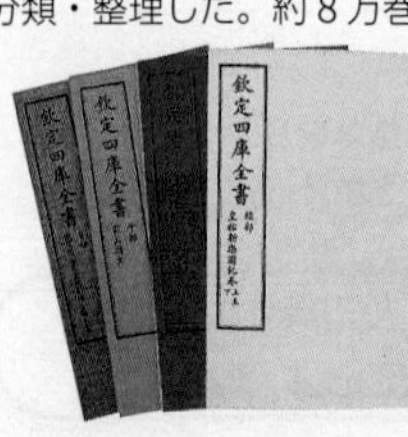

(着色)

❺5 **辮髪の強制** 清は敵・見方の区別を容易にするため，漢人に服従の証として北方民族の風習である辮髪を強制した。辮髪令では，これを拒む者は，死刑にして赦してはならないとされた。

民族をつなぐ満漢全席

満漢全席は清朝時代の宮廷料理。満席と漢席は区別されていたが，18世紀中頃，乾隆帝が江南を巡行したときに，満洲(女真)族と漢民族の料理を同数ずつ出して民族融和を図ったのが始まりといわれる。

❻6 **満漢全席** 宮廷の高級料理の重要な食材であったいりこ(なまこ)，ほしあわび，ふかひれは，俵物として日本から輸入された。➔p.38

世界 日本

③明・清代の産業

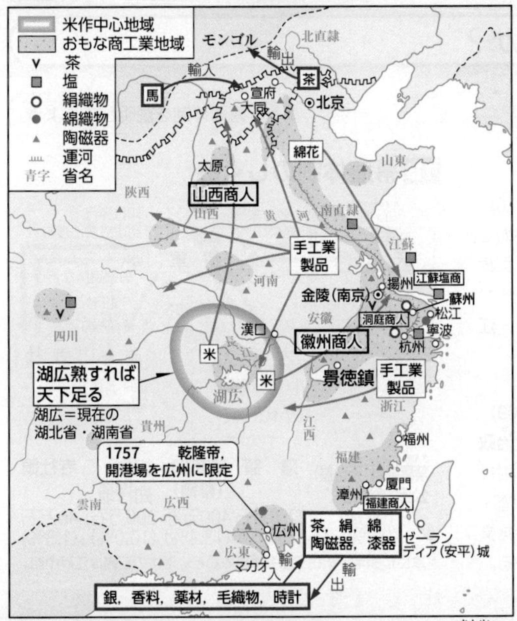

◀7 会館　山西商人（山西省）や徽州商人（安徽省）など全国規模で活躍する商人が誕生し，同業者・同郷者の宿泊・会合のための施設が設けられた。

注：図は山西・陝西出身者のために漢口に設けられた大規模なもの。

3A 陶磁器

◀8 五彩龍牡丹文瓶（赤絵）　明・清代は赤絵・染付などの陶磁器生産が発展した。**赤絵**は白磁に赤・緑・黄・黒・青などの釉薬で文様を描いたもの。**染付**はペルシア伝来の酸化コバルト（青色顔料）で下絵を描いて焼いた。**景徳鎮の陶磁器**は，アジアやヨーロッパに輸出された。→p.39

高さ約45㎝
東京国立博物館蔵

3B 産業技術の発展

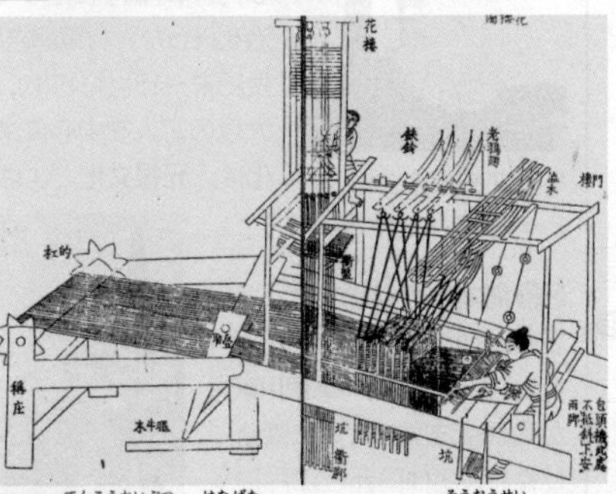

▲9『天工開物』（花機の図）　明末に宋応星が著した，当時の産業技術の集大成の書。明代の産業発展を反映し，豊富な挿絵が読者の理解を助けた。

東洋文庫

3C 中国歴代の人口

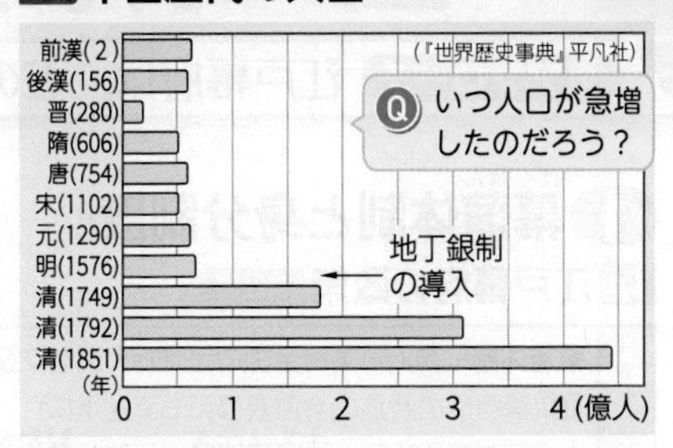

解説　政治が安定し，銀の流入（←p.19）により経済が発展した清代中期は人口が急増し，18世紀末には約3億人となった。開墾や人々の移住も進み，やせた土地でも栽培できる，**新大陸原産のトウモロコシやサツマイモが人口増を支えた。**

華人社会の広まり

18世紀の人口増加や交易の発展を背景に，中国から多くの人々が東南アジアに移住した。これは，19世紀の大量移民による**華僑社会形成の基盤となった。**→p.62

▲10 中華街（マレーシア・クアラルンプール）

④ 資料から考える 明・清代の経済発展

蘇州を繁栄させたものは？

▲12 拡大図

▲11 蘇州の繁栄（「盛世滋生図」〈「姑蘇繁華図」〉）北京と杭州を結ぶ大運河が通り，水運が利用されている。　遼寧省博物館蔵

読みとろう

①上の拡大図に見られる「行」は問屋を表す。◯部分から，何を扱う店が見られるだろうか？

②「雲貴川廣各省雑貨」では，どの地域の雑貨を扱っているのだろうか？③の地図を参考に読み取ろう。

考えよう

蘇州はどのような都市であったのだろうか。関連

深めよう　18世紀頃の清が繁栄していた理由は，何だろうか？

つなげよう　清の支配体制は，現代の中国にどのような影響を及ぼしているのだろうか？

蘇州の繁栄（「盛世滋生図」〈「姑蘇繁華図」〉）→

江戸時代の日本

1800	1900	2000
江戸	明治 大正 昭和	平成 令和
朝鮮	韓国 日本領	北朝鮮・韓国
清	中華民国	中華人民共和国

アプローチ 江戸幕府は，どのように全国を支配したのだろうか？

1 幕藩体制と身分制度

1A 江戸幕府の政策 まとめ

政治		**幕藩体制**…幕府と藩が全国の土地と人民を支配 1B(幕府は主要鉱山や重要都市も支配下に) 大名に対する統制…**武家諸法度**で統制。**参勤交代**を義務づける❸。**軍役**を課す 朝廷に対する統制…禁中並公家諸法度で統制
	主な改革など	**享保の改革**(1716～45) 8代将軍**徳川吉宗** …新田開発・米価調整・実学奨励など **田沼の政治**(1772～86) 老中**田沼意次** …株仲間公認・専売制実施・貿易改革など **寛政の改革**(1787～93) 老中**松平定信** …棄捐令(借金帳消し)・出稼ぎ制限など **天保の改革**(1841～43) 老中**水野忠邦** …株仲間解散・海防政策など➜p.71
社会・経済		身分制度…武士・百姓・町人と被差別身分 1C 交通・通信…五街道や海運，飛脚(➜p.25)の整備❷ 貨幣…統一貨幣の発行(金貨・銀貨・銭貨)❷
宗教		寺社は法で統制。キリスト教は黙認から禁教へ。**宗門改め**を制度化❼
貿易		幕府の管理のもとで，「4つの窓口(4つの口)」を通して貿易・交流 ➜p.38～41

愛知 徳川美術館蔵

❶**徳川家康**(1542～1616) 豊臣秀吉の天下統一に協力し，秀吉の死後，争いを経て実権を握った。1603年に朝廷から征夷大将軍に任命され，**江戸幕府**を開いた。

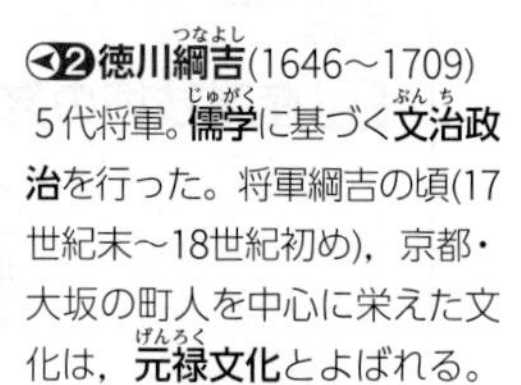

愛知 徳川美術館蔵

❷**徳川綱吉**(1646～1709) 5代将軍。**儒学**に基づく**文治政治**を行った。将軍綱吉の頃(17世紀末～18世紀初め)，京都・大坂の町人を中心に栄えた文化は，**元禄文化**とよばれる。

Q 幕藩体制を説明してみよう。

1B 幕藩体制のしくみ

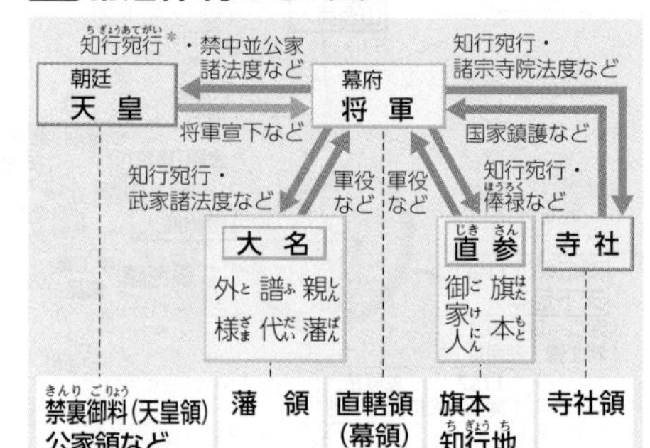

禁裏御料(天皇領)公家領など	藩領	直轄領(幕領)	旗本知行地	寺社領
10万石(0.3%)	2250万石(75.0%)	400万石(13.4%)	300万石(10.0%)	40万石(1.3%)

＊家臣に領地・領民支配を認めること。図中の石高は江戸中期。

❸**熊本藩の参勤交代**(「細川韶邦公初御入部御行列画図」) 参勤交代は，3代将軍**徳川家光**が**武家諸法度**で大名に義務づけた。大名は国元と江戸に1年交代で住み，大名の妻子は江戸に住むこととされた。

大分 鶴崎劔八幡宮蔵(部分)

1C 身分制度と人々の暮らし

身分別人口の割合(江戸時代末の推定)

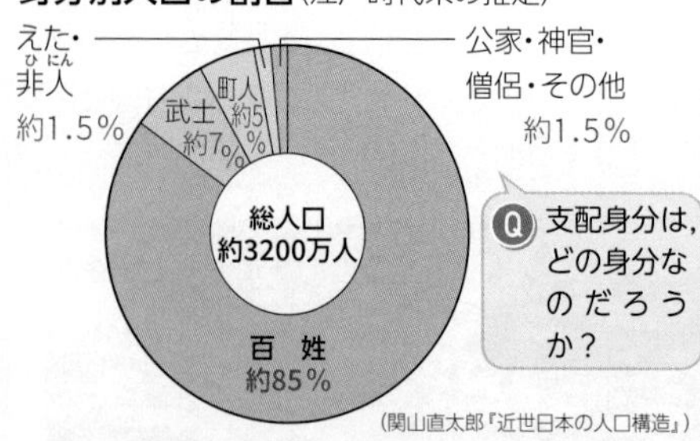

(関山直太郎『近世日本の人口構造』)

Q 支配身分は，どの身分なのだろうか？

❹**江戸城で将軍に対面する武士**(『徳川盛世録』) 武士は支配身分とされ，城下町に住み，軍事を担い，政治を行った。将軍に対しては，**軍役**(戦時は出陣，平時は土木工事など)をつとめた。

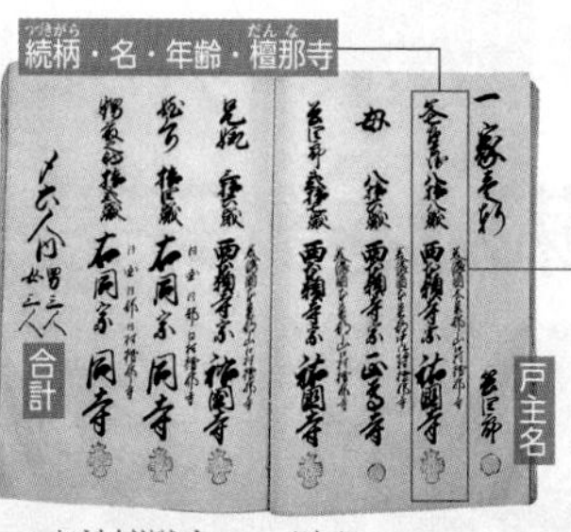

父七郎兵衛 八拾八歳 美濃国本巣郡山口村檀那寺 西本願寺宗 祐国寺

❼**宗門改帳**(宗門人別改帳) 1637～38年に九州でキリスト教徒らが一揆を起こした(**島原の乱**)。幕府はキリスト教徒弾圧のため，人々の宗旨を檀那寺に証明させる**宗門改め**を実施し，結果を宗門改帳で提出させた。これをもとに出生や死亡などの証明書がつくられたため，宗門改帳は戸籍のような役割も果たした。

❺**百姓**(士農工商図屛風) 村に住み，村では自治が行われた。年貢は米が中心で，村ごとに幕府や藩に納めた(**村請制**)。

❻**町人**(士農工商図屛風) 町人は商人や職人からなり，主に城下町に住んだ。町では自治が行われた。幕府や藩に営業税を納めた。

百姓・町人の絵は，東京 板橋区立美術館蔵

産業革命と勤勉革命 世界↘日本

ヨーロッパの産業革命(➜p.44)は**「資本」**を増やすことで生産量を拡大し，人口増加をもたらした。

一方，江戸時代の農村では，人口増加の反面，「資本」の1つである家畜数は減少している。江戸時代になると，それまでの奉公人や傍系親族が独立し，世帯規模は小さくなった。年貢はほぼ定額であるため，農家にも富が蓄積された。農業では，購入した肥料を用いたり，農具を改良したりするなど，労働集約的な生産が行われた。**「労働」**を増やすことで生産量が拡大し，人口が増えた。

このような日本の動きを，①**経済発展には多様な道筋があること**②**明治時代の産業革命の前段階であること**――を示す表現として，「勤勉革命」とよぶことがある。

(日本は)宗派の数は多いが，互いに対立や論争はなく，調和しつつ共存している。…キリスト教の全能の神の存在についてよく知らず，迷信にとらわれている。

(『江戸参府随行記』平凡社)

❽**ツンベルク**(1775年に来日のスウェーデン人医師・植物学者)

❷都市の繁栄と経済の発達

▲9 大坂の蔵屋敷(『摂津名所図会』) 大坂は水上交通の要所・商業や金融の中心地であり,「天下の台所」といわれた。中之島には諸藩の蔵屋敷があり,着荷した米などが収納された。

▼10 大坂における主要商品の入出荷(1714年) 大坂は全国の原料・製品の集散地としても栄えた。菜種は菜種油,木綿は縞木綿など,大豆は醤油や油粕,鉄は鉄道具に加工し,出荷された。銅は長崎へ運び,輸出された。

入荷品		出荷品	
米	菜種	菜種油	縞木綿
材木	干鰯	長崎下り銅	白木綿
木綿	紙	綿実油	古手
鉄	掛木(薪)	繰り綿	醤油
銅	胡麻	鉄道具	油粕
煙草	砂糖	塗物道具	小間物
大豆	など	胡麻油	など

(大石慎三郎『日本近世社会の市場構造』)

Q 入荷品にある大豆は,何に加工されたのだろうか?

▲11 京都の町並み(洛中洛外図屛風亘理伊達本) 京都には天皇家や公家の居住地があり,寺院の本山・本寺や,神社の本社が数多く存在した。

▼13 江戸城(江戸図屛風) 江戸は「将軍のお膝元」で,幕府の施設や大名の屋敷があり,多くの武家とその家族が住んだ。商人や職人も居住し,日本最大の消費都市だった。 千葉 国立歴史民俗博物館蔵

▶12 幕府が発行した貨幣(右から金貨・銀貨・銭貨) 愛知 貨幣・浮世絵ミュージアム蔵

❸生産形態の変化

家内手工業*	18世紀に広まり19世紀に発達 問屋制家内工業*	19世紀前半 マニュファクチュア(工場制手工業)
百姓の副業(原料・道具を自己で用意)	問屋(商人)・地主・豪農 →資金・原料・道具の前貸 →加工賃支払い ←製品納入 百姓(小規模生産者)	家内工場: 問屋(商人)・地主・豪農 →賃金(賃銀) ←製品納入 奉公人(賃労働者) 分業と協業

*麻・木綿・絹を地機で織る。

特産品
綿織物(摂津・河内・尾張など)
絹織物(西陣・桐生・足利など)
酒造業(伊丹・池田・灘など)

Q 問屋制家内工業とマニュファクチュアの違いは,何だろうか?

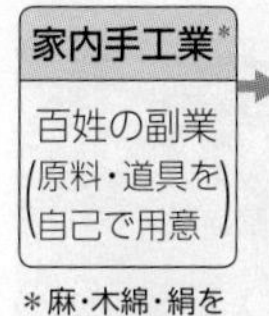

▼14 マニュファクチュア(『尾張名所図会』) 綿織物の作業の様子。(着色)

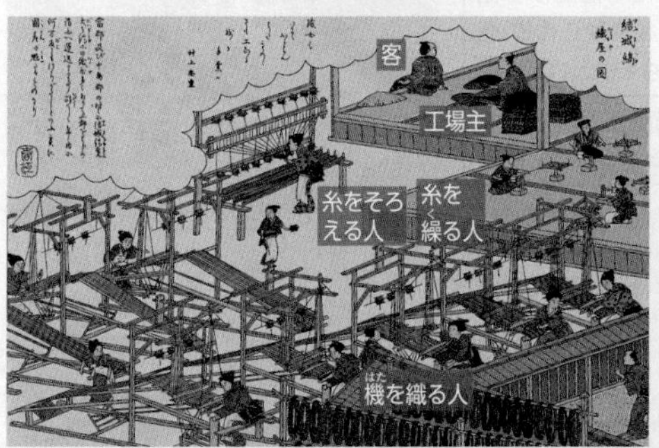

[解説] 問屋制家内工業は,商人が原料や道具を貸し,製品を買い取る生産形態。マニュファクチュアは,工場主が原料や道具をそろえ,出稼ぎに来た人や小作人などを工場に集めて,分業と協業で生産を行う形態。

文化の発達

老中田沼意次の時代(18世紀後半),江戸では経済が発展し,自由な風潮が高まった。学問や思想が発達し,多様な文学や美術が人々の間に広まった。

▲15 東洲斎写楽筆「市川鰕蔵」 浮世絵は海外にも影響を与えた。➜p.60 東京国立博物館蔵

▲16 寺子屋(渡辺崋山筆『一掃百態』) 読み・書き・そろばんなどを教えた庶民の教育機関。

▶17 上田秋成著『雨月物語』 全5巻の怪談小説集。

深めよう 江戸時代の商品生産と流通網の特色は,何だろうか?

つなげよう 江戸幕府は,どのような貿易や交流を行ったのだろうか?

アジア諸国の交流と貿易

1800		1900		2000	
江戸	明治	大正	昭和	平成	令和
朝鮮	韓国	日本領	北朝鮮・韓国		
清		中華民国	中華人民共和国		

アプローチ アジア諸国間やアジアとヨーロッパ間では，どのような貿易を行っていたのだろうか？

1 東アジアの交易(18世紀)

Q 交易品は何だろうか？

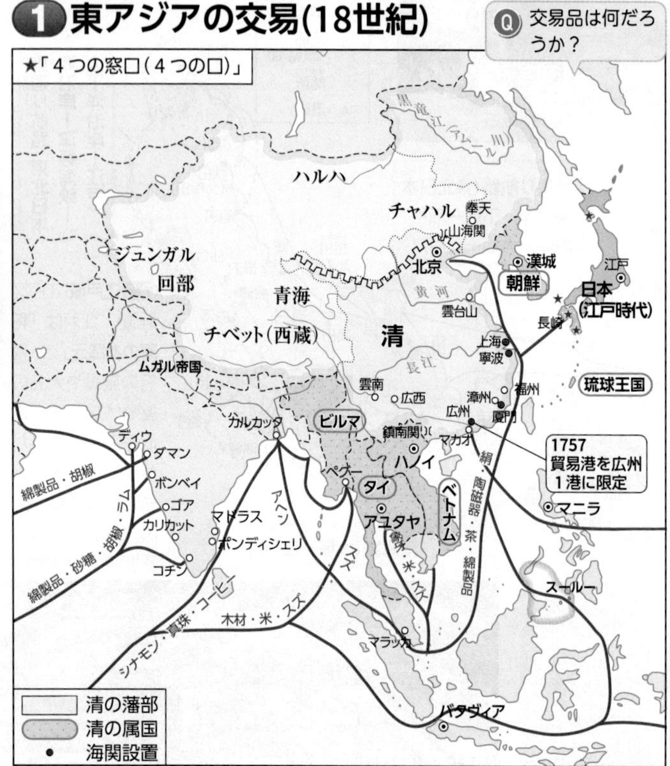

華夷思想　中国では礼や法を体現する文化地域が**中華**であり，周辺を四夷(東夷，南蛮，西戎，北狄)であると蔑称で呼んだ。周辺諸国は皇帝を慕って貢物を献上し(**朝貢**)，皇帝は諸国の首長に王侯などの爵位を与えた(**冊封**)。

1A 明・清代の貿易

	時期	内容
明	明代初期～16世紀中頃	**朝貢貿易** ●**海禁政策…朝貢貿易以外の海外渡航や貿易を禁止** ●福建(フーチエン)や広東(カントン)地方などの沿岸住民が密貿易で抵抗(**後期倭寇**) ●ポルトガル商人のアジア進出
	16世紀後半～17世紀前半	**海禁緩和と民間貿易の許可**(1567頃) ⟶ 銀の大量流入 ●中国，ポルトガル，日本，琉球の商人などによる海上世界の形成
清	17世紀中頃	**海禁令強化**(1656) ●東アジア海上世界での，台湾の鄭成功一族台頭に対抗
	17世紀後半以降	**海禁解除・貿易解禁**(1684) ●**鄭氏降伏，清の台湾支配開始**(1683) ●広州(コワンチョウ)・厦門(アモイ)・寧波(ニンポー)・上海(シャンハイ)に海関を設置，民間貿易活発化 ●福建・広東から人々が東南アジアに移住(のちの**南洋華僑**) ●**1757年，ヨーロッパ貿易を広州1港❽に限定**・公行(コホン)制

1B 清の朝貢国(1818年)

国名	貢使派遣の頻度	ルート(経由地)
朝鮮	1年4貢(年末)	奉天，山海関
琉球	2年1貢	福州
ベトナム	2年1貢	鎮南関，広西
ラオス	10年1貢	雲南
タイ	3年1貢	広州
スールー	5年以上に1度	厦門
オランダ	不定期	広州
ビルマ	10年1貢	雲南
西洋(教皇庁等)	不定期	マカオ

(茂木敏夫『変容する近代東アジアの国際秩序』)

解説　清朝の対外貿易は，**国家による管理のもと，朝貢貿易と民間貿易が行われた。**朝貢貿易は，華夷思想にもとづく冊封と朝貢によって成立していた。民間貿易は，指定された交易場で，徴税や禁輸物品などの検査が行われた。この制度を**互市**という。

2 江戸幕府の対外関係と交易

Q「4つの窓口(4つの口)」での取引相手は，どこだろうか？

- 江戸幕府 ― 将軍
- 蝦夷地 アイヌの人々 ＊18世紀初め頃より場所請負制。
  - 松前藩 ⟶ 蝦夷地：＊商場知行制
  - 蝦夷地 ⟶ 松前藩：昆布・鮭・鰊など
- 長崎奉行(出島・唐人屋敷)：オランダ商館長(カピタン)の江戸参府
  - オランダ(バタヴィアに東インド会社) ⟶ 長崎：生糸・絹織物・砂糖・香料など，オランダ風説書
  - 長崎 ⟶ オランダ：金・銀・銅など
  - 中国(明のち清) ⟶ 長崎：生糸・毛織物・砂糖など
  - 長崎 ⟶ 中国：銀・銅・昆布・いりこなど
- 薩摩藩 島津氏：慶賀使・謝恩使の江戸上り17回(江戸参府)
  - 1609年琉球征服
  - 琉球王国 尚氏 ⟶ 薩摩藩：生糸・絹織物・黒砂糖
  - 薩摩藩 ⟶ 琉球王国：銀
- 対馬藩 宗氏：通信使の来日12回，江戸参府10回
  - 1609年己酉約条
  - 朝鮮 ⟶ 対馬藩：生糸・絹織物・朝鮮人参
  - 対馬藩 ⟶ 朝鮮：銀・銅・明礬，毎年20隻の貿易船
- 山丹(山靼)
- 朝貢貿易(琉球王国・朝鮮 ⟶ 中国)

2A「4つの窓口(4つの口)」

松前藩の窓口	アイヌの人々との交易独占権。アイヌは松前藩主に謁見の礼
対馬藩の窓口	**朝鮮**との貿易独占権。通信使，将軍襲職祝賀で江戸参府
長崎の窓口	**オランダ・中国**とは幕府に貿易独占権。オランダ商館長は毎年1回＊の江戸参府。幕府に，オランダ風説書，唐船風説書(長崎奉行所が，入港した中国船から出発地の政情などを聴取し作成)を提出 ＊1791年から4年に1回
薩摩藩の窓口	**琉球王国**との通商交易権。慶賀使・謝恩使の江戸参府(江戸上り)

➔p.40･41

▲1 オランダ商館長の江戸参府(葛飾北斎筆「画本東都遊」)

◀2 **通信使**(朝鮮通信使歓待図屏風)　将軍の代替わり時などに来日。幕府や沿道の諸藩は，通信使の接待に莫大な費用を支出した。京都 御寺泉涌寺蔵

3 ヨーロッパとアジアの貿易・交流 世界 日本

3A オランダのアジア貿易(17世紀)

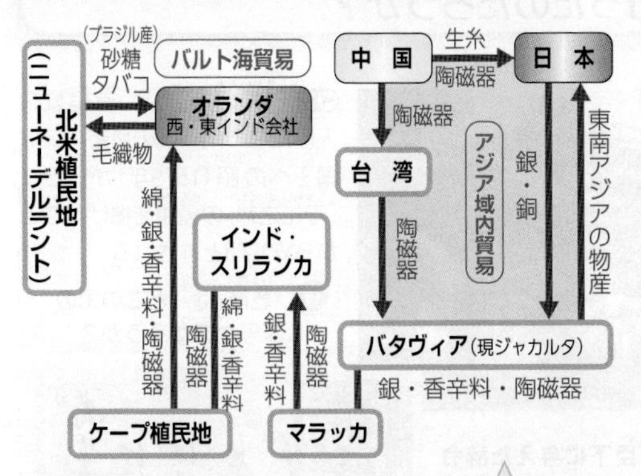

解説 オランダはジャワのバタヴィアを拠点とした中継貿易を行った。アジアへの輸出品をもたないオランダは，**日本の銀や銅を独占的に利用してアジア域内貿易を展開**することで，中国の茶や陶磁器，東南アジアの香辛料などを手に入れ，莫大な利益をあげた。

Q オランダは，アジアから何を運んだのだろうか？

3B 中国・日本からヨーロッパへの影響

啓蒙思想家への影響
- 儒学(朱子学)の論理による社会秩序観が影響
- モンテスキュー(仏)やヴォルテール(仏)らが，中国とヨーロッパの政治体制を比較し，絶対王政を間接的に批判

官僚制への影響
- 科挙が欧米の文官試験に影響

美術への影響
- バロック・ロココ美術に影響
シノワズリ(中国趣味)
⟶チャイナ(陶磁器)の流行，ジャパン(日本の漆器)の流行

茶の流行 ←p.22
- 17世紀初めに伝来
⟶ヨーロッパで喫茶の流行

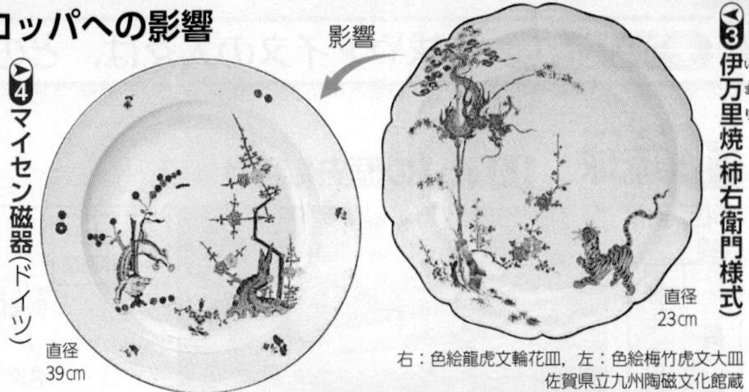

▶4 マイセン磁器(ドイツ)

◀3 伊万里焼(柿右衛門様式)

右：色絵龍虎文輪花皿，左：色絵梅竹虎文大皿 佐賀県立九州陶磁文化館蔵

解説 **明清の動乱以降，景徳鎮の磁器に代わり，日本の伊万里焼がさかんに輸出された。**伊万里焼に憧れたドイツの王は錬金術師に研究させ，白磁の製造に成功。マイセン磁器が生産された。←p.35

▲5 サンスーシ宮殿の中国茶館(ドイツ)

3C ヨーロッパから中国への影響

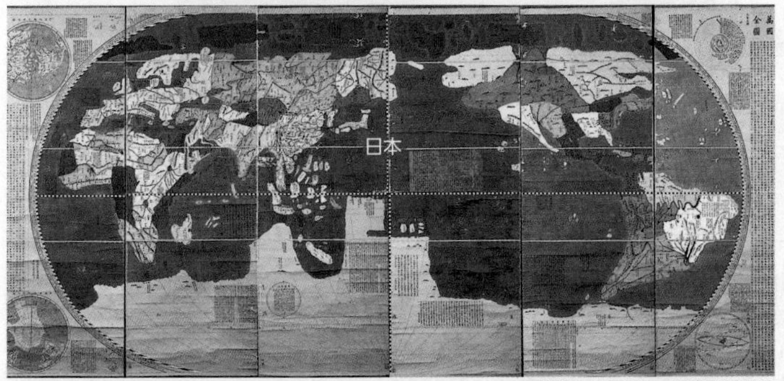

縦164cm，横375cm 宮城県図書館蔵

◀6 「坤輿万国全図」 1602年マテオ＝リッチが北京で刊行した世界地図。アメリカ大陸到達以後の知識が反映されている。写真は日本で彩色された江戸時代の模写。

▶7 円明園 乾隆帝が宣教師カスティリオーネに設計させた離宮。1860年，第2次アヘン(アロー)戦争で廃墟となった。→p.68

4 資料から考える 中国と日本の貿易体制

広州と長崎の共通ルールは？

▲8 広州の外国商館 1757年，清はヨーロッパ貿易を広州1港に限定し，貿易商人の同業組合「公行」に貿易の独占権を与えた。公行はアヘン戦争の結果，南京条約で廃止された。→p.69

▲9 長崎港図 長崎では清・オランダとの貿易が行われ，長崎奉行が管理した。出島にはオランダ商館が置かれ，「鎖国」下のヨーロッパに対する唯一の窓口となった。 兵庫 神戸市立博物館蔵

読みとろう
①広州と長崎は，それぞれ何を認められた場所だろうか？
②広州と長崎は，国内のどのような場所に位置しているだろうか？❶の地図を参考に考えよう。比較

考えよう
清・日本が貿易を管理していた理由は何だろうか？関連

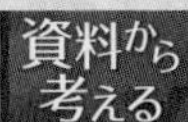

深めよう 18世紀の中国と日本の貿易の共通点は，何だろうか？

つなげよう アジアとヨーロッパの貿易は，どのように変化していくのだろうか？

長崎港図→

Topic 琉球・蝦夷地から見た東アジア

アプローチ 琉球やアイヌの人々は，どのような生活・交易を行ったのだろうか？

1 琉球

1A 琉球の歴史 まとめ

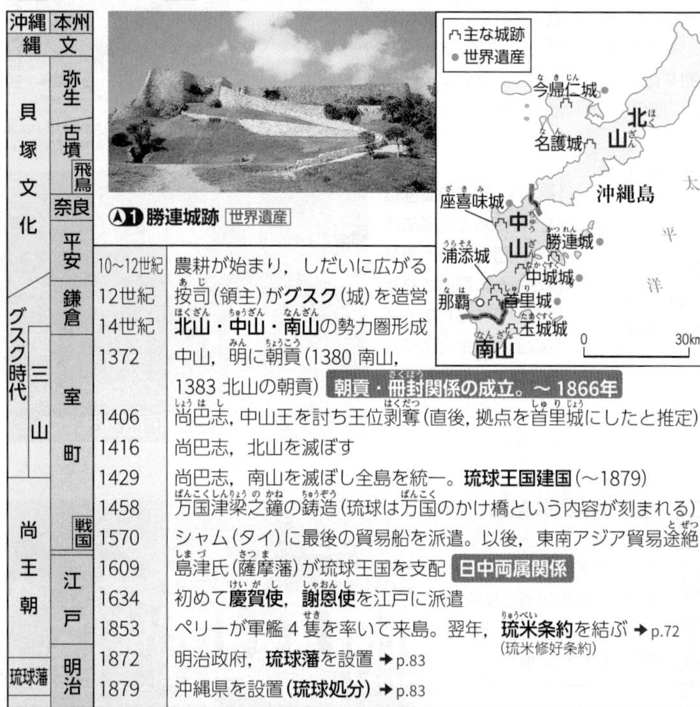

1 勝連城跡 世界遺産

沖縄	本州	年	できごと
貝塚文化	縄文		
	弥生		
	古墳		
	飛鳥		
	奈良		
	平安	10～12世紀	農耕が始まり，しだいに広がる
グスク時代	鎌倉	12世紀	按司（領主）がグスク（城）を造営
		14世紀	北山・中山・南山の勢力圏形成
三山	室町	1372	中山，明に朝貢（1380 南山，1383 北山の朝貢） **朝貢・冊封関係の成立。～1866年**
		1406	尚巴志，中山王を討ち王位剥奪（直後，拠点を首里城にしたと推定）
		1416	尚巴志，北山を滅ぼす
尚王朝		1429	尚巴志，南山を滅ぼし全島を統一。**琉球王国建国**（～1879）
		1458	万国津梁之鐘の鋳造（琉球は万国のかけ橋という内容が刻まれる）
	戦国	1570	シャム（タイ）に最後の貿易船を派遣。以後，東南アジア貿易途絶
	江戸	1609	島津氏（薩摩藩）が琉球王国を支配 **日中両属関係**
		1634	初めて**慶賀使**，**謝恩使**を江戸に派遣
		1853	ペリーが軍艦4隻を率いて来島。翌年，**琉米条約**を結ぶ ➜p.72（琉米修好条約）
琉球藩	明治	1872	明治政府，**琉球藩**を設置 ➜p.83
		1879	沖縄県を設置（**琉球処分**） ➜p.83

2 守礼門（復元） 首里城の入口にある門。明の皇帝の琉球国王への詔（1579年）からとり，「守礼之邦」の扁額を掲げたことから守礼門と称される。

Q 「乾隆」は，どこの国の年号なのだろうか？

3 琉球国王が臣下に与えた辞令書 首里の印が2か所に押されている。乾隆は清の乾隆帝（➜p.34）の年号で，朝貢国は，清の暦を使うことが求められた。沖縄 那覇市歴史博物館蔵

4 琉球国王の礼服（18～19世紀） 清から下賜された反物が使われ，中国と琉球両方の様式が見られる。国宝。沖縄 那覇市歴史博物館蔵

5 琉球使節（「琉球人行列図錦絵」） 1609年，琉球王国は島津氏（薩摩藩）の支配下におかれた。琉球国王は中国への朝貢は続ける一方，江戸幕府の将軍がかわると慶賀使を，琉球王国の王がかわると謝恩使を江戸に派遣した（100人前後。計18回）。幕府は，琉球使節を将軍権威の高揚に利用した。

沖縄 琉球大学附属図書館提供（部分）

6 江戸の薩摩藩邸で琉球舞楽や書を披露する琉球使節（「琉球舞楽図巻」） 将軍や大名の前で琉球の伝統芸能や文化を披露した。 福岡 九州国立博物館蔵

1B 琉球王国の交易

尚真（1465～1526）最盛期の王。

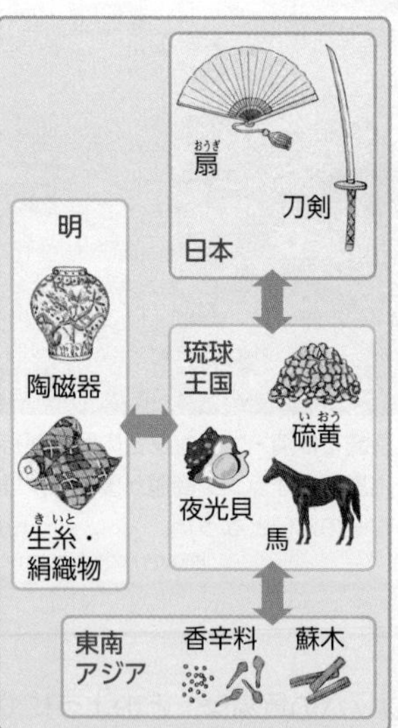

Q 左の図と比較し，変化したことを挙げよう。

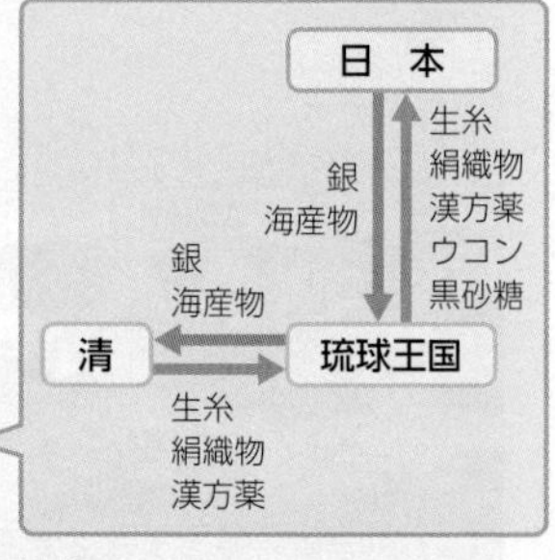

解説 琉球王国は中国の物産を日本や東南アジアに持ち込み，日本や東南アジアの物産に琉球の物産を加えて中国に輸出する**中継貿易**で栄えた。しかし，中国や日本，ポルトガル商人の活動が活発になると，琉球王国の貿易は中国と日本との中継貿易に縮小した。

2 蝦夷地とアイヌの人々

2A 蝦夷地の歴史 まとめ

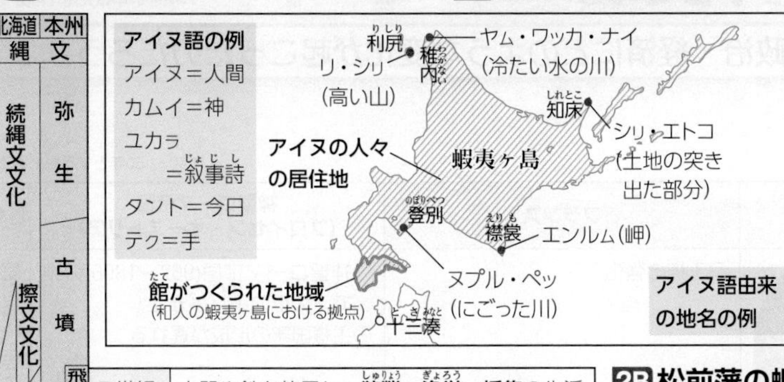

北海道	本州	年	できごと
縄文	縄文		
続縄文文化	弥生		
擦文文化	古墳		
オホーツク文化	飛鳥	7世紀	土器や鉄を使用し，**狩猟・漁労・採集**の生活
	奈良・平安	12～13世紀	和人との交易が発達
アイヌ文化	鎌倉	1325	津軽の豪族安藤（安東）氏，領有の記録
	室町	1409	明，サハリンに兵をおく。アイヌの朝貢
		1457	**コシャマインの戦い**（和人の圧迫に対しアイヌの首長が蜂起。蠣崎氏の客将武田信広が平定）
	戦国	1514	蠣崎氏，館主を統一。**松前**を本拠とする
		1590	蠣崎慶広，豊臣秀吉より蝦夷ヶ島主の待遇
	安土・桃山	1599	蠣崎氏，**松前氏**に改姓
	江戸	1604	**徳川家康，松前氏にアイヌとの交易の管理権**
		1669	**シャクシャインの戦い**
		1792	ロシア使節**ラクスマン**，**根室に来航** ➔p.72
		1799	幕府，東蝦夷地を直轄地に（1807全土）
		1821	幕府，蝦夷地を松前藩に還付
		1854	**日米和親条約**により，箱館を開港 ➔p.73
	明治	1869（明治2）	五稜郭の戦い，榎本武揚降伏（➔p.76）。**開拓使**を設置。**蝦夷地を北海道と改称** ➔p.82

▶7 イオマンテ（熊の霊送り）（蝦夷島奇観） アイヌの人々は，あらゆるものにカムイ（神）が宿るとして敬った。イオマンテは，熊を神として敬う儀礼の1つ。熊を手厚くもてなし，儀礼で射ったあと，皮や肉をはぐことで熊の霊を送り，食料の安定などを願った。 東京国立博物館蔵

2B 松前藩の蝦夷地支配

松前藩
- 和人地（松前地）：道南部。藩主一門に給地として分与，下級武士には蔵米を支給
- 蝦夷地：（和人地以北）

商場知行制 ➔（18世紀初め頃）➔ **場所請負制**

- 商場知行制：松前藩主は家臣にアイヌの人々との交易場所（商場・場所）を与え，交易の利益を家禄（主君が家臣に与える俸禄）とした
- 場所請負制：商場を与えられた家臣は，交易が不振になると，和人の特権商人に商場を請け負わせ，運上（税）を収入とした

▼8 アイヌの松前藩主への謁見（ウイマム）（「蝦夷国風図絵」） アイヌの人々が献上品をささげて挨拶に訪れた様子。アイヌの姿は誇張して描かれている。 北海道 函館市中央図書館蔵

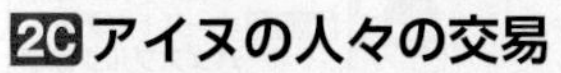

2C アイヌの人々の交易

▲9 清の役人への進貢（『東韃地方紀行』） 清（中国）は黒竜江下流域の交易地デレンに出先機関をおき，山丹人など近辺の諸民族から毛皮などを貢がせ，返礼として官職や絹織物などを与えた。

アイヌの人々が和人に売った物
昆布・鮭・鰊・ラッコの毛皮・鷲の羽・蝦夷錦 など

和人がアイヌの人々に売った物
米・酒・タバコ・漆器・鉄器 など

←---- アイヌの交易路
←―― 「昆布ロード」

Q 蝦夷錦はどのようにして，日本にもたらされたのだろうか？

◀10 蝦夷錦 アイヌの人々は，黒竜江（ヘイロンチアン）下流域の山丹人に毛皮を売り，中国の錦（絹織物）の官服や鷲の羽，ガラス玉などを入手した。これらは樺太・蝦夷ヶ島を経て日本にもたらされ，中国産の錦は蝦夷錦とよばれて珍重された。

北海道 市立函館博物館蔵

◀11 アイヌの人々の昆布漁（アイヌ風俗十二ヶ月屏風） 昆布は，日本近海では北海道や東北地方の海岸に分布する。アイヌの人々は，側面に板をとじ付けた舟を使い，根こそぎねじるようにして採った。 奈良 天理大学附属天理図書館蔵

解説 江戸時代に昆布は北前船を使い，西廻り航路（➔p.37）で大坂に運ばれ，江戸，九州，琉球王国，中国にもたらされた。この航路は「昆布ロード」と総称される。

深めよう 琉球やアイヌの人々の交易の特色は，何だろうか？

つなげよう 近代化は，琉球やアイヌの人々に，どのような影響を与えたのだろうか？

主権国家体制と世界貿易

1800		1900			2000	
江戸		明治	大正	昭和	平成	令和
朝鮮		韓	日本領	北朝鮮・韓国		
清			中華民国	中華人民共和国		

アプローチ 16～18世紀のヨーロッパでは，政治・経済にどのような変化が起こったのだろうか？

1 ヨーロッパ主権国家体制の形成 まとめ

＊1640～60年とする説もある。

世紀	スペイン・オランダ	イギリス	フランス	神聖ローマ帝国 (プロイセン・オーストリア)	日本
16世紀	○スペイン，メキシコ・ペルーを征服 →アメリカ大陸産の銀の独占 ← p.18 **絶対王政の全盛期** 1581 オランダ，スペインから独立 1588 無敵艦隊(むてきかんたい)がイギリスに敗北 → **スペイン衰退**	▶1 **エリザベス1世** (位1558～1603) **絶対王政の全盛期**	○王権の強化 1598 ナントの王令(勅令)	○神聖ローマ帝国(962～1806)の中で，大小の領邦(りょうほう)が分立 ○主権国家の形成が遅れる	室町時代 安土・桃山時代
17世紀	**オランダ，中継貿易で繁栄** ← p.39 →マルク(モルッカ)諸島の香辛料を独占 1648 **ウェストファリア条約**で，オランダの独立を国際的に承認 1652 イギリス＝オランダ戦争(～74)	1642 ピューリタン革命(～49)＊ 1688 **名誉(めいよ)革命**(～89) 1689 「**権利の章典(しょうてん)**」発布 ← p.20 **立憲君主政の確立**	**絶対王政の全盛期** ← p.20 ▶2 **ルイ14世** (位1643～1715)	1618 三十年戦争(～48) 1648 **ウェストファリア条約** → 領邦が独立主権を確立 **ヨーロッパ主権国家体制の確立**	江戸時代
18世紀		**議院内閣制の確立** 1754 フレンチ＝インディアン戦争(～63)　1756 七年戦争(～63) →フランスとの植民地戦争に勝利 **イギリスの覇権確立** → p.46・47 1775 **アメリカ独立戦争**(～83)	→イギリスとの植民地戦争に敗北 1789 **フランス革命**(～99) → p.48	1740 オーストリア継承戦争(～48) ○啓蒙専制君主(けいもうせんせいくんしゅ)の改革 1772 ポーランド分割(3回，～95)	

1A 主権国家 巻末史料1

Q 主権国家とはどのような国家なのだろうか？

主権国家とは

国内の統治力と対外的な独立性をもった国家で，16世紀の絶対王政を始まりとする。このような，**国家が，対等な外交関係をもとに自国の利益を優先して競い，勢力均衡(せいりょくきんこう)をはかりあった結果成立した国際秩序(ちつじょ)が**主権国家体制であり，1648年のウェストファリア条約によって確立した。

1B 絶対王政の構造

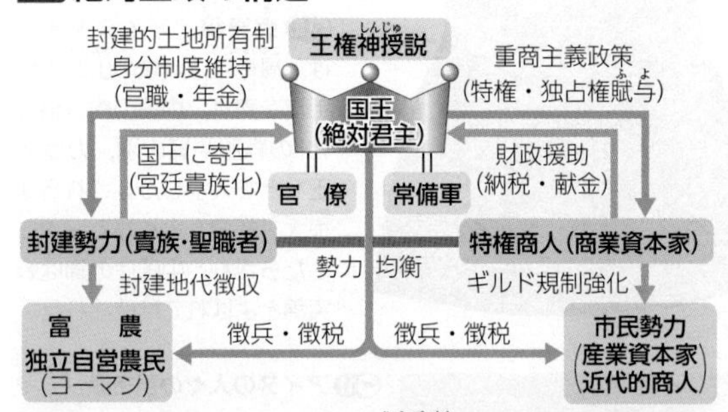

解説 長期化する戦争に必要な**常備軍(じょうびぐん)**の財源を確保するため，徴税(ちょうぜい)機構をはじめとする統治機構が整備された。これにより，国家の政治・経済的統一，**官僚制(かんりょうせい)**等の近代国民国家の形成が進んだ。

1C 16世紀中頃のヨーロッパ

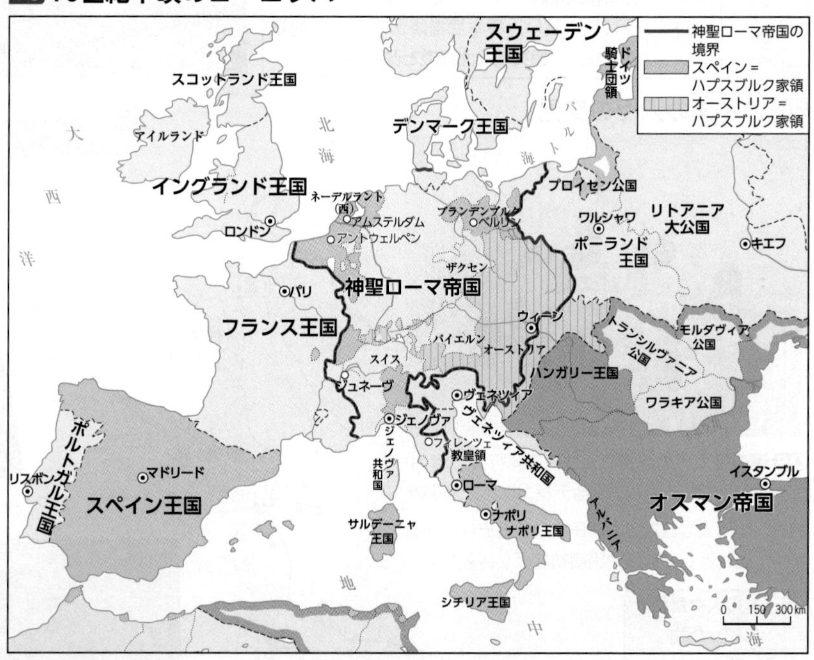

コーヒーハウスと市民文化

▼3 ロンドンのコーヒーハウス 大英博物館蔵

18世紀初頭のロンドンには，3000軒(けん)を超すコーヒーハウスがあった。店内では自由に新聞や雑誌を読むことができ，商談も行われ，情報交換の場となった。コーヒーハウスは富裕(ふゆう)市民の意見討論の場としても利用され，フランスのカフェやサロンとともに世論を形成する場となり，啓蒙(けいもう)思想を普及させた。

1D おもな啓蒙思想家 巻末史料3・4

ロック(英) → p.47 (1632～1704)	社会契約説に基づき，**名誉(めいよ)革命を擁護(ようご)**。『統治二論』
モンテスキュー(仏) (1689～1755)	イギリス議会政治を模範(もはん)として，**三権分立**を唱える。『法の精神』
ルソー(仏) (1712～78)	自然権を社会全体に譲渡(じょうと)。**人民主権**を主張。『社会契約論』

2 18世紀後半の世界貿易

Q 大西洋三角貿易では何が取引されたのだろうか？

2A 1770年代の世界貿易

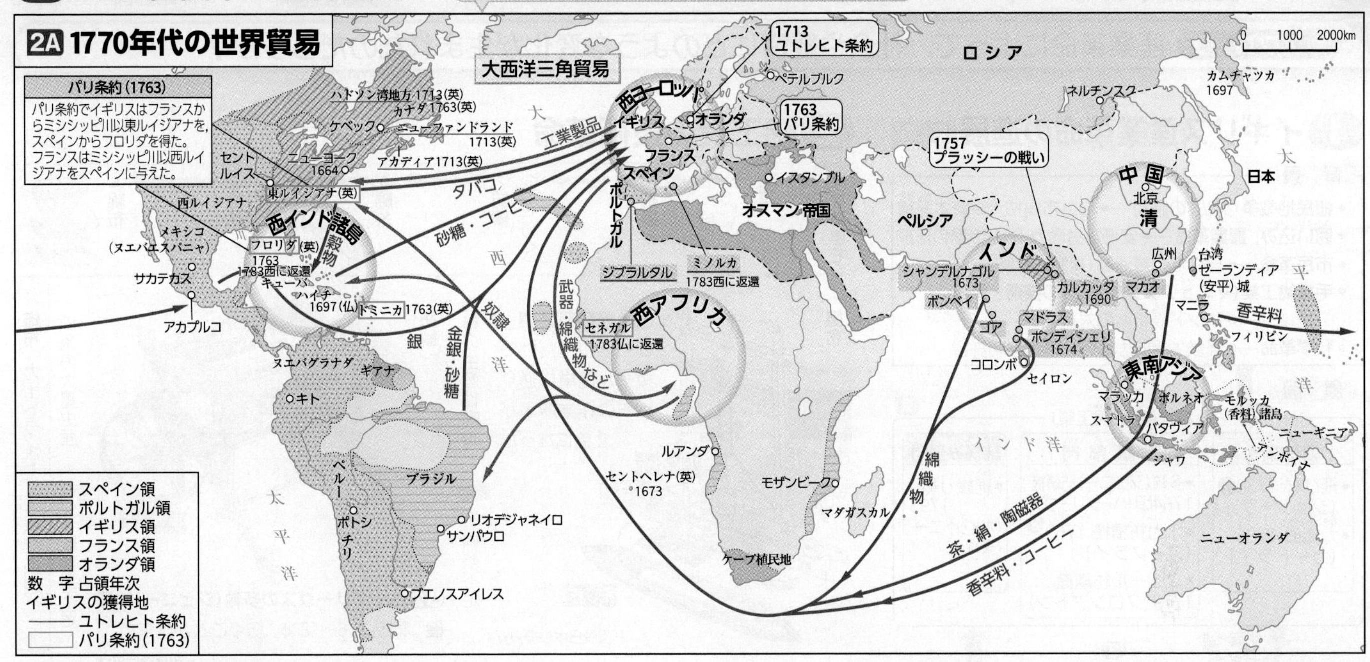

3 大西洋奴隷(どれい)貿易

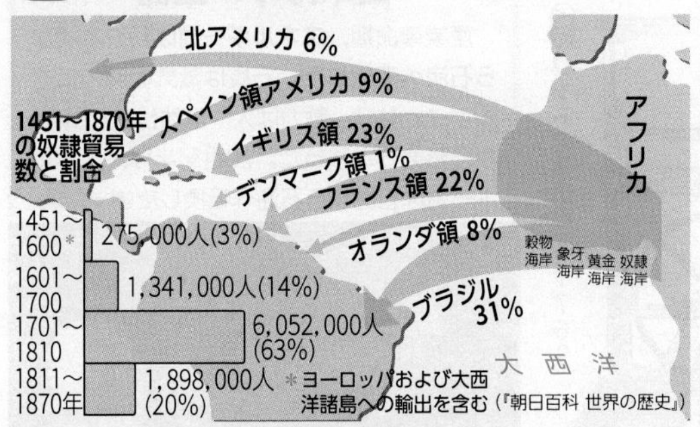

解説 大航海時代以降，アフリカ大陸西海岸から，多くの人が奴隷として南北アメリカ大陸へ送られた。彼らはサトウキビプランテーション(➡p.22)などで過酷(かこく)な労働を行った。

3A 三大陸の人口の移り変わり

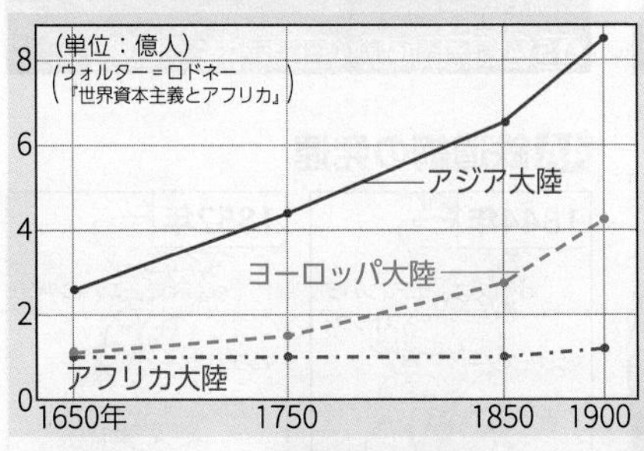

Q アフリカ大陸の人口はどのように推移しているだろうか？

解説 ヨーロッパ・アジアの人口は増加したが，アフリカ大陸では，「奴隷狩り」により，働き盛りの(子どもを産める)男女がアメリカ大陸へ流出し，人口停滞に陥(おちい)った。

▶4 奴隷売買　ヨーロッパ諸国はアフリカ沿岸部の部族に武器を与えて戦わせ，捕虜(ほりょ)を奴隷とした。奴隷は船にすし詰(づ)めにされて運ばれ，栄養失調やチフスなどで多くが死に，反乱も起こった。

綿織物の人気

綿織物は，全繊維の中で最も多く生産されている。前近代においてはインドを中心としたアジアで生産されていたが，17世紀にヨーロッパへ輸出され消費が普及すると，**18世紀にイギリスで綿織物の国産化が試みられ，産業革命が始まった**(➡p.44)。綿工業は，資本主義諸国間の戦争を引き起こし，**綿花栽培地域での奴隷制をおし進めた**(➡p.58)。

▲5 綿花

●デフォー*の見たイギリスの綿織物人気(1708年)　*英のジャーナリスト

かつてカーペットや，一般大衆向けに用いられていた綿織物が，今では貴婦人のドレスとなっている。数年前までなら，彼女たちに仕える女性でさえ，みっともないと思ったであろう。今では女王様でさえ，喜んで身にまとっておいでになる始末。…
それどころか，綿織物は家の中にも侵入し，カーテン，クッション，椅子(いす)からベッドにいたるまで，インドの綿織物が使われている。**かつて毛や絹で作られていたものは，インドからの輸入品(綿織物)で供給されるようになったのだ。**➡p.66 2

(『世界綿業発展史』など)

●イギリスの綿製品輸入

▶6 綿のドレス(18世紀)

深めよう 主権国家体制の形成によって，国家間の関係はどのように変化したのだろうか？

つなげよう 啓蒙思想や奴隷貿易は，各地にどのような影響を及ぼしたのだろうか？

産業革命

1800		1900			2000	
江戸		明治	大正	昭和	平成	令和
朝鮮		韓国	日本領	北朝鮮・韓国		
清			中華民国	中華人民共和国		

アプローチ 産業革命によって，社会や経済にどのような変化が生まれたのだろうか？

1 イギリス産業革命の進展 まとめ

背景

- **植民地戦争**（英仏）**の勝利**→海外市場拡大・資本蓄積
- **囲い込み**（エンクロージャー），**農業革命**→安価な労働力・国内市場の形成
- **市民革命**→自由な企業活動（規制の撤廃）
- **毛織物工業（マニュファクチュア）の技術・伝統**
  →インド綿布への対抗 ←p.43
- **科学革命**→経験主義的思考の発達・発明許容

展開

技術革命（綿工業） 2

織布部門	紡績部門	綿摘み部門
•飛び杼 1733 1（ジョン＝ケイ） •力織機 1785（カートライト）	•多軸（ジェニー）紡績機 1764頃（ハーグリーヴズ） •水力紡績機 1769 2（アークライト） •ミュール紡績機 1779（クロンプトン）	•綿繰り機 1793（ホイットニー〈米〉）

影響

動力革命 3
蒸気機関 1710（ニューコメン）
蒸気機関の改良 1769（ワット）
← 鉄工業・石炭業 機械工業

影響 3 4

交通革命 4
運河の開設・蒸気船 1807（フルトン〈米〉）7
蒸気機関車 1814（スティーヴンソン）←p.32
鉄道の実用化（1825 ストックトン・ダーリントン間／1830 マンチェスター・リヴァプール間）6

大規模な機械制工場の出現

影響

- **産業社会の成立**（資本主義体制）7
  - 2大階級（**資本家・労働者**）の形成 9
  - 資本家の自由主義改革運動
  - **労働問題**（長時間，低賃金，女性・子ども）→
  - **社会問題**（スラムの形成，感染症）→
  - →社会主義運動・労働運動
- **世界経済の成立** 5
  - 「**世界の工場**」イギリス
  - 後発資本主義国（フランス・アメリカ・ドイツ・日本・ロシア）
  - 従属国（アジア・アフリカ・ラテンアメリカ）

1A 産業革命期のイギリス

Q 人口が多い都市は，どのような都市なのだろうか？

2 綿工業の技術革命

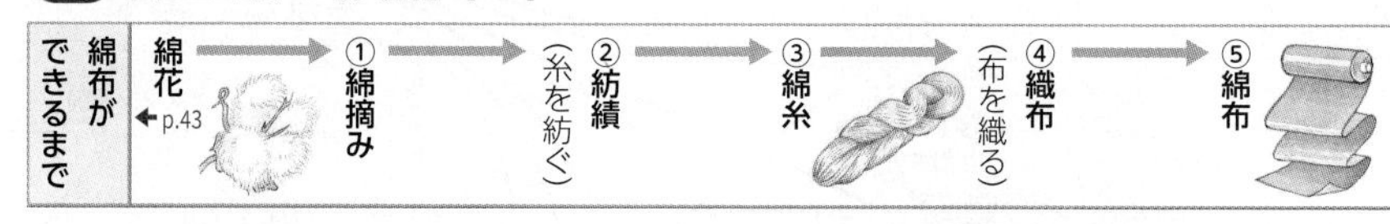

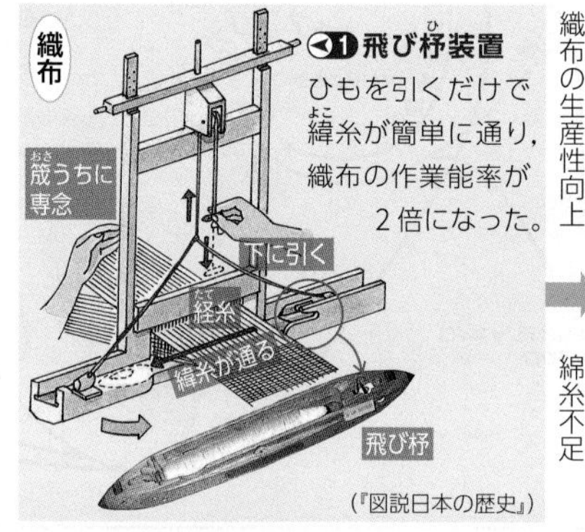

◀1 **飛び杼装置** ひもを引くだけで緯糸が簡単に通り，織布の作業能率が2倍になった。

（『図説日本の歴史』）

織布の生産性向上 → 綿糸不足

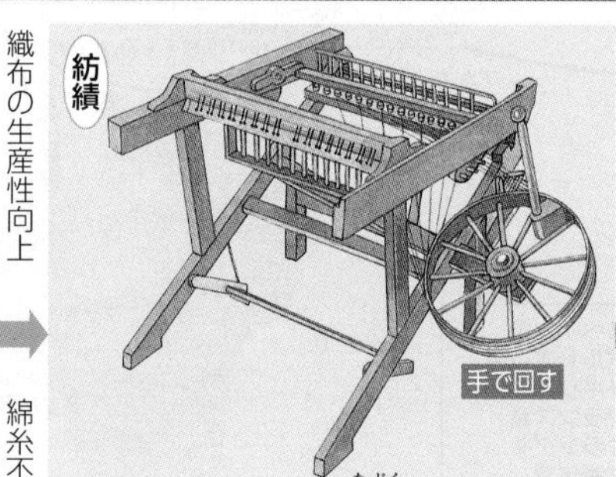

▲2 **ハーグリーヴズの多軸（ジェニー）紡績機** 同時に6～8本*紡ぐことが出来た。

＊改良後は80本。

綿糸の大量生産 → 綿布工不足 → 織布 カートライト，力織機発明

3 動力革命

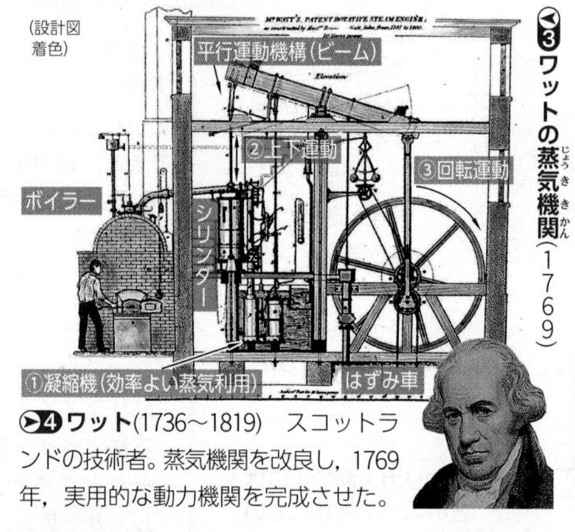

◀3 **ワットの蒸気機関**（1769）

▶4 **ワット**（1736～1819） スコットランドの技術者。蒸気機関を改良し，1769年，実用的な動力機関を完成させた。

エネルギー革命

産業革命期，**エネルギー源は薪や木炭から石炭へ変化した。**石炭は蒸気機関のエネルギーとなり，動力は人や自然（水力・風力）から蒸気へと移った。20世紀半ば，エネルギー源は石炭から石油へ転換した（→p.180）。

▲5 **蒸気機関で動く製鉄所**（英，1832年）

4 交通革命 ←p.32

▲6 **マンチェスター・リヴァプール間の鉄道開通式**（1830年） 1830年，綿工業で発展した工業都市マンチェスターと貿易港リヴァプールの間で蒸気機関車「ロケット号」による鉄道の営業運転が始まった。この鉄道は，旅客と貨物を運ぶ，本格的な鉄道となった。

4A 鉄道網の発達

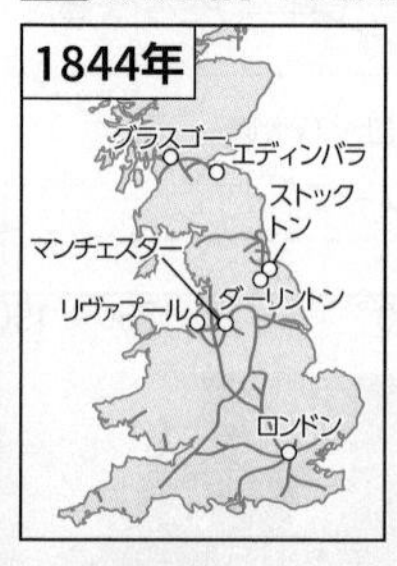

（『産業革命の群像』）

▼7 **世界初の実用蒸気船クラーモント号**（模型） フルトンが1807年にアメリカで建造。ワットの蒸気機関を搭載した。

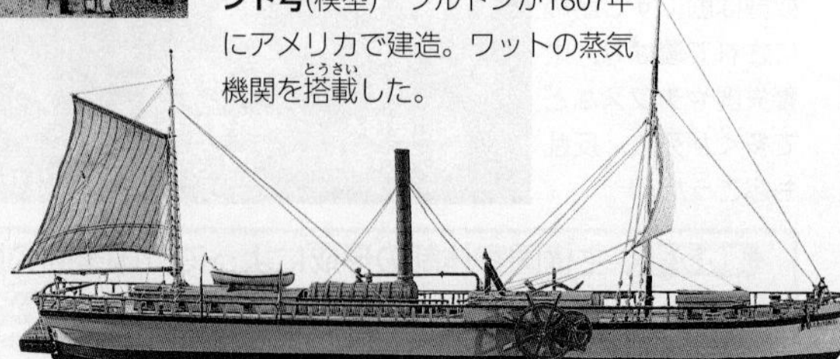

5 世界市場の形成

Q どこから何を輸入しているのだろうか？

5A「世界の工場」イギリス ←p.32

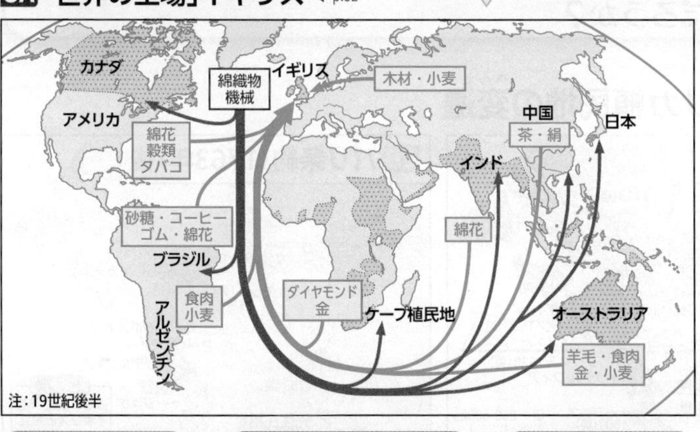

後発資本主義国家群		「世界の工場」イギリス		従属国
(仏・米・独・日・露) ●国内産業育成 保護関税政策	対立 ⟷	●パクス＝ブリタニカの形成 ●自由貿易主義 ●「世界の銀行」へ →p.54	支配 →	(アジア・アフリカ・ラテンアメリカ諸地域)

→ 支配

解説　産業革命を経て，圧倒的な工業国となったイギリスは，**「世界の工場」として各地に原料供給地・商品市場としての植民地を求めた**。一方，植民地となったアジア・アフリカ・アメリカ大陸諸国では，綿花・砂糖・コーヒーなどのプランテーションがつくられ，本国などへの輸出用として**特定の農産物の生産に依存するモノカルチャー経済化が進んだ**。

●**インドの商品輸出**(1865年)

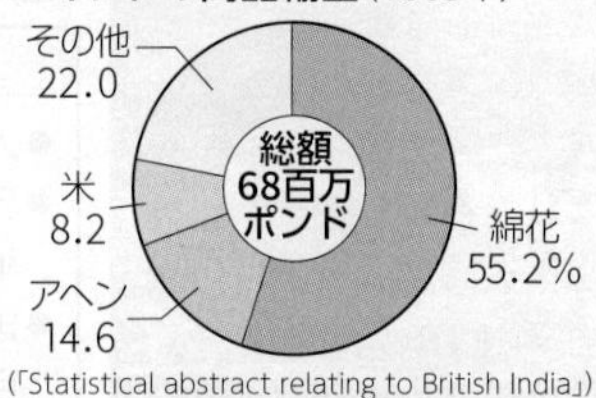

(「Statistical abstract relating to British India」)

6 諸国の産業革命 →p.100~103

国名	開始時期	特色
イギリス	1760年代	①織布部門・綿工業の紡績部門で交互に展開 ②19世紀前半「**世界の工場**」としての地位を確立
ベルギー	1830年代	①独立(1830)直前から大陸諸国に先駆けて開始 ②豊富な鉄・石炭，銀行資本，伝統的毛織物工業
フランス	1830年代	①小農民中心で，労働力形成と資本蓄積が遅れる ②絹織物工業(中心リヨン)から開始
アメリカ	1830年代	①アメリカ＝イギリス戦争(1812～14)後，英から経済的自立 ②西部開拓による国内市場拡大　③**南北戦争**(1861～65)**後に本格化**
ドイツ	1840年代	①**ドイツ関税同盟**(1834)による国内市場統一 ②重工業を中心に進展
ロシア	1890年代	①**農奴解放令**(1861)による労働者創出 ②**フランス資本の導入**(1891)と国家の保護
日本	1890年代	①政府の殖産興業(しょくさんこうぎょう)政策が契機　②綿織物工業から開始 ③**日清戦争**(1894～95)**前後**，軽工業中心に発達

工場労働者と砂糖入り紅茶

産業革命が進むと，工場経営者は「砂糖入り紅茶」をアルコールの代替品(だいたいひん)として労働者に推奨(すいしょう)した。紅茶にはカフェインが含まれ，砂糖は即席のカロリー源であるため，疲労回復と労働規律を保つには最適であった。

▶8 工場の昼休み(英)

7 現代的な諸課題 社会問題の発生にみる平等と格差

7A 社会主義思想の発生

産業革命の進展

●**社会問題** ←p.33
→ 都市への人口集中による環境破壊(はかい)
　スラムの形成，感染症の流行 →p.61

●**労働問題** ←p.33
→ 長時間労働・低賃金，女性・子どもの労働
　工場の機械化で仕事を失った人々の
　ラダイト運動(機械うちこわし運動)

↓

社会主義思想の発生

●「**空想的社会主義**」
　人道的立場から資本主義を批判。理想的な産業社会の建設を主張した。
　オーウェン(英)⑩，サン＝シモン(仏)，フーリエ(仏)

●「**科学的社会主義**」 →p.53
　資本主義社会の衰退(すいたい)は歴史の必然であるとし，労働者の団結を訴(うった)えた。
　マルクス(独)，**エンゲルス**(独)
　『**共産党宣言**』(1848) 巻末史料6

7B 資本家と労働者

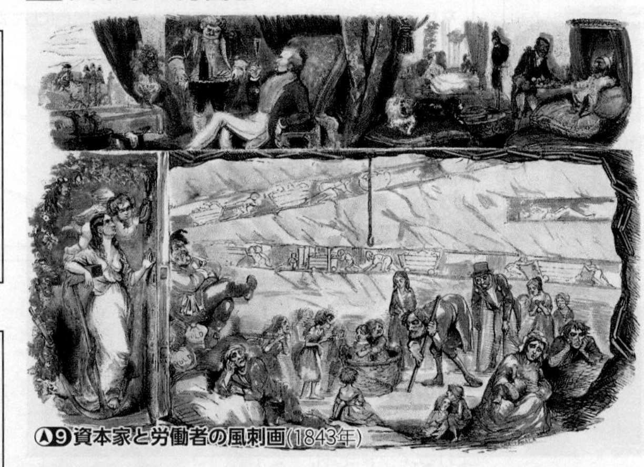

▲9 資本家と労働者の風刺画(1843年)

読みとろう
①産業革命により，どのような問題が生まれてきたのだろうか？
②社会主義思想は，資本主義のどのような点を批判したのだろうか？

考えよう
現代社会において，格差の問題はどのようなところにみられ，どのような対策が必要とされているのだろうか？

7C オーウェンの意見

蒸気機関(じょうききかん)および紡織(ぼうしょく)機械は，…いまやそれらからひきだされる利益を帳消(ちょうけ)しにしてあまりある害悪を社会にもたらしたのである。**それらは，富の集積をつくりだし，そして，それを一部の少数者の手中においた。そしてかれらは，…多数者の勤労によって生産された富を吸収しつづけている。**

(永井義雄他訳『ラナーク州への報告』)

▶10 オーウェン
(1771～1858)
イギリスの紡績工場の支配人。自らの経営するニューラナーク工場で労働時間の短縮や福利施設の拡充を行い，労働者の生活環境を改善。また，児童労働問題の改善にも取り組んだ。

深めよう《 イギリスを中心とする世界市場の形成は，世界経済をどのように変化させたのだろうか？

》つなげよう 産業革命による変化は，現代社会にどのような影響を与えているのだろうか？

資本家と労働者の風刺画→

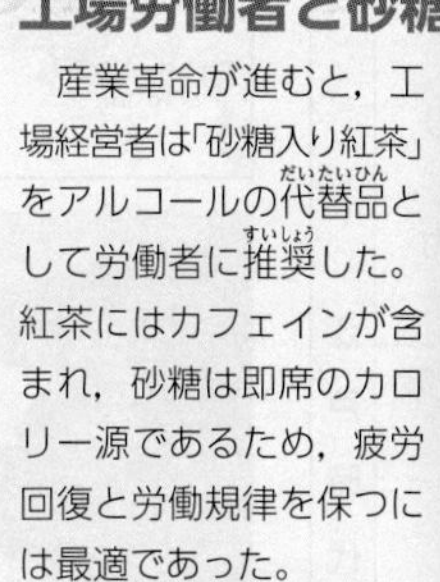

アメリカ独立革命

アプローチ アメリカは，何を求めて独立したのだろうか？

1 アメリカ独立革命の進展

➡p.58 まとめ

13植民地の成立（日本：江戸時代）

- 1607 イギリス，**ヴァージニア植民地**建設
- 1608 フランス，ケベック市建設
- 1620 ピルグリム＝ファーザーズ，プリマス上陸 ❸
- 1664 イギリス＝オランダ(英蘭)戦争で，イギリスがニューアムステルダムを占領 ⟶**ニューヨーク**に改名
- 1732 ジョージア植民地建設 **13植民地成立**
- 1754 **フレンチ＝インディアン戦争**(～63)（**七年戦争**の一環）
- 1763 **パリ条約**(イギリスはミシシッピ川以東のルイジアナを獲得) 2B ←p.43地図

↓

- 植民地はフランスの脅威(きょうい)がなくなり，本国を頼る必要がなくなる
- イギリスは財政難により，アメリカへの課税を強化

植民地と本国の対立

植民地の反抗	英の重商主義政策強化
1765 **「代表なくして課税なし」**の決議	1765 **印紙法**
1773 **ボストン茶会事件**❹	1773 **茶法**
1774 第1回大陸会議（フィラデルフィア）	1774 ボストン港を閉鎖(へいさ)

- 1775 **独立戦争**(～83) ❹
- 1776 **トマス＝ペイン『コモン＝センス』(『常識』)**発刊 ❷
- 1776.7-4 **独立宣言**❼
- 1778 フランス参戦
- 1779 スペイン参戦
- 1780 オランダ参戦 武装中立同盟結成（ロシアのエカチェリーナ2世提唱）
- 1781 ヨークタウンの戦い(植民地勝利)
- 1783 **パリ条約** **独立の承認**
- 1787 **合衆国憲法の制定**❺ ➡p.50
- 1789 **ワシントン**❺**が初代大統領に就任**

A1 **星条旗**(1777)

2 北アメリカ植民地の変遷(へんせん)

2A 1713年後

2B パリ条約(1763年)後

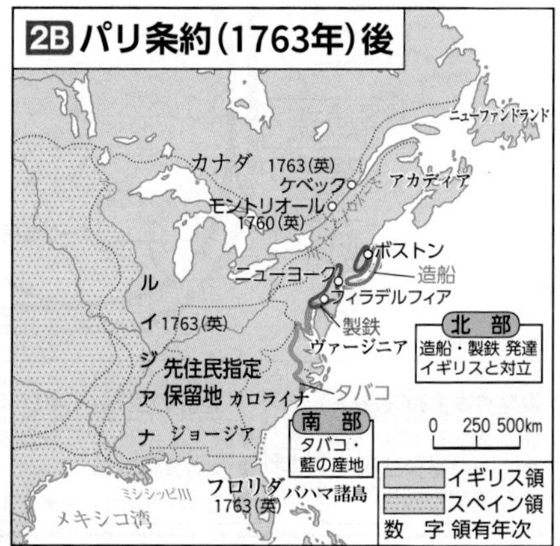

A3 プリマス植民地の復元

2C 英仏植民地の特色

イギリス	フランス
●人口多 ●自営農民として家族単位での定住 ●国王の特許状(とっきょじょう)による自主的な運営 ●独自の宗教政策	●人口少 ●毛皮取引を主体とする一時的な居住 ●フランス政府・国王による直接的な統治

3 植民地と本国との対立

解説 イギリスは重商主義政策のもとで，植民地に貿易規制を行っていた。その上，**七年戦争後の財政難を解消するため，植民地に対して課税の強化を図った。**1765年，本国議会が植民地に対して直接課税する**印紙法**を制定。植民地側は**「代表なくして課税なし」**をスローガンに反発した。

独立は「常識」

1776年，トマス＝ペインは『コモン＝センス』(『常識』)を出版し，独立による植民地の利益を説いた。当時のアメリカ人口約230万人に対して3か月で約12万部売れるベストセラーとなり，植民地人の心を独立に踏み切らせた。

A2 **トマス＝ペイン**(1737～1809)

●**『コモン＝センス』(『常識』)** 私は明瞭(めいりょう)に，積極的に，良心的に，次のことを確信するのである。すなわち，**分離独立するのがこのアメリカ大陸にとって真に利益になる**，分離独立の域に達しないものは間に合わせ仕事にすぎない，それは永続的な福祉をもたらすことはできない，…
（『原典アメリカ史』岩波書店）

Q なぜ茶箱を海中に捨てたのだろうか？

❹ **ボストン茶会事件** 1773年，茶法により東インド会社に北米植民地での茶の独占販売権が与えられると，反発した植民地急進派(きゅうしんは)はボストン港の東インド会社船を襲(おそ)い，342個の茶箱を海中に投棄(とうき)した。これに対し，イギリス本国はボストン港閉鎖(へいさ)などの高圧的な諸法を制定した。

4 アメリカ独立戦争(1775～83年)

Q 独立した13州の場所を確認しよう。

5 合衆国憲法と政治機構 →p.50

合衆国憲法(1787年)　発案：憲法制定会議(フィラデルフィア)	
連邦主義	●連邦政府が徴税権・通商規制権・軍隊保持権をもつ ●各州に大幅な自治権を与える(司法・行政・立法・軍事権)
人民主権	●共和政による民主主義 ●先住民や黒人の権利は無視された
三権分立	● 立法　連邦議会…上院，下院 ● 行政　大統領…任期4年，国民の間接選挙で選出 ● 司法　連邦最高裁判所…違憲立法審査権(判例で確立)

6 革命の世界的影響

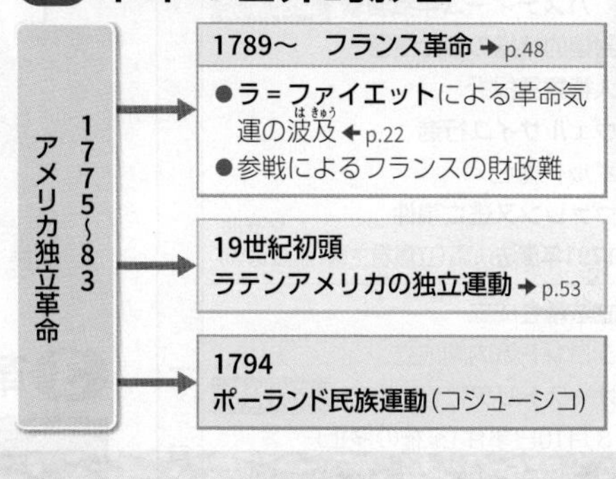

A5 ワシントン
(1732～99)　植民地軍総司令官として独立戦争を勝利に導いた。**アメリカ合衆国初代大統領。**

7 資料から考える 独立の理念

新しい国家が掲げた理想

7A ロックの主張 巻末史料3

A6 ロック
(1632～1704) ←p.42

●**自然法思想**
　自然あるいは神によって，人間に永久不変のものと考えられる法が与えられている。

●**社会契約説**
　自由で平等な人々の契約によって，社会や国家が成立する。ロックは，自然状態では権利を侵される危険があるので，人々は自然権の一部を放棄して政治社会をつくる必要があるとした。

●**抵抗権**
　人々は，自らの権利を侵す政府を変更することができる。

7B アメリカ独立宣言(1776年7月4日)

　我々は，次の真理は別に証明を必要としないほど明らかなものであると信じる。すなわち，**すべて人間は平等につくられている。**すべて人間はその創造主によって，誰にも譲ることのできない一定の権利を与えられている。これらの権利の中には，**生命，自由，そして幸福の追求**が含まれる。これらの権利を確保するために，政府が設置されるのであって，政府の権力はそれに被治者が同意を与える場合にのみ，正当とされる。いかなる形体の政府であれ，**こうした政府本来の目的を破壊するようになれば，人々はいつでもそうした政府を改変し，廃止する権利を持っている。**

(『独立宣言の世界史』ミネルヴァ書房)

解説　アメリカ独立宣言は基本的人権や抵抗権などロックの思想の影響を受けて起草された。ロックは個人の持つ権利を「生命，自由，財産」としたが，起草者ジェファソンはこれを**「生命，自由，幸福の追求」**へと変更し，独立宣言には時代を越えた価値が付与された。

A7 独立宣言の署名　正式名称は「大陸会議における13のアメリカ連合諸州による全会一致の宣言」。1776年7月4日，フィラデルフィアのインディペンデンスホールで採択された。

読みとろう　7A を参考にして，7B を読みとろう。
① 7B 自然法思想を示す箇所はどこだろうか？
② 7B 社会契約説を示す箇所はどこだろうか？
③ 7B 抵抗権を示す箇所はどこだろうか？

考えよう
独立革命によって成立した国家は，それまでの国家とどのように異なっていたのだろうか？ 比較

深めよう《 独立宣言や合衆国憲法には，どのような思想が取り入れられたのだろうか？

》つなげよう アメリカ合衆国の誕生は，ヨーロッパやラテンアメリカにどのような影響を与えたのだろうか？

フランス革命とナポレオン

アプローチ フランス革命によって，政治体制はどのように変化したのだろうか？

❶フランス革命の進展 まとめ

←p.42 ➜p.49

政体	議会	年	事項	日本
フランス王国（ブルボン朝）			○財政改革失敗 巻末史料5	江戸時代
		1789	シェイエス『第三身分とは何か』刊行	
	三部会	1789	.5 **三部会**招集（ヴェルサイユ）	
	国民議会		.6 第三身分による**国民議会**設立宣言	
			球戯場（テニスコート）の誓い❸	
			.7-14 **バスティーユ牢獄襲撃** 革命勃発	
			.8 **封建的特権の廃止**宣言	
			人権宣言採択	
			.10 **ヴェルサイユ行進**	
		1791	.3 ギルド廃止	
			.6 **ヴァレンヌ逃亡事件** ➜p.50	
			.9 **1791年憲法**決議（立憲君主政・制限選挙）	
	立法議会		.10 **立法議会**成立	
		1792	.3 ジロンド派内閣成立	
			.4 **オーストリア**に宣戦布告 革命戦争	
			.8 8月10日事件（王権の停止）	
			.9 ヴァルミーの戦い（革命軍初勝利）	
フランス共和国（第一共和政）	国民公会		.9 **国民公会**招集	
			王政廃止と共和政宣言	
		1793	.1 **ルイ16世処刑**❹	
			.2 **第1回対仏大同盟**結成（～97）	
			徴兵制の実施（18～25歳）➜p.51	
			.3 革命裁判所設置	
			.4 公安委員会設置	
			.6 **山岳（ジャコバン）派独裁** 恐怖政治	
			1793年憲法決議（施行されず）	
			.7 封建地代の無償廃止の確定	
			.10 革命暦（共和暦）採用決定	
		1794	.7 **テルミドール9日のクーデタ**	
			ロベスピエール❻ら逮捕・処刑	
		1795	.8 **1795年憲法**（共和暦3年憲法）決議	
	総裁政府		.10 **総裁政府**成立	
		1799	.11 ブリュメール18日のクーデタ 革命終了	

度量衡の統一

封建制度から脱却し**平等な社会を形成するため，社会生活の枠組みも刷新された。**1791年ギルドを廃止した国民議会は，地域によってまちまちで不都合が指摘されていた度量衡に代わり，国際的な新しい統一単位の創設を決定した。

◁❶**メートル法制定のビラ** 1799年に正式採用されたメートル法は，地球子午線長の4000万分の1を1メートルとし，真空中での一定量の蒸留水（0℃）の重さを1グラムとした。

❷旧体制（アンシャン＝レジーム）

国王

特権身分

第一身分（約10万 0.4%）聖職者

第二身分（約40万 1.6%）貴族

第三身分
大借地農 自営農民 貧農 小作農（農民＝約2000万）
ブルジョワジー：富裕市民 中流市民 下層市民
無産市民 サンキュロット（市民＝約450万）

王党派：亡命貴族・忌避聖職者として反革命勢力となる。ただし，下級聖職者や地方貴族は第三身分へ合流

フイヤン派 立憲君主派
ジロンド派 穏健共和派
山岳派（ジャコバン派）急進共和派
革命の推進力

（人口は，『朝日百科 世界の歴史』などによる推計）

Ⓐ❷**革命前の3つの身分**

❸革命の展開

Q どのような身分の人々が集まったのだろうか？

◁❸**「球戯場（テニスコート）の誓い」ダヴィド** フランス革命勃発の直前，第三身分の代表により結成された国民議会は，憲法制定まで解散しないことを誓い合った。 カルナヴァレ美術館（パリ）蔵

3A 人権宣言（「人間および市民の権利の宣言」）（1789年）

➜p.50

第1条 **人間は，生まれながらにして，自由であり，権利において平等である。**
第2条 およそ政治的結合というものの目的は，人間の自然に備わった消滅することのない諸権利を保全することである。その諸権利とは，自由，所有，安全，および圧制に対する抵抗である。
第3条 およそ**主権というものの根源は，本質的に国民のうちに存する。**
第4条 自由とは，他人を害しない限りは何をしてもよい，ということにある。
第6条 **法律は一般意志の表現である。**…すべての市民は，法律の目には平等である。
第11条 思想および意見の自由な伝達は，人間の最も貴重な諸権利の一つである。
第17条 **所有は侵すべからざる神聖な権利である。** （遅塚忠躬『ヨーロッパの革命』講談社）

Ⓐ❹**ルイ16世の処刑** 1793年1月21日11時頃，軍隊・群衆がごったがえす革命広場（現コンコルド広場）で，国王はギロチンにかけられた。

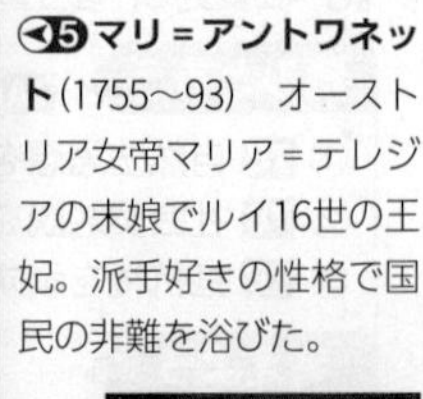

◁❺**マリ＝アントワネット**（1755～93） オーストリア女帝マリア＝テレジアの末娘でルイ16世の王妃。派手好きの性格で国民の非難を浴びた。

▷❻**ロベスピエール**（1758～94） ジャコバンの山岳派を指導し，恐怖政治を断行した。テルミドール9日のクーデタで処刑された。

4 ナポレオン時代 まとめ

p.48 p.52

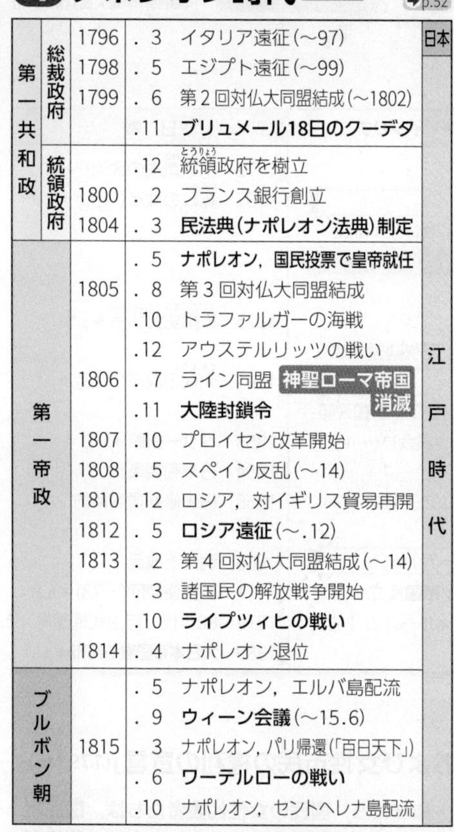

時代		年	月	できごと	日本
第一共和政	総裁政府	1796	.3	イタリア遠征(～97)	
		1798	.5	エジプト遠征(～99)	
		1799	.6	第2回対仏大同盟結成(～1802)	
			.11	**ブリュメール18日のクーデタ**	
	統領政府		.12	統領政府を樹立	
		1800	.2	フランス銀行創立	
		1804	.3	**民法典(ナポレオン法典)制定**	
第一帝政			.5	**ナポレオン，国民投票で皇帝就任**	
		1805	.8	第3回対仏大同盟結成	
			.10	トラファルガーの海戦	
			.12	アウステルリッツの戦い	江戸時代
		1806	.7	ライン同盟 **神聖ローマ帝国消滅**	
			.11	**大陸封鎖令**	
		1807	.10	プロイセン改革開始	
		1808	.5	スペイン反乱(～14)	
		1810	.12	ロシア，対イギリス貿易再開	
		1812	.5	**ロシア遠征**(～.12)	
		1813	.2	第4回対仏大同盟結成(～14)	
			.3	諸国民の解放戦争開始	
			.10	**ライプツィヒの戦い**	
		1814	.4	ナポレオン退位	
ブルボン朝			.5	ナポレオン，エルバ島配流	
			.9	**ウィーン会議**(～15.6)	
		1815	.3	ナポレオン，パリ帰還(「百日天下」)	
			.6	**ワーテルローの戦い**	
			.10	ナポレオン，セントヘレナ島配流	

4A ナポレオン時代のヨーロッパ

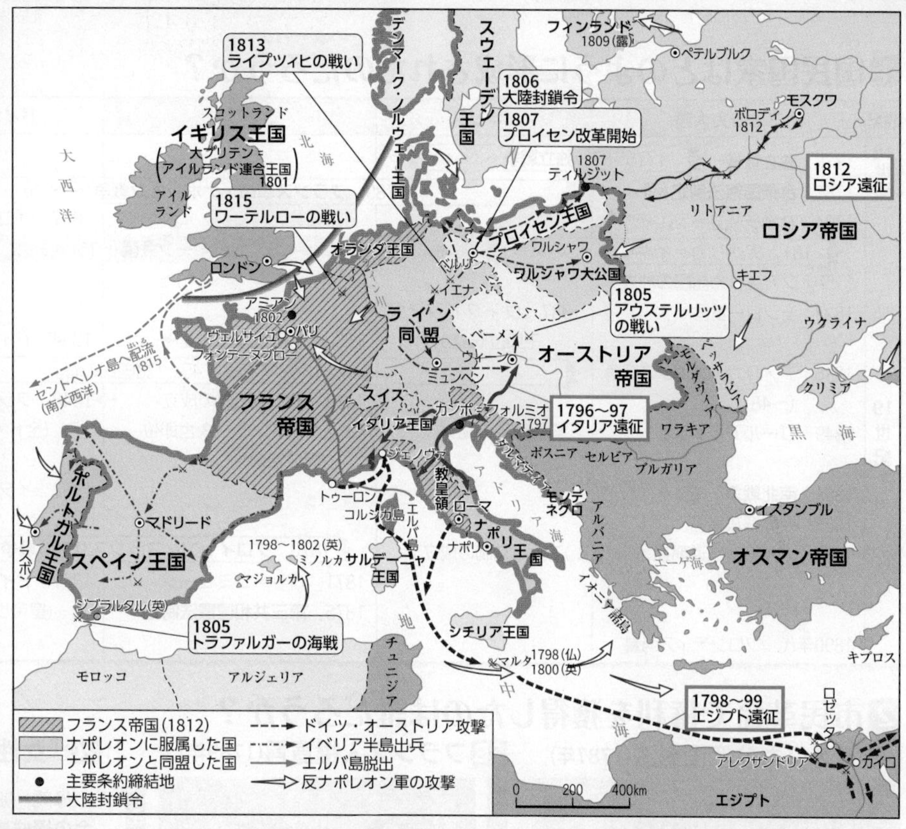

4B 民法典(ナポレオン法典)(1804年) 世界 日本

Ⅱ家族の尊重　213.夫は妻を保護し，妻は夫に服従する義務を負う。
Ⅲ所有権の絶対　…人は自己の生存とその維持とに必要な物に対する権利を有する。それが所有権の起源である。…だから**所有権自体は自然の直接な制度**である。
Ⅳ契約の自由　1134.適法に締結された合意はそれをなした当事者間では法律たるの効力を有する。

(『世界歴史事典』平凡社)

● **日本の民法**　1890(明治23)年公布，1947(昭和22)年全面的に改正

327．適法ニ為シタル合意ハ当事者ノ間ニ於テ法律ニ同シキ効力ヲ有ス

(『史料民法典』成文堂)

Q 「人権宣言」の第17条と比較してみよう。3A

解説　民法典(ナポレオン法典)は**革命の成果を成文化**し，所有権の絶対や契約の自由などが確認された。明治時代の日本にも影響を与えている。➜p.86

現代につながる ナポレオンの政策

ナポレオンの行った**民法典の制定，フランス銀行の創設，官僚行政機構や教育制度の整備**などは近代国家形成の基礎となり，その多くは現代まで引き継がれている。民法典は制定以後さまざまな修正が加えられているが，法典そのものは現在のフランスでも効力を持ち続けている。

A8 **ナポレオン＝ボナパルト**(1769～1821)
マルメゾン宮国立美術館蔵

5 大陸封鎖令とイギリスとの対立

A7 **イギリス・フランス対立の風刺画**(ギルレー筆，イギリス，1805年)　イギリスの首相ピット(左)とナポレオン(右)が，地球に見立てたプディングを切り分けている。

Q フランスは，大陸と海のどちらを切り取っているだろうか？

5A 大陸封鎖令の構図

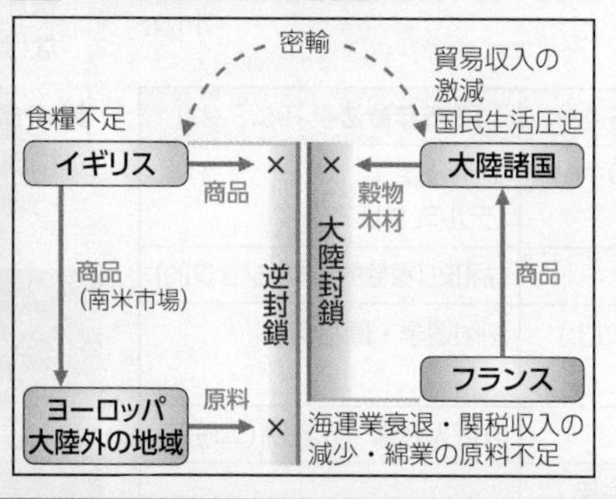

深めよう アメリカ独立革命とフランス革命の共通点と相違点は，何だろうか？

つなげよう フランス革命・ナポレオン戦争により，各国ではどのような意識が形成されたのだろうか？

1 国民国家はどのように形成されたのだろうか？

世紀	アメリカ大陸	イギリス	フランス	ドイツ・イタリア	日本
18世紀	1776 **独立宣言** 1775〜83 **独立戦争** ← p.46·47 1787 **合衆国憲法制定** 2A		1789 **フランス革命・ナポレオン戦争**(〜1815)		1772 田沼意次の政治(〜86) 1787 寛政の改革(〜93) ← p.36
19世紀	1804 ハイチ独立 → p.53 1812 アメリカ＝イギリス(米英)戦争 ○ラテンアメリカ諸国の独立 1823 モンロー宣言	1837 ヴィクトリア女王即位(〜1901)	1814 **ウィーン会議**(〜15) → p.52 1830 **七月王政**の成立 → p.52	1807 プロイセン改革開始 1834 ドイツ関税同盟の成立	1825 異国船打払令 → p.72
	1846 アメリカ＝メキシコ戦争(〜48) 1849 ゴールドラッシュ	○自由貿易の拡大	1848 **1848年革命**(〜49。「諸国民の春」) 1848 **第二共和政**の成立 1852 ナポレオン3世即位(**第二帝政**) → p.54	1848 フランクフルト国民議会(全ドイツ議会)(〜49)	1841 天保の改革(〜43) → p.71 1853 ペリー来航 → p.72 1854 日米和親条約 1858 日米修好通商条約
	1861 **南北戦争**(〜65) → p.58·59 1863 奴隷解放宣言 1869 大陸横断鉄道開通	○二大政党制の成立	1870 **プロイセン＝フランス(普仏)戦争**(〜71) → p.54·56·57 1871 パリ＝コミューン 1875 **第三共和国憲法制定**	1861 イタリア王国成立 1871 **ドイツ帝国成立** → p.57(皇帝ヴィルヘルム1世)	1868 明治と改元 1871 岩倉使節団(〜73) → p.81 1874〜80年代 自由民権運動
	1890年代 フロンティア消滅				1889 **大日本帝国憲法発布** → p.86

2 市民革命で権利を獲得したのは誰だろうか？

2A アメリカ合衆国憲法(1787年)

A1 合衆国憲法(複製・部分)

Q 「We」とは誰のことなのだろうか？

代議院議員〔の定数〕および直接税は，連邦に加盟する各州の人口に比例して，それぞれの州に配分される。**各州の人口とは，…課税されない先住民は除外して，その他すべての人々*の人数の5分の3を加えたものとする。**

*黒人奴隷 (『世界史史料7』岩波書店)

解説 独立革命によって，白人男性は市民としての権利を得たが，**黒人奴隷，先住民，女性の政治参加は認められなかった。** ← p.47

2B フランス人権宣言(1789年)

A2 **人権宣言** 「人間および市民の権利の宣言」。ラ＝ファイエット(← p.22)が起草し国民議会で採択された。宣言では，**自由で平等な個人の結合に基づく国民と国民国家の創出**がめざされたが，権利を得たのは一部の男性市民のみであった。 ← p.48

2C「女性および女性市民の権利の宣言」(1791年)

母親・娘・姉妹たち，**国民の女性代表者たちは，国民議会の構成員となることを要求する。**そして，女性の諸権利に対する無知，忘却または軽視が，公の不幸と政府の腐敗との唯一の原因であることを考慮して，女性の譲りわたすことのできない神聖な自然的権利を厳粛な宣言において提示することを決意した。

第1条 **女性は**，自由なものとして生まれ，かつ，権利において**男性と平等なものとして生存する。**

第3条 あらゆる主権の淵源は，本質的に国民にあり，**国民とは，女性と男性との結合にほかならない。**

第6条 法律は，一般意思の表明でなければならない。**すべての女性市民と男性市民**は，みずから，またはその代表者によって，その形成に参与しなければならない。

第10条 何人も，自分の意見について，たとえそれが根源的なものであっても，不安をもたされることがあってはならない。**女性は，処刑台にのぼる権利をもつ。同時に，**女性は，その意見の表明が法律によって定められた公の秩序を乱さない限りにおいて，**演壇にのぼる権利をもたなければならない。**

第17条 財産は，結婚していると否とにかかわらず，**両性に属する。**財産権は，そのいずれにとっても，不可侵かつ神聖な権利である。 (『世界史史料6』岩波書店)

Q 「人権宣言」(← p.48)と比較しよう。どのような意図で書かれているのだろうか？

A3 **オランプ＝ド＝グージュ**(1748〜93) 人権宣言を批判し，1791年「女性および女性市民の権利の宣言」を発表して女性の権利を訴えた。しかし，彼女の主張はその先進性から受け入れられず，1793年，断頭台で処刑された。

2D フランス革命時の三憲法 ← p.48

憲法	**1791年憲法**(1791.9.3)	**1793年憲法**(1793.6.24)	**1795年憲法**(1795.8.22)
制定	国民議会(ラ＝ファイエットら)	国民公会(ジャコバン派) (施行されず)	国民公会(テルミドリアン)
政体	立憲君主政	共和政(急進的)	共和政(穏健的・ブルジョワ的)
選挙	制限選挙(25歳以上)・間接選挙	**男性普通選挙制**(21歳以上)	制限選挙・間接選挙
議会	**立法議会**(一院制)	**国民公会**(一院制)	五百人会議・元老院(二院制)
特徴	●自由主義貴族や上層市民主導 ●人権宣言を前提	●自然権の保障(主権在民・平等権・労働権・請願権・教育権)	●権力の分散(5人の総裁) ●制定後に国民公会を解散

3「国民」をどう団結させるのか？

3A ナショナリズムの形成(近代以降)

①民族意識の土台・原型
- ぼんやりした共通感覚(衣・食・住・言語)

②同質の文化をもつ「民族」としてまとまる必要性
- 産業社会への対応
- 先進工業国(英・仏)への追いつき…独・伊・露・米・日
- 列強の圧迫・植民地化に対する抵抗運動の組織

③「民族意識」の形成・高揚
- 知識人による教育や宣伝　フィヒテ『ドイツ国民に告ぐ』3B
- 団結のシンボルの創出…「国歌」,「国旗」,「国史」,「国語」,
3C 3D　戦勝記念碑，国民的英雄崇拝など

④民族独立戦争・帝国主義諸国との戦争

⑤国民国家の誕生
- 主権宣言⟶国際社会からの認知
- 「国民文化」の創造…国語，国民，宗教，義務教育，国民軍
- 国内少数民族に対する差別・同化政策…反ユダヤ主義など

3B フィヒテ『ドイツ国民に告ぐ』(1807年)

ほんとうの祖国愛を身につけるのも，地上の生命を永遠の生命として理解させてくれるのも，かく，地上の生命を永遠の生命として知るための**唯一のよりどころは祖国であると**教えてくれるのも，すべて，かの，〔われわれの新しい教育の力によってもりあげられる〕精神である。(『世界大思想全集』河出書房)

◀4 フィヒテ (1762〜1814)

3C 国旗・国歌の制定

◀5 **三色旗**(仏)　フランス革命中の1789年，国王とパリ市の関係修復のために，パリ市の軍隊の色である赤・青の間にブルボン家の色である白をはさんだことに始まり，国旗として用いられるようになった。➜p.48

ラ＝マルセイエーズ

いざ　祖国の子どもらよ　栄光の日はやってきた
われらに対して暴君の　血に染まった旗は掲げられた
暴虐な兵士たちの叫び声が　広野にとどろくのを聞け
彼らは迫っているのだ　われらの子や妻を殺そうと
武器をとれ市民よ　隊を組め　進め　進め
われらの畑を　けがれた血でみたすまで

解説　フランス革命中の革命歌をもとにした国歌。➜p.54

3D シンボルの創出 ➜p.54

Q なぜ，このようなシンボルが作られたのだろうか？

◀6 **マリアンヌ像**(左・フランス)　フランス共和国を象徴する彫像。国民意識の高揚が図られた1880年代，全国の市町村役場，学校，広場などに設置された。➜p.54·91

◀7 **ゲルマニア像**(右・ドイツ)　ライン川右岸からフランスの方向をにらむ。左手に剣を下げ，右手に勝利の月桂冠を掲げる。プロイセン＝フランス戦争後に建てられ，ナショナリズムの象徴となった。➜p.118

日本も国民統合のために…　世界・日本

1889年の大日本帝国憲法発布に合わせ(➜p.86)，国民統合のためのシンボルが用意された。
①**御真影**　天皇・皇后を描いた肖像画(➜p.77)。国内各地で行われた記念式典で飾られた。
②**日の丸**　憲法発布の当日，街中に掲げられた。➜p.8
③**君が代**　式典の際に演奏された。
④**「万歳」の掛け声**　憲法発布当日，帝国大学の学生が天皇の行列に向かって「万歳」と言ったのが始まりといわれる。それ以前，天皇に対して大声で叫ぶことは不敬とされていた。

4 国民国家の形成に必要なものは？

4A 初等教育

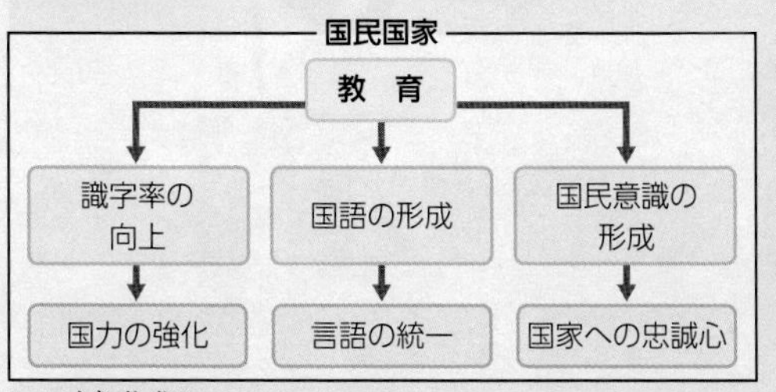

▲8 **講義方式の授業**(イギリス)

4B 識字率の推移(イギリス・フランス)

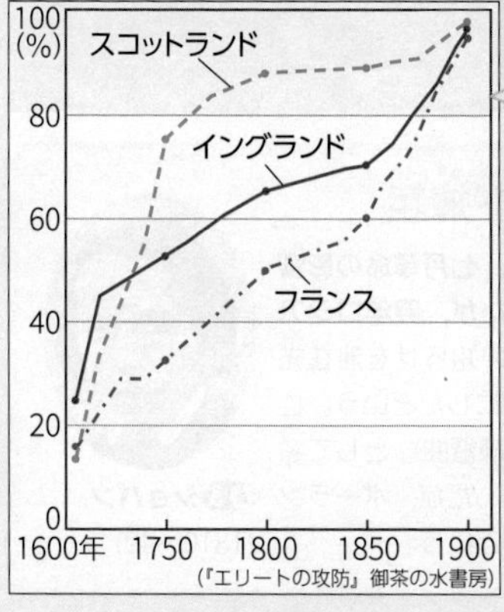

Q 100％に近づいたのはいつ頃だろうか？

解説　19世紀後半になると初等教育が普及し，労働者も「読み書き」ができるようになった。これにより，新聞や雑誌も多くの人に読まれるようになった。

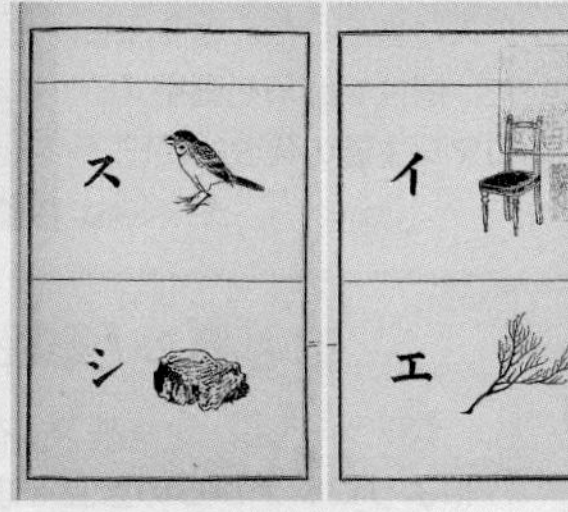

▲9 **日本最初の国定教科書**(1904年刊)
小学校１年生用の教科書。➜p.103

解説　日本では学制公布当初，教科書は自由採択で外国教科書の翻訳本などが使用された。**1903年国定教科書が導入され，教育内容の統一が図られた。**➜p.79·103

4C 国民軍

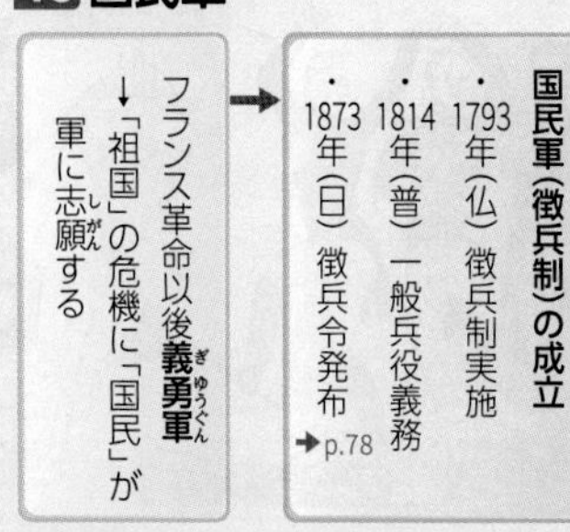

国民軍の特徴
- **高い士気**
国民の政治や戦争への参加
⟶祖国防衛意識
- **大量動員**
師団に分けて，分業と協業で機動力を発揮

▼10 **プロイセン＝フランス(普仏)戦争時のプロイセン軍**(1871)
兵力において圧倒的強さを誇るプロイセン軍が勝利。➜p.54·57

ウィーン体制とその崩壊

アプローチ 自由主義・ナショナリズムの高揚により，社会はどのように変化したのだろうか？

1 ウィーン体制 まとめ

赤字：自由主義運動
青字：ナショナリズム運動

1814.9 **ウィーン会議**開催(オーストリア外相**メッテルニヒ**の提唱)
1815.6 ウィーン議定書調印 **ウィーン体制成立** ❶
.9 **神聖同盟**(ロシア皇帝**アレクサンドル1世**の提唱)
.11 **四国同盟**(墺・普・露・英)→1818 五国同盟(仏参加)

ウィーン体制		自由主義・ナショナリズム運動
1819 カールスバート決議	弾圧	1817 独**ブルシェンシャフト**の運動
1821 オーストリア軍出兵	鎮圧	1820 伊**カルボナリ**の蜂起(〜21)
1823 フランス軍出兵	鎮圧	1820 スペイン立憲革命(〜23)
	←	1821 **ギリシア独立戦争**(〜29)
○メッテルニヒ，五国同盟で干渉企図	←	○ラテンアメリカの独立
		1823 米，**モンロー宣言** → p.58
1825 **ニコライ1世**が鎮圧	鎮圧	1825 露**デカブリストの乱**
1830.7 仏，ブルボン朝崩壊 → 七月王政	←	1830 仏**七月革命**❷ 資本家中心
		1830 **ベルギー独立**
1831 ロシア軍出兵	鎮圧	1830 **ポーランド蜂起**(〜31)
1831 オーストリア軍出兵	鎮圧	1831 **イタリア蜂起**
		1832 英**第1回選挙法改正**
		1834 **ドイツ関税同盟成立**
1848.2 **仏，七月王政崩壊** → 第二共和政	←	1848 仏**二月革命**❹ 労働者中心
		1848 英**チャーティスト運動**最高潮❻
1848.3 **メッテルニヒ亡命**	←	1848 独**三月革命**
1848 オーストリア軍出兵(〜49)	挫折	1848 伊**サルデーニャ**の対墺戦争(〜49)
		1848 **ベーメン民族運動**
1849 オーストリア・ロシア軍出兵	鎮圧	1848 **ハンガリー民族運動**
1849 フランス軍出兵	失敗	1849 伊**ローマ共和国**の成立
1849 プロイセン王拒否	→	1848 **フランクフルト国民議会**(〜49)

日本：江戸時代

1A ウィーン体制下のヨーロッパ

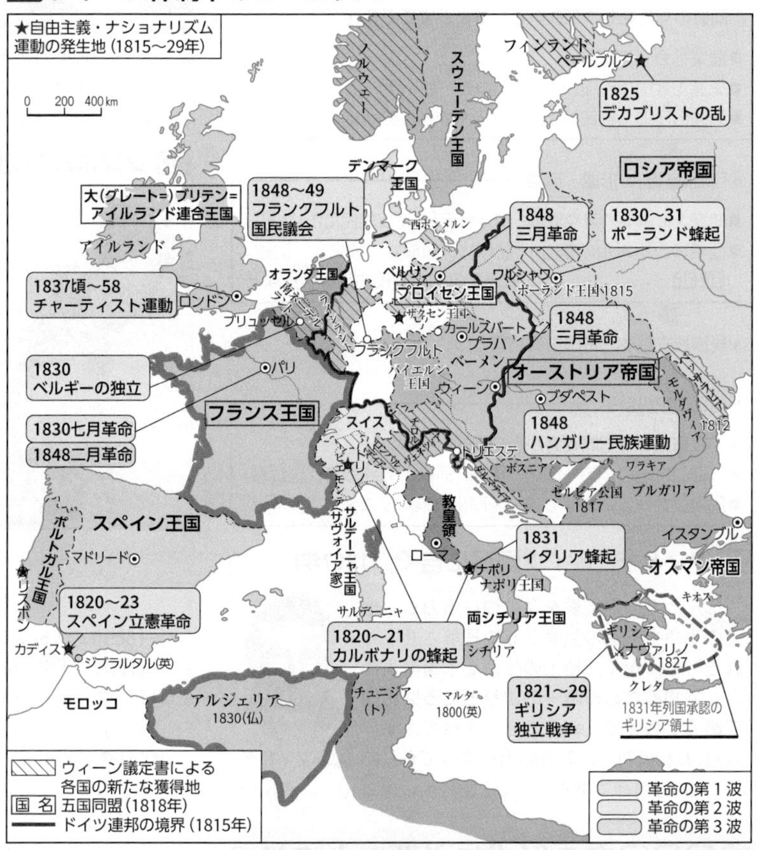

1「**会議は踊る**」(風刺画) フランス革命以来の混乱収束のため，ウィーン会議が開かれた。各国の利害が対立し，「**会議は踊る，されど進まず**」と風刺されたが，仏タレーランの**正統主義**を原則に妥協が成立した。

Q 中央の女性の後ろに描かれているのは，どのような人々だろうか？

2「**民衆を導く自由の女神**」**ドラクロワ** 七月革命を描いた。中央の女性は，自由を象徴するフリジア帽をかぶり，三色旗と銃を持つ。後方に様々な衣服の人を描くことによって，様々な階層の人が参加したことを示した。個性や感情を重視する**ロマン主義**の代表的絵画。
(1830年) ルーヴル美術館蔵

1B 領土・体制の変更(ウィーン議定書)

ショパン「革命」とポーランド蜂起

1830年11月，ショパンの祖国ポーランドでは，**七月革命の影響によりロシアからの独立を求める蜂起が起こったが，翌年ロシア皇帝ニコライ1世の軍隊により鎮圧された**。この知らせを滞在先で聞いたショパンは，深い悲しみと強い怒りを胸にしたという。この時期に制作していた曲は，「革命のエチュード(練習曲)」として名高い。ショパンは，その後祖国に戻らずパリに住んだが，ポーランド人としての民族的な誇りを失うことはなかったという。

3 **ショパン**
(1810〜49)

② 1848年革命

Q 絵画中に見られる国旗は，現在のどの国の国旗になっているだろうか？

◀④「諸国民の春」(1848) フランス二月革命に続いて起こったドイツの三月革命は，諸民族の自立の気運を高揚させた。1848年の春，ヨーロッパ各地では**労働者の権利拡大や少数民族の独立をめざす動きが発生**したが，支配層による弾圧や内部対立などにより，その多くが失敗に終わった。

マルクスとエンゲルス
(1818〜83)　(1820〜95)

産業革命の進展により，資本家と労働者の格差が広がった(←p.45)。**マルクスとエンゲルスは1848年2月『共産党宣言』を発表し，資本主義の問題解決のため労働者階級の団結を訴えた。**ドイツ三月革命後2人はロンドンに亡命し，1864年マルクス指導の下，第1インターナショナルが結成された。エンゲルスは，マルクスの没後その遺稿を整理して『資本論』を完成させるとともに，第2インターナショナル(→p.90)を実質的に指導した。

巻末史料6

▲⑤マルクスと家族

2A 七月革命と二月革命

七月革命(1830)		二月革命(1848)
●国王の極端な反動政治	原因	●金融資本家・大資本家保護政策
●市民(ブルジョワ)革命 ●自由主義的改革	性格	●自由主義的改革の拡大 ●社会主義的改革
立憲君主政(七月王政) ●金融資本家の影響大 ●責任内閣制 ●**制限選挙**(全人口の1％以下)	新政体	第二共和政 ●**男性普通選挙**→社会主義者大敗 ●社会主義者らの六月蜂起→鎮圧 ●ルイ＝ナポレオン大統領就任
●産業革命進展とウィーン体制破綻	結果	●ウィーン体制崩壊

2B 選挙権拡大の要求

ロンドンのケニントン・コモンで開かれた集会(1848)

◀⑥**チャーティスト運動**(1837頃〜58) イギリスの都市労働者らが選挙権拡大を求めて集会やデモなどを行った運動。1848年，二月革命の影響を受けて最高潮を迎えた。→p.54

解説 産業革命により資本家の発言力が強まり，対立する労働者の選挙権要求も高まった。フランス第二共和政では男性普通選挙が実施され，イギリスでは選挙法改正が進んだ。

③ ラテンアメリカ諸国の独立

◀⑦トゥサン＝ルヴェルチュール (1743〜1803)

▲⑧シモン＝ボリバル (1783〜1830) クリオーリョ出身。独立を指導。

3A 独立の歩み まとめ

●スペイン・ポルトガルによる搾取
●クリオーリョ(植民地生まれの白人)の台頭
●**アメリカ独立革命，フランス革命の影響**

↓

独立
1804 **ハイチ独立**
1810〜20年代 **ラテンアメリカ諸国独立**
干渉 **メッテルニヒ・神聖同盟**
支援 カニング外交(英) (1822)
モンロー宣言(米) (1823)

↓

●不安定な政治・経済
●大農園地主の支配から資本主義国の支配へ
19世紀末〜 アメリカへの経済的従属

3B 植民地時代の社会構造

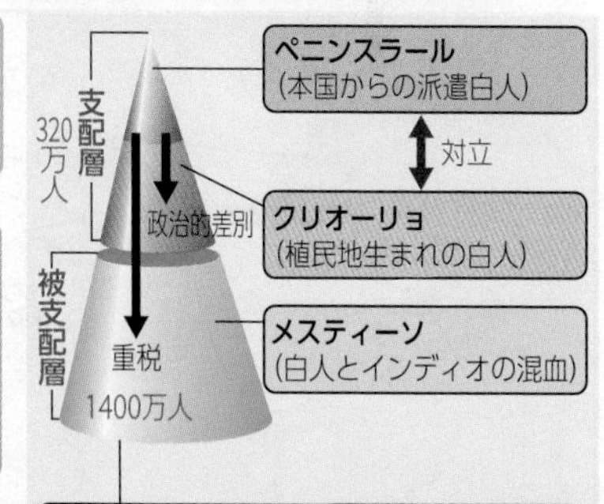

Q 被支配層はどのような人々だろうか？

サンバにみる文化の融合

リオデジャネイロのカーニバルで踊られるサンバは，アフリカからやって来た黒人労働者たちの音楽を源流として，20世紀初頭にブラジルで発達した。カーニバル(謝肉祭)はもともとカトリックの宗教行事であり，**ヨーロッパのキリスト教文化とアフリカ文化の融合がみられる。**

▶⑨リオのカーニバル(ブラジル) 芳賀ライブラリー

深めよう 1848年革命は，何をめざしたものだったのだろうか？

つなげよう ヨーロッパ各国は，どのような国家を形成していくのだろうか？

19世紀後半のヨーロッパ①

アプローチ イギリス・フランスとロシアは，それぞれどのような政治を行ったのだろうか？

❶ 19世紀のイギリス・フランス まとめ

←p.52・→p.91
青字：対外関係

イギリス	フランス	日本
1832 **第1回選挙法改正** 都市の資本家に参政権	1830 アルジェリア出兵	江戸時代
1833 工場法(年少者の労働時間制限)	**七月革命** ←p.52・53	
東インド会社の中国貿易独占権廃止(34実施)	1830年代 フランス産業革命の開始	
ヴィクトリア女王(位1837～1901) ❶ ←p.6	第二共和政	
1837頃 **チャーティスト運動**(～58) ←p.53	1848 **二月革命** ←p.53	
1840 アヘン戦争(～42) →p.68	1852 ルイ＝ナポレオン，国民投票で信任	
1845 アイルランド大飢饉(～49) →p.62	第二帝政 **ナポレオン3世**(位1852～70) ❻	
1846 穀物法廃止(輸入穀物への高関税廃止)	国内産業の育成と積極的な対外進出	
1849 航海法廃止 自由貿易体制の確立	1853 パリ市の大改造(～70) →p.61	
1851 **ロンドン万国博覧会**(第1回) →p.60	1855 パリ万国博覧会 →p.60	
1856 第2次アヘン(アロー)戦争(～60)	1856 第2次アヘン(アロー)戦争(～60)	
1867 **第2回選挙法改正** 都市労働者に参政権	1858 インドシナ出兵(～67)	
自治領カナダ連邦成立	1861 メキシコ出兵(～67)	
グラッドストン内閣(自由党 1868～74) ❷	1869 **スエズ運河開通** →p.64	明治時代
1870 **教育法**(初等教育の普及)	1870 **プロイセン＝フランス(普仏)戦争**(～71) →p.57	
1871 **労働組合法**(労働組合を合法化)	第三共和政	
ディズレーリ内閣(保守党 1874～80) ❸	1871 **パリ＝コミューン**成立(2か月間)	
1875 **スエズ運河会社株の買収** →p.64	臨時政府，パリ＝コミューンを弾圧	
1877 **インド帝国成立** →p.66	1875 **第三共和国憲法**制定 共和政確立	
グラッドストン内閣(自由党 1880～85) ❷	1887 フランス領インドシナ連邦成立 →p.67	
1884 **第3回選挙法改正** 農業労働者に参政権	1894 **ドレフュス事件**(～99) (1906無罪)	

1A イギリス・フランスの対外進出(19世紀)

Q 海底電信ケーブルはどこを結んでいるのだろうか？

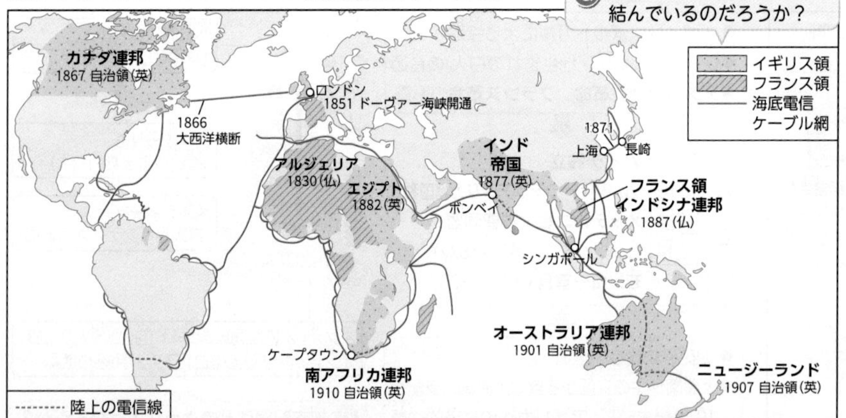

❷ イギリスの繁栄

▶1 **ヴィクトリア女王**(位1837～1901) ヴィクトリア時代のイギリスは，「**パクス＝ブリタニカ**」とよばれる未曾有の繁栄を迎えた。各地に広大な植民地を建設し，世界に君臨する大英帝国を実現した。

2A 二大政党制の成立

自由党		保守党
資本家	支持層	地主階級，貴族
自由主義的改革推進 自由貿易	内政	伝統的秩序の維持 保護関税
平和外交	外交	植民地拡大
▶2 グラッドストン(1809～98)	指導者	▶3 ディズレーリ(1804～81)

解説 1860年代以降，自由党と保守党が交互に政権を担当する**二大政党制**が成立し，議会制民主主義を発展させた。

大英帝国の繁栄を支えた情報網

イギリスは，1851年英仏間に初の海底電信ケーブルを敷設して以降，インド，カナダ，南アフリカ，シンガポール，中国，オーストラリアなど，大英帝国を結ぶ海底電信網を完成させた。**海底電信ケーブルは，イギリスに最新の軍事情報や経済情報をもたらし，帝国の拡大と保持に貢献した。**通信社のロイターはこれを利用し，ニュースやスクープを配信した。

▶4 **ロイター**(1816～99) 1851年ロンドンに国際通信社を創設した。

▼5 **シティ**(ロンドン) 19世紀半ば以降，イギリスは通商・運輸・金融の中心となり，「世界の銀行」とよばれた。

❸ フランス政体の変遷

3A 第二帝政

▶6 **ナポレオン3世**(位1852～70) ナポレオン1世の甥。外交面では典型的な海外膨張政策をとるとともに，内政面ではパリ都市改造など斬新な社会政策を実施し，フランスの資本主義を確立した。

●**ボナパルティズム**

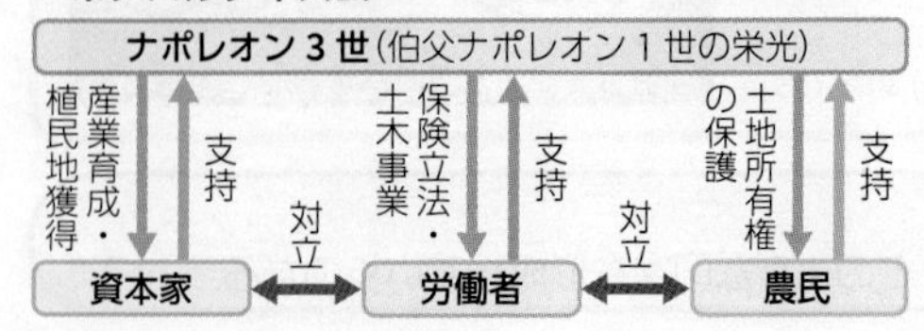

3B 第三共和政の国民統合

- 「ラ＝マルセイエーズ」が正式な国歌となる(1879)。←p.51
- フランス革命の勃発した「7月14日」が国民祝祭日となる(1880)。←p.48
- フランス共和国の象徴「マリアンヌ像」や，救国の英傑「ジャンヌ＝ダルク像」が各地に建てられる。←p.51

解説 第三共和政下のフランスでは，**プロイセン＝フランス(普仏)戦争でのアルザス・ロレーヌ喪失**(→p.57)などを背景にナショナリズムが高まり，フランス革命を原点とする国民統合が進められた。

4 ロシアの近代化と「東方問題」 まとめ ➔p.91

皇帝	国内の動向	対外政策	日本
アレクサンドル1世	○専制政治・農奴(のうど)制の残存	1815 ウィーン会議での領土拡大 1821 アラスカ領有 ギリシア独立戦争(～29)	江戸時代
ニコライ1世	1825 デカブリストの乱 1830 ポーランド蜂起(ほうき)(～31) ➔p.52	1831 第1次エジプト＝トルコ戦争(～33) 1839 第2次エジプト＝トルコ戦争(～40) 1853 **クリミア戦争**(～56)❼ ➔p.64	江戸時代
アレクサンドル2世	1861 **農奴解放令**❾ 1863 ポーランドの反乱鎮圧(ちんあつ) ○皇帝の反動化(専制政治) 1870年代 ナロードニキ運動 ○テロリズム(暴力主義)台頭 1881 アレクサンドル2世暗殺	1856 **パリ条約**(⟶黒海の中立化) 黒海方面への南下政策失敗 1858 アイグン(愛琿)条約 1860 **北京条約** ➔p.69 東アジア進出 1867 アメリカへアラスカ売却 1860～70年代 中央アジアの3ハン国を征服 ➔p.65・95 中央アジア進出 1875 **樺太(からふと)・千島(ちしま)交換条約** ➔p.82 1877 **ロシア＝トルコ(露土)戦争** 1878 サン＝ステファノ条約 4B **ベルリン条約** バルカン半島への南下失敗 1881 イリ条約	江戸時代／明治時代
アレクサンドル3世	1890年代 ロシア産業革命(フランス資本導入)	1891～94 **露仏同盟**成立 1891 **シベリア鉄道**起工 ➔p.94	明治時代
ニコライ2世	1898 ロシア社会民主労働党結成 1905 **血の日曜日事件**	1896 東清(とうしん)鉄道敷設(ふせつ)権獲得 1898 旅順(りょじゅん)(リュイシュン)・大連(だいれん)(ターリエン)租借 ➔p.93 1904 **日露戦争**(～05) ➔p.94～97	明治時代

4A クリミア戦争とロシアの改革

❼ **クリミア戦争** (1853～56) オスマン帝国・英・仏・サルデーニャ連合軍とロシアとの間で行われた。ロシア軍敗北の結果，黒海の中立化が定められた。

Q クリミア戦争後，ロシアは何を始めたのだろうか？

❽ **ナイティンゲール** (1820～1910) クリミア戦争中，女性看護団を率いて戦傷やコレラに苦しむ兵士を救済。帰国後ロンドンに看護学校を設立し，**近代看護法**を確立。

❾ **アレクサンドル2世による農奴解放令**
クリミア戦争の敗北で近代化の必要を痛感した皇帝は改革に着手し，農民は人格的な自由を得た。しかし土地の分与は有償(ゆうしょう)であり，多額の買い戻し金の負担は重く，多くの土地が農村共同体(ミール)の所有となった。

4B ベルリン会議後のバルカン半島

サン＝ステファノ条約(1878)
●**ルーマニア・セルビア・モンテネグロの独立** ●大ブルガリア自治公国建設(事実上ロシアの保護国)

ベルリン条約(1878)
●大ブルガリアの領土縮小(オスマン帝国支配下の自治国) ●**オーストリアがボスニア・ヘルツェゴヴィナの統治権獲得** ●**ルーマニア・セルビア・モンテネグロの独立承認**

解説 ロシア＝トルコ(露土)戦争後，サン＝ステファノ条約での**ロシアの勢力拡大に英・墺が反対**。同年ビスマルク主催(しゅさい)でベルリン会議が開かれ，**ロシアの南下は阻止(そし)された**。➔p.94

4C ロシアのアジア進出

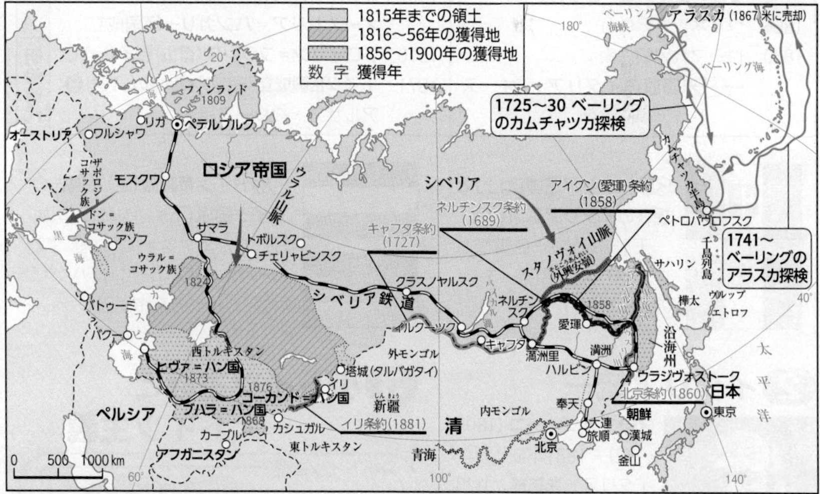

ラッコの毛皮と日本への接近 世界⇄日本 ➔p.70・72

毛皮交易がさかんなロシアは，ラッコの毛皮を求めて北太平洋に進出。**北太平洋の貿易・植民を管理する露米会社の幹部レザノフは，アレクサンドル1世に日本との通商の必要性を説き，1804年長崎に来航した**(➔p.72)。1867年，乱獲でラッコが激減したアラスカをアメリカに売却。ロシアの進出先は，北太平洋から沿海(えんかい)州(しゅう)・樺太(からふと)へと転じた。

❿ ラッコ

深めよう 19世紀のイギリス・フランスとロシアの改革の相違点は，何だろうか？

つなげよう ロシアの南下政策は，各国にどのような影響を与えたのだろうか？

19世紀後半のヨーロッパ②

アプローチ イタリア・ドイツは，どのように統一を進めたのだろうか？

1 イタリア・ドイツの統一運動 まとめ

←p.52・→p.91
青字：領土獲得

イタリア		ドイツ		日本
○中世以来の小国分立 ⟶ナポレオン戦争，ウィーン体制で分割 北イタリアはオーストリアが支配		○ウェストファリア条約で約300の領邦に分裂 ←p.42 ⟶ナポレオンにより神聖ローマ帝国消滅 ウィーン会議でドイツ連邦成立（分裂状態）		
1831	**「青年イタリア」**結成（指導者 **マッツィーニ** ❸）	1834	**ドイツ関税同盟**の成立 ⟶プロイセン中心の経済的統一	江戸時代
		1840年代	**ドイツ産業革命**開始	
1848	サルデーニャ王国の統一運動 ⟶オーストリアの干渉，敗北	1848	**三月革命**（ウィーン・ベルリン）←p.52・53 **フランクフルト国民議会**（全ドイツ議会）（～49） **小ドイツ主義と大ドイツ主義の対立** ❸	
1849	**ローマ共和国**成立（マッツィーニら） ⟶フランス軍の攻撃で崩壊			
1855	サルデーニャ，**クリミア戦争**に参戦			
1859	イタリア統一戦争（サルデーニャ，フランスの支援を受けてオーストリアに勝利） ロンバルディア獲得			
1860	サルデーニャ，中部イタリア併合（仏へサヴォイア，ニース割譲） **ガリバルディ，両シチリア王国を占領，サルデーニャ王へ献上** ❺❽	1861	プロイセン王ヴィルヘルム１世即位	
		1862	ビスマルク ❼ 首相就任	
		1864	デンマーク戦争 シュレスヴィヒ・ホルシュタイン獲得	
1861	**イタリア王国成立**（国王**ヴィットーリオ＝エマヌエーレ２世**）	1866	**プロイセン＝オーストリア（普墺）戦争**	
		1867	**北ドイツ連邦**成立（盟主：プロイセン） **オーストリア＝ハンガリー帝国**成立	
1866	ヴェネツィア併合			
1870	ローマ教皇領占領 ⟶**「未回収のイタリア」**，オーストリア領に残存	1870	**プロイセン＝フランス（普仏）戦争**（～71）	明治時代
		1871	**ドイツ帝国成立**（皇帝ヴィルヘルム１世）❾ アルザス・ロレーヌ獲得	

❶イタリア王国旗（上）と現在のイタリア国旗（下） 王国旗は，三色旗にサヴォイア家（サルデーニャ）の紋章を配置。

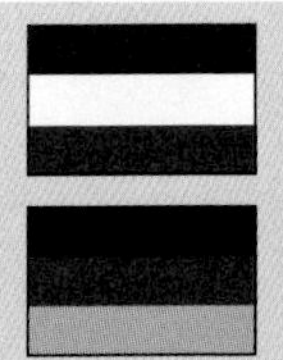

❷ドイツ帝国旗（上）と現在のドイツ国旗（下） ドイツ帝国旗は，ホーエンツォレルン家（プロイセン）旗の黒白に，ハンザ同盟（ドイツの都市同盟）の赤。

1A イタリア・ドイツの統一過程

2 イタリア統一

❸マッツィーニ（1805～72） 1831年に「青年イタリア」を結成。共和政による統一を目指した。ローマ共和国崩壊後，ロンドンに亡命。

❹カヴール（1810～61） 1852年，サルデーニャ王国の首相となり近代化政策を進め，巧妙な外交戦術をもってイタリア統一に貢献した。

❺ガリバルディ（1807～82） ローマ共和国防衛戦に参加後，義勇軍「千人（赤シャツ）隊」を率い，1860年に両シチリア王国を占領した。

3 小ドイツ主義と大ドイツ主義

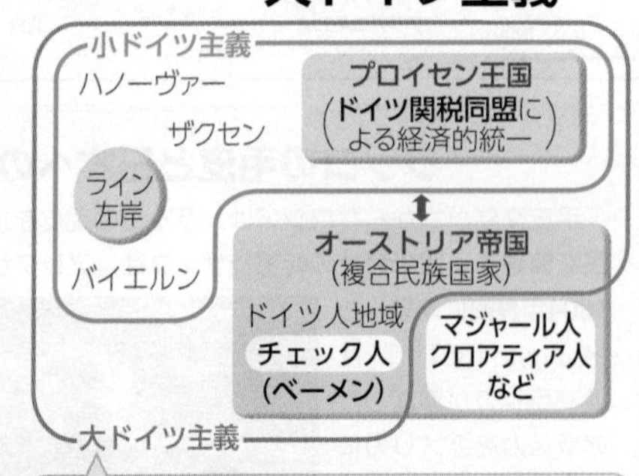

Q ドイツはどちらで統一されたのだろうか？

解説 大ドイツ主義は，旧神聖ローマ帝国（ベーメンを含む）全領域（←p.42地図）の統合をめざした。しかし，1850年代には関税同盟の諸国を結び付ける**広範な鉄道網が整備され，経済的にプロイセンを中心とするドイツ国家がすでに存在していた。**

ドイツ統一を支えた鉄道の整備

ドイツでは，1835年に鉄道が開業し，その後急速に鉄道網が拡大した。1840年に約450kmであった総延長は，1870年には１万8000kmを超えた。**当時，ドイツでは圧倒的な軍事力をもつプロイセンが国家統一を進めていたが，その背景には鉄道で兵員を移動させる機動力があった。**プロイセン将軍のモルトケは早くから鉄道建設に着手し，デンマーク，オーストリア，フランスとの戦争に勝利した。

❻ドイツ山中を走る鉄道

4 ビスマルクの政治

4A「鉄血演説」(1862年9月30日)

ドイツが注目しているのはプロイセンの自由主義ではなく，その力であります。…ウィーンの諸条約によって定められたプロイセンの国境は，健全な国家の営みにとって好ましいものではありません。**現下の大問題が決せられるのは，演説や多数決によってではなく**—これこそが1848年と1849年の大きな誤りでした—**鉄と血によってなのであります。**

(飯田洋介『ビスマルク』中央公論新社)

A7 ビスマルク(1815～1898)　保守的支配層であるユンカー出身。プロイセンの首相として国内では軍備拡張を進めた(「**鉄血政策**」)。対外的にはデンマーク戦争やプロイセン＝フランス戦争で多くの策謀を用いて勝利し，ドイツ統一を完成した。

Q 鉄と血とは何を意味するのだろうか？

4B 国内政策

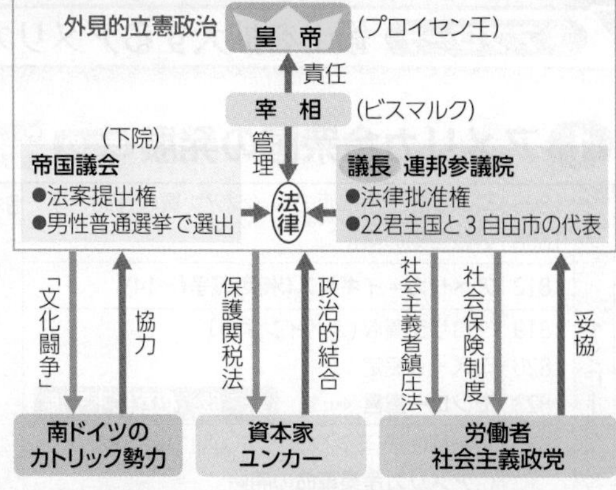

4C ビスマルク外交

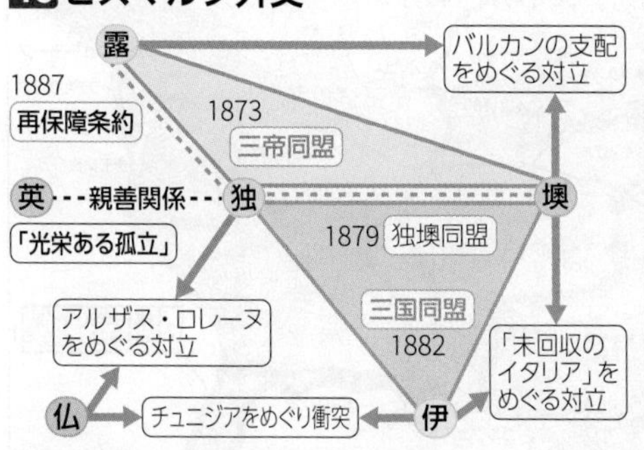

解説　プロイセン＝フランス(普仏)戦争後，**ビスマルクはフランスの孤立を図った**。ロシア・オーストリアと三帝同盟，オーストリア・イタリアと三国同盟を結ぶなど，列強間の関係調整によるドイツの安全保障をめざした。

●アルザス・ロレーヌ問題

解説　アルザス・ロレーヌは，しばしば帰属が揺れ動いた地方である。石炭・鉄鉱石に恵まれた両地方は，プロイセン＝フランス戦争の結果ドイツ帝国領となったことから，**フランスの反ドイツ意識の象徴**となった(←p.54 3)。現在，ストラスブールには，欧州議会場が置かれている。

0 150 300km
ドイツ帝国
ベルギー
スダン
ルクセンブルク
パリ
ストラスブール
アルザス・ロレーヌ地方
フランス共和国
スイス
イタリア

ビスマルクと明治維新　世界 日本
— 岩倉使節団に語る(1873年) —　→p.81

私の幼い頃，プロイセンが弱小国であったことは，みなさんもご存知だろう。国際法は，大国が利益を得るためのもので，いざとなれば武力がものをいう。そんな中，志をもって数十年励み，ついに望みを達成した。…**日本が親交を深めている国は多いだろうが，国権自主を重んじるドイツこそふさわしい。**

(久米邦武『特命全権大使米欧回覧実記』)

5 資料から考える　イタリア・ドイツの国家統一

後発国はどうやって統一した？

5A イタリア統一

A8 サルデーニャ王に「イタリア」と書かれた長靴を履かせるガリバルディ(1860年)

5B ヴィルヘルム1世の布告(1871年)

プロイセン国王たる余ヴィルヘルムは…この連合した(ドイツ)**諸侯および諸都市の要請にしたがい，**ドイツの帝位につくことを共通の祖国に対する義務と見なすものであると，ここに表明する。

(『世界史史料6』岩波書店)

◀9 ドイツ帝国の成立　プロイセン＝フランス(普仏)戦争末期の1871年，フランスのヴェルサイユ宮殿「鏡の間」でドイツ皇帝の即位式が行われた。

(ヴェルナー画「ドイツ皇帝即位布告式」)
ファサネリー宮殿(ビスマルク博物館)蔵(独)

読みとろう

① 5A 風刺画は何を意味しているのだろうか？
② 5B プロイセン国王は，誰の要請によってドイツの帝位に就いたのだろうか？
③ドイツ皇帝の戴冠式に参加しているのは誰だろうか？
a一般国民　bドイツ諸侯　cフランス軍人

考えよう

イタリア・ドイツの統一の共通点は，何だろうか？ 比較

資料

深めよう　アメリカ独立革命やフランス革命と，イタリア・ドイツの統一には，どのような相違点があるのだろうか？

つなげよう　イタリア・ドイツの国家統一は，明治維新とどのような類似点があるのだろうか？

アメリカ合衆国の発展

1800		1900		2000
江戸	明治	大正	昭和	平成 令和
朝鮮		韓国 日本領	北朝鮮・韓国	
清		中華民国	中華人民共和国	

アプローチ 領土を拡大するアメリカ合衆国は，どのように国内を統一したのだろうか？

1 アメリカ合衆国の発展 まとめ

⇦p.46 ➡p.91

大統領	年	できごと	日本
ジェファソン	1803	ミシシッピ川以西のルイジアナ買収(仏より)	江戸時代
	1808	奴隷貿易の禁止	
	1812	**アメリカ＝イギリス(米英)戦争**(～14)	
モンロー	1819	フロリダ買収(スペインより)	
	1820	ミズーリ協定	
	1823	**モンロー宣言** ←p.52 米・欧，相互に不干渉	
ジャクソン	1830	**強制移住法**(ミシシッピ川以西に移住) ❷	
		○**アメリカ産業革命**の開始	
		○**「明白な天命」**(マニフェスト＝デスティニー)	
	1845	テキサス併合	
	1846	オレゴン併合。アメリカ＝メキシコ戦争(～48)	
	1848	**カリフォルニア**獲得(メキシコより)	
	1849	**ゴールドラッシュ**(前年に金鉱発見)	
	1852	ペリーが日本へ向け出発(翌年到着)	
	1854	カンザス・ネブラスカ法(自由州・奴隷州の選択を住民意思に任せる)→反対派は共和党結成	
リンカン	1861	南部11州，**アメリカ連合国**建国	
		南北戦争(～65) ❸	
	1862	ホームステッド法(西部開拓を促進)	
	1863	**奴隷解放宣言。ゲティスバーグの演説**	
		○南部にシェアクロッパー出現	
	1865	憲法修正第13条，第14条(68年)，第15条(70年)	
	1869	**大陸横断鉄道**開通 ❿ ❺	明治時代
	1890年代	フロンティア消滅宣言 西部開拓終わる	
	1898	アメリカ＝スペイン(米西)戦争	

1A アメリカ合衆国の領土拡大

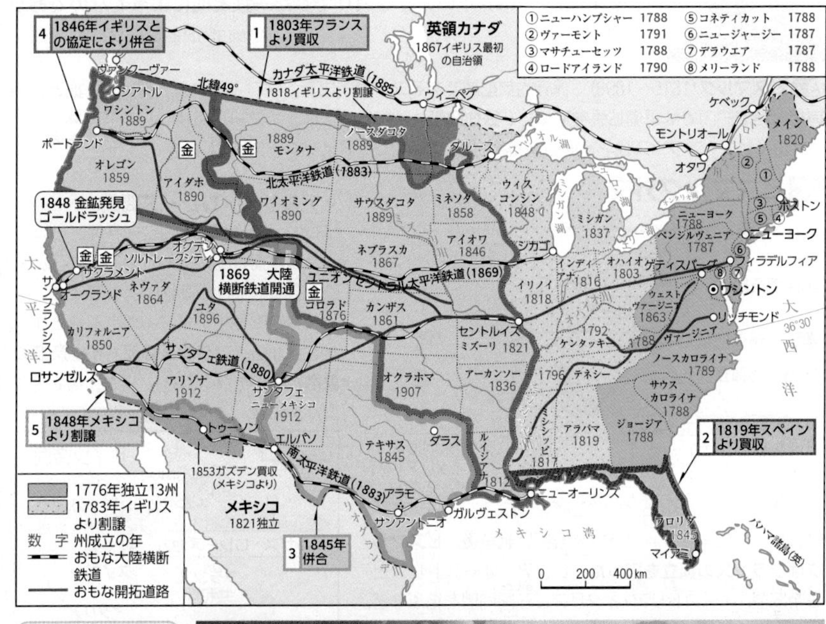

Q 女神が率いているものは何だろう？

▶1「アメリカの進歩」 進歩の女神が東から西へ移動していく。合衆国の西部への領土拡大を文明化とみなす意識がみられる。

◀2「涙の旅路」 ジャクソン大統領は，1830年の強制移住法で先住民をミシシッピ川以西に追いやった。チェロキー族の移動は，途中で約4000人の死者を出し，「涙の旅路」とよばれた。

2 北部・南部の社会

北部	地域	南部
資本主義的商工業	中心産業	大農園(プランテーション)〔綿花〕
保護関税政策	対英貿易	自由貿易
反対	奴隷制	賛成
連邦主義(共和党)	政体・政党	州権主義(民主党)
19(自由州) 約1870万	州数・人口	15(奴隷州) 約1150万(奴隷約400万)
67%	農地	33%
81%	工場	19%
75%	国富	25%

解説 工業化が進んだ北部の資本家は，解放奴隷を雇用労働力とするため，奴隷制に反対した。

▲3 綿花プランテーション イギリスの産業革命とホイットニーの綿繰り機発明で綿花需要が急増，アメリカ南部の綿花栽培が拡大した。綿花の摘み取りは手作業で行われたので，黒人奴隷が1780年の70万人から1860年の400万人に急増した。

◀4 ストウ(1811～96) 北部コネティカット州生まれで牧師の娘。1852年，人道的立場から黒人奴隷の悲惨さを訴えた『アンクル＝トムの小屋』を発表した。その反響は大きく，初年度だけで国内30万部を売り上げた。

▼5 奴隷オークション

3 南北戦争(1861～65年) 巻末史料7・8

6 北軍の旗

7 南軍の旗

南北戦争と幕末の日本 世界 日本

南北戦争ではライフル銃などの近代兵器が用いられ，数多くの犠牲者を出した。1860年代半ばは日本でも近代兵器輸入の要望が強く，南北戦争後は余剰兵器が日本に流入した。戊辰戦争(1868～69)では，新政府軍・旧幕府軍ともに欧米から輸入した武器を多く使用した。

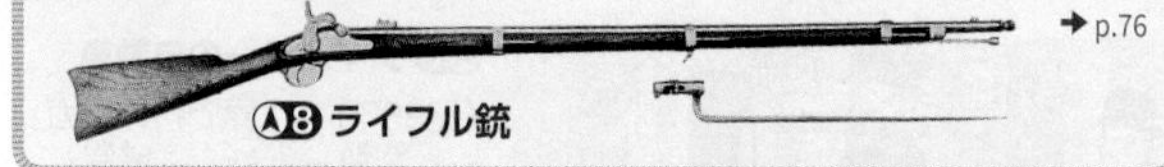

→p.76

8 ライフル銃

3A アメリカの戦死者

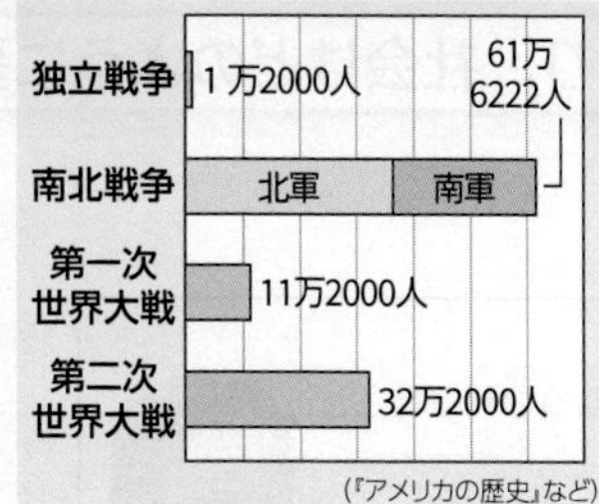

(『アメリカの歴史』など)

解説 アメリカ史上最多の戦死者約62万人を出した南北戦争は，英語でCivil War(内戦)と呼ばれ，合衆国史の大きな分岐点とされている。**西部開拓により，西部の新州が，北部の国民経済に入るか，南部のプランテーション型経済に入るかという，若い国家アメリカ合衆国の政治・経済の選択が問題であり，これに奴隷制の可否が重なった。**多数の犠牲と南部の荒廃をもたらしたが，近代国家としての発展の礎が築かれた。

人民の，人民による，人民のための政治 (1863.11.19) ゲティスバーグの演説

9 **リンカン**(1809～65) アメリカ第16代大統領。極端な奴隷制廃止論者ではなく，合衆国の分裂を阻止するために南北戦争を開始した。

4 工業化の進展

4A 鉄生産量の変化

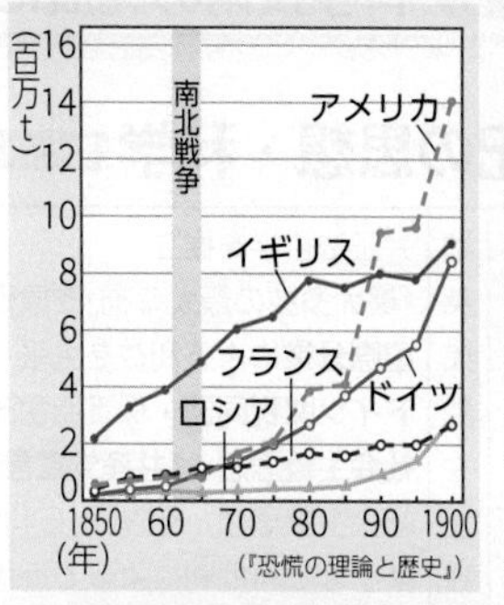

(『恐慌の理論と歴史』)

解説 南北戦争後，**東部・五大湖周辺を中心に工業化が急速に進んだ。**1860年から1900年の間に工業生産額が4倍に増加し，アメリカ合衆国は世界一の工業国へと躍進した。 →p.90

4B 大陸横断鉄道と移民 →p.62・63

Q どのような人々が建設に従事したのだろう？

10 **大陸横断鉄道** 1869年に開通。鉄道の建設には，アイルランド系移民や中国系移民(苦力)が多く従事した。西部の市場と東部の工業地帯が結び付けられ，豊富な国内資源，安価な労働力としての移民流入を背景に，アメリカ経済は急速に発展した。

5 資料から考える 南北戦争後のアメリカ社会

奴隷解放のその後は…

5A 合衆国憲法修正(1865・68・70年)

第13条 **奴隷制度**あるいは本人の意思に反する労役は，**…存在してはならない。**

第14条 アメリカ合衆国において出生あるいは帰化し，その管轄下にある者は全て，**アメリカ合衆国と居住する州の市民**である。…いかなる州も，正当なる法の手続きによらずして，**何人からも生命，自由，財産を奪ってはならず，…法の平等な保護を否定してはならない。**

第15条 アメリカ合衆国市民の投票権は，**人種，肌の色，過去において奴隷であったかに基づいて，**合衆国あるいはいかなる州によっても否定されたり，**奪われることはない。**

(『世界史史料7』岩波書店)

5B 黒人差別

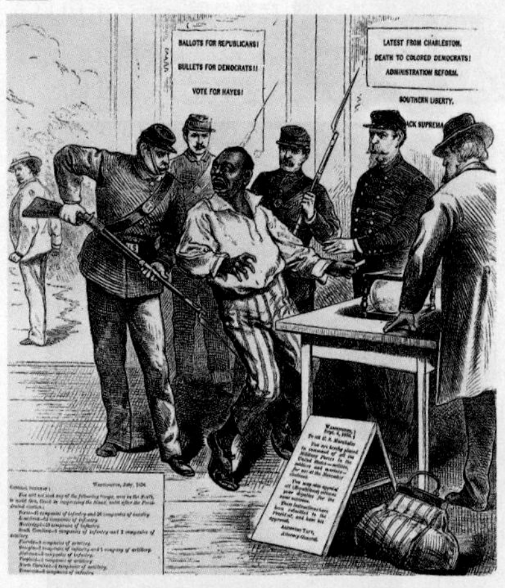

11 **投票の妨害を受ける黒人**(1876年) 南部各州は，独自の規定により黒人差別を実行した。

- **選挙権** 南北戦争終了時，祖先が選挙権を持っていた者に限る。
- **選挙登録** 読み書きテストの実施。
- **人種隔離制度** 1896年最高裁合憲。

読みとろう

① 5A 憲法修正により，奴隷となっていた人々に何が認められたのだろうか？

② 5B 憲法改正後の差別の実態は，どのようであったのだろうか？

考えよう

奴隷解放後，黒人の立場はどう変わったのだろうか？ 推移

深めよう 19世紀のアメリカで北部と南部の対立が深まった理由は，何だろうか？

つなげよう アメリカの人種問題は，その後どのように変化していったのだろうか？

「アメリカの進歩」→

科学技術の発展と近代社会

1800		1900			2000	
江戸		明治	大正	昭和	平成	令和
朝鮮			韓国	日本領	北朝鮮・韓国	
清				中華民国	中華人民共和国	

アプローチ 科学技術の発展により，社会はどのように変化したのだろうか？

1 19世紀の思想・科学 まとめ

分野	人物	国	内容
思想・歴史	**ヘーゲル**	独	弁証法哲学を樹立
	ベンサム	英	「最大多数の最大幸福」を原理とする功利主義
	リカード	英	**国際分業**による利益を主張
	リスト	独	**ドイツ関税同盟**・保護関税政策を主張
	マルクス	独	**社会主義思想　『共産党宣言』『資本論』** ←p.53
	エンゲルス	独	社会主義思想　『空想から科学へ』
	ランケ	独	厳密な史料批判によって近代歴史学を確立
自然科学・発明	**レントゲン❶**	独	**X線発見**(1895)
	キュリー夫妻❸	仏	放射性物質を研究，**ラジウム発見**(1898)
	ダーウィン❹	英	**進化論**発表(1858)『種の起源』(1859)
	パストゥール	仏	狂犬病予防接種に成功(1885)　伝染病予防・治療に貢献
	コッホ❷	独	結核菌(1882)・コレラ菌発見(1883)　ツベルクリン創製(1890)
	北里柴三郎	日	ジフテリア・破傷風の血清治療発見(1890)　ペスト菌発見(1894)
	ノーベル❺	スウェーデン	**ダイナマイト**発明(1867)
	モールス	米	**電信機**発明(1837)
	ライト兄弟❼	米	プロペラ飛行機発明(1903)
	ベル	米	**電話機**発明(1876)
	マルコーニ	伊	**無線電信**の実験成功(1895)
	ダイムラー❻	独	ガソリン自動車発明(1886)
	エディソン	米	蓄音機(1877)，白熱電灯(1879)，映画(1889)など発明
探検	ピアリ	米	グリーンランド探検の後，北極点に到達(1909)
	アムンゼン	ノルウェー	北極探検の後，南極点に到達(1911)

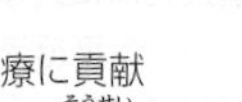

▲1 レントゲン(1845〜1923)

◀2 コッホ(1843〜1910)

Q 現在まで継続的に使用されているものは何だろうか？

◀3 キュリー夫妻　ポーランド出身のマリー＝キュリーは，夫のピエールと放射性物質を研究。1898年に元素ラジウムとポロニウムを発見した。1903年夫妻でノーベル物理学賞を受賞。夫の死後の1911年にもノーベル化学賞を受賞した。

ピエール＝キュリー
マリー＝キュリー

▼4 ダーウィンの進化論(風刺画)『種の起源』(1859)で進化論を唱えたダーウィンは，当初宗教界・学界から激しく批判された。

◀5 ノーベル賞のメダル

◀6 ダイムラーの自動車(1886年)　世界で初めてガソリン内燃エンジンを搭載した四輪車を発明。ダイムラーは1890年に自動車会社を設立。のちにベンツ社と合併した。

▼7 ライト兄弟の飛行機「フライヤー1号」　1903年，ライト兄弟は動力飛行機による人類史上初の飛行に成功した。

滞空時間59秒，飛行距離約260m ←p.28

万国博覧会とジャポニスム 世界 日本

◀8 ロンドン万国博覧会(1851年・第1回)　30万枚ものガラス板と4500tの鉄を使った水晶宮は，産業革命の成果による大英帝国の科学技術を全世界に誇示した。以後，万博は，産業発展とナショナリズムの高揚を背景として欧米諸国に波及した。

●おもな万国博覧会(19世紀後半)

1851	ロンドン	水晶宮が人気を博す
1855	パリ	ナポレオン3世の国威発揚
1867	パリ	幕府，薩摩藩，肥前藩が公式参加　ドイツのクルップ社が大砲出品 →p.90
1873	ウィーン	明治政府が公式参加 →p.81
1876	フィラデルフィア	米建国100周年
1889	パリ	仏革命100周年　エッフェル塔建設
1900	パリ	電気館・動く歩道が人気 ←表紙

ゴッホ美術館(蘭)蔵

▶9 「日本趣味　雨の橋」ゴッホ　歌川広重の名所江戸百景「大はしあたけの夕立」を模写した作品。19世紀後半，万国博覧会を通じて浮世絵などの日本美術がヨーロッパで愛された。この風潮は「**ジャポニスム**」とよばれ，マネ，モネ，ゴッホらに影響を与えた。

国際協力の始まり

赤十字条約(1864)	スイスの銀行家**デュナン**提唱。国境を越えた戦争犠牲者の救護活動を行う。
国際オリンピック大会(1896)	**クーベルタン**(仏)提唱。スポーツ交流による国際親善をめざす。第1回はアテネ。
万国平和会議(1899・1907)	**ニコライ2世**(露)が提唱し，**ハーグ**で開催。軍縮と戦争の平和的解決が目的。→p.97写
万国郵便連合(1874)*	郵便制度の国際的な連携を図る。

＊1875年条約発効。

② 都市の近代化

2A 鉄道の整備

Q 駅に使われた建築素材は何だろうか？

◀10 **「サン＝ラザール駅　列車の到着」モネ**　19世紀後半に活躍したモネは，パリの駅や周辺の線路を描いた。駅は，鉄道の発達と鉄骨建築がもたらした巨大な人工空間であった。パリの印象派画家は，好んでこの新しい風景を描いた。(1877年) フォッグ美術館(米)蔵

2B パリ都市改造

▶11 **ロンドンの地下鉄**　1863年，ロンドンで地下鉄が開通した。19世紀後半以後の欧米諸国では，主要都市の過密化に伴う交通渋滞解消，騒音の防止，都市景観の維持などを目的に，新しい交通機関として地下鉄が敷設された。開設当時は，排煙のため駅に天井がなかった。

◀12 **パリの街並み**　現在のパリの美しい景観は，ナポレオン3世による都市改造でつくられた。凱旋門から放射状にのびる大通りや並木道は，近代都市のモデルとなった。

世界遺産 ←p.54

▶13 **パリの下水道**　19世紀，パリの環境は劣悪で，頻繁に伝染病が流行した。都市改造により，上下水道が再編され，都市衛生は大きく改善された。

③ レジャーの発達

Q どのような人々が訪れたのだろうか？

◀14 **ボン＝マルシェ百貨店**(パリ)　1852年に開店した百貨店。19世紀後半，大都市に次々と建てられた百貨店は，身分に関係なく，誰でも気軽に買い物が楽しめる娯楽の空間であった。

解説　19世紀後半，労働者の生活水準は向上し，数度の工場法改正による労働時間の短縮で，**労働時間と余暇の時間が分離した**。都市には公園や図書館・博物館など文化施設が整備され，鉄道を利用した週末の小旅行なども広く一般民衆の娯楽となった。

▲15 **ジェットコースターの元祖**(ニューヨーク郊外)　19世紀後半には各種娯楽・スポーツ産業や宿泊施設などが現れ，レジャーの産業化が進んだ。

近代の環境問題 ←p.44・45

▲16 **マンチェスターの大気汚染**(英)

▲17 **テムズ川汚染の風刺画**(英)

産業革命がもたらした社会は，**石炭を大量に消費し，大気汚染などの公害を発生させた**。また，都市への人口集中(←p.33)は多くのスラムを生み，**生活排水の投棄による河川の汚染も深刻であった**。19世紀のヨーロッパの都市では，コレラなどの感染症が流行し，1860年代のリヴァプール(英)での幼児死亡率は50%を超えたという。

▶18 **オクタヴィア＝ヒル**(1838～1912)　自然のままの土地である「オープンスペース」の確保を求める運動にまい進した，イギリスの社会改良家。1895年には，自然環境や歴史的環境を守るためのナショナル・トラスト設立に至った。

深めよう《 19世紀に科学技術が発展し市民文化が生まれた理由は，何だろうか？

》つなげよう 19世紀の科学技術の発展は，現代社会とどのようにつながっているのだろうか？

Topic 世界の一体化と移民

アプローチ 「近代化」は人々の移動にどのような影響を与えたのだろうか？

1 近代の人口移動 まとめ

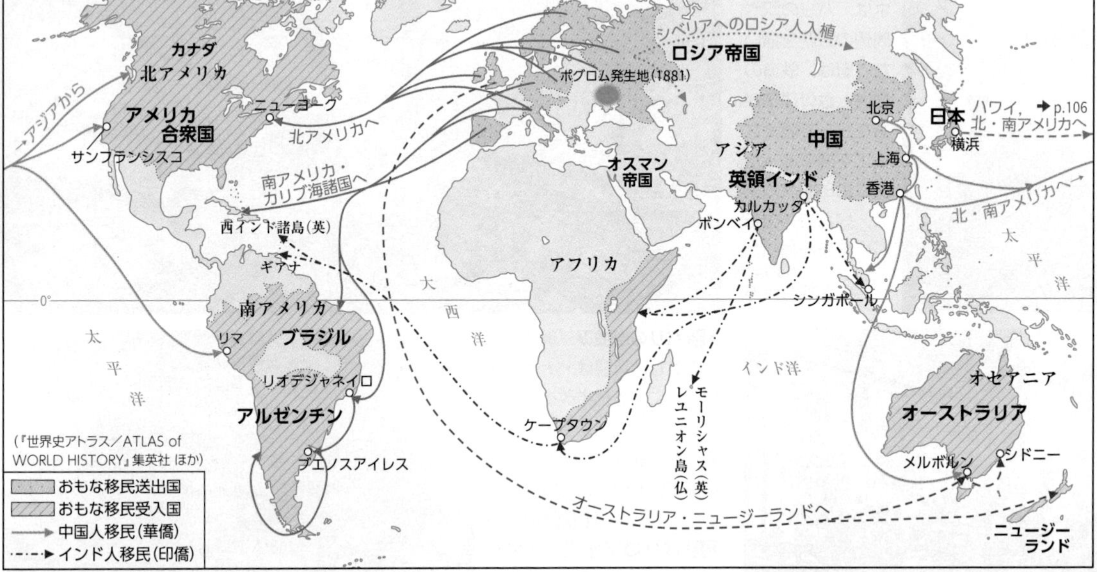

1A 移民の出入国

(単位：万人)

送出国(1846～1915年)	
イギリス	1243
イタリア	817
オーストリア・ハンガリー・ボヘミア	511
スペイン・ポルトガル	473
ドイツ	429
ロシア・ポーランド・フィンランド	388
ノルウェー・スウェーデン・デンマーク	213

＊中国(16世紀以降950)，インド(16世紀以降350)

↓ 移住

受入国(1821～1932年)	
アメリカ合衆国	3424
アルゼンチン	641
カナダ	521
ブラジル	443
オーストラリア	211
西インド諸島	159

(『日本大百科全書』小学館)

2 ヨーロッパからの移民

2A アイルランド大飢饉と移民

アイルランド移民の数 (『イギリス歴史統計』)

(万人) 30 20 10 0
1825年 45 65 85 1905 25
1845～49 大飢饉
注：ヨーロッパ以外の地域への移民

解説 1840年代の飢饉により100万人が死亡したといわれるアイルランドからは，多くの人々がアメリカへと移住した。

▶1 移住者を見送る人々

2B ポグロムとユダヤ人移民

ロシアでの迫害(ポグロム)

▲2 ユダヤ人移民を描いた風刺画(アメリカ，1892年) ロシアでの迫害から逃れてアメリカに渡り，経済的な成功を収めた者もいた。

▼3 スティーブン＝スピルバーグ(1946～) ユダヤ系の映画監督。

3 アジアからの移民

Q 移住先にはどのような特徴があるだろうか？

3A 華僑と印僑の移住先 p.35 p.67

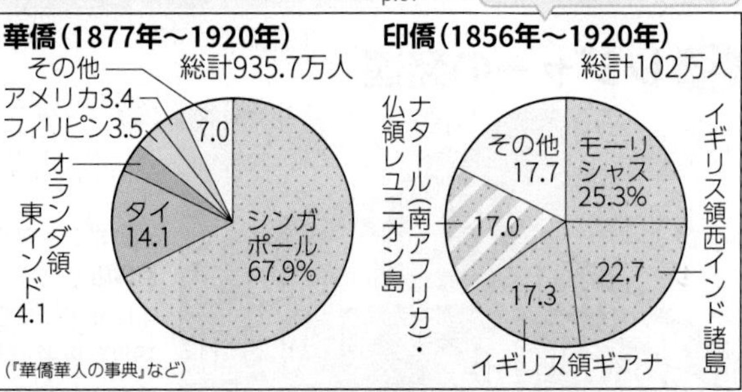

解説 19世紀以降，各地で奴隷貿易(p.43)が廃止されると，**アジア系移民が東南アジアや西インド諸島のプランテーションの労働力として動員された。**一定期間の労働を条件に渡航費や住まいを提供される年季契約が多く，労働環境は劣悪であった。

大英帝国の繁栄とインド系移民

19世紀以降，人の移動が活発になった背景には，**蒸気船**の実用化(p.24)や，**スエズ運河**(p.64)，**大陸横断鉄道**(p.59)の開通といった交通の発達があった(p.32)。特に，当時世界各地に植民地を形成していたイギリス(p.54)は，スエズ運河をはじめとする海上航路を支配。インドからも，同じ英領植民地へ多くの移民が赴いた。

◀4 **ガンディー**(1869～1948) ロンドンに留学して弁護士資格を得る。その後，多くのインド人労働者が働く南アフリカで，インド人への差別を目の当たりにし，非暴力の抵抗運動を展開する指導者となった。p.111・123

4 移民大国アメリカ

4A アメリカへの移民数の推移

Q それぞれの年代で大きな割合を占めている地域を確認しよう。

900(万人)（『アメリカ歴史統計』）
800
700
600
500
400
300
200
100
0

イギリス
アイルランド
ドイツ
東欧
南欧
アジア
その他
1924 移民法
アメリカ大陸

1820〜29　1830〜39　1840〜49　1850〜59　1860〜69　1870〜79　1880〜89　1890〜99　1900〜09　1910〜19　1920〜29　1930〜39　1940〜49　1950〜59　1960〜69

①植民地時代
イギリス・オランダ中心

②旧移民　北欧・西欧中心
1845〜49　アイルランド飢饉(ききん) 2A
1860　北京条約
→中国人苦力(クーリー)の増加
1866　江戸幕府が海外渡航承認
→1868　ハワイ移民 ➔p.106

③新移民　東欧・南欧中心
1880年代　イタリアの不況
→イタリア移民急増
1881　ロシアのユダヤ人排斥
→ユダヤ系ロシア移民増加 2B
1882　中国人排斥(はいせき)法
1924　移民法 ➔p.131

④戦後〜　アジア・ラテンアメリカからの移民増

4B「自由の女神」の台座の詩

（ユダヤ人エマ＝ラザルス作　1881年）

汝(なんじ)の疲れたる貧しき
自由の空気を吸わんものと
身をよせあう人々を，
汝の豊かな海辺に集まる
うちひしがれた人々を，
我に与えよ。
かかる家なき嵐に弄(もてあそ)ばれたる人々を，
我に送り届けよ。
我は黄金の門戸のかたわらに
ともしびを高くかかげん。

（『アメリカ世界Ⅱ』有斐閣）

▶5 自由の女神像 世界遺産

解説　近代化による**人口増**や**労働力需要(じゅよう)の高まり**は，世界的な移民の増加をもたらした。その中でも最大の移民受け入れ国になったのは**アメリカ**であった。移民の多くが経済的な理由を抱えていたこの時代，人々はアメリカに新たな生活を求めた。

4C 移住者の生活

◀6 **サンフランシスコの中国人街**（1880年代）　**大陸横断鉄道**の建設に従事した中国人苦力(クーリー)らは，主にアメリカ西海岸に集中した。

▲7 **19世紀アメリカの理想的な暮らし**　イギリス出身の老銀行家夫婦と孫の優雅(ゆうが)な暮らしが描かれている。新移民たちは，アメリカで成功をとげたWASPの暮らしを夢に描いた。

WASP(ワスプ)(White/Anglo-Saxon/Protestant)
主に西・北ヨーロッパ出身の白人プロテスタントとその子孫。アメリカの建国以来，アメリカ社会で支配的な地位を占めた。

4D イタリア移民の証言

　ニューヨークでは3年くらい働いていました。最初は絹織物の工場で働き，それから武器工場で働いて1日に1ドル半を稼(かせ)ぎました。帰ってきたのはイタリアの方がましだと思ったからだけれども，こっちの方がやっぱりひどかった。…渡航費用が工面(くめん)出来たら，もう一度移民しようと思います。

　1893年に移民して1903年に帰ってきました。いたのはニューヨークだけです。そこでずっと時計工場で働いていました。アメリカで仕事を覚えました。2000リラをためて家族の借金を返したら1000リラが残りました。

（『世界史史料6』岩波書店）

▶8 **イタリア移民**　多くは数年間の滞在と帰郷(ききょう)を繰り返す**出稼ぎ労働者**だった。母国への送金はイタリアにとって重要な収入となったが，移住先では貧困と差別に苦しんだ。

4E 移民とアメリカ社会

Q 2枚の風刺画は，移民に対するどのような姿勢を描いているだろうか？

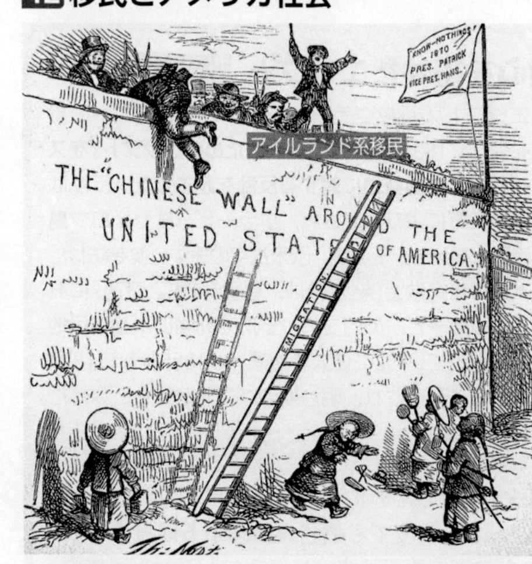

解説　移民は文化の多様性をもたらすとともに，ときにアメリカ社会に深刻な対立を引き起こす原因ともなった。特に，**新たな労働力の流入による失業や待遇(たいぐう)悪化への懸念(けねん)は，しばしば新移民の排斥(はいせき)につながった。**

◀9 **中国人移民排斥の風刺画**(1870年)
▶10 **移民の受け入れを支持する風刺画**(1880年)

深めよう《 移民となった人々には，それぞれどのような背景・目的があったのだろうか？

つなげよう》 移民の受け入れは，その地域社会にどのような変化をもたらしたのだろうか？

ユダヤ人移民の風刺画→

西アジアの改革運動

アプローチ 西アジア諸国は，列強の進出に対してどのように対抗したのだろうか？

1 列強の進出と西アジアの動向 まとめ ➡p.122

世紀	列強の進出	オスマン帝国	エジプト	アラビア半島	イラン	日本
18世紀	○オスマン帝国のヨーロッパへの影響力低下 ○**ロシアの南下政策**	1789 セリム3世の近代化政策	1798 ナポレオン軍のエジプト占領(〜1801)⬅p.49	1744頃 ワッハーブ王国建国(サウード家)	1736 サファヴィー朝滅亡 1796 **ガージャール朝**成立	
19世紀〜20世紀初頭	1821 **ギリシア独立戦争**(〜29)⬅p.52 1831 **第1次エジプト＝トルコ戦争**(〜33) 1839 **第2次エジプト＝トルコ戦争**(〜40) 1853 **クリミア戦争**(〜56)⬅p.55 1877 **ロシア＝トルコ(露土)戦争**(〜78)⬅p.55 **ロシアの南下失敗** 1881 イギリス，スーダンでマフディー派の抵抗に苦戦(〜98)	1826 イェニチェリ全廃 1839 **タンジマート**開始 4A 1876 **オスマン帝国憲法(ミドハト憲法)**発布 6 1878 アブデュルハミト2世，専制強化 ⟶**議会，憲法停止** 1908 **青年トルコ革命**➡p.99	1805 **ムハンマド＝アリー**，エジプト総督(パシャ)就任 3 1869 スエズ運河開通 2 1875 **スエズ運河会社株をイギリスに売却** 1 1881 **ウラービー（オラービー）の反乱**(〜82) 5 1882 イギリスによる軍事占領 **事実上の保護国化** (1914 保護国化)	1818 エジプトの攻撃でワッハーブ王国滅亡 1823 ワッハーブ王国再建 1889 ワッハーブ王国滅亡 1902 英の支援により，サウード家の支配復活	1828 トルコマンチャーイ条約 **ロシアの勢力拡大** 1857 アフガニスタン，イランから独立 1891 **タバコ＝ボイコット運動**(〜92) 1905 **イラン立憲革命**(〜11)➡p.99 1907 英露協商	江戸時代 明治時代

2 エジプトの近代化

2A 列強の進出と外債

エジプトの近代化 → 多額の資金
スエズ運河の建設 → ・フランス主導 ・建設費増大

エジプトの財政難
⟶外債への依存度高まる

↓

1875 イギリスがスエズ運河会社株買収
⟶イギリスの発言力増大

Q イギリスは，スエズ運河を使ってどこへ向かったのだろうか？

A1 スエズ運河会社株買収の風刺画(1875年) 英首相ディズレーリが持つ鍵に「インドの鍵」と書いてある。

A2 スエズ運河の開通(1869年) 紅海と地中海を結ぶ全長162.5kmの運河。ロンドンからアジアへの距離を，アフリカ南端経由の約3分の2に短縮。同年に開通したアメリカの大陸横断鉄道(⬅p.59)と並び，世界の交通網を大きく変えた。

西欧的近代化とパン＝イスラーム主義

列強の侵略に対するイスラーム世界の動きには，**西欧的近代化と，パン＝イスラーム主義に象徴されるイスラームの団結という2方向があった。**インド大反乱(➡p.66)の悲惨な結末に接したアフガーニーは，イスラームの変革を主張し，各地で運動を指導した。

A3 ムハンマド＝アリー(1769〜1849)

A4 アフガーニー(1838〜97)

ヨーロッパ諸国の西アジア進出
進出・提携 → **西欧的近代化による富国強兵** 例：ムハンマド＝アリーの改革 タンジマート
抵抗・進出 → **パン＝イスラーム主義による抵抗** 例：ウラービーの反乱 タバコ＝ボイコット運動

日本人が関心を寄せたエジプト 世界⇔日本

A5 ウラービー(オラービー)(1841〜1911)

エジプト人将校ウラービーは，アフガーニーの影響を受け，1881年**「エジプト人のためのエジプト」をスローガンに外国勢力に対する反乱を起こした。**反乱はイギリス軍により鎮圧され，ウラービーはセイロン島に流刑となった。その後，欧米視察の途中に彼を訪ねた日本人の東海散士(柴四朗)は，著書『佳人之奇遇』において，ウラービーの口を借りる形で列強による植民地化を紹介している。『佳人之奇遇』は1885年から1897年にかけて刊行され，明治期のベストセラーとなった。

およそ外債を募集する国は，タイミングと債権者を選ばなくてはなりません。弱い国で外債のために亡国の憂き目にあわなかった国はごく少数です。もし，一度でも債務を償還する期日を守れないとなると，キリスト教国の面目はすぐに消えて，宗教や民族のちがいについて強調しはじめるでしょう。（『世界の歴史20』中央公論社）

3 オスマン帝国の領土縮小

←p.55地図

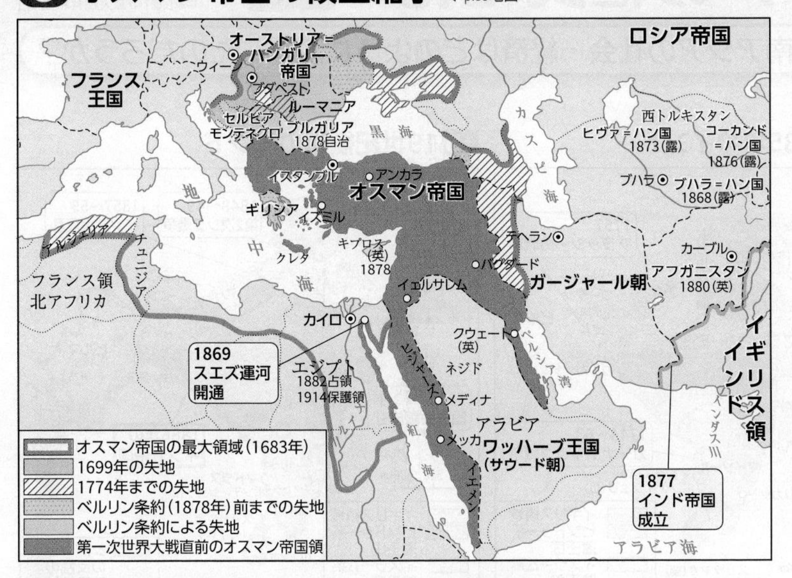

4 オスマン帝国の近代化

4A タンジマートとオスマン帝国憲法 巻末史料9

タンジマート(1839～76)		オスマン帝国憲法(ミドハト憲法)(1876～78)
アブデュルメジト1世	スルタン	アブデュルハミト2世
●ムスリム・非ムスリムの**法の前における平等** ●生命・名誉・財産の保障 ●新しい法体系の完成 ●**近代的学校の創設** ●州議会設置 ●**徴兵制改革** ●オスマン銀行開設	原則・内容	●ムスリム・非ムスリムの**完全平等** ●**帝国議会の開設**(宗教比例代表制) ●責任内閣制 ●スルタンの非常大権 ●トルコ語の公用語化
●新知識人層による自由主義的立憲運動の展開 ●英の製品流入による**伝統産業衰退と外債増加**	影響と結果	●保守派の激しい抵抗 ●ロシア＝トルコ(露土)戦争を口実に，スルタンが停止

4B オスマン帝国の統治理念の変化

オスマン主義
- 西欧自由主義の影響を受けた官僚・知識人が立憲政をめざす
- オスマン帝国において，ムスリム・非ムスリムは平等
  → オスマン帝国内の国民の一体化をめざす

パン＝イスラーム主義
- アブデュルハミト2世による専制強化
- ムスリムの一体化により，イスラーム世界の統一をめざす

トルコ民族主義
- 「青年トルコ人」によるオスマン帝国憲法(立憲政)復活
- トルコ人を中心に国家建設を図る

Q オスマン主義とパン＝イスラーム主義の違いは何だろうか？

5 イラン・アフガニスタンの動向

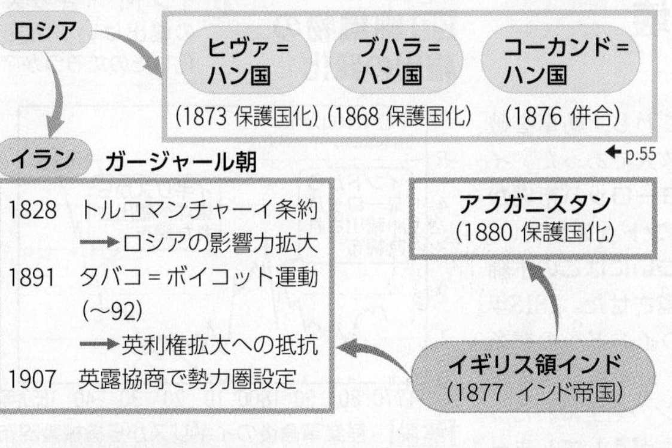

解説 19世紀後半，中央アジアではロシアとイギリスが対立した(➔p.94)。欧米諸国と不平等条約を結んだイランでは，列強への経済的従属が強まっていたが，イギリスへのタバコ利権譲渡をきっかけに，タバコ＝ボイコット運動が拡大した。

6 資料から考える 西欧的近代化

アジア初の憲法

6A オスマン帝国憲法(ミドハト憲法)(1876年)

第7条　国務大臣の任免，…陸海軍の統帥，…帝国議会の召集と停会，必要と考える時に議員を新たに選挙する条件の下での代議院の解散は，**スルタンの神聖な大権**に属する。

第8条　オスマン国籍を有する者はすべて，いかなる宗教宗派に属していようとも例外なく**オスマン人**と称される。

第113条　国土の一部で混乱が生じることが確実な証拠や兆候が認められる場合，至高の政府はその地域に限り臨時に戒厳令を布告する権利を有する。…**国家の安全を侵害したことが，治安当局の確かな調査により明らかになったものを神護の帝国領から追放し，退去させることはただスルタン陛下のみが行使することのできる権限である。**

(『世界史史料8』岩波書店)

➤6 **ミドハト＝パシャ**(1822～84)　オスマン帝国の宰相。立憲政の導入をめざした。1876年にアジア最初の憲法が発布され，憲法に自由主義的な理念を反映したが，第113条の規定のため，アブデュルハミト2世により追放された。

読みとろう

① 6A 第7条で認められているスルタンの大権には，どのようなものがあるのだろうか？

② 6A 第8条で「オスマン人」とされたのは，どのような人々だろうか？

考えよう 比較

オスマン帝国憲法の君主権には，どのような特色が見られるだろうか？大日本帝国憲法(➔p.87)と比較して考えよう。

深めよう オスマン帝国の近代化が停滞した理由は，何だろうか？

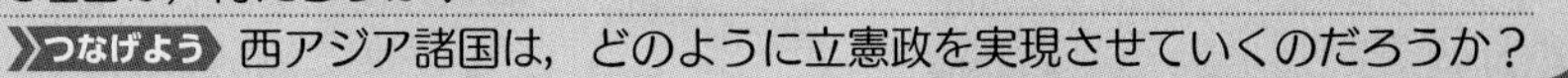

つなげよう 西アジア諸国は，どのように立憲政を実現させていくのだろうか？

スエズ運河会社株買収の風刺画→

資料

インド・東南アジアの植民地化

1800		1900			2000	
江戸		明治	大正	昭和	平成	令和
朝鮮			韓国	日本領	北朝鮮・韓国	
清				中華民国	中華人民共和国	

アプローチ　植民地化により，インド・東南アジアの社会・経済はどのように変化したのだろうか？

❶インド支配の経過 まとめ

➔p.123

青字：東インド会社関連

	年	できごと	日本
ムガル帝国	1600	**イギリス，東インド会社設立** ⟶拠点(きょてん)…ボンベイ・マドラス・カルカッタ	江戸時代
	1708	マラーター同盟結成(〜1818)	
	1744	カーナティック戦争(〜63)　英仏抗争	
	1757	**プラッシーの戦い**　七年戦争の一環➔p.43	
	1765	東インド会社，ベンガル地方の徴税権(ちょうぜいけん)獲得	
	1767	マイソール戦争(４回)(〜99) ⟶イギリス，南インド支配	
	1775	マラーター戦争(３回)(〜1818) ⟶イギリス，デカン高原支配	
	1813	東インド会社の対インド貿易独占権廃止(はいし)	
	1833	東インド会社の対中国貿易独占権廃止・商業活動停止(34年実施) **東インド会社の統治機関化**	
	1845	シク戦争(２回)(〜49) ⟶イギリス，パンジャーブ地方併合(へいごう) **イギリス，インドのほぼ全域を支配**	
	1857	**インド大反乱**(〜59)❷	
	1858	**ムガル帝国滅亡**　東インド会社解散 **イギリス，インドの直轄支配**	
インド帝国	1877	**インド帝国**成立(皇帝：**ヴィクトリア女王**)❸	明治時代
	1885	第１回**インド国民会議**開催(ボンベイ)❹	
	1886	イギリス，ビルマ併合	
	1905	**ベンガル分割令**　➔p.99･123	
	1906	国民会議派，**カルカッタ大会４綱領(こうりょう)**採択 (国産品愛用(スワデーシ)・自治獲得(スワラージ)・英貨排斥・民族教育) **全インド＝ムスリム連盟**結成(親英)	
	1911	**ベンガル分割令撤回(てっかい)**	

1A 1785年のインド

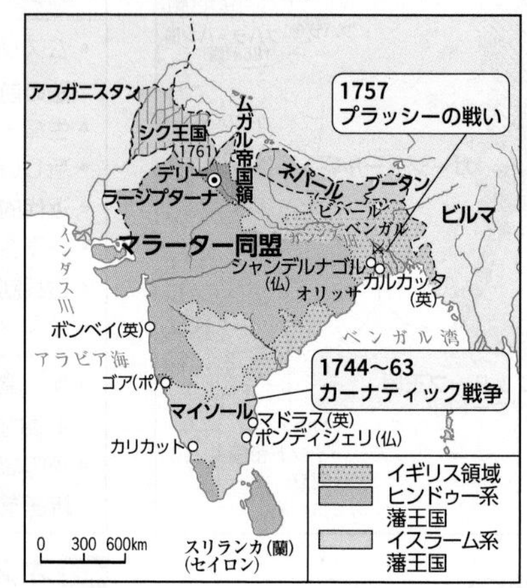

1B 19世紀後半のインド

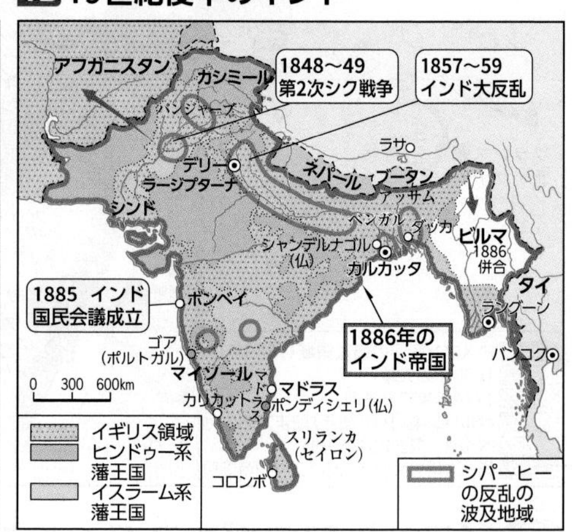

❷インド経済の崩壊(ほうかい)

2A インドの荒廃(こうはい)

このインドの手織機をうちこわし，紡車(ぼうしゃ)を破壊したのは，侵入したイギリス人であった。**イギリスはまずインド綿製品をヨーロッパ市場から駆逐(くちく)した。つづいて撚糸(ねんし)をヒンドゥスタン**(インド北部の平原)**にもちこみ，ついにはこの木綿の母国そのものに綿製品を氾濫(はんらん)させた。**1818年から1836年までに，イギリスのインドへの撚糸の輸出は，5200倍に増加した。…イギリスの蒸気力と科学とが，ヒンドゥスタンの全土にわたって，農業と手工業との結合をくつがえしてしまったのである。（『マルクス＝エンゲルス全集9』大月書店）

2B 綿織物の輸出の変化

Q インド，イギリスの輸出はいつ頃変化したのだろうか？

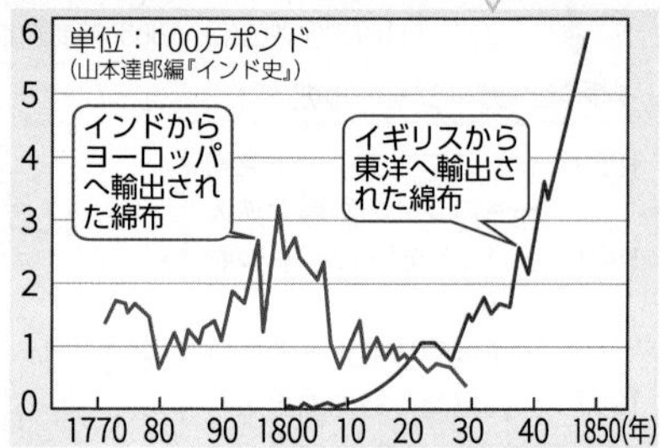

解説　産業革命後のイギリスから機械製綿布が流入すると，インドの綿織物の手工業は打撃(だげき)を受けた。インドは**綿花の供給地(きょうきゅうち)**へと変化した。

➔p.43･45・➔p.104

インドの鉄道と植民地支配

19世紀以降，イギリス本国による投資の対象となったインドでは，1905年までに約４万5000kmの鉄道が建設された。鉄道網は，**インド国内の綿花や茶の栽培地と貿易港を結ぶように構築された。**

▼❶ヴィクトリア・ターミナス 世界遺産（ボンベイ・現ムンバイ）
現在名はチャトラパティ＝シヴァージー＝ターミナス

❸インド帝国の成立(1877年)

◀❷**インド大反乱**　1857年，東インド会社のインド人傭兵(ようへい)**シパーヒー**が反乱を起こした。配布の弾薬包(だんやくほう)にヒンドゥー教徒にとって神聖な牛の脂(あぶら)，ムスリムの忌(い)み嫌う豚の脂が塗布(とふ)されているとの噂(うわさ)がきっかけとなった。反乱は様々な人々が参加し，北インド全域に広がった。

◀❸**ヴィクトリア女王にインド帝国の帝冠を渡すディズレーリの風刺画**　ロシアの南下を警戒(けいかい)する**英首相ディズレーリ**は，インド帝国の建国を急いだ。イギリスは英語教育に力を入れ，植民地行政を担(にな)うインド人エリート層を育成し，統治に官僚制を導入した。➔p.54

▲❹**インド国民会議の発足**(1885年)　イギリスの退役官吏(かんり)が，**インド人の民族運動を吸収する受け皿として設立**。イギリス本国の行政・司法へのインド人の参加などの諸要求を，請願(せいがん)という合法的手段で展開した。**やがて反英化。**

4 列強の東南アジア進出 まとめ ➜p.123

タイ (独立を保つ)	イギリス ビルマ・マレー半島	オランダ インドネシア	フランス ←p.54 ベトナム・ラオス・カンボジア	スペイン ⟶ アメリカ フィリピン	日本
1851 ラーマ4世即位 1855 ボーリング条約(英と自由貿易) 1868 **チュラロンコン(ラーマ5世)**即位❾ ○近代化政策	1819 イギリス，**シンガポール**買収 1824 第1次ビルマ戦争(～26) 1826 **海峡植民地**成立 (ペナン,マラッカ,シンガポール) 1852 第2次ビルマ戦争(～53) 1867 英，海峡植民地を本国の直轄領化 1885 第3次ビルマ戦争(～86) ⟶ビルマのコンバウン朝滅亡 1886 英，**ビルマをインド帝国に併合** 1888 英，北ボルネオ領有 1895 **イギリス領マレー連合州**成立 1909 **イギリス領マレー**完成	1602 オランダ，東インド会社設立 1830 **ジャワで強制栽培制度**(サトウキビ・コーヒー・藍など) 4B 1873 アチェ戦争(～1912) ○カルティニの女性解放運動 1903 アチェ王国降伏 ⟶蘭，スマトラ領有 1910年代 **オランダ領東インド**完成	1802 阮福暎，ベトナム統一 ⟶阮朝成立 1858 仏越戦争(～62) 1863 仏，**カンボジア保護国化** 1873 劉永福の黒旗軍抵抗(～85) 1883 仏，**ベトナム保護国化** 1884 清仏戦争(～85) ➜p.68 1885 **天津条約**(清，宗主権放棄) 1887 **仏領インドシナ連邦**成立 1899 ラオス，仏領インドシナ連邦に編入 1905 ドンズー(東遊)運動高揚 ➜p.99	1571 スペイン，マニラ領有 1834 マニラ開港 ○商品作物生産，プランテーション開発が進む 1896 **フィリピン革命**(～1902) ❺ 1898 **アメリカ=スペイン(米西)戦争**	安土・桃山 江戸時代 明治時代

4A 東南アジアの植民地化(19世紀末)

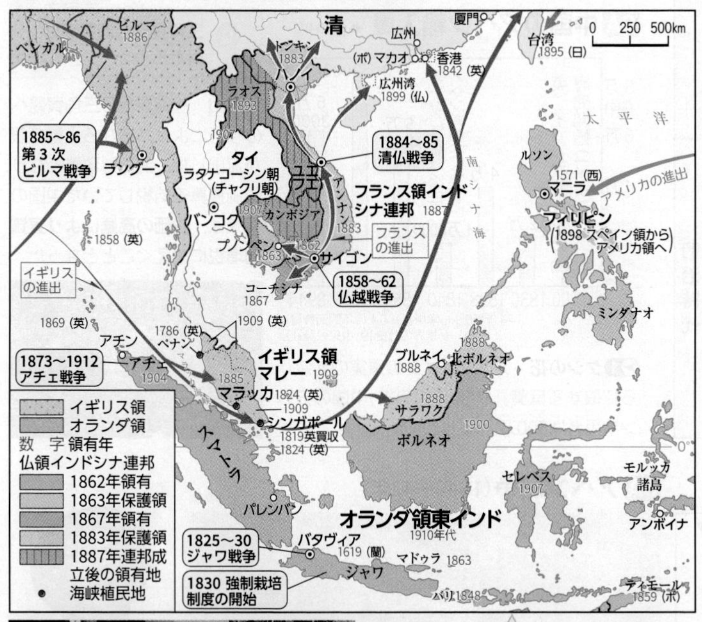

Q どの地域がどの国の植民地となったのだろうか？

◀5 **フランスパンを売るベトナム人** ベトナムでは，フランス植民地となった影響から，現在でもフランスパンを売る光景が多くみられる。

4B 列強の植民地経営

強制栽培制度	●1830～60年代のジャワ島 ●**オランダ政庁**が米作地の5分の1で指定作物(サトウキビ・コーヒー・藍など)を栽培させ，安価で買い上げる
プランテーション	●1870年以降の東南アジア各地 ●英，仏などの**私企業**が，資本主義的に経営

4C 華僑・印僑の流入 ←p.62

マレー半島における労働力構造 (『近代国際経済要覧』)

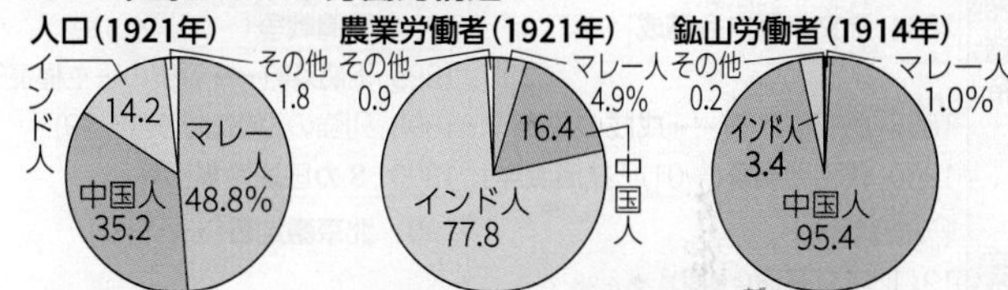

注：農業労働者はゴム園などのプランテーションのみ。鉱山労働者は錫鉱山のみ。

Q マレー半島で，中国人やインド人はどのような労働に従事したのだろうか？

▶6 **天然ゴムプランテーション** 20世紀に入ると，欧米の自動車産業の発展で広大なゴム園が拓かれた。ゴム園では多くのインド人移民(**印僑**)が働いた。

5 フィリピン革命 ➜p.99地図

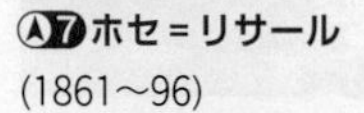

▲7 **ホセ=リサール** (1861～96)

▲8 **アギナルド** (1869～1964)

解説 スペイン留学中，自由主義思想に接したリサールは，帰国後**フィリピン民族同盟**を結成。平和的な改革をめざしたが，革命扇動者の容疑をかけられて処刑された。アギナルドはアメリカ=スペイン(米西)戦争でアメリカの支援を受け，**フィリピン共和国**を樹立。しかし，アメリカが革命運動の弾圧に転じ，逮捕された。

ラーマ5世と日本 世界⇔日本

▲9 **チュラロンコン(ラーマ5世)** (1853～1910)

タイのチュラロンコン(ラーマ5世)は，**外国人顧問を招いて行政・司法・軍事・教育の改革を行い，東南アジア唯一の独立を維持**した。同時期に近代化政策を行った日本とは1887年に国交を樹立し，司法制度改革のために日本から顧問を招くなどして，国内の近代化を進めた。

深めよう インドや東南アジア諸国が植民地となった理由は，何だろうか？

つなげよう 現代のインドや東南アジアでは，かつての植民地支配がどのように影響しているのだろうか？

アヘン戦争と中国の開港

アプローチ 列強の進出を受け，清の体制はどのように変化したのだろうか？

1 中国の半植民地化と改革運動 まとめ

p.34 p.98

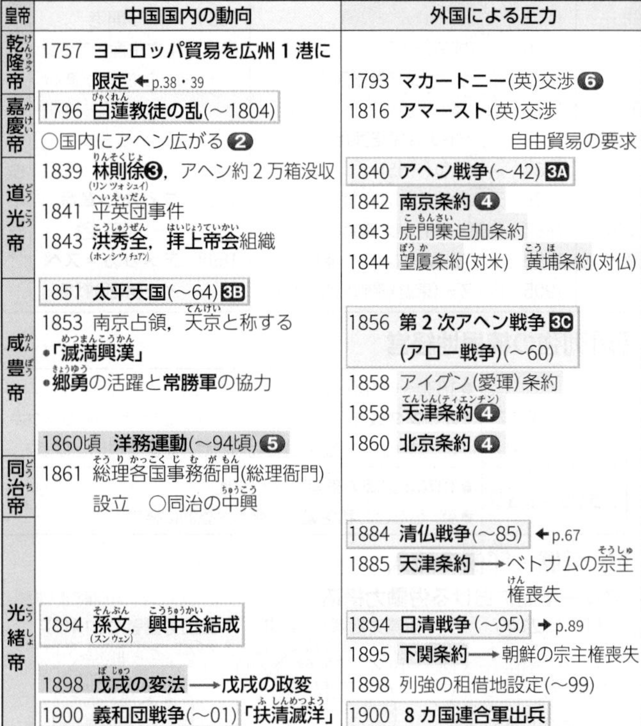

皇帝	中国国内の動向	外国による圧力	日本
乾隆帝	1757 **ヨーロッパ貿易を広州1港に限定** ➡p.38・39	1793 **マカートニー**(英)交渉 6	江戸時代
嘉慶帝	1796 **白蓮教徒の乱**(～1804) ○国内にアヘン広がる 2	1816 **アマースト**(英)交渉 自由貿易の要求	
道光帝	1839 **林則徐**3，アヘン約2万箱没収 1841 平英団事件 1843 **洪秀全**，**拝上帝会**組織	1840 **アヘン戦争**(～42) 3A 1842 **南京条約** 4 1843 虎門寨追加条約 1844 望厦条約(対米) 黄埔条約(対仏)	
咸豊帝	1851 **太平天国**(～64) 3B 1853 南京占領，天京と称する •「**滅満興漢**」 •**郷勇**の活躍と**常勝軍**の協力 1860頃 **洋務運動**(～94頃) 5	1856 **第2次アヘン戦争** 3C (**アロー戦争**)(～60) 1858 アイグン(愛琿)条約 1858 **天津条約** 4 1860 **北京条約** 4	
同治帝	1861 総理各国事務衙門(総理衙門)設立 ○同治の中興		
光緒帝	1894 **孫文**，**興中会結成** 1898 **戊戌の変法**→戊戌の政変 1900 **義和団戦争**(～01)「**扶清滅洋**」➡p.93 ○光緒新政	1884 **清仏戦争**(～85) ➡p.67 1885 **天津条約**→ベトナムの宗主権喪失 1894 **日清戦争**(～95) ➡p.89 1895 **下関条約**→朝鮮の宗主権喪失 1898 列強の租借地設定(～99) 1900 **8カ国連合軍出兵** 1901 **北京議定書**(辛丑和約)	明治時代
宣統帝	1911 **辛亥革命**(～12) ➡p.98		

2 中国とイギリスの貿易

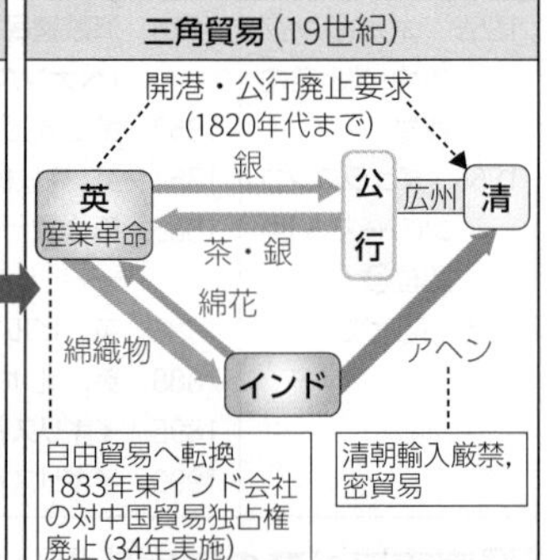

Q 三角貿易の問題点は，何だろうか？

解説 片貿易から三角貿易への移行により，清から大量の銀が流出した。清は財政難となり，銀価換算で納税していた中国の民衆は，**銀価の高騰により実質的増税**にあえぐこととなった。

2A 中国のアヘン輸入量

➡p.104

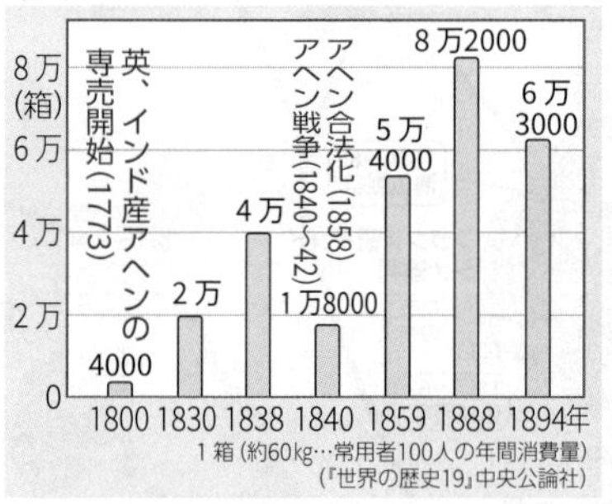

1 ケシの花 アヘンはケシの果実の乳液から採取する麻薬。1830年代の末，中国のアヘン常用者は500万人以上となった。

3 アヘン戦争と太平天国

3A アヘン戦争(1840～42年)

東洋文庫

2 アヘン戦争

3 林則徐(1785～1850) アヘン厳禁論を唱え，欽差大臣として広州で密輸を取り締まった。

3B 太平天国

清朝 北京	●郷勇 (漢人地主・官僚の義勇軍) 曾国藩(湖南省)・李鴻章(安徽省)らが故郷で組織 ●常勝軍(列強の義勇軍) ウォード(米)・ゴードン(英)
太平天国 天京	●キリスト教的結社 ●拝上帝会の洪秀全が組織 ●「滅満興漢」をスローガン ●アヘン吸飲や纏足の禁止

3C 第2次アヘン戦争(アロー戦争)

4 破壊された円明園 1860年，英仏軍は，華麗な庭園を誇る円明園(➡p.39)を破壊した。『四庫全書』(文源閣収蔵本)(➡p.34)も焼失。

4 南京・天津・北京条約 巻末史料11

条約	南京条約(1842)	天津条約(1858) → 北京条約(1860)
原因	アヘン戦争(1840〜42)	第2次アヘン(アロー)戦争(1856〜60)
対象国	英(外相パーマストン)	英・仏・露・米(米は天津条約のみ)
開港場	上海・寧波・福州・厦門・広州の5港	南京・漢口など10港(天津条約)＋天津(北京条約で追加)
香港関係	香港島の割譲(対英)	九竜半島南部の割譲(対英, 北京条約)
その他の条項	●公行(特許商人)の廃止 →自由貿易の実施 ●対等外交・領事駐在の承認 ●賠償金2100万ドル (戦費・没収アヘンの補償など) 虎門寨追加条約(1843) ●領事裁判権(治外法権)承認* ●最恵国待遇 *五港(五口)通商章程による ●協定関税制(関税自主権なし)	●長江の航行自由とアヘン貿易公認 ●外国公使の北京駐在権の承認 ●キリスト教布教の自由 ●外国人の中国内地旅行の自由 ●賠償金600万両 北京条約(1860)で追加 英仏 ●賠償金1600万両へ増額 英仏 ●中国人の外国渡航の公認 露 ●ウスリー川以東(沿海州)の割譲

香港問題の始まり

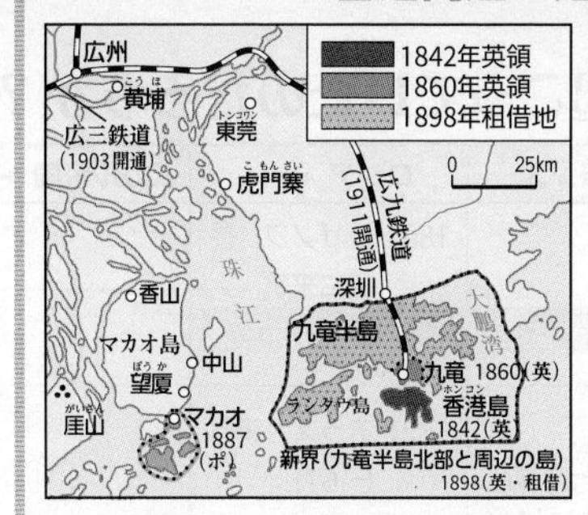

南京条約で香港島を獲得したイギリスは, 1860年に九竜半島南部を獲得, 1898年には九竜半島北部と周辺の島を99年の期限付きで租借した。1997年に返還されたが, 近年中国政府の統制が強まっている。

19世紀
1898 **英領香港**の完成

20世紀前半
1941 日本軍占領
1945 イギリス軍, 再占領

20世紀後半
1984 中英共同宣言
→一国二制度, 50年の現状不変, 香港人による統治
1997 **香港返還** →p.187

21世紀
2020 中国が香港国家安全維持法制定, デモ拡大

5 洋務運動 →p.93

▲5 大砲を点検する清の官僚

Q 同時期の, 日本の近代化と比較してみよう。 →p.86

解説 1860年以降, 曾国藩・李鴻章らは**洋務運動**とよばれる近代化を推進した。中国の政治体制は変更せず, 欧米の技術を得ようとする「**中体西用**」の立場をとるものであった。

高杉晋作が見た上海 世界→日本 →p.74

…上海という都会のことを考えてみた。ここでは, 中国人はほとんど外国人の使用人になってしまっている。イギリス人やフランス人が歩いてゆくと, 中国人はみなこそこそと道をよけてゆくのだ。**ここは, 主権は中国にあるとはいうものの, まったく, イギリス, フランスの植民地にすぎないではないか。…わが国でも, 十分に注意しておかないと, やがてこのような運命が見舞われないとはだれが断定できようか。**
(『高杉晋作』中央公論社)

▲6 高杉晋作 (1839〜67)

6 資料から考える 朝貢貿易と自由貿易 巻末史料10

中国の論理VS.イギリスの要求

6A マカートニー使節の中国訪問時の日記(1794年)

中華帝国は有能で油断のない運転士がつづいたおかげで過去150年間どうやら無事に浮かんできて, 大きな図体と外観だけにものを言わせ, 近隣諸国をなんとか畏怖させてきた, **古びてボロボロに傷んだ戦闘艦に等しい。**
(『中国訪問使節日記』平凡社)

6B マカートニーに対する乾隆帝の勅諭(1793年)

天朝(清)の物産は豊かで無いものはなく, もともと外国産のものに頼って有無を通ずる必要はない。ただ天朝に産する茶, 磁器, 生糸は西洋各国およびなんじの国の必需品であるから, **恩恵を加え, マカオに洋行を開設して日用品を援助し, 天朝の余沢に潤うことを認めているのである。**にもかかわらず, 今, なんじの国の使節(マカートニー使節団)が定例に反することをいろいろと陳情するのでは, **恩恵を遠人に加えて四夷を撫育するという天朝の意に対して無理解も甚だしいと言わなければならない。**
(『世界の歴史19』中央公論社)

▲7 **マカートニーの謁見** イギリスは**対等な国交樹立と自由貿易**を求めたが, 清は拒絶。マカートニーは朝貢国の行う「三跪九叩頭の礼」を求められたが, ヨーロッパ式の儀礼をとった。
東洋文庫

読みとろう
① 6A や風刺画7より, イギリス人は清をどのように捉えていたのだろうか?
② 6B より, 清にとって朝貢貿易とは, どのようなものであったのだろうか?

考えよう
清がイギリスの要求を受け入れがたかった理由は何だろうか? 関連

深めよう 欧米諸国が清に開港を求めた理由は, 何だろうか?
つなげよう アヘン戦争や第2次アヘン戦争(アロー戦争)は, 日本にどのような影響を与えたのだろうか?

マカートニーの謁見→

1 世界では何が起こっていたのだろうか？

イギリス	フランス	ロシア ←p.55	ムガル帝国 ←p.66	清 ←p.68・69	日本 →p.71〜73	アメリカ ←p.58・59
		1804 レザノフ，長崎に来航			1805 通商要求を拒絶	
1814 ウィーン会議(〜15。ウィーン体制の成立)←p.52						
1824 捕鯨船員，日本の大津浜・宝島に上陸 →p.72	1830 七月革命 ←p.52・53	1821 アラスカ領有(〜67)			1825 異国船打払令。会沢安(正志斎)，『新論』を著す	1823 モンロー宣言
1840 アヘン戦争(〜42) ←p.68				1840 アヘン戦争(〜42)	1838 渡辺崋山や高野長英ら，幕府批判	1837 日本でモリソン号事件
				1842 南京条約 1844 望厦条約(米と) 黄埔条約(仏と)	1841 天保の改革(〜43) 1842 天保の薪水給与令	1846 アメリカ＝メキシコ戦争(〜48) 1848 カリフォルニア獲得
1848 1848年革命(〜49。「諸国民の春」)←p.53						
1851 第1回万国博覧会 ←p.60		1853 プチャーチン，長崎に来航		1851 **太平天国の乱**(〜64)		1853 **ペリー，浦賀に来航**
1853 クリミア戦争(〜56。英・仏は54参戦)←p.55			1857 **インド大反乱**(〜59)		1854 日米和親条約	
1856 第2次アヘン戦争(〜60) ←p.68	1858 インドシナ出兵(〜67)	1860 沿海州獲得	1858 ムガル帝国滅亡	1856 第2次アヘン戦争(〜60) 1858 アイグン(愛琿)条約 天津条約 1860 北京条約	1854 日露和親条約(太陽暦1855年) 1858 日米修好通商条約	1861 南北戦争(〜65)

2 列強が東アジアに進出したのは，なぜだろうか？

2A イギリス海軍の地域別配備数の推移(上段は艦数，下段は兵員数)

年	東インド中国（清）	地中海バルト海	その他	計
1835	15隻 2079人	**23隻** **6236人**	129隻 11363人	167隻 19678人
1840	20隻 4055人	**37隻** **10206人**	184隻 18089人	241隻 32350人
1845	**22隻** **4196人**	22隻 3895人	186隻 26863人	230隻 34954人
1850	20隻 3189人	**28隻** **8264人**	165隻 21788人	213隻 33241人
1855	23隻 3826人	**92隻** **31716人**	152隻 30447人	267隻 65989人
1860	**65隻** 7561人	38隻 **15360人**	202隻 42038人	305隻 64959人

(横井勝彦『アジアの海の大英帝国』)

Q 配備数が変化した理由を，上の年表を参考に考えよう。

解説 19世紀，オスマン帝国が衰退すると，その領土や民族にイギリスやロシアなどの列強が介入した。そのために起きた諸問題は**「東方問題」**とよばれ（←p.55），イギリスは地中海に重点的に軍事力を配備した。**アヘン戦争**が起こるとイギリスは，東インドや清に重点を移した。**太平天国の乱**で清の生糸の産地が荒廃すると，生糸を入手するため日本に注目したが，**クリミア戦争**や**第2次アヘン戦争(アロー戦争)**でアメリカに出遅れた。クリミア戦争では地中海・バルト海に，**インド大反乱**では東インドに軍事力を投入した。

2B ロシアのウラジヴォストーク建設 ←p.55・68

◁1 **ウラジヴォストーク**(19世紀) ロシアは極東の植民を推進するなど，東方へ進出した。**沿海州**は清の領土であったが，1858年の**アイグン条約**で，ロシアと清の共同管理となった。**第2次アヘン戦争(アロー戦争)**でロシアは講和条約を仲介し，その見返りとして1860年の**北京条約**で完全にロシア領となった。ロシアは沿海州の南端に不凍港の**ウラジヴォストーク**を建設し，東アジア・太平洋方面への進出の拠点とした。

2C アメリカの貿易と捕鯨

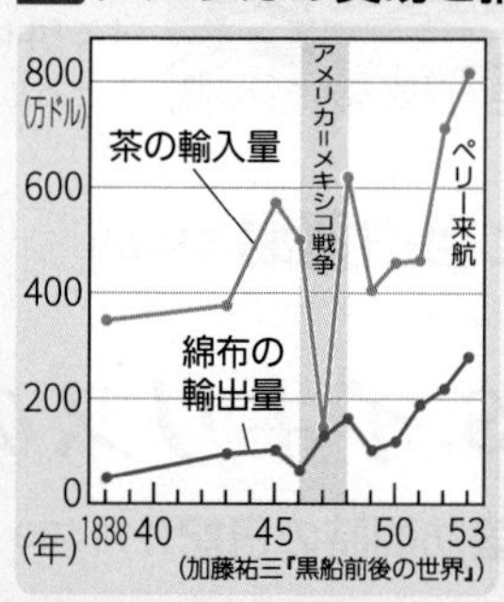

△2 **アメリカの対清貿易** アメリカは綿製品の市場や茶を求め，大西洋から喜望峰・インド洋を通って清に至り，貿易を行った。1840年代に西部諸州を併合すると，北太平洋を横断しての対清貿易の寄港地として，日本に開港を求めた。

△3 **アメリカの捕鯨**(19世紀) 工場の機械の潤滑油や灯油として鯨油の需要が高まった。19世紀以降，アメリカの捕鯨船は日本近海の豊かな捕鯨の漁場に進出した。捕鯨船の薪水・食料・石炭の供給地・寄港地として日本に開港を求めた。

世界を見た日本人

▷4 **中浜万次郎**(1827？〜98) 土佐の漁師。1841年，出漁中に台風にあい，漂流。アメリカの捕鯨船に救助され，アメリカに渡った。1851年の帰国後は，土佐藩や幕府に仕え，英学を教授した。ジョン万次郎ともいう。

皇帝に贈られた金メダル

◁5 **大黒屋光太夫**(1751〜1828) 伊勢の船頭。1782年，台風にあい，アリューシャン列島に漂着した。ロシアの女性皇帝エカチェリーナ2世に謁見。1792年に送還，帰国し，見聞した知識を伝えた。→p.72

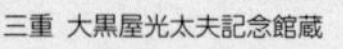
三重 大黒屋光太夫記念館蔵

3 1850年頃，世界はどのような状況だったのだろうか？

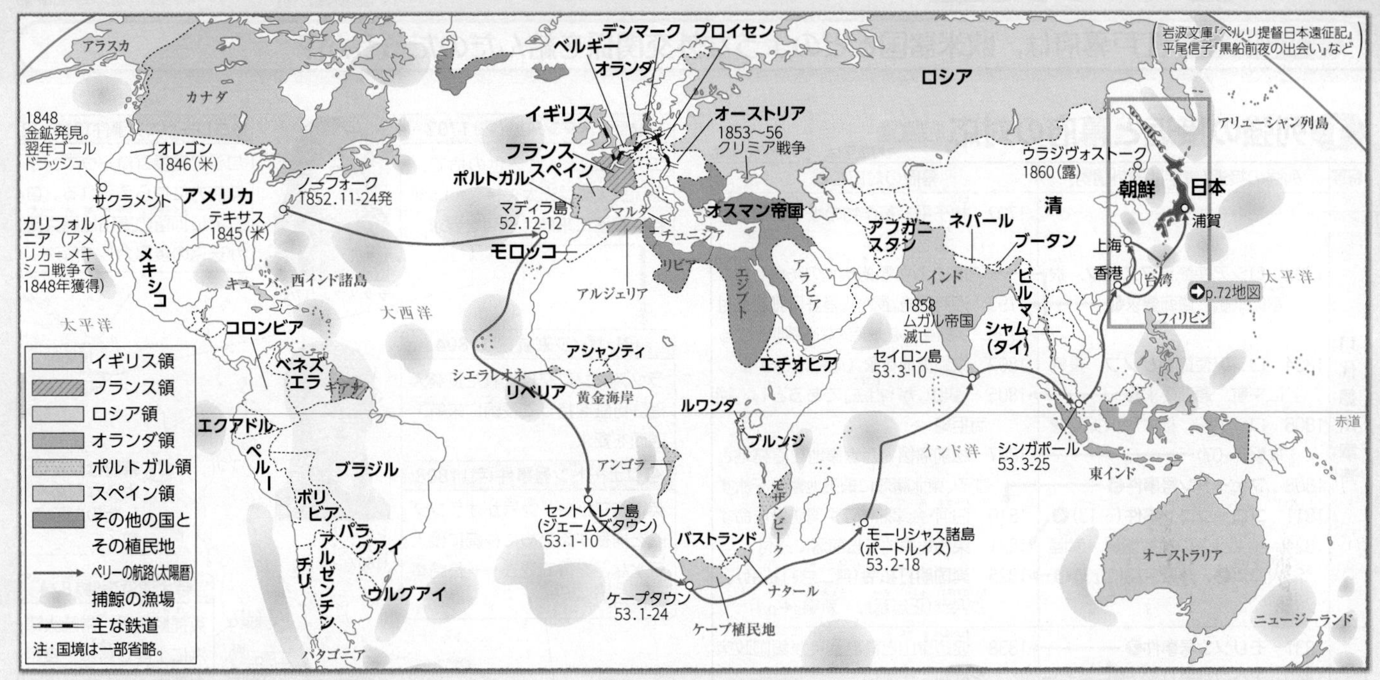

4 列強の接近で日本は？

4A 天保の改革と雄藩の登場

提供／東京都立大学図書情報センター

6 水野忠邦
(1794～1851)　老中となり，12代将軍家慶のもとで天保の改革を行った。財政難や列強への対応を迫られる中，幕府権力の強化をめざした。

天保の改革(1841～43)
- 農村政策…人返しの法
- 財政政策…倹約令・上知令・貨幣改鋳
- 商業政策…株仲間の解散
- 海防政策…西洋砲術採用・天保の薪水給与令➔p.72
- その他…三方領知替え　など

上知令(1843年)

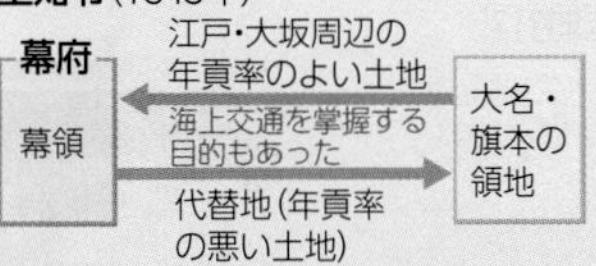

三方領知替え(1840年。翌年撤回)

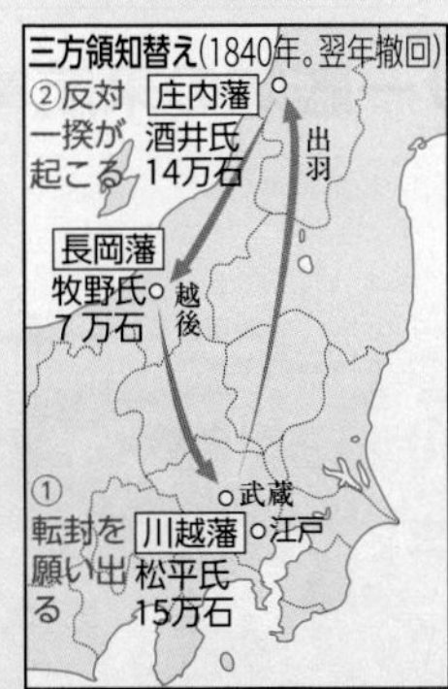

【解説】幕府は3大名の配置替え(転封)を発令したが，一揆や大名の反対にあい撤回した(転封令を撤回した唯一の例)。財政安定と対外防備のため発令した上知令も，大名らに反対されて実施できず，水野忠邦は失脚した。

天保・安政期の藩政改革
- 財政再建…負債の整理，藩専売制・藩営工業
- 門閥政治の打破…有能な中・下級武士の登用
- 軍制改革…反射炉・洋式軍事工場の設立　など

→改革に成功した**薩摩・長州・土佐・肥前藩**などは**雄藩**とよばれ，幕府への発言力を強めた。

4B 政治・社会思想の発達

Q 3人の対外観を比較しよう。

政治経済論者 林子平『海国兵談』(1786年)
長崎に厳重に大砲の備えがあり，安房・相模の港にその防備がない。…江戸の日本橋から中国やオランダまでは，境い目のない水路なのである。ここを防備しないで，長崎だけを防備するのは，なぜなのか。

政治経済論者 本多利明『経世秘策』(1798年)
航海・運送・貿易は将軍の第一の職務である。あらゆる国に船舶を派遣して日本に必要な産物や金銀銅を輸入し，国力を強めることが海国を充実させる方法である。

儒学者 会沢安(正志斎)『新論』(1825年)
天皇は世界の元首で，天皇の政治は万国の模範となる政治体制である。…しかし今，西洋の蛮夷は，卑しい身でありながら，諸国を蹂躙し，大きな禍を招くことも知らずに我が国を凌駕しようとしている。

【解説】幕藩体制の動揺への対処という点から，政治・社会思想が発達した。林は，江戸近辺の海防強化などを訴えたところ，幕政を批判したとして蟄居となった。本多は，貿易を盛んにし，富国化を図ることを主張した。会沢は，日本の優越性を説き，西洋諸国を打払うべきだと主張し，幕末の思想や尊王攘夷運動に大きな影響を与えた。

7 林子平『三国通覧図説』(1785年完成，翌年刊行)　日本・朝鮮・琉球・蝦夷地・小笠原諸島の地図や，日本との距離を示す絵図を載せ，国防的な観点から，これらの地域の地理や風俗を解説している。

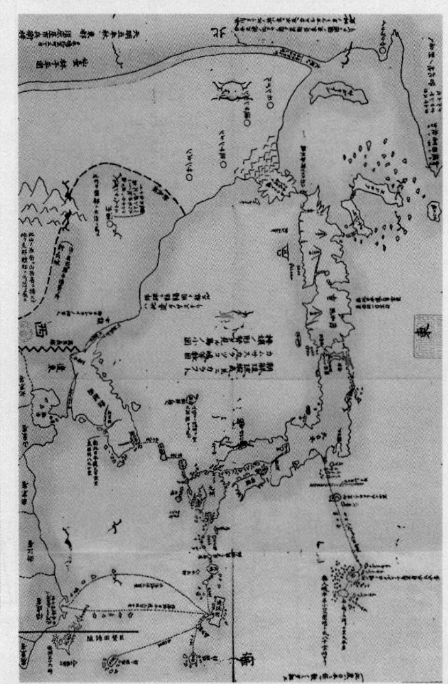

『三国通覧図説』と小笠原諸島

17世紀に江戸幕府が小笠原諸島の調査を行い，日本領の碑を立てた。林子平の『三国通覧図説』(右写真)は，『海国兵談』(上史料)と共に幕府によって絶版にされたが，ロシアを経てフランスに渡り，翻訳出版された。その後，イギリスやアメリカは小笠原諸島に関心を示して領有を宣言し，帰属問題となった。

小笠原諸島は明治時代の1876年に，日本が関係諸国の承認を得て日本領とした。

➔p.82地図

『三国通覧図説』→

日本の開国

アプローチ 江戸幕府は，欧米諸国とどのような外交関係を結んだのだろうか？

1 列強の接近と幕府の対応 まとめ

丸付数字は，右の地図と対応

将軍	列強の接近（青字は国外情勢）	幕府の対応など
11代 徳川家斉		1792 林子平，著作物の版木を没収され，蟄居 ←p.71
	1792 ロシア使節**ラクスマン**，根室に来航，通商要求❶	諸藩に江戸湾・蝦夷地の防備を命ず 1793 通商拒絶。長崎入港許可証を交付 1799 東蝦夷地を一時的な直轄地とする
	1804 ロシア使節**レザノフ**，長崎に来航，通商要求❷	1802 東蝦夷地を永久直轄地とする 1805 「鎖国」が「祖法」であるとし，通商拒絶
	1806 ロシア船，樺太や択捉島を攻撃（～07）	1807 松前藩領・西蝦夷地を直轄地とする。東北諸藩に蝦夷地警備を命ず
	1808 **フェートン号事件**❸	1810 白河・会津藩に江戸湾防備を命ず
	1811 **ゴローウニン事件**（～13）❹	1821 東西蝦夷地を松前藩に還付
	1824 イギリスの捕鯨船員，常陸大津浜❺・薩摩宝島に上陸❻	1825 **異国船打払令**（無二念打払令）。会沢安（正志斎），『新論』←p.71
12代 家慶	1837 **モリソン号事件**❼	1838 渡辺崋山と高野長英が鎖国政策を批判
	1840 **アヘン戦争**（1842南京条約）	1839 **蛮社の獄**（崋山・長英らを処罰）
	1844 オランダ国王，開国勧告❽	1842 **天保の薪水給与令**（異国船打払令の緩和） 1841～43 **天保の改革** ←p.71
	1846 アメリカ使節**ビッドル**，浦賀に来航，通商要求❾	1845 開国勧告拒絶
	1848 アメリカ，カリフォルニア獲得	1846 通商要求拒絶
	1853 アメリカ使節**ペリー**，浦賀に来航❿。ロシア使節**プチャーチン**，長崎に来航⓫	1853 品川台場の築造（～54）。大船建造を解禁
13代 家定	1854 ペリー，浦賀に再来航し，条約交渉開始❷	1854 **日米和親条約調印**❸
	1856 アメリカ総領事**ハリス**，下田に駐在。通商要求❸	1858 老中堀田正睦，条約勅許得られず。**井伊直弼**，大老就任。**日米修好通商条約無勅許調印**❸

❶ラクスマン来航（露）1792
エカチェリーナ２世の命で，漂流民大黒屋光太夫（←p.70）らを伴い根室に来航，通商を要求

ラクスマン（1766～？）

❹ゴローウニン事件1811～13
ロシア艦長ゴローウニンが幕府方に捕らえられる。ロシアに抑留の高田屋嘉兵衛が送還の後尽力し，解決

❷レザノフ来航（露）1804
ラクスマンに交付された長崎入港許可証を持って長崎に来航，通商を要求

レザノフ（1764～1807）

❸フェートン号事件（英）1808
英軍艦フェートン号がオランダ船を捕獲するために長崎に侵入。薪水などを得て退去 → 長崎奉行は自刃

Q 幕府は，どのような対応をしたのだろうか？

国後島　根室　大津浜　江戸　浦賀　下田　京都　大坂　長崎　山川　宝島　琉球王国

❺大津浜事件1824
英捕鯨船員，常陸大津浜に上陸し薪水・食料を要求

❼モリソン号事件（米）1837
清の広州にある米貿易商社が，日本人漂流民７人の送還と貿易交渉のために派遣。浦賀で砲撃を受け退去。薩摩の山川で再び砲撃を受け，マカオに引き返す

❽オランダ国王開国勧告1844

⓫プチャーチン来航（露）1853

❻宝島事件〈薩摩藩〉1824
英捕鯨船員，宝島で牛を奪う

❾ビッドル来航（米）1846

❿ペリー来航（米）1853 ←p.32

琉球王国・小笠原諸島とペリー一行

ペリー一行は，日本を訪れる前に琉球王国を訪れた。日本との交渉が失敗した場合は，琉球王国を開港させる計画であった。日米和親条約を締結すると琉球王国と**琉米条約（琉米修好条約）**を結び，琉球全土の開放や自由貿易，薪水供給などを認めさせた。日本は体面を保つため，琉球王国の日中両属を利用して，琉米条約の締結は見て見ぬふりをしたという。ペリー一行は，小笠原諸島には貯炭場を設けた。

▽1 ペリーの首里城訪問（ハイネの石版画）

2 ペリー艦隊の来航 巻末史料12

神奈川 横浜開港資料館蔵

△2 ペリーの横浜上陸（ハイネの石版画） 1854年，ペリーは軍艦７隻を率いて再来航し横浜に上陸，**日米和親条約**を締結した。ペリーが約30人の随員を従え，応接所に向かう様子。

▽3 ペリー（1794～1858）**と瓦版に描かれたペリー** アメリカ東インド艦隊司令長官兼遣日特使。シーボルト（←p.24）の報告書などから日本についての知識を得て来航したという。

◁4 阿部正弘（1819～57） ペリー来航時の老中首座。日米和親条約を締結した。広い人脈をもち，有能な人材を登用して改革を進めたが，若くして亡くなった。

個人蔵

③ 日米和親条約と日米修好通商条約

Ⓠ 日本にとって不平等な点を挙げよう。

3A 主な内容

月日は旧暦

	日米和親条約(全12か条) (神奈川条約) 1854(安政1)年3月3日調印 〈老中首座阿部正弘とペリー〉	日米修好通商条約(全14か条) 附属貿易章程7則 1858(安政5)年6月19日調印 〈大老井伊直弼とハリス〉
条約	日米和親条約(全12か条) (神奈川条約) 1854(安政1)年3月3日調印 〈老中首座阿部正弘とペリー〉	日米修好通商条約(全14か条) 附属貿易章程7則 1858(安政5)年6月19日調印 〈大老井伊直弼とハリス〉
内容	●下田・箱館の開港 ●燃料・食料などの供給 ●難破船や乗組員の救助 ●**片務的最恵国待遇の承認**〈第9条〉 〔アメリカに最恵国待遇を与え，日本は最恵国待遇を得なかった(片務的=一方的)〕 **最恵国待遇**…ある国に有利な条件を与えたら，ほかの最恵国待遇を得ている国にもそれを認めなければならない(本来は双務的なもの)。 ●下田に領事駐在	●神奈川・長崎・新潟・兵庫の開港 ●江戸・大坂の開市 ●居留地での自由貿易 ●**関税自主権の欠如**〈第4条・貿易章程〉 〔関税(輸出・輸入にかかる税率)を自主的に決める権利が欠如。相互に協議して決める**協定関税**〕 ●**領事裁判権の承認**〈第6条〉 〔日本国内で罪を犯したアメリカ人はアメリカの領事裁判官がアメリカの法律で罰する。日本の法律の外に置かれるので**治外法権**という〕 ●**片務的最恵国待遇の継承**〈第12条〉 ●条約の有効期限・廃棄条項の欠如
締結国	類似の条約をイギリス・ロシア(日露和親条約 ➜p.82地図 巻末史料13)・オランダとも締結	類似の条約をオランダ・ロシア・イギリス・フランスとも締結(**安政の五か国条約**)
結果	「鎖国」から開国へ転換	欧米列強との自由貿易開始(1859年) ➜p.75

◀5 **ハリス**(1804～78) アメリカの初代駐日総領事。英・仏の脅威を説き，日米修好通商条約の締結を迫った。

▶6 **井伊直弼**(1815～60) 大老。勅許を得ず**日米修好通商条約**に調印した。 ➜p.74

彦根 清凉寺蔵

3B 開国後の近代化

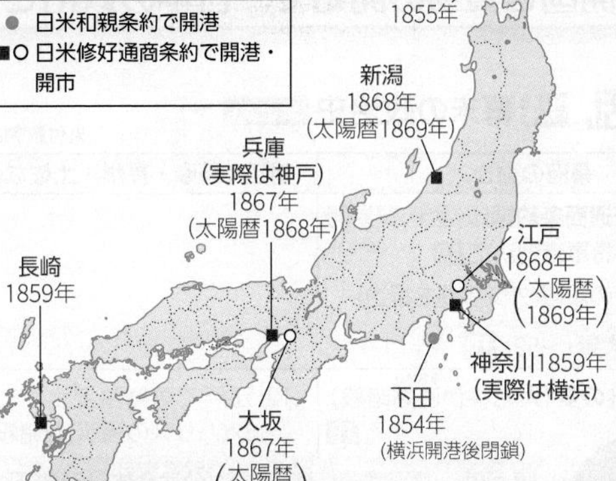

▼7 **長崎海軍伝習所**(1855年，長崎奉行所内に設置) オランダ人が航海学や軍艦の操作方法を教授し，**勝海舟(義邦)**や**榎本武揚**(➜p.76)らが学んだ。他に，オランダ人の指導による造船所(**長崎製鉄所**)もつくられた。 鍋島報效会蔵

▲8 **韮山の反射炉**(静岡県) 反射炉は，ヨーロッパで創始された鉄製の大砲を鋳造するための溶鉱炉。反射炉の名は，炉内で熱を反射させ，金属を溶かすことに由来する。日本でも幕末に各地に築かれ，幕府は韮山に建造した。

世界遺産

江戸には，洋式砲術などの訓練を行う**講武所**や，翻訳・洋学研究を行う**蕃書調所**などが設置された。

④ 現代的な諸課題 ペリー来航への意見にみる対立や協調

4A 長州藩主毛利慶親(敬親)…清では交易をきっかけに戦争が起こり，人民は苦しんでいると聞く。幕府は交易要求を断り，防備を厳重にすることを命じるべきである。

4B 桑名藩主松平定猷…交易を許せば，清の広州のように諸国の者が入ってきて，清の統制はきかず，受ける被害は大きい。…戦いの決断以外の方法はない。

4C 薩摩藩主島津斉彬…すぐに断ると戦争のきっかけになるから，やむを得ない理由を言って帰ってもらい，そのうちに海岸の防備を十分にする。3年くらいたって軍備が整えば，打払いを命じる。

4D 出石藩主仙石久利…打払うと世界を敵に回し，日本は疲弊し人々は困窮する。…年限を切って交易を許し，軍事力が整ったときに断交する。

4E 津山藩主松平斉民…交易を拒絶して戦い，敗れてから交易を許せば，日本に不利な条約であっても拒むことはできない。清が大敗して賠償金を払い，交易を許したことと同じ失敗をすることになるだろう。

4F 中津藩主奥平昌服…自国の少ない産物で海軍・陸軍を整え，あらゆる国の侮りを防ぐことは自国の力だけではできない。諸国と交易をし，その利益で軍備を整え，国力を高めるべきである。

幕府は，1853年のペリー来航に対し，どのように対処するべきか，大名や幕臣に意見を求めた。提出された意見書約800通のうち，大名の意見書は約250通あり，ほぼすべての大名が提出した。左は6人の意見書の一部を，現代語訳したものである。

読みとろう

① 4A 4B 4E に書かれた清の動向は，具体的に何を示しているのだろうか？

② 左の意見書は，内容によって 4A 4B・4C 4D・4E 4F の3つに分類することができる。3つは，それぞれ何を主張しているのだろうか？ 比較

③ 国内の対立するさまざまな意見や，国際状況をふまえ，この後，幕府がとった政策を確認しよう。

考えよう

意見の対立や協調について，現代にも通じることは何だろうか？

深めよう 欧米諸国との条約締結で，日本が抱えた課題は，何だろうか？

つなげよう 条約の締結は，日本国内にどのような影響を与えたのだろうか？

幕末の動乱と貿易の動向

アプローチ 開国と貿易の開始で，日本の政治と経済は，何が変化したのだろうか？

1 幕末の動乱

1A 幕末の政治史 まとめ ➡p.76

丸付数字は，右の地図と対応

将軍	年	幕府の動き	朝廷・薩摩・長州・土佐などの動き	
⑬徳川家定 .8	1858(安政5)	.6 **日米修好通商条約**調印(翌年，貿易開始②)。将軍継嗣決定 1B .7 外国奉行の設置(外交事務を担当)		幕政の混乱
.10		.9 **安政の大獄**(～59) 1B		
⑭家茂	1860(万延1)	.3 **桜田門外の変**(大老井伊直弼暗殺) 1B	.12 江戸で薩摩藩浪士がヒュースケン(ハリスの通訳)を暗殺①	
		.10 和宮，将軍家茂に降嫁決定(**公武合体**)(61東下，62婚儀)		公武合体策
	1861(文久1)	◀1 **和宮**(1846～77) 孝明天皇の妹。 東京 増上寺蔵	.2 露艦対馬占拠事件 .5 東禅寺事件(江戸で水戸脱藩士がイギリス仮公使館を襲撃)②	
	1862(文久2)	.1 坂下門外の変(老中安藤信正が尊王攘夷派の志士に襲撃される) .7 **文久の改革**(公武合体策。～.閏8。徳川〈一橋〉慶喜，将軍後見職に) 帰途	.4 寺田屋事件(京都。島津久光，尊王攘夷派を弾圧) .5 江戸へ勅使派遣(島津久光も東下) .8 **生麦事件**③ .12 イギリス公使館焼打ち事件(江戸)④	
	1863(文久3)	.3 将軍家茂上洛 .4 5月10日の攘夷決行を奏上	.5-10 **攘夷実行**。長州藩，外国船を砲撃⑤ .6 奇兵隊の編成(長州) .7 **薩英戦争** 1C ⑥	尊王攘夷運動激化から倒幕運動へ
		.8 **八月十八日の政変**⑦		
	1864(元治1)	.1 将軍家茂の上洛	.6 池田屋事件(京都。尊王攘夷派殺傷)⑧	
		.7 **禁門の変**(蛤御門の変)⑨。**第1次長州征討**⑩(.12 幕府軍撤兵)		
			.8 **四国艦隊下関砲撃事件** 1C ⑪	
	1865(慶応1)	.閏5 将軍家茂上洛	.9 四国艦隊が兵庫沖に侵入	
		.9 長州再征の勅許 .10 修好通商条約勅許(兵庫港除外)		
.7	1866(慶応2)	.5 改税約書調印(外国に有利な低率の関税となる)	.1 **薩長同盟**(**薩長盟約**)成立 1C ⑫	
.12		.6 **第2次長州征討**⑬(.7 家茂急死。.8 征討中止)		
⑮慶喜	1867(慶応3)		.7 「ええじゃないか」(～68)	幕府滅亡へ
		.10-3 土佐藩の山内豊信(容堂)ら大政奉還の建白。-14 慶喜，**大政奉還**の上表		

Q 幕府や藩の考えは，どのように変化したのだろうか？

1B 幕府の動き

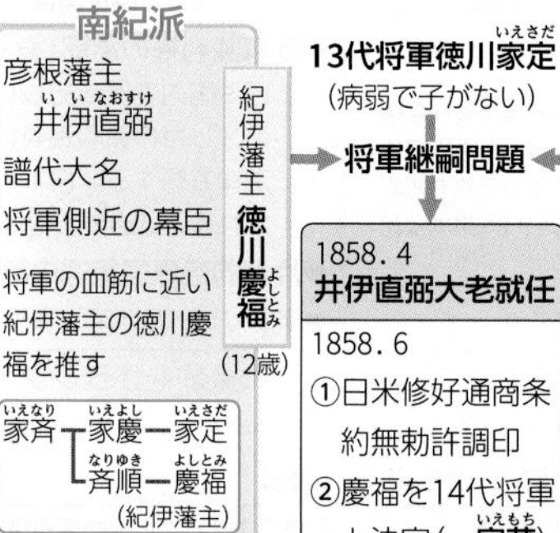

南紀派		中央		一橋派
彦根藩主 井伊直弼 譜代大名 将軍側近の幕臣 将軍の血筋に近い紀伊藩主の徳川慶福を推す 家斉―家慶―家定 　└斉順―慶福(紀伊藩主)	紀伊藩主 徳川慶福 (12歳)	13代将軍徳川家定(病弱で子がない) →将軍継嗣問題← 1858.4 **井伊直弼大老就任** 1858.6 ①日米修好通商条約無勅許調印 ②慶福を14代将軍と決定(→**家茂**)	一橋家 徳川(一橋)慶喜 (21歳)	前水戸藩主 徳川斉昭 薩摩藩主 島津斉彬 土佐藩主 山内豊信 開明的な幕臣 難局に対し，強力な将軍を求めた。聡明さなどから斉昭の子慶喜を推す

1858.9 **安政の大獄**(～59)…井伊は政策に反対した約100人を処罰(徳川斉昭→永遠に謹慎。山内豊信・徳川〈一橋〉慶喜→隠居・謹慎 など)

◀2 **桜田門外の変**(「桜田事変絵巻」) 1860年，安政の大獄に不満をもった水戸脱藩士らが，江戸城桜田門外で井伊直弼(←p.73)を暗殺。その後，幕府は**公武合体策**をとった。 滋賀 彦根城博物館蔵

1C 薩摩藩・長州藩の動き

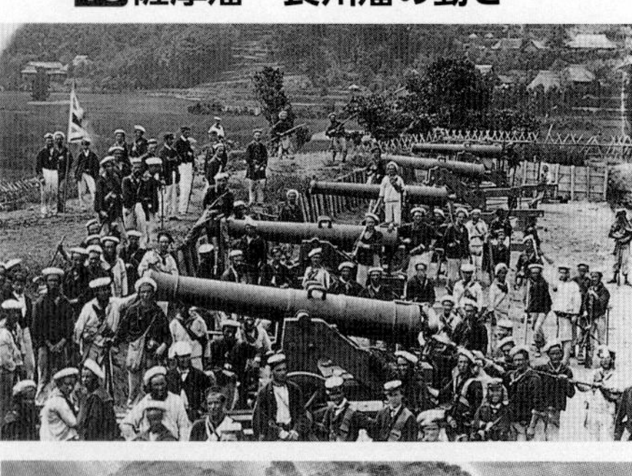

◀3 **四国艦隊の下関砲台占領**(1864年) 1863年の**攘夷実行**への報復。英・仏・米・蘭の連合艦隊が下関の砲台を占領し，大砲を撤去した。長州藩は屈服し，幕府は賠償金300万ドルの支払いなどを約束。この頃，高杉晋作や桂小五郎(木戸孝允)らが長州藩の主導権を握った。

◀4 **薩英戦争**(「薩英戦争絵巻」) **生麦事件**の報復で，1863年にイギリス艦隊が鹿児島を砲撃。薩摩藩は生麦事件の賠償金2万5000ポンドを支払った。その後，西郷隆盛や大久保利通が薩摩藩の主導権を握り，イギリスに接近して軍備を増強した。 鹿児島 尚古集成館蔵

薩摩

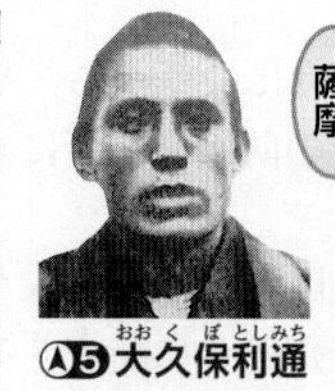

◀5 **大久保利通**(1830～78) ➡p.80

◀6 **西郷隆盛**(1827～77) ➡p.76

1866年 薩長同盟(薩長盟約)

長州

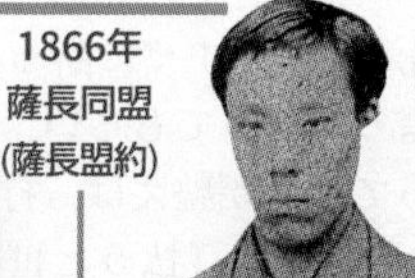

◀7 **高杉晋作**(1839～67) ←p.69

◀8 **桂小五郎**(木戸孝允1833～77) ➡p.81

土佐藩出身の坂本龍馬の立会で，薩摩藩の小松帯刀・西郷隆盛と長州藩の木戸孝允が京都の薩摩藩邸で結んだ軍事同盟の密約。第2次長州征討を失敗に追いこんだ。
- 薩摩は長州の名誉回復を朝廷に働きかける。
- 幕府が薩摩の動きを妨げたら，薩摩は戦う。
- 協力して日本のために力をつくす。

◀9 **坂本龍馬**(1835～67) 土佐藩出身。勝海舟(←p.73)に学び，薩長同盟を仲介したが，暗殺された。

②貿易の動向

2A 各港の貿易と国別貿易額

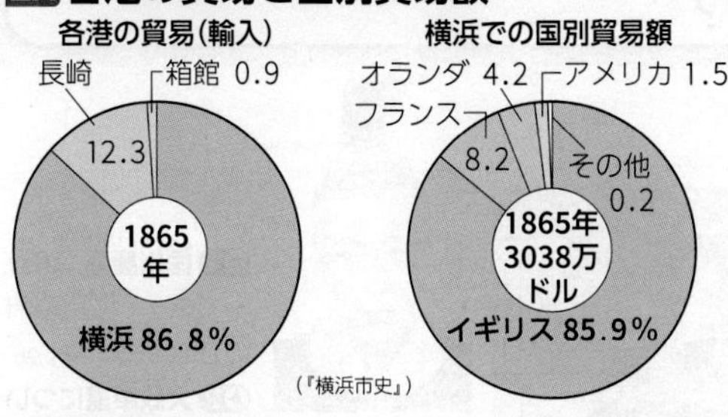

2B 金貨の流出

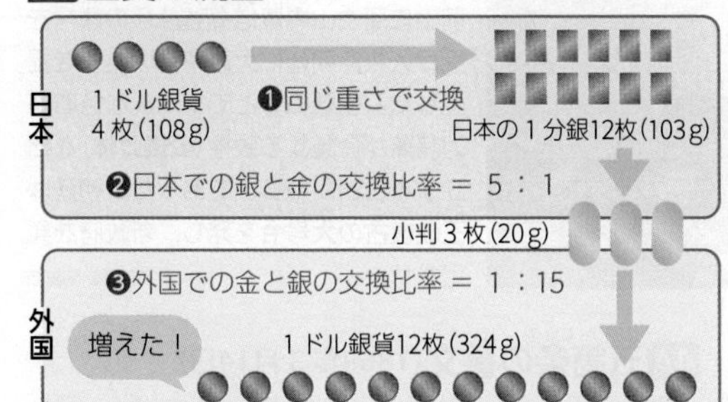

2C 物価の高騰

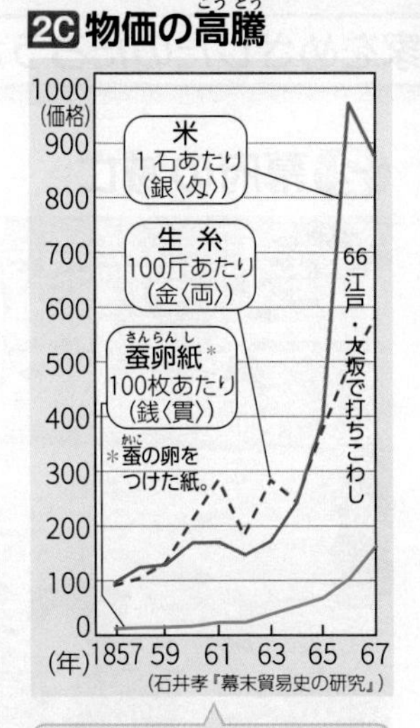

Q 物価が高騰したのは，なぜだろうか？

解説　生糸の生産地や江戸に近い**横浜**港が貿易の中心となった。**イギリス**との貿易が多く，アメリカは南北戦争（←p.59）の影響で出遅れた。**輸出で品不足となり，物価が上昇した。**金銀の交換比率の違いから大量の金が流出すると，幕府は金の含有量が少ない小判を鋳造して対処したが，物価の上昇は進んだ。**一揆や打ちこわしが起こり，尊王攘夷運動の要因ともなった。**

1858年のコレラ流行　世界 日本

コレラは感染症の一種で，短期間に死亡することもあったため「コロリ」とよばれ，おそれられた。外国船の長崎入港がきっかけとされる。外国人が井戸に毒を入れたなどの噂があり，尊王攘夷の風潮が高まった。

◀10 **混雑する火葬場**（1858年『項痢流行記』） コレラで多くの人が亡くなり，火葬場は大混乱となった。画家の歌川広重もコレラで亡くなったとされる。　岐阜 内藤記念くすり博物館蔵

③使節団と留学生

◀11 **太平洋を横断する咸臨丸**（「咸臨丸難航図」） 1860年，幕府は日米修好通商条約の批准書交換のため，使節をアメリカに派遣した。咸臨丸は日本最初の蒸気軍艦で，勝海舟（義邦）（←p.73）が操縦した。日本人の操縦で初めて太平洋の横断を果たした。この船で福沢諭吉（→p.79）や中浜万次郎（←p.70）も渡米した。

▶12 **第2回遣欧使節の一行とエジプトのスフィンクス**（1864年） 横浜開港の中止を交渉するために幕府が派遣したが，ヨーロッパの先進文化・産業に触れた使節団は帰国後，開国進取を進言した。　神奈川 横浜美術館蔵

幕府	諸藩	合計
67人	56人	123人

▲13 **1862～67年の留学生派遣数**（石附実『近代日本の海外留学史』など） 幕府が派遣した留学生に榎本武揚（→p.76）・渋沢栄一（→p.78）らがいた。

伊藤博文（23歳）
井上馨（29歳）

◀14 **長州藩留学生**（1863年） 伊藤博文（→p.81）や井上馨（→p.88）は，秘密裏にイギリスに留学。開国派に転じ，1864年に帰国した。

④ 資料から考える　日本と中国（清）の主要貿易品の割合

貿易の共通点・相違点は？

読みとろう

①日本の輸入品と輸出品は，それぞれどのような物が中心だったのだろうか？
②輸入額と輸出額の関係について，日本と清の共通点は，何だろうか？ 比較
③日本と清の輸出品の共通点は，何だろうか？ 比較
④日本と清の輸入品の異なる点は，何だろうか？ 比較

考えよう

上の③④の背景は，それぞれ何だろうか？ 関連

4A 日本の輸出入品の割合（1867年）

輸入 計2167万ドル

綿織物	毛織物	武器	米	砂糖	艦船	その他
21.4%	19.7	13.3	10.6	7.8	7.8	19.4

輸出 計1212万ドル

生糸	蚕卵紙	茶	その他
43.7%	19.0	16.3	21.0

製品など　原料・食料など

（『図説日本文化史大系』小学館）

4B 中国（清）の輸出入品の割合（1867年）

輸入 計6933万両

アヘン	綿織物	毛織物	米	海産物	その他
46.1%	18.8	10.7	1.6	1.6	21.2

輸出 計5790万両

茶	生糸	絹製品	その他
58.3%	27.4	3.8	10.5

製品など　原料・食料など

（『Returns of Trade at the Ports in China Open by Treaty to Foreign Trade』）

深めよう　開国以降，幕府の権威が低下した理由は，何だろうか？

つなげよう　権威が低下した幕府は，どのような動きをとったのだろうか？

明治維新

アプローチ 明治政府は，どのような国家をめざしたのだろうか？

日本

1 幕府の滅亡と新政府の発足 p.74 まとめ

1867（慶応3）	.10-14 徳川慶喜，**大政奉還** 2 の上表 .12-9 **王政復古の大号令** 巻末史料14 小御所会議（慶喜に官職と領地の返上を求める）	
	戊辰戦争 3	**新政府の政策**
1868（慶4）	.1-3 鳥羽・伏見の戦い	.3-14 **五箇条の誓文**公布 4A
	.1-25 イギリスなど6か国，局外中立を宣言	.3-15 **五榜の掲示** 4B
	.3-13～14 勝海舟（義邦）と西郷隆盛の会談	.閏4-21 政体書（太政官制・三権分立の原則を示す）を公布
	.4-11 **江戸城開城**	.7-17 江戸を**東京**と改称
	.5-3 奥羽越列藩同盟結成	.8-27 明治天皇，即位の礼
（明1）	.5-15 東征軍，上野の彰義隊を壊滅	.9-8 **一世一元の制**（慶応を**明治**と改元）
	.7-29 長岡城落城	.9-20 天皇，京都を出発し江戸に向かう 4C
	.9-22 会津藩降伏	
1869（明2）	.5-18 五稜郭開城	.2-24 遷都を事実上決定
		.6 **版籍奉還** 5
		.7 開拓使の設置 → p.82
1871		.7 **廃藩置県** 5
1872		天皇の巡幸（六大巡幸～85）

3 戊辰戦争

❷勝海舟（義邦）と西郷隆盛（←p.74）の会談 1868年3月13～14日

東征軍参謀 西郷隆盛　旧幕府陸軍総裁 勝海舟（義邦）

江戸薩摩藩邸で勝と西郷の会談が行われ，15日の予定であった江戸城総攻撃は中止

「江戸城開城談判」東京 聖徳記念絵画館蔵

2 幕府の滅亡

1 徳川慶喜（1837～1913） 江戸幕府の15代将軍。←p.26

2 大政奉還について諮問する徳川慶喜 慶喜は1867年，前土佐藩主山内豊信（容堂）らの建言を受け入れ，朝廷に大政奉還の上表を提出した。朝廷のもとで徳川氏を含む有力諸藩が合議する政権（**公議政体**）を樹立することがねらいであった。朝廷は**王政復古の大号令**を発し，新政府を発足させた。 東京 聖徳記念絵画館蔵

4 新政府の発足

4A 五箇条の誓文（1868年3月14日）

一、広ク会議ヲ興シ万機公論ニ決スヘシ
　広く会議を開き，政治はすべて人々の意見で決定するべきである。
一、上下心ヲ一ニシテ盛ニ経綸ヲ行フヘシ
　上の者も下の者も心を合わせ，国を治める政策を盛んに行うべきである。
一、官武一途庶民ニ至ル迄各其志ヲ遂ケ，人心ヲシテ倦マサラシメン事ヲ要ス
　公家・武家から庶民に至るまで，各自の意志が遂げられるようにし，人々の心をあきさせないことが必要である。
一、旧来ノ陋習ヲ破リ，天地ノ公道ニ基クヘシ
　今までの悪い習慣（攘夷）をやめ，国際法に基づくべきである。
一、智識ヲ世界ニ求メ大ニ皇基ヲ振起スヘシ
　知識を外国から得て，天皇統治の基礎をふるいおこすべきである。 （『法令全書』）

戊辰戦争と諸外国 世界 日本

王政復古の大号令のあと，朝廷は「開国和親」を進めた。将軍の名に代え，天皇の名で条約を継承し，スペインなど新たな国とも条約を結ぶことで，諸外国に政権として承認されることをめざした。

戊辰戦争の際，イギリスをはじめとする諸国は局外中立を宣言したが，自国民に対して貿易は禁止しなかった。軍需品を輸出することで，大きな利益をあげていたからである。新政府軍・旧幕府軍とも，開港地を確保すると軍需品が補給できて有利になるため，戊辰戦争は開港地をめぐって展開する面もあった。

Q 五箇条の誓文と五榜の掲示を比較しよう。

4B 五榜の掲示（1868年3月15日）

第一榜 道徳を守ること
第二榜 一揆や強訴・逃散の禁止
第三榜 キリスト教の禁止
第四榜 外国人への暴行の禁止
第五榜 住居の勝手な移転や脱走の禁止

解説 **五箇条の誓文**は，新政府が戊辰戦争中に公布した。公議世論の尊重・開国和親など国策の基本や天皇親政を示し，天皇が神々に誓うという形が取られた。公布の翌日，民衆には**五榜の掲示**が掲げられたが，これは旧幕府の民衆政策を継承するものであった。

4C 東京遷都

3 江戸城へ向かう明治天皇（「其二東京府京橋之図」） 1868年9月，明治天皇は江戸へ出発し，10月に到着した。江戸城を皇居とし，東京城と改称した。12月に京都に戻ったが，翌年3月，再び東京に入った。

❺中央集権の確立

版籍奉還 1869年		廃藩置県 1871年
諸藩が天皇に願い出る形式	進め方	新政府が兵１万人を集め軍事力を固めたうえで，知藩事を東京によび通告する形式
藩主が領地と領民を天皇に返還。旧藩主は**知藩事**に任命される	内容	新政府が**藩を廃止し県をおく。県令**(のち県知事)・**府知事**を派遣
新政府は藩を直接支配できない。藩の税は新政府に入らない	結果	**中央集権国家**の確立。新政府が全国を直接支配。全国の税が新政府に入る
新政府 支配↓↑税 統制 役人(政府から) 支配↓↑税 庶民 直轄地 知藩事(旧藩主) 支配↓↑税 庶民 藩		新政府 支配↓↑税 県令・府知事(政府から派遣) 支配↓↑税 庶民 県や府

政治体制の変化

「近世日本には図１のような『双頭・連邦』の国家があった。国の頂上に，江戸に本拠を構える徳川氏の『公儀』と京都の『禁裏』の二つの政府がある一方，国の基礎単位は二百数十の大名の『国家』であった。国家の頂上に二人の君主とその政府が併立することは世界史に珍しい。…近世の政体の骨格は約二百六十の大名が個別に江戸の『公方』と主従関係を結ぶことによってできていた。各大名は徴税と裁判をほぼ独占する小国家であったから，その集合体は比較史上は連邦国家と呼ぶのが適切だろう。」

図1(元図を一部改変・着色)

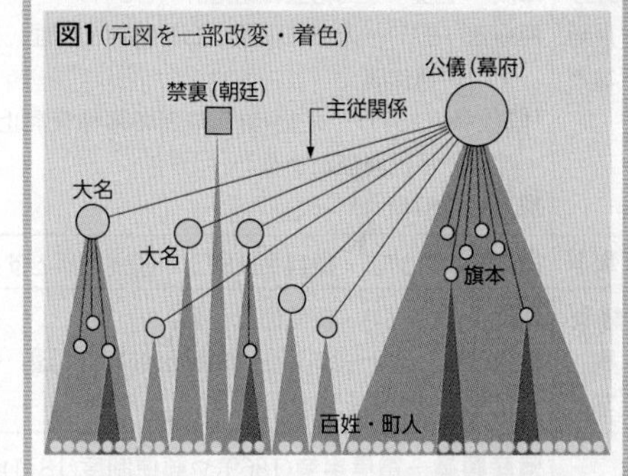

「『双頭・連邦』国家が，一八六八年の王政復古*と一八七一年の廃藩置県によって『単頭・単一』の国家に激変した。…近世日本は政府も社会も世襲的な身分によって構成され，…維新はこの世襲身分制を廃止したのである。明治維新を革命の一つに数える根拠はここにある。」

(『フランス革命と明治維新』所収の三谷博「明治維新」抜粋)

Q 図1をふまえて，明治時代の政治体制を図に表してみよう。

＊王政復古の大号令ではなく，五箇条の誓文など諸政策を指すと考えられる。

資料

❻ 資料から考える 明治天皇の肖像 天皇と「近代化」

◁❹1872(明治５)年に撮影された明治天皇(1852～1912)の写真　翌年には，軍服姿の写真も撮影された(右の史料参照)。

◁❺新聞「日新真事誌」の記事(1873年12月５日)

先月28日，天皇のお写真が府・県へ下された…天皇は宮中の奥深くにいらして，人々はお顔を拝むことがなく，…この度，府・県の願いにより，お写真が下された。…府・県で人々は拝観し，今日の太平の世をつくられた天皇の恩に感謝するべきである。

読みとろう

①1870年代初頭に天皇の写真が撮影された要因の１つは，天皇のある行動と関係があるとされる。その行動をp.76❶で確認しよう。関連

②上の史料から，p.76 4C に天皇が描かれていない理由を推測しよう。

③写真❹と❻の服装を比較しよう。比較

考えよう

明治天皇の肖像は，近代化にどのような役割を果たしたのだろうか？

△❻1888(明治21)年作成の明治天皇の御真影

深めよう《 明治維新が英語でMeiji Restorationと訳されることについて，あなたはどう思うか？

》つなげよう 明治政府は，社会や経済の面で，どのような改革を行ったのだろうか？

明治初期の諸改革と文明開化

1800		1900			2000	
江戸		明治	大正	昭和	平成	令和
朝鮮		韓国	日本領	北朝鮮・韓国		
清			中華民国	中華人民共和国		

アプローチ 明治政府は，どのような制度を整えたのだろうか？

1 明治初期の諸改革

1A 江戸時代との比較 まとめ

分野	明治政府の政策	【参考】江戸時代
政治	**五箇条の誓文**(1868)…国策の基本方針 ←p.76 **五榜の掲示**(1868)…民衆政策の基本方針 ←p.76 **廃藩置県**(1871)…中央集権化 ←p.77	幕藩体制…江戸幕府と藩が全国の土地と人民を支配 ←p.36・77
身分・戸籍など	**版籍奉還**(1869)…公家や諸侯(藩主)を華族，家臣を士族とする(その他は平民とされる) 1B 平民の**苗字**(名字)を許可(1870) 華族・士族・平民**相互の結婚**許可(1871) **戸籍法**(1871)…人々を国民として把握・管理。1872年，壬申戸籍作成 **「解放令」**(1871)…えた・非人などの呼称を廃止し，制度上，平民同様とする **廃刀令**(1876)	身分制度…支配身分の武士，被支配身分の百姓・町人，被差別身分の人々 ←p.36
軍事	**徴兵告諭**(1872)・**徴兵令**(1873)…国民を兵とする 1C	武士のみを兵とする ←p.36
経済・税など	**新貨条例**(1871)…貨幣の統一 1E **地租改正**(1873〜80) 1G・**秩禄処分**(1876) 1D…財源の安定化・支出抑制	幕府発行の貨幣(←p.37)・藩発行の藩札。幕府・藩が年貢を設定
産業	**殖産興業**…電信事業(1869)や郵便制度(1871)の整備 1F・鉄道の開通(1872)・富岡製糸場の開業(1872) →p.80	街道や海運の発達・飛脚(←p.25)・問屋制家内工業・マニュファクチュア ←p.37
教育	**学制**(1872)…国民に初等教育をほどこす 1H	藩校や私塾，寺子屋 ←p.37
外交	**岩倉使節団**(1871〜73)…条約改正交渉・視察 →p.81 清・朝鮮・ロシアと条約。国境画定 →p.82・83	特定の国と交流 ←p.38

1B 人口構成(1873〈明治6〉年)

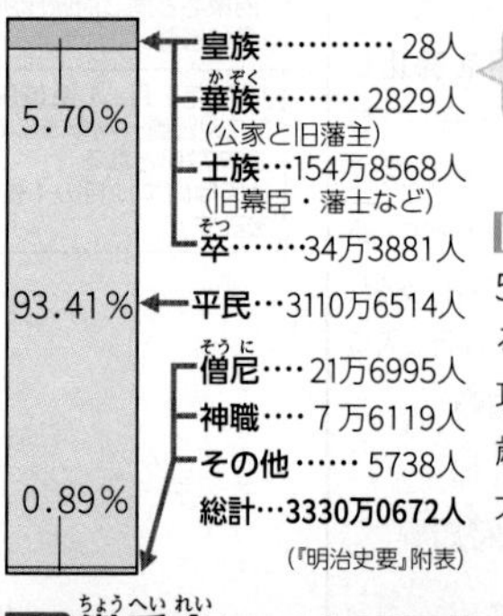

(『明治史要』附表)

Q 江戸時代のどの身分が平民になったのだろうか？

解説 華族・士族は，全人口比5.7%であったが，彼らに支給される家禄*や，王政復古・戊辰戦争の功労者に与えられる賞典禄*は政府歳出の約30%にあたり，国家財政上，大きな負担となっていた。 1Gグラフ

＊2つをあわせて秩禄という。

1C 徴兵令(1873年) 巻末史料16

Ⓐ1 **最初の徴兵検査に集まった人々**(1874年) 徴兵令により，**身分の区別なく，満20歳に達した男性から選抜**し，3年間の兵役に服させる徴兵制が確立した。

兵役免除の条件(1873年)
1 身長5尺1寸(約154.5cm)未満の者
2 兵役にたえぬ病者
3 官省府県に勤めている者
4 陸海軍生徒として兵学寮にある者
5 文部工部開拓その他の官立の学校で学ぶ者，洋行中の者，医術・馬医術を学ぶ者
6 一家の主人である者
7 家の跡を継ぐ者
8 独り子または孫が自分1人の者
9 病気または事故ある父兄にかわり家を治める者
10 すでに養家に住む養子
11 徴兵在役中の兄弟のある者
12 代人料270円を納入する者

兵役免除率(1876年)

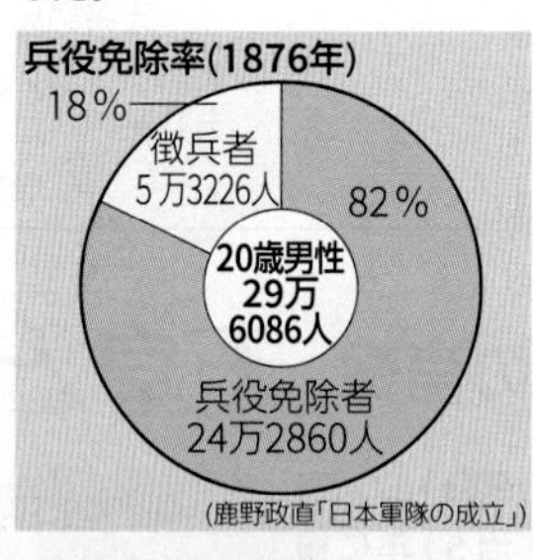

(鹿野政直「日本軍隊の成立」)

解説 1873年の徴兵令は免役規定が多く，実際に兵役についたのは農村の二男以下が多かった。後の改正で免役規定が制限され，**国民皆兵**の原則に近づいた。 ←p.51

1D 秩禄処分(1876〈明治9〉年)

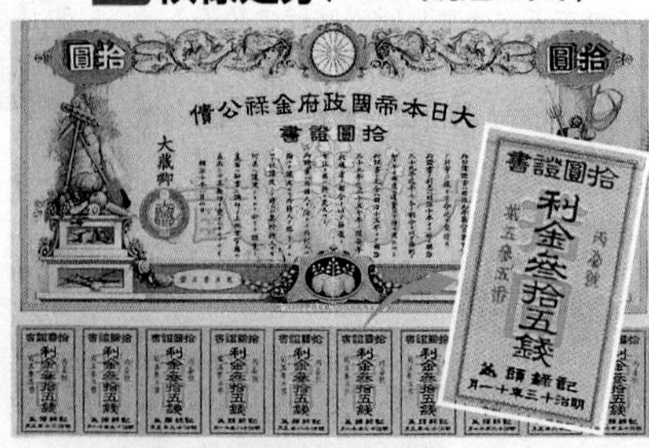

◀2 **金禄公債証書** 明治政府が華族・士族や功労者に支給してきた秩禄は，当時の歳出の約30%を占めた。そこで政府は，1876年に金禄公債証書を交付し，秩禄を全廃した(**秩禄処分**)。金禄公債証書は額面とその下に金禄に応じた利子の引換券がついていた。交付後6年目から毎年抽選が行われ，抽選に当たれば額面を，外れれば利子が支給された。償還は1906(明治39)年に完了した。 日本銀行金融研究所蔵

1E 貨幣制度 →p.100

Ⓐ3 **太政官札**(1868年) 最初の政府紙幣(不換紙幣)。15.9×6.8cm 愛知 貨幣・浮世絵ミュージアム蔵

1円金貨 1.35cm

1銭銅貨2.8cm

1厘銅貨1.6cm

◀4 **新貨条例により発行された貨幣** **十進法，円・銭・厘**の単位を採用した(1両が1円に。1円＝100銭＝1000厘)。 日本銀行金融研究所貨幣博物館蔵

◀5 **渋沢栄一**(1840〜1931) 新貨条例・国立銀行条例を起草。 →p.104

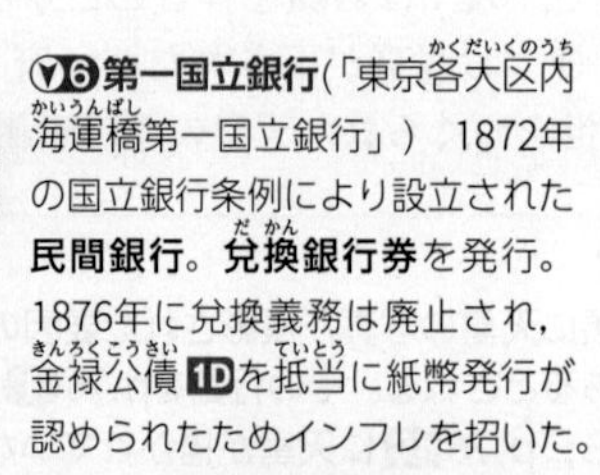

▼6 **第一国立銀行**(「東京各大区内海運橋第一国立銀行」) 1872年の国立銀行条例により設立された**民間銀行**。**兌換銀行券**を発行。1876年に兌換義務は廃止され，金禄公債 1D を抵当に紙幣発行が認められたためインフレを招いた。 →p.85 日本銀行金融研究所貨幣博物館蔵

1F 郵便制度(1871年)・電信事業(1869年〈太陽暦1870年〉) ←p.26

◀7 **前島密**(1835〜1919)〈切手〉 郵便制度の創設や，電話の開設などに尽力した。

▶8 **明治初期の郵便の配達員**(「開化幼早学問」)

▶9 **電信線と電信柱**(小林清親筆「東京五大橋之一 両国真景」) 1869年，**東京ー横浜間**に電信線が開通，公衆電報の取扱いが開始され，4年後に東京ー長崎間に電信線が架設された。

1G 地租改正(1873〈明治6〉～80〈明治13〉年) 巻末史料17

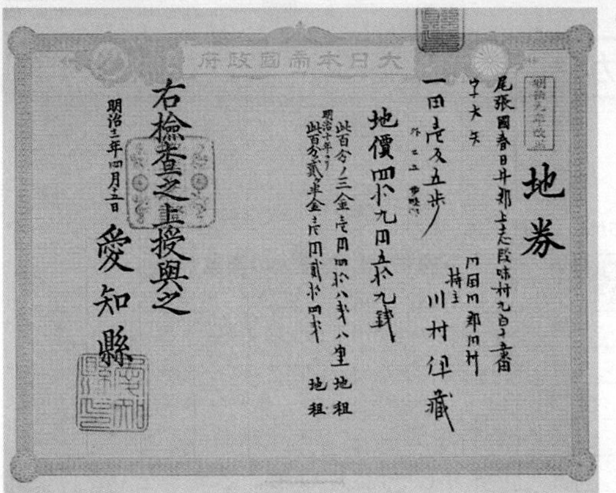

◀10 **地券** 土地所有者に交付した土地所有権の確認書で，番地・地目・面積・地価・地租などを記載。従来の年貢と変わらない税負担に不満をもった農民は，軽減を求めて一揆を起こした。政府は一揆と士族の反乱(➡p.84)が結びつくのを恐れ，2.5%に減租した。
25.2×32.9㎝(部分) 愛知 名古屋市博物館蔵

	改正前(江戸)	改正後
課税基準	収穫高	地価
税率	各藩ごとに不統一(幕領は四公六民)	地価の3%に統一(77年から2.5%に)
納税法	現物納・村単位	金納・個人
納税者	年貢負担者(本百姓)	地券所有者(土地所有者)

Q どこが変わったのだろうか？

封建的関係の残存
小作農 →(小作料・現物納)→ 地主 →(地租)→ 政府
自作農(地券所有者) →(金納)→ 政府
近代的税制の確立

1877年度の国家財政(約5000万円の内訳)

歳入	地租 69.6%	酒税 7.1	関税 4.1	その他 19.2
歳出	士族への家禄など 30.0%	軍事費 19.0	一般行政費 16.4	その他 31.6

官営産業費3.0
(読売新聞社『日本の歴史』10)

解説 全国同一の基準で，一律に貨幣で徴収したため，政府は安定した収入を確保することができた。**地租は財政の基礎であった。**

1H 学制(1872〈明治5〉年) 巻末史料15

◀11 **明治初期の小学校**(「小学入門教授図解」) 身分による教育格差をなくすため，政府は学制で**国民皆学**をめざし，小学校教育の普及に努めた。教科書の使用や試験の導入で，全国一定の教育水準がめざされた。

Q ヨーロッパの学校(➡p.51)や，江戸時代の寺子屋(➡p.37)と比較しよう。

6～14歳の人口420万人	就学者 28%	不就学者 72%
	男子 75%	女子 25%

(文部省『学制八十年史』)

▲12 **小学校の就学率**(1873年) 授業料の徴収や，子どもの労働力を奪うことなどを理由に，明治初期の就学率は低かった。➡p.103

◀13 **旧開智学校**(長野県) 1876(明治9)年に写真の校舎が完成し，1963(昭和38)年まで使われた。

2 文明開化 巻末史料18

▲14 **福沢諭吉**(1834～1901) 欧米から帰国後，思想家として活躍した。『**学問のすゝめ**』は340万冊を超えるベストセラーとなった。 慶應義塾福澤研究センター蔵

▲15 **中江兆民**(1847～1901) 仏に留学。『**民約訳解**』でルソーの『社会契約論』の一部を漢訳し，自由民権運動を理論的に支え，「**東洋のルソー**」とよばれた。

▲16 **中村正直**(1832～91) 英から帰国後，思想家として活躍。『**西国立志編**』は広く読まれ，『**自由之理**』は自由民権運動に影響を与えた。 日本カメラ博物館蔵

▶17 **加藤弘之**(1836～1916) 『国体新論』で**天賦人権論**を説き，立憲政治の啓蒙にも努めたが，のちに『人権新説』で天賦人権論を否定。 東京大学文書館蔵

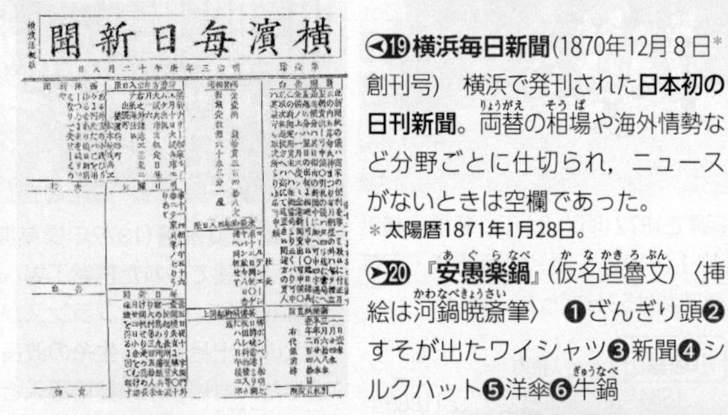

◀19 **横浜毎日新聞**(1870年12月8日*創刊号) 横浜で発刊された**日本初の日刊新聞**。両替の相場や海外情勢など分野ごとに仕切られ，ニュースがないときは空欄であった。
＊太陽暦1871年1月28日。

▶20 『**安愚楽鍋**』(仮名垣魯文)〈挿絵は河鍋暁斎筆〉 ❶ざんぎり頭❷すそが出たワイシャツ❸新聞❹シルクハット❺洋傘❻牛鍋

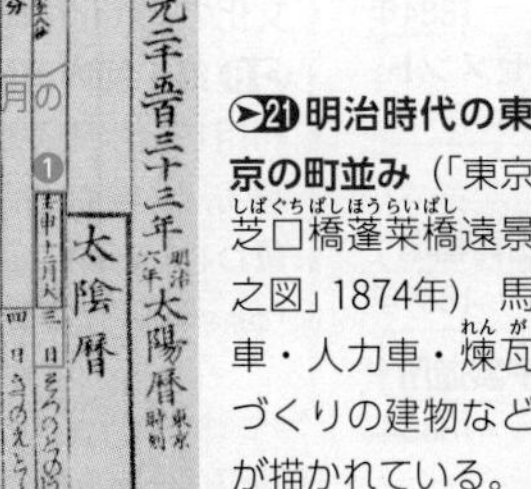

▶18 **太陽暦の導入**(『明治六年太陽暦』) 旧暦を廃止して**太陽暦**を導入し，1872(明治5)年12月3日❶を1873年1月1日❷とした。

農村では農業や祭りにあった従来の暦(旧暦＝太陰太陽暦)が好まれた。

▶21 **明治時代の東京の町並み**(「東京芝口橋蓬莱橋遠景之図」1874年) 馬車・人力車・煉瓦づくりの建物などが描かれている。

深めよう 明治政府が特に兵制・税制・教育の改革に力を入れた理由は，何だろうか？

つなげよう 明治政府は，どの国を参考に近代化を進めようとしたのだろうか？

横浜毎日新聞→

殖産興業と岩倉使節団

アプローチ 明治政府が産業の発展を進めたのは，なぜだろうか？

1 殖産興業

1A 殖産興業関係の官庁 まとめ

開拓使(1869〜82年)	北方の開発 ➡p.82・84
工部省 (1870〜85年) 初代工部卿 伊藤博文	鉄道敷設，鉱山や炭鉱，造船所など官営事業の経営1C。イギリス人教師を招いて工学寮も開いた（のち工部大学校と改称，1886年に帝国大学に統合 ➡p.103）
内務省 (1873〜1947年) 初代内務卿 大久保利通	製糸・紡績の官営工場経営1C，道路の改修，第１回内国勧業博覧会の開催などを推進。地方行政・警察行政を統括し，政府の実質的中枢機関

◁1 **大久保利通**(1830〜78) 薩摩出身(⬅p.74)。版籍奉還や廃藩置県(⬅p.77)を進めた。欧米視察2の体験から，内治を重視した国力強化をめざし，征韓論(➡p.83)に反対。参議・大蔵卿・内務卿を歴任して政府の指導的役割を果たしたが，不平士族により暗殺された。

1B お雇い外国人*

＊「御上(おかみ)」(政府)雇用の意味。

	学術教師	技術	事務	工場労働者その他	計
1875(明８)	144	205	69	109	527
1879(明12)	84	111	35	31	261
1883(明16)	44	29	46	13	132
1887(明20)	81	56	52	6	195
1891(明24)	87	33	43	7	170
1895(明28)	55	8	16	0	79

（鹿島研究所出版会『お雇い外国人』）

◁2 **お雇い外国人の職業別のべ人数** お雇い外国人は，欧米諸国の技術を導入して殖産興業を進めるにあたり，雇用された外国人。1875年には527人を数えたが，1879年には半分以下になり，以後しだいに減少した。

Q しだいに減少した理由を考えてみよう。

▽3 **お雇い外国人の給与**

お雇い外国人	職業など(数字は滞日期間)		月給(円)
クラーク(アメリカ)	札幌農学校教頭	1876〜77	600
メッケル(ドイツ)	陸軍大学校教官・軍制の整備	1885〜88	450
ベルツ(ドイツ)	東京大学教師・宮内省侍医	1876〜1905	337〜700
モース(アメリカ)	東京大学教授	1877〜79	350
フェノロサ(アメリカ)	東京美術学校設立	1878〜90	300
参考：岩倉具視(右大臣)の月給600円。小学校教員の初任給(1886年)５円。			

（梅溪昇『お雇い外国人』など）

△4 **ベルツ**(1849〜1913) ➡p.86

1C 鉄道の開通と官営事業

△5 **開業した頃の新橋駅** イギリスの資金や指導で1872(明治５)年，新橋―横浜間に鉄道が開通した。開通時の運賃は片道上等１円12銭５厘・中等75銭・下等37銭５厘(当時，米１升は３銭８厘８毛)。所要時間は53分だった。⬅p.2

△6 **富岡製糸場**(1872年操業開始) 群馬県富岡に建てられた官営工場。フランス人技師を雇い，器械はフランスから輸入し，最大の輸出品である**生糸**の改良・増産をめざした。器械製糸の技術導入と伝習のため各地で工女を募集し，養成を図った。

▽7 現在の富岡製糸場

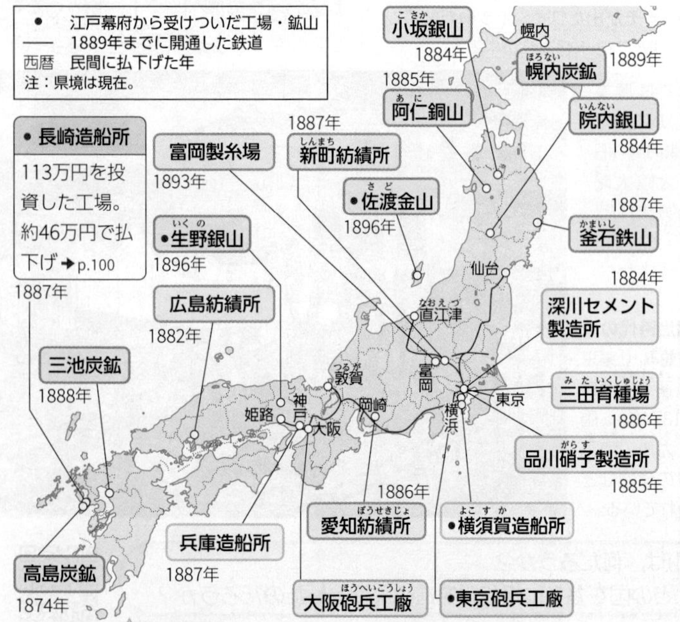

Q 初期の鉄道は，どのような所に敷設されたのだろうか？

内国勧業博覧会

内国勧業博覧会は，内務省が主催し，**殖産興業の目的で開かれた国内物産の博覧会**。1877年から1903年の間に５回開かれ，日本の産業・文化の近代化に貢献した。

▷8 **第１回内国勧業博覧会**(1877年) 風車を利用した水汲み機械の展示。観客は45万人を超え，会場や出品物を描いた錦絵は土産として買われ，各地に広まった。

「東京名所之内 明治十年上野公園地内国勧業博覧会開場之図」(部分)

東京都立中央図書館蔵

解説 鉄道は馬車に代わる交通機関で，初めは生糸や石炭の生産地と，都市や港とを結ぶ路線が中心であった。政府は殖産興業を外国の資本に頼らず，日本の事業として行おうとしたが，民間には力がなかったため，政府が実施した。財政難が深刻になると，工場の多くは三井や三菱などの政商に払下げられた。➡p.100

② 資料から考える 岩倉使節団

使節団は海外で何を見たのだろうか？

各国との条約によれば，条約改正の交渉ができるのは…来年(1872年)である。来年は我が国の外交と貿易の両方に関する重大な年で…黙っている時ではない。…才知がすぐれ，外国語に通じ，我が国の事務を実際に分かっている人を選び，これらの人を欧米に派遣し，**外交の実状，条約の取り決めから，税の種類，税関の規則などを調査させたい**…。(『伊藤博文伝』)

Ⓐ9 伊藤博文の意見書(1871年)

◀10 岩倉使節団（サンフランシスコで撮影。太陰暦1871年12月） 全権大使岩倉具視以下約50人の使節団に，欧米諸国に留学する華族・士族の子弟53人と女子留学生５人が同行。目的は条約改正の予備交渉と欧米諸国の制度・文物の視察であった。主要メンバーは藩閥出身者が中心であったが，随員には西洋に通じた旧幕臣が多かった。

Ⓐ11 女子留学生(シカゴで撮影。太陰暦1872年１月) 留学条件は，留学期間10年，往復の費用・学費の支給など。

岩倉使節団の経路

(田中彰『岩倉使節団』)

ウィーン(オーストリア)で万国博覧会を見た使節団

1873(明治６)年，ウィーンで万博が開かれた。この万博に明治政府は初めて公式に参加し，**ジャポニスム**(←p.60)の契機の１つとなった。

日本の出品は，多くの人々の高い評価を得ていた。第１は，ヨーロッパのものとは趣向が異なり，人々の目に珍しく映るからである。第２は，近隣諸国が優れた物をあまり出していないからである。第３は近年，日本の評判がヨーロッパで高まっているからである。…漆器の評判が高い。…和紙と麻には観客が驚いていた。

(久米邦武『特命全権大使米欧回覧実記』)

使節団が見た世界（久米邦武『特命全権大使米欧回覧実記』より）

●アメリカ(ワシントン)にて

大統領の権限が抑えられ，人々の間でも政治議論が年々盛んになっている。このような政治が100年続いているので，子どもでさえも君主に従うことを恥ずかしがる。純粋な共和国の人々である。

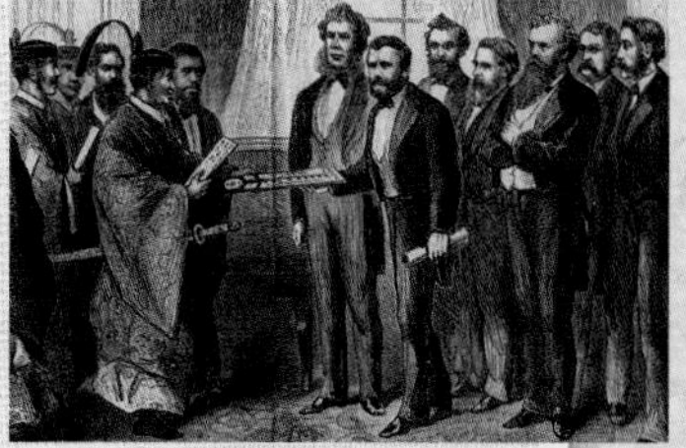

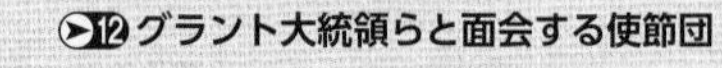

▶12 グラント大統領らと面会する使節団

●イギリス(ロンドン)にて

ロンドン市内は空中を走る列車があるかと思うと地下を走る列車もあるわけで，土木・建築技術の極致を感じた。…ヨーロッパが今日のように豊かなのは1800年以降のことで，著しくなったのはわずか40年にすぎない。

▶13 ウエストミンスター橋と議事堂

東京 久米美術館蔵

●フランス(パリ)にて

フランスでは，ここ80年間に国家体制が６度改まっている。いくつもの政党に分かれ，コミューンという過激な政党もある。指導者に能力があるときは繁栄するが，そうでないときは，たちまち激しい内乱状態となる。

●ドイツ(ベルリン)にて

(ビスマルクの演説の記録)各国は礼儀をもって交流しているが，それは表面上のことで，内面ではたがいに相手にまさろうとし，相手をあなどっているのが実情である。

●スマトラ(主にオランダの植民地)**にて**

弱肉強食…。ヨーロッパ人による大航海が始まり，熱帯の弱い国々はヨーロッパの強国が争って食うところとなり，植民地の豊かな物産がヨーロッパ本国に送られるようになった。

▶14 スマトラのタバコの栽培

読みとろう

①岩倉使節団の当初の目的は，何だったのだろうか？
②訪問した主な国には，どのような特色があるのだろうか？

考えよう 岩倉使節団は何を学んだのだろうか？

深めよう 日本は，どのように産業の発達を進めたのだろうか？

つなげよう 明治政府は，近隣諸国とどのような外交関係を築こうとしたのだろうか？

明治初期の対外関係と領土

1800		1900			2000
江戸	明治	大正	昭和	平成	令和
朝鮮	韓国	日本領	北朝鮮・韓国		
清		中華民国	中華人民共和国		

アプローチ 日本の領土は，どのような経緯で画定したのだろうか？

1 日本の領土の変遷（幕末～明治） まとめ

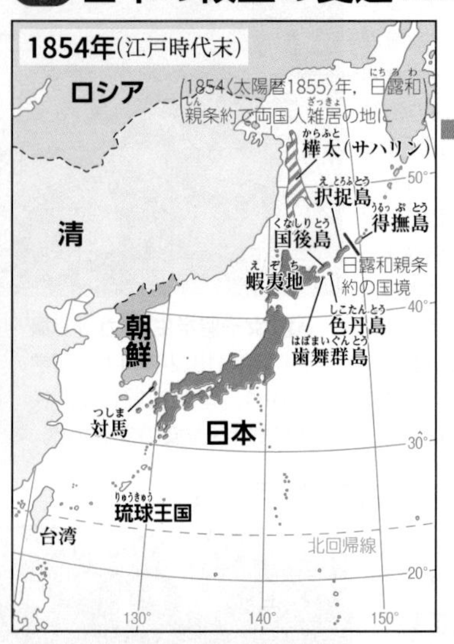

1894～95年 日清戦争 ➔p.89

Q 領土が変化した原因は，それぞれ何だろうか？

1895年（日清戦争後）

ロシア

遼東半島（1895年，下関条約で獲得するも，三国干渉で清に返還）

樺太（サハリン）

清

朝鮮

尖閣諸島（1895年，閣議決定で日本領に編入）

日本

台湾

澎湖諸島（1895年下関条約で獲得）

北回帰線

1904～05年 日露戦争 ➔p.96

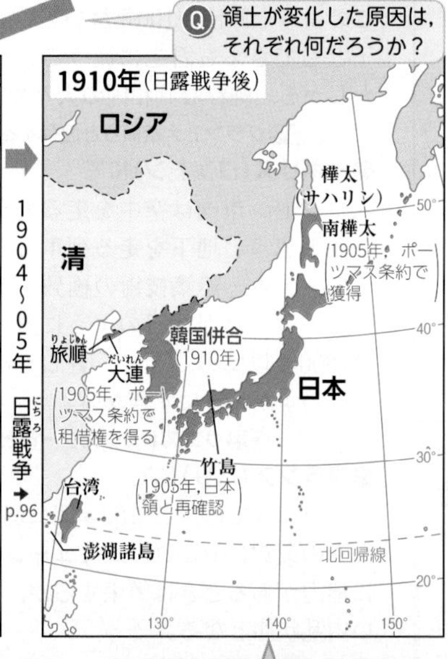

万国公法（国際法）が定める国家の定義…①国境で囲まれた領土があること。②定住する国民がいること。③統治する国家権力があること。

アイヌ民族に関する法

開拓使の政策 アイヌ民族の風俗・習慣の廃止，狩猟・漁労を禁止し，農耕を強制。結果，アイヌ民族の生活・文化の破壊，窮乏化

- 1899.3 公布 **北海道旧土人保護法**：アイヌ民族の保護と救済を目的とする（「旧土人」＝アイヌ民族）
- 1997.5 公布 **アイヌ文化振興法**：アイヌ文化振興などを図り，アイヌ民族の誇りを尊重する社会の実現

2008年「アイヌ民族を先住民族とすることを求める決議」を国会で可決。

2019年**「アイヌ施策推進法（アイヌ民族支援法）」**成立に伴い，アイヌ文化振興法は廃止。

	本土	北海道
廃藩置県	1871年	1869～82年（開拓使） 1882～86年（3県） 1886年（北海道庁）
徴兵令	1873年	1889年（一部） 1898年（全域）
地租改正	1873年	1877年
衆議院議員選挙法	1889年（翌年施行）	1902年（一部） 1904年（全域）

2 北海道の開拓とロシアとの外交

▲1 明治時代の札幌（1873年頃） 蝦夷地（➔p.41）は1869（明治2）年に**北海道**と改称。同じ年，開拓のために**開拓使**①が設置された。 提供／北海道大学大学文書館

▶2 道路の開削（「東本願寺北海道開拓錦絵」） 北海道では道をつくることが最重要とされた。財政難の政府は，道路の開削に囚人や民間の力を借りた。絵は東本願寺による開削の様子。東本願寺は4本の道路の開削を行った。

Q 耕しているのは，どのような人たちなのだろうか？

▲3 明治天皇の巡幸と屯田兵（高村眞夫筆） 屯田兵は，北海道の開拓と，ロシアの脅威に対する防備のために設置された農業兼務の兵。職を失った士族を救済する目的もあった。絵は，1881（明治14）年に明治天皇が北海道を訪れたときの様子で，天皇が見まわる中，兵服の屯田兵が畑を耕し，妻たちが種をまいている。 東京 聖徳記念絵画館蔵

解説 1875（明治8）年の**樺太・千島交換条約** 巻末史料19 で日本は占守島から得撫島までを譲り受け，樺太を放棄した。このときロシアは北方四島（択捉島・国後島・色丹島・歯舞群島）を千島列島としていない。1945年8～9月にソ連は北方四島を不法に占領し，日本人を退去させた。➔p.151

北方領土は，日露和親条約（➔p.73）で日本領と確認されて以降，1度も外国領となったことがない，日本固有の領土である。

③清との外交と沖縄県の設置

清 ←朝貢（ちょうこう）― 琉球王国 ―冊封（さくほう）→ 清

琉球王国：薩摩藩（さつまはん）の支配下。清に朝貢し，日中両属 ← p.40

1871（明4） **日清修好条規**締結…日清両国が初めて結んだ対等条約。1873年批准。
琉球漂流民殺害事件…清領の台湾に漂着した琉球宮古島の人々が殺害される。

1871	鹿児島県に編入
1872	**琉球藩設置**。国王尚泰を琉球藩王とする
1874（明7）	**台湾出兵**…清が琉球漂流民殺害事件の責任を回避したため，日本が出兵（木戸孝允は出兵に反対し，下野） 琉球藩を内務省の直轄とする 大久保利通が北京に赴いて清と交渉，和議を結ぶ ●清は台湾出兵を正当な行為と認める ●清は遺族らに賠償金を支払う 日本軍撤兵
1875	琉球藩に清との朝貢・冊封関係の廃止を命じる
1876	琉球藩の裁判権・警察権を接収
1879（明12）	尚泰に東京居住を命じる。鎮台兵・警官などを派遣し，首里城を接収。琉球藩を廃止し，沖縄県を設置（**琉球処分**）
1894（明27）	**日清戦争**（～95）（→ p.89）。沖縄（琉球）帰属問題は自然消滅し，**日本の沖縄領有が確定**

▶4 **尚泰**（1843～1901） 琉球王国最後の王。

◀5 **謝花昇**（1865～1908） 沖縄の自由民権運動（→ p.84）家。帝国大学（現，東京大学）で学び，卒業後，沖縄の人々の選挙権獲得に尽力した。

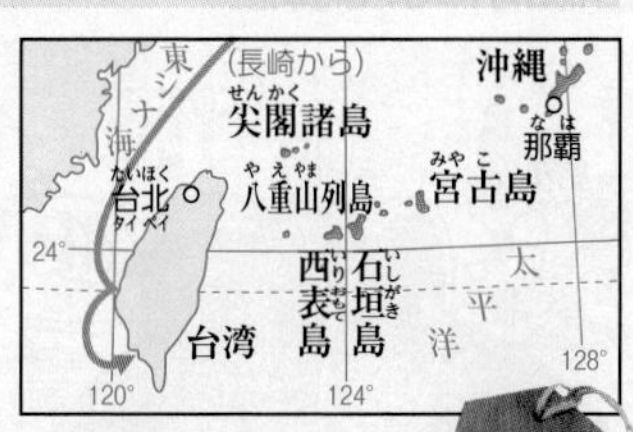

	本土	沖縄
廃藩置県	1871年	1879年（琉球処分）
徴兵令	1873年	1898年（本島） 1902年（全域）
地租改正	1873年	1899年（土地整理事業）
衆議院議員選挙法	1889年（翌年施行）	1912年（本島） 1919年（全域）

▶6 **方言札** 沖縄では本土に同化させる動きが徐々に進められた。方言札は，方言を使用した児童・生徒に罰として首からぶら下げさせた札。 沖縄県平和祈念資料館蔵

④朝鮮との外交

征韓論

明治政府は発足直後，朝鮮（大院君（テウォングン）（→ p.88）政権）に国交を求めたが，朝鮮は，日本の国書に中国の皇帝のみが使える「皇」「勅」の文字があることなどを理由に拒否。これに対し，日本では武力で国交を開かせようという考え（征韓論）が起こる。

明治六年の政変（征韓論政変）（1873年）

征韓論を主張する西郷隆盛や板垣退助，江藤新平らと，内治優先を主張する岩倉具視や大久保利通らが対立。征韓論は否決され，西郷・板垣・江藤らは政府を去る（この年，朝鮮では大院君が失脚し，閔氏が政権を握る）。

▲7 **征韓議論図**（鈴木年基筆） 議論の想像画。東京経済大学図書館蔵

江華島（カンファド）事件（1875年）

日本は軍艦で朝鮮の江華島沖に侵入し，測量を始める。朝鮮側が砲撃し，戦いになる（江華島事件）。日本は，この事件を口実に使節を送り，朝鮮に条約案を提出する。

日朝修好条規（江華条約）（1876年）
- 清の宗主権を否定
- 釜山（プサン）・仁川（インチョン）・元山（ウォンサン）を開港する
- 日本の領事裁判権を認める

付属文書…日本の輸出入は無関税（朝鮮に関税自主権はない）

Q 南京条約（← p.69）や，日米修好通商条約（← p.73）と比べてみよう。

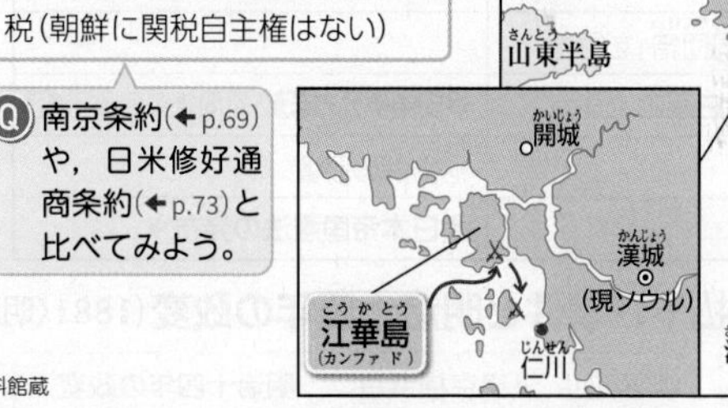

竹島と尖閣諸島 ①地図

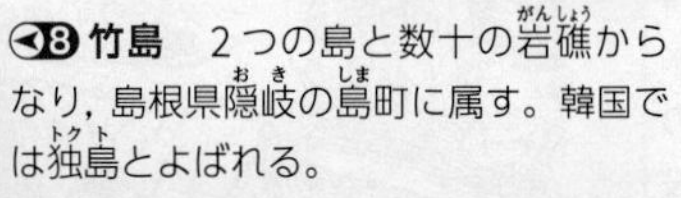

◀8 **竹島** 2つの島と数十の岩礁からなり，島根県隠岐の島町に属す。韓国では独島（トクト）とよばれる。

▶9 **竹島でのあしか猟**（1930年代） 隠岐島民は安定したあしか猟をめざし，竹島を日本の領土に編入する旨などを政府に願い出た。1905（明治38）年，政府は閣議決定で竹島の領有を再確認し，島根県に編入した。

提供／島根県竹島資料室

1954（昭和29）年，韓国は沿岸警備隊駐留部隊の竹島への派遣を発表。不法に占拠し領有権を主張しているが，歴史的にも国際法上も日本固有の領土である。→ p.177・186

◀10 **尖閣諸島** 5つの島と3つの岩礁からなり，沖縄県石垣市に属す。私有地であった写真の3島は2012年に国有化された。

魚釣島
北小島
南小島

▶11 **魚釣島のかつお節工場**（明治時代） 明治時代に沖縄の人々は尖閣諸島で漁業を行った。政府は尖閣諸島が他国領でないことを確認し，1895（明治28）年に日本領とした。

1970年代以降，中国が領有権を主張しているが，尖閣諸島は日本固有の領土であり，領土問題自体が存在しない。

深めよう 日本は，ロシア・琉球・清・朝鮮に対し，それぞれどのような立場をとったのだろうか？

つなげよう その後，日本の領土は，どのように変遷したのだろうか？

自由民権運動

アプローチ 自由民権運動は，何を求める運動だったのだろうか？

1 自由民権運動

1A 変遷 まとめ

年		自由民権運動	政府の動き
1874（明7）	発生期	愛国公党結成（板垣・江藤ら） **民撰議院設立の建白書**を提出 1B 板垣ら立志社結成（高知）	
1875（明8）		板垣ら愛国社結成（大阪） 1E	大阪会議（木戸・板垣が政府に復帰） 漸次立憲政体樹立の詔（元老院・大審院・地方官会議を設置） **讒謗律・新聞紙条例公布**
1877		（西南戦争）	地租税率を3％から2.5％に
1878（明11）			地方三新法公布（郡区町村編制法・府県会規則・地方税規則）
1880	発展期	国会期成同盟結成（大阪） 1E	**集会条例公布** 1C
1881（明14）		**開拓使官有物払下げ**を問題化 1D **自由党結成** 1E 私擬憲法を作成 → p.87	**明治十四年の政変**（大隈を罷免） 1D 国会開設の勅諭 1D **松方財政**（～92）②
1882（明15）	激化期	**立憲改進党結成** 1E 福島事件	伊藤博文の憲法調査（～83）③ 集会条例改正
1884（明17）		加波山事件 自由党解党。**秩父事件** → p.85	華族令公布
1885		大阪事件 → p.85	**内閣制度制定**
1886	再結集期	星亨が「大同団結」を主張	
1887		**三大事件建白運動** ④	**保安条例公布**④。新聞紙条例改正⑤
1888			枢密院の設置
1889			**大日本帝国憲法の発布** → p.86

1B 民撰議院設立の建白書（1874〈明治7〉年） 巻末史料20

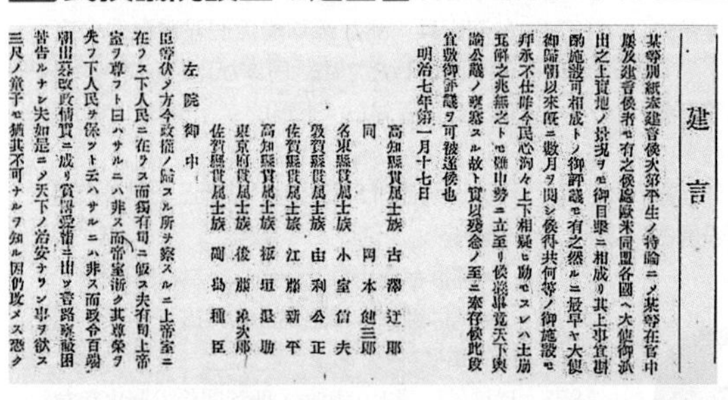
建言
某等別紙奉建言候次第平生ノ持論ニシテ某等在官中屡及建言候者モ有之候處歐米同盟各國ヘ大使御派出之上實地ノ景况ヲモ御目撃ニ相成リ其上事宜斟酌施設可相成トノ御評議モ有之然ルニ最早ヤ大使御歸朝以來既ニ數月ヲ閲シ候得共何等ノ御施設モ拜承不仕昨今民心洶々上下相疑ヒ動モスレハ土崩瓦解之兆無之トモ難申勢ニ立至リ候儀畢竟天下輿論公議ノ壅塞スル故ト實以殘念ノ至ニ奉存候此段宜敷御評議ヲ可被遂候也
明治七年第一月十七日
高知縣貫屬士族 古澤迂郎
同 岡本健三郎
名東縣貫屬士族 小室信夫
敦賀縣貫屬士族 由利公正
佐賀縣貫屬士族 江藤新平
高知縣貫屬士族 板垣退助
東京府貫屬士族 後藤象次郎
佐賀縣貫屬士族 副島種臣
左院御中
臣等伏シテ方今政權ノ歸スル所ヲ察スルニ上帝室ニ在ラス下人民ニ在ラス而獨有司ニ歸ス夫有司上帝室ヲ尊フト曰ハサルニハ非ス而帝室漸ク其尊榮ヲ失フ下人民ヲ保ツト云ハサルニハ非ス而政令百端朝出暮改政情實ニ成リ賞罰愛憎ニ出ツ言路壅蔽困苦告ルナシ夫如是ニシテ天下ノ治安ナラン事ヲ欲ス三尺ノ童子モ猶其不可ナルヲ知ル因仍改メス恐ク

A1 板垣退助（1837～1919）

A2「民撰議院設立の建白書」を掲載した新聞（「日新真事誌」1874年1月18日）
明治六年の政変で政府を去った板垣らは，国民の政治参加を求める意見書を政府に提出した。この意見書は新聞に掲載され，**自由民権運動の契機となった。**

自由民権運動　士族や豪農，農民らが，ヨーロッパの自由・民権思想に基づいて，民主主義的な立憲体制をめざした運動。かかげた5つの要求のうち，国会開設を最も重視した。

1C 政府による弾圧

- **新聞紙条例違反で処罰された人数**
  …1880年77人。1883年111人。
- **集会条例違反で処罰された人数**
  …1880年50人。1883年198人。

（内川芳美ら編『日本のジャーナリズム』）

◀3 集会条例の風刺画（1880年「驥尾団子」）　自由民権運動が広がると，政府は**讒謗律**や**新聞紙条例**，**集会条例**を制定して，言論や出版を規制した。掲載の絵は，民権派の言論・集会・結社を制限した集会条例を批判した風刺画で，「集」貝（集会）を「上」鈴（条例）で打ちつけている。

1D 開拓使官有物払下げ事件と明治十四年の政変（1881〈明治14〉年）

政府は開拓使の官有物に約2000万円を投入。開拓長官黒田清隆（薩摩）は，開拓使の廃止を見すえ，薩摩出身の政商らの会社に約39万円の無利息30年賦で払下げようとする

→ 発表前に，「東京横浜毎日新聞」「郵便報知新聞」が払下げの内容を暴露
↓
民権派は，政府と政商の不正な関係を藩閥政治の弊害と非難（**開拓使官有物払下げ事件**）

→ **明治十四年の政変**
払下げ中止。暴露の背景に大隈重信がいるとし，大隈を政府から追放。1890年の国会開設を天皇の名で約束（**国会開設の勅諭**）

Q それぞれ誰を表しているのだろうか？

◀4 開拓使官有物払下げ事件の風刺画（1881年「団団珍聞」）
タコ（黒田公）と，熊（大隈）を犬が見ている。前列左端の犬の首輪には「民」とあり，民犬（民権）家を表す。人々には，黒田と大隈の対立と解釈されていたことがうかがえる。

士族の反乱

―― 1877年までに開通した鉄道の区間

注：県境は1876年4月時点。

①佐賀の乱 1874年
明治六年の政変で政府を去った江藤新平ら士族約1万2000人の反乱

②神風連の乱 1876年
熊本県の士族約190人の反乱

③秋月の乱 1876年
旧秋月藩士約230人の反乱

④萩の乱 1876年
山口県の士族約330人の反乱

⑤西南戦争 1877年
西郷隆盛をリーダーに鹿児島県の士族の反乱

1E 政党の結成 → p.203

1875　愛国社（大阪）　民権派の全国組織
↓ 第4回大会で組織を拡大
1880　国会期成同盟（大阪）　第2回大会で，私擬憲法（→ p.87）の持参を決める

政党名	自由党（1881年10月） 総理（党首）　板垣退助	立憲改進党（1882年4月） 党首　大隈重信
性格	フランス流・急進的自由主義	イギリス流・漸進的立憲主義
主張	一院制・主権在民・普通選挙	二院制・君民同治・制限選挙
基盤	士族や地主・自作農を主とする地方農村	都市の知識人層や実業家（特に三菱）
その後	1884年，解党	1884年，大隈ら脱党

A5 大隈重信（1838～1922）

Q 没落が激しいのは，どの層だろうか？

松方財政(1881～92年) 2A 流れ

- 政府の財政難(大蔵卿大隈重信ら)
  国立銀行条例の改正や西南戦争(➡p.84)で，不換紙幣の発行増加
  ↓
  インフレーション(紙幣価値下落，物価上昇)
- 明治十四年の政変 1D で，大隈ら下野

⬇

- **松方財政**(大蔵卿・大蔵大臣松方正義)
  - **増税**による歳入の増加と，**歳出の緊縮**(行政費の削減・官営事業の払下げ)で歳入の余剰をつくり，不換紙幣を回収・処分
  - 中央銀行として**日本銀行**を設立(1882)
  - 日本銀行が銀兌換銀行券を発行(1885)
    銀本位制の確立

A6 松方正義(1835～1924)

↓影響

①**松方デフレ**
米・生糸・繭などの価格が暴落 2B
自作農が没落し 2C，小作農が増加。**寄生地主**の出現
民権運動の激化(1882～86)

②**官営事業の払下げ**➡p.100
三井・三菱などの**政商**が鉱工業を基盤とする**財閥**へ発展

③**銀本位制の確立**➡p.100
物価が安定。金利が低下し，資金が借りやすくなる
産業革命の開始…輸出増加。鉄道・紡績などで**会社設立ブーム**

2B 米・生糸価格の変動

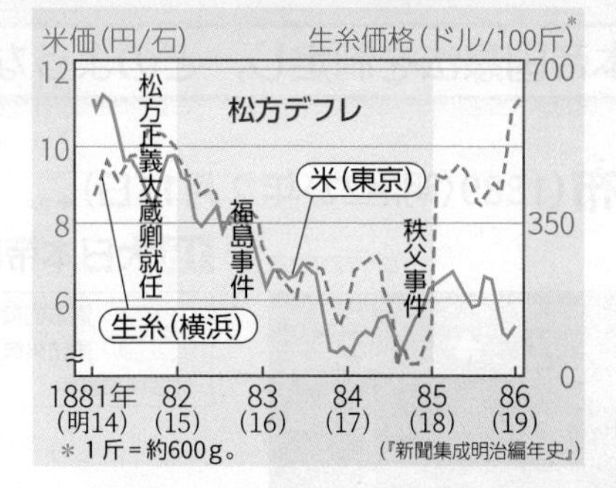

＊1斤＝約600g。(『新聞集成明治編年史』)

2C 自作農の没落

地租 年度	10円以上(1町6段以上)	%(1881年＝100)	5円以上10円未満(8段以上1町6段未満)	%(1881年＝100)
1881	88万人	100.0	93万人	100.0
1882	88万人	100.0	91万人	97.8
1883	87万人	98.9	85万人	91.4
1884	85万人	96.6	83万人	89.2
1885	84万人	95.5	80万人	86.0
1886	81万人	92.0	72万人	77.4
1887	80万人	90.9	69万人	74.2

(『日本帝国統計年鑑』)

民権運動の激化(1882～86)

秩父事件(1884年)

➡7 秩父事件の再現(映画の一場面)　埼玉県秩父地方の養蚕・製糸業は松方デフレで打撃を受けた。困民党(借金党)を結成した農民(自由党員もいた)は，負債減免を求めて蜂起し，高利貸や郡役所を襲った。政府は軍隊を派遣し鎮圧した。

大阪事件(1885年)

旧自由党左派が，朝鮮を内政改革し，日本国内の改革の糸口にしようと計画。事前に発覚して失敗し，130余人が逮捕された。

激化事件で民権運動は一時衰退

3 伊藤博文の憲法調査 ⬅p.8

➡8 伊藤博文(1841～1909)　1882年にヨーロッパへ渡り，君主権の強い**ドイツ(プロイセン)流の憲法**を学んだ。帰国後，華族令を定め，初代**内閣総理大臣**や枢密院の議長を歴任し，大日本帝国憲法の制定に尽力した。

➚9 ロエスレル(1834～94)　ドイツ人のお雇い外国人。伊藤博文の信任を得て，憲法や各種法案の起草・助言を行った。➡p.86

4 自由民権運動の再結集と保安条例

国会開設の時期が近づくと，民権派は**大同団結**(小異を捨て大同を旨とす)を図り，地租の軽減，言論・集会の自由，外交失策の挽回(対等条約の締結)を求める**三大事件建白運動**を展開(1887)。

保安条例の公布(1887)
内乱を企てるおそれのある者を東京から追放

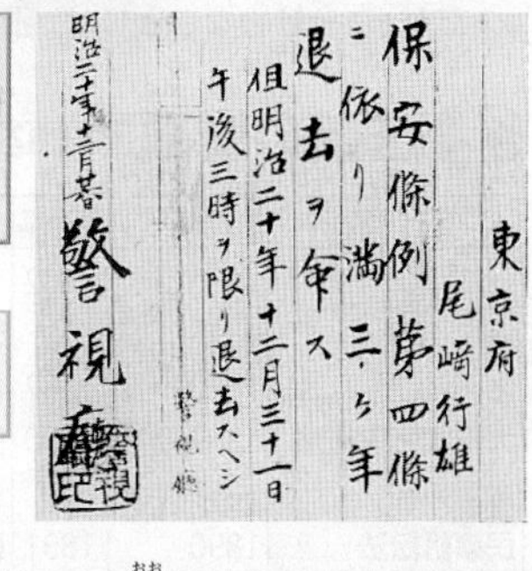
東京府　尾崎行雄
保安條例第四條ニ依リ満三ヶ年退去ヲ命ス
但明治二十年十二月三十一日午後三時ヲ限リ退去スヘシ
明治二十年十二月[illegible]
警視[illegible]

➡10 保安条例の適用　民権派尾崎行雄(➡p.126)の事例。

5 資料から考える 新聞紙条例の改正(1887〈明治20〉年)

保安条例の3日後に改正

➡11 ビゴー筆「警視庁における『トバエ』」(「トバエ」1888年)　右の青字は，書いてある文章の現代語訳。ビゴーはフランスの画家で，1882～99年に日本に滞在。風刺漫画雑誌「トバエ」などを刊行した。⬅p.8

読みとろう
① 一番左の人物は，「トバエ」を持つ巡査である。巡査と向かい合った人々の職業は，何だろうか？
② 巡査と向かい合った人々が，巡査に叱られているのは，なぜだろうか？
③ 絵の中からビゴーを探そう。

考えよう　この絵は，何を表しているのだろうか？ 関連

深めよう《 自由民権運動が，この頃の日本の政治に与えた影響は，何だろうか？

》つなげよう 自由民権運動と，欧米諸国の市民革命との共通点を考えよう。

立憲体制の成立

アプローチ 日本は大日本帝国憲法を制定し，どのような国をめざしたのだろうか？

日本

1 大日本帝国憲法の発布(1889〈明治22〉年2月11日) ← p.8

1A 発布の日

宮内庁書陵部蔵

A1 発布の式典(「憲法発布式之図」) 伊藤博文(← p.85)は憲法調査の後，井上毅・伊東巳代治・金子堅太郎らと憲法草案を作成した。草案は**枢密院**で審議され，天皇が定めて国民に与える**欽定憲法**として発布された。
❶宮中で憲法を授ける明治天皇❷黒田清隆首相❸伊藤博文❹外国公使ら

「ベルツ(← p.80)の日記」2月9日 東京全市は，十一日の憲法発布をひかえてその準備のため，言語に絶した騒ぎを演じている。…だが，こっけいなことには，誰も憲法の内容をご存じないのだ。

1B 大日本帝国憲法下の国家機構

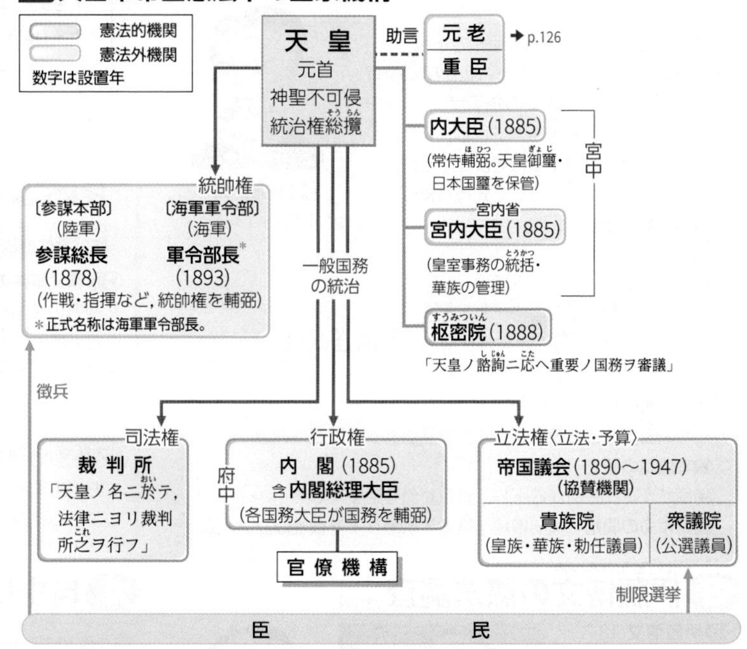

2 法典の編纂 巻末史料21

法典名	公布年	施行年	内容
刑法	1880	1882	フランス人**ボアソナード**起草。後にドイツ法を模範に改正し，**大逆罪**(→ p.102)・不敬罪・内乱罪を規定し厳罰
治罪法	1880	1882	ボアソナード起草の刑事訴訟法。1890年廃止
大日本帝国憲法	1889	1890	主権在君の**欽定憲法**で，**天皇大権**を明文化
皇室典範	1889制定		皇位継承などを定めた皇室の基本法(公布せず)
民事訴訟法	1890	1891	民事紛争解決のための手続法(ドイツ法を模範)
民法	1890	延期	**ボアソナード**起草。論争が起こり施行延期
商法	1890	延期	**ロエスレル**起草(← p.85)。論争が起こり施行延期
刑事訴訟法	1890	1890	治罪法にかえ，ドイツ法を模範として制定
(修正)民法	1896・98	1898	家父長制的な家の制度を温存(ドイツ法を模範)
(修正)商法	1899	1899	1890年の商法を，ドイツ法にならい大きく改正

◀2 ボアソナード
(1825～1910)
フランスの法学者。お雇い外国人(← p.80)として来日し，刑法・民法などの編纂に携わった。
法政大学大学史編纂室蔵

政府の統制が強い地方自治制度

1888年に**市制・町村制**，1890年に**府県制・郡制**が公布された。府県会・郡会・市町村会は地域の有力者が議員となり，市町村長は間接選挙で選ばれ，府県知事・郡長は**官僚から任命**された。

3 教育勅語(1890〈明治23〉年)

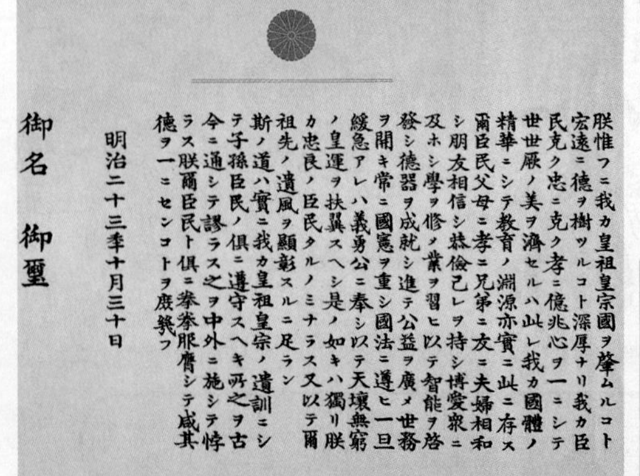

朕惟フニ我カ皇祖皇宗國ヲ肇ムルコト宏遠ニ徳ヲ樹ツルコト深厚ナリ我カ臣民克ク忠ニ克ク孝ニ億兆心ヲ一ニシテ世世厥ノ美ヲ濟セルハ此レ我カ國體ノ精華ニシテ教育ノ淵源亦實ニ此ニ存ス爾臣民父母ニ孝ニ兄弟ニ友ニ夫婦相和シ朋友相信シ恭儉己レヲ持シ博愛衆ニ及ホシ學ヲ修メ業ヲ習ヒ以テ智能ヲ啓發シ德器ヲ成就シ進テ公益ヲ廣メ世務ヲ開キ常ニ國憲ヲ重シ國法ニ遵ヒ一旦緩急アレハ義勇公ニ奉シ以テ天壤無窮ノ皇運ヲ扶翼スヘシ是ノ如キハ獨リ朕カ忠良ノ臣民タルノミナラス又以テ爾祖先ノ遺風ヲ顯彰スルニ足ラン

斯ノ道ハ實ニ我カ皇祖皇宗ノ遺訓ニシテ子孫臣民ノ倶ニ遵守スヘキ所之ヲ古今ニ通シテ謬ラス之ヲ中外ニ施シテ悖ラス朕爾臣民ト倶ニ拳拳服膺シテ咸其德ヲ一ニセンコトヲ庶幾フ

明治二十三年十月三十日

御名 御璽

◀3 教育に関する勅語(教育勅語)
第1回帝国議会の開会を前に，国民の徳育を図るためにつくられた。忠君愛国を強調し，学校教育の基本とした。天皇の名「睦仁」の署名と御璽(印)は，頒布されたものでは「御名御璽」と記載された。

軍人勅諭(1882年)

明治天皇が軍人に下した勅諭。忠節・礼儀・武勇・信義・質素を軍人の守るべき徳目とし，忠節の項では，軍人の政治不関与を強調した。

日本と中国の近代化の比較 世界・日本

日本(数字は年)	事項	中国(数字は年)
1857咸臨丸(← p.75)❶	汽船購入	1862火輪船第1号①
1861長崎製鉄所(← p.73)❷	近代的な工場	1864蘇州洋砲局②
1862オランダ留学❸	留学	1872アメリカ留学③
1868五箇条の誓文(← p.76)❹	近代化の号令	1901光緒新政(→ p.93)④
1869*東京―横浜間(← p.78)❺	電信網	1871上海―香港間⑤
1871新貨条例(← p.78)❻	貨幣制度	1935幣制改革⑥
1872太陽暦(← p.79)❼	近代的な暦	1912太陽暦⑦
1877東京大学(→ p.103)❽	国立大学	1898京師大学堂⑧
1881国会開設の勅諭(← p.84)❾	国会開設の予告	1908国会開設の公約⑨
1889大日本帝国憲法❶❿	憲法	1908憲法草案(→ p.98)⑩

年代	1850	1860	1870	1880	1890	1900	1910年代～
日本	❶	❷❸❹❺	❻❼❽	❾❿			
中国		①②	⑤③		⑧	④⑨⑩	⑦⑥

*太陽暦1870年。

Q 気づいたことを挙げよう。

4 初期議会

4A 初期議会における政府と民党*の動き

＊民党は民権派の流れをくむ。吏党は藩閥政府を支持した政党。

内閣	選挙と議会	政府の動き	民党の動き
第1次山県有朋	第１回総選挙　1890.7		
	第一議会 1890.11～91.3	軍備拡張を含む予算案→ 600万円削減した予算案→	政費節減・民力休養を主張し800万円削減要求で否決 買収された議員が賛成し可決
第1次松方正義	第二議会 1891.11～.12	軍艦建造費などを含む予算案→ 議会を解散	軍艦建造費などを大幅に削減
	第２回総選挙　1892.2　内相が**選挙干渉**をするも，吏党*は勝利せず		
	第三議会 1892.5～.6	民法・商法施行延期法律案→ 追加予算案→	可決 軍艦建造費を削減して可決
第2次伊藤博文	第四議会 1892.11～93.2	軍艦建造費の予算案→ 宮廷費の節約分と文武官の俸給の１割を出すから，議会も政府に協力せよとの詔書→	否決 可決
	第五議会 1893.11～.12	停会・解散←	対外硬派連合が，条約改正問題で政府を攻撃
	第３回総選挙　1894.3		
	第六議会 1894.5～.6	宮内相，不採用と伝達← 議会解散と朝鮮への出兵決定	内閣弾劾上奏案可決
	清に宣戦布告　1894.8-1(日清戦争。～95.4➜p.89)。第４回総選挙　1894.9		
	第七議会 1894.10	広島で臨時議会開催。紛糾していた議会は，**全会一致**で戦争関係の予算・法律案を可決	

解説　法律や予算の成立には帝国議会の同意が必要で，不成立の場合，天皇大権でも軍備増強はできなかった。予算案が不成立の場合，前年度予算の執行が可能であった。

4B 初期議会(衆議院)における勢力分野

第１回総選挙(1890.7-1)

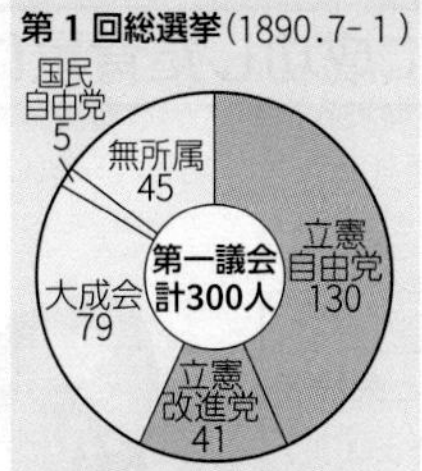

第２回総選挙(1892.2-15)

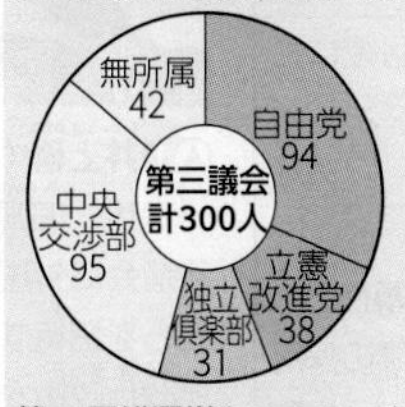

第３回総選挙(1894.3-1)

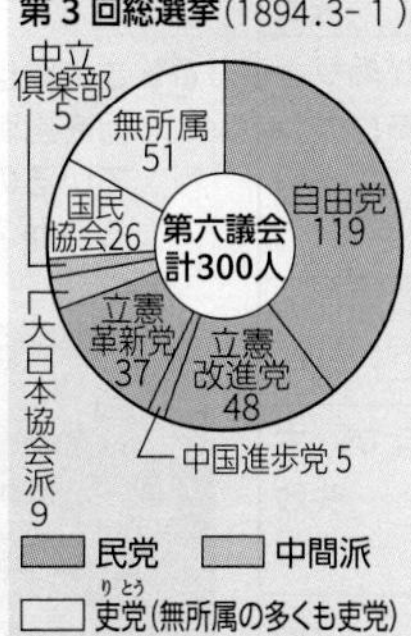

『岩波講座日本歴史』

▲4 第１回総選挙の様子(ビゴー筆『国会議員之本』)　1889(明治22)年２月，憲法と共に衆議院議員選挙法が公布され，翌年，第１回総選挙が行われた。選挙資格は，**満25歳以上の男子で，直接国税(地租と所得税)15円以上の納入者**に限られたため，有権者は全人口の1.1％で，その大部分は中農以上の農民や都市の上層民であった。投票率は93.9％。❶立会人❷見物人❸投票する人❹巡査

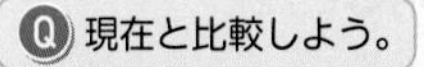

Q 現在と比較しよう。

▶5 当時の投票用紙　石川県立歴史博物館蔵

5 資料から考える　私擬憲法と大日本帝国憲法

(民間の憲法私案)

それぞれ何をめざした？

5A 東洋大日本国国憲按(1881年)　植木枝盛の私擬憲法(現代語訳)

第５条　日本の国家は，人々の自由の権利を損なう規則をつくり，実施することはできない。
第49条　日本人民は，思想の自由をもつ。
第50条　日本人民は，どのような宗教を信じるのも自由である。
第70条　政府が憲法に背くときは，日本人民は従わなくてよい。
第72条　政府が…人々の自由の権利を侵し，建国の趣旨を妨げるとき，人々は政府を倒し新政府を建設することができる。
第98条　帝位継承は，男を女より優先し，年長者を年少者より優先し，嫡出子を庶子より優先する。
第118条　(日本の)立法院は，全国に１つおく。

◀6 植木枝盛 ➜p.8 (1857～92) 自由党の理論的指導者。

読みとろう

① 5A 第５・49・50・72条で，国民に認められているのは，何だろうか？
② 5B 第11条では，どのようなことが定められているのだろうか？

5B 大日本帝国憲法(1889年)

第一条　大日本帝国ハ万世一系ノ天皇之ヲ統治ス
第二条　皇位ハ皇室典範ノ定ムル所ニ依リ皇男子孫之ヲ継承ス
第三条　天皇ハ神聖ニシテ侵スヘカラス
第四条　天皇ハ国ノ元首ニシテ統治権ヲ総攬シ此ノ憲法ノ条規ニ依リ之ヲ行フ
第五条　天皇ハ帝国議会ノ協賛ヲ以テ立法権ヲ行フ
第七条　天皇ハ帝国議会ヲ召集シ其ノ開会閉会停会及衆議院ノ解散ヲ命ス
第十一条　天皇ハ陸海軍ヲ統帥ス
第十二条　天皇ハ陸海軍ノ編制及常備兵額ヲ定ム
第十三条　天皇ハ戦ヲ宣シ和ヲ講シ及諸般ノ条約ヲ締結ス
第二十八条　日本臣民ハ安寧秩序ヲ妨ケス及臣民タルノ義務ニ背カサル限ニ於テ信教ノ自由ヲ有ス
第三十三条　帝国議会ハ貴族院衆議院ノ両院ヲ以テ成立ス
第三十七条　凡テ法律ハ帝国議会ノ協賛ヲ経ルヲ要ス
第五十五条　国務各大臣ハ天皇ヲ輔弼シ其ノ責ニ任ス

考えよう　5Aと5Bの条文を比較し，相違点を挙げよう。比較

深めよう《 大日本帝国憲法の特色は，何だろうか？

つなげよう　立憲体制を確立した日本が，次に取り組もうとした課題は何だろうか？

条約改正と日清戦争

1800		1900		2000	
江戸		明治	大正	昭和	平成 令和
朝鮮		韓国	日本領	北朝鮮・韓国	
清			中華民国	中華人民共和国	

アプローチ 日本が条約改正に成功した背景には，何があったのだろうか？

1 条約改正 まとめ

担当者	内容や結果
岩倉具視（右大臣）1872（明治5）	使節団が欧米諸国へ。アメリカと条約改正交渉をするも，途中で断念。←p.81 **失敗**
寺島宗則（外務卿）1876～78（明治9～11）	アメリカが日本の関税自主権の回復に合意したが，イギリス・ドイツが反対し無効に。 **失敗**
井上馨❶（外務卿・外務大臣）1882～87（明治15～20）	刑事裁判制度の整備を背景に交渉。欧化政策をとる。1886年，**ノルマントン号事件❸**。条約改正案に内地雑居や外国人判事の採用などがあり，国民や政府内部が反対。 **失敗**
大隈重信（外務大臣）1888～89（明治21～22）	条約改正案に外国人判事の採用があり，国民や政府内部が反対。大隈がテロで負傷し，交渉中止。 **失敗**
1889（明治22）年 **大日本帝国憲法**の発布←p.86 1890（明治23）年 **第1回帝国議会**←p.87	
青木周蔵（外務大臣）1891（明治24）	イギリスが条約改正案に合意したが，**大津事件❹**で中断。 **失敗**
陸奥宗光❺（外務大臣）1894（明治27）	1894年，**日英通商航海条約**に調印。→領事裁判権（治外法権）を撤廃，関税自主権の一部回復。他の国とも条約調印。 **成功**
1894（明治27）年 **日清戦争**（～95）❸ 1904（明治37）年 **日露戦争**（～05）←p.96	
小村寿太郎（外務大臣）1911（明治44）	1911年，**日米通商航海条約**（1894年の条約を改正）に調印。→関税自主権を完全に回復。他の国とも条約調印。 **条約改正の達成**

1 井上馨（1835～1915） 鹿鳴館の舞踏会に外国外交官らを招待するなど欧化政策を展開。

2 ビゴー筆「社交界に出入りする紳士淑女」（「トバエ」1887年） 日本人が洋装をしているが，鏡には猿が映る（猿まね）。左上の「名磨行」＝生意気。

Q この絵は，何を風刺しているのだろうか？

3 ノルマントン号事件の風刺画（ビゴー筆。「トバエ」1887年） 1886年，イギリス船ノルマントン号が紀伊半島沖で難破し，イギリス人船長ら26人は全員脱出したが，日本人25人（23人とも）は全員水死した。横浜領事裁判所は，船長を3か月の禁錮にしたのみだったため，領事裁判権撤廃の世論が高まった。条約改正案や欧化政策に対する批判もあり，井上馨は交渉を断念，外相を辞任した。

4 来日したロシア皇太子（左） 1891年，来日したロシア皇太子ニコライ（→p.114）が，日本人の巡査に襲われ負傷した（**大津事件**）。青木周蔵は責任をとり外相を辞任，条約改正交渉は中断した。

世界と日本 条約改正交渉が成功した背景

ロシアは1891年にシベリア鉄道の建設を始めた。東アジアに権益をもつイギリスは危機感を高め，イギリスは親日的な態度をとり始めた。陸奥宗光外相は1894年，日英通商航海条約を結び，領事裁判権を撤廃した（これにより居留地は廃止）。日清戦争直前のことであった。

5 陸奥宗光（1844～97）

2 朝鮮の動きと日本 ←p.83 巻末史料22

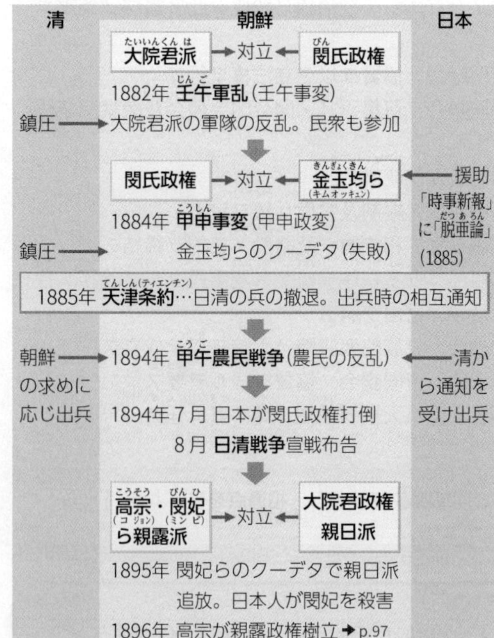

清 | 朝鮮 | 日本

大院君派 →対立← 閔氏政権

1882年 **壬午軍乱**（壬午事変）

鎮圧 → 大院君派の軍隊の反乱。民衆も参加

閔氏政権 →対立← 金玉均ら ← 援助 「時事新報」に「脱亜論」（1885）

1884年 **甲申事変**（甲申政変）

鎮圧 → 金玉均らのクーデタ（失敗）

1885年 **天津条約**…日清の兵の撤退。出兵時の相互通知

朝鮮の求めに応じ出兵 → 1894年 **甲午農民戦争**（農民の反乱） ← 清から通知を受け出兵

1894年7月 日本が閔氏政権打倒

8月 **日清戦争**宣戦布告

高宗・閔妃ら親露派 →対立← 大院君政権 親日派

1895年 閔妃らのクーデタで親日派追放。日本人が閔妃を殺害

1896年 高宗が親露政権樹立 →p.97

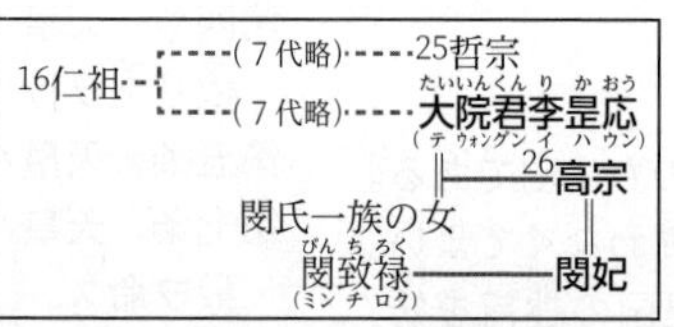

16仁祖 --（7代略）-- 25哲宗

--（7代略）-- 大院君李昰応（テウォングン イ ハウン）

26高宗

閔氏一族の女 ― 閔致禄（ミン チロク） ― 閔妃

6 大院君（1820～98） 子が王となり（高宗），自らは大院君となったが，日清両国間で翻弄された。

7 閔妃（1851～95） 高宗の妃。権力を握ったが，反日親露政策をとったため，日本人に殺害された。

8 ビゴー筆「魚釣り遊び」（「トバエ」1887年） 朝鮮をめぐる日清の対立とロシアの野心を風刺している。橋の上のロシアは，魚（朝鮮）を釣ろうとしている日本（左）と清（右）の様子をうかがい，横取りをたくらんでいる。

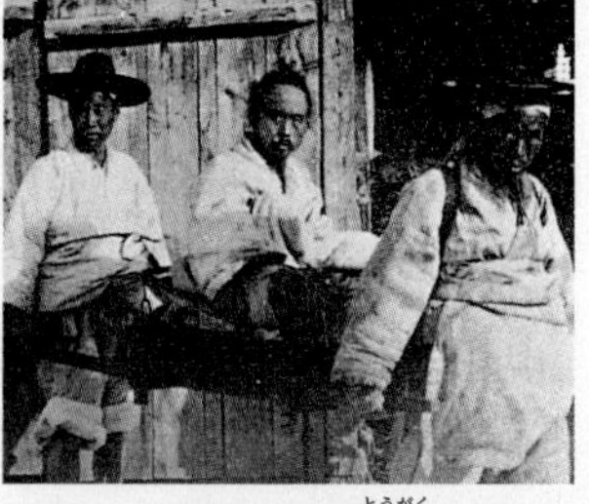

9 日本軍が捕らえた東学の指導者（中央） 1894年，朝鮮で民間宗教「東学」の信者を中心とした農民の反乱が起こった（**甲午農民戦争**）。

③日清戦争（1894〈明治27〉～95年）

3A 日清戦争関係図

Q 日清戦争は，どこが戦場となったのだろうか？

3B 日清戦争の軍事力

	日本	清
兵力	約24万人	約63万人
艦隊	52隻	107隻

（「週刊朝日百科日本の歴史 近代Ⅰ-⑤」）

3C 日清戦争の臨時軍事費

収入	支出
2億2523万円	2億0047万円
差引剰余は，1896年度の一般会計繰越し	

（『近代日本経済史要覧』）

3D 日本の戦死者

戦死	1401人
病死*	1万1587人
計	1万2988人

＊病死は1898年までの死亡者を含む。

（大江志乃夫「東アジア史としての日清戦争」など）

④下関条約（日清講和条約）（1895年4月）

4A 条約の主な内容

◀10 下関講和会議　日清戦争は日本の圧倒的勝利で終わった。1895（明治28）年4月，下関で日本の全権伊藤博文・陸奥宗光と清の全権李鴻章との間に下関条約が調印され，講和が成立した。

東京 聖徳記念絵画館蔵

1. 清は朝鮮の独立を認める。
2. 遼東半島・台湾・澎湖諸島を日本に割譲する。
3. 日本に賠償金2億両（約3億1100万円）を払う。
4. 清国は沙市・重慶・蘇州・杭州の4港を開港する。巻末史料23

新領土
三国干渉による還付地
● 新開港場
奉天
遼東半島
北京
大連
旅順
漢城
朝鮮
下関
清
黄河
日本
南京
蘇州
上海
沙市
杭州
長江（揚子江）
重慶
台北（台湾総督府）1895
台湾
香港（イギリス）
澎湖諸島1895

Q 賠償金は，何に多く使われたのだろうか？

4B 下関条約で得た賠償金の使途

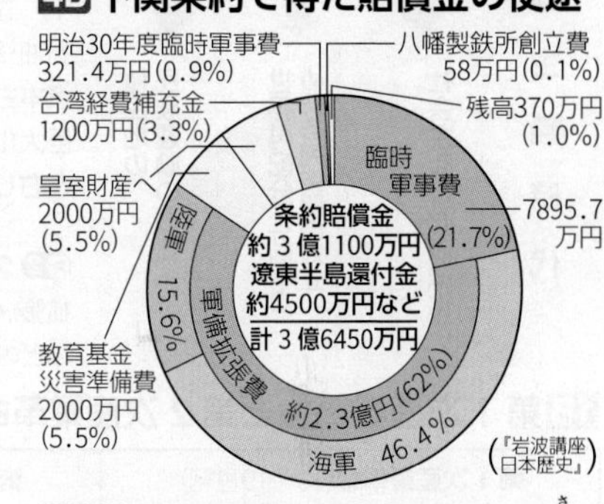

（『岩波講座 日本歴史』）

解説　政府は賠償金の多くを軍備拡張に割き，一部を準備金に金本位制を確立した。➜p.100

⑤台湾統治

5A 台湾征服戦争の戦没者（1895～1915年）

（海軍除く）	戦死	病死	計
日清戦争	1161人	7234人	8395人
台湾征服戦争	1988人	7604人	9592人

（大江志乃夫「日露戦争と日本軍隊」）

台北
霧社
澎湖諸島
台南
台湾
高雄

5B 台湾総督府

◀11 旧台湾総督府（台北市）　台湾総督は，初め軍人が務めた。台湾総督府の建物は現在，「中華民国政府」の「総統府」として政治の中心となっている。

解説　日本は，下関条約で台湾が割譲されると，台湾統治を進めた。台湾側は，台湾民主国を樹立して抵抗し，1915（大正4）年まで，たびたび反日武装蜂起が起こった。日本は徹底した弾圧でのぞみ，台湾の植民地支配は1945（昭和20）年まで続いた。

日清戦争で日本に芽生えた意識

▲12 日比谷凱旋門（東京）　日清戦争に勝利した日本軍を迎えるために建てられた。日清戦争は明治政府が初めて経験する本格的な対外戦争であったため，人々は国民として団結し，熱狂した。

Q 日本のどのような状況を表しているのだろうか？

「ほら，これがソーデスカ氏だよ！」「君は何をお望みかね？」「あなた方のクラブに入ることを望みます。ドーゾ，ネガイマッセ…」

▲13 1897年の日本と列強を描いた風刺画（ビゴー筆。『1897年のできごと』）

深めよう　日清戦争後，日本・中国（清）・朝鮮の関係は，どのように変化したのだろうか？

つなげよう　この頃，欧米諸国は，アジアでどのような動きをしたのだろうか？

帝国主義の成立

アプローチ 帝国主義とは何だろうか？

1 帝国主義の形成 まとめ

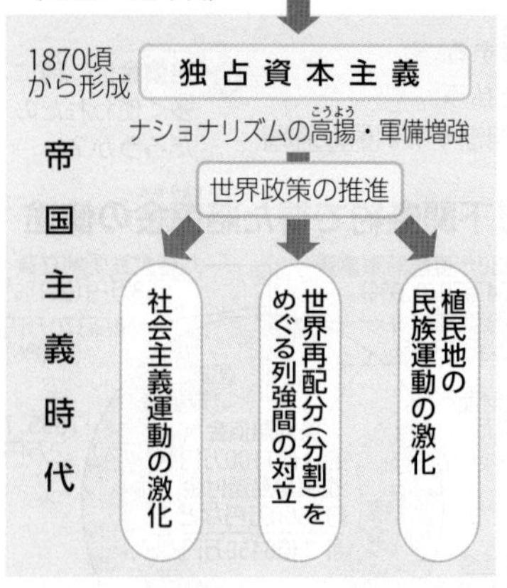

A1 上院を支配する独占資本の風刺画(アメリカ，1889年) 議員の背後に，鉄鋼・銅・石油・鉄・砂糖などの独占資本が並ぶ。帝国主義時代の資本主義諸国では，大不況の中で弱小企業を吸収して巨大化した独占資本が，**実質的に国家の内政・外交を左右**した。

Q 独占資本は，どのように描かれているのだろうか？

1A 独占の3形態

カルテル	同一産業の複数企業が，生産量や価格について**協定を結び**，利益を守ろうとする形態。
トラスト	同一産業の企業が**合併し**，規模拡大による利益増大を図る形態。 例：**スタンダード石油(米)**
コンツェルン	特定企業が，株式取得などにより複数企業を**傘下に置く**形態。 例：**クルップ社(独)**

2 クルップ社の工場(1909年) ドイツ国内の鉄道網拡張(← p.56)による車輪の大量受注で発展。大砲・戦車などの軍需企業として，コンツェルンを形成した。

1B 第1次産業革命と第2次産業革命

第1次産業革命(18〜19世紀)		第2次産業革命(19世紀後半)
石炭・蒸気力	動力源	石油・電力
軽工業・製鉄業	主産業	重化学工業・電機工業・金属工業
個人の発明家達	研究	企業・国家と結びついた大学・機関
産業資本主義体制の形成 個人企業を中心とする自由競争	結果	独占資本主義体制の形成 **独占資本・金融資本の支配** (カルテル・トラスト・コンツェルン)
イギリスの先行	中心国	**ドイツ・アメリカ合衆国**の躍進
原料供給地・商品市場	植民地	**資本輸出地・原料供給地・商品市場**

1C 世界の工業生産に占める割合

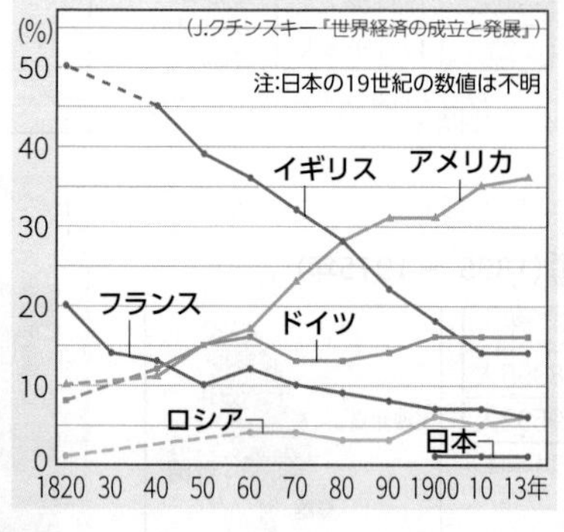

1D 列強の植民地(1914年)

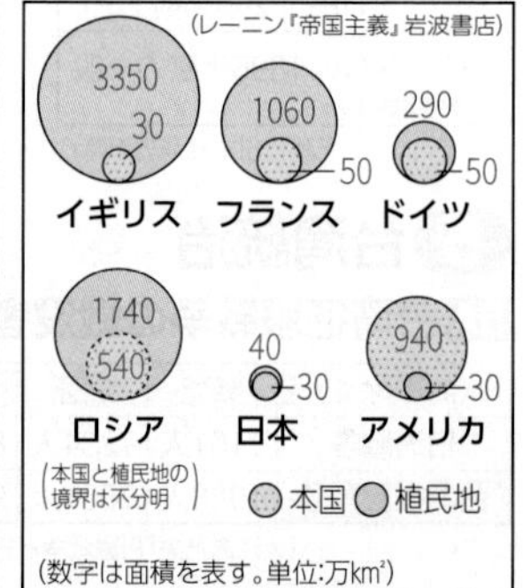

2 社会主義運動の高揚

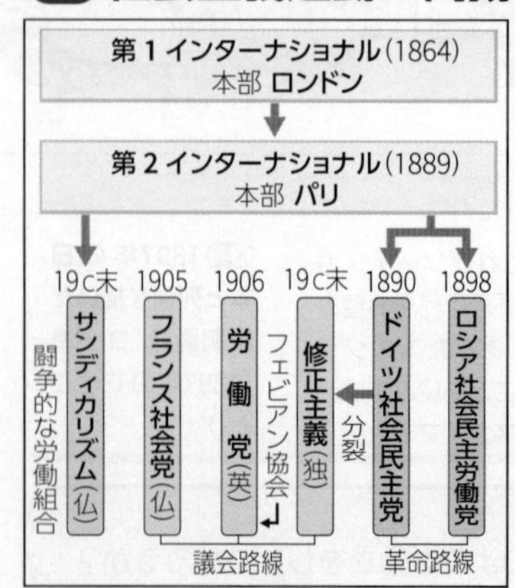

2A 国際社会(共産)主義運動 巻末史料24

組織	第1インターナショナル	第2インターナショナル	第3インターナショナル(コミンテルン)→ p.114
成立年・本部	1864・ロンドン	1889・パリ	1919・モスクワ
中心政党		**ドイツ社会民主党**	**ロシア共産党**
目的・動機	ポーランドの反乱の支援	フランス革命100周年	各国共産党を指導して世界革命を推進
特色	●**パリ＝コミューンを支持**して各国で弾圧 ⟶解散 ●**マルクス**が指導 ← p.53	●第1回国際メーデー(1890)を指導 ●バーゼル臨時大会(1912)で反戦を決議 ⟶第一次世界大戦で各国社会主義政党が戦争を支持，崩壊	●**中国革命**を指導 ●ファシズムと対抗 ⟶**人民戦線戦術** ●第二次世界大戦中，米・英との協調の必要性から解散(1943)

2B 社会民主主義の成立

資本主義の発展(19世紀末〜)
- 労働者の地位向上
  例:選挙法改正(1867・84 英)
  社会主義者鎮圧法廃止(1890)と社会保険制度(独)
- 社会主義政党の勢力拡大と路線対立

↓

社会民主(民主社会)主義
(革命の否定・議会を通しての社会改良)
ベルンシュタインの修正主義
フェビアン協会
(**ウェッブ夫妻・バーナード＝ショーら中心**)

❸ 帝国主義列強の動向 まとめ

← p.9 列強の対外政策に関する用語

国	イギリス ← p.54	フランス ← p.54	ドイツ ← p.56	アメリカ ← p.58	ロシア ← p.55	日本 ← p.88・89
特色	●「世界の工場」から「世界の銀行」への変質 ●3C政策	●銀行の資本力により，ロシアなどへの国外投資(資本輸出)	●独占資本の形成 ❷(クルップ，シーメンス) ●3B政策 ❸	●独占資本の形成 ❶ ●カリブ海政策	●フランスから資本導入 ●シベリア鉄道建設による極東進出	●資本主義の発展 ●朝鮮・中国へ進出
対外政策	1875 スエズ運河会社株買収 1877 インド帝国成立 1898 威海衛・九竜半島北部租借 → p.93 ファショダ事件 1910 イギリス領南アフリカ連邦成立	1881 チュニジア保護国化 1887 フランス領インドシナ連邦成立 1898 ファショダ事件 1899 広州湾租借 → p.93 1912 モロッコ保護国化	1885頃～ 太平洋進出 1890 再保障条約終了 1898 膠州湾租借 → p.93 1899 バグダード鉄道敷設権獲得 1905 第1次モロッコ事件 1911 第2次モロッコ事件	1898 アメリカ＝スペイン(米西)戦争 フィリピン・グアム領有，ハワイ併合 1899 門戸開放宣言 1901 キューバ保護国化 1914 パナマ運河開通	1895 三国干渉 1898 旅順・大連租借 → p.93 1904 日露戦争(～05) → p.94～97	1894 日清戦争(～95) ← p.89 1902 日英同盟 1904 日露戦争(～05) 1910 韓国併合(韓国の植民地化)
内政	1884 第3回選挙法改正 1906 労働党成立 1914 アイルランド自治法成立	1894 ドレフュス事件(～99) 1905 フランス社会党結成	1890 ビスマルク辞職 社会民主党結成	1890年代 フロンティアの消滅	1898 ロシア社会民主労働党結成 1905 血の日曜日事件	1901 社会民主党結成(直後禁止) 1910 大逆事件 → p.102

❹ 帝国主義対立の変化

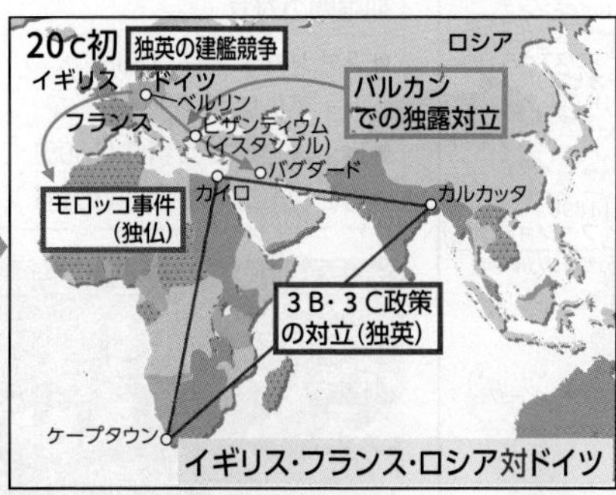

Q 列車の向かう都市はどこだろうか？

◀3 3B政策の風刺画(イギリス，1911年) ドイツ皇帝ヴィルヘルム2世の世界政策の下で，ベルリン・ビザンティウム(イスタンブル)・バグダードの3都市を鉄道で結ぶ計画が立てられ(3B政策)，イギリスの3C政策と対立した。 → p.95地図

❺ 資料から考える 帝国主義下の思想

植民地支配の正当化

5A セシル＝ローズの帝国主義思想 → p.92写

私は昨日ロンドンのイースト・エンド(労働者街)にゆき，失業者たちのある集会をのぞいてみた。そして，そこでいくつかの野蛮な演説をきき——演説といっても，じつは，パンを，パンを！というたえまない叫びにすぎなかったのだが——家に帰る道すがら，その場の光景についてよく考えてみたとき，私は以前にもまして帝国主義の重要さを確信した。…私の心からの理想は社会問題の解決である。すなわち，**連合王国の4000万の住民を血なまぐさい内乱から救うため**には，われわれ植民政策家は，**過剰人口の収容，工場や鉱山で生産される商品の新しい販売領域の獲得のために，新しい土地を領有しなければならない。**私のつねづね言ってきたことだが，帝国とは胃の腑の問題である。諸君が内乱を欲しないならば，**諸君は帝国主義者にならなければならない。**

(レーニン『帝国主義』岩波書店)

5B「文明化の使命」論

読みとろう

① 5A ローズが，帝国主義政策が必要だと考えている理由は，何だろうか？

② 5B 風刺画の中で，フランスを表す女神マリアンヌは，モロッコの人々に何と何を与えているのだろうか？

考えよう

列強は植民地支配をどのように正当化したのだろうか？ 関連

◀4 第2次モロッコ事件の風刺画(「ル・プチ・ジュルナル」1911年) フランスによるモロッコ保護国化の際，フランス紙に掲載された挿絵。「有する富をこれまでほとんど活かしてこなかったこの国にもついに文明の扉が開かれようとしているのだ，と期待できるだろう」という記事が付され，**「文明化の使命」論**が強く主張された。

深めよう 列強が帝国主義政策を進めた理由は，何だろうか？

つなげよう 帝国主義政策によって，国際関係はどのように変化したのだろうか？

上院を支配する独占資本の風刺画→

世界分割の進展

アプローチ 列強は，どのように世界分割を進めたのだろうか？

1 アフリカ分割

1A 分割の経過

19世紀半ば **リヴィングストン・スタンリー**の探検

↓ ヨーロッパ人の進出

1884 **ベルリン＝コンゴ会議**(～85) ビスマルクの調停

↓ 列強の先占権の確認

分割競争の激化
- **縦断政策**(英)と**横断政策**(仏)
- ドイツの勢力拡大
- 南アフリカ(ブール，ボーア)戦争

列強間の対立
- **ファショダ事件**(1898) ⟶ **英仏協商**(1904)
- 第１次モロッコ事件(1905)
- 第２次モロッコ事件(1911)

Q ローズが足を置く場所はどこだろうか？

(着色)

A3 セシル＝ローズの風刺画 「地球の表面を１インチといえどもとらなければならない」と述べ，イギリス帝国主義下の世界政策(**３Ｃ政策**)を推進。ダイヤモンドと金の採掘(さいくつ)で巨富を得，1890年にケープ植民地首相となった。←p.91

デビアス鉱山会社(ローズ設立)の労働者

A4 ダイヤモンド鉱山労働者

英軍と戦うブール人兵士ら

▶5 南アフリカ(ブール，ボーア)戦争 (1899～1902年) オランダ系移民の子孫であるブール人が建てた**トランスヴァール共和国で金**が，**オレンジ自由国でダイヤモンドが発見**され，イギリスが両国の植民地化を進めた。1910年，南アフリカ連邦が成立。

◀1 エチオピア帝国旗　アドワの戦い(1896)でフランスから武器提供を受けてイタリア軍を撃退(げきたい)するなど，列強の対立を利用して**独立を守った**。

◀2 リベリア国旗 アメリカ合衆国から入植した黒人解放奴隷(どれい)が1847年に**独立を宣言**。国名は「自由」にちなみ，国旗も星条旗(せいじょうき)からとっている。

2 太平洋分割・カリブ海政策

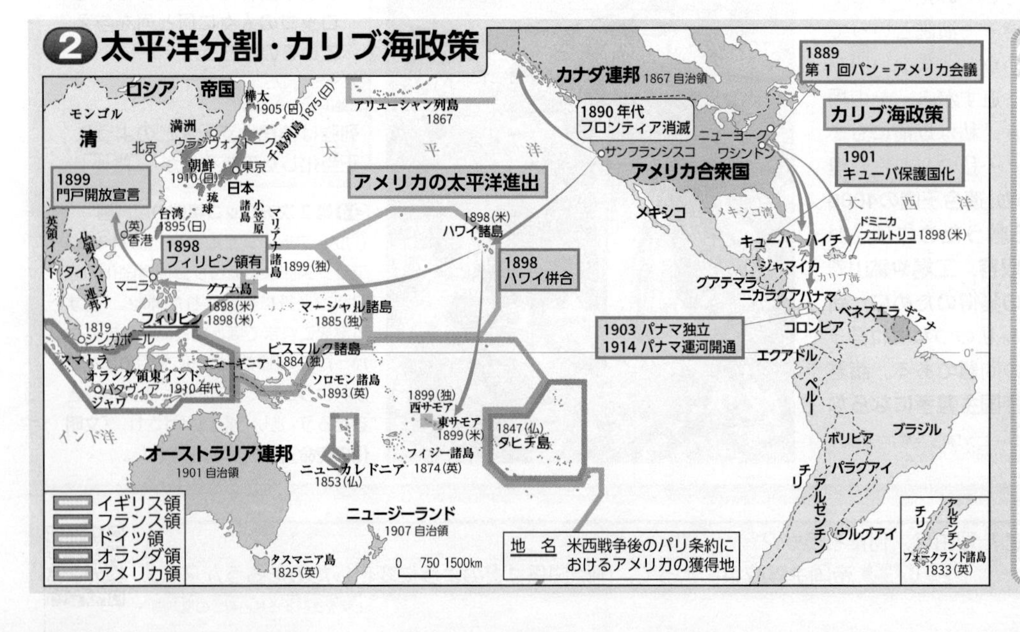

先住民文化の伝承 ―アボリジニとマオリ―

オーストラリアの先住民アボリジニは，病気や迫害(はくがい)により20世紀初頭には人口が激減した。その後の保護政策により，白人社会に同化する人や，伝統的な生活や文化を受け継ぐ人々がいる。**ニュージーランドの先住民マオリ**は，西欧文化との共存の成功例に挙げられ，伝統文化の伝承に努めている。1987年，マオリ語はニュージーランドの公用語の１つに認定された。

▶6 伝統的手法で絵を描くアボリジニの芸術家

3 中国分割

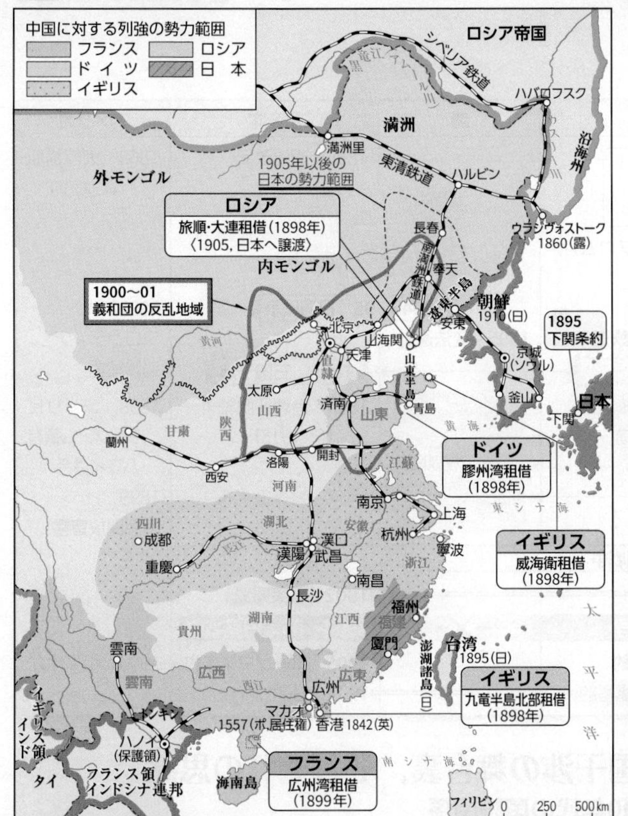

10 列強の中国分割の風刺画(ビゴー筆)　日清戦争以後，列強は**租借地・租界の設定，鉄道敷設権，鉱山採掘権の獲得，不割譲条約の締結など**露骨な侵略を展開した。

Q 列強は何をしているのだろうか？

3A 列強の中国分割

国名	租借地	年代	期限	勢力圏
ロシア	**遼東半島南部(旅順・大連)**	1898	25年	万里の長城以北
ドイツ	**膠州湾**	1898	99年	山東省
イギリス	**威海衛・九竜半島北部**	1898	25·99年	長江流域
フランス	**広州湾**	1899	99年	広東·広西·雲南省
日本	**遼東半島南部(関東州)**	1905	18年	福建省·南満洲
アメリカ	1899 **ジョン=ヘイの門戸開放宣言**(門戸開放・機会均等・領土保全〈1900〉)			

3B 清末の改革運動

洋務運動(1860頃〜94頃)　**曽国藩，李鴻章**
●**「中体西用」**(伝統的政治体制下で西洋技術導入) ●兵器・紡績・造船工場設立，鉄道敷設など ●清仏戦争，日清戦争の敗北で失敗露呈 ←p.69
変法運動(1895〜98)　**光緒帝，康有為，梁啓超**
●**明治維新をモデルに立憲君主政をめざす** ●科挙の改革，近代的学校の設立，新軍創設などの改革を計画(**戊戌の変法**) ●西太后ら保守派のクーデタで挫折(**戊戌の政変**)
光緒新政(1901〜08)　**西太后，袁世凱**
●立憲君主政をめざす ●科挙の廃止，新軍設置，憲法大綱の発表など

11 康有為(1858〜1927)　清仏戦争，日清戦争の敗北に危機感を強め，光緒帝に政体改革，富国強兵，教育改革などを上奏した。

12 西太后(1835〜1908)　咸豊帝の妃。甥の光緒帝の時代には変法運動に強く反対。康有為を失脚させ，光緒帝を幽閉した。

3C 義和団戦争(1900〜01年)

13 8カ国連合軍の兵士　**「扶清滅洋」**を唱える義和団とそれと結んだ清朝に対し列強が出兵。連合軍(主力は日・露)が鎮圧した(**義和団戦争**)。清は**北京議定書(辛丑和約)**で，巨額の賠償金支払いや外国軍の北京駐屯を認めた。

2A アメリカの極東・カリブ海政策

Q 2の地図で運河の位置を確認しよう。

アメリカ合衆国(1890年代)
- フロンティアの消滅
- 独占資本の成長と帝国主義政策

アジアに進出 → **極東政策**
- 中国に対し**門戸開放宣言**(ジョン=ヘイ)
- 現地住民に対する同化政策

中米諸国の政治・経済的支配 → **カリブ海政策**
- **モンロー主義の拡大解釈**
- **パン=アメリカ会議**(1889)
- **「棍棒外交」**(セオドア=ローズヴェルト)

パナマ運河

7 アメリカの植民地政策の風刺画(1899年)　併合地の子どもたちに「文明」を教える教師として，アメリカ合衆国を擬人化したアンクル=サムが描かれている。植民地の人々を「文明化」するのが**「白人の責務」**であるという思想がみられる。←p.91

8 リリウオカラニ(位1891〜93)　ハワイのカメハメハ王朝最後の女王。1898年，アメリカ=スペイン(米西)戦争中に，アメリカはハワイを併合した。

9 パナマ運河　1914年に完成。

深めよう 列強による植民地化政策には，どのような共通点がみられるのだろうか？

つなげよう 植民地化は，その後の被支配地の発展にどのような影響を及ぼしたのだろうか？

アメリカの植民地政策の風刺画→

つながりで読みとく日露戦争

1 日露「だけ」の戦争だったのか？ p.90～93

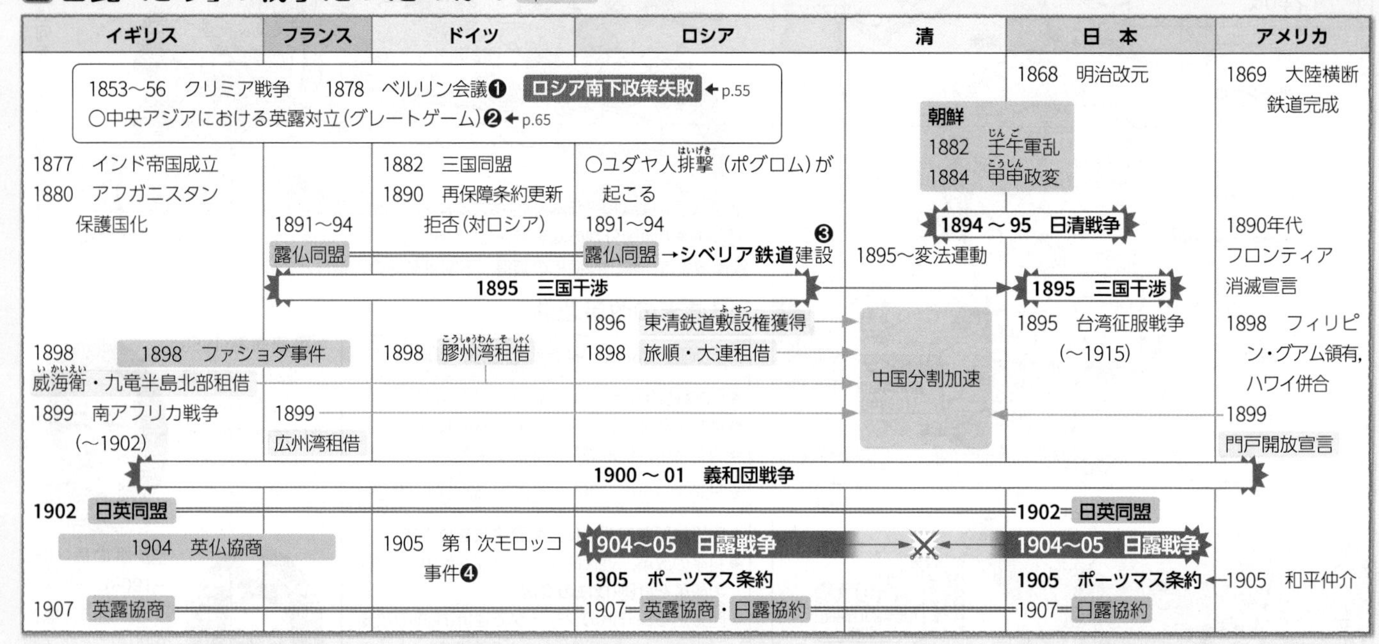

イギリス	フランス	ドイツ	ロシア	清	日本	アメリカ
1853～56 クリミア戦争　1878 ベルリン会議❶ ロシア南下政策失敗 ←p.55 ○中央アジアにおける英露対立(グレートゲーム)❷←p.65				朝鮮 1882 壬午軍乱 1884 甲申政変	1868 明治改元	1869 大陸横断鉄道完成
1877 インド帝国成立 1880 アフガニスタン保護国化		1882 三国同盟 1890 再保障条約更新拒否(対ロシア)	○ユダヤ人排撃(ポグロム)が起こる			
	1891～94 露仏同盟		1891～94 露仏同盟→シベリア鉄道建設❸	1895～変法運動	1894～95 日清戦争	1890年代 フロンティア消滅宣言
	1895 三国干渉				1895 三国干渉	
			1896 東清鉄道敷設権獲得		1895 台湾征服戦争(～1915)	
1898 威海衛・九竜半島北部租借 1898 ファショダ事件		1898 膠州湾租借	1898 旅順・大連租借	中国分割加速		1898 フィリピン・グアム領有，ハワイ併合
1899 南アフリカ戦争(～1902)	1899 広州湾租借					1899 門戸開放宣言
1900～01 義和団戦争						
1902 日英同盟					1902＝日英同盟	
1904 英仏協商		1905 第1次モロッコ事件❹	1904～05 日露戦争		1904～05 日露戦争	
			1905 ポーツマス条約		1905 ポーツマス条約	1905 和平仲介
1907 英露協商			1907＝英露協商・日露協約		1907＝日露協約	

2 ユーラシアをまたぐ対立，列強の動向は？

2A 1870年代の国際関係

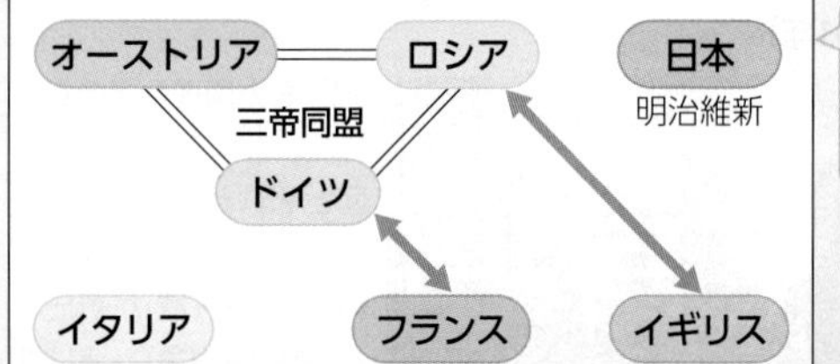

Q 2Aと3Aの間で関係が変化している国を確認しよう。

3 三国干渉の舞台裏，それぞれの思惑

3A 1890年代の国際関係

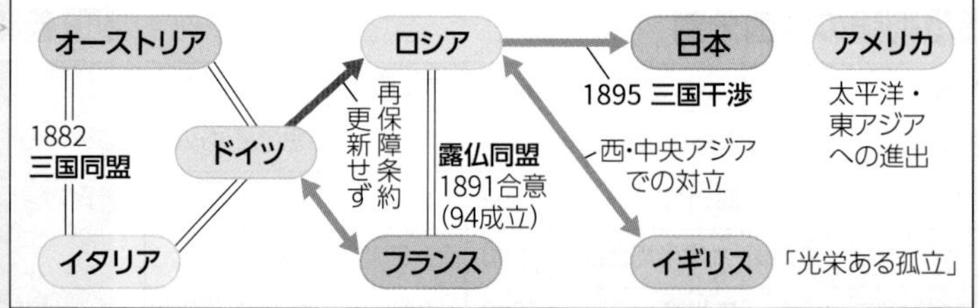

❶ **ベルリン会議**（1878年） クリミア戦争後も，ロシア＝トルコ戦争で南下を図るロシアに対して，イギリスなどのヨーロッパ諸国が反発。ビスマルクの仲介でバルカン半島への進出を阻まれたロシアは，中央・東アジアへの南下を進めた。 ←p.55

❸ **シベリア鉄道の建設** イギリスは強大な海軍力で海路を支配するとともに，カナダ・パシフィック鉄道の開通によって太平洋へのアクセスも確保した。これに対してロシアは，シベリア鉄道の建設による陸上輸送路の確立を目指し，**フランスの資本を導入**。1904年に工事が完了した。

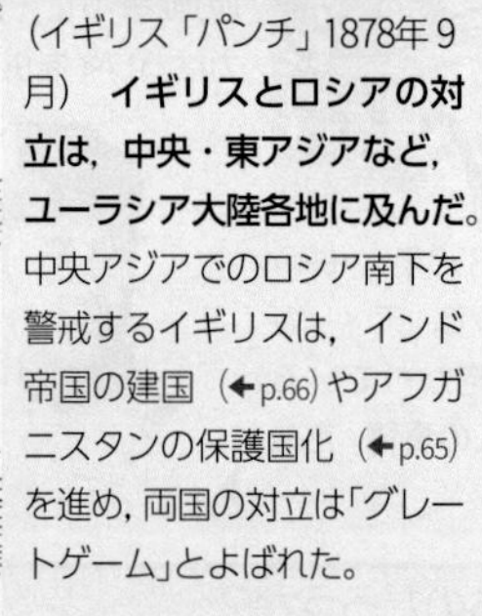

❷ **英露対立の風刺画**（イギリス「パンチ」1878年9月） **イギリスとロシアの対立は，中央・東アジアなど，ユーラシア大陸各地に及んだ。** 中央アジアでのロシア南下を警戒するイギリスは，インド帝国の建国（←p.66）やアフガニスタンの保護国化（←p.65）を進め，両国の対立は「グレートゲーム」とよばれた。

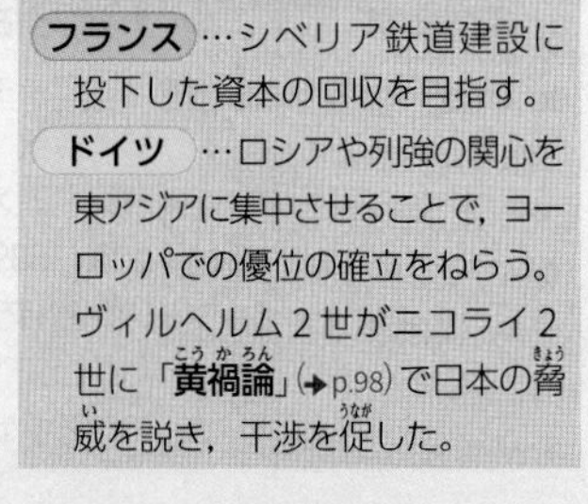

●三国干渉の思惑

フランス…シベリア鉄道建設に投下した資本の回収を目指す。

ドイツ…ロシアや列強の関心を東アジアに集中させることで，ヨーロッパでの優位の確立をねらう。ヴィルヘルム2世がニコライ2世に「**黄禍論**」（→p.98）で日本の脅威を説き，干渉を促した。

❹ **モロッコ事件の風刺画**（アメリカ，1905年） 日露戦争中の1905年，ドイツはモロッコへの進出を図った。

4 なぜ，世界は東アジアに注目したのか？

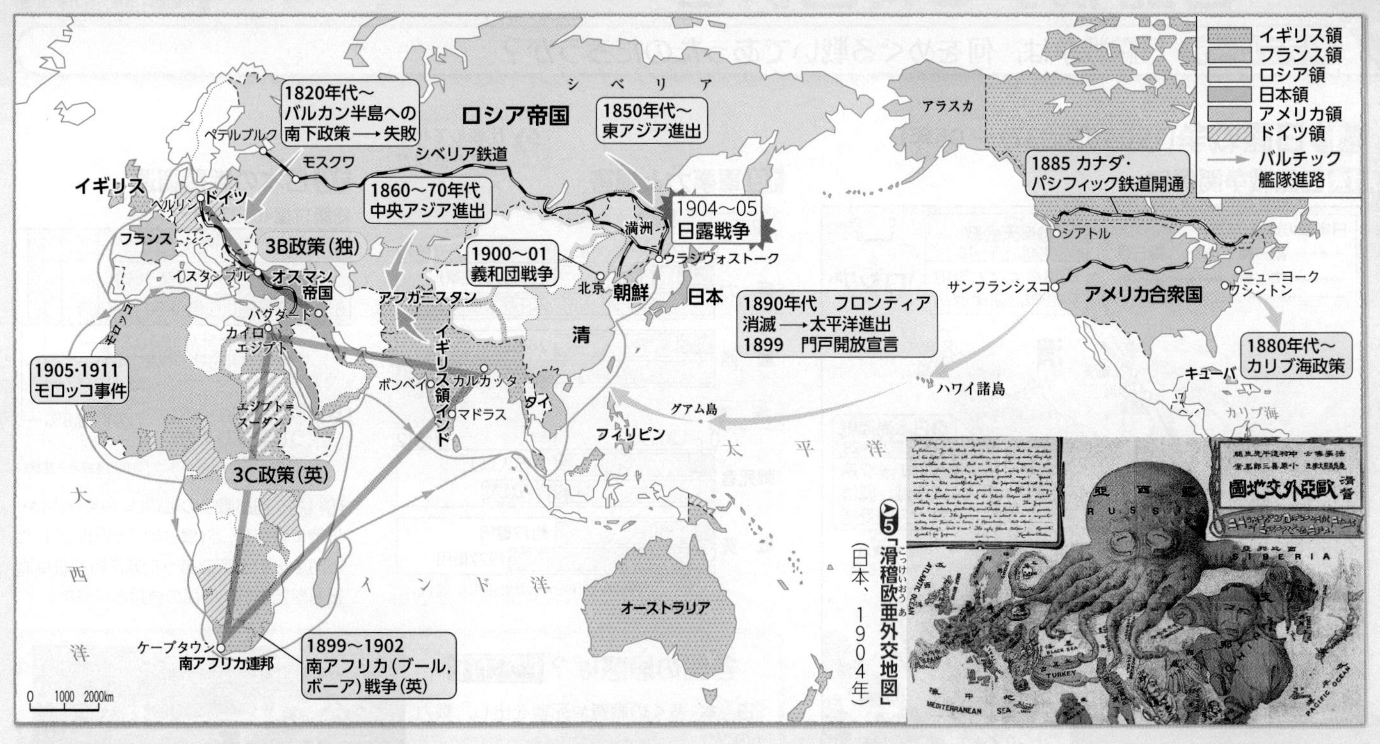

▶5「滑稽欧亜外交地図」(日本，1904年)

5 日本が恐れ続けたものは…？

5A 山県有朋の「外交政略論」(1890年)

　今国家の独立を維持しようとすれば，ただ**主権線**（領土）を防護するだけでは足りず，進んで**利益線**（主権線の危険や安全に密接に関係する区域）を防護しなければならない。
　…**我が国にとって利益線の焦点は朝鮮にある。**シベリア鉄道はすでに中央アジアに進み，数年の内には竣工する。**シベリア鉄道の完成は即ち朝鮮，そして東洋に一大変動が起こるということを忘れてはならない。**
（『日本史史料 4』岩波書店）

Q 山県は何を警戒したのだろうか？

▲6 山県有朋
(1838〜1922)

解説　シベリア鉄道完成によるロシアの輸送力の向上は，朝鮮や満洲での勢力拡大を目指す日本にとっての脅威であった。特に山県有朋は，シベリア鉄道の計画が明らかになった段階から警戒心を強め，軍備の拡張を説いた。

5B 日英同盟論と日露協商論

日英同盟論	日露協商論
ロシアの南下を抑え，朝鮮半島での利益を守る	ロシアの満洲支配と日本の韓国支配を相互に承認する（**満韓交換**）
元老 山県有朋，首相 桂太郎，外相 小村寿太郎ら	元老 伊藤博文　井上馨ら

解説　義和団戦争（←p.93）後も満洲に駐留を続けるロシアに対して，日本政府内部ではロシアとの妥協や，イギリスとの同盟による対抗が協議された。また，**国内では新聞・雑誌上で主戦論が提示されて民衆の支持を得る**一方で，内村鑑三らが非戦論を唱え，論争が繰り広げられた。巻末史料26

6 開戦前夜，日本の選択は？

6A 日露戦争直前の国際関係

解説　南アフリカ戦争で国際的な批判を受けていたイギリスは，**「光栄ある孤立」からの転換を迫られていた。**日露協商の交渉は打ち切られ，1902年に日英同盟が成立した。巻末史料25

6B イギリスでの日英同盟報道

タイムズ紙（1902年2月12日）
　イギリス政府が…条約の公表をかくも急いだという事情は…国内的にもそしておそらく国外的にも**ひどく凋落した威信回復のための示威**が何よりも問題になっている，ということを示している。…日本の艦隊は目下ロシアの東アジア艦隊よりも強力であり，東アジアではロシアに並ぶ強国とみなすべきだ…
（『外国新聞に見る日本③』毎日コミュニケーションズ）

▲8 フランスの風刺画
(1904年4月3日)
朝鮮・満洲などの地名が書かれたリングの上で，日露両国がにらみ合い，**中国分割**（←p.93）**を進める列強諸国が戦況を伺っている。**

Q 客席で見守っているのは，どのような国々だろうか？

日本の運命を左右したユダヤ人

　日本とロシアは，戦費の多くを外債に依存していたが，非白人国家で敗北も予想された日本の外債獲得は難航した。その中で日本を支援したのが，ユダヤ人銀行家シフである。**ロシアのユダヤ人排撃**に憤るシフは，日本の勝利に期待を寄せていた。

▶7 ヤコブ＝シフ
(1847〜1920)

日露対立の風刺画→

日露戦争と韓国併合

アプローチ 日露戦争は，何をめぐる戦いであったのだろうか？

1 日露戦争(1904〈明治37〉～05年)

1A 日露戦争関係図

❶三笠艦橋之図(東城鉦太郎筆) 三笠は日露戦争における日本の連合艦隊の旗艦。絵は1905年5月27日昼すぎの様子で，緊急信号のZ旗が掲げられた直後，左大回転が発令され，日本海海戦が始まった。 記念艦三笠蔵

1B 軍事力と損害

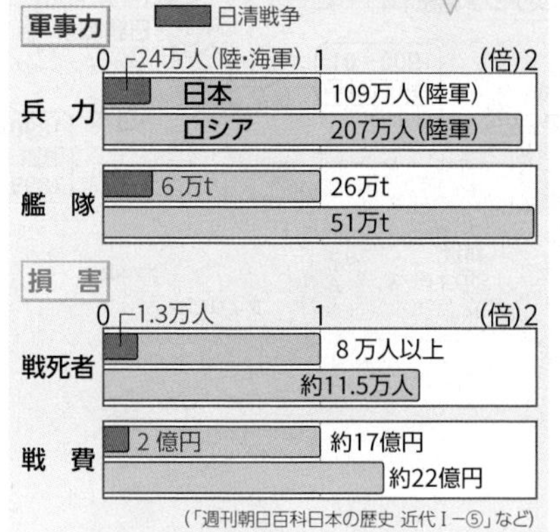

(「週刊朝日百科日本の歴史 近代Ⅰ-⑤」など)

1C 日本の戦費調達 ← p.95

総額17億4642万円

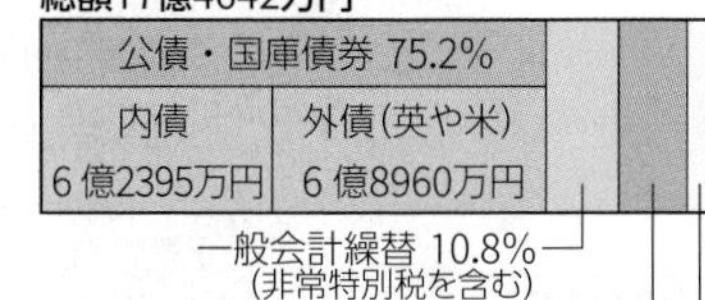

Q 戦費は，どのように調達したのだろうか？

(『近代日本経済史要覧』)

解説 日露戦争の戦費は，多くを内債・外債に依存し，外債は約7億円に達した。戦時のみの予定であった非常特別税は戦後も継続され，国民の負担となった。

各国の思惑は？ 世界 日本

日本 多くの戦費や死者を出し，戦力が限界。

ロシア 戦況・専制に対する不満の高まりや，血の日曜日事件で，戦争継続が困難。

アメリカ 日本かロシアのどちらかが満洲で力をもつことに危機感をもつ。満洲における鉄道利権の確保をめざす。

アメリカの斡旋で日露の講和会議が開かれた。会議に備え，日本の桂太郎首相とアメリカの陸軍長官タフトは，日本の韓国保護国化と，アメリカのフィリピン統治を相互に承認した(桂・タフト協定)。

❷血の日曜日事件(1905年) 労働者の窮状を訴えるデモに軍隊が発砲し，死傷者が出たことをきっかけに，革命が起こった。

❸セオドア＝ローズヴェルト米大統領(1858～1919) 日露の講和を斡旋し，ノーベル平和賞を受賞。

2 ポーツマス講和会議(1905〈明治38〉年8月～9月)

2A ポーツマス条約(1905年9月)

首席全権ウィッテ
首席全権外務大臣 小村寿太郎
駐米特命全権大使

❹アメリカのポーツマスで調印。東京 聖徳記念絵画館蔵

1. ロシアは韓国に対する日本の指導・保護・監理を承認。
2. 旅順・大連の租借権，長春以南の鉄道と付属利権を日本に譲渡。
3. 北緯50度以南の樺太(サハリン)と付属の諸島を日本に譲渡。
4. 沿海州とカムチャツカの漁業権を日本国民に許与。

2B 日露戦争後の領土拡張 ← p.82

❺日比谷焼打ち事件(「東京騒擾画報」) 日露戦争は人々に大きな負担をかけたため，ポーツマス条約で賠償金が得られなかったことを知ると，人々の不満は高まった。1905年9月，東京の日比谷公園で開かれた講和反対国民大会に集まった人々は暴徒化し，内相官邸や新聞社を襲い，警察署や交番などを焼打ちした。政府は軍隊を動員して鎮圧した。

❸ 韓国併合

3A 併合までの流れ まとめ ← p.88

1897年 朝鮮，国号を**大韓帝国**(韓国)と改称

❶1904年(明37) **日韓議定書**…日本が軍事上必要な土地を収用することを韓国に認めさせる

❷1904年 **第１次日韓協約**…韓国は，日本政府の推薦する財政・外交顧問をおくことを受け入れる

❸1905年(明38) **ポーツマス条約**…ロシアは，日本の韓国に対する政治・経済・軍事上の優越権を認める

❹1905年 **第２次日韓協約**(韓国保護条約)…日本が韓国の外交権を握る(保護国化)。**統監府**をおく(初代統監伊藤博文)

1907年 **ハーグ密使事件**→皇帝を退位させる

❺1907年(明40) **第３次日韓協約**…日本が韓国の内政権を握る
韓国軍隊を解散→**義兵運動**(義兵闘争)

1909年 「韓国の併合」を閣議決定(約３か月半後，安重根(アンジュングン)が伊藤博文を暗殺)

❻1910年(明43) **韓国併合条約**(韓国の植民地化)。韓国を朝鮮に，首都漢城(ハンソン)を京城に改称。**朝鮮総督府**をおく

1910年以降 **土地調査事業**。学校では日本史や日本語の授業増加，教育勅語(← p.86)の強要

A6 韓国の義兵 日本が韓国軍を解散させると，義兵運動（義兵闘争）が本格化した。

A7 韓国の皇帝がオランダのハーグで開かれた万国平和会議に派遣した密使たち ← p.60

◀8 伊藤博文と韓国皇太子
1907年，伊藤は韓国皇太子を東京に留学させた。皇太子は手厚く扱われたが，人質でもあった。

Q 韓国は，どのような状況だったのだろうか？

▶9 伊藤博文の「鵺亀」(「東京パック」1908年) 鵺亀は正体不明の亀のこと。甲羅に「統監政治」と書かれている。伊藤の韓国統治策を風刺している。

◀10 朝鮮総督府(1929年「京城電車案内」) 王宮は風水の「気」に満ちた場所にあり，朝鮮支配の中枢となった朝鮮総督府はその「気」を断つように建てられた。朝鮮総督府の建物は，1995年(日本からの解放50年)を機に撤去された(翌年完了)。京都府立京都学・歴彩館 京の記憶アーカイブより

▶11 旧王宮の光化門

3B 土地調査事業(1910～18年)

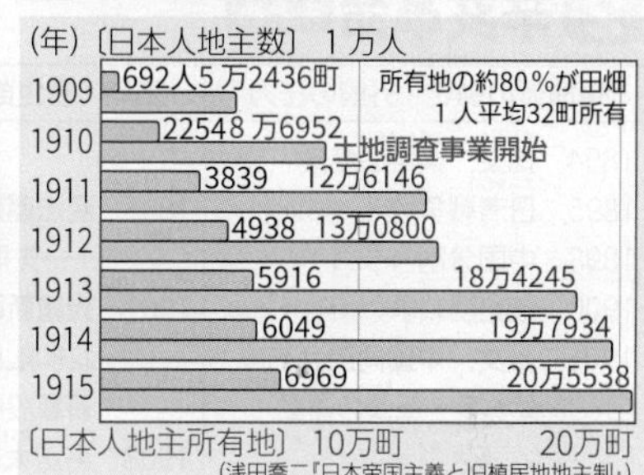

(年)	〔日本人地主数〕	〔日本人地主所有地〕
1909	692人	5万2436町
1910	2254	8万6952
1911	3839	12万6146
1912	4938	13万0800
1913	5916	18万4245
1914	6049	19万7934
1915	6969	20万5538

所有地の約80％が田畑　1人平均32町所有
1910 土地調査事業開始
(浅田喬二『日本帝国主義と旧植民地地主制』)

解説 土地調査事業で，土地所有権や納税額を確定した。日本人の土地所有が増え，小作人となったり日本へ移住する朝鮮人が現れた。

❹ 日露戦争後の満洲*

＊満洲は，黒竜江・吉林・遼寧を指す旧称。

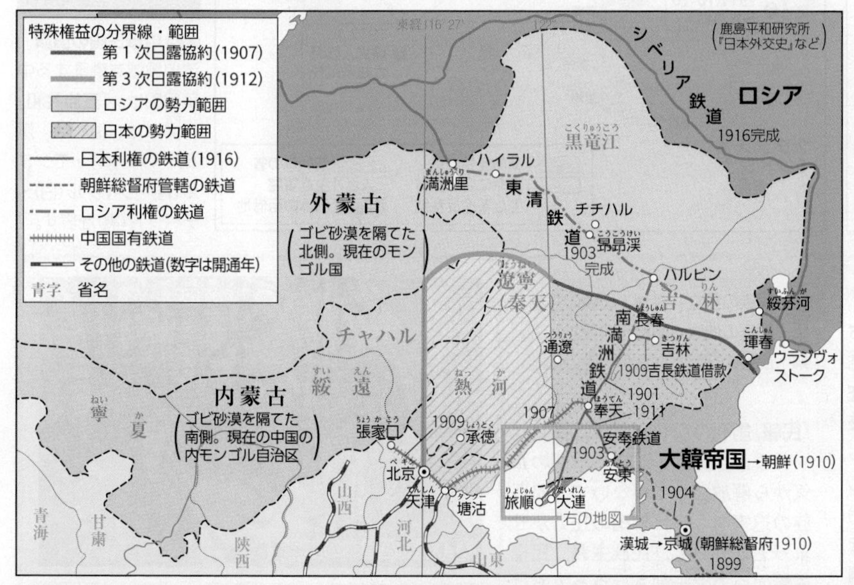

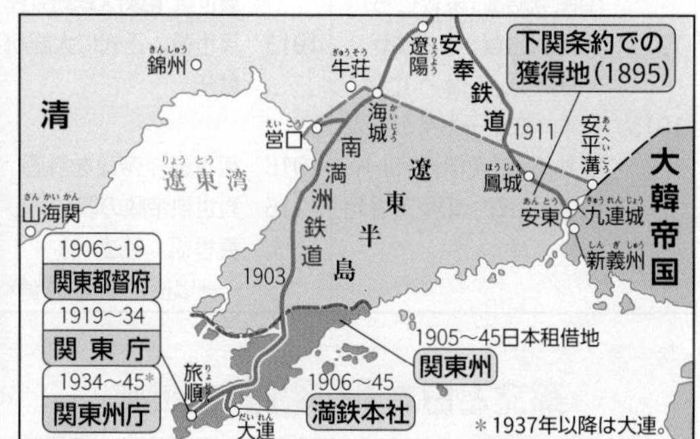

解説 日本は，租借権を得た遼東半島南部(関東州)に関東都督府を設置し，満洲への進出を図った。鉄道・炭鉱などの工業や，商業などの経済における進出は，半官半民の南満洲鉄道株式会社(満鉄)が担った。

A12 南満洲鉄道株式会社

深めよう 日露戦争が国内に与えた影響は，何だろうか？

つなげよう 日露戦争が国際関係や各地の諸民族に与えた影響は，何だろうか？

「京城電車案内」→

日露戦争後のアジア

アプローチ 日露戦争は，アジア諸国にどのような影響を与えたのだろうか？

1 国際関係の変化 ←p.94・95

1A 日露戦争時の国際関係

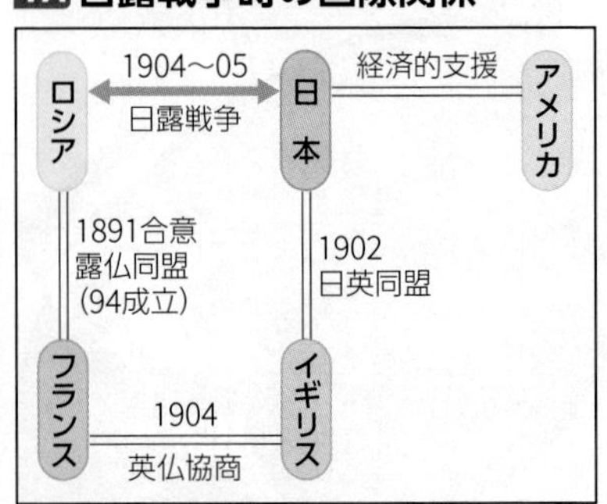

1B 日露戦争後の国際関係

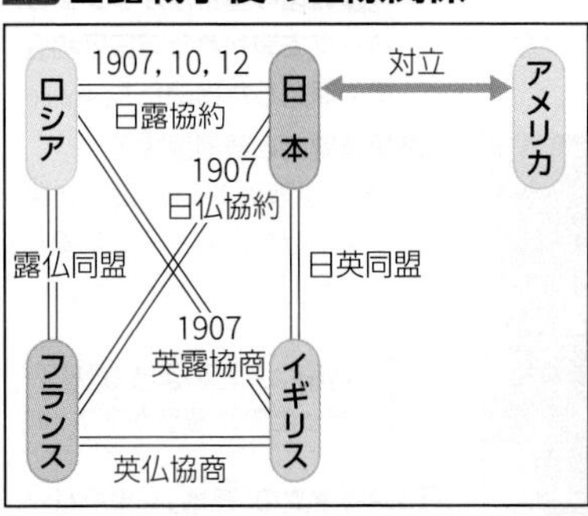

解説 日露戦争後，日本はイギリス・ロシアと協調し，**南満洲の権益独占化**を図ったため，中国における**門戸開放・機会均等を求めるアメリカ**と対立した。また，黄禍論の広まりや日本人移民排斥問題(→p.106・131)もあり，日米関係は悪化した。

英 露 仏 墺 独 大天使ミカエル 仏陀(アジアを象徴) 龍(中国) ヨーロッパの平原

A1 **黄禍の図**(1895年) ドイツ皇帝ヴィルヘルム2世が原案を描いた寓意画。「黄色人種(アジア人)の台頭が白色人種を脅かす」という，19世紀後半にドイツで生まれた**人種主義**の主張を**黄禍論**という。日露戦争後，脅威の対象は日本となり，アメリカに広まった。→p.106

2 辛亥革命 まとめ →p.124

革命派の動き・外国の圧力	清朝・袁世凱政権の動き
1894 **孫文**(スンウェン)，興中会結成	
1895 日清戦争敗北 ←p.89	1895 **変法運動**(～98) ←p.93 →失敗
1898 中国分割 ←p.93	
1900 義和団戦争(～01) ←p.93	1901 **光緒新政**(～08) ←p.93 科挙廃止・立憲準備(05) 新軍設置(06)
1905 孫文，**中国同盟会**結成 ○民族資本家・華僑の運動	
	1908 憲法大綱発表・国会開設の公約
1909 各省の国会開設運動	
1911 四川暴動 ← **辛亥革命**勃発(武昌蜂起)	1911 幹線鉄道国有化
1912 **中華民国**建国 (**臨時大総統：孫文③**) 国民党結成(宋教仁(ソンチャオレン)ら)	1912 **宣統帝**(**溥儀**(プーイー))退位 →**清朝滅亡** **袁世凱**(ユアンシーカイ)**，臨時大総統**就任
1913 袁世凱独裁への蜂起 →孫文，日本へ亡命	1913 袁世凱，正式に大総統就任
1915 日本，二十一か条の要求 **陳独秀**(チェンドゥーシウ)『新青年』創刊 ←	1915 袁世凱，帝政を計画
袁世凱帝政への反対蜂起 →	1916 袁世凱帝政の取り消し 袁世凱，死去 →以後，軍閥の抗争

2A 辛亥革命と軍閥

Q 主な革命反乱地は，どこに位置しているだろうか？

モンゴル人民共和国 1924成立
ロシア
④ 1912.2 宣統帝退位 清朝滅亡 1912.3 袁世凱，臨時大総統就任
張作霖 奉天
朝鮮 1910(日)
内蒙古
北京 袁世凱
関東州 1905(日)
京城(現ソウル)
東京
1905年8月 孫文らが中国同盟会を結成
① 1911.9 四川暴動
段祺瑞 南京
成都 重慶 漢口 漢陽 武昌 安慶
② 1911.10-10 辛亥革命
醴陵 萍郷
③ 1912.1 孫文，臨時大総統就任
潮州 広州 恵州 欽州 廉州
台湾 1895(日)
フランス領インドシナ連邦
革命発生の省 / 革命に応じた省 / 主な革命反乱地 / 清朝側の省 / 人名 主な軍閥 / 日本の租借地

解説 1911年に武昌で起きた蜂起は各地へ波及し，大半の省が清朝からの独立を宣言した(**辛亥革命**)。1912年にはアジア初の共和国である**中華民国**が誕生。臨時大総統の座についた袁世凱は，帝政を計画したが失敗した。

A2 **中華民国の国旗**
清の領域を継承する中華民国は，「**五族共和**」を掲げた。国旗は，漢(赤)・満(黄)・モンゴル(青)・ウイグル(白)・チベット(黒)を表す。

孫文と日本 世界 日本 巻末史料28

A3 **孫文**
(1866～1925)
「中国革命の父」とよばれる。

ハワイに滞在していた孫文は，華僑たちに反清革命を宣伝し，1894年に興中会を結成した。**日本への亡命後は横浜などに滞在し，宮崎滔天や犬養毅**(→p.129・141)**らと交流した。**なかでも宮崎滔天は孫文に共鳴し，東京での中国同盟会結成(1905)を後押ししたという。当時，中国の革新論者は，明治維新をモデルにして近代化を進めることをめざしていた。東京には科挙を廃止した清から多くの留学生が殺到し，その数は8000人を超えていたという。

三民主義	
民族の独立	満洲人王朝の打倒
民権の伸張	共和国の設立
民生の安定	貧富の格差の抑制

『民報』創刊の辞(1905年，孫文)
いま，中国は千年来の専制の毒気から解放されていないで，異民族の迫害をうけ，外国の圧力がせまってきていて，民族主義，民権主義の点で，一刻もほうっておけない。（『二十世紀3 辛亥革命』中央公論社）

A4 孫文と日本の支援者たち

Q 孫文は，三民主義のうち，まず何を実現することを訴えたのだろうか？

③ アジアの民族運動と日露戦争 世界↘日本

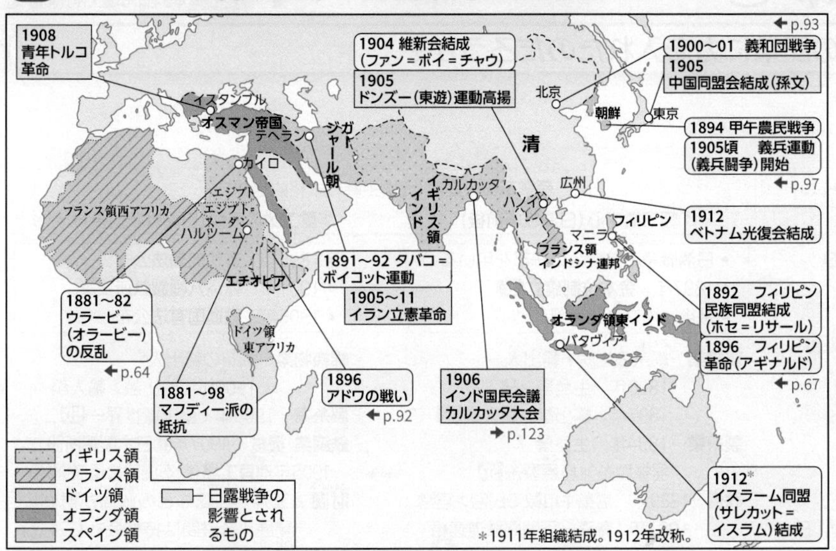

ドンズー(東遊)運動

ファン＝ボイ＝チャウは，1905年日本に渡り，日本に亡命していた梁啓超(りょうけいちょう)(リャンチーチャオ)(←p.93)や，犬養毅(いぬかいつよし)(→p.129・141)・大隈重信(おおくましげのぶ)(←p.84)らと接触。滞在中，日本に留学生を送るドンズー(東遊)運動を展開した。しかしその後，日仏協約(1907)によるフランスからの要請(ようせい)で，日本は留学生を追放した。

▷5 ファン＝ボイ＝チャウ (1867〜1940)

● **ファン＝ボイ＝チャウの回想(1914年)**

日本新たに強く…。今ロシアと戦ってこれに勝ったについては，あるいは全アジア振興(しんこう)の志もあろうし，かたがたわが国が欧州一国の勢力を削るは彼においても利である。われらがここに赴(おもむ)いてこれに同情を求むれば，**軍器を借り，もしくはこれを購(あがな)うこと必ずしも困難ではあるまい**と。(『日本史史料 4』岩波書店)

Q 日本に対して，何を期待していたのだろうか？

◁6 **青年トルコ革命**(1908) スルタンの専制が強まるオスマン帝国では，西欧的自由を主張する「青年トルコ人」の「統一と進歩団」が，日露戦争の影響下で，**オスマン帝国憲法(ミドハト憲法)復活**を求めて蜂起(ほうき)した。革命によりアブデュルハミト2世を退位させ**立憲君主政**を実現したが，やがて民族主義の傾向を強め，諸民族を抑圧した。←p.64・65

◁7 **イラン立憲革命**(1905〜11) イランでは，ガージャール朝の専制政治とイギリス・ロシアに対する従属(じゅうぞく)姿勢に批判が高まり，立憲運動が起こった。ウラマー(イスラームの知識人)らはこれを指導し，政府に**議会開設・憲法制定**を認めさせた。1905年，日露戦争の影響下で，都市部では立憲運動が最高潮に達した。←p.64・65

④ 資料から考える 日露戦争の影響

日露戦争が呼び起こした意識

4A ネルーの見た日露戦争

日露戦争は，1905年の9月のポーツマス条約で終わった。…かくて日本は勝ち，大国の列にくわわる望みをとげた。アジアの一国である日本の勝利は，アジアのすべての国ぐにに大きな影響をあたえた。…**日本のロシアにたいする勝利がどれほどアジアの諸国民をよろこばせ，こおどりさせたかということをわれわれは見た。ところが，その直後の成果は，少数の侵略的帝国主義諸国のグループに，もう一国をつけ加えたというにすぎなかった。**そのにがい結果を，まずさいしょになめたのは，朝鮮であった。日本の勃興(ぼっこう)は，朝鮮の没落を意味した。(『父が子に語る世界歴史 3』みすず書房)

◁8 **ネルー**(1889〜1964) イギリス留学中のネルーは，16歳のとき日露戦争の報を聞き，民族意識を燃え立たせたという。この影響下，インドでは国民会議派がカルカッタ大会で4綱領(こうりょう)を採択した。→p.123

4B 日露戦争後に日本で高まった意識

戦後の日本は実際大いに発展しつつある。陸軍は師団(しだん)を増やそうとし，海軍はぞくぞくと大きな艦船(かんせん)をつくっている。南満洲の経営も始まろうとしている。**かつて領事裁判権(治外法権)に苦しんでいた日本は，この戦いをへて，求めていた「一等国」となったのだ。**(徳冨蘆花「勝利の悲哀」1906年12月の講演)

読みとろう

① 4A ネルーは何に期待し，何に失望したのだろうか？
② 4B 日本では，どのような意識が高まったのだろうか？

考えよう

日露戦争後，アジアの人々が日本に向けた目と，日本で高まった意識にはどのような違いがあったのだろうか？ 比較

深めよう 日露戦争後にアジアで民族運動が高揚した理由は，何だろうか？

つなげよう 日露戦争は，国際関係をどのように変化させたのだろうか？

日本の産業革命①

アプローチ 日本は，どのような分野の産業に力を入れたのだろうか？

1 産業革命の進展 まとめ

殖産興業（官営事業の推進）
- **工部省**（1870） ←p.80
  鉄道・鉱山経営など
- **内務省**（1873）
  製糸・紡績で官営工場を通じ，民間の機械制生産を推進
  内国勧業博覧会の開催

→

産業革命の開始（松方財政期） ←p.85
- 1882年　日本銀行設立
- 1883年　大阪紡績会社開業 5A
- 1884年～払下げ本格化 3A
- 1885年　銀本位制確立 2
- 1886～89年　最初の**企業勃興** 3B
- （1890年　恐慌）

→

産業革命の進展（資本主義の本格的な成立）

①**軽工業中心**（日清戦争前後）
- 日清戦争の賠償金の一部を用いる
- 1897年　**金本位制確立** 2
- 戦後，再び企業勃興

紡績業…綿糸の生産・輸出入
　1890年　生産量＞輸入量
　1897年　輸出量＞輸入量 5B
製糸業…1894年の生産量
　器械製糸＞座繰製糸 5D
鉄道…1889年　営業キロ数で民営＞官営
　1901年　青森－下関間鉄道連絡 4
（1897年　労働組合期成会の結成 →p.102
1900～01年　本格的な資本主義的恐慌）

→

②**重工業の形成**（日露戦争前後） →p.102
- 1896年　**造船奨励法**公布
- 1901年　官営**八幡製鉄所**操業
- 1906年　**鉄道国有法**公布

綿織物業…綿布の輸出入
　1909年　輸出額＞輸入額
製糸業…1909年　輸出量世界一 5D
鉄鋼業・機械…1907年㈱**日本製鋼所**設立。
　1905年**池貝工場**（標準旋盤の量産開始）
財閥…三井・三菱などの政商が財閥に発展。各財閥は持株会社（三井合名会社など）を設立
（1907年　恐慌）

Q 日本の産業革命の流れを確認しよう。

解説　日本の産業革命は，日清戦争前後に紡績業など軽工業が，日露戦争前後に鉄鋼業など重工業が進展した。資本家が労働者を雇い利益を追求する資本主義が本格的に成立した反面，物価の暴落，企業の倒産，失業者の増加などの現象が集中する恐慌がしばしば発生した。

2 通貨制度の変遷

金本位制のしくみ

日本		アメリカ
1円＝金0.75g	100円＝49.85ドル	1ドル＝金1.5046g
金貨 ←兌換→ 紙幣（円）		紙幣（ドル） ←兌換→ 金貨

解説　金本位制は正貨（金貨や地金）を基礎に通貨や信用が成立する貨幣制度で，イギリスで確立した。国内の通貨量は正貨の保有量に比例し，貨幣の価値は，法で金の一定量に定められた。この量をもとに，通貨間の交換比率（金平価）が決められた。

金本位制（1871年確立。実際は金銀複本位制） ←p.78
新貨条例で金本位制を採用。民間の国立銀行が兌換紙幣を発行したが，金不足で経営難になると，兌換義務は廃止された。

↓

銀本位制（1885年確立） ←p.85
不換紙幣を整理し，銀（正貨）を蓄積して確立（**松方財政**）。金の貯蓄に目途がたたず，銀本位制を採用した。

↓

金本位制（1897年確立） ←p.89
下関条約の賠償金で金（正貨）を得て，金本位制を確立した。

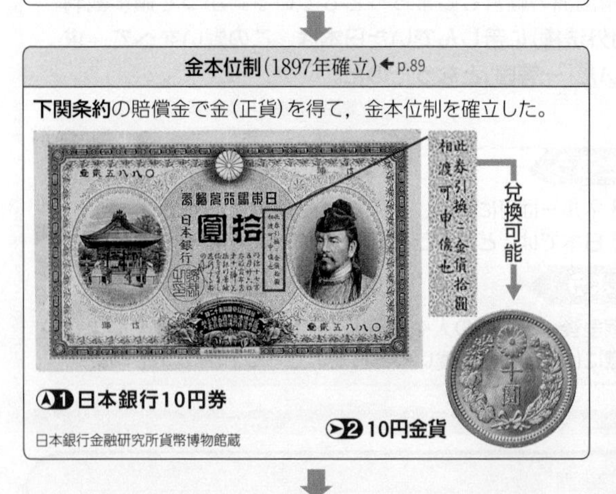

1 日本銀行10円券
2 10円金貨
日本銀行金融研究所貨幣博物館蔵

↓

1931年，金本位制停止（金輸出再禁止） →p.141

3 払下げと企業勃興

3A 官営事業の払下げ ←p.80

物件	払下げ先・年	官営時投下資本	払下げ価格
院内銀山	古河・1884	約 70万円	約 11万円
新町紡績所	三井・1887	約 14万円	約 14万円
長崎造船所	三菱・1887	約113万円	約 46万円
富岡製糸場	三井・1893	約 31万円	約 12万円
佐渡金山	三菱・1896	約142万円	約256万円（2件合計）
生野銀山	三菱・1896	約176万円	

（小林正彬『日本の工業化と官業払下げ』など）

3B 資本金の推移

年	工業	運輸業
1885（明18）	777万円	2558万円
1886（明19）	1473万円	2477万円
1887（明20）	2001万円	2568万円
1888（明21）	3903万円	5127万円
1889（明22）	7020万円	6986万円
1890（明23）	7753万円	1億0363万円
1891（明24）	7023万円	9486万円

（三和良一『近代日本経済史』）

解説　財政整理のため，官営工場や鉱山が三井・三菱・古河などの**政商**に払下げられた。政府は鉱工業を基礎に，**財閥**へと発展した。同じ頃，産業界は活気づき，工業や運輸業を中心に会社設立ブーム（**企業勃興**）が起こった。資本金の増加は，会社数の増加や会社の規模拡大を示す。

4 鉄道の発達 ←p.80

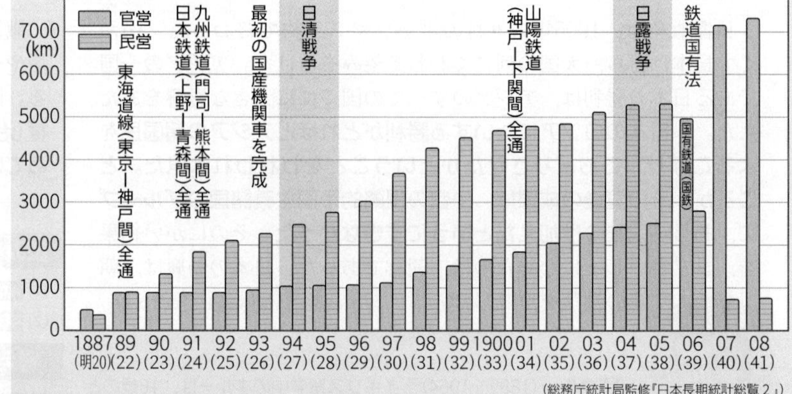

（総務庁統計局監修『日本長期統計総覧2』）

3 日露戦争の軍馬輸送（仙台長町駅）

解説　近代産業が発展すると，民間資本が鉄道部門へ進出した。1889年に民営の営業キロ数は官営を上回り，1901年に青森－下関間が鉄道で結ばれた。軍事的配慮もあり，1906年に**鉄道国有法が公布され，民営鉄道17社が国有化された。**

日本

⑤紡績業・製糸業の発達

5A 紡績業 ←p.44

原料	綿花（植物の一種）
工程（紡績）	綿と種を分け，綿を並べてより合わせる
綿糸の特色	利点…保湿・吸湿にすぐれる。肌触りがよく，長持ちする 欠点…色落ちしやすい。しわになりやすく，縮む

◁4 綿花　当時，栽培には稲作の2倍の肥料が必要とされた。

◁5 大阪紡績会社　渋沢栄一（←p.78・→p.104）が1883年に開業。イギリス製の紡績機を輸入し，蒸気機関や電灯を利用した昼夜2交代制のフル操業で成果を挙げた。大規模経営により日本で初めて紡績企業として成功した会社である。

Ⓠ 1897年の変化を説明してみよう。

5B 綿糸の生産量と輸出入量・紡績会社数の推移

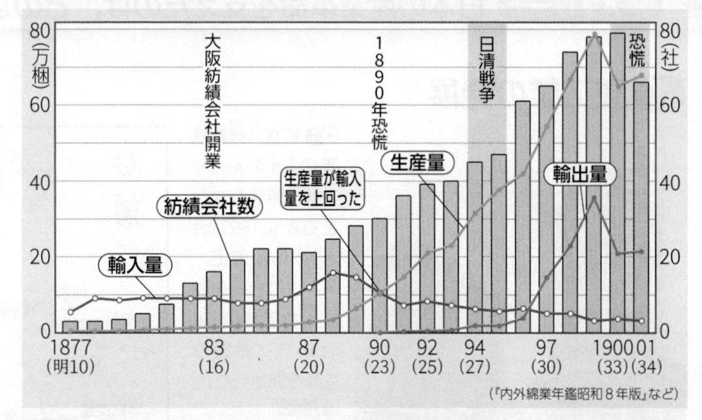

（『内外綿業年鑑昭和8年版』など）

解説　大阪紡績会社の成功で，大規模な紡績会社が次々と設立された。綿糸の生産量が増え，1890年には，**綿糸生産量が綿糸輸入量を上回った。**1894年の綿糸輸出税の廃止や，日清戦争の勝利により，中国・朝鮮への綿糸の輸出が増え，1897年には，**綿糸輸出量が綿糸輸入量を上回った。**

5C 製糸業 ←p.13

原料	繭（蚕がはき出す糸）
工程（製糸）	繭を煮て，繭から糸を引き出して，より合わせる
生糸の特色	利点…コシやツヤがある。摩擦に強く保温にすぐれる 欠点…水や光に弱く，シミになりやすい

△6 繭をつくる蚕

△7 繭と羽化した蚕蛾

△8 座繰製糸

▷9 器械製糸

解説　繭を鍋で煮て生糸を巻き取る際，**座繰製糸**は糸枠を手で回転させ，**器械製糸**は糸枠を蒸気で回転させる。1894年に**器械製糸の生産量が座繰製糸の生産量を上回ったが**，両者は長期間にわたり共存した。

5D 生糸の生産量と輸出量の推移

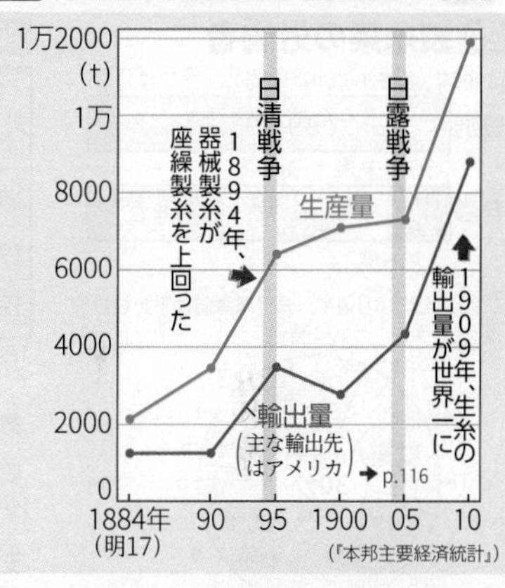

（『本邦主要経済統計』）

⑥ 資料から考える　日本の貿易額と貿易品目の変化

日本は何を輸入し，何を輸出したのだろうか？

輸入品

年	品目（%）	総額
1882年	綿糸 22.3／砂糖 15.1％／綿織物 14.3／毛織物 8.9／その他 39.4	2945万円
1897年	綿糸 4.4／砂糖 9.0％／綿織物 4.4／毛織物 4.4／綿花 19.9／米 9.8／機械類 8.0／鉄類 4.1／その他 36.0	2億1930万円

輸出品

年	品目（%）	総額
1882年	生糸 43.0％／緑茶 18.2／その他 38.8	3772万円
1897年	生糸 34.1％／緑茶 4.6／綿糸・綿織物 9.8／絹織物 6.0／石炭 5.1／その他 40.4	1億6314万円

（『日本貿易精覧』）

神奈川 シルク博物館蔵

▷10 輸出用生糸（復元）　商標は高品質の証であった。

読みとろう

①輸入品目と輸出品目は，それぞれどのように変化したのだろうか？［推移］

②1897年の輸入額と輸出額を比較すると，貿易は，どのような状況にあったといえるのだろうか？［比較］

考えよう

①のような変化の背景には，何があったのだろうか？［関連］

深めよう　日本で産業革命が進展した理由は，何だろうか？

つなげよう　日本の産業革命は，国内にどのような影響を与えたのだろうか？

日本の産業革命②

アプローチ 日本の産業革命を支えたのは，どのような人たちであったのだろうか？

1 重工業の発展

◀1 官営八幡製鉄所 日清戦争(← p.89)で得た賠償金などをもとに1897(明治30)年に着工。ドイツの技術を取り入れて1901(明治34)年に鉄鋼の生産を開始した。 世界遺産

Q 八幡に建てられたのは，なぜだろうか？

● 原料鉄鉱石の産出地

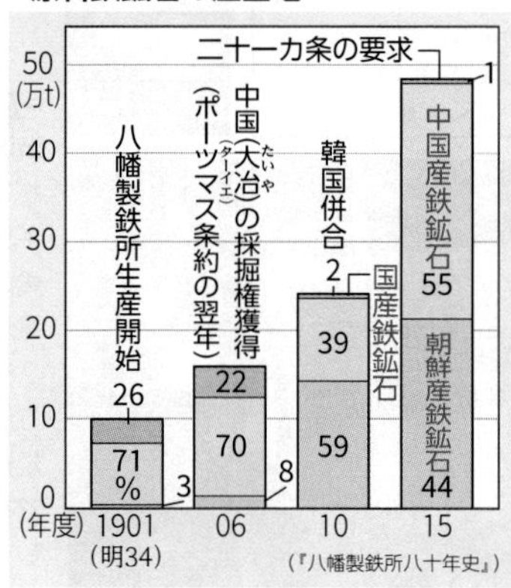

解説 八幡製鉄所は石炭が採れる筑豊炭田(福岡県)や，鉄鉱石を安く輸入できる中国の大冶鉄山に近く，輸送に便利な八幡に建てられた。日本製鋼所(室蘭市)など民間の製鋼会社も設立され，銑鉄・鋼鉄の生産が増大した。

2 工場労働者と労働問題

2A 製糸業の労働者

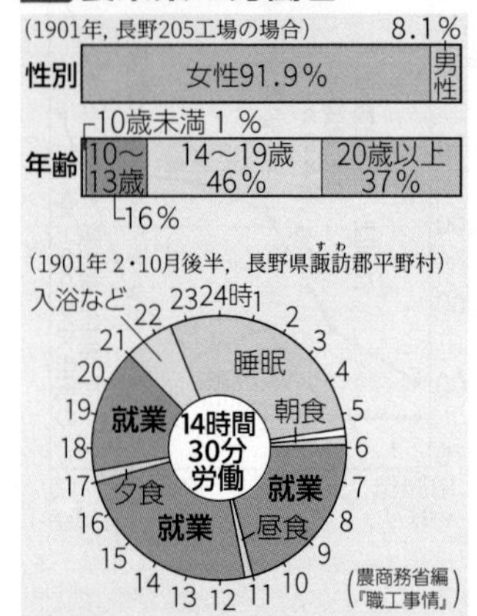

2B 労働者の賃金と家計

年	女性			男性			消費者物価指数(1892年＝100)
	紡績	製糸	機織	造船	坑夫	日雇	
1892(明25)	8.2	13.3	8.4	—	—	18.4	100
1902(明35)	19.4	20.0	19.3	55	54	39.0	164
1912(大1)	30.5	31.3	27.0	62	76	58.3	217

1日当たりの賃金(単位：銭)。 （『日本歴史大系』）

ある旋盤工の1か月の家計(1896年頃) （横山源之助『日本之下層社会』）

収入 16円25銭：日給65銭。月25日労働。1日10時間勤務　赤字 4円29銭

支出 20円54銭：食費 12円20銭 59.4%（米代 7円60銭，野菜 1円50銭）／家賃 4円 19.5／2円69銭 13.1（燃料・薪・炭・石油 1円65銭）／その他 8

工女節(女工小唄)← p.33 （山本茂実『あゝ野麦峠』）
- 男軍人　女は工女　糸をひくのも国のため
- かごの鳥より監獄よりも　寄宿舎住まいはなお辛い
- 工場は地獄で　主任は鬼で　まわる運転火の車

解説 女性の工場労働者は出稼ぎに出た小作農の子女が多く，低賃金であった。製糸業は**外貨獲得産業**であり，製糸女工には国や工場を支えているという自負も見られたが，労働環境は厳しかった。

2C 明治時代の労働組合運動

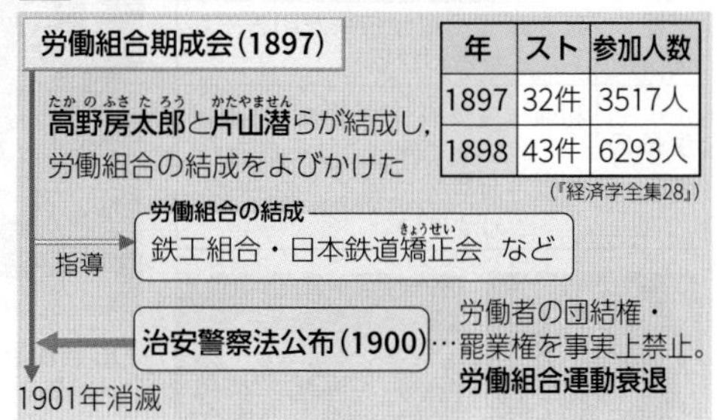

年	スト	参加人数
1897	32件	3517人
1898	43件	6293人

（『経済学全集28』）

2D 工場法(1911年公布，1916年施行)

①12歳未満の就業禁止
②15歳未満及び女子は1日12時間以上の就業を禁止
③15歳未満及び女子は深夜業の就業禁止
④15歳未満及び女子は毎月最低2日の休日 など
- 従業員数15名未満の工場には適用されず
- 業種により，期限つきで14時間就業を許可(製糸業に適用)
- 昼夜2交代の業種には，期限つきで深夜業を許可(紡績業に適用)

3 農村の変化

3A 小作地の増大

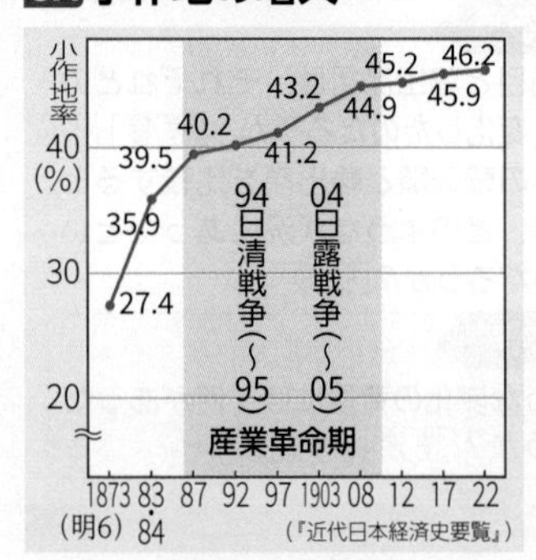

解説 日清戦争後，米価は上昇し，地租は定額金納のため，地主の収入は増加した。小作料収入や株式投資で生活する寄生地主が現れた(**寄生地主制**)。

3B 小作農の家計と地主の収入

Q 小作農と地主の生活状況を説明しよう。

小作農の家計(1899年)

支出 319円：小作料 34.8% 111円／家計費 48.3%／その他 16.9%

収入 303円：米その他の農業収入 86.5% 262円／労賃 6.6%／その他 6.9%　赤字16円

（『近代日本経済史要覧』）

約400倍

地主大原家の収入(1905年)

12万4023円：小作料収入 54.1% 6万7097円／株式配当 36.1% 4万4772円／その他 9.8%

支出のうち税金 2万2000円：税金 17.7%

（『日本歴史大系』）

大逆事件

1901(明治34)年，日本最初の社会主義政党である**社会民主党**が結成されたが，直後に治安警察法違反で解散となった。1910年には，天皇暗殺などを計画したとして，**幸徳秋水**ら社会主義者や無政府主義者が**大逆罪**(天皇や皇族に危害を加えた罪・加えようとした罪)で逮捕された。裁判は非公開で行われ，翌年，12名が処刑された(**大逆事件**)。事件後，特高(特別高等警察)という思想警察がおかれた。

◀2 幸徳秋水(1871～1911) 現在，幸徳ら逮捕者の多くは，事件とは関係がなかったとされている。大逆罪は第二次世界大戦後，廃止された。

4 教育の進展

4A 義務教育の就学率

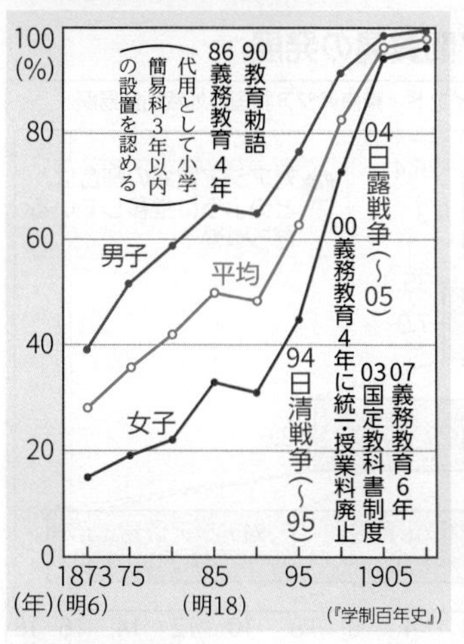

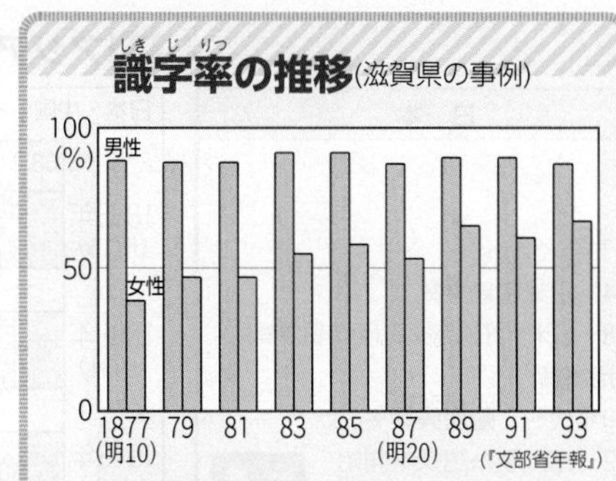

左のグラフとあわせて上のグラフを見ると，就学率の男女差が識字率に影響していることや，女性は，就学率の上昇と共に識字率も上がっていることがうかがえる。

4B 高等教育

3 東京帝国大学における工学実験の様子(明治時代末) 1877年設立の東京大学は唯一の官立大学であったが，その後，京都・東北など各帝国大学が設立された。実用的な工学は，欧米諸国において正統な学問分野とは見なされてこなかったのに対し，日本では重要視されて大学教育に組み込まれ，研究者や技術者を養成した。

(『写真帖「東京帝國大學」』)東京大学総合図書館蔵

4C 明治時代末の教育制度

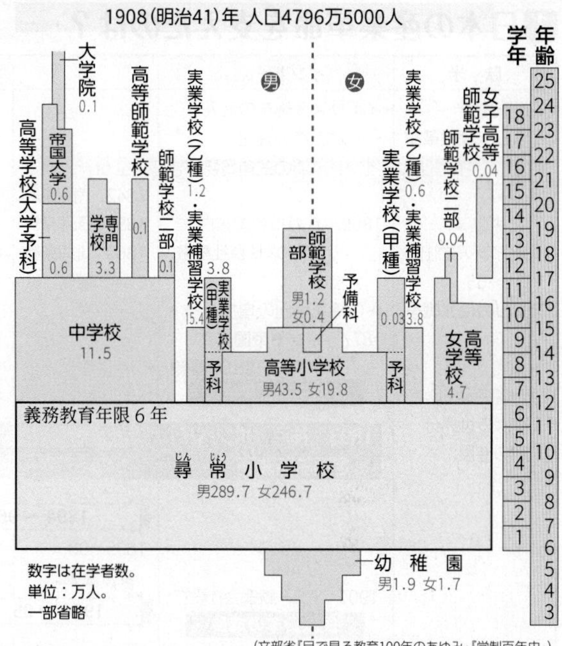

解説 学校体系は1886年の**学校令**で整備された。義務教育は，1900年の授業料廃止で就学率が上昇した。1907年には義務教育6年制が成立し，就学率は97%を超えた。戦前の教育制度は，目標に合う学校を選択する複線型で，進学可能な学校は男女で異なった。

5 現代的な諸課題 足尾鉱毒事件にみる開発と保全

1871	**足尾銅山**(栃木県)，民間に払下げ
1877 (明10)	古河市兵衛，足尾銅山を買い取る(産銅量激増，廃棄の鉱毒量増大)
1891 (明24)	**田中正造**，第二議会で初めて足尾鉱毒事件を問題化，損害補償や将来の予防を要求
1897 (明30)	政府，鉱業主に鉱毒除害工事を，東京大林区署(森林を管理する役所)に煙害裸地の植樹を命じる
1901 (明34)	田中正造，代議士を辞職し天皇に直訴を試みる(果たせず)
1907 (明40)	政府，谷中村を廃村とし遊水池設置のため，強制立ち退き執行

4 田中正造 (1841～1913) 栃木県出身の衆議院議員。議会で足尾鉱毒事件を追及した。政府の対応が不十分だったため，議員を辞職して天皇に直訴した(失敗)。直訴後，谷中村に移住し，鉱毒問題に取り組んだ。

5 足尾鉱毒事件関係図

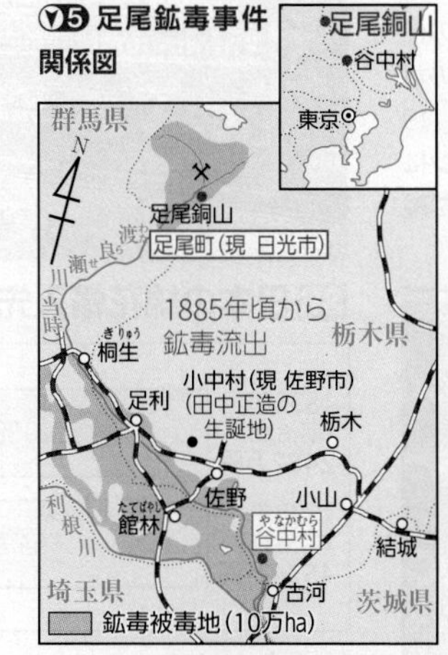

6 足尾銅山(1897年)
撮影／小野崎一徳

解説 足尾銅山は銅の産出量が日本一であったが，作業時に発生する亜硫酸ガスで周辺の木は枯れ，川に流れ出した鉱毒で稲が枯れたり魚が死んだりするなどの被害が出た(**足尾鉱毒事件**)。

7 足尾銅山の植樹作業(現在) 荒廃した土地に緑を取り戻す活動が約120年前から行われている。現在，緑化工事が施されたのは，煙害裸地の約半分の面積であるという。
提供／足尾に緑を育てる会

読みとろう
①足尾銅山の開発に伴い，環境にどのような問題が生じたのだろうか？ 推移
②田中正造の訴えに対し，政府はどのような保全策をとったのだろうか？ 推移

考えよう
現代に通じる課題として，開発と保全を両立するためには,どうしたらよいのだろうか？

深めよう 日本の産業革命の意義や課題は，何だろうか？
つなげよう 産業が発達した日本は，東アジアの国や地域と，どのような貿易を行ったのだろうか？

1 日本の産業革命を支えたのは？ (→p.100～102)

欧米	インド ←p.66	清	日本
18世紀後半～ イギリス**産業革命**	イギリス産綿布の流入 →綿工業の衰退		
イギリス・インド・清の**三角貿易**が隆盛 ←p.68			
		1842 南京条約	1854 日米和親条約
○イギリス，東アジア進出	1858 ムガル帝国滅亡 東インド会社解散	1858 天津条約 1860 北京条約 ○洋務運動	1858 日米修好通商条約（翌年貿易開始） ○明治維新 1870年代～ **殖産興業** ←p.80
1861～65 **アメリカ南北戦争** →	○綿花輸出の増加 1877 **インド帝国**成立 タタ，紡績工場操業 機械紡績工業発展		1872 富岡製糸場操業開始 1883 **大阪紡績会社**開業 1885 **日本郵船会社**開業 ○会社設立ブーム 産業革命（軽工業）
○帝国主義列強による世界分割の進展	1893 神戸・ボンベイ定期航路開通		1893 日本郵船会社，神戸・ボンベイ定期航路開通
		1894～95 日清戦争 ←p.89	
		1895～98 変法運動	1896 造船奨励法 1901 官営八幡製鉄所操業 産業革命（重工業）
	1907 タタ，鉄鋼会社設立 民族資本の成長	1904～05 日露戦争 ←p.94～97	

1A アジア間貿易の発展

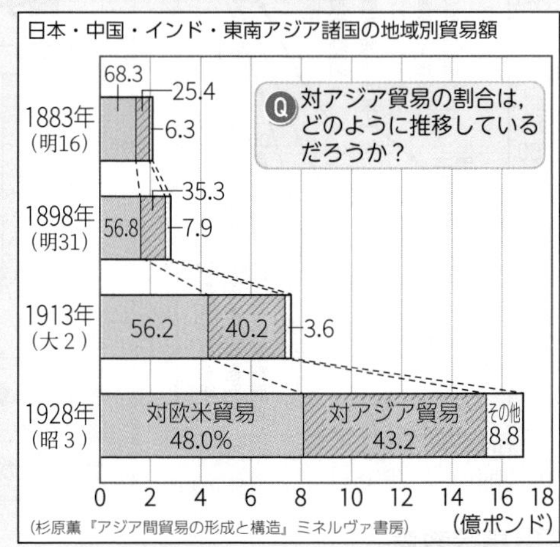

解説 19世紀の南・東南アジアでは，欧米列強による植民地化が進んだが（←p.66・67），そのような状況下でも**日本や中国を含むアジア間貿易は活発に行われていた**。この傾向は20世紀に入ると加速し，貿易額の増加率では支配国である欧米との貿易を上回っていた。

2 綿工業のカギはインドにあり!?

2A インドの綿花・アヘン輸出額の推移

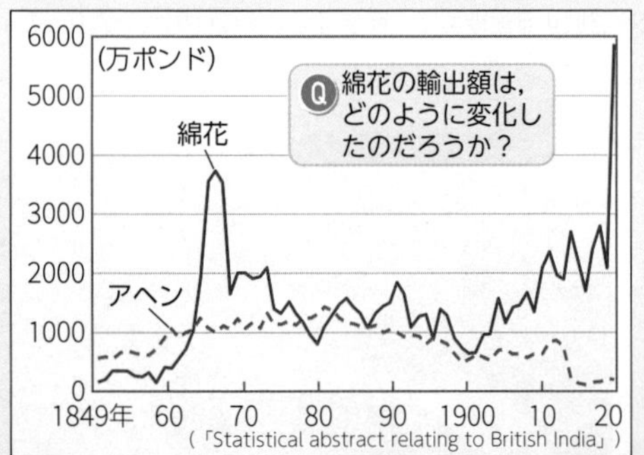

解説 産業革命を経たイギリスは，綿花の大部分をアメリカ大陸からの輸入に頼っていたが，**南北戦争の勃発によって輸入量が激減した**。その代替として求められたのが**インド産綿花**であり，19世紀後半には，**アヘンに代わるインドの主要な輸出品となった**。

▶1 インドに建設された紡績工場 綿花の輸出増によって資本の蓄積が可能となると，紡績業への投資が行われるようになった。特に，ジャムシェトジー＝タタはイギリスから**ミュール紡績機**（←p.44）などを導入して紡績工場を設立，インド紡績業発展の基礎を築き，**アジアへの綿糸輸出を拡大した**。

◀2 ジャムシェトジー＝タタ（1839～1904） 貿易商に始まり，紡績業へと事業を拡大した。彼の創始した**タタ財閥**は，後に製鉄や航空，自動車産業にも進出し，インドを代表する**民族資本**（→p.123）へと成長した。

現代のタタ・グループ
- タタ・コンサルタンシー・サービシズ（IT）
- タタ・スチール（鉄鋼）
- タタ・モーターズ（自動車）

など

3 新航路開設！日本が求めたモノは…？

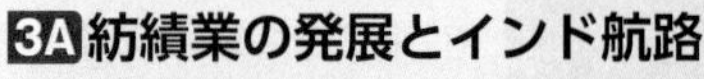

3A 紡績業の発展とインド航路

◀3 リング精紡機 大阪紡績会社（←p.101）を設立した**渋沢栄一**が導入を進めた。紡績業が発達する一方で，国内綿花は供給不足に陥った。当時主流だった中国産の綿花も細い糸の紡績には不向きであったため，新たな綿花の輸入先を確立することが課題となった。

産業技術記念館蔵

3B 日本の綿花輸入先

	中国	インド	アメリカ	その他
1895年（明治28） 2482万円	57.0%	31.0	0.9	11.1
1898年（明治31） 4574万円	11.0	54.3	32.2	2.5

（『日本経済統計総観』）

解説 新たな綿花輸入先としては**インド**が注目された。1893年に，**日本郵船会社がボンベイへの航路を開設**。1896年には輸入税が廃止されたため，輸入量が増加した。

解説 渋沢は，綿花輸出の拡大を目指していたタタと協議を重ね，日本郵船会社による日本初の定期海外航路の確立に尽力。海外の海運会社による綿花の独占輸送に対抗した。

◀4 渋沢栄一 ←p.78・101

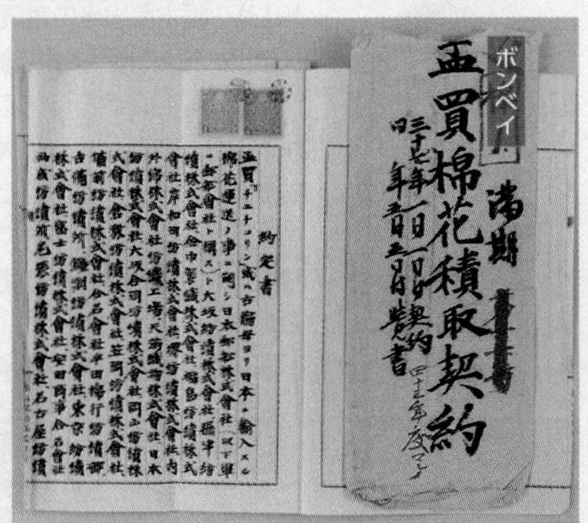

▶5 ボンベイ航路の契約書

日本郵船歴史博物館所蔵

4 20世紀，アジアの「つながり」が強まった

4A 19世紀末～20世紀初頭のアジア間貿易

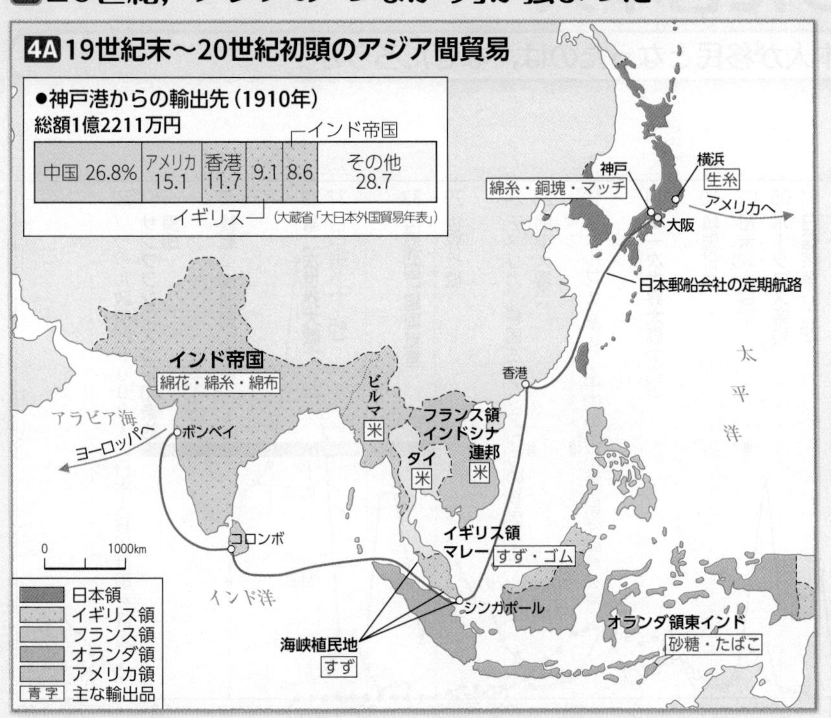

シンガポールの発展

アジア間貿易で重要な中継拠点となったのがシンガポールである。1819年にイギリス人ラッフルズが獲得すると，1826年には**海峡植民地**の一部となった。イギリスはこの都市を自由貿易の拠点として重視したため，20世紀初頭には人口30万人をこえる都市へと発展した。

アジア間貿易は，こうした**自由貿易ネットワークの活用**と，中国やインドから各地に移住した商人（**華僑**・**印僑**←p.62）らの活動によって成長をとげた。

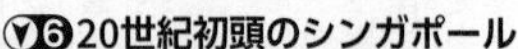

▼6 20世紀初頭のシンガポール

4B シンガポールの人口（1911年）

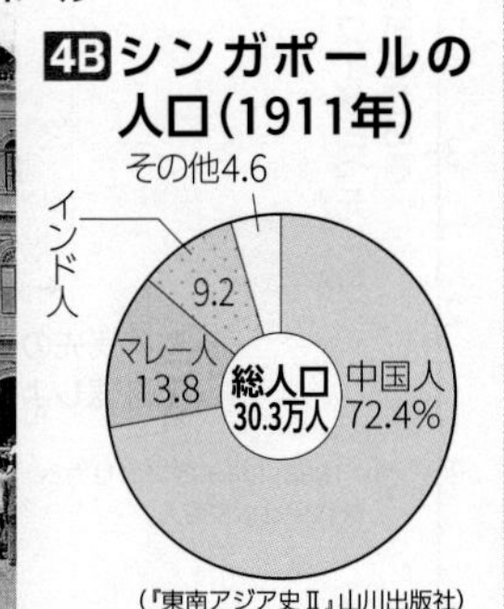

（『東南アジア史Ⅱ』山川出版社）

5 アジアで大人気！日本の「特産品」とは？

5A アジア間貿易の構造（19世紀末～20世紀初頭）

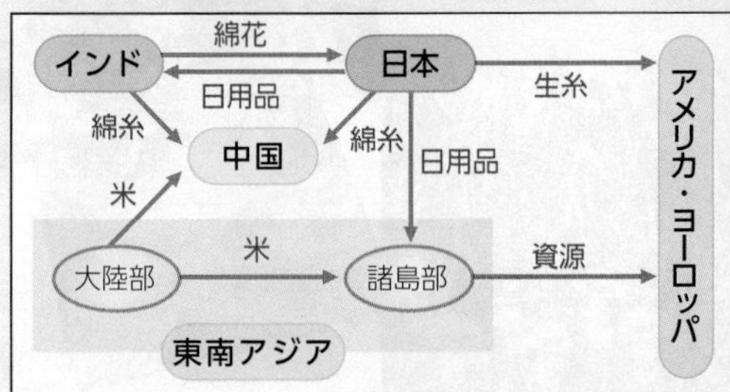

解説 欧米での缶詰業や自動車製造の発展を受けて，東南アジアの植民地からはゴムやすずなどの資源が輸出された（←p.67）。これらのプランテーションや鉱山では，中国やインドからの移民が働いており，**大陸部の米や，日本から綿花の帰り荷として輸出される日用品が彼らの生活を支えていた。**

◀▶7 日本から輸出されたマッチ 一般社団法人日本燐寸工業会 提供

5B 日本産綿糸・綿布の輸出先（1910年）

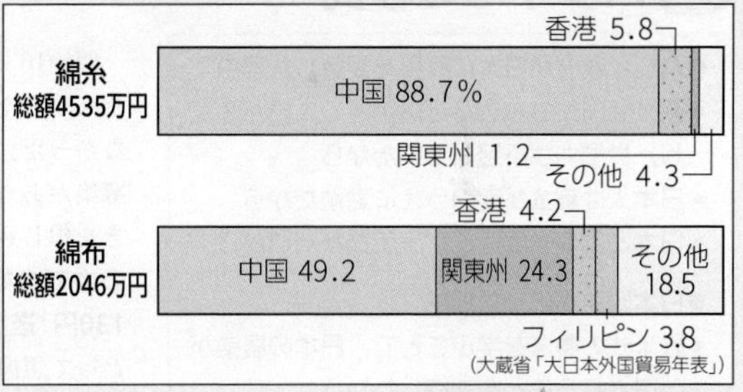

（大蔵省「大日本外国貿易年表」）

Q 日本の綿糸輸出量の推移との関連を確認しよう。←p.101

5C 中国市場へのインド・日本の綿糸輸出

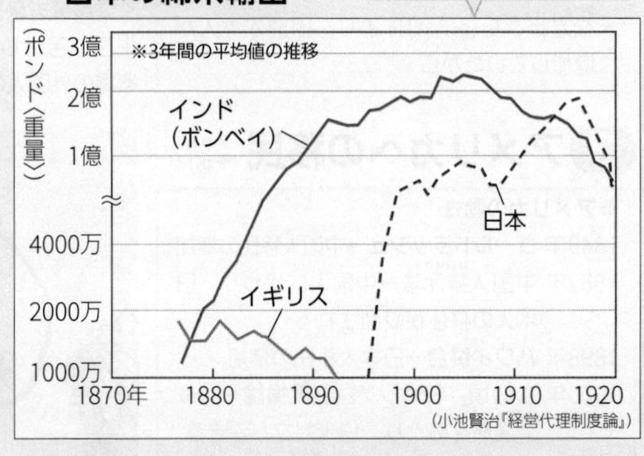

（小池賢治『経営代理制度論』）

解説 インドや日本での紡績業の発展は，広大な国内市場をもつ中国での競争を加速させた。**1890年代後半から増加した日本の綿糸の輸出**（←p.101）**は，そのほとんどが中国大陸向けである。**イギリス（マンチェスター）産の綿糸は後退し，20世紀以降はインド・日本産の綿糸が，中国国内で綿布に加工され流通した。1920年代に入ると，**中国でも上海を中心に紡績業が発展**し，競争は激化していった。→p.125

国際都市 神戸の発展

ボンベイとの定期航路の拠点となった神戸は，アジアとの交流の窓口として発展。多くの華僑・印僑が滞在して貿易に従事した。また，辛亥革命の指導者**孫文**（スンウェン）（←p.98）も，亡命時代にたびたび神戸を訪れ，留学生や華僑に対して支持を訴えた。現在でも町のいたるところで，アジアとの活発な交流の名残を見ることができる。

◀8 神戸ムスリムモスク（神戸市中央区） 日本最古のモスク。貿易を営むインド人らによって，1935年に設立された。

▶9 孫文「大アジア主義」講演の記念碑（神戸市中央区，現兵庫県庁） 巻末史料36

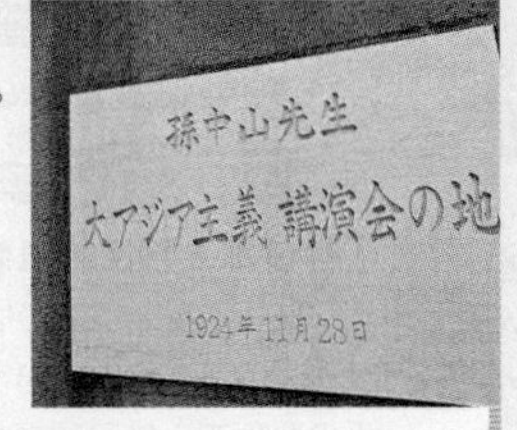

Topic 移民となった日本人

アプローチ 近代において，多くの日本人が移民となったのは，なぜだろうか？

1 日本人の移民数の推移

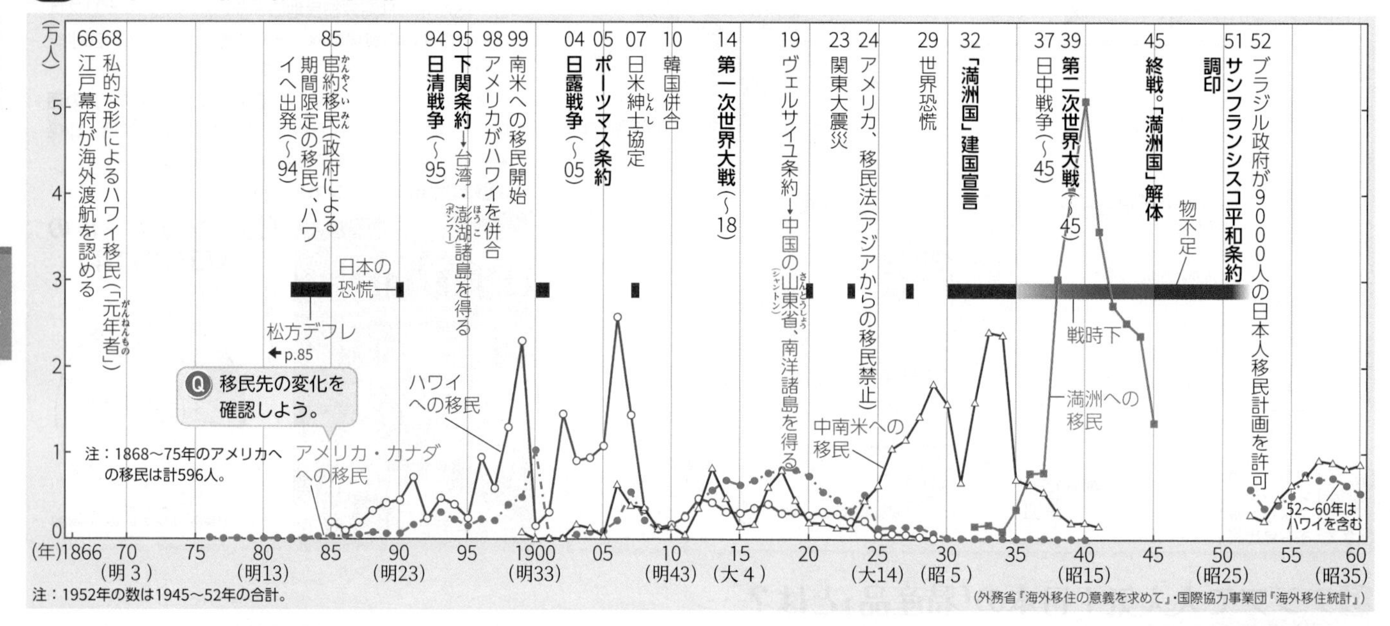

注：1952年の数は1945～52年の合計。
（外務省『海外移住の意義を求めて』・国際協力事業団『海外移住統計』）

2 ハワイへの移民

●ハワイ政府が日本に移民を要請した理由
- 欧米諸国がもち込んだ感染症で人口が激減し，労働力が不足していたから
- 日本人は賃金が安いうえに勤勉だから
- 日本とハワイは近く，渡航費が安いから

●日本政府が応じた理由
- 欧米式の農法を学ぶことで，日本の農業が改良されることを期待したから
- ハワイと対等な関係を築くことで，欧米諸国と結んだ不平等条約を改正する契機としたかったから
- 松方デフレ（←p.85）により，困窮する人が増加していたから

明治16・17年頃の窮乏は，どこでもはなはだしかった。百姓の家では食うものさえ足らなかった。…そうした中でハワイ官約移民の募集があった。そこで人々はどっとハワイ行きを申し込んだのであった。**日本からの移民の中で夫婦で行った者が，1年ほどたつと130円*送金してきたのである。**それは人々にとって想像もつかないほどのもうけであった。

＊この頃の大卒の初任給は10円。（『日本人出稼ぎ移民』）

▶1 **さとうきび畑で働く日本人** ハワイ移民の多くは農業労働者となった。過酷な労働や慣れない生活に苦労した。1899年にハワイのさとうきび農場の外国人の3分の2以上が日本人になった。

▲2 **アロハシャツ**（1936年頃） ハワイの正装とされるアロハシャツは，日本人移民が，着物を動きやすく涼しいシャツにしたのが始まりという説がある。 東洋エンタープライズ蔵

3 アメリカへの移民 ←p.63 →p.131

●アメリカの動き

1849年 **ゴールドラッシュ**→中国人移民の増加
1882年 中国人排斥法→中国人に代わり，日本人の移住が奨励される
1898年 **ハワイ併合**→日本人移民の増加
1905年 この頃，日本人蔑視（**黄禍論**←p.98）や**満洲**をめぐり，日米対立が深まる
1906年 サンフランシスコで，小学校に通う日本人学童を転校させる決議
1907年 **日米紳士協定***…日本は，アメリカへ渡る日本人労働者への旅券発給を停止→日本国内で激しい反発
1924年 **移民法**（「**排日移民法**」）…アジアからの移民禁止

＊日米紳士協約とも。1907～08年にかけて日米がかわした覚書。

Q 右→左の順に，描かれていることを説明しよう。

▲3 **日本人移民の風刺画**（「殖民世界」1908年） アメリカでは，日本人がアメリカ人の職を奪うという批判や，日米関係の悪化で，排日運動が高まった。

▼4 **「写真花嫁」の入国審査**（1920年） アメリカに住む日本人移民の男性と会う事なく写真で結婚を決め，渡米した日本人女性は「写真花嫁」とよばれた（1920年までに2万人以上）。アメリカ人には理解されず，排日運動が激化した。

4 日本人移民の分布と県別の移民数

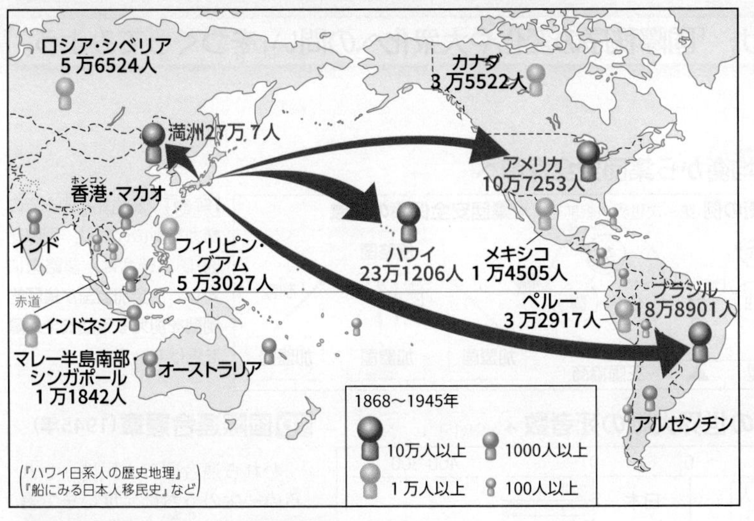

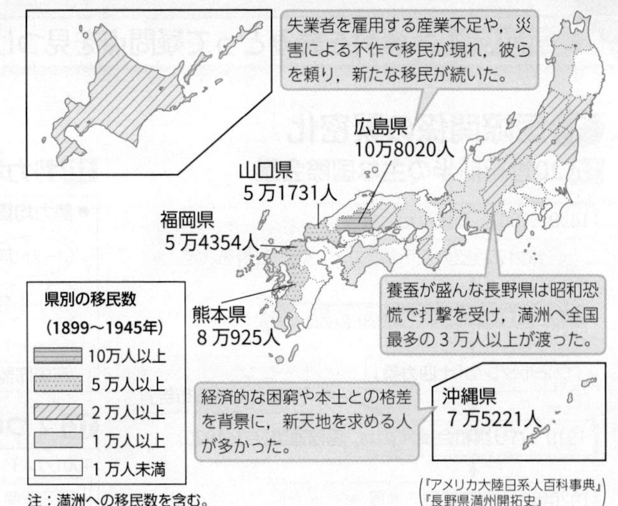

注：満洲への移民数を含む。

5 ブラジルへの移民

◀5 **移民を募集するポスター**（1928年頃）
国立国会図書館デジタルコレクション

Q どのような苦労をしたのだろうか？

◀6 **家族全員でコーヒーの収穫**　1888（明治21）年に奴隷制度が廃止され，コーヒー栽培の労働者が不足していたブラジルは，1908（明治41）年から正式に日本人移民を受け入れた。日本人移民は監視下での作業や難しいコーヒー栽培，弱った土壌などで苦労したという。

感染症や災害との闘い

通訳としてブラジルに渡った平野運平は，原始林3920haを購入し，1915（大正4）年，日本の82家族と稲作を始めた。低湿地は稲作に適していたが，マラリア（マラリア原虫による感染症）の知識がなかったため，感染者が相次ぎ，80人近くが亡くなったという。1917年はイナゴの大群に襲われ，翌年は干ばつにあった。1919年に平野は34歳で急逝したが，移民たちは開拓に励み，コーヒーや綿花の栽培に成功した。

6 満洲への移民

1930年 **昭和恐慌**（～35）で農村が疲弊 ➜p.139
1931年 **満洲事変**勃発 ➜p.140
1932年「満洲国」建国宣言。日満議定書 ➜p.140
1936年 政府が20年間に100万戸を満洲へ送る計画
1937年 **日中戦争**（～45） ➜p.143
1938年 **満蒙開拓青少年義勇軍**の送出

Q 上のブラジルのポスターと比較しよう。

▲7 **開拓する人々**（1937年）　「20町歩の地主に」という触れ込みや勧誘で多数が満洲へ渡ったが，実際は，現地の人々の武力抵抗や寒冷に悩まされたという。

◀8 **満蒙開拓青少年義勇軍募集のポスター**（1942年）　日中戦争が始まると，日本国内で兵力・労働力需要が高まり，成人の移民が難しくなった。1938（昭和13）年以降，政府は満洲の開拓と防衛のため，農村の二男・三男（16～19歳）を中心に，武装した**満蒙開拓青少年義勇軍**を送出した（終戦までに約8万7000人）。現地で戦闘に巻き込まれ，亡くなる少年もいた。

開拓移民 約27万人	農業地帯へ	20%
	ソ連などとの国境地帯へ	40%
	抗日ゲリラ地帯へ	40%

1945年8月8日，ソ連対日参戦
8月9日以降侵入 ➜p.151

終戦時 約22万人	「満洲国」での死者	4万6000人
	シベリア等抑留者	3万4000人
	行方不明	3万6000人
	引揚者	11万人

▲9 **移民の入植先と戦争**（外務省調査など）

解説　戦況の悪化に伴い，移民の多くの成人男性や，青少年義勇軍の隊員が現地で軍隊に動員された。1945年8月にソ連が対日参戦すると，関東軍は後退。入植地に残った多くの女性や子ども，老人に大きな犠牲が出ると共に，**中国残留孤児・シベリア抑留**などの問題を生んだ。➜p.151

深めよう　ハワイ・アメリカ・ブラジルが移民を受け入れた理由は，何だろうか？

つなげよう　現代の私たちの身の回りには，どのような人々の移動が見られるのだろうか？

国際秩序の変化や大衆化への問い

アプローチ 資料を読みとって疑問点を見つけ，「国際秩序の変化や大衆化への問い」をつくってみよう。

1 国際関係の緊密化

1A 20世紀前半の主な国際会議

1B 勢力均衡から集団安全保障へ

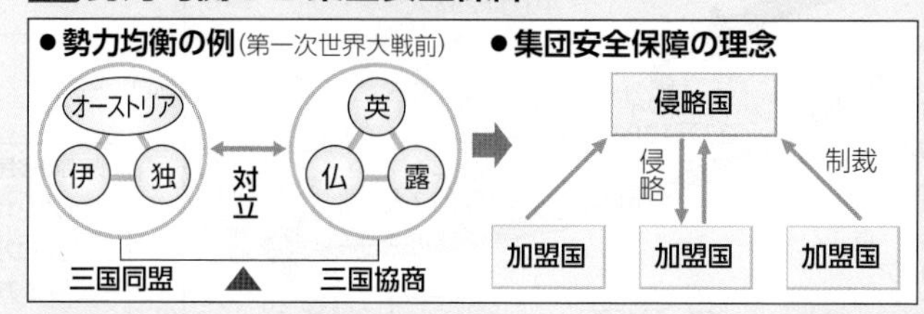

解説 20世紀初頭までの勢力均衡に代わり，国際連盟・国際連合は，侵略国に対して，**全加盟国が集団的制裁を加える集団安全保障**を掲げている。

1C 2つの世界大戦の死者数 ➜p.110・151

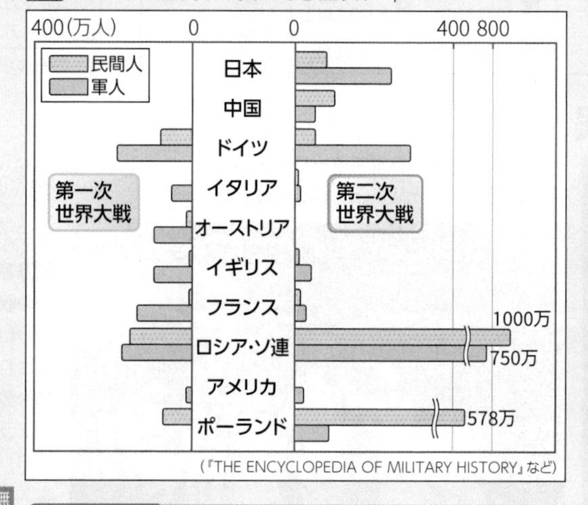

(『THE ENCYCLOPEDIA OF MILITARY HISTORY』など)

1D 国際連合憲章(1945年)

われら連合国の人民は，われらの一生のうちに二度にまで言語に絶する悲哀を人類に与えた戦争の惨害から将来の世代を救い，…国際の平和及び安全を維持するためにわれらの力を合わせ，…これらの目的を達成するために，われらの努力を結集することに決定した。

(『世界史史料11』岩波書店)

解説 2つの世界大戦は，多くの民間人も犠牲となる**総力戦**であり，戦後，その反省から戦争の再発を防止するための国際協力が進められた。

国際協力の進展

第一次世界大戦の惨禍を受け，戦後，国際機関による人権保障，人道的支援の枠組みが確立された。国際連盟は，ナンセン(ノルウェー)の主導の下，ロシア革命などによって生じた難民の救済を実施。その活動は，現在の**国連難民高等弁務官事務所**(UNHCR)に継承されている。

A1 ナンセン・パスポート 無国籍難民の身分証明書

読みとろう

① 1A・1B 国際社会は，戦争防止のためにどのような取り組みを行ってきたのだろうか？

② 1C 2つの世界大戦の死者数にはどのような特徴があるのだろうか？ 比較

考えよう

国際関係が緊密になっていくことの利点と課題を考えよう。

2 植民地の独立

2A 各国の植民地面積の推移 ←p.90

本国	1939年の本国面積(万km²)	1939年の植民地面積(万km²)	植民地／本国面積の比率		
			1939年	1950年	1960年
日本	38.2	29.8	0.8	0.0	0.0
イタリア	31.0	348.8	11.3	1.7	0.0
イギリス*	24.4	4,136.9	169.8	128.1	98.2
アメリカ	783.9	184.3	0.2	0.2	0.0
フランス	55.1	1,209.9	22.0	22.4	4.6
オランダ	3.3	206.1	62.5	17.2	16.7
ベルギー	3.0	239.1	79.7	78.6	1.8
スペイン	50.5	33.3	0.7	0.7	0.6
ポルトガル	9.2	209.9	22.8	22.7	22.8

*イギリス連邦の構成国を含む。 (「国際連盟統計年鑑」など)

解説 第一次世界大戦と，ウィルソンの「十四カ条」などで提示された**民族自決**の原則は，列強の植民地支配に大きな転機をもたらした。各地で民族運動が活発となり(➜p.122～125)，第二次世界大戦を経て，多くの国が独立を達成した。

2B 国際連盟と植民地

●国際連盟規約第22条(1919年)

…これまでの支配国の統治を離れた植民地や領土で，近代世界の苛烈な条件のもとで**まだ自立しえない人々が居住しているところに対しては**…資源や経験あるいは地理的位置によってその責任を引き受けるのに最も適し，かつそれを進んで受諾する**先進国に委任し**…後見の任務を遂行させる…。

(『歴史史料10』岩波書店)

解説 第一次世界大戦後は，欧米諸国による「**委任統治**」が行われ，独立は達成されなかった。

A2 植民地独立の風刺画(1958年)

読みとろう

① 2A 各国の植民地の面積はどのように変化しているだろうか？ 推移

考えよう

植民地の独立に影響を与えた出来事や，独立後の課題は何だろうか？ 関連

3 大衆の地位と生活様式の変化

3A 大衆の政治参加と女性の社会進出

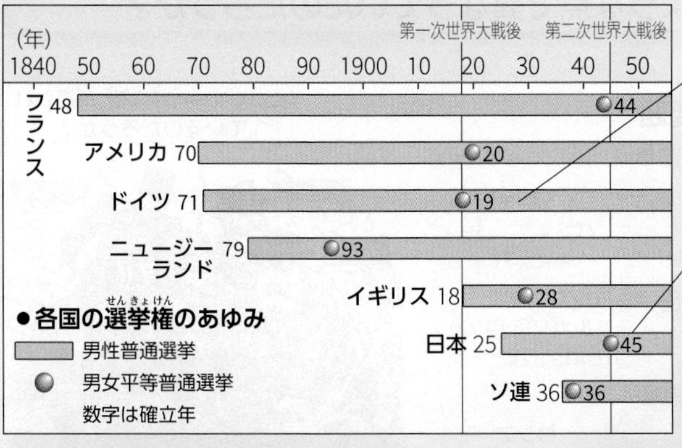

●各国の選挙権のあゆみ

欧米の男女平等普通選挙
第一次世界大戦後，ドイツ（**ヴァイマル共和国**）など各国で実現した。 巻末史料34

日本の普通選挙 ➜ p.129・160
1925年の**普通選挙法**で男子普通選挙（満25歳以上）が実現。男女平等の普通選挙は，第二次世界大戦後に初めて実施された。

●**ウィルソンと女性参政権**（1918年9月の演説）
この戦争は国民の戦争であり，**女性たちの役割は戦争のまさに心臓部である**。女性参政権を認める憲法修正条項の可決は，戦時措置として大変重要であるし，戦争の勝利にとっても重要なのである。

3 ウィルソン米大統領 第一次世界大戦の遂行のために，女性の貢献を求めた。

4 女性参政権獲得運動（アメリカ，1920年頃）

3B 女性の社会進出とファッション

5 ココ＝シャネル
1920年代のパリで活躍したデザイナー。機能性の高いファッションを確立し，社会進出を果たした女性に支持された。

6 日本のモダン・ガール（1932年） 断髪にスカート姿のモダン・ガール（モガ）が東京や銀座を闊歩した。

3C メディアの普及―映画・ラジオ―

●**ハリウッド映画の隆盛**

1915 「国民の創生」
1918 「公債」7
1925 「黄金狂時代」
1929 アカデミー賞始まる
1931 「街の灯」
1933 「キング＝コング」
1937 「白雪姫」
1939 「風とともに去りぬ」
1940 「独裁者」10

解説 第一次世界大戦でヨーロッパ映画が衰退すると，アメリカのハリウッドに映画産業が集結。多くの作品が世界中に輸出された。

自由公債：第一次世界大戦中，アメリカが戦費獲得のために発行した。 ➜ p.116

7 チャップリンの「公債」（1918年）

解説 大衆の新たな娯楽として定着した映画は，同時に各国で政治的にも利用された。特に第二次世界大戦期には，多くのニュース映画が製作され，**プロパガンダ（宣伝）の手段として活用された**。➜ p.145

都市化の進展と景観の保護

20世紀初頭は，東京（➜ p.133）や上海（➜ p.125），ニューヨーク（➜ p.130）など世界各地で急速な都市化が進展した時代である。その一方で，19世紀以降自然景観に対する関心も各地で高まりを見せた。自然公園の設置が進み，景観の保護と同時に，生活やレジャーの場としての活用を進める動きが起こった。

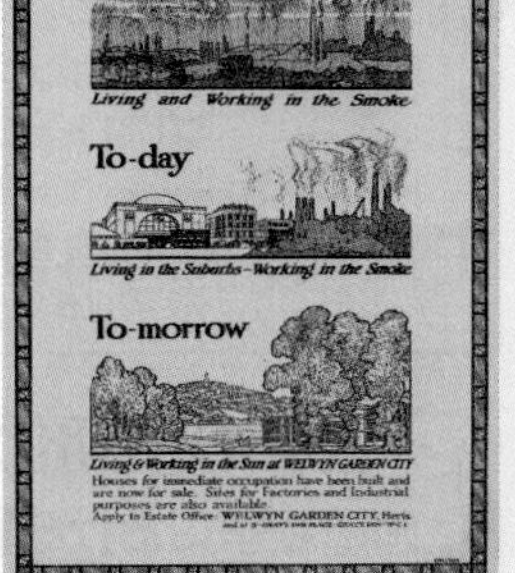

11 「田園都市」計画の広告（イギリス，1921年）

メディアと独裁者

全ドイツが国民受信機で総統の声を聞く

マス＝メディアを積極的に活用したヒトラー（➜ p.136）は，安価なラジオ（国民受信機）を家庭に普及させて自らの声を直接国民に届けた。一方，同世代のチャップリンは，映画「独裁者」の中でその姿を痛烈に批判。ファシズムへの抵抗を訴えた。

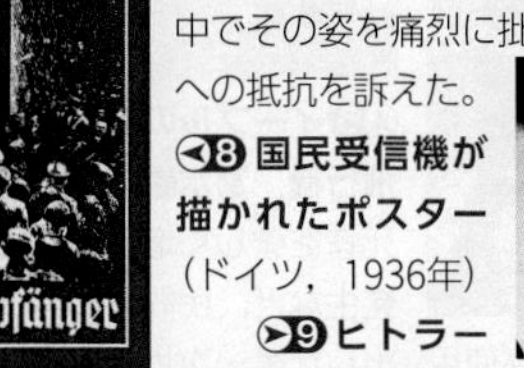

8 国民受信機が描かれたポスター（ドイツ，1936年）

9 ヒトラー

10 チャップリンの「独裁者」（米，1940年）

読みとろう

① 3A 大衆の政治参加はどのように進んでいったのだろうか？ 推移
② 女性の参政権獲得や社会進出には，どのような背景があったのだろうか？ 関連
③ 3C 映画やラジオは，どのような人々に情報や主張を伝える手段として利用されたのだろうか？

考えよう

20世紀に入り，大衆はどのような存在になっていったのだろうか？政治や文化のあり方に与えた影響を考えよう。 関連

問いをつくろう 2度の世界大戦による国際秩序の変化や大衆社会の形成は，世界各地に大きな影響を与えた。「国際秩序の変化や大衆化」について学習するなかで知りたいこと，考えてみたいことを挙げてみよう。

植民地独立の風刺画➜

第一次世界大戦①

アプローチ　第一次世界大戦は，それまでの戦争とどのような点で異なっていたのだろうか？

❶第一次世界大戦の経過 まとめ

→p.118

		ヨーロッパ	日本→p.112
大戦前	1908	オーストリア，**ボスニア・ヘルツェゴヴィナ**併合	1902 日英同盟 (明35)
	1912〜13	**第1次・第2次バルカン戦争**	
ドイツの攻勢	1914.6-28	**サライェヴォ事件**❷	
	.7-28	**オーストリア**，セルビアに宣戦 →**第一次世界大戦の勃発**	
	.8-1	**ドイツ**，ロシアに宣戦	
	.8-3	ドイツ，フランスに宣戦	
	.8-4	ドイツ，ベルギー(中立国)に侵入 **イギリス**，ドイツに宣戦	1914.8 ドイツに宣戦 (大3)
	.8	タンネンベルクの戦い	
西部戦線膠着化	.9	**マルヌの戦い**(仏が独の南下阻止) **戦争の長期化**	.10 南洋諸島占領
	.10	**オスマン帝国**参戦(同盟国側)	.11 青島を攻略して膠州湾占領
	1915.4〜.5	イープルの戦い(独，**毒ガス**使用)	
	.5	ルシタニア号事件→p.112 **イタリア**参戦(連合国側)	1915.1 中国に**二十一カ条の要求** (大4)
	1916.2〜.12	**ヴェルダン要塞**攻防戦	
	.6〜.11	**ソンムの戦い**	
	1917.2	ドイツ，**無制限潜水艦作戦**宣言	1917.2 日本艦隊地中海出動 (大6)
	.3	**ロシア二月(三月)革命**→p.114	
ドイツの疲弊・後退	.4	**アメリカ合衆国参戦**(連合国側)	
	.11	**ロシア十月(十一月)革命** ソヴィエト政権**「平和に関する布告」**	.11 石井・ランシング協定(〜23)
	1918.1	米ウィルソン，**「十四カ条」**提案	
	.3	**ブレスト＝リトフスク条約** (ソヴィエト政権，独・墺と単独講和)	1918.8 **シベリア出兵**を宣言→p.115 (大7)
	.11	**キール軍港水兵反乱→ドイツ革命** **ドイツ共和国**成立，休戦協定調印	

1A バルカン問題

●**第1次バルカン戦争**　緑字：スラヴ人国家

オーストリア　―支援→　パン＝ゲルマン主義　→　オスマン帝国（敗北で領土喪失）
ロシア　―支援→　パン＝スラヴ主義　→　バルカン同盟（ブルガリア(中心)，セルビアなど）
オスマン帝国 ⇔ バルカン同盟

●**第2次バルカン戦争**

オーストリア　↑接近　ブルガリア（敗北→ドイツ・オーストリアに接近）
ロシア　―支援→　セルビア(中心)，モンテネグロなど
ブルガリア ⇔ セルビア(中心)，モンテネグロなど

解説　オーストリアの進出に対抗するセルビアは，**パン＝スラヴ主義**を掲げるロシアに接近。ドイツの**パン＝ゲルマン主義**とも対立し，バルカン半島は**「ヨーロッパの火薬庫」**とよばれた。

Q どのような状況が描かれているのだろうか？

(着色)
❶「バルカン問題」の風刺画

1B 第一次世界大戦期の国際関係

❷**サライェヴォ事件**　暗殺されたオーストリア皇位継承者夫妻。

❷戦争の長期化

2A 国際戦争における戦死者数

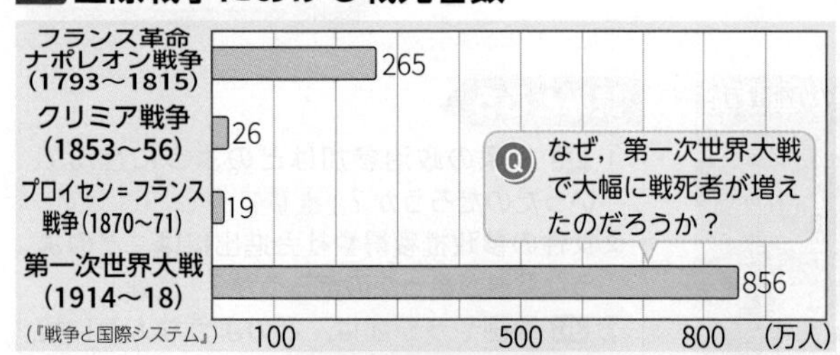

❸**戦車(タンク)**　農業用トラクターをもとにイギリスで開発され，**ソンムの戦いで初めて使用された。**開発上の暗号名は「水槽（タンク）」。塹壕を乗り越え，機関銃掃射を防ぐことができたため，ドイツ軍も製造を始めた。

❹**塹壕戦**　機関銃や大型の砲弾が使用された戦場では，敵味方双方が塹壕を掘って対峙した。**イープルの戦い**以降，戦場では毒ガスが無制限に使用された。

❺**イープルの戦没者追悼施設**　毒ガスや**機関銃**，**飛行機**，**潜水艦**などの新兵器の導入は，戦場での死者を著しく増加させた。加えて，大量の難民の発生など，民間人にもかつてない規模の犠牲者を出した第一次世界大戦は，ヨーロッパの人々に大きな衝撃を与え，その記憶は長く継承されてきた。かつての戦場には慰霊の施設が建設され，現在でも追悼の催しが開催されている。

3 第一次世界大戦中のヨーロッパ

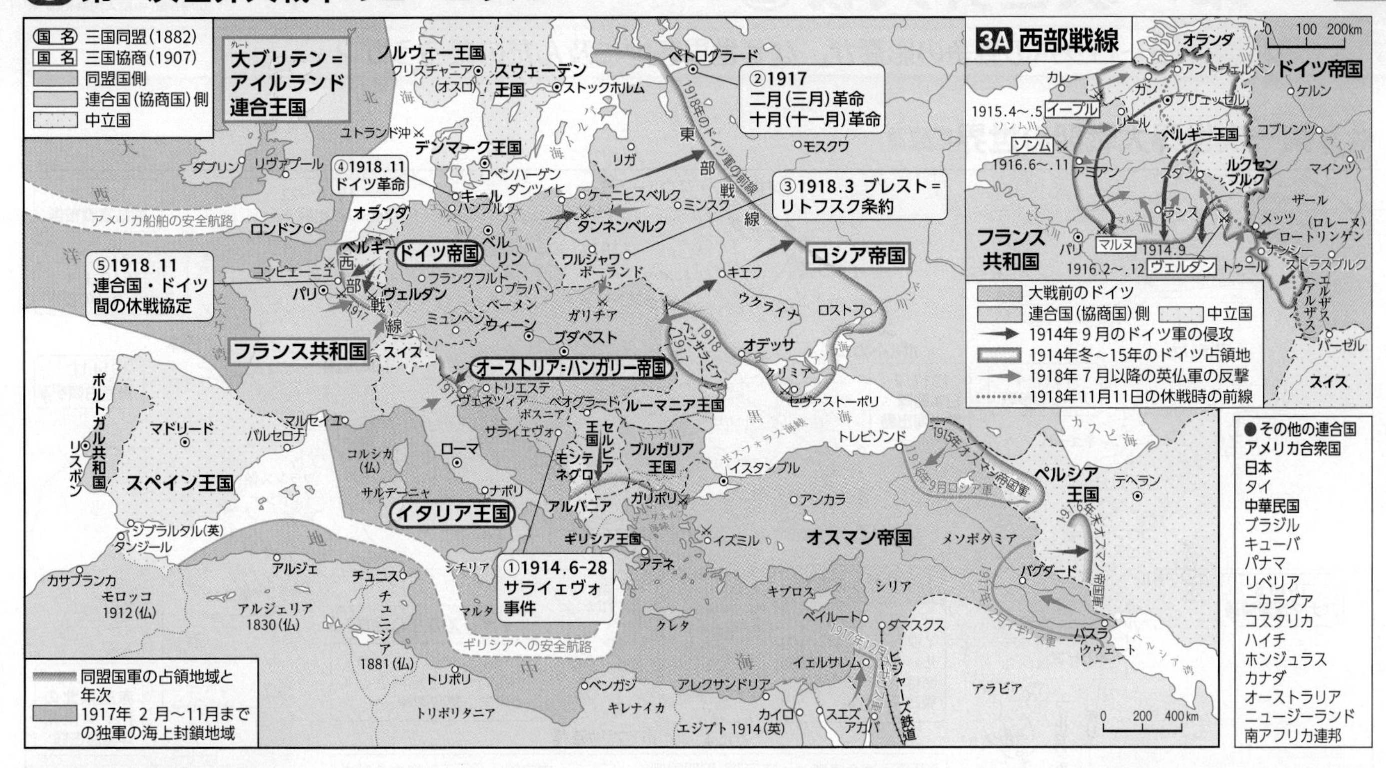

4 総力戦の実態

4A 国民の動員

◀6 **軍需工場で働く女性**（イギリス） 女性は様々な職種に進出し，男性動員後の労働力不足を補った。こうした貢献は，女性参政権の確立など，**戦後の社会的地位の向上につながった**。←p.109

Q 国民にどのようなことを訴えているのだろうか？

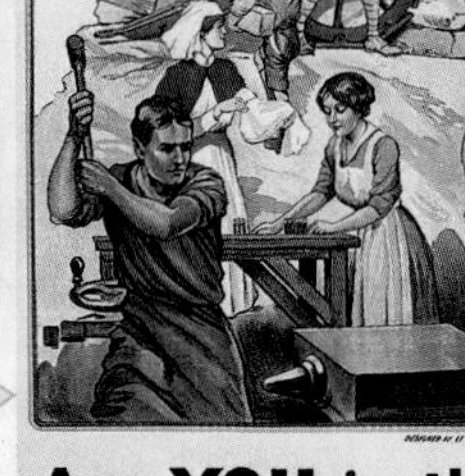

◀7 **国民の動員を呼びかけるポスター**(イギリス)

◀8 **ドイツの飢餓** イギリスの海上封鎖により，ドイツ国内は深刻な食糧不足に陥った。

解説 戦争が始まると，各国では党派の対立をこえた**挙国一致体制**が築かれた。多くの国民が戦場や軍需工場に動員される**総力戦体制**が確立されたが，戦争の長期化と軍需物資優先による物不足は，国民の生活を圧迫した。

4B 植民地からの動員人数 (『朝日百科』)

イギリス領	カナダ	82万8964
	ニュージーランド	12万8525
	オーストラリア	41万2953
	インド	144万0337
フランス領	アルジェリア	17万2800
	仏領西アフリカ	16万3602
	インドシナ	4万8922

私たちのお父さんが戦っています。戦時国債を購入しましょう。

▶9 **オーストラリアの戦債募集ポスター** 植民地や自治領においても，戦費獲得が進められた。

4C ガンディー(インド)の参戦目的

わたしは…戦争が続いている間，私たちの要求をつきつけないほうがかえって適当であり，将来を考えることである，と判断した。だからわたしは，…人々に志願兵に応募するように呼びかけた。…わたしは，イギリス帝国を通じて，自分と自分の民族の現状を改善しようと期待していた。
(『ガンジー自伝』中央公論社)

◀10 **ガンディー** (1869〜1948) インド民族運動の指導者。→p.123

▶11 **戦場のインド人兵士** 戦争に協力した植民地では，戦後独立や自治への期待が高まった。→p.123

深めよう 戦争が長期化した理由と，社会への影響を考えよう。

つなげよう 世界大戦は，ヨーロッパ外の地域にどのような影響を与えたのだろうか？

第一次世界大戦の新兵器(動画 0:54)→

第一次世界大戦②

🔍アプローチ ヨーロッパの戦争の影響が，なぜ世界各地に及んだのだろうか？

❶ 第一次世界大戦期の世界 まとめ

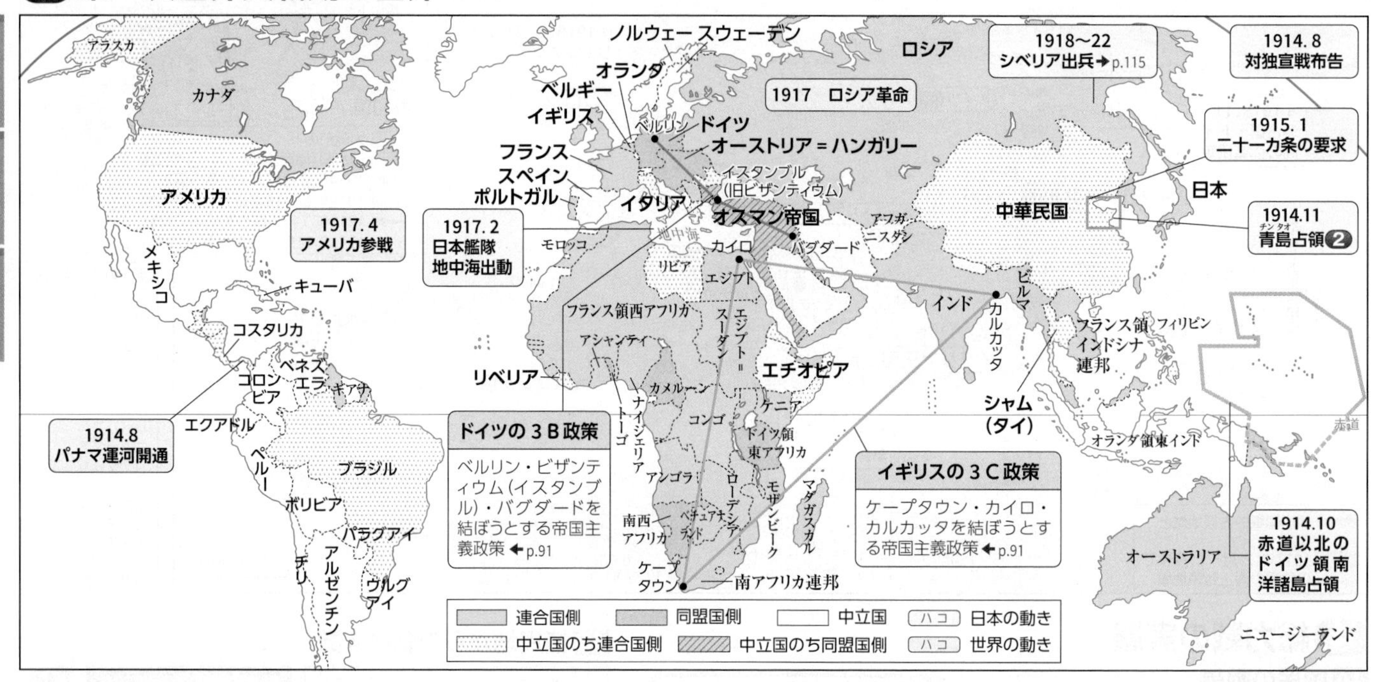

❷ 日本の参戦 世界 日本

2A 青島(チンタオ)占領

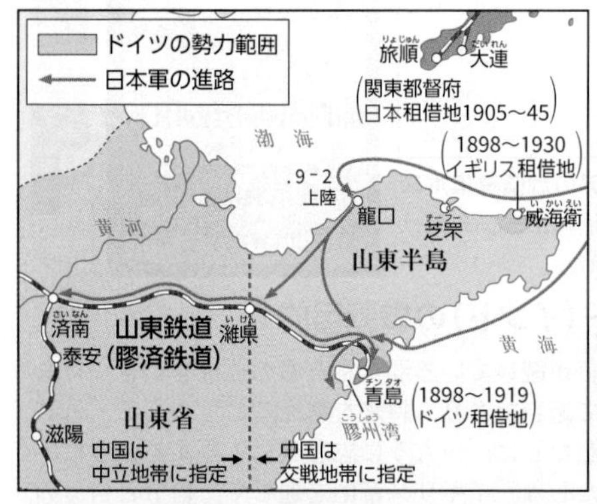

ⒶⒶ1 青島に上陸した日本軍

2B 日本の参戦と国際関係

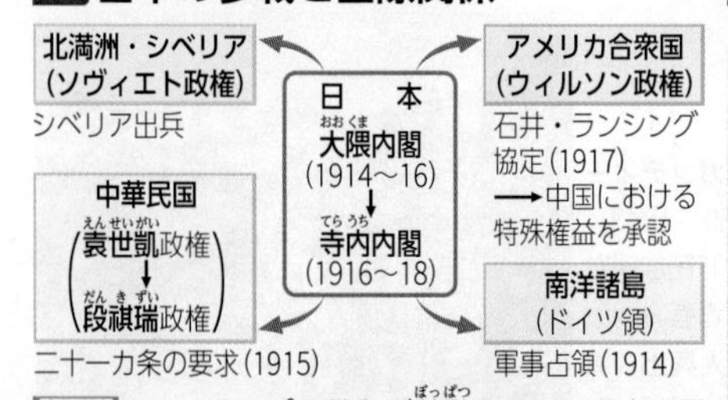

解説 ヨーロッパで戦争が勃発すると，日本は早くから参戦の方針を固め（❺），**中国大陸や南洋諸島のドイツ領を占領した**。また，中華民国の袁世凱政権に対して**二十一カ条の要求**を行い，その大部分を受け入れさせたほか，アメリカと石井・ランシング協定を締結し，大陸での権益の維持と拡大を図った。

2C 二十一カ条の要求

第1号 **山東省のドイツ権益の継承**
第2号 **南満洲及び東部内蒙古の日本権益の強化**
第3号 漢冶萍公司を日中合弁事業に
第4号 中国沿岸の港湾・島の他国への不割譲
第5号 政治・財政顧問などに日本人を採用 など

解説 希望条項とされた第5号は当初秘匿され，アメリカやイギリスの不審を招いた。巻末史料29

❸ アメリカの参戦

Q どのようなことを呼びかけているのだろうか？

3A 世論の高揚

The New York Times. EXTRA
LUSITANIA SUNK BY A SUBMARINE, PROBABLY 1,260 DEAD; TWICE TORPEDOED OFF IRISH COAST; SINKS IN 15 MINUTES; CAPT. TURNER SAVED, FROHMAN AND VANDERBILT MISSING; WASHINGTON BELIEVES THAT A GRAVE CRISIS IS AT HAND
NOTICE!
1915年5月8日の記事

Ⓐ2 ルシタニア号事件の報道 イギリスの商船がドイツの潜水艦によって無警告で撃沈された。乗船のアメリカ人128名が犠牲となり，アメリカ国内では反ドイツ感情が高まった。

WAKE UP, AMERICA!
CIVILIZATION CALLS EVERY MAN WOMAN AND CHILD!

Ⓥ3 アメリカで発行されたポスター（1917年）

3B ウィルソンの参戦理由（1917年）

ドイツが商船に対して行っている潜水艦作戦は，全人類に対する戦争である。…アメリカの船が撃沈され，アメリカ市民も殺された。…**これは全人類に対する挑戦である。**
世界の恒久的平和および世界の諸民族の解放のためにこうして戦うことができるのを…我々は嬉しく思う。これはドイツ民族の解放のためでもある。（『ドイツ・フランス共通歴史教科書 近現代史』）

Ⓥ4 ウィルソン米大統領

解説 開戦以降中立を維持していたアメリカは，ドイツの**無制限潜水艦作戦**を機に参戦を決定した。ロシア革命（➔p.114）によるロマノフ朝の崩壊で，**民主主義国家と専制国家の協調という矛盾が解消されたこと**や，ドイツが密かにメキシコとの同盟を画策していたことなども要因であった。

4 第一次世界大戦と感染症 ―スペイン風邪の大流行― →p.165

スペイン風邪の伝播(1918〜20年)

Q なぜ感染が拡大したのだろうか？

解説 大戦中にアメリカで発生したインフルエンザが，世界的な流行を引き起こした。報道管制のない中立国スペインでの流行が報道されたため，「スペイン風邪」とよばれた。

Ⓐ5 **マスクをつけたアメリカ兵** 戦場での**過密状態や衛生・栄養状態の悪化，医療体制の不備**により，多くの死者が出た。

◀6 **日本の感染予防ポスター**（内務省衛生局編「流行性感冒」1922年3月） 戦場に動員された植民地兵が本国にウイルスを持ち帰ったことにより，感染が世界に拡大した。全世界の死者は2000万～5000万人とされ（諸説ある），第一次世界大戦の戦死者数を上回った。

日本でも，1918～20年にかけて大流行した。

国立保健医療科学院図書館蔵

5 資料から考える 第一次世界大戦と日本

世界大戦は「天佑（チャンス）」？それとも…

5A 外相 加藤高明の進言（1914年8月7日）

一つは**イギリスからの依頼に基づく同盟の情誼**と，一つは帝国がこの機会に**ドイツの根拠地を東洋から一掃して，国際上に一段と地位を高める**という利益と，この２点から参戦を断行するのが今の良策と信ずる。…さりながら，…単に好意の中立を守って，内に国力の充実を図ることも一策ということができる。交戦国が戦に疲れ終わる時，実力を備えている日本は，自然国際的地位を高める結果となるから，あるいはこの方が万全の策であるとの観測もできる。（伊藤正徳編『加藤高明 下』）

Ⓐ7 **加藤高明** 同盟国イギリスからの要請は限定的な援助であったが，加藤らは積極的な関与を主張した。

5B 元老 井上馨の期待（1914年8月8日）

今回の欧州の大禍乱は，日本の国運の発展に対する**大正新時代の天佑（天の助け）**であって，日本国は直に挙国一致の団結をもって，この天佑を享受しなければならない。

…世界的問題より日本を度外することができないような基礎を確立し，近年ともすれば日本を孤立させようとする欧米の帰趨を根底より一掃すべきである…。（井上馨侯伝記編纂会編『世外井上公伝５』）

Ⓐ8 **井上馨** ←p.88

5C 評論家 石橋湛山の懸念（1914年11月）

アジア大陸に領土を拡張するべきではない。…平和を回復し，人心が落ち着けば，米国は申すまでもなく，我に好意を有する英仏人といえども…我が国を**極東の平和に対する最大の危険国**と見なすだろう…。（『日本史史料４』岩波書店）

Ⓨ9 **石橋湛山** →p.140

5D 青島出兵を描いたアメリカの風刺画

Ⓐ10 **風刺画「勇敢で小さな日本？」**（アメリカ，1914年10月）

読みとろう

① 5A と 5B に共通する参戦の目的は何だろうか？ 比較

② 5C で，石橋湛山が出兵に反対しているのはなぜだろうか？

考えよう

第一次世界大戦での日本の中国大陸出兵は，諸外国にどのように受け止められたのだろうか？ 5D を参考に考えよう。

深めよう 日本にとって，第一次世界大戦はどのような意味をもつ戦争だったのだろうか？

つなげよう 第一次世界大戦の教訓は，戦後どのように生かされたのだろうか？

資料

ロシア革命

アプローチ　革命で誕生したのは，どのような国家だったのだろうか？

欧米
アジア
日本

1 ロシア革命の経緯 まとめ

1904	日露戦争(～05)←p.94～96
1905	.1　ロシア第一革命(1905年革命，～.9)
	.1　血の日曜日事件←p.96
	.10　十月宣言(国会開設，憲法制定を約束)
	○ソヴィエト(評議会)が各地に成立
1906	ストルイピンの反動政治　専制強化
1914	第一次世界大戦勃発←p.110～113
1917	.3　二月革命(三月革命)　＊ロシア暦2月
	⟶ニコライ2世退位
	臨時政府(首相ケレンスキー)・戦争の継続主張・土地問題先送り ⟷ 二重権力状態 ⟷ ソヴィエト政権(指導者レーニン)・無併合・無償金・民族自決の講和
1917	.11　十月革命(十一月革命)　＊ロシア暦10月
	「平和に関する布告」「土地に関する布告」
	憲法制定会議でエスエル党が第一党に
1918	.1　レーニン，武力で議会を解散
	赤軍設置　ボリシェヴィキ独裁
	.3　ブレスト=リトフスク条約(独・墺と単独講和)
	ボリシェヴィキ，ロシア共産党へ改称
	首都をモスクワへ移転
	戦時共産主義(～21)⟶生産力激減
1919	コミンテルン(第3インターナショナル，共産主義インターナショナル)結成 ❹
1921	新経済政策(ネップ)実施
1922	ソヴィエト社会主義共和国連邦成立　世界初の社会主義国
1924	レーニン死去
1928	第1次五カ年計画→p.135
1936	スターリン憲法制定　スターリン独裁

（1914～1918：第一次世界大戦／1918～1922：シベリア出兵）

主なスローガン…「パンをよこせ」「戦争反対」「専制打倒」

▲1 ペトログラードでデモを起こす人々（1917年3月12日／ロシア暦2月27日）　大戦の長期化による生活のひっ迫は，労働者のストや兵士の反乱をまねいた。皇帝ニコライ2世は混乱を収束できず退位。ロマノフ朝は崩壊した。

▼2 演説するレーニン←p.28　亡命先のスイスから帰国後，「すべての権力をソヴィエトへ」と説き(「四月テーゼ」)，十月革命を指導した。臨時政府を打倒すると，交戦国に対して即時の講和を訴え(「平和に関する布告」)，国内の土地の国有化を宣言した(「土地に関する布告」)。

1A「平和に関する布告」(1917年11月)

公正な，または民主的な講和は，…無併合(すなわち，他国の土地を略奪することも他の諸国民を強制的に統合することもない)，無賠償の即時の講和である。

…政府が併合または他の土地の略奪と理解しているのは…弱小民族が同意または希望を正確に，明白に，自由意志で表明していないのに，強大な国家が弱小民族を統合することである。その際…その民族がヨーロッパに住んでいるか，遠い海外諸国に住んでいるかにもかかわりない。

(『世界史史料10』岩波書店)

Q　布告の中で提案されていることと，批判されていることは何か，それぞれ整理しよう。

解説　ソヴィエト政権は，無併合・無償金(無賠償)・民族自決による即時の講和を訴えた。特に，植民地支配に対する厳しい批判は，各国の民族運動に大きな影響を与えた。

2 世界への影響

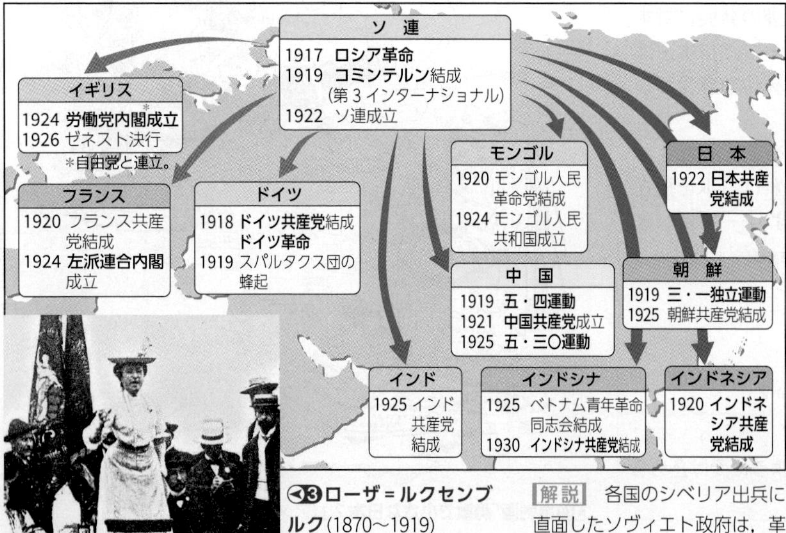

◀3 ローザ=ルクセンブルク(1870～1919)　ロシア革命を高く評価し，反戦を訴えドイツでスパルタクス団の蜂起を指導したが，後に殺害された。

解説　各国のシベリア出兵に直面したソヴィエト政府は，革命政権防衛のためにコミンテルン(第3インターナショナル)を結成し，共産主義革命の世界への拡大を目指した。←p.90

◀4 コミンテルンのポスター(1920年)　各国語で「第3インターナショナル万歳」と書かれている。コミンテルンは各国の共産党を指導し，1930年代にはファシズムへの抵抗も訴えた(人民戦線戦術)。→p.136

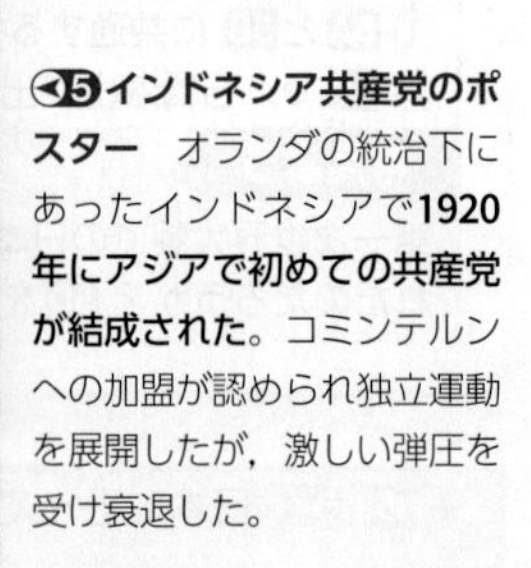

Q　ポスターに描かれている人物は誰だろうか？

◀5 インドネシア共産党のポスター　オランダの統治下にあったインドネシアで1920年にアジアで初めての共産党が結成された。コミンテルンへの加盟が認められ独立運動を展開したが，激しい弾圧を受け衰退した。

3 ソ連における革命と反革命

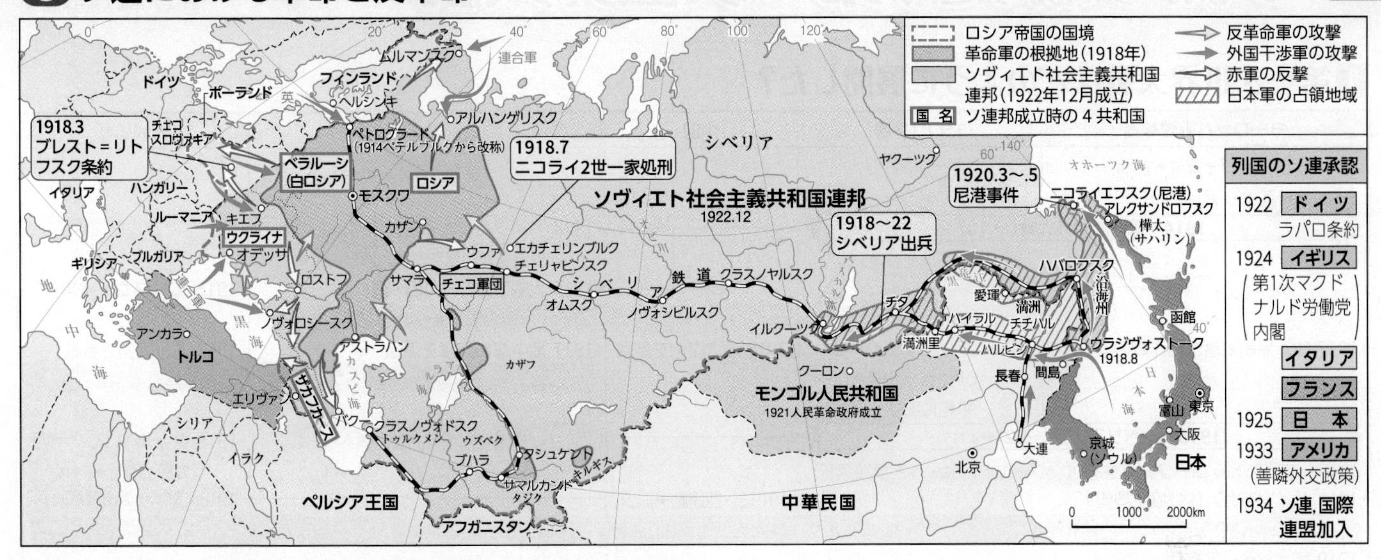

列国のソ連承認

1922	ドイツ ラパロ条約
1924	イギリス 第1次マクドナルド労働党内閣
	イタリア
	フランス
1925	日本
1933	アメリカ (善隣外交政策)
1934	ソ連,国際連盟加入

4 シベリア出兵(対ソ干渉戦争)と日本 世界↘日本

4A シベリア出兵の経過と日本の動向

(網掛け:日本の動き)

ソ連をめぐる各国の動向	出兵期間	日本の国内情勢 ➔p.126~129
1918. 3 ブレスト=リトフスク条約	英・仏 アメリカ 日本	
. 5～. 6 チェコスロヴァキア軍団の反乱		
. 8 **日本,シベリア出兵宣言**		1918. 8 (大7) **米騒動**発生
.11 第一次世界大戦休戦		.12 新人会結成
1919 各国が撤兵開始		○労働争議,小作争議が活発化
1920. 3～. 5 **尼港(にこう)事件** ⟶**日本,北樺太占領**	20年4月	1920. 3 (大9) 新婦人協会結成
		『資本論』の日本語訳出版
		1921.10 日本労働総同盟(改称)
1922. 1 日本,ワシントン会議で撤兵の意向を表明		1922. 4 (大11) 日本農民組合結成
		. 7 **日本共産党結成** (非合法)⟶24年解党
. 4 ドイツ,ソ連承認		
.10 **日本,北樺太以外からの撤兵**		1923. 9 (大12) 関東大震災➔p.133
1924. 2 イギリス,ソ連承認		
.10 フランス,ソ連承認		
1925. 1 **日ソ基本条約**(ソ連承認)		1925. 4 (大14) **治安維持法公布**
. 5 **北樺太からの撤兵完了**		. 5 **普通選挙法公布**

4B 各国の派兵人数

日本	7万3000人(うち戦死・病死者3500人)
アメリカ	9000人
イギリス	5800人
フランス	1200人

(『シベリア出兵』)

Q 日本の派兵数が最も多く,期間も長いのはなぜだろうか?

▽7 ウラジヴォストーク(➔p.70)の日本軍

4C 各国の派兵目的

イギリス・フランス(西部)	アメリカ(東部)	日 本(東部)
•ドイツが西部戦線で攻勢をかけることを警戒 ⟶新政権を樹立させ,**東部戦線の再建**を図る •日米に東部での出兵を要請	•チェコ軍団の救出 •**日本の勢力拡大を警戒**	•東部シベリア,満洲の支配権の確立(東清鉄道の獲得) •朝鮮の民族運動の拠点(沿海州・間島(かんとう))の制圧 •**北樺太の石油資源**の確保

解説 シベリア出兵は,当初ソヴィエト政府に反抗するチェコスロヴァキア軍団(捕虜(ほりょ))の救出を名目として始められた。しかし,その真の目的は共産主義の拡大防止(**ソヴィエト政権の打倒**)や各国の勢力圏の拡大・維持であった。

▶8 **シベリア出兵を描いた風刺画**(北沢楽天筆) 各国が撤兵(てっぺい)を進める中,東アジアでの権益確保を目指す日本は出兵を継続。多額の戦費が投入され,国内でも批判の声が高まった。

日本に伝えられた革命

日本国内では,ロシア革命は特に労働者に好意的に受け止められ,その影響を受け各地で社会運動・労働争議が活発化した。

また,大逆(たいぎゃく)事件(➔p.102)以来衰退していた社会主義運動も復活し,コミンテルンの日本支部として**日本共産党が非合法の内に結成された**。政府はこうした動きを警戒し,ソ連との国交樹立と共に**治安維持法**(➔p.129)を制定,共産主義思想の統制を図った。

露獨墺方面
直に休戰を提議せん
▽穩和派勞兵會脫會

△6 **十月革命を報じる新聞**
(「大阪朝日新聞」1917〈大正6〉年11月11日)

深めよう なぜ,各国はロシア革命の動向に注目し,介入しようとしたのだろうか?

つなげよう ソ連はこの後,国際社会にどのような影響を与えるようになっていくのだろうか?

十月革命を報じる新聞→

1 第一次世界大戦はどのように展開した？

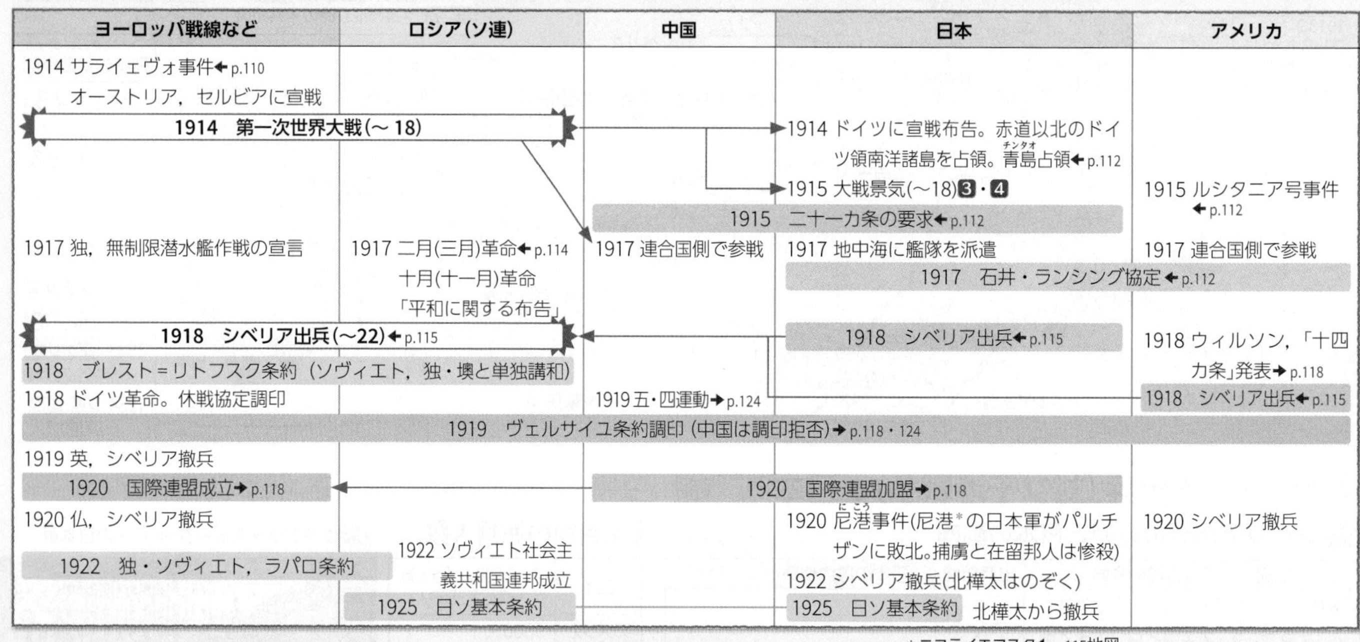

＊ニコライエフスク←p.115地図

2 第一次世界大戦でアメリカが好況になった理由は？

2A 連合国間の債権(さいけん)・債務(さいむ)関係

（1918年11月の休戦時点　単位：百万ドル）

		債権国		
		アメリカ	イギリス	フランス
債務国	イギリス	3696	―	―
	ロシア	188	2472	955
	イタリア	1031	1855	75
	フランス	1970	1683	―
	ベルギー	172	422	535
	ユーゴスラヴィア	11	92	297
	その他	9	491	376
	計	7077	7015	2238

（『近代国際経済要覧』）

解説　第一次世界大戦中，各国は物資輸入や資金導入を目的に戦時公債(こうさい)（国債(こくさい)）を発行した。**アメリカは建国以来，債務国であったが，休戦時点で約71億ドルの債権国となった。**イギリスも同程度の債権があったが，アメリカに約37億ドルの債務があった。フランスは約22億ドルの債権に対し，アメリカ・イギリスへの債務が約37億ドルあり，債務超過(ちょうか)であった。

あなたのお金をあなたの政府に貸してください。米国国債の購入を。1917年第2回自由公債。アメリカ財務省が6か月ごとに利子を払います。

A1 国債の購入をよびかけるポスター（1917年）　第一次世界大戦の頃，宣伝技術が発達し，ポスターが数多くつくられた。日本はポスターを収集し，総力戦に向けて研究・準備をしたという。　東京大学大学院情報学環蔵

2B 各国のGDP（国内総生産）の推移

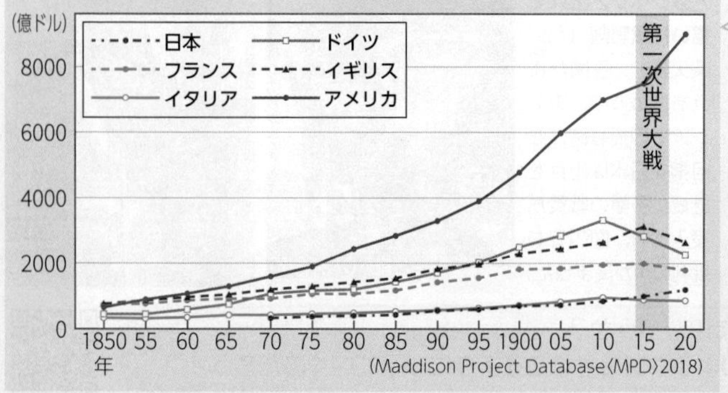

Q 英・米の推移に着目しよう。

解説　アメリカのGDPは，第一次世界大戦争中に大きく伸びたのに対し，イギリスは凋落(ちょうらく)した。**第一次世界大戦を経て，アメリカは世界経済で優位に立った。**

2C アメリカの生糸市場における競争

Obtainable only direct from our mills at a saving, through our bonded representatives who call at the home and office

REAL SILK
Guaranteed
HOSIERY
FOR WOMEN AND MEN

◁2 アメリカの雑誌に掲載された絹製ストッキングの広告（1920年代）　好況となったアメリカでは，ストッキング，ハンカチ，ブラウス，スカーフなどに絹織物が使われ，普及した。アメリカの絹織物業は高い輸入関税に守られ発展した。アメリカ政府は原料となる生糸の国産化もめざしたが，実現しなかったため，生糸は輸入に頼り続けた。

年度	イタリア	中国	日本	その他	輸入総量
1900	2060(25%)	2532(31%)	3189(39%)	429(5%)	8210(100%)
1910	2957(14%)	4751(22%)	13311(62%)	545(2%)	21564(100%)
1920	1111(3%)	5932(20%)	22904(76%)	111(1%)	30058(100%)
1929	2279(2%)	14906(17%)	69759(80%)	269(1%)	87213(100%)

（単位：千ポンド）

A3 アメリカの生糸輸入先の内訳（『蚕糸統計年鑑昭和5年版』）　イタリア・日本・中国は生糸の品質や価格をめぐって激しい競争を繰り広げ，日本の生糸が優位となった。アメリカで生糸は1930年代に人絹(じんけん)（レーヨン）が普及するまで需要があったが，絹織物は生活必需品ではないため，景気の影響を強く受けた。→p.139

▽4 日本から輸出される生糸の束

3 第一次世界大戦の日本への影響は？

3A 大戦景気 まとめ

背景

第一次世界大戦で列強がアジア市場から後退

大戦景気

- 大幅な輸出超過(貿易収支は黒字)
  アジア市場に綿織物・綿糸を輸出。アメリカ市場に生糸を輸出。
  ヨーロッパ市場に軍需品・日用品を輸出
- 重化学工業(造船業・鉄鋼業・薬品・肥料など)や海運業の発達
- 工業原動力が蒸気力から電力に。猪苗代第一発電所の竣工(1914)

結果とその後

- 債務国から債権国へ
- 工業生産額が農業生産額を超える。工場労働者の増加
- 好況で成金を生む一方，多数の民衆は物価上昇で窮乏
- 大戦後は生産過剰となり，戦後恐慌の発生(1920)➜p.138

3B 貿易額の推移

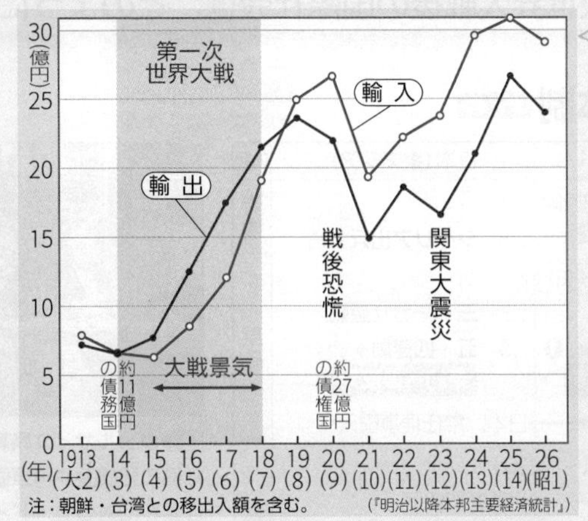

注：朝鮮・台湾との移出入額を含む。（『明治以降本邦主要経済統計』）

Q 第一次世界大戦中，日本の輸出額と輸入額は，どのように変化したのだろうか？

解説　第一次世界大戦中，日本は，綿織物・綿糸をアジア市場に，生糸をアメリカ市場に，軍需品などをヨーロッパ市場に輸出した。そのため，**1915〜18年は輸出超過となった**。大幅な輸出超過は，1914年に約11億円の債務国であった日本を，1920年に27億円以上の**債権国**にした。

3C 企業の新設・拡張*

業種		1914(大3) (A)(万円)	1919(大8) (B)(万円)	B/A(倍)
海運業		1930	1億9550	10.1
鉱業		1670	2億8940	17.3
重化学工業	化学工業	1460	2億4930	17.1
	造船業	20	2240	**112.0**
	金属工業	130	4470	34.4
紡績業		170	2億6020	**153.1**
織布業		320	2億1390	**66.8**
銀行業		5200	6億4260	12.4
鉄道業		3120	2億1710	7.0
電力業		3100	4億6100	14.9
全企業総計		2億5080	40億6850	16.2
以上のうち	新設	1億1710	26億8050	22.9
	拡張	1億3370	13億8800	10.4

（高橋亀吉『大正昭和財界変動史』など）

＊公称10万円以上の企業の資本金増加比

解説　大戦景気で海運業・造船業が発達し，ドイツからの輸入の途絶で，薬品や肥料などの化学工業が盛んになった。輸出拡大で紡績業も活況となり，大戦後は日本資本が中国で経営する紡績業(在華紡)が成長した。➜p.125

3D 工業生産額の増加

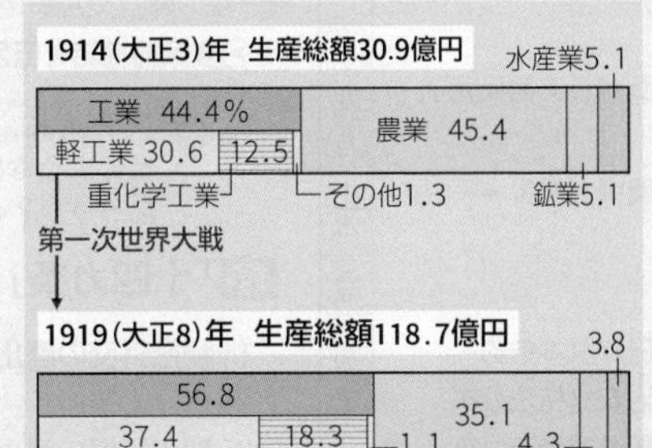

（『日本資本主義発達史年表』など）

解説　1919年に生産総額は1914年の約4倍に伸びた。工業生産額が農業生産額を超え，日本は**工業国になった**。重化学工業の生産額は工業生産額の約30%を占めるようになった。

▶5「鋤鍬捨てて」(「大阪パック」1917年)　工業化で男性の工場労働者が増え，農村から都市へ人口が流出したことを表している。産業構造が変化し，米の生産量は減少した。

「鋤鍬捨てて」↓

この頃登場した物

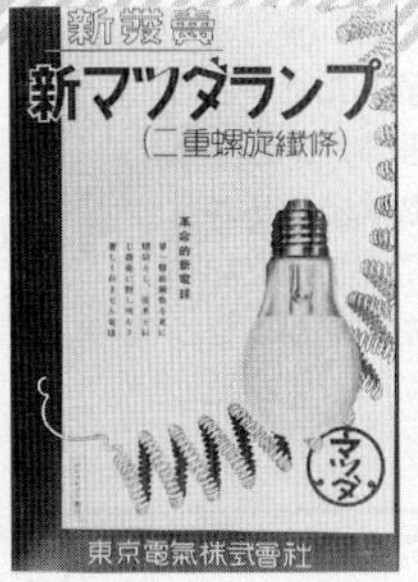

▶6 **電球のポスター**　(東京電気株式会社，1924年頃)　大戦景気の頃，**動力が蒸気力から電力に変化した**。家庭では，電球・アイロン・電気ストーブ・扇風機などが広まった。右の電球の消費電力は，それまでの約3分の1で，関東大震災(➜p.133)をきっかけに安全性や利便性も強調された。

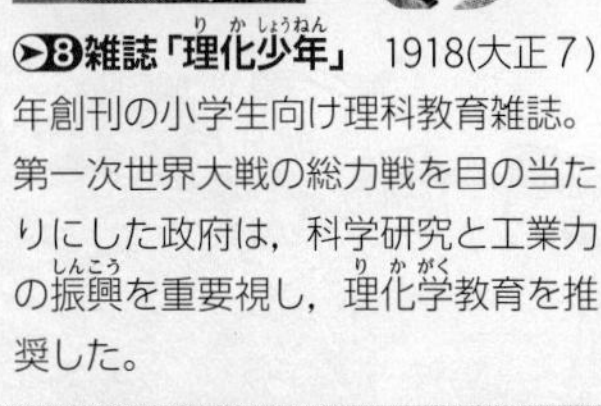

◀7 **KS磁石鋼**(模造品)　第一次世界大戦で鉄鋼の需要が高まると，政府は高品質の鉄鋼生産を奨励した。物理学者の本多光太郎(1870〜1954。左写真)は1917(大正6)年，KS磁石鋼(強い磁性をもつ特殊鋼)を発明した。**「鉄鋼の父」**とよばれる。

▶8 **雑誌「理化少年」**　1918(大正7)年創刊の小学生向け理科教育雑誌。第一次世界大戦の総力戦を目の当たりにした政府は，科学研究と工業力の振興を重要視し，理化学教育を推奨した。

4 大戦景気の光と影

4A 成金の出現

▲9 **成金を描いた風刺画**　(和田邦坊筆「成金栄華時代」1928年)　将棋の駒，特に歩が敵陣に入ると金に成ることから，「にわか富豪」は成金とよばれ，新聞などに取り上げられた。上の絵は，成金の豪遊ぶりを「料亭からの帰りに百円札(当時の最高額紙幣で，今の20万円くらい)を燃やして靴を捜している」と風刺している。

4B 民衆の窮乏

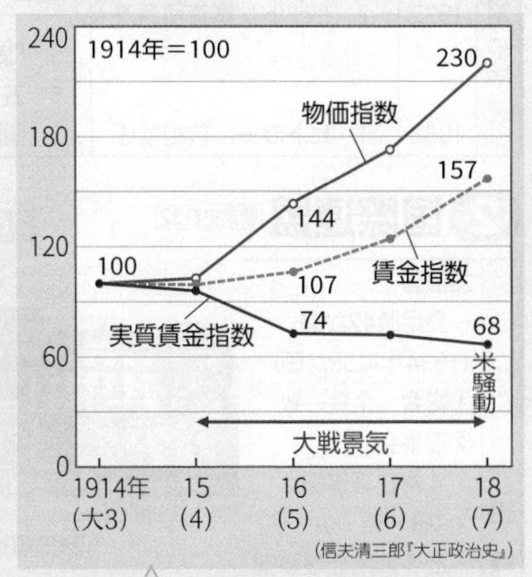

（信夫清三郎『大正政治史』）

Q 大戦景気で，労働者の生活は，どうなったのだろうか？

解説　大戦景気は資本家を潤し成金を生んだが，激しいインフレも招いた。物価の上昇に賃金が追いつかず，多くの都市労働者の生活を圧迫した。農村では，寄生地主制のもと，高い小作料などで小作農は苦しい生活を送った。

ヴェルサイユ体制の成立

欧米

アプローチ 第一次世界大戦後の国際社会は，どのように形成されたのだろうか？

❶ヴェルサイユ体制 まとめ

←p.110 →p.136

	年	世界	日本(東アジア)	内閣
ヴェルサイユ体制の成立	1918	.1 「十四カ条」の平和原則 .11 第一次世界大戦終結	.8 シベリア出兵宣言 ←p.115	寺内
	1919	.1 パリ講和会議(~.6)	.3 三・一独立運動	原敬
		.6 ヴェルサイユ条約❶ ドイツへの報復	.5 五・四運動→p.124 条約への反発	
	1920	.1 国際連盟成立❷ ←	日本，常任理事国入り	
国際協調主義の進展(安定期)→p.120	1921	.11 ワシントン会議(~1922.2)		高橋是清
		.12 四カ国条約 →	日英同盟終了	
	1922	.2 ワシントン海軍軍備制限条約(ワシントン海軍軍縮条約) 九カ国条約		
		.4 ラパロ条約		
		.10 ローマ進軍	.10 シベリア撤兵完了	加藤(友)
	1923	.1 フランス，ベルギーがルール占領(~25.8)	.9 関東大震災→p.133	山本
		.11 ミュンヘン一揆❾		清浦
	1924	.4 ドーズ案発表4B		
	1925		.1 日ソ基本条約	加藤(高)
			.4 治安維持法公布	
		.12 ロカルノ条約	.5 普通選挙法公布→p.129	
	1926	.9 ドイツ，国際連盟加入		若槻
	1927	.6 ジュネーヴ会議(失敗)	.5 山東出兵(~28)	田中義一
	1928		.6 張作霖(チャンツォリン)爆殺事件	
		.8 不戦条約→p.121		
	1929	.10 世界恐慌発生→p.134		浜口
体制の破綻	1930	.1 ロンドン軍縮会議 →	統帥権干犯問題	
	1931	.6 フーヴァー=モラトリアム	.9 柳条湖(リウティアオフー)事件(満洲事変)→p.140	若槻
	1932	.2 リットン調査団派遣 ←		犬養毅
			.3 「満洲国」建国宣言	
			.5 五・一五事件	
	1933	.1 ヒトラー，首相就任	.3 国際連盟脱退通告	斎藤

A1 ヴェルサイユ条約の調印　天文学的な額の賠償金や再軍備の制限などの過酷な条件に対して，ドイツは不満を示したものの最終的には屈服。ヴェルサイユ宮殿「鏡の間」での調印を受け入れた。

Le Petit Journal
SUPPLÉMENT ILLUSTRÉ
DIMANCHE 13 JUILLET 1919
1871
1919
あなたの番ですよ，ゲルマニア！
A TON TOUR GERMANIA !

▶2 条約締結を伝えるフランスの新聞

Q 1871年に，同じ「鏡の間」でどのような出来事があったのだろうか？ ←p.57

1A「十四カ条」 巻末史料30

1. 秘密外交の廃止
2. 海洋の自由
3. 関税障壁の廃止
4. 軍備縮小
5. 植民地問題の公平な解決(民族自決)

14. 国際平和機構の設立(国際連盟)

A3 ウィルソン 米大統領(任1913～21)

解説　「平和に関する布告」(←p.114)に対抗してウィルソンが発表した「十四カ条」は，パリ講和会議の基本原則となった。しかし，対独復讐に燃える英仏や各国の利害対立の前に，国際連盟設立を除き，その理想の実現はかなわなかった。

1B ヴェルサイユ条約 巻末史料31

① **国際連盟の設立**
② **ドイツは全植民地と海外の一切の権利を放棄**
- フランスへ**アルザス・ロレーヌ**を返還
- ポーランドへポーランド回廊・シュレジエンの一部を割譲
- ザール地方を国際連盟の管理下に。帰属は15年後の住民投票で決定
- ダンツィヒを自由市(国際連盟の管理下)に

③ **ドイツの軍備制限**(徴兵制禁止)
④ ラインラントの非武装化。左岸は連合軍が15年間保障占領
⑤ **巨額の賠償金の支払い**(1921年，1320億金マルクに決定)

❷国際連盟 巻末史料32

2A 国際連盟の組織

組織

加盟国
…発足時42か国(1934年に58か国)

①**総会**…全会一致
②**理事会**…4常任理事国(日・英・仏・伊)と4非常任理事国
③**事務局**
国際司法裁判所(オランダのハーグ)
国際労働機関(スイスのジュネーヴ)

A4 国際連盟本部(ジュネーヴ)

▶5 新渡戸稲造(1862～1933) 国際連盟事務局次長。
提供／青森 新渡戸記念館

機能
①集団安全保障…経済制裁が中心で，**武力制裁はできない**
②国際協力…軍事同盟やブロック経済により，成果は上がらず

2B 主要国の参加

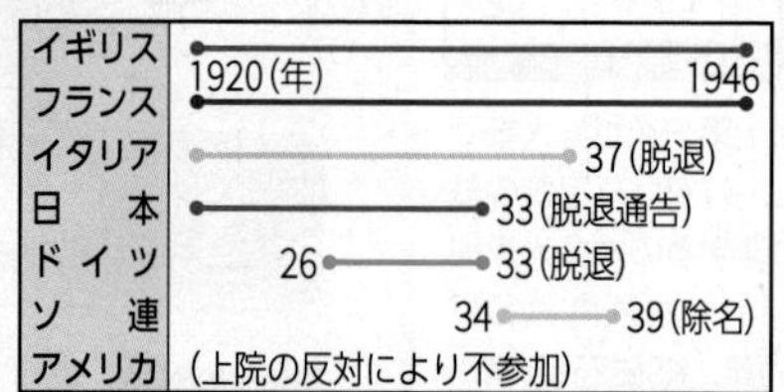

解説　国際連盟は，大国間の勢力均衡にかわる集団安全保障システムの確立を目指した(←p.108)。しかし，**敗戦国ドイツ，社会主義国ソ連は当初除外**されたほか，提唱国の**アメリカも上院の反対により終始不参加**であり，その実行力には限界があった。

Q 橋が未完成なのはなぜなのだろうか？

▶6 国際連盟を描いた風刺画(イギリス「パンチ」1919年12月)　国際連盟を提唱したウィルソンは，従来の**孤立主義**を主張する議会の激しい反発を受けた。

3 ヴェルサイユ体制下のヨーロッパ

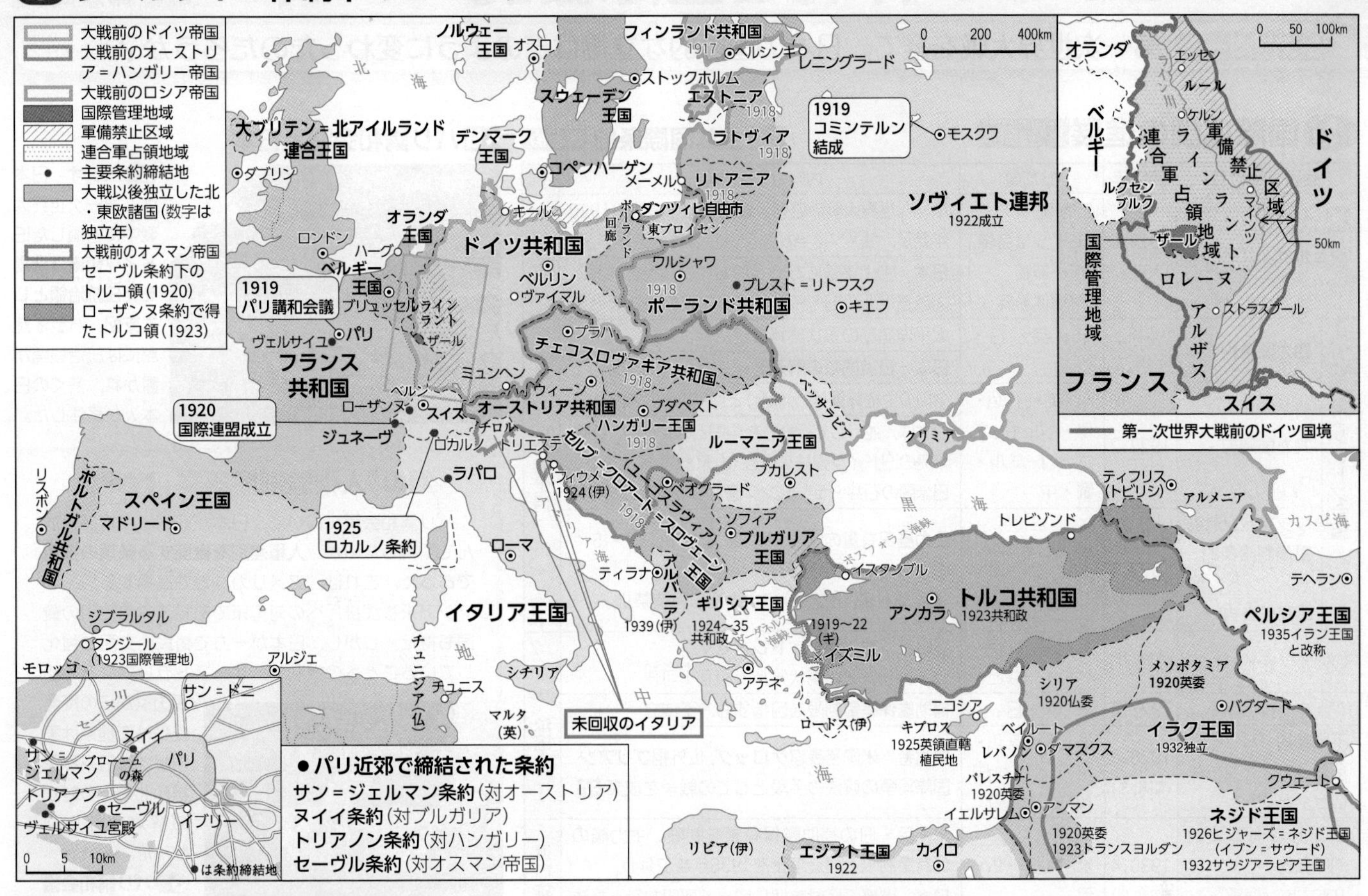

4 ドイツの動揺と国際社会

7古紙として取引される紙幣(1923年) 巨額の賠償金は，**フランス，ベルギー**による**ルール占領**や，ドイツ国内のインフレといった混乱を引き起こした。

8100兆マルク紙幣(1924年)

4A 賠償金分配率

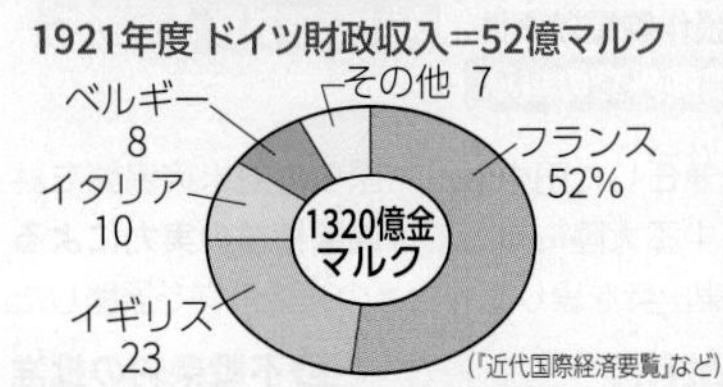

(『近代国際経済要覧』など)

4B ドーズ案による賠償金の流れ

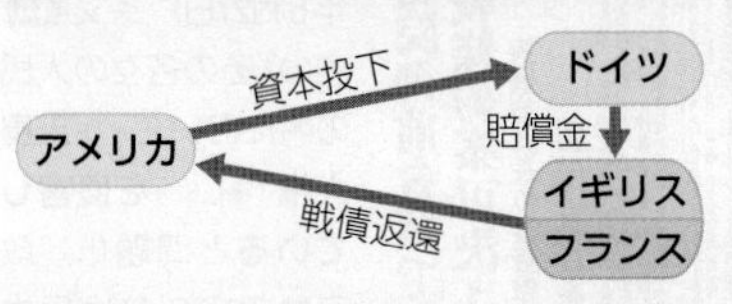

9ミュンヘン一揆(1923年) ルール占領に反発した**ヒトラー率いる**ナチ党が蜂起したが失敗。ヒトラーは投獄された。ドイツ国内の混乱は，レンテンマルクの導入や**ドーズ案**の受け入れにより収束に向かった。

4C 国際社会の対立

Q 「戦争の種」がまかれている場所を確認しよう。

風刺画中の地名(上から)…ウラジヴォストーク・シベリア・アドリア海沿岸・フィウメ・チロル・トルコ・ペルシア・メソポタミア・小アジア・シリア・ライン諸都市・ザール地方

10風刺画「将来の戦争の種」(アメリカ，1920年)

解説 日本はシベリアへの勢力拡大を狙い(←p.115)，イタリアは講和会議での領土の要求が満たされず，不満を抱えていた。イギリスの**多重外交**(→p.122)やフランスの**ルール占領**など，国際連盟の常任理事国の利害が，国際的な対立の要因となっていた。

深めよう ヴェルサイユ体制の課題は，何だったのだろうか？

つなげよう 戦後の国際社会で，日本はどのような役割を果たしたのだろうか？

風刺画「将来の戦争の種」→

ワシントン体制と国際協調

アプローチ 第一次世界大戦を経て，日本の国際的な立場はどのように変わったのだろうか？

1 国際協調の進展 世界 日本

1A 主な国際条約 まとめ

会議・条約名		締結年	参加国	内容と関連事項	内閣
ヴェルサイユ条約		1919.6（大正8）	27か国（ドイツは会議に不参加 ソ連は除外）	第一次世界大戦の処理。**国際連盟**の成立（1920年発足，独・ソは当初，アメリカは終始不参加） **日本** ①山東省における旧ドイツ権益の継承 ②赤道以北の旧ドイツ領南洋諸島の委任統治権	原敬
ワシントン会議	**四カ国条約**	1921.12（大正10）	米・英・日・仏	太平洋諸島の現状維持を確認 **日本　日英同盟の解消**を規定（1923年解消）	高橋是清
	九カ国条約	1922.2	米・英・日・仏・伊・ベルギー・ポルトガル・蘭・中	中国の主権尊重（領土保全）と門戸開放，機会均等 日本は，並行して行われた中国との交渉で，山東半島の旧ドイツ権益を返還（山東懸案解決条約）。日米間の石井・ランシング協定も破棄（1923年）	
	ワシントン海軍軍備制限条約（ワシントン海軍軍縮条約）	1922.2	米・英・仏・伊・日	**主力艦**保有量の制限（米：英：日：仏：伊＝5：5：3：1.67：1.67）。 10年間（1931年まで）の主力艦の建造禁止	
ロカルノ条約		1925.12	英・仏・独・伊・ベルギーなど	提唱者：独外相**シュトレーゼマン** ラインラントの現状維持と相互不可侵	
ジュネーヴ会議		1927.6	米・英・日	補助艦保有量制限を目指すも，不成立	田中義一
不戦条約（パリ不戦条約，ブリアン・ケロッグ条約）		1928.8（昭和3）	米・英・独・仏・日など15か国（のち63か国）	提唱者：米国務長官**ケロッグ**，仏外相**ブリアン** 国際紛争の解決の手段としての戦争を放棄 4A	
ロンドン海軍軍備制限条約（ロンドン海軍軍縮条約）		1930.4（昭和5）	米・英・日・仏・伊	米・英・日の補助艦保有量を制限。主力艦の保有量制限と建造禁止を1936年まで延長 **日本**　軍部の反対を押し切って調印を行った政府に対し，**統帥権干犯**との批判が起こる➜p.139	浜口雄幸

1B パリ講和会議と日本

◁1 **パラオ**　日本は，第一次世界大戦中に占領した**旧ドイツ領南洋諸島を委任統治領として支配**。パラオ諸島には統治機関が置かれ，多くの日本人が移住した。

幻の「人種差別撤廃案」 巻末史料33

パリ講和会議において，日本が旧ドイツ権益と並んで重視したのが，**人種差別を撤廃する条項の採用であった**。これは，アメリカなどで高揚する日系・アジア系移民排斥への対応策であり，多くの国の賛同も得た。しかし，日本が一方で植民地支配を強化していることへの批判や，オーストラリアなどの移民国家からの反発を受けて提案は実現せず，日系移民排斥をめぐる対立の解消はならなかった。➜p.131

牧野伸顕　西園寺公望

◁2 **パリ講和会議の日本全権**

2 ワシントン体制と日本

△3 **ワシントン会議の風刺画**（「東京パック」1921〈大正10〉年11月）　日本全権の３人が，多くの料理（要求）をのまされている。**中国大陸の門戸開放を主張するアメリカは日本の勢力拡大を警戒**。イギリスと協調してその抑制を図った。巻末史料37

2A 渋沢栄一（➜p.78・p.104）の賛成論（1921年）

海軍軍備縮小に対し，…**各国民の負担する租税を非常に軽減し得ることは明らかである**。…この節約によって得られるべき資本及び余力は，平和と進歩との為に用いられるべきである。（木村昌人『渋沢栄一』）

Q どのような利点が説かれているか，2Bのグラフを見て考えよう。

2B 軍事費の推移

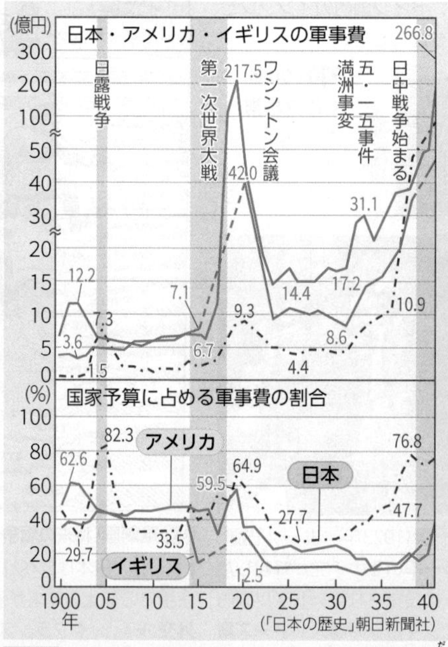

解説　ワシントン会議の決定に対しては，日本の妥協が国内で批判を浴びる一方，シベリア出兵（➜p.115）等で増大した軍事支出の抑制を評価する声もあり，海軍だけでなく陸軍でも軍縮が行われた。

2C 1920年代日本の外交 巻末史料38

●**幣原外交（1924～27，29～31）**➜p.138

加藤高明内閣（1924～26）…日ソ基本条約締結➜p.115

若槻礼次郎内閣（1926～27）…中国への内政不干渉

△4 **幣原喜重郎**（1872～1951）

解説　幣原は，**対米英協調**と**中国への内政不干渉**（経済的進出の重視）を掲げた。

●**田中義一内閣の外交（1927～29）**

・山東出兵　・張作霖爆殺事件　対中強硬外交➜p.124・138

・不戦条約　協調外交の継承

解説　外相を兼任した田中は，幣原らの対米英協調を継承する一方で，中国大陸に対しては**満蒙権益の実力による確保**を図り，山東出兵を繰り返すなどの強硬外交を展開した。

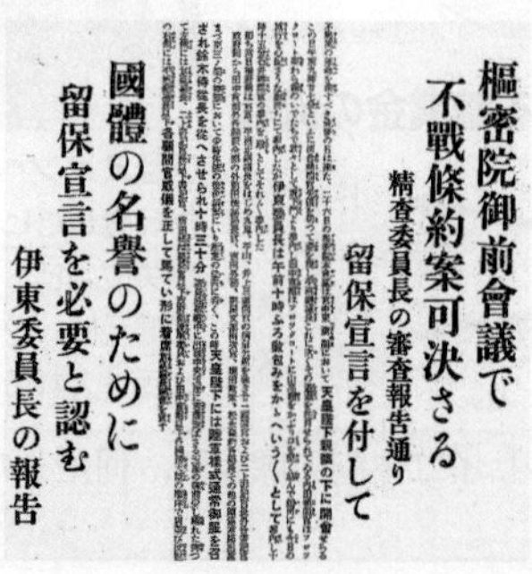
樞密院御前會議で
不戰條約案可決さる
精査委員長の審査報告通り
留保宣言を付して
國體の名譽のために
留保宣言を必要と認む
伊東委員長の報告

◁5 **不戦条約の批准**（「東京朝日新聞」1929年6月27日）条文（4A）内の「その各々の人民の名において」が**天皇大権**（➜p.86）**を侵害している**と問題化。政府はこの部分は日本に適用されないことを宣言した。

3 1920年代のヨーロッパ諸国 ➲p.136・137

左派の動き
右派・ファシズムの動き

イギリス	フランス	ドイツ 巻末史料34	イタリア
1918 第4回選挙法改正		1918 ドイツ革命	
1919 ヴェルサイユ条約調印			
1919〜21 アイルランド独立戦争		1919 ヴァイマル憲法制定	1919 ムッソリーニ，ファシスト党結成
	1920 フランス共産党結成	1920 国民社会主義ドイツ労働者党（ナチ党）成立	
1922 アイルランド自由国成立		1922 ラパロ条約（ソ連承認）	1922 ローマ進軍
	1923 ルール占領	1923 ミュンヘン一揆 ←p.119	
1924 マクドナルド労働党内閣❻ ソ連承認	1924 ソ連承認	1924 ドーズ案 1925 ヒンデンブルク，大統領に就任（外相シュトレーゼマン）	1924 フィウメ併合
1925 ロカルノ条約			
		1925 ヒトラー『我が闘争』 1926 国際連盟加盟	1926 アルバニアの保護国化
1928 不戦条約 4A			
			1928 ファシスト党独裁完成
1929 世界恐慌 ➔p.134・135			

3A 大衆の政治参加

❻マクドナルド労働党内閣の成立（1924年） 総力戦下で多くの国民が戦争に協力したイギリスでは，**第4回選挙法改正により，女性参政権**（制限選挙）**が実現した**（←p.109）。有権者の大幅な増加と大戦後の経済停滞は**労働党**を躍進させ，増加した軍事費の抑制と，社会政策・福祉の充実が図られた。

Q どの分野の支出が増加しているだろうか？

3B イギリスの政府支出の割合

	軍事費	社会費	経済費	国債費	その他
1900年	48.0%	18.0	13.0	7.0	14.0
1925年	12.5	36.3	12.3	28.4	10.5

（林健久『福祉国家の財政学』有斐閣）

4 資料から考える 不戦条約（1928〈昭和3〉年）

国際協調の「歴史的快挙(かいきょ)」？

4A 不戦条約

（4A・4B『世界史史料10』岩波書店）

第1条 締約国は，国際紛争解決のために戦争に訴えることを非難し…その相互の関係において**国家政策の手段として戦争を放棄(ほうき)する**ことを，その各々の人民の名において厳粛(げんしゅく)に宣言する。
第2条 締約国は，相互間に発生する紛争または衝突の処理または解決を，その性質または原因の如何(いかん)を問わず，**平和的手段以外で求めないことを約束する**。

4B 米国務長官ケロッグの留保(りゅうほ)

不戦条約の米国案は，いかなる点においても**自衛権の制限を意味してはいない**…これは各主権国家に固有(こゆう)の権利である…。

米佛相讓って條約案成る
列强の意をくんだ
米國政府第二次案

解説 条約の理念が大きな反響を呼ぶ一方で，締結のための交渉は困難を極(きわ)めた。

❼不戦条約調印の報道（「東京朝日新聞」1928年8月27日）

解説 大戦の反省を受け，欧米では国際法による戦争の防止（**戦争の違法化**）を目指す気運が高まった。不戦条約は，ドイツの国際社会復帰が進む中で，フランス外相の**ブリアン**がアメリカとの連携強化を目指して提案。最終的には63か国が参加する多国間条約として結実(けつじつ)した。

4C 日本の新聞報道

…**条約違反に対して何ら制裁規定を設けず**，もっぱら関係各国の国際的道義心(どうぎしん)に依頼せるところから果(はた)して所期(しょき)の効果を奏(そう)し得べきや多大の疑惑を感ぜざるを得ないが…
第一，**戦争を罪悪視する思想を新たに刺激したこと**
第二，**米国**が…孤立政策を改め**再び国際協力に近づきつつあること**の2点は見逃すべからざる傾向として…本条約の生誕を祝福すべき相当の理由がある。

（「東京朝日新聞」1928年8月27日）

平和への新たな刺激
骨抜きの形ながら
注目すべき新傾向

読みとろう
① 4A 不戦条約では何が定められたのだろうか？
② 4B 不戦条約に対して，どのような留保がつけられているだろうか？

考えよう
不戦条約締結の意義と課題について，4C を参考に考えてみよう。

深めよう 1920年代の国際協調は，なぜ第二次世界大戦を防げなかったのだろうか？
つなげよう 日本はアジアでどのような外交を展開していったのだろうか？

不戦条約調印の報道（新聞）→

資料

アジアの民族運動①

アプローチ なぜ，アジア各地で民族運動が活発になったのだろうか？

1 アジア・アフリカの民族運動 まとめ

1A 民族運動の背景

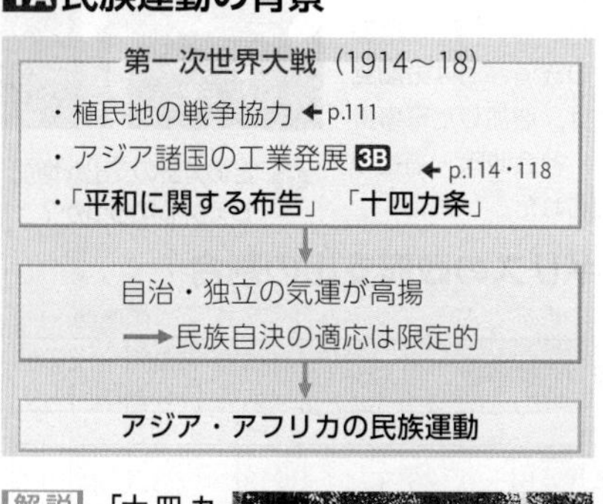

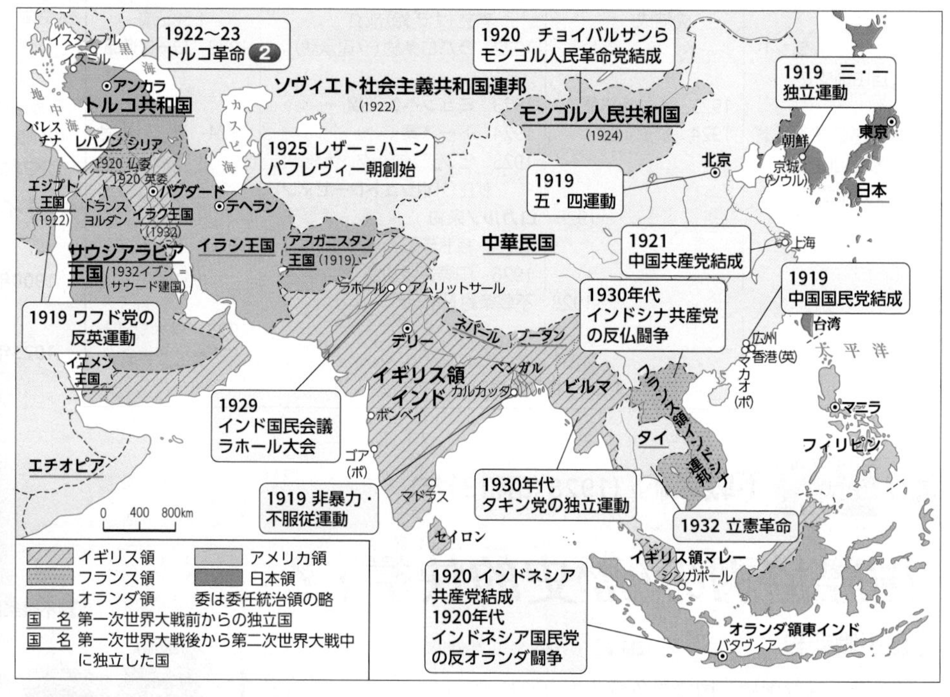

解説 「十四カ条」（←p.118）で打ち立てられた民族自決の原則は，**アジア・アフリカの植民地には適応されず**，各地で独立や自治を求める運動が活発となった。

1 **エジプトの独立運動** 巻末史料35

2 トルコ革命の進展と西アジアの動向

オスマン帝国	1908	**青年トルコ革命**←p.99 …ミドハト憲法復活・国会開設
	1914	**第一次世界大戦**（～18）→敗戦
	1919	ギリシア軍が侵入（～22撃退）
二重政権	1920	**ムスタファ＝ケマル**，トルコ大国民議会開催→アンカラ政府樹立 セーヴル条約…イスタンブル周辺を除くヨーロッパの領土を喪失（そうしつ）
トルコ革命	1922	**トルコ革命**開始 **スルタン制廃止** オスマン帝国滅亡
	1923	**ローザンヌ条約**…軍備制限・治外法権撤廃（てっぱい），イズミルなどの領土回復
トルコ共和国		**トルコ共和国**成立（初代大統領**ムスタファ＝ケマル** ～38）
	1924	憲法発布 **カリフ制廃止** ○近代化政策の推進

Q 教えている文字は何だろうか？

3 **文字改革** 西欧的な改革に着手したムスタファ＝ケマルはローマ字の採用（アラビア文字の廃止）など，**脱イスラーム化による近代化を図った。**

ムスタファ＝ケマル

2 **ムスタファ＝ケマル**（**ケマル＝アタテュルク**）

トルコの近代化政策
- 女性解放，女性参政権実施（一夫多妻制廃止・チャドル着用反対運動）
- イスラーム暦廃止
- 法律の西欧化
- **文字改革**（アラビア文字廃止・ローマ字採用）
- ナショナリズムの形成

4 **ハギア＝ソフィア聖堂**（イスタンブル） 当初はキリスト教の聖堂で，15世紀以降はイスラーム教のモスクとして使用されていた。ムスタファ＝ケマルは，1935年にここを無宗教の博物館とした。世界遺産

注：2020年にトルコ政府は再びモスクとして開放することを発表した。

2A イギリスの多重外交

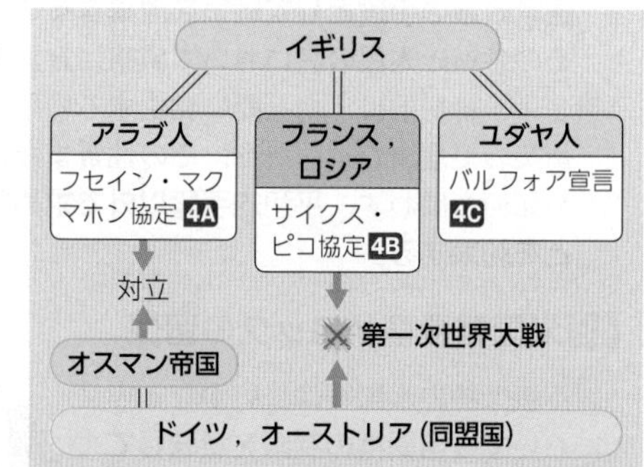

解説 第一次世界大戦中，イギリスはアラブ人に戦後の独立国家建設を約束し（**フセイン・マクマホン協定**），オスマン帝国に対する蜂起（ほうき）を促した。一方で，フランス・ロシアとの間でオスマン帝国領の分割を取り決め（**サイクス・ピコ協定**），ユダヤ人の協力を得るために**バルフォア宣言**も発表した。これらの相互に矛盾（むじゅん）する取り決めは，戦後の対立の火種となった。4

5 **ファイサルとローレンス** フセインの息子ファイサルと，イギリス人将校（しょうこう）ローレンスがオスマン帝国軍と戦った。ローレンスの戦いは映画などで脚色（きゃくしょく）され「アラビアのローレンス」として英雄視された。

3 南・東南アジアの民族運動

3A インド民族運動の進展 p.66・99 ➡p.156

1885	**インド国民会議**(親英的機関)
1904	**日露戦争**(～05)
1905	**ベンガル分割令**
1906	国民会議**カルカッタ大会**(反英) 4**綱領**(こうりょう)採択 **スワデーシ(国産品愛用)・スワラージ(自治獲得)**・英貨排斥(えいかはいせき)・民族教育 全インド＝ムスリム連盟結成(親英) 指導者：ジンナー
1914	**第一次世界大戦**(～18) イギリス，戦争協力の代償に自治を約束
1919	**ローラット法** **インド統治法**(イギリスの裏切り) ➡**ガンディー，非暴力・不服従**(サティヤーグラハ)**運動**を推進
1929	国民会議ラホール大会 **完全独立(プールナ＝スワラージ)** 要求決議　指導者：**ネルー**(急進派)
1930	ガンディー，「塩の行進」開始
1935	インド統治法 (州の政治をインド人に委(ゆだ)ねる)
1939	**第二次世界大戦**(～45)
1947	**インド連邦**←分離→**パキスタン** (イギリス連邦内の自治領)

民族資本の成長

6 ガンディーとネルー
ガンディーは非暴力・不服従の大衆運動を指導し，ネルーは急進的な反英運動を唱えた。ガンディーはネルーの指導力を高く評価。後にネルーはインド初代首相となった。

3B インドにおける綿布の国内生産量と輸入量

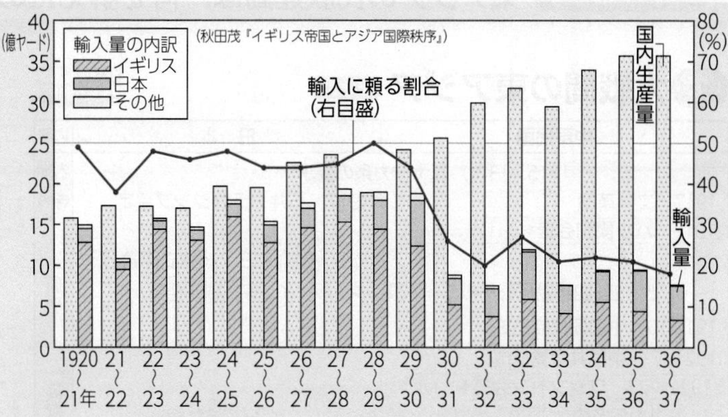

解説　インドの綿工業(➡p.104)は，国産品愛用運動の中で成長を遂(と)げ，第一次世界大戦で輸入が減少すると更なる発展を見せた。こうした**民族資本**の成長は，インドの大衆的な独立運動を支える基盤となった。

3C 東南アジアの民族運動

Q 何を要求しているだろうか？

ホー＝チ＝ミン＊**，パリ講和会議への訴え**(1919年)

各民族の神聖なる自決権が真のものと認められるのを待ちながら，…連合国政府ならびに尊敬するフランス政府に対して，以下のささやかな要求を提出します。
- 法制を改革し，現地(インドシナ)人にもヨーロッパ人と同じく法律面での保障を享受(きょうじゅ)する権利を与える。
- 出版の自由と言論の自由。
- 結社と集会の自由。

(『世界史史料10』岩波書店)

＊グエン＝アイ＝クォクの名で提出(後にホー＝チ＝ミンと改名)。

7 ホー＝チ＝ミン(1890～1969)　民族自決や言論の自由を求めたが認められず，1930年に**インドシナ共産党**を結成した。

8 スカルノ(1901～70)　**インドネシア国民党**を結成したが，オランダから激しい弾圧を受けた。後に日本占領下で独立準備を進めた。➡p.156・185

4 資料から考える　パレスチナ問題

100年の対立はここから始まった

4A フセイン・マクマホン協定(1915年)

イギリスは一定の修正を加えて，メッカのシャリーフ(フセイン)によって要求されている範囲内すべての地域における**アラブ人の独立を認め，それを支援する**用意がある。

4B サイクス・ピコ協定(1916年)

A地域においては**フランス**が，B地域においては**イギリス**が事業および地域融資(ゆうし)の優先権を有する。
…**茶色地域**においては**国際管理**が行われる…。

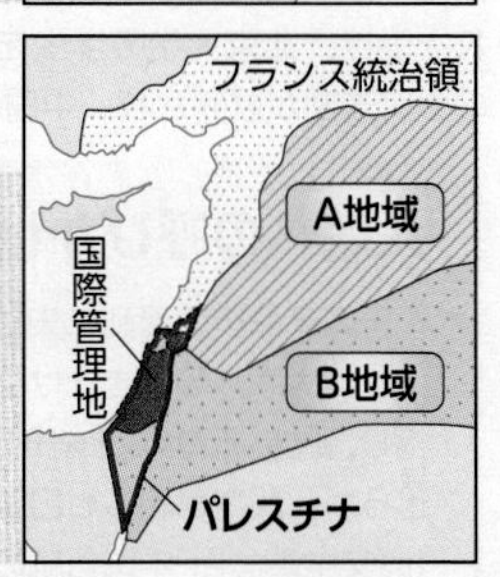

4C バルフォア宣言(1917年)

国王陛下の政府は**パレスチナにおいてユダヤ人のための民族的郷土(ナショナル・ホーム)を設立すること**を好ましいと考えており，この目的の達成を円滑にするために最善の努力を行うつもりです。

(4A～4C『世界史史料10』岩波書店)

読みとろう
① 4A と 4B の協定では，パレスチナはどのように扱われることになっているだろうか？ 比較
② 4C でユダヤ人に認められたのはどのようなことだろうか？

考えよう
アラブ人とユダヤ人がパレスチナの領有を主張し，対立するようになったのはなぜだろうか？

深めよう　アジアの民族運動は，どのような問題を抱えていたのだろうか？

つなげよう　アジアの植民地は，どのように独立を果たしていくのだろうか？

アジアの民族運動②

🔍アプローチ 東アジアの民族運動は，何を訴えたのだろうか？

1 大戦間の東アジア まとめ

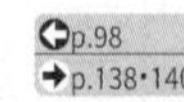
←p.98
→p.138・140

中華民国	日本	内閣
1915 日本，**二十一カ条の要求**←p.112		大隈
1917 文学革命	1917 石井・ランシング協定	寺内
1919 **パリ講和会議**←p.118	.3 朝鮮で**三・一独立運動** 2A	原敬
.5 **五・四運動** 2C ──→	.6 中国，ヴェルサイユ条約調印拒否	
1919.10 **中国国民党**結成		
1921.7 **中国共産党**結成		
1921〜22 **ワシントン会議**←p.120		高橋是清
九カ国条約（中国の主権尊重），石井・ランシング協定破棄(はき)(23)		
日本，山東半島の旧ドイツ権益返還		加藤(高)
1924.1 **第1次国共合作**		
1925.5 五・三〇運動 ❼		幣原外交 若槻①
1926.7 国民党，**北伐**開始		
1927.4 上海クーデタ		
──→**南京国民政府**成立 国共分裂	1927〜28 **山東出兵**	田中義一
中国統一（国民革命）	1928.5 済南(さいなん(チーナン))事件	
1928.6 北伐完成	1928.6 **張作霖**(ちょうさくりん(チャンツオリン))**爆殺事件**	←p.120
.12 張学良(ちょうがくりょう(チャンシュエリアン))，国民政府に合流		浜口
○国権回復運動進展		幣原外交
1931.11 中華ソヴィエト共和国臨時政府(瑞金(ずいきん))	1931.9 **柳条湖事件**→p.140（満洲事変勃発）	若槻②

1A 大戦間の中国（1919〜1928）

A1 **張作霖**(ちょうさくりん(チャンツオリン))（1875〜1928）

2 ヴェルサイユ体制への反発 世界 日本

2A 三・一独立運動（1919〈大正8〉年）―朝鮮―

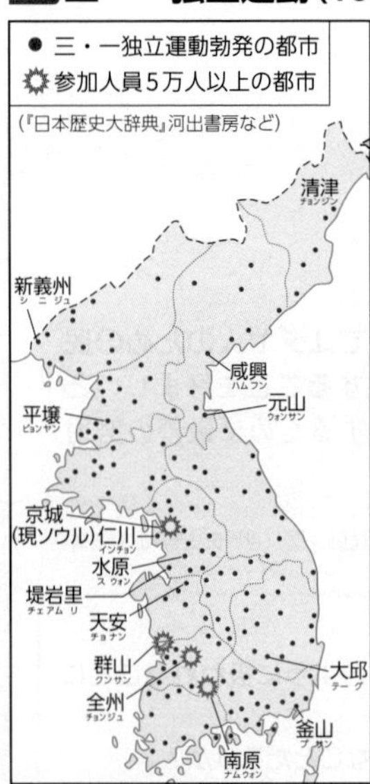

A2 **「独立万歳」を叫ぶ参加者**（ソウル） 朝鮮総督府(そうとくふ)は，憲兵(けんぺい)・警察・軍隊を動員してこれを鎮圧(ちんあつ)した。

解説 「**民族自決**」の気運(きうん)の高まりの中，日本の統治下にあった朝鮮でも独立を求める運動が起こった。「京城」（ソウル）で「独立宣言書」が読み上げられると，学生ら数千人が「独立万歳(トブニクマンセ)」を叫ぶデモを行い，運動は朝鮮全土に広がった。

2B 武断(ぶだん)政治から文化政治へ

- 朝鮮総督への文官の就任が可能に
  ──→実際の文官就任例は無し
- 憲兵を廃止し，普通警察制度を導入
  ──→警察官数は大幅増員
- 言論・集会への制限を緩和（朝鮮語新聞・雑誌発行の許可）
  ──→検閲(けんえつ)は義務化

解説 運動の鎮圧後，日本はそれまでの武断的な統治(←p.97)を改め，朝鮮人の日本への同化を重視する「**文化政治**」へと方針を転換した。しかし，朝鮮の独立は認めなかったため，独立運動は続いた。

2C 五・四運動（1919年）―中国―

A3 **抗議行動を行う学生**

●「**北京**(ペキン)**学生界宣言**」（1919年5月4日）

ああ国民よ！…そもそも講和会議が開幕したとき，われらが願い，慶祝(けいしゅく)したのは，世界に正義・人道・公理があるということだったからではなかったか。**青島**(チンタオ)**を返還し，中日の密約や軍事協定およびその他の不平等条約を破棄することは公理であり，すなわち正義である。**…山東を失うことは中国が亡(ほろ)ぶことなのである。（『世界史史料10』岩波書店）

Q 何が批判されているのだろうか？

解説 中国は戦勝国としてパリ講和会議に参加したが，**二十一カ条の要求の破棄**(はき)や**山東省の旧ドイツ権益返還**といった要求は列国によって無視された。これを受け，北京大学の学生を中心に排日などを訴えるデモが発生。反帝国主義の大衆運動が展開され，中国は**ヴェルサイユ条約への調印を拒否**した。

大衆への呼びかけ―新文化運動―

A4 **陳独秀**(ちんどくしゅう(チェントゥーシウ))（1879〜1942） 後に中国共産党を設立。

辛亥革命後の混乱に失望した**陳独秀**(ちんどくしゅう)ら知識人は，大衆への働きかけによる社会改革を目指し，雑誌『**新青年**』を創刊。誌上では胡適(こてき)や魯迅(ろじん)らが，民衆が親しむ**口語**(こうご)**（白話**(はくわ)**）文学を提唱**し（文学革命），中国伝統の儒教(じゅきょう)的な価値観を厳しく批判した。この主張は主に若者に歓迎され，五・四運動などの民族運動を支える精神的な基盤(きばん)となった。

A5 **魯迅**(ろじん(ルーシュン))（1881〜1936）

3 中国統一(国民革命)の進展

3A 中国国民党と中国共産党 ➔p.143

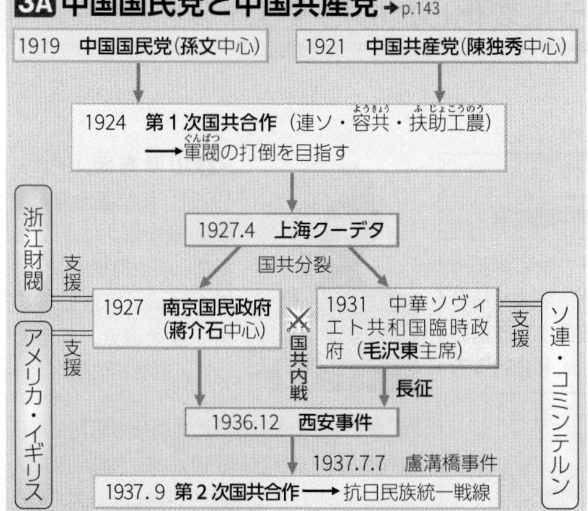

Q 国民党と共産党は何のために協力したのだろうか？

◀6 **蔣介石**(1887～1975)と**宋美齢** 米・英が支持する国民党は，上海を拠点とする**浙江財閥からも経済的な支援を受けた。**上海クーデタで指導的立場を確立した蔣介石は，財閥の一族，宋家の美齢(孫文夫人の妹)と結婚し，関係を強化した。

3B 反帝国主義運動と上海

▲7 **五・三〇運動**(1925年) 上海の日系紡績工場(在華紡)での労働争議をきっかけに発生。イギリス人警官の発砲により死者が出たことから，全国的な反帝国主義運動へと発展した。これ以後中国では，**関税自主権の回復**など，**不平等条約の是正を目指す**運動が加速した(国権回復運動)。

▲8 1930年代の**租界** 南京条約(➔p.69)で定められた5開港地の1つ。列強が警察権・行政権を握る**租界**が設けられ，外国資本による西洋風の建物の建設が進められた。

◀9 **中国共産党発祥の地** 租界には中国官憲が自由に立ち入ることが出来なかったため，革命運動の拠点が設けられた。

4 資料から考える 中国の紡績業

中国の発展を支えた原動力とは？

4A 機械製綿糸の輸入量と国内生産量

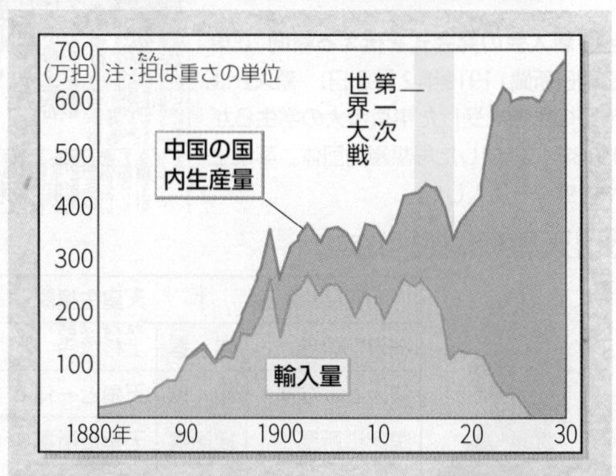

4B 中国における民族紡と在華紡の推移

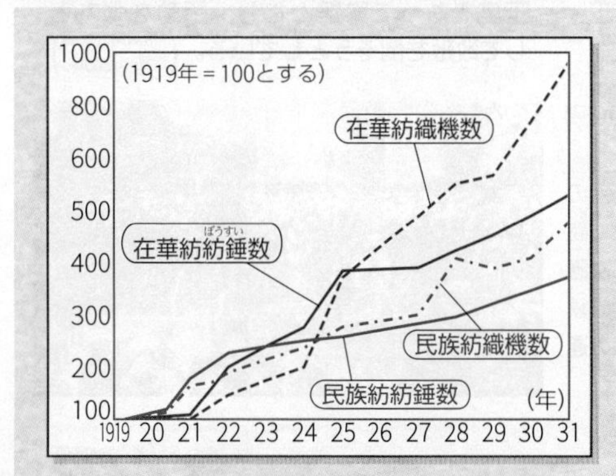

(4A・4B 森時彦「中國近代における機械製綿糸の普及過程」)

読みとろう

① 4A 第一次世界大戦(1914～18年)以降，輸入量と国内生産量はどのように変動しているだろうか？ 推移

② 4B グラフの期間中に，中国人が経営する民族紡と，日本資本の在華紡の紡錘・織機数はそれぞれ約何倍になっているだろうか？ 比較

◀10 **在華紡の工場**(青島) 日本資本が中国で経営した紡績業を**在華紡**という。日本の紡績業は第一次世界大戦で大きく成長したが，賃金コストの上昇や，中国の輸入関税の引き上げを受け，上海や青島に進出した。

考えよう

1910～20年代の中国においては，紡績業にどのような変化が起こっていたのだろうか？

深めよう 民族運動に対して，日本はどのように対応したのだろうか？

つなげよう この後，日中関係はどのように推移していくのだろうか？

大正政変と米騒動

アプローチ 第一次世界大戦の前後で，日本の政治は，どのように変化したのだろうか？

1 大正政変から政党内閣の成立まで まとめ ➡p.203

- 1912〜13 第3次桂太郎内閣 2
- 1913〜14 第1次山本権兵衛内閣（与党：立憲政友会）
- 1914〜16 第2次大隈重信内閣（与党：立憲同志会など）
- 1916〜18 寺内正毅内閣（立憲政友会が支持）
- 1918〜21 原敬内閣 5（与党：立憲政友会）

中心人物	政治体制	対外政策 対ロシア政策	対中国政策
元老　山県有朋（長州陸軍閥）	藩閥官僚勢力主導（非政党内閣。首相は華族で，衆議院に議席をもたない）	第4次日露協約を結び，日露提携。ロシア革命により協約は失効，戦略転換	二十一カ条の要求（➡p.112）や，日本権益の拡大を図って借款をするなど，積極的外交
立憲政友会総裁 原敬	政党主導（衆議院に議席をもつ初の首相。陸・海・外相を除く全閣僚を立憲政友会から任命）	シベリア出兵継続 ➡p.115	内政不干渉

1 山県有朋（1838〜1922）　長州藩出身。陸軍創設に尽力し，2度組閣。明治時代末に伊藤博文（➡p.85）らと政界の第一線を退き，**元老**として天皇を補佐した。 ➡p.95

解説　元老は明治時代中期から昭和初期に政局を主導した政界最長老の称。内閣更迭時，天皇の下問に応え，首相を推薦した。元老の1人であった山県は，軍部や貴族院などに影響力をもっていたが，寺内内閣総辞職時に自派から後継首相を出せず，原敬の就任に同意した。

2 第1次護憲運動（1912〈大正1〉年12月〜13年2月）

第2次西園寺公望内閣（立憲政友会総裁）

陸軍の**2個師団増設要求** → 内閣拒否
陸相，単独辞職
陸軍，後任陸相推薦せず（軍部大臣現役武官制を使い，内閣を追い込む）
↓
内閣総辞職

第3次桂太郎内閣（陸軍大将・長州閥）

内閣 → 対立 ← **第1次護憲運動**「**閥族打破・憲政擁護**」

- 勅語の利用
- 議会停止
- 立憲同志会結党表明
- 元老**山県有朋**が支持

立憲政友会 **尾崎行雄**
立憲国民党 **犬養毅**
民衆参加

53日で桂首相辞任（1913.2）（**大正政変**）

2 桂首相を批判する尾崎行雄（1913年2月5日）（山尾平筆「桂内閣弾劾」）東京 憲政記念館蔵

彼らは忠君愛国を，まるで自分の専売のように唱えているが，常に玉座（天皇の席）の蔭に隠れ，政敵を狙撃するかのような行動をとっているのである。…彼らは玉座をもって胸壁となし，詔勅を弾丸として政敵を倒そうとしている。（「帝国議会衆議院議事速記録」）

3 衆議院前の群衆（1913年2月10日）

解説　第3次桂内閣に対し，立憲政友会の**尾崎行雄**，立憲国民党の**犬養毅**らを中心に「閥族（藩閥勢力）打破・憲政擁護」を掲げる**第1次護憲運動**が広がった。桂は議会の解散も騒動の鎮圧もできず，総辞職した（**大正政変**）。**民衆の運動で内閣が倒れたのは初めてであった。**

シーメンス事件（1914年）

大正政変後に組閣した山本権兵衛内閣は，軍部大臣現役武官制の改正など，護憲運動の要求に応えた。しかし，兵器購入にあたり，海軍首脳部がドイツのシーメンス社や，イギリスのヴィッカース社から賄賂を受け取ったことが暴露され，退陣した。

4 シーメンス事件の風刺画（「東京パック」1914年）　滑り出し好調だった内閣丸が，シーメンス事件という暗礁に乗り上げ沈没しそうな様子を描いている。

3 「デモクラシー」の思想 巻末史料39

3A 民本主義

Q 民主主義と，どこが違うのだろうか？

民主主義では，主権は人民にあるとまちがえやすい。平民主義では，貴族を敵にして平民に味方すると思われる。民衆主義では，民衆を重んじる意味があらわれない。…よって民本主義という用語が適当である。（『中央公論』に掲載の「憲政の本義を説いて其有終の美を済すの途を論ず」）

5 吉野作造（1878〜1933）
政治学者。民本主義は，主権の所在を問わず国民の利益のために政治を行うことで，主権在民が前提の「民主主義」とは異なる。
提供／日本近代文学館

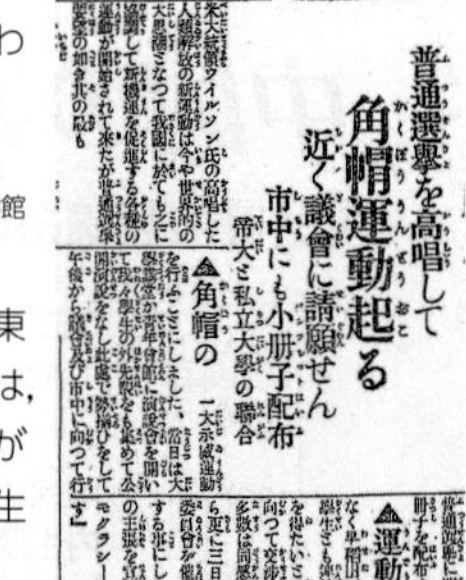
普通選擧を高唱して
角帽運動起る
近く議會に請願せん
市中にも小冊子配布

6 新人会の発会式を伝える新聞（「東京朝日新聞」1919年2月2日）　新人会は，吉野の影響を受けた東京帝大の学生らが1918年に結成した思想運動団体。卒業生や労働者も加入した。

3B 天皇機関説 巻末史料47

7 美濃部達吉（1873〜1948）
憲法学者。天皇機関説を唱えた。 ➡p.142

天皇機関説		天皇主権説
美濃部達吉	学者	上杉慎吉
法人とみなす	国家	天皇と一体
国家に所属	統治権	天皇に所属
国家の最高機関。憲法に従い統治権を行使。権利には限界	天皇	天皇の権力は絶対無制限
憲法運用には議院内閣制が必要	議会	天皇の立法権の協賛機関

解説　天皇機関説と天皇主権説の違いは，その国家権力が無制限かどうかにあった。美濃部説では議会が重要視された。天皇機関説は天皇自身も支持した。**吉野作造の民本主義と，美濃部達吉の天皇機関説は，大正時代の政治思想の主軸であった。**

4 米騒動(1918〈大正７〉年)

4A 米価の変動

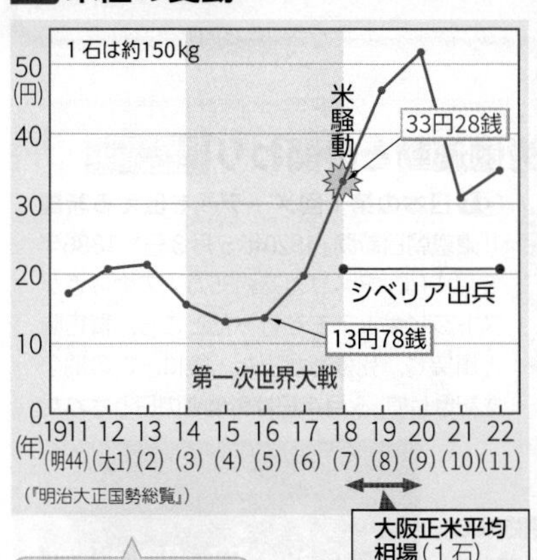

(『明治大正国勢総覧』)

大阪正米平均相場（1石）	
1918.1	23円78銭
.8	41　06
19.1	42　31
.8	47　77
20.1	55　47
.8	46　44

Q 米価高騰の直接的な原因は，何だろうか？

●米の暴騰が生んだ
富山の女一揆
此儘ては餓死する生か死の境目だと叫ぶ
引致者の争奪
▲積込みを

▲8 米騒動を伝える新聞
(「東京朝日新聞」1918年８月８日)

▼9 米騒動（桜井清香筆「米騒動絵巻」）　富山県で始まった米騒動は全国に広まった。絵は名古屋の様子で，米屋を襲う群衆を，騎兵と警官隊が追い散らしている。政府は軍隊を出動させて鎮圧した。

愛知 徳川美術館蔵

5 原敬の政党内閣(1918〈大正７〉年)

5A 原内閣の構成

職名	名前	所属
総理	原敬	立憲政友会
外務	内田康哉	外交官
内務	床次竹二郎	立憲政友会
大蔵	高橋是清	立憲政友会
陸軍	田中義一	陸軍中将
海軍	加藤友三郎	海軍大将
司法	原敬〈兼任〉	立憲政友会
文部	中橋徳五郎	立憲政友会
農商務	山本達雄	立憲政友会
逓信	野田卯太郎	立憲政友会
鉄道	元田肇	立憲政友会

(鉄道省は1920年設置)

▲10 東京の芝区民が開いた原内閣成立の祝賀会(1918年)

5B 普選運動(普通選挙運動)の高まり

◀11 普通選挙制定を訴えるデモ(1920年)　デモ行進をしながら，東京の日本橋付近を通って日比谷公園に向かう様子。原内閣は普通選挙の導入に消極的で，選挙人の納税資格を引き下げるにとどまった。➔p.129

解説　原内閣は，高等教育の拡充，道路や鉄道の整備，産業や貿易の振興，国防の充実などを進めた。民衆の支持を集めたが，党利党略の追求や立憲政友会の汚職事件でしだいに支持を失い，原は1921年に東京駅で暗殺された。

6 資料から考える　雑誌にみる米騒動

人々は米騒動をどうとらえたのか？

6A 米価を調節するには，輸出を禁止し，米の輸入税を撤廃したり軽減したりすることではないか。…アメリカは何事も機敏に実行しているように思う。ウィルソンのような人物がいてこそ可能であり，今日の日本の内閣には無理な注文である。

6B 政府の施策中，騒擾の新聞記事掲載の禁止ほど，ひどい策はない。

6C 今回の騒擾は社会的にして政治的ではない。特に裕福な者に対する嫉妬の視線は注意するべきで，政府は，社会政策の実施に努力することが必要である。

6D 今回の騒擾は，…ロシア革命に関する新聞報道の影響もある。普通，騒擾は指導者がいるが，今回の騒擾はそうではなく，今後，騒擾を起こす者がどこから出てくるか分からない。

6E 騒擾とは，人民が一時「政府を非認」し，政府を通して行うべき権力を人民自身の手に回収して，これを行使し，米価を引き下げ，生活上の危難を除こうとした行為である。…政治的に見れば「革命」である。

6F これまでの騒擾と比べると，…今回の騒擾は，(1)地方から東京へ波及した。(2)女性も加わっている。(3)リーダーが見られない。これらからいえることは，これまでの騒擾が政治的であったのに対し，今回は経済的である。

◀12 雑誌に掲載された人々の意見　米騒動発生直後，雑誌「法治国」で米騒動の特集が組まれた(1918年９月号)。米騒動の感想や批評のコーナーでは，様々な意見や主張が寄せられた。左はその一部で，大学教授や新聞記者らの意見である。文中に出てくる「騒擾」とは，「集団で騒ぎを起こし，社会の秩序を乱す」という意味で，ここでは米騒動をさす。

読みとろう

① 6A 6B 政府について何を求めたり，批判したりしているのだろうか？

② 6C 米騒動の原因は，何であると考えているのだろうか？

③ 6D 6E 外国の動向をふまえて，米騒動をどのように分析しているのだろうか。関連

考えよう

6C 6E 6F を参考に，米騒動の特色を考えよう。

深めよう　「デモクラシー」は実現したといえるのだろうか？

つなげよう　「デモクラシー」の思想は，社会にどのような影響を与えたのだろうか？

社会運動と男性普通選挙

アプローチ 男性普通選挙が実現した背景は，何だろうか？

1 社会運動の高まり

1A 大正時代の社会運動 まとめ

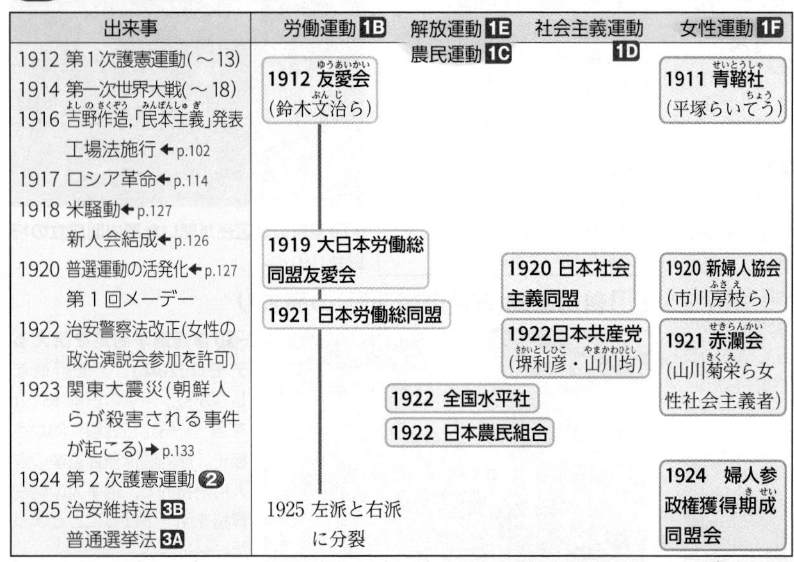

出来事	労働運動 1B	解放運動 1E 農民運動 1C	社会主義運動 1D	女性運動 1F
				1911 青鞜社（平塚らいてう）
1912 第1次護憲運動(～13)	1912 友愛会（鈴木文治ら）			
1914 第一次世界大戦(～18)				
1916 吉野作造,「民本主義」発表 工場法施行 ←p.102				
1917 ロシア革命←p.114				
1918 米騒動←p.127 新人会結成←p.126				
	1919 大日本労働総同盟友愛会			
1920 普選運動の活発化←p.127 第1回メーデー			1920 日本社会主義同盟	1920 新婦人協会（市川房枝ら）
	1921 日本労働総同盟			1921 赤瀾会（山川菊栄ら女性社会主義者）
1922 治安警察法改正(女性の政治演説会参加を許可)		1922 全国水平社 1922 日本農民組合	1922日本共産党（堺利彦・山川均）	
1923 関東大震災(朝鮮人らが殺害される事件が起こる)→p.133				
1924 第2次護憲運動 2				1924 婦人参政獲得期成同盟会
1925 治安維持法 3B 普通選挙法 3A	1925 左派と右派に分裂			

世界の労働運動との関わり 世界→日本

◀1 日本の第1回メーデーを伝える新聞（「東京朝日新聞」1920年5月3日）1886年5月1日，アメリカで約35万人の労働者がストライキとデモを行ったところ，警官隊と衝突し，死傷者が出た。後に，この闘争を記念して，5月1日は労働者の日とされた。

▶2 国際労働機関(ILO)総会に参加した日本の代表団(1924年) ILOは，世界の労働者の生活改善などをめざし，1919年に設立された(国際連盟の一機関。現在は国連の専門機関)。各国政府に労働条件の改善や社会福祉の向上についての勧告・指導を行う。 ©ILO / Unidentified photographer

1B 労働運動

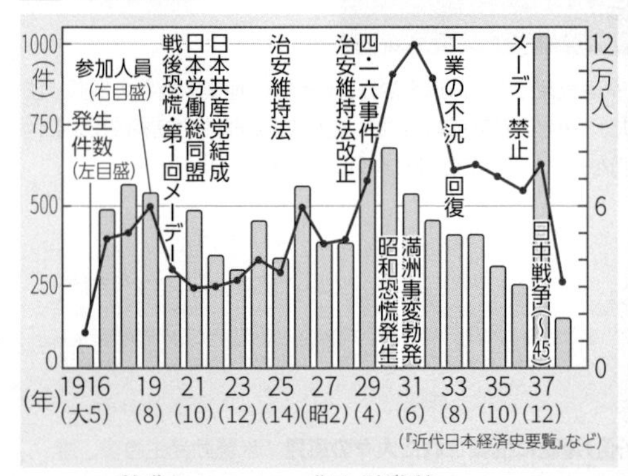

◀3 労働争議の推移 ▶4 大日本紡績の労働争議(1927年) 工女らが日本労働総同盟の指導のもと，食事の改善や労働組合加入の自由などを求めた。

Q 労働争議と小作争議の発生件数と参加人員を比較しよう。

1C 農民運動

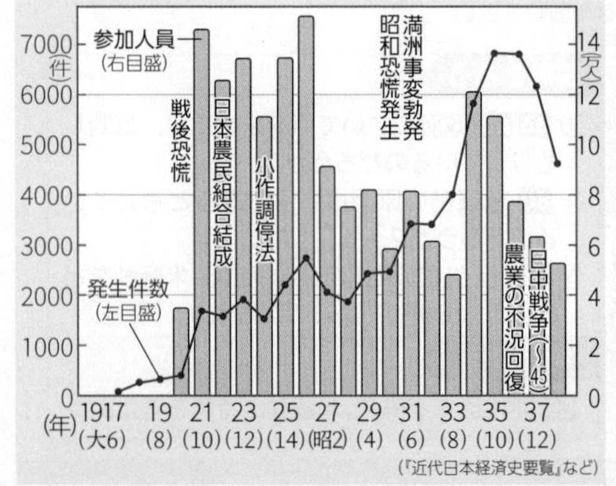

◀5 小作争議の推移 ▶6 奈良県の小作争議(1926年) 小作人らが日本農民組合の指導のもと，地主が収穫前の稲(立毛)を差し押さえたことに反対して，デモを行った。

1D 社会主義運動

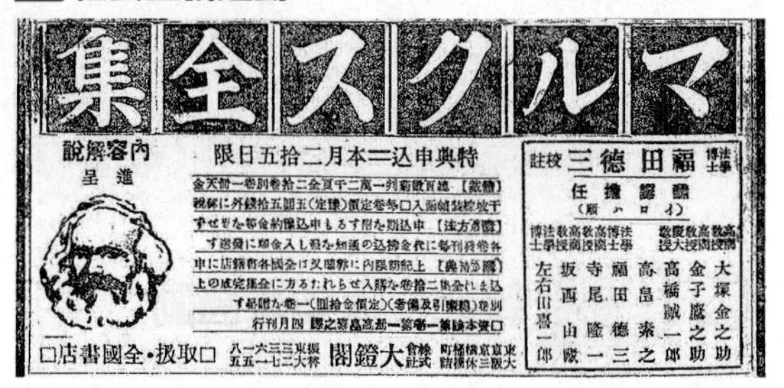

◀7 マルクス全集の広告(1920年) ロシア革命により共産主義への関心が高まり，『資本論』などマルクス(←p.53)の著書の日本語訳が出版された。

▶8 堺利彦と山川均 1922年，堺や山川は，コミンテルン(←p.114)日本支部として日本共産党を非合法のうちに結成した。

堺利彦(1870～1933) 山川均(1880～1958) 大杉栄(1885～1923) →p.133

1E 全国水平社の創立(1922〈大正11〉年)

解説 1922年3月3日，部落差別を受け，苦しめられてきた人々約3000人が京都に集まり，自らの力による差別からの解放と，人間としての平等と自由の獲得をめざす全国水平社を創立した。

大会で「自身の行動によって絶対の解放」と「経済の自由と職業の自由…(の)獲得を期」し，「人間性の原理に覚醒し人類最高の完成に向かって突進」するという綱領を採択した。さらに「人間を尊敬することによって自ら解放せんとする者の集団運動を起こせるは，むしろ必然である。…人の世に熱あれ，人間に光あれ」という創立宣言を発表し，団結を訴え，解放運動をよびかけた。

これは「日本初の人権宣言」というべきものである。

◀9 全国水平社の旗(1935年頃) 黒は差別社会を，赤は解放への情熱を，荊は受難を表す。 奈良 水平社博物館蔵

1F 女性運動

▲10 **平塚らいてう**（1886～1971） 女性思想家・運動家。1911年，**青鞜社**を結成。

◀11 **「青鞜」創刊号**（1911年） 青鞜社の女性文芸雑誌。名はブルー＝ストッキングスの直訳。18世紀，イギリスのサロンで青い靴下を履き，文芸や学問を論じた女性たちを表す。1916年廃刊。

▲12 **新婦人協会** 平塚や**市川房枝**（1893～1981）らが1920年に結成した日本初の女性団体。女性の社会的地位向上や，**治安警察法の改正**などを求めた。

欧米諸国の女性運動 世界＼日本

1848年 **アメリカで女性の権利大会**…世界初の女性の権利獲得のための会議。「すべての男女は平等につくられ」と宣言。以後，欧米で女性参政権獲得運動が盛んに。
1904年 **国際女性参政権同盟**…欧米諸国の女性参政権論者らが各国の女性参政権組織をつなぐために設立。

女性運動は19世紀に盛んになり，第一次世界大戦末期以降，イギリスやドイツ，アメリカで女性参政権が認められた。このことに刺激を受け，日本では1920年に新婦人協会が結成された。

2 第２次護憲運動（1924年） ➜p.203

1924.1 官僚出身で枢密院議長の清浦奎吾が首相になる（非政党内閣） ― 政友本党支持
政党側は特権内閣・非立憲内閣と批判

内閣打倒をめざして**護憲三派**を結成
憲政会（加藤高明）
立憲政友会（高橋是清）
革新倶楽部（犬養毅）

↓
議会は混乱し，ひと月で解散。
護憲三派は憲政擁護運動を展開
↓
第15回総選挙の結果 1924.5
憲政会151議席 政友本党109
立憲政友会105 **革新倶楽部**30 その他69
↓
加藤高明内閣成立 1924.6 事実上，日本初の選挙による政権交代

▶13 **加藤高明内閣**（1924年） 1924年の総選挙では，護憲三派が圧勝した。清浦内閣は総辞職し，加藤高明（←p.113）内閣が成立した。

3 普通選挙法と治安維持法

3A 選挙法の主な改正とその内容 巻末史料40

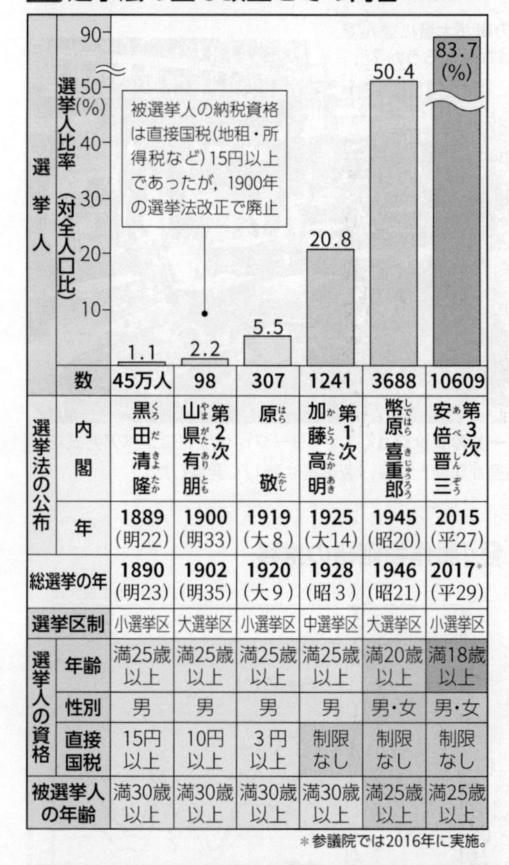

被選挙人の納税資格は直接国税（地租・所得税など）15円以上であったが，1900年の選挙法改正で廃止

選挙人比率（対全人口比）(%)	1.1	2.2	5.5	20.8	50.4	83.7(%)
選挙人数	45万人	98	307	1241	3688	10609
選挙法の公布 内閣	黒田清隆	山県有朋 第2次	原敬	加藤高明 第1次	幣原喜重郎	安倍晋三 第3次
選挙法の公布 年	1889（明22）	1900（明33）	1919（大8）	1925（大14）	1945（昭20）	2015（平27）
総選挙の年	1890（明23）	1902（明35）	1920（大9）	1928（昭3）	1946（昭21）	2017＊（平29）
選挙区制	小選挙区	大選挙区	小選挙区	中選挙区	大選挙区	小選挙区
選挙人の資格 年齢	満25歳以上	満25歳以上	満25歳以上	満25歳以上	満20歳以上	満18歳以上
選挙人の資格 性別	男	男	男	男	男・女	男・女
選挙人の資格 直接国税	15円以上	10円以上	3円以上	制限なし	制限なし	制限なし
被選挙人の年齢	満30歳以上	満30歳以上	満30歳以上	満30歳以上	満25歳以上	満25歳以上

＊参議院では2016年に実施。

3B 治安維持法公布（1925〈大正14〉年）

第一条 国体ヲ変革シ又ハ私有財産制度ヲ否認スルコトヲ目的トシテ結社ヲ組織シ又ハ情ヲ知リテ之ニ加入シタル者ハ十年以下ノ懲役又ハ禁錮ニ処ス
前項ノ未遂罪ハ之ヲ罰ス

↓ 1928（昭和３）年の第１回普通選挙（初の男性普通選挙）➜p.138

田中義一内閣 巻末史料41
1928年，治安維持法改正…死刑・無期を追加。共産党員の大検挙。➜p.138
第２次近衛文麿内閣
1941年 予防拘禁制を導入

Q 男性普通選挙の実現と治安維持法の成立には，どのような自由と制限があったのだろうか？

特別高等警察（特高） 戦前の政治・思想警察。大逆事件（←p.102）後に設置され，内務省（←p.80）が管轄した。共産主義者・社会主義者などを監視し，治安維持法を駆使して検挙・弾圧を行った。

解説 1925年，普通選挙法に先立ち，治安維持法が公布された。公布の背景には，同年の日ソ基本条約によって共産主義思想が流入し，共産主義者が普通選挙によって政界に進出することへの懸念があった。治安維持法は，1928年の第1回普通選挙後に改正された。

各国の選挙事情 世界＼日本 （←p.109）

ドイツ	…60%	女性参政権あり
イギリス	…50%	女性参政権あり
アメリカ	…42%	女性参政権あり
イタリア	…34%	女性参政権なし
フランス	…27%	女性参政権なし
日本(1924年)	… 6%	女性参政権なし

◀14 **1924年頃の人口に対する有権者の割合**（杣正夫『日本選挙制度史』）

男性普通選挙を制定する前の日本は，欧米諸国と比べると，人口に対する有権者の割合が，かなり低かった。政府は欧米諸国の状況をふまえ，人口に対する有権者の割合について，20%は必要だと考えたという。

日本では，男性に普通選挙が認められたが，女性には認められなかった。その理由として政府は，①女性に選挙権を与えるのは，変化が大きすぎるから②世論が定まっていないから③女性の政治能力は，男性の政治能力に達していないから――などを挙げた。

▲15 **女性参政権を求めるポスター**（1925年）

深めよう それぞれの社会運動の目的や意義は，何だろうか？

つなげよう それぞれの社会運動は，その後，どのように展開したのだろうか？

アメリカの繁栄と大衆文化

アプローチ 大量生産・大量消費で，生活はどのように変わったのだろうか？

1 1920年代の繁栄 まとめ

➜p.134

政党	大統領	年	出来事
共和党	ウィルソン（民主党）	1919	.1 禁酒法制定（1933廃止）❽ ○反共的風潮高まる
		1920	.3 上院，**ヴェルサイユ条約の批准拒否** .8 女性参政権付与 ←p.109 ○**ラジオ放送**開始 ○KKKの勢力伸長 ❼ **大量消費社会の誕生**
	ハーディング	1921	.11 **ワシントン会議**（～1922.2）←p.120 ○農業不況の始まり
	クーリッジ	1924	.4 **ドーズ案**発表 .5 **移民法**発表 ❾
		1927	.5 リンドバーグ，大西洋単独無着陸横断飛行成功 ←p.28 .6 ジュネーヴ会議→失敗 ○トーキー映画開始 ○株式ブーム到来
		1928	.8 不戦条約 ←p.121
	フーヴァー	1929	.6 ヤング案発表 .10-24 ニューヨーク株式市場の株価大暴落 **世界恐慌の始まり**

解説 第一次世界大戦後，**世界最大の債権国となったアメリカ**は，共和党政権による自由放任・独占復活の政策の下で繁栄を極め，ニューヨークが世界の金融取引の中心として成長した。

❸ 1923年のニューヨーク（マンハッタン）

フーヴァーの自信

今日，われわれアメリカ人は，どの国の歴史にも見られなかったほど，貧困に対する最終的勝利に近づいている。…やがて貧困はこの国から追放されるであろう。

（1928年の大統領選挙演説より）

❹ フーヴァー大統領（任1929～33）

❶ **電化製品の広告**（1920年代） 1920年代のアメリカでは，電気冷蔵庫をはじめ，様々な耐久消費財が普及した。企業は，広告など多様な手段を用いて国民の購買意欲をかきたて，**大量消費社会**が幕を開けた。

1A 冷蔵庫を持つ家庭の割合

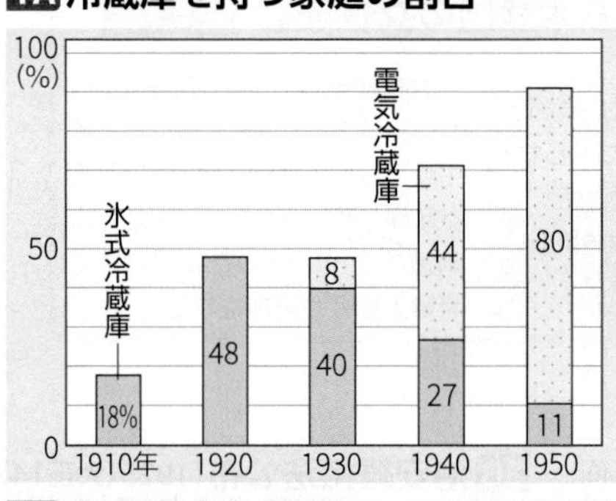

1B 電灯を持つ家庭の割合

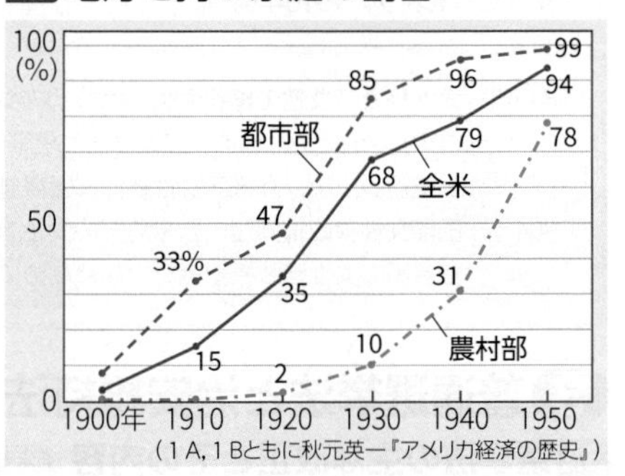

（1A，1Bともに秋元英一『アメリカ経済の歴史』）

1C 主要資本主義国の自動車登録台数（1926）

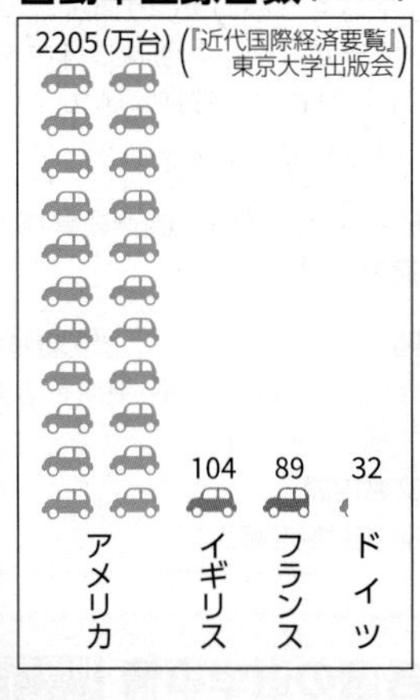

Q 同じ形の車が大量に並んでいるのはなぜだろうか？

❷ **T型フォードのラッシュ**（ニューヨーク） ベルトコンベア方式を導入して大量生産が可能となり，製造業は著しく発展した。

アメリカの農業不況

都市部が繁栄を極める一方で，農村部では電化も進まず（**1B**），格差は拡大の一途をたどっていた。

特に深刻な問題となったのが，1920年代前半からの農業不況である。**慢性的な生産過剰によって農作物価格は下落し**，機械化・集約化の進展とも相まって農民は没落。この不況による**国民の購買力の低下は，後の世界恐慌の要因となった**（➜p.134）。小説家スタインベックは，『怒りの葡萄』の中で，農民が直面した苦境を描いている。巻末史料42

1D 農作物価格の推移

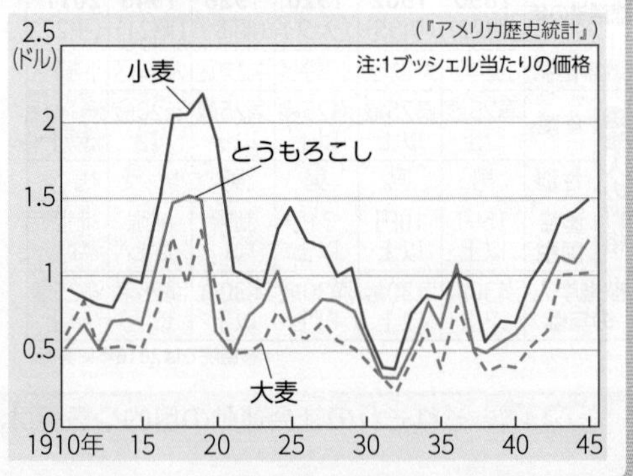

❷ 大衆社会の光と影

Q どのような娯楽が人気を集めていたのだろうか？

▶5 **映画館に集まる人々**（ニューヨーク）　ロサンゼルス近郊のハリウッドで映画製作がさかんになった（←p.109）ほか，ジャズやラジオ放送が新たな娯楽として人気を集めた。

◀6 **ラジオのインタビューを受けるベーブ＝ルース**　年間本塁打数の記録を作り，野球を国民的な娯楽として定着させることに貢献した。

光　アメリカ的生活様式の定着
- **電化製品**（ラジオ・洗濯機・冷蔵庫）の普及　●**自動車の普及**
- 産業の急速な発展

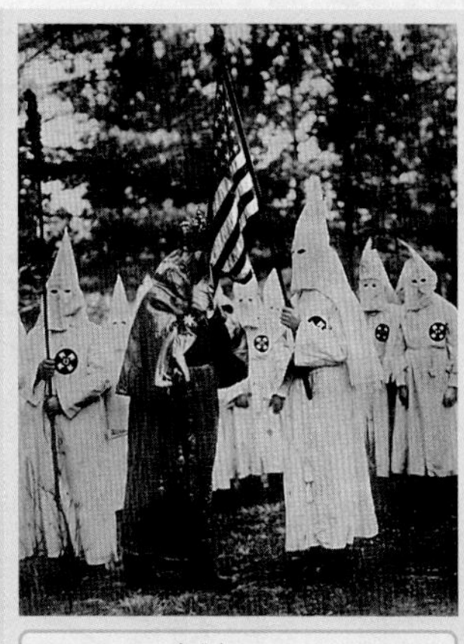

◀7 **クー＝クラックス＝クラン（KKK）**
南北戦争後に結成された反黒人組織。1910年代に英雄視する風潮が高まり，復活。会員数は一時約500万人に達した。**黒人だけでなく，カトリック，ユダヤ人，アジア系移民の排斥を唱え**，暴力行為を繰り返した。

影　社会矛盾の拡大と保守化
- 産業界で独占が拡大
- 農業不況の拡大
- 反共的風潮（ロシア革命波及への恐怖）
- 排外主義…KKKの拡大，移民法
- 保守化…禁酒法制定

▼8 **密造酒の摘発**　伝統的なキリスト教観念の高まりや，**酒造業に従事するドイツ系移民への反感から**，1919年に禁酒法が制定された。しかし，ギャングによる密造が横行し，社会は混乱。1933年に廃止された。

❸ 現代的な諸課題　日本人移民にみる統合と分化　世界・日本

3A アメリカにおける移民政策

1880年代～
- 中国人移民の排斥← p.63
- ⟶アメリカ本土への日本人移民の増加← p.106
- 日露戦争以後，**黄禍論**が高揚← p.98

第一次世界大戦後～
- 1919　人種差別撤廃案を否決← p.120
- **1924　移民法**（事実上の「排日移民法」）❾
- 1941　**太平洋戦争**勃発⟶日本人の強制収容 ❿
- ヨーロッパ戦線への日系人部隊の投入 ⓫

第二次世界大戦後～
- 1965　移民法改正⟶**アジア・中南米からの移民増大**
- ○不法移民の増加⟶合法的地位の付与（1986，2014）
- 1988　レーガン政権が日系人の強制収容を謝罪
- 2017　トランプ大統領就任。移民規制の強化

▼▶9 **移民法への抗議**（1924年）　第一次世界大戦後のアメリカでは，兵士の復員による**労働力不足の解消，孤立主義への回帰，国民の排外主義的な感情の高まり**から，移民の流入が制限された。1924年の移民法に対しては，日本でも激しい反発が起こった。

屈辱の日來る　排日法實施は愈々今日から
「東京朝日新聞」1924年7月1日

3B 太平洋戦争と日系人

▲10 **日系人の強制収容**（1942年）　太平洋戦争が勃発すると，フランクリン＝ローズヴェルト大統領（→p.134）は，日系人を「敵性外国人」として，その財産の没収と収容所への移住を命じた。アメリカの市民権を持っていた者も含め，約12万人が収容され，過酷な環境での生活を強いられた。一方，ドイツ系やイタリア系の人々に対しては，個人単位での捜査が行われたのみであった。

バイデン大統領の声明（2021年2月）
（日系アメリカ人の強制収容は）アメリカの歴史の中で最も恥ずべき時代の一つであり，彼らはただその出自のために標的とされ，収容されました。…アメリカは全ての人の自由と正義という建国の理念を実現することが出来ませんでした。

解説　人種の違いを理由とする差別的な待遇に対しては，戦時中から公民権侵害との訴えがあり，戦後，アメリカ政府は公式に謝罪を行った。

▲11 **ヨーロッパ戦線に派遣された日本人部隊（第442連隊）**と ▶12 **2010年に贈られた勲章**
当たって砕けろ
アメリカへの忠誠心を示すことで差別や偏見を克服しようと，多くの日系人（2世）が志願兵として戦地に赴いた。大きな被害にあいながらアメリカ兵の救出を果たすなど，その働きは高く評価された。

読みとろう
①アメリカの移民政策においては，どのような試行錯誤が続けられてきたのだろうか？

考えよう
アメリカの政策や日本人移民が経験してきた歴史は，日米に特有のものだったのだろうか？統合と分化をめぐる課題は，現代においても見られるだろうか？

深めよう　生活が豊かになったのはどのような人々だったのだろうか？
つなげよう　アメリカ社会に生じていた問題は，解決に向かったのだろうか？

日本の大衆文化

アプローチ 日本の大衆文化は，どのように展開したのだろうか？

1 日本の大衆文化(大正・昭和初期)

1A 背景と特色 まとめ

背景
- 第一次世界大戦後の工業化と都市化の進展。大戦景気←p.117
- 中等・高等教育機関の充実
- 「デモクラシー」の思想の広まり←p.126

特色 都市部を中心に大衆文化・消費文化
- サラリーマン・「職業婦人」の誕生
- 大衆娯楽(ラジオ放送・映画)の発達
- マスメディア(新聞・雑誌・ラジオ放送)の発達
- 衣食住の洋風化と近代化

1B 各学校の生徒数の変化

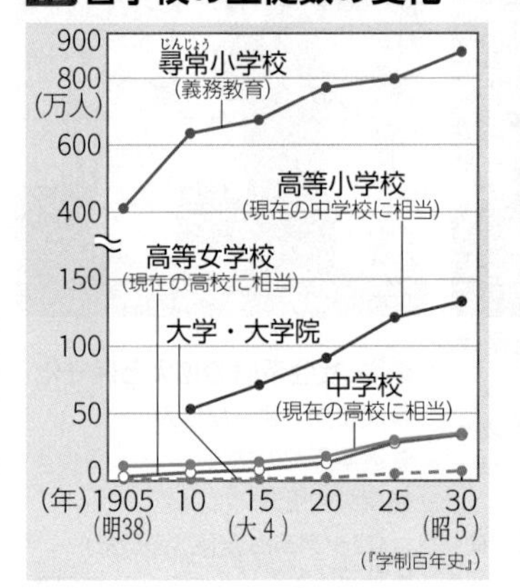

(『学制百年史』)

1C 高等女学校と中学校の授業時間数

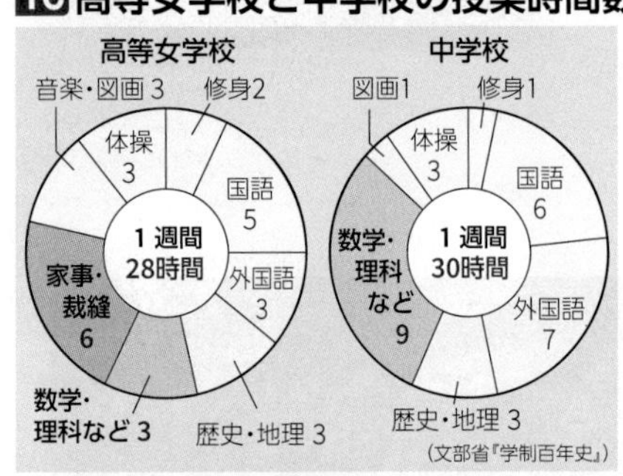

(文部省『学制百年史』)

Q 女性には，何が求められたのだろうか？

解説 高等女学校は，男子の中学校に当たる教育機関であったが，中学校に比べて数学や物理，化学など理系の授業時間が少なく，家事・裁縫が約20%を占めるなど，良妻賢母主義の色合いが強いものであった。

1D 「職業婦人*1」の出現

Q 「職業婦人」の特色は，何だろうか？

職種(1931年)	総数	平均月給*2	未婚率
事務員	3774人	34.22円	93%
店員	2402	28.91	97
タイピスト	1048	40.46	94
電話交換手	834	35.75	91
食堂給仕	763	23.91	97
案内係	208	25.79	98
エレベーターガール	106	26.66	100
車掌	105	28.69	93

*1 工場・農業以外の職業で働く女性の呼称。
*2 当時の小学校教員の初任給は45～55円。
(1931年『婦人職業戦線の展望』)

▲1 雑誌売場の女性店員(大正時代)

▲2 女性車掌(バスガール)(1924年頃)

▶3 エレベーターガール(1929年頃)

1E 都市生活の大衆化

▲4 地下鉄開通のポスター 1927年，上野－浅草間(2.2km)に日本初の地下鉄が開通。地上にはバス・円タク・電車などの交通機関が発達した。
東京国立近代美術館蔵

▲6 三越呉服店のポスター 明治末に東京で開店した日本初の百貨店。流行に触れることができた。
←p.29

▼7 三越の食堂のメニュー(1927年)

ビフテキ(御飯付) 金五十銭
牛肉辨當 金五十銭
ランチ(パン果物コーヒー付) 金五十銭
カレーライス 金三十銭
鰻蒲焼(御飯付) 金壹圓
日本食 金八十銭
御辨當(お椀付) 金五十銭
鰻めし 金五十銭
穴子丼 金五十銭
鯛めし(お椀付) 金五十銭
御刺身辨當(お椀付) 金五十銭
茶めしおでん(あんかけ豆腐付) 金五十銭
天麩羅(御飯付) 金五十銭
かきめし(お椀付) 金五十銭

◀5 浅草の興行街 浅草には映画館や寄席が集まった。弁士の語りつきの活動写真(無声映画)や，1931年に登場したトーキー(有声映画)が人気を集めた。

1F 新聞・雑誌・円本の発達

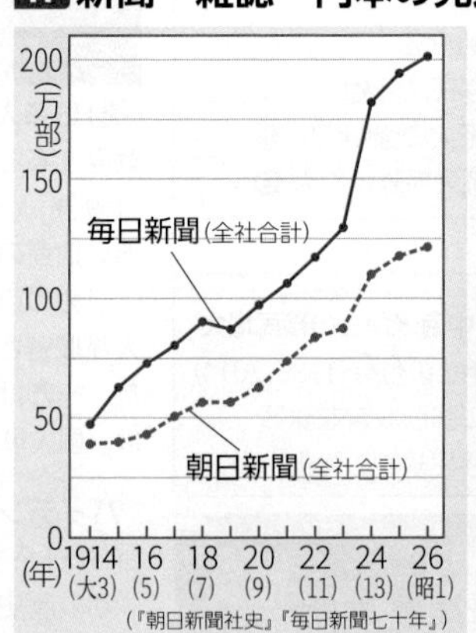

(『朝日新聞社史』『毎日新聞七十年』)

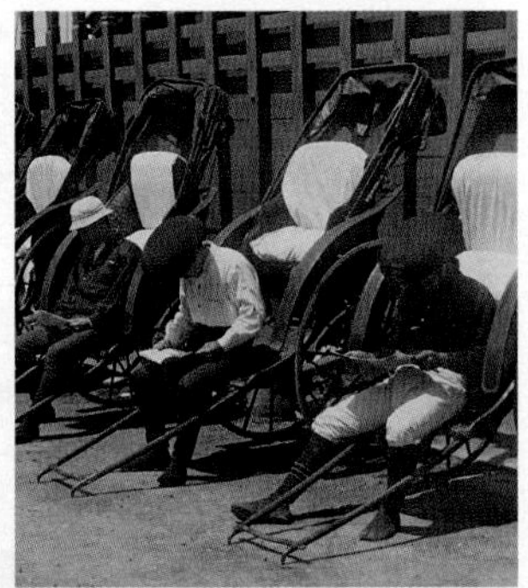

▲8 新聞を読む人力車夫
Thomas E. Green/National Geographic Creative

▼9 「キング」創刊号(1925年) 講談社発行の大衆雑誌。74万部を売った。

▼10 「改造」創刊号(1919年) 改造社発行の総合雑誌。定価60銭。

「改造」は社会改造を意味し，当時の流行語でもあった。

▼11 円本 1926年刊行開始の改造社『現代日本文学全集』(全63巻)は，1冊1円で予約購読者20数万人を獲得。

9～11の写真 提供/日本近代文学館

②関東大震災（1923〈大正12〉年９月１日）

家屋倒壊地域　数字は震度（５以上）　甲府　東京　横浜　震源域　静岡　津波

（鹿島建設小堀研究室 武村雅之など）

①家屋の被害	
全焼・流失	21万3654戸
全壊	10万9713戸
半壊	10万2773戸
計	42万6140戸

②罹災者（総数約340万人）	
死者	10万5385人
行方不明	（死者と合わせて）
負傷者	10万3733人
計	20万9118人

（武村雅之『関東大震災』）

◀⑫自警団（東京）　地震後，各地に自衛のためにつくられた民間の警備団体。朝鮮人や中国人を助ける人々がいた一方で，「朝鮮人が暴動を起こした」などの噂により，朝鮮人や中国人が殺害される事件も起こった。

▲⑬９月１日の東京上野　混乱の中で，亀戸事件（社会主義者10人が殺害される）や，甘粕事件（大杉栄（←p.128）ら無政府主義者が殺害される）が起こった。

▶⑭海外からの救援を伝える新聞（「報知新聞」1923年９月12日）　アメリカからは軍隊の派遣や見舞金が届き，五・四運動（←p.124）のあと，関係が悪化していた中国からも物資や見舞金が届いた。

全世界をあげて寄せ来る熱い同情
支那ではボイコットを止め　イタリアは戦争中に大奔走　わが国に集まる物資
支那から二十万元　救恤金支出

世界⇄日本

解説　震災による経済的損害は約50億円（当時の東京市の財政規模は約１億円）。震災で不良債権（震災手形）が続出し，恐慌となった（震災恐慌）。➡p.138

③都市化の進展

3A 東京府の人口の推移

年	15区	郊外
1914（大３）	210万0307人	110万2362人
1917（大６）	234万9830人	127万7833人
1920（大９）	217万3201人	145万4166人
1923（大12）	226万5300人	170万6700人
1926（昭１）	206万8900人	249万9200人
1929（昭４）	229万4600人	277万1700人

（『東京府統計書』など）

Q　1926年の変化を説明しよう。

解説　東京では，関東大震災を機に，都心から郊外へ人々が流出した。郊外には多くの住宅が建設され，郊外と都心とを結ぶ私鉄の整備も，震災以降に本格化した。

3B 関西の都市開発（1930年頃）

▶⑮宝塚少女歌劇（団）（1930年）　少女による歌劇は人気を集めた。

解説　鉄道を軸に都市化が進んだ。沿線で住宅地の開発や娯楽施設の開業が進み（地図中の青字），乗客が大幅に増えた。梅田に設立されたターミナルデパートもその一環であった。

④ 資料から考える　ラジオ放送の開始（1925〈大正14〉年）

新しいメディアの登場

▼⑯本放送開始日の番組（1925年７月12日）提供／NHK

本放送開始第一日番組
七月十二日（日曜日）
七、管絃楽　近衛シンフォニーオーケストラ　指揮者 近衛秀麿
第五シンフォニー　ベートーベン作曲
第一楽章　アレグロ・コン・ブリオ
第二楽章　アンダンテ・コン・モト
第三楽章　スケルツォー
第四楽章　アレグロ
八、童話　子供の時間　貰った寿命　久留島武彦
九、ニュース　報知新聞社
夜の部　午後七時半より
十、長唄　鳥羽の恋塚　唄 吉住小三蔵　同 吉住小桃次　三絃 杵屋和三郎　同 杵屋四郎
十一、尺八本曲　吟龍虚空　荒木古童　宮内岱童
十二、管絃楽　日本交響楽協会　指揮者 山田耕作
イ　行進曲「JOAK」　山田耕作作曲
ロ　降誕祭聖劇の一節
ハ　独唱　「指鬘外道」の夢の歌　山田耕作作曲
ニ　婚姻の歌
ホ　独唱
A　からたちの花（北原白秋詩）　山田耕作作曲
B　なげき（三木露風詩）　山田耕作作曲
ヘ　聖セスイル讃歌
ト　二重奏「霜は尚麗はし」（三木露風詩）　山田耕作作曲
東京放送局

▶⑰ラジオの契約数・普及率

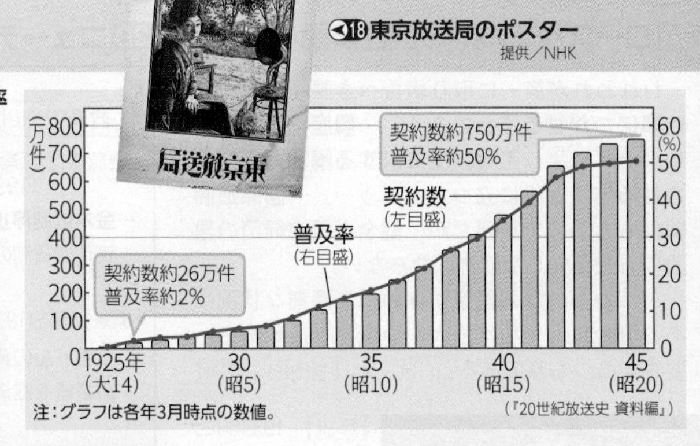

◀⑱東京放送局のポスター　提供／NHK

読みとろう

①放送開始日は，どのような番組があったのだろうか？

②p.132 1F を見ると，朝日新聞は1924年に100万部を超えた。ラジオの契約数が100万件に達するのは，いつだろうか？また，その時の普及率は，どのくらいだろうか？ 時期

考えよう

ラジオが果たした役割は，何だろうか？

深めよう　明治時代の生活と比べて，どこが，どのように変化したのだろうか？

つなげよう　この頃の文化は，現代の生活にどのようにつながっているのだろうか？

「雑誌売場の女性店員」全体➡

世界恐慌

1800 1900 2000
江戸 明治 大正 昭和 平成 令和
朝鮮 韓国 日本領 北朝鮮・韓国
清 中華民国 中華人民共和国

アプローチ アメリカの恐慌が世界に影響を与えたのはなぜだろうか？

1 世界恐慌の背景と影響

1A 恐慌の発生と各国の対応 まとめ

アメリカ国内の要因
- 大量消費社会の実現による生産過剰
- 農業不況による農民の没落
- 過剰な投機ブーム

世界的要因
- ヨーロッパ諸国の復興
- 植民地の工業化
- ソ連成立による市場の減少
- 世界的な保護貿易の傾向

日本の動向 ➔ p.138·139
- **戦後恐慌**(1920)，**関東大震災**(1923)による経済の不安定化
- ↓ **金融恐慌**(1927)
- ↓ **昭和恐慌**(1930～35)

需要と供給のバランスが崩壊 ⟶ 株価大暴落
1929 **世界恐慌**

経済的基盤の強い国(⟶ 連合国)

イギリス
- マクドナルド挙国一致内閣 ⟶ 金本位制停止(1931)
- **スターリング＝ブロック形成** 3A

フランス
- フラン＝ブロック形成(1934)
- 人民戦線内閣成立(1936) ➔ p.136

アメリカ
- **ニューディール**(新規まき直し) ❷

経済的基盤の弱い国(⟶ 枢軸国)

日本 ➔ p.140
- 「満洲国」建国宣言(1932)

ドイツ ➔ p.136
- **ナチ党内閣成立**(1933)

イタリア
- ファシスト党内閣，エチオピア侵攻(1935～36)

社会主義国(ソ連) ❹
- **五カ年計画**
- 農業の集団化

Q 各国の対応にはどのような違いがあるだろうか？

［解説］ 1929年10月24日，**ニューヨーク・ウォール街の株式市場で株価が大暴落**。アメリカだけでなく，その資本に依存していた資本主義国は大きな打撃を受けた。

▶1 株価暴落の翌日，ウォール街に詰めかけた人々
▼2 現金を得るために車を売る破産者

1B 各国の失業率

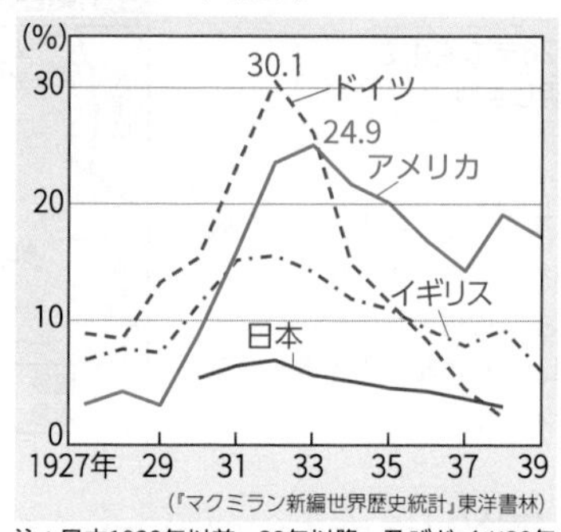

注：日本1929年以前・39年以降，及びドイツ39年以降の数値は不明

1C 恐慌中の工業生産

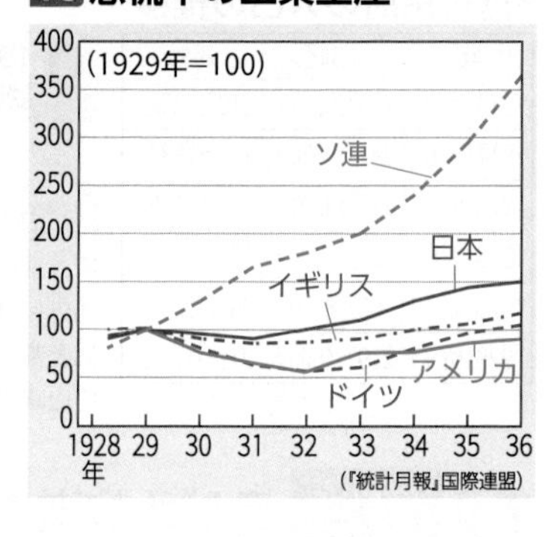

2 ニューディール(新規まき直し)

2A ローズヴェルトの就任演説(1933年)

　われわれが第一に取り組むべき課題は**人々を仕事につかせること**である。…**農産物価格を高め**，それにより**工業製品に対する購買力を増大させる**施策も役に立つであろう…。…国際通商関係もきわめて重要だが…健全な国内経済の建設の方を優先しなければならない。

　…しかし…なお国家がきわめて深刻な状況にある場合には…私は強大かつ広範な行政権を…要求するつもりである。(『ドキュメント現代史５』平凡社)

［解説］ 1933年に大統領に就任した**民主党のフランクリン＝ローズヴェルト**は，1920年代の共和党政権による自由放任政策(⬅ p.130)を転換し，**政府が積極的に経済活動に介入する**ことで不況からの脱出を図った。

▲3 **フランクリン＝ローズヴェルト**(任1933～45) 新たなメディアである**ラジオ**を活用し，国民に直接語りかける手法によって，多くの支持をえた。

2B ニューディール

3R政策			ニューディール外交
救済(Relief)	回復(Recovery)	改革(Reformation)	
・緊急銀行救済法(1933.3) …**金本位制停止** 管理通貨制の導入 ・緊急救済法(1933.5) …５億ドルの資金で貧窮者を救済	・**農業調整法(AAA)**(1933.5) …過剰農産物を政府が買い上げて農産物価格の下落を調整 ⟶1936.1　違憲判決 ・**全国産業復興法(NIRA)**(1933.6) …政府による産業統制と労働条件改善を規定 ⟶1935.5　違憲判決	・**テネシー川流域開発公社(TVA)**(1933.5) …政府企業によるテネシー渓谷の総合開発。失業者救済と民間企業の電力独占を規制❹ ・**ワグナー法**(全国労働関係法)(1935.7) …労働者の団結権・団体交渉権を認める ・社会保障法(1935.8) ・**産業別組織会議(CIO)**(1938.11)	・金本位制への復帰拒否(1933.6) ・**ソ連の承認**(1933.11) ・フィリピン独立法(フィリピンの10年後の独立承認)(1934.3) ・**善隣外交**政策 …ニカラグア・ハイチより撤兵 キューバの独立を承認(1934.5) ・中立法(1935.5)

2C 公共事業の推進

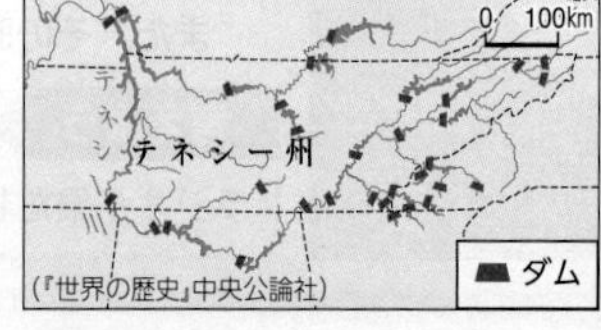

▶4 **TVAのダム建設** 公営企業による電力供給は，民間企業の独占的な価格に歯止めをかけた。

3 恐慌中の各国の動向

3A スターリング（ポンド）＝ブロックの形成

大英帝国 ←p.121
- 第一次世界大戦で自治領が協力 ←p.111 → 地位向上
- イギリス帝国会議（1926）　本国と自治領は対等

世界恐慌（1929）

- ウェストミンスター憲章（1931）　自治領が立法権獲得

イギリス連邦（コモンウェルス）に改称
- イギリス連邦経済会議（オタワ会議）（1932）
  → ポンドを基軸通貨としたスターリング＝ブロック結成

3B イギリスの輸入額の推移

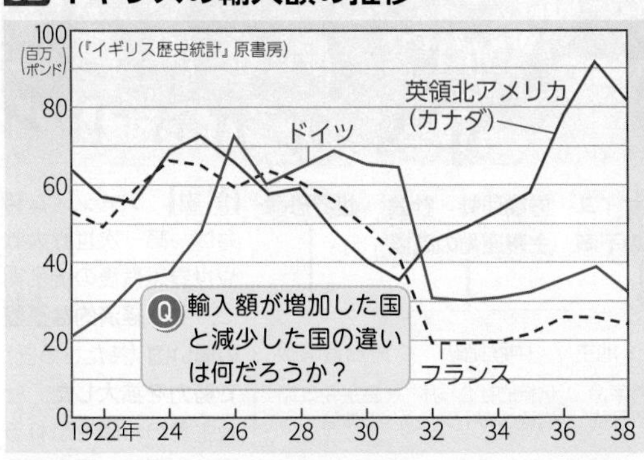

解説　スターリング＝ブロックの形成によって，経済圏内のカナダからの輸入額が大きく増加した。一方で，ドイツ・フランスからの輸入が減少している。

3C 1930年代の世界

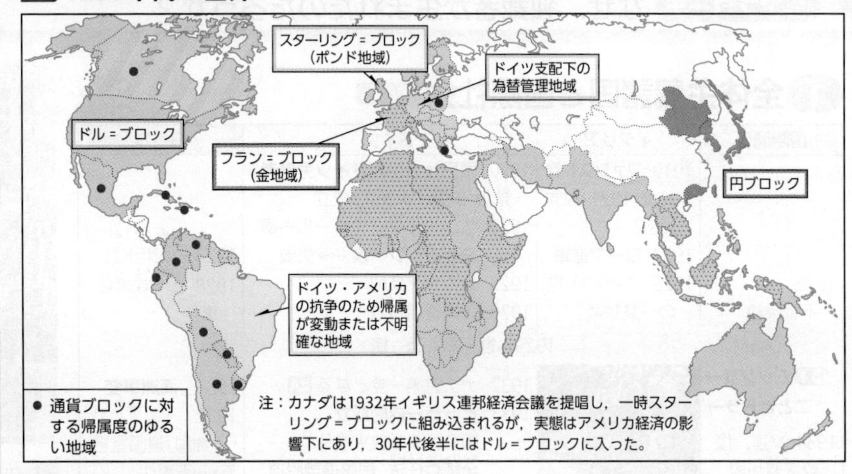

注：カナダは1932年イギリス連邦経済会議を提唱し，一時スターリング＝ブロックに組み込まれるが，実態はアメリカ経済の影響下にあり，30年代後半にはドル＝ブロックに入った。

3D ブロック経済

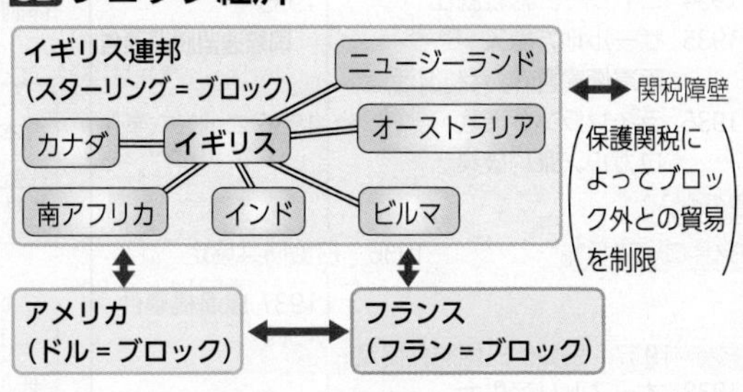

解説　有力通貨を持つ国とその植民地は，**経済領域や通貨圏を共有することで関税を撤廃した**。これにより域内での貿易を拡大させ，主要国は自国産業に必要な物資の確保を図った。一方で**経済圏外との貿易には高関税がかけられ**，極めて閉鎖的なブロック経済圏が形成された。

4 ソ連の発展

4A ソ連の経済政策 ←p.114

（赤字）：指導者

戦時共産主義（1918〜21）（レーニン）
目的：**反革命（内戦）と対ソ干渉戦争への対抗**
［企業の国有化・個人取引の禁止・農産物の強制徴発・強制労働制］
➡労働意欲の減退による生産力の低下

↓

新経済政策（ネップ）（1921〜28）（レーニン）
目的：**生産力の回復**
［余剰農産物の自由販売を許可・農産物の強制徴発の禁止・外国資本導入・中小企業の私営許可］
➡生産力は大戦前の水準に回復
　貧富の格差が拡大

↓

第１次五カ年計画（1928〜32）（スターリン）
目的：**社会主義経済の建設**
［重工業の振興・**農業の集団化**と機械化（コルホーズ・ソフホーズの拡大）］
➡農業国から工業国への転換
　重工業に対する軽工業・農業生産のアンバランス

↓

第２次五カ年計画（1933〜37）（スターリン）
目的：**社会主義社会の実現**
［軽工業も振興・消費財の増産・資本家階級の一掃］
➡国際的地位向上（1934 国際連盟加入）

4B ソ連の生産力の変化

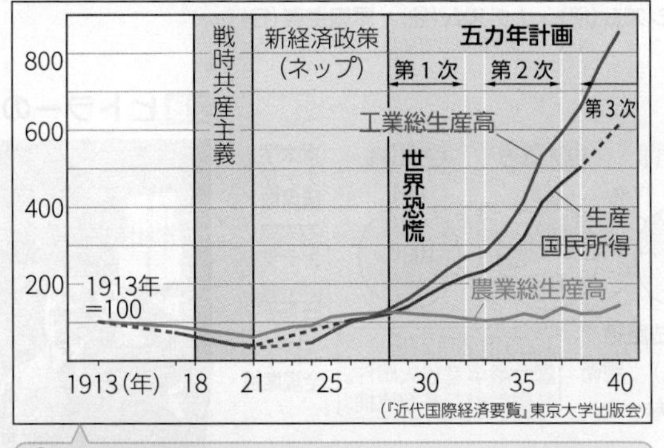

Q 世界恐慌後に生産力はどのように変化したのだろうか？

◀5 五カ年計画のポスター

解説　**第１次五カ年計画**を遂行していたソ連は，**世界恐慌の影響をほとんど受けなかった**。スターリンは工業化の前提として**農業の集団化**による穀物増産を図り，反抗する農民を激しく弾圧した。ソ連の工業生産は飛躍的に増大し，社会主義国家ソ連の国際的地位の向上や，後の独ソ戦（1941〜45）に耐えうる国力の蓄積に成功した。

成長の裏で…
―スターリンの独裁―

▲6 レーニン（←p.28）とスターリン，トロツキー

ソ連経済の発展を達成する一方で，スターリンは「**大粛清**」と呼ばれる政敵の排除を進めていた。世界革命論を唱え，スターリンの一国社会主義論と対立していた**トロツキー**を失脚させた（1940年に暗殺）ほか，多くの共産党員を反乱分子・スパイ容疑で処刑した。

●大粛清（1934〜38）の実態

1928〜38年に逮捕された人約1200万人
- 処刑された人約100万人
- 収容所で死亡した人約200万人
- 収容所などに拘禁された人約900万人

（野々村一雄『ロシア・ソヴィエト体制』）

深めよう　各国の恐慌への対応策に違いが出たのはなぜだろうか？

つなげよう　恐慌によって，日本の政治や外交はどのような影響を受けたのだろうか？

ファシズムの台頭

アプローチ なぜ，独裁者が生まれたのだろうか？

1 全体主義諸国と国際社会 まとめ

p.121 → p.146

国際関係	イタリア	ドイツ	日本
	1919 **ファシスト党**結成（1921 政党設立） 1922 **ローマ進軍**	1920 **国民社会主義ドイツ労働者党（ナチ党，ナチス）成立** 1923 仏，ベルギーのルール占領 **ミュンヘン一揆**（いっき）→失敗	→p.124地図 1927〜山東出兵
1928 不戦条約	1928 ファシスト党の一党独裁	1925 ロカルノ条約 1926 国際連盟加盟	1928 張作霖（ちょうさくりん）（チャンツオリン）爆殺事件
1929 **世界恐慌**			
▶1 ムッソリーニとヒトラー 1934 ソ連，国際連盟加盟 1935 **コミンテルン**，人民戦線戦術採択（さいたく）→スペインとフランスに人民戦線内閣(36)	1935 エチオピア侵攻（翌年併合）	1932 ナチ党第一党となる 2A 1933 **ヒトラー内閣成立** 国会議事堂放火事件 **全権委任法**（ぜんけんいにんほう） **国際連盟脱退** 1934 ヒトラー，総統（フューラー）就任 1935 ザール地方編入 **再軍備宣言**（徴兵制復活） 1936 ラインラント進駐 ロカルノ条約破棄（はき）	1931 **満洲事変** →p.140 1932 「満洲国」建国宣言 五・一五事件 1933 **国際連盟脱退通告** →p.141 1936 二・二六事件 →p.142
1936〜39 **スペイン内戦**（独・伊の介入）			
	1936 ベルリン＝ローマ枢軸（すうじく）		1936 日独防共協定
			1937 **盧溝橋**（ろこうきょう）（ルーコウチアオ）**事件**
	1937 **日独伊三国防共協定**		
	1937 国際連盟脱退	1938 オーストリア併合	
1938 **ミュンヘン会談**（ドイツ，ズデーテン地方獲得）❼			
	1939 アルバニア併合	1939 チェコスロヴァキア解体 **独ソ不可侵条約**	1939 ノモンハン事件 →p.143

全体主義…ファシズム（伊）・ナチズム（独）・軍国主義（日）
4種は同義で使われることもある。

▼2 ナチ党の党大会（ニュルンベルク，1938年）

ヴェルサイユ体制への不満 / 労働運動・社会主義運動の高揚 / 世界恐慌
↓
資本家・地主：社会主義革命に対する恐怖
中産階級：伝統的社会秩序崩壊への不安
労働者階級：社会主義政党への失望
↓
ファシスト党・ナチ党
- 偏狭（へんきょう）な民族主義
- 国家による経済統制
- 反自由主義，反議会主義，反マルクス主義

共産党 ← 弾圧　→ 侵略膨張主義

解説 ファシズム勢力は，第一次世界大戦や世界恐慌後の混乱期に，主に**経済的な基盤**（きばん）**の弱い国**（持たざる国）**で勢力を拡大した。**社会主義の台頭を恐れる資本家層や，恐慌（きょうこう）に苦しむ労働者など，既存（きぞん）の政治勢力への不満の受け皿となることで支持を獲得し，対外膨張（ぼうちょう）政策や共産党の弾圧を進めていった。

2 ナチ党の台頭

2A ナチ党と共産党の議席数の割合

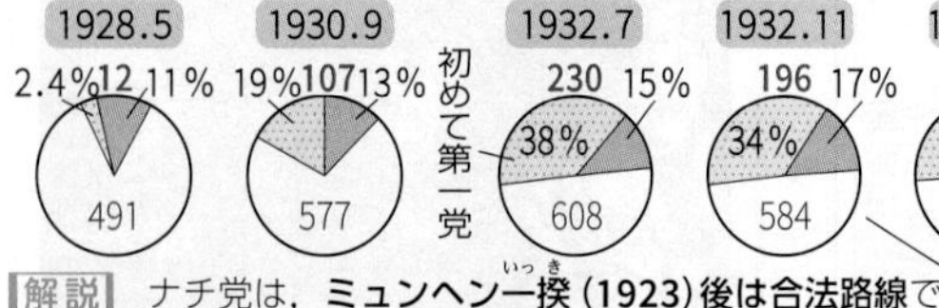

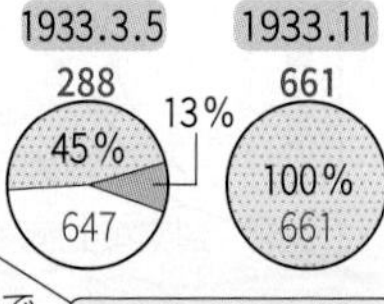

青太字：ナチ党議席数
ナチ党
共産党
赤数字：全議席数

1933年2月27日に国会議事堂放火事件。共産党員を多数逮捕

解説 ナチ党は，**ミュンヘン一揆**（いっき）**(1923)**後は**合法路線**で党勢を拡大した。大恐慌後は秘密警察（ゲシュタポ）や，突撃隊(SA)，親衛隊(SS)による暴力的手段も用い，**1932年に第一党となった。**

▲3 **ナチスの絵葉書** 軍備が厳しく制限されているドイツに対して，周辺国が砲口を向けている。対外的な危機を強調することで，**ヴェルサイユ体制の打破**（だは）を国民に訴えかけている。

1933年9月23日　最初の起工式
1936年9月23日　アウトバーン1000km完成

▲4 **アウトバーン建設**(1933〜42)**の記念絵葉書**

2B ヒトラーの大衆宣伝

←p.109

◀5 **演説するヒトラー**

大衆の理解力は小さいので，効果的な宣伝は，**重点をうんと制限して，それをスローガンのように利用し，**継続的に行わなければならない…。
（ヒトラー『我が闘争』）

Q ヒトラーは，自分の主張を誰に向けて伝えて，支持を得ようとしているのだろうか？

解説 ヒトラーは，早くから大衆の心に訴えかける宣伝（プロパガンダ）のあり方に注目。単純化したメッセージで語られる演説や，大規模な集会での巧みな演出は，多くの市民の心をひきつけた。

●ヒトラーの演説手法

演説の時間帯…朝は聴衆（ちょうしゅう）が熱を帯びない。夕方に行う方が人々に与える印象も強くなり，大衆の心に訴えかけやすい。

声のトーン…できるだけ低い声で演説を始めておけば，後半にかけて盛り上げていきやすい。

2C ナチ党のスローガン

- **ヴェルサイユ体制の破壊**
- **ユダヤ人排斥**（はいせき）
- 植民地の再配分
- 戦時利得の没収

その他，巨大企業の国有化など，社会主義的政策も掲（かか）げた。

③イタリア・ドイツの侵略

スペイン内戦(1936～39)

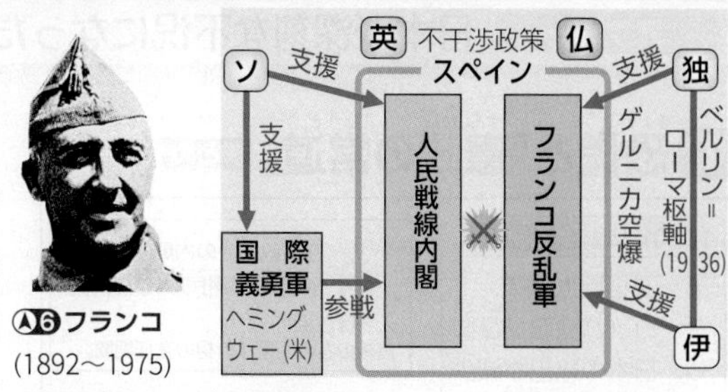

Ⓐ6フランコ(1892～1975)

地主や資本家が支持するフランコが，人民戦線内閣に対して反乱を起こした。**ソ連の影響力拡大を警戒した英仏が不干渉政策**をとったこともあり，独伊の支援を受けたフランコが勝利した。

3A 宥和(ゆうわ)政策の破綻(はたん) 巻末史料43

Ⓠ この会談に不審を抱いたのは誰だろうか？

◀7ミュンヘン会談　独の反ソ・反共に期待した英仏は**ヒトラーに譲歩(じょうほ)**したが，会談から除外されたソ連は不審を抱き独に接近。**独ソ不可侵条約**が締結され，宥和政策は破綻した。

④ 資料から考える ナチ党とドイツ国民 巻末史料44

こうして，社会は変わっていった

4A 鉱夫(こうふ)の回想

(山本秀行『ナチズムの記憶』)

1936年ごろが転換点だった。一般兵役義務が導入され，軍需(ぐんじゅ)がフル回転した。…**みんな仕事とパンをふたたび手にいれて喜んだ。恐慌時代の耐乏(たいぼう)生活はおわりを告げた。**…しかし，多くの人びとは気がついていた。ナチスが戦争に向かってまっしぐらに進んでいることを。

4B 牧師の回想*

＊戦後，この回想から生まれた詩が語り継がれてきた。

ナチ党が共産主義者を攻撃したとき，**私は自分が多少不安だったが，共産主義者ではなかったから何もしなかった。**

ついでナチ党は社会主義者を攻撃した。私は前よりも不安だったが，社会主義者ではなかったから何もしなかった。

ついで学校が，新聞が，ユダヤ人等々が攻撃された。私はずっと不安だったが，まだ何もしなかった。

ナチ党はついに教会を攻撃した。**私は牧師だったから行動した――しかし，それは遅すぎた。**(『彼らは自由だと思っていた』未來社)

▶8反ユダヤを訴える絵本(1936年)　ユダヤ人商店で買い物をしないよう語りかけている。

4C「白バラ」運動の呼びかけ

Ⓐ9ゾフィー＝ショル(1921～43)

ドイツ民族が…自らの理性的判断に従う自由を放棄(ほうき)するならば…精神を失った臆病(おくびょう)な群衆になってしまっているならば…ドイツ人は滅亡に値(あたい)する。…受動的抵抗を行え――抵抗を。(『世界史史料10』岩波書店)

解説　ナチ党に対しては，ドイツ国内でも様々な抵抗運動が組織された。第二次世界大戦の戦況が悪化する中(➔p.148)，ハンスとゾフィーの兄妹を中心とした学生グループは，ナチ党批判のビラを配布。学生や市民に抵抗を呼び掛けたが，逮捕(たいほ)，処刑された(「白バラ」運動)。

読みとろう

① 4A ドイツ人がナチ党を支持したのはなぜだろうか？
② 4B ナチ党の政策を阻止できなかった理由が，どのように述べられているだろうか？

考えよう

ナチ党台頭の経緯と人々の回想から，どのような教訓を得ることができるだろうか？4Cもふまえて考えよう。

深めよう　なぜ，ファシズム諸国の侵攻を阻止できなかったのだろうか？

つなげよう　ファシズムの侵攻に対して，国際社会はどのように対応したのだろうか？

ヒトラーの演説(動画0:58)→

日本の恐慌と政党政治の危機

アプローチ 日本が深刻な不況になったのは，なぜだろうか？

1 恐慌と「憲政の常道」 まとめ

→p.203 政党

立憲政友会の内閣
憲政会(立憲民政党)の内閣
人名は首相。
首相の右の西暦は首相の在任期間。

1920年 戦後恐慌 ←p.117
第一次世界大戦後，ヨーロッパ諸国が復興し，日本の輸出が減少

1923年 震災恐慌 ←p.133
関東大震災の混乱
不良債権(震災手形)の大量発生

「憲政の常道」8年間

加藤高明(1924〜26) 幣原外交 ←p.120
1925年(大14) 治安維持法
普通選挙法←p.129
①若槻礼次郎(1926〜27) 幣原外交
田中義一(1927〜29)
1927年 山東出兵(〜28) 4
1928年(昭3) 第1回普通選挙 3
張作霖爆殺事件 4
治安維持法改正 3
不戦条約調印←p.121

1927年 金融恐慌 2
戦後恐慌や震災恐慌を背景にした金融市場の混乱

1929年 世界恐慌 ←p.134

浜口雄幸(1929〜31) 幣原外交
1930年(昭5) 金解禁 5A
統帥権干犯問題 5E
②若槻礼次郎(1931) 幣原外交
1931年(昭6) 満洲事変→p.140
犬養毅(1931〜32)
1932年(昭7) 五・一五事件 →p.141

1930〜35年 昭和恐慌 5C
世界恐慌の影響
↓
失業者の増加。農家の困窮
小作争議の増加・労働争議の激化←p.128
財閥の産業支配が進む

2 金融恐慌(1927〈昭和2〉年)

▶1 **取付け騒ぎ**(1927年，川崎銀行) 大蔵大臣の失言で，預金をおろそうとする人々が銀行に押し寄せ，銀行は営業を停止する事態となった。若槻礼次郎内閣は，巨額の不良債権を抱えた台湾銀行を緊急勅令で救おうとしたが，枢密院で否決され総辞職した。

◀2 **1927年発行の紙幣** 若槻の後，首相となった田中義一(1864〜1929。左上写真)は，高橋是清を大蔵大臣とし，**モラトリアム**(支払猶予令)を発令した。日銀は必要な紙幣を数日で用意するため，裏は印刷しなかった。人々は大きな銀行に預金するようになり，**財閥系の五大銀行が力をもった。**

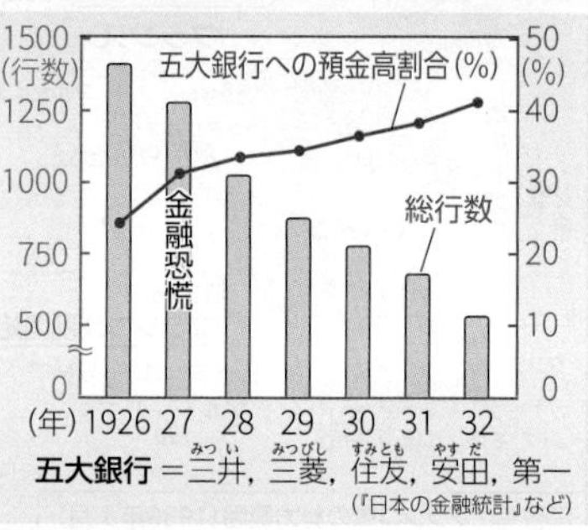

五大銀行＝三井，三菱，住友，安田，第一
(『日本の金融統計』など)

3 第1回普通選挙(初の男性普通選挙,1928年)

政党	当選者	得票数
立憲政友会	217	424万4885
立憲民政党	216	425万6010
実業同志会	4	16万6250
革新党	3	8万1324
中立・その他	18	62万8474
労働農民党	2	19万3047
社会民衆党	4	12万0039
日本労農党	1	8万5698
日本農民党	0	4万4203
九州民憲党	1	4万6766

無産政党(89人が立候補)

▲4 **投票所の様子**(大阪市)

▼5 **判決を受け裁判所を出る共産主義者**(1929年) 選挙の際，無産政党の背後で日本共産党が活動したことに衝撃を受けた田中内閣は，共産党員の大検挙を行い(三・一五事件)，緊急勅令で**治安維持法を改正した。**←p.129

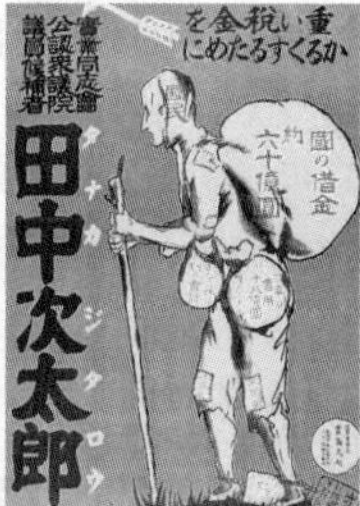

◀3 **第1回普通選挙の候補者のポスター**(1928年) ←p.128鈴木文治・→p.141犬養毅
犬養のポスター／京都府立京都学・歴彩館蔵
田中と鈴木のポスター／法政大学大原社会問題研究所蔵

Q それぞれ，何を訴えているのだろうか？

4 山東(シャントン)出兵と張作霖(チャンツオリン)爆殺事件

←p.124地図・→p.140地図

▲6 **済南(チーナン)城を占領した日本軍**(1928年) 国民革命軍(北伐軍)が山東省に迫ると，田中内閣は，日本人居留民の保護を名目に，3次にわたる**山東出兵**を行った(1927〜28年)。第2次の出兵の際，日本軍は済南で北伐軍と衝突し，済南城を一時占領した。

拡大する満蒙の解釈 日本の勢力範囲の満蒙は，日露協約で南満洲と東部内蒙古とされた(←p.97)。日本はのちに満蒙の解釈を拡大し，昭和初期には，東三省・熱河省・チャハル省と解釈した。

◀7 **張作霖**(1875〜1928) 日本の支援を受けて軍閥の首領となった。

▲8 **張作霖爆殺事件の現場**(1928年) 張作霖が北伐軍に敗北すると，**関東軍**は満洲へ帰還途上の張作霖を奉天(フォンティエン)郊外で爆殺した。田中首相は事件の真相を公表し，関係者の厳重処分を予定していたが，閣僚や陸軍の反対で，非公表・軽い処分となった。昭和天皇は田中を責め，1929年に田中内閣は総辞職した。

5 昭和恐慌と政党政治の危機

5A 浜口内閣の金解禁

（大蔵大臣 井上準之助）

◀9 浜口雄幸（1870～1931）　井上準之助蔵相の緊縮財政と，幣原喜重郎外相の協調外交を基軸とした。

- 1930年，金本位制へ復帰（金解禁）
- 緊縮財政で物価引き下げ。消費節約
- 産業合理化で不良企業の整理を促進

→世界恐慌（← p.134）と金解禁による不況の二重の打撃を受ける（昭和恐慌）

5B 為替相場の推移

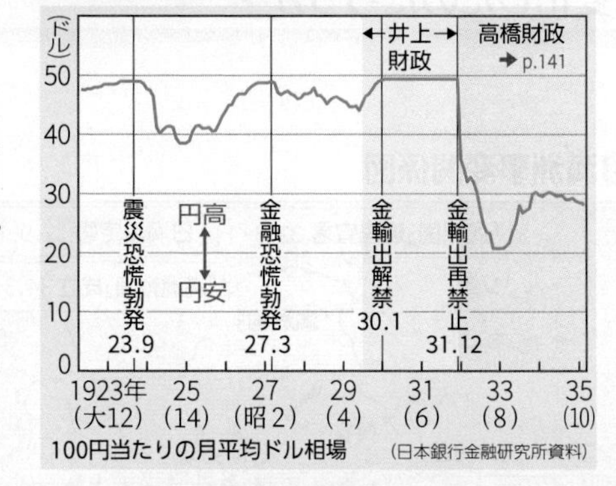

100円当たりの月平均ドル相場　（日本銀行金融研究所資料）

5C 昭和恐慌（1930〈昭和5〉～35年）

▶10 大学生の就職難を伝える新聞（「東京朝日新聞」1931年3月2日）

刀折れ矢は盡きた
各大學就職戰線
昨年に比し半減、三分の一減
無殘、打碎かるゝ若人

▼11 困窮して大根をかじる東北地方の子どもたち（1934年）

5D 貿易額の推移と恐慌

Q 恐慌があい次いだのは，いつだろうか？

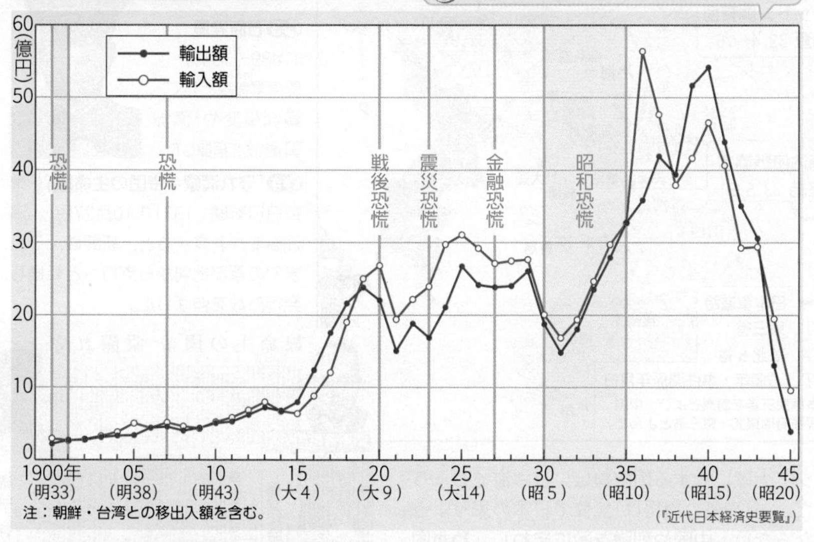

注：朝鮮・台湾との移出入額を含む。　（『近代日本経済史要覧』）

5E 統帥権干犯問題（1930〈昭和5〉年）

調印賛成（浜口雄幸ら政府）	調印反対（野党や海軍軍令部）
●財政立て直しのため，軍縮の必要（井上財政）。 ●国際協調（幣原外交）。編成大権は内閣の輔弼事項。	●軍縮すると，防衛能力・戦闘能力が落ちる。 ●海軍軍令部の承認のない調印は，天皇の統帥権を犯す。

▲12 ロンドン海軍軍備制限条約（ロンドン海軍軍縮条約）調印をめぐる意見　浜口内閣の調印に対し，立憲政友会や右翼，海軍軍令部は，政府が兵力量を決定したことは，統帥権の干犯であると攻撃した。政府は，兵力量の決定は内閣（海軍大臣）の権限であるとし，枢密院の同意を得て，条約を批准した。

▶13 狙撃された浜口首相　1930年11月，浜口は東京駅で右翼の青年に狙撃され，重傷を負った。病状が悪化して翌年4月に総辞職し，8月に亡くなった。

資料

6 資料から考える 昭和恐慌下の農村

「蚕の捨子」が起きたワケは？

6A 農産物価格の推移

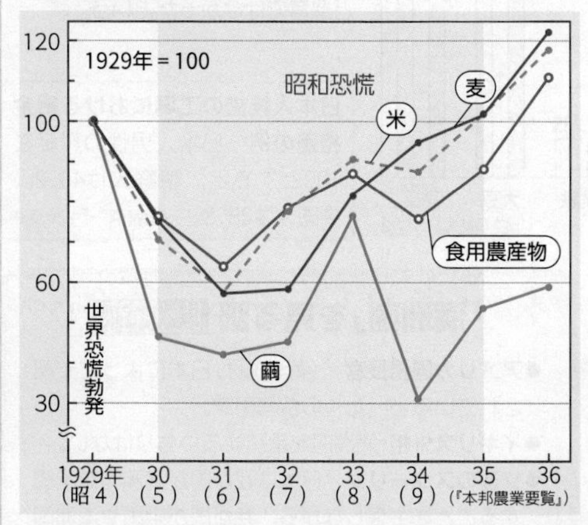

（『本邦農業要覧』）

6B 「東京朝日新聞」（1931年）

日本の生糸の輸出額は，世界の総産額の約6割を占める。…日本の農家には適当な副業がなく，現金収入を得る唯一の事業が養蚕業である。…それが，アメリカの恐慌で生糸の値段が暴落，繭の値段も惨落となり，農業や商工業，経済に影響をおよぼし，不況となって，今日におよんでいる。　（11月8日）

6C 猪俣津南雄『窮乏の農村』（1934年）

あるところでは蚕の捨子というのがあった。…朝起きてみると，掃立てた*蚕が二枚ほど妙なところに置いてある。それはたしかに家のではない，誰かが来てそっと押し込んで行ったものに違いない。…近所の家でも同じようなことがあったと言う。それから捨子がはやり出した。

*孵化した蚕を蚕卵紙から掃きおろし，新しい飼育場に移すこと。

読みとろう

① 6A 繭の価格の推移は，他の項目と比べて，どのような特色があるのだろうか？［比較］

② 6B 繭の価格が下落したのは，なぜだろうか？［関連］

考えよう

6C 蚕を捨ててしまったのは，なぜだろうか？［関連］

深めよう　恐慌は，日本にどのような影響を与えたのだろうか？

つなげよう　日本は，深刻な不況に対し，どのような対処をしたのだろうか？

大学生の就職難を伝える新聞→

満洲事変と政党政治の終焉

アプローチ 日本の外交は，どのように変化したのだろうか？

1 満洲事変

1A 日満関係年表 まとめ

年	月日・事項	内閣
1928	.6 張作霖爆殺事件 ←p.138	田中
1931	.9-18 柳条湖事件(**満洲事変**始まる) 1B	②若槻
1932（昭7）	.1 第1次上海事変(日本の軍部が上海で起こした日中両軍の衝突事件)	犬養
	.2-29 **リットン調査団**4来日(10月，報告書)	
	.3-1 **「満洲国」建国宣言**2	
	.9-15 日満議定書調印	
	.10 「満洲国」へ試験移民の送出	
1933（昭8）	.2-23 日本軍，熱河省へ侵攻	斎藤
	.3 **国際連盟脱退を通告**4	
	.5 塘沽停戦協定締結（日本の関東軍と中国の国民政府軍が結んだ停戦協定。万里の長城の南側に非武装地帯を設定）	
1934	.3-1 「満洲帝国」の成立	
1938	.4 満蒙開拓青少年義勇軍の送出 ←p.107	①近衛

▶1 **松岡洋右**(1880～1946) 外交官・政治家。

満蒙は日本の生命線である。大和民族の要求は最小限度の生存権である。…血と財を犠牲にして得たのが満鉄であるが，中国側は今や満鉄の抹殺をくわだてつつある。（『東亜全局の動揺』1931年）

▶2 **石橋湛山**(1884～1973) ←p.113 経済評論家・政治家。

アジア大陸に対する国防線は，日本海でじゅうぶんだ。…(満蒙の獲得は)無償で日本の思うようにはならない。**中国や列強を敵にまわし，わが国は利益があるのだろうか。**（「東洋経済新報」1931年）

Q どちらの主張が支持されたのだろうか？

1B 満洲事変関係図

奉天周辺地図
至長春
1931.9-18 柳条湖事件
1928.6-4 張作霖爆殺事件
南満洲鉄道
京奉(北寧)線
至北平(北京)
満鉄付属地
瀋陽(北瀋陽)駅
奉天城
奉天(瀋陽)駅
0 1km
至大連

▶3 **石原莞爾**(1889～1949) 関東軍参謀として，満洲事変や「満洲国」建設を指揮した。

▼4 **「守れ満蒙＝帝国の生命線」**(「東京日日新聞」1931年10月27日) 満洲事変が勃発すると，新聞は，それまでの軍部批判から支持へと転換し，発行部数を伸ばした。

守れ滿蒙 帝國の生命線
幣原喜重郎外相　南次郎陸相
日本民族の血と汗の結晶！特殊權益
權益蹂躙と排日
滿洲事變の導火線

2 「満洲国」の建国(1932〈昭和7〉年)

巻末史料45 ←p.107満洲移民

▲5 **「満洲国」の理念を示すポスター** (1933年) 「満洲国」は日本，モンゴル，満洲，朝鮮，中国(漢民族)の「五族協和」をかかげ，清の最後の皇帝溥儀を元首としたが，実際は日本が支配する政権であった。
(京都大学地域研究統合情報センター「満洲国ポスターデータベース」より)

Q 「満洲国」の理念と実態を考えてみよう。

▲6 **東京駅に着いた溥儀と出迎えた昭和天皇** 1934(昭和9)年に「満洲帝国」皇帝となった溥儀は，翌年，日満友好を目的とした国賓として，日本に招かれた。

SOUTH MANCHURIA RAILWAY
社會式株道鐵洲滿南

▶7 **特急「あじあ」のポスター** 満鉄(←p.97)最初の特急で，1934(昭和9)年に運行が始まった。大連―新京間701.4kmを，8時間20分で結んだ。

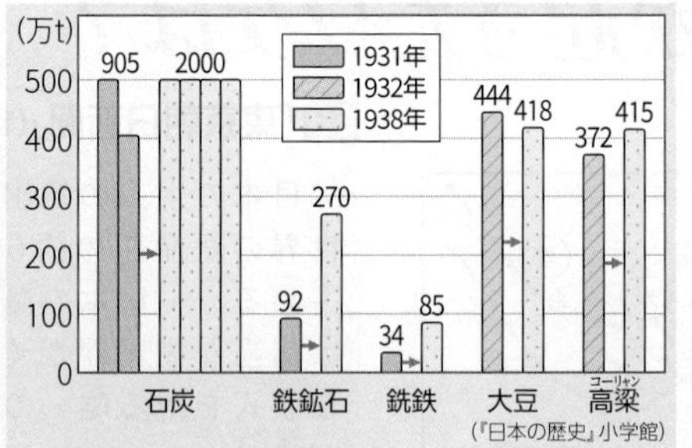

◀8 **「満洲国」における産出量** 石炭や鉄鉱石，銑鉄の産出量は増えているが，軍事資源として期待されたほど豊富ではなかったという。

日本人経営の工場における賃金格差の例…日本人男性の賃金を100とすると，朝鮮人は40.2，中国人は28.8。（山室信一『キメラ』）

「満洲国」を見る眼 世界⇔日本

- **アメリカ国務長官**「(満洲国は)日本によって支配されているまったくの傀儡国家。」
- **イギリス外相**「満洲国を承認するつもりはない。」
- **ソ連のスターリン**「日本は我が国が満洲国を承認することを主張しながら，我が国が中国や満洲国と喧嘩することをあてにしている。」
- **ドイツのヒトラー**「我が国は，経済的な利点が保証されれば，満洲国を承認する用意がある。」

3 五・一五事件(1932〈昭和7〉年5月15日)

海軍の青年将校らの檄文

国民よ。今の日本を直視せよ。…政権党利の政党と，これに結託して民衆の財産をしぼり取る財閥と，これを擁護する役人と，軟弱外交と，堕落した教育と，腐敗した軍部と，悪化した思想と，苦しむ農民や労働者と…。

自治の精神で人材を登用し，新しい日本を建設せよ。現存する醜悪な制度をこわせ。（『現代史資料』）

帝都震駭の不穏事件

犬養首相遂に逝去
けふ内閣總辭職
取敢へず藏相を臨時首相に
深夜親任式行はる

手榴彈とピストルで
六ケ所を同時に襲撃
疾風迅雷的なその計畫

首相狙撃の刹那
正門裏門より突入し
撃てッの號令一下

A9 五・一五事件を伝える新聞（「東京日日新聞」1932年5月16日）

解説 統帥権干犯問題や昭和恐慌，満洲事変が起こると，右翼や軍部は政党や財閥への批判を強めた。五・一五事件の後，元老西園寺公望は海軍の斎藤実を首相に推薦した。**1924年以来の政党内閣は崩壊し，太平洋戦争終了後の1946年まで復活しなかった。**

五・一五事件	二・二六事件 →p.142
1932(昭和7)年5月15日	1936(昭和11)年2月26日
海軍の青年将校ら約20人	陸軍の青年将校(皇道派)や兵士約1400人
犬養毅首相を殺害	高橋是清蔵相ら9人を殺害
関係者の処罰は軽かった	反乱軍として首謀者らは処刑
政党政治が終わる	統制派が政治への介入を強める

▶10 減刑嘆願書の束 政治への不信や，財閥への反感が高まっていたため，五・一五事件を起こした将校らに同情する人や，減刑を求める人は多かった。

4 国際連盟の脱退(1933〈昭和8〉年通告) 巻末史料46

1. 中国は基本的に統一に向かいつつある。
2. 満洲事変以降の日本の軍事行動を自衛とは認めない。
3. 「満洲国」はその地の民族の自発的意思によって成立したものではない。
4. 中国の主権のもとで満洲に自治政府を樹立することを提案する。
5. 中国は，満洲における日本の経済的権益に配慮するべき。

A12 リットン調査団の主な報告（1932年10月1日提出）「満洲国」は民族の自発的な運動で成立したものではないとする一方，日本の満洲における権益を実質的に認める内容であった。

A11 柳条湖事件を調べるリットン調査団（1932年） 満洲事変が起こると，中国は国際連盟に提訴した。日本は調査団の派遣を提案し，イギリスのリットンを団長とする調査団が派遣された。調査中に関東軍は「満洲国」の建国を宣言させ，斎藤実内閣は**日満議定書**で「満洲国」を承認した。

聯盟よさらば！遂に協力の方途盡く

總會、勸告書を採擇し
我が代表堂々退場す
四十二對一票、棄權一

支那側勸告受諾
第六項の權利强調

けふ閣議で正式に
脱退方針を決定
聯盟離脱の最終手續

A13 国際連盟の脱退を伝える新聞（「東京朝日新聞」1933年2月25日） 1933年の国際連盟総会で，リットンの報告書に基づく日本への勧告案が採択された。日本はこれを拒否し，後日，国際連盟の脱退を通告した（1935年発効）。1936年には，ワシントン・ロンドン両海軍軍備制限条約（海軍軍縮条約）が失効し，国際的に孤立していった。 →p.120

5 恐慌からの回復

5A 高橋是清の政策(高橋財政)

◀14 高橋是清（1854～1936） 犬養毅・斎藤実・岡田啓介内閣で大蔵大臣を務め，昭和恐慌脱出のための政策を進めた。

- **金輸出再禁止**。金本位制停止 →p.100
- 赤字国債発行…財政支出増加 5B
- 公共土木事業で農民救済 5B
- **農山漁村経済更生運動**…「自力更生」を図る

↓ 結果

- 円相場の下落(円安)で**輸出が拡大** →p.139
- **重化学工業**の発達 5C。「満洲国」や朝鮮で日産や日窒など**新興財閥**が成長
- 列強の中で最も早く恐慌から脱出
- 農村経済は停滞。満洲移民の奨励 →p.107
- イギリスなどとの貿易摩擦が深刻化

5B 高橋財政の展開

	一般会計歳出				公共土木事業費(時局匡救事業費)	国債発行額
	合計	軍事費				
		合計	満洲事変費	兵備改善費		
1931(昭6)	14.77	4.55	0.89	—	—	1.91
1932(昭7)	19.50	6.86	2.93	—	2.64	7.72
1933(昭8)	22.55	8.73	1.92	2.39	3.66	8.40
1934(昭9)	21.63	9.42	1.64	3.31	2.35	8.30
1935(昭10)	22.06	10.33	1.85	3.66	—	7.61
1936(昭11)	22.82	10.78	2.02	3.94	—	6.85
1937(昭12)	47.43*	32.70*	2.69	—	—	22.30

単位：億円 ＊臨時軍事費約20億円を加算。(『近代日本経済史要覧』など)

解説 高橋は，赤字国債を発行して軍事費と公共土木事業費などの財政支出を増加させ，日本経済の活性化を図った。軍部の過大な軍事費要求に対しては抑制した。

5C 工業総生産額の推移

Q 重化学工業の生産額が50％を超えたのは，何年だろうか？

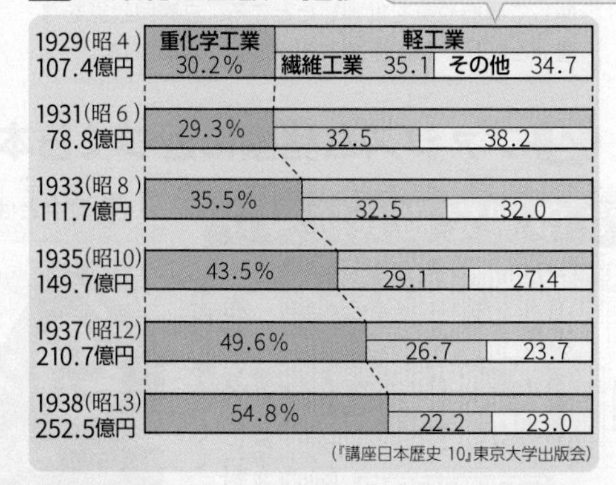

(『講座日本歴史 10』東京大学出版会)

解説 満洲事変後の軍需品の生産拡大と，高橋財政による財政の膨張で産業界は活性化し，重化学工業が発達した。1933年，工業生産額が恐慌前の水準を上回り，重化学工業の割合が繊維工業の割合を超えた。1938年には重化学工業の生産額は50％を超えた。

深めよう 日本の協調外交や政党政治が終焉した理由は，何だろうか？

つなげよう 政党政治が終焉したあと，どのような政治が台頭したのだろうか？

国際連盟の脱退を伝える新聞→

軍部の台頭と日中戦争

1800		1900			2000	
江戸		明治	大正	昭和	平成	令和
朝鮮		韓国	日本領	北朝鮮・韓国		
清			中華民国	中華人民共和国		

アプローチ 日本と中国は，どのような過程で全面戦争になったのだろうか？

1 軍部の台頭

1A 関係年表 まとめ

内閣	年	できごと
浜口	1930（昭5）	**統帥権干犯問題**→浜口雄幸首相，東京駅で右翼に狙撃され重傷(翌年，没)。←p.139 昭和恐慌(～35) ←p.139
	1931（昭6）	**三月事件**…陸軍の将校らが企てたクーデタ計画(未遂)
②若槻		**満洲事変** ←p.140 **十月事件**…陸軍の将校らが企てたクーデタ計画(未遂)
犬養	1932（昭7）	**五・一五事件**…犬養毅首相が殺害される(**政党内閣の崩壊**) ←p.141
岡田	1935（昭10）	**天皇機関説問題**…岡田啓介内閣が天皇機関説を否認。**国体明徴声明**を出す 1B
	1936（昭11）	**二・二六事件**…大蔵大臣高橋是清らが殺害される。その後，陸軍は統制派が主導権を握り，政治的発言力を強める 1C
林	1937（昭12）	**文部省が『国体の本義』を刊行**…「国体」の尊厳と天皇への服従を説く。全国の学校・官庁に配布

斎藤隆夫(1870～1949)の粛軍演説

軍部とたくらんで自己の野心を遂げようとすることは，政治家の恥辱であり堕落であり，卑怯千万の振舞である…。

（「官報」号外）

衆議院議員の斎藤は，二・二六事件に際し，軍にすり寄る政治家や，軍の政治関与を議会で批判した(粛軍演説)。1940年には，日中戦争の処理に関して政府や軍を批判したところ，立憲民政党を離党となり，衆議院では議員除名が可決された。

1B 天皇機関説問題と国体明徴声明(1935〈昭和10〉年) 巻末史料47

◁1 天皇機関説について釈明する美濃部達吉

日本の統治大権は天皇にある。天皇は統治権を行使する機関にすぎないとしたら，日本の国家体制の本質を完全に誤るものである。…政府は**国体の明徴**（国家体制を明らかにすること）に力をつくさなければならない。

（「官報」）

解説 天皇機関説(←p.126)は正統な学説と認められ，明治憲法体制を支えていたが，岡田啓介内閣は軍部・右翼の圧力に屈し，「国体の本義を愆る」として2度にわたって**国体明徴声明を出し，天皇機関説を否認した。**

△2 岡田啓介 (1868～1952)

1C 二・二六事件と陸軍の台頭 ←p.141 3表

◁3 拠点とした料亭前に集合した反乱軍兵士たち

解説 陸軍は皇道派と統制派が対立していた。1936年2月26日早朝，皇道派青年将校らが，兵約1400名を率いて首相官邸などを襲撃。内大臣斎藤実・大蔵大臣高橋是清らを殺害し，陸軍省や警視庁などを4日間占拠した(**二・二六事件**)。昭和天皇が厳罰を指示したこともあり，首謀者は反乱軍として鎮圧された。

△4 原隊復帰を促すアドバルーンとビラ

Q この建物と足は，何を表しているのだろうか？

△5 **二・二六事件後の政治を描いた風刺画**(加藤悦郎筆1937年) 統制派は皇道派を排除して軍の主導権を握り，政治への介入を強めた。

2 ファシズム諸国に近づく日本

日獨防共協定調印さる

東西相呼應して 赤化の脅威に對抗 歴史的握手茲に堅！

效力は五年

常設委員會設置

嚴かな調印式擧行

日獨親善大飛行

△6 **日独防共協定調印を伝える新聞**(「東京朝日新聞」1936年11月26日) コミンテルンに対抗するための協力などを取り決めた。1937年にはイタリアも加わって**日独伊三国防共協定**となり，1940年の**日独伊三国同盟**(→p.147)へと強化された。

Q 防共とは，どのような意味なのだろうか？

△7 **日本を訪れたナチ党の青少年組織**(1938年) 日独防共協定をきっかけに，日独の親善が図られた。日本の青少年団はドイツを訪れた。

反共だけでなく反英的な協定 世界 日本

日独伊三国防共協定について，イタリアの外相は「**われわれは反共の線で三国間の協定を結んだが，実は，これは反英をねらいとしている**」と日記に書いている。

当時，**イタリア**はエチオピア侵攻により，国際連盟から経済制裁を受けていた。そこでイギリスに対抗するために日本とドイツに接近したという。

同じ頃，**ドイツ**は中欧進出に際し，フランスの干渉を防ごうとした。そのためには，イギリスをフランスから引き離すことが必要で，イギリスの勢力を，ヨーロッパ・地中海・アジアに分散させようとし，日本と提携した。

日本では，イギリスが蔣介石(チアンチェシー)による幣制改革を援助していることに対し，反感が高まっていた。1930年代後半になると，日本における反英運動は激しくなった。

③ 日中戦争

3A 日中戦争の経過

内閣	年	できごと
斎藤	1933	塘沽(タンクー)停戦協定調印 ➡p.140
岡田	1935(昭10)	**華北(かほく)分離工作**…関東軍が華北を国民政府から切り離し，支配下におくことを図る
広田	1936(昭11)	**西安(せいあん)(シーアン)事件**…西安に来た蔣介石(しょうかいせき)(チアンチェシー)を張学良(ちょうがくりょう)(チャンシュエリアン)が監禁し，内戦停止と抗日を要求
①近衛	1937(昭12)	**盧溝橋(ろこうきょう)(ルーコウチアオ)事件**(日中戦争勃発) 3C 上海で戦闘開始(第2次上海事変) **第2次国共合作(こっきょうがっさく)**。**抗日民族統一戦線(こうにちみんぞくとういつせんせん)**結成 3D。国民政府，重慶に遷都。日本軍，南京占領 3E
	1938(昭13)	**第1次近衛(このえ)声明**…「国民政府を対手(あいて)とせず」の声明。国民政府との交渉による和平の可能性を断ち切る 3F **第2次近衛声明**…戦争の目的は**東亜(とうあ)新秩序(しんちつじょ)建設**であると声明 3F **第3次近衛声明**…善隣(ぜんりん)友好・共同防共・経済提携を示す
平沼	1939(昭14)	**ノモンハン事件**。アメリカが日米通商航海条約の廃棄を通告(翌年発効)
米内(よない)	1940	**新国民政府樹立**(主席汪兆銘(おうちょうめい)(ワンチャオミン)) 3G

3B 日中戦争関係図

3C 盧溝橋(ろこうきょう)事件(1937年)(ルーコウチアオ)

盧溝橋中日軍衝突
日軍猛烈進攻我軍沈着應付
迄昨夜止雙方交涉尚無結果
日方正增兵我軍決死守

Ⓐ8 盧溝橋事件を伝える中国の新聞
Ⓥ9 盧溝橋事件を伝える日本の新聞（「東京朝日新聞」1937年7月9日）

北平郊外で日支兩軍衝突
不法射撃に我軍反撃
廿九軍を武装解除
疾風の如く龍王廟占據
支那の要請で一時停戦
鹿内准尉戦死す

Ⓠ 上下2つの新聞に書かれていることを，比較しよう。

3D 第2次国共合作(こっきょうがっさく)(1937年) ➡p.125

蔣・國共合作弁明
三民主義强調・徹底抗戰を說く

◀10 第2次国共合作の成立を伝える新聞（「東京朝日新聞」1937年9月25日）
盧溝橋事件のあと，中国では，中国国民党と中国共産党が提携し(**第2次国共合作**)，これにより**抗日民族統一戦線**が結成された。ソ連や，のちにはアメリカ・イギリスの支援を得て，日本への抗戦は長期にわたった。

3E 南京占領(1937年)

萬歳の嵐・け ふ南京入城式の壯觀

Ⓐ11 南京入城式を伝える新聞（「東京朝日新聞」1937年12月18日）

解説 国民政府の首都南京を攻略する作戦で，日本軍は中国軍を不法に殺害し，一般民衆にも略奪(りゃくだつ)・暴行・殺害などを行った(南京事件)。犠牲者数について正確に算定することは不可能である。戦後，松井石根(まついいわね)軍司令官は，極東(きょくとう)国際軍事裁判(➡p.153)でA級戦犯として死刑判決を受けた。

3F 近衛(このえ)声明(1938年)

爾後國府對手とせず
新興政權と國交調整
政府重大聲明を發表
國府との國交事實上斷絶
川越大使に近く歸朝命令

◀12 第1次近衛声明を伝える新聞（「東京朝日新聞」1938年1月17日）と，ラジオで国民に東亜新秩序(とうあしんちつじょ)建設について説明する近衛文麿(ふみまろ)首相（1938年11月）

3G 新国民政府の成立(1940年)

▶13 新国民政府の発足(1940年)　汪兆銘(おうちょうめい)(ワンチャオミン)は国民党の要職を歴任した。日中戦争が起こると，対日妥協(だきょう)を唱え，日本との間で汪政権樹立工作を続け，南京に新国民政府を樹立した。 新国民政府は日本の傀儡(かいらい)政権であり，日中戦争の解決には至らなかった。

▶14 汪兆銘(1883～1944)

ノモンハン事件(1939年)

Ⓐ15 **進撃する日本軍**　満蒙(まんもう)国境のノモンハンで，日ソ両軍が衝突した。日本軍は大敗し，戦闘中に**独ソ不可侵条約**が成立したこともあって，停戦協定を結んだ。以後，日本は対ソ戦に慎重となり，陸軍の機械化に努めた。

▶16 **平沼騏一郎(ひらぬまきいちろう)**
(1867～1952)
国内では，独ソ不可侵条約に衝撃を受けた平沼内閣が総辞職した。

深めよう 日中戦争が長期化した理由は，何だろうか？

つなげよう 戦時下において，国民生活はどのように統制されたのだろうか？

日本の戦時統制

アプローチ 戦時下，日本の社会や生活は，どのように変化したのだろうか？

1 戦時統制の強化 まとめ

内閣	年	政治・経済	生活・教育・マスコミなど
①近衛	1937(昭12)	輸出入品等臨時措置法 2A 企画院設置。大本営設置	文部省『国体の本義』←p.142 国民精神総動員運動を推進 3A
①近衛	1938	国家総動員法公布 2A	メーデー(←p.128)全面禁止
平沼	1939(昭14)	国民徴用令公布 2A	米穀配給統制法公布 外国映画上映制限 パーマネント廃止。ネオン廃止
阿部		価格等統制令公布 2A	興亜奉公日実施(毎月1日) 白米制限。木炭配給統制実施
米内／②③近衛	1940(昭15)	新体制運動開始 6 大政翼賛会発足 3B 米の供出制を実施 大日本産業報国会結成 3B	奢侈品等製造販売制限規則公布 隣組(隣保班)の制度化 3B 砂糖・マッチ切符制全国実施 内閣情報局設置(情報統制など)
②③近衛	1941(昭16)	対米英宣戦布告→p.147	国民学校令公布 5 6大都市に米穀配給通帳制
東条	1942(昭17)	主要食糧の供出制・配給制が確立	食塩の通帳配給制実施 味噌・醤油切符制実施 衣料点数切符制実施 5
東条	1943(昭18)	学徒出陣→p.149	米英楽曲の演奏禁止 谷崎潤一郎「細雪」連載中止 4
小磯	1944(昭19)	ガソリン代用品の増産	学童疎開決定。学徒勤労令・女子挺身勤労令公布

2 経済統制の強化

2A 主な経済統制(戦時統制経済) 巻末史料48

輸出入品等臨時措置法公布(国家総動員法の先駆け)1937.9(第1次近衛)		戦時における貿易・物資統制の基本法。ある物資が不要不急とされれば，その輸入の制限・禁止ができる。また，それを原料とする製品の製造制限・禁止ができる
国家総動員法公布1938.4(第1次近衛)		政府は議会の承認なしに勅令で戦時に必要な人的・物的資源の動員ができる権限を得た
国家総動員法に基づく勅令	国民徴用令公布1939.7(平沼)	国民を軍の工場など重要産業に強制的に動員することができる
国家総動員法に基づく勅令	価格等統制令公布1939.10(阿部)	価格・運送費・加工費などの値上げを禁止し，公定価格制を実施

2B 戦時生産の推移

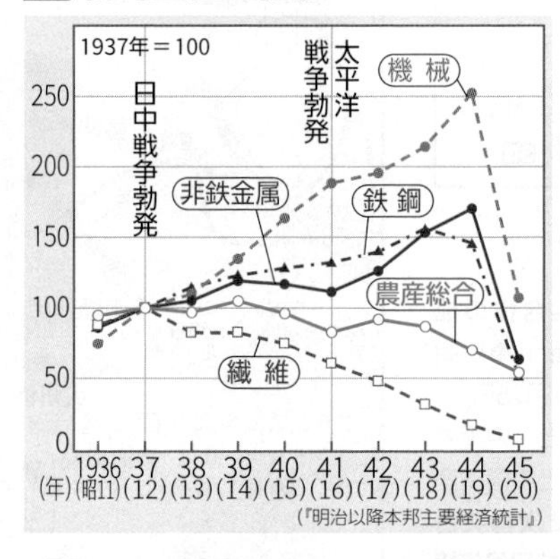

(『明治以降本邦主要経済統計』)

2C 男性労働者数の推移

年	重工業	運輸業	鉱業	農業
1930	138	120	27	747
1940	326	136	53	627
1944	501	146	66	433

単位：万人 (『近代日本経済史要覧』)

解説 多くの男性が徴兵され，労働力は不足した。軍需品の生産が最優先とされたため，農業人口が減り，食料生産は低下した。軍需品の増産で一時的に好況となったが，衣料や食料は欠乏し，国民の生活は不自由になった。

朝鮮の「皇民化」政策

①神社参拝・日の丸掲揚・宮城遥拝・「君が代」の斉唱などの強要
②「皇国臣民の誓詞」の制定(1937年)
③日本と同じ教科書・教育方針を規定
④国民精神総動員朝鮮連盟の発足
⑤創氏改名(1940年)
⑥志願兵制(のち徴兵制へ)

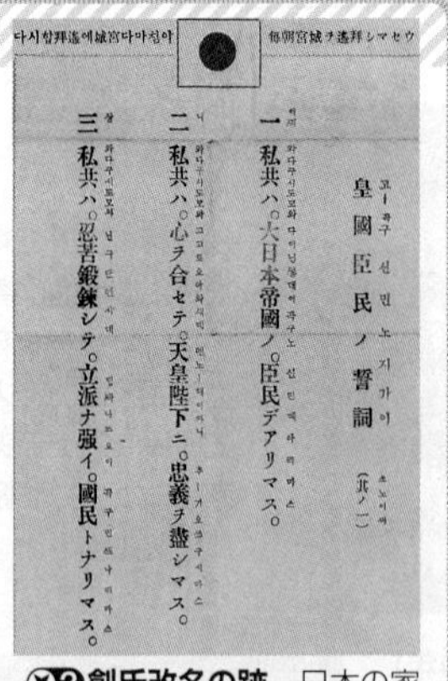
皇國臣民ノ誓詞(其ノ二)

一 私共ハ大日本帝國ノ臣民デアリマス。
二 私共ハ心ヲ合セテ天皇陛下ニ忠義ヲ盡シマス。
三 私共ハ忍苦鍛錬シテ立派ナ強イ國民トナリマス。

▶1「皇国臣民の誓詞」(児童用) 暗記させ，学校などで斉唱させた。
(「図録 植民地朝鮮に生きる」より)

▼2 創氏改名の跡 日本の家制度を導入し「氏」を創設，氏名を日本風にすることもあった。下の戸籍では「武山」という氏が戦後に消されている。

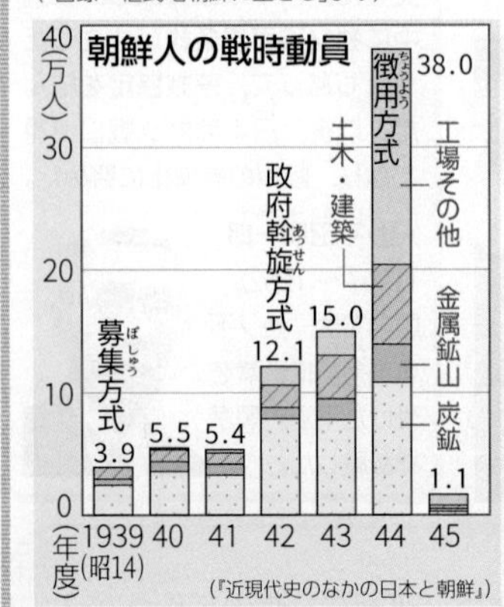

(『近現代史のなかの日本と朝鮮』)

3 官製の運動・団体

3A 国民精神総動員運動

Q 背景に掲げられた3つの言葉は，どのような意味なのだろうか？

◀3 国民精神総動員大演説会 (1937年) 国民精神総動員運動は，官製の社会運動。日中戦争下の1937年，国民の戦争協力を促進するため，第1次近衛文麿内閣が始めた。「君が代」の斉唱や日の丸掲揚，宮城遥拝，勤労奉仕などが政府主導で展開された。

3B 大政翼賛会 →p.203政党

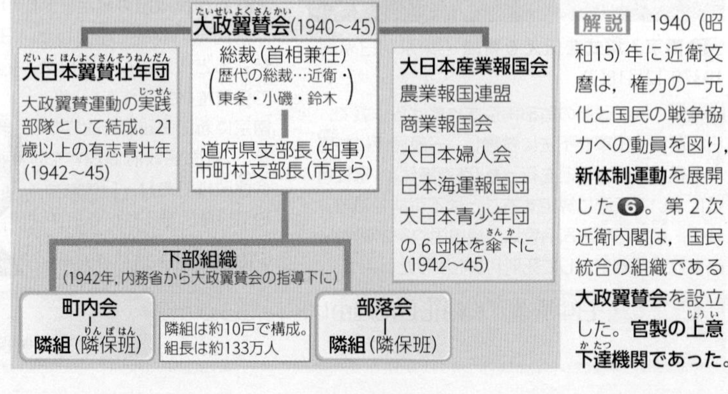

解説 1940(昭和15)年に近衛文麿は，権力の一元化と国民の戦争協力への動員を図り，新体制運動を展開した6。第2次近衛内閣は，国民統合の組織である大政翼賛会を設立した。官製の上意下達機関であった。

④マスコミや文学への統制

◀4 **ニュース映画の上映**(東京, 1937年)
政府は，戦況や各国の状況を伝えるニュース映画を国民の戦意高揚(こうよう)に用い，全国の映画館で上映することを強制した。

▶5 **検閲(けんえつ)が行われた写真**(1937年)
日中戦争開始後，軍による取材制限や検閲が厳しくなった。右の写真は，検閲の結果，軍事に関する装備の部分を消すように指示された。

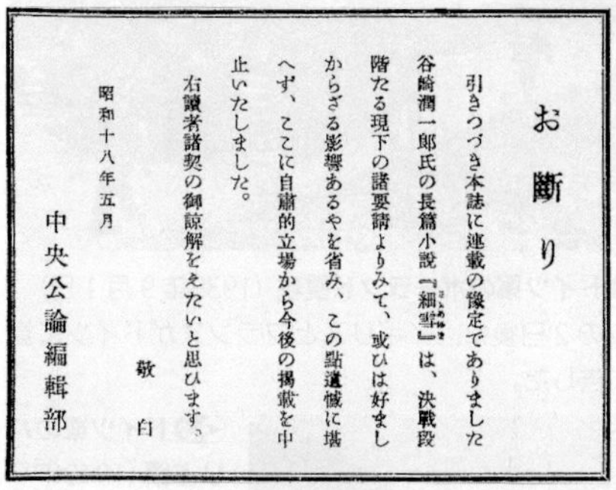

Q 写真の一部を消させられたり，「細雪」の公表が認められなかったりしたのは，なぜだろうか？

お断り

引きつづき本誌に連載の豫定でありました谷崎潤一郎氏の長篇小説『細雪』は、決戦段階たる現下の諸要請よりみて、或ひは好ましからざる影響あるやを省み、この點遺憾に堪へず、ここに自粛的立場から今後の掲載を中止いたしました。
右讀者諸兄の御諒解をえたいと思ひます。　敬白

昭和十八年五月
中央公論編輯部

◀6 **「細雪(ささめゆき)」(谷崎潤一郎(たにざきじゅんいちろう)著)連載中止の社告**(「中央公論」1943年6月号)
大阪の旧家の4姉妹をえがいた長編小説。1943年1月号から連載が始まったが，軍部の圧力で6月号より連載中止。執筆はひそかに続けられ，戦後に刊行された。

⑤統制下の生活

▶7 **街頭に並べられた立看板**(1940年)

◀8 **衣料切符** 生活必需品が不足したために施行された。貨幣のほかに切符を持っていなければ，品物を購入することができなかった。

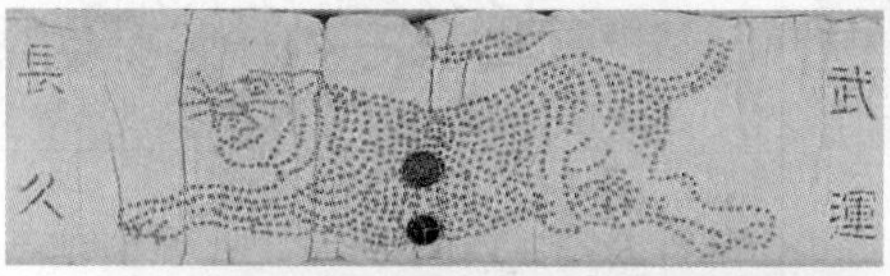

▶9 **千人針(せんにんばり)** 綿の腹巻に1000人の女性が一針ずつ赤糸で縫い止め，5銭・10銭硬貨(4銭・9銭〈死線・苦戦〉を越える意)をつけて兵士の弾丸よけとした。
慶應義塾福澤研究センター蔵

▶10 **軍事教練(ぐんじきょうれん)で剣道の訓練**(1942年) 1941年，小学校は**国民学校**になり，皇国臣民(こうこくしんみん)の育成が進められた。

6 資料から考える 新体制運動

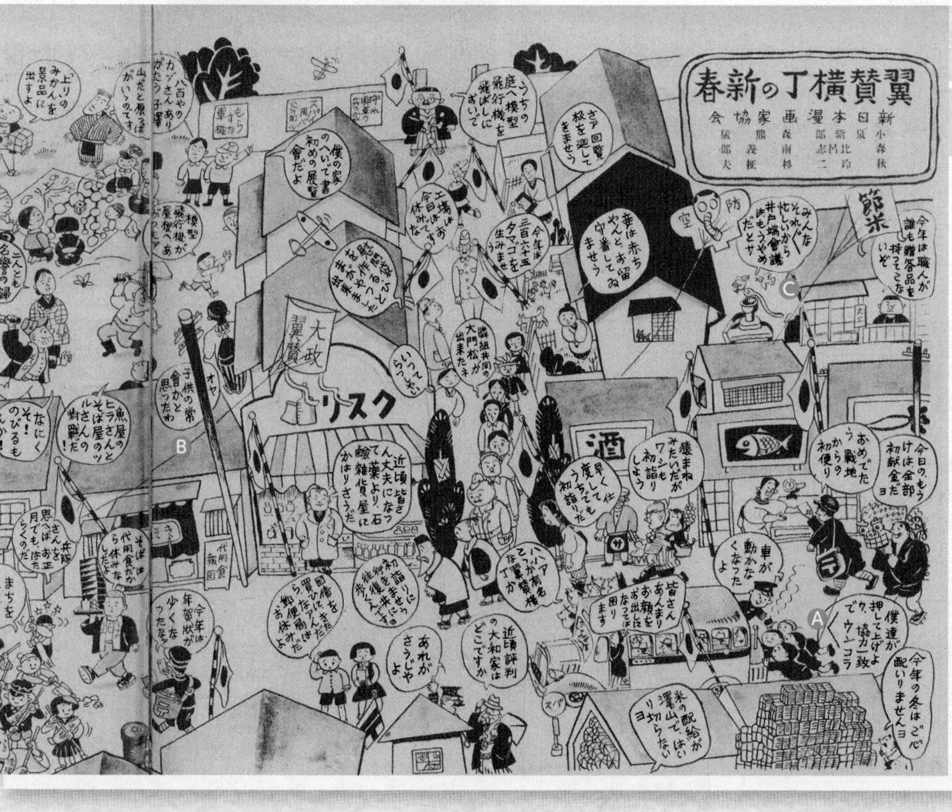

生活と戦争

◀11 **「翼賛横丁(よくさんよこちょう)の新春」**(「アサヒグラフ」1941年1月1日号) 家族物の漫画「翼賛一家」の舞台となる隣組(となりぐみ)を描いたもの。

読みとろう

＊敵の諜報(ちょうほう)活動を防ぐこと。

①絵のどの部分から，隣組が防諜(ぼうちょう)＊・防空組織としての役割を担っているといえるのだろうか？
②絵のどの部分から，節約が推奨(すいしょう)されているといえるのだろうか？
③Ⓐのセリフは，人々に何を求めているといえるのだろうか？
④Ⓑの「常会(じょうかい)」は，隣組が参加する集会をさす。Ⓑのセリフをふまえると，Ⓒのセリフは何を主張しているといえるのだろうか？ 比較

考えよう

新体制運動は，人々の日常の生活に何を求めたのだろうか？

深めよう 戦時統制は人々にどのような影響を与えたのだろうか？
つなげよう 日本は，欧米諸国とどのような外交を展開したのだろうか？

「翼賛横丁の新春」→

第二次世界大戦と太平洋戦争

アプローチ 第二次世界大戦と太平洋戦争が起きたのは，なぜだろうか？

1 第二次世界大戦の勃発

1A 戦争の経過 まとめ

p.136

年	ヨーロッパ戦線		アジア・太平洋戦線	
1939（昭14）	.9-1 独，ポーランド侵攻 第二次世界大戦 .9-3 英と仏，独に宣戦布告 .9 **ソ連，ポーランド侵入** .11 ソ連，フィンランド侵入 .12 ソ連，国際連盟除名	ドイツの電撃戦と戦火の拡大	.5 ノモンハン事件 ←p.143 .7 米，日米通商航海条約廃棄通告(翌年，発効)	日中戦争の継続と日米開戦
1940（昭15）	.5 英，**チャーチル内閣**成立 .6 ロンドンに自由フランス政府成立。**イタリア参戦**。独，パリ占領 .7 南仏に**ペタン**首班の**ヴィシー政府**成立 .9-27 日独伊三国同盟成立 2B		.3 **汪兆銘**，南京に新国民政府樹立 ←p.143 .7 日，「大東亜共栄圏」構想を発表 .9-23 日，**仏領インドシナ連邦北部**に進駐 2C	
1941（昭16）	.3 米，**武器貸与法**成立 .6-22 **独ソ戦開始** .7 英ソ軍事同盟 .8 **大西洋憲章** 1B .12 **独・伊，対米宣戦布告**		.4-13 **日ソ中立条約**。-16 日米交渉開始 2D .7 日，**仏領インドシナ連邦南部**に進駐 .12-8 **日，マレー半島コタバル奇襲上陸。真珠湾奇襲** 太平洋戦争	
1942（昭17）	.11 連合軍，北アフリカ上陸(43.5 独・伊の北アフリカ軍，降伏)	転換点	.6 日，**ミッドウェー海戦**で大敗 →p.149 .8 米，ガダルカナル島上陸	転換点
1943（昭18）	.2 独，**スターリングラードの戦い**で敗北 →p.148 .7 **連合軍，シチリア上陸** .7 ムッソリーニ逮捕。ファシスト党解散 .9 **伊，連合軍に無条件降伏** .11 カイロ会談。テヘラン会談	連合国の反撃とヨーロッパの解放	.2 日，ガダルカナル島撤退	アメリカ軍の進攻と日本の敗退
1944（昭19）	.6 連合軍，ノルマンディー上陸作戦開始 .8 連合軍，パリ解放		.7 日，サイパン島陥落 .11 米,本格的に**日本本土空襲**開始 →p.150	
1945（昭20）	.2 **ヤルタ会談** →p.148 .4 ソ連軍，ベルリン突入。ムッソリーニ処刑。ヒトラー自殺 .5 **ベルリン陥落** →p.148 .5-7 **独，連合軍に無条件降伏** .7 米・英・ソ連，ポツダム会談		.4-1 米，沖縄本島上陸(**沖縄戦**) →p.150 .8-6 **米，広島に原子爆弾投下** →p.150 .8-8 **ソ連，対日宣戦** →p.151 .8-9 **米，長崎に原子爆弾投下** →p.151 .8-14 **日，ポツダム宣言受諾** →p.150 .8-15 日，天皇が終戦の詔書放送 →p.151	

A1 **アメリカで描かれた独ソ不可侵条約の風刺画** 対立していたドイツとソ連は1939年8月に**独ソ不可侵条約**を結んだ。付属の秘密協定では，ポーランドをドイツとソ連で分割することなどが決められた。←p.143日本への影響

A2 **ドイツ軍のポーランド侵攻**（1939年9月1日） 侵攻の2日後に，イギリスとフランスがドイツに宣戦布告した。

A3 **ドイツ軍のパリ占領**（1940年6月） ドイツの勢いを見て，イタリアもドイツ側で参戦した。

A4 **ド＝ゴール**（1890～1970） フランスの将軍。ロンドンに亡命政府を樹立した。

1B 大西洋憲章（1941年8月）

①いかなる領土の拡大も求めない。
②国民の願望に合致しない，いかなる領土の変更も欲しない。
③国民が国の政治体制を選択する権利を尊重する。
④あらゆる国が，貿易・原料の均等な開放を享受するよう努める。
⑤労働条件の改善や社会保障の確保のため，国家間の協力を希望する。
⑥すべての人が，その生命を全うできる平和の確立を希望する。
⑦すべての人が，妨害を受けることなく航行できるようにする。
⑧安全保障制度の確立まで，好戦的な国の武装解除は不可欠である。

第二次世界大戦の性格

①連合国 対 枢軸国の戦争＝民主主義 対 ファシズムの戦争
②帝国主義国間の世界再分割戦争
③帝国主義国 対 植民地の民族解放戦争
④資本主義国 対 社会主義国の戦争

Q ①～④の具体例を，それぞれ挙げてみよう。

解説 アメリカのフランクリン＝ローズヴェルト大統領とイギリスのチャーチル首相が，戦後秩序の構想を示す大西洋憲章を発表した。**翌1942年，ソ連など26か国が調印し，連合国が形成された。**第二次世界大戦は，第一次世界大戦後の各国の状況を反映し，**複数の対立要素をもつ戦争となった。**

1C 1939～42年のヨーロッパ（ドイツの領土拡大期）

②太平洋戦争の勃発

2A 第二次世界大戦前後の国際関係図

*対日経済封鎖を目的とする包囲網。日本側がつけた呼称。

日は日本，米はアメリカの動き

2B 日独伊三国同盟（1940〈昭和15〉年9月）巻末史料49

◁5日独伊三国同盟を祝う子どもたち（1940年12月17日） 第2次近衛内閣は南方への影響力強化を図ってフランス領インドシナ連邦北部に進駐し，数日後，日独伊三国同盟に調印した。アメリカを仮想敵国とする軍事同盟であり，日米の対立は深刻となった。

Q この同盟と条約の目的は，それぞれ何だろうか？

2C 日ソ中立条約（1941〈昭和16〉年4月）巻末史料50

△6日ソ中立条約の調印式（1941年4月13日） 日本は，南進政策のための北方の安全確保と，日ソ提携の圧力による日米関係の調整を図った。ソ連は，ドイツと日本に両側から攻撃されるのを防ぐために調印した。

1931〜45年の事変・戦争*

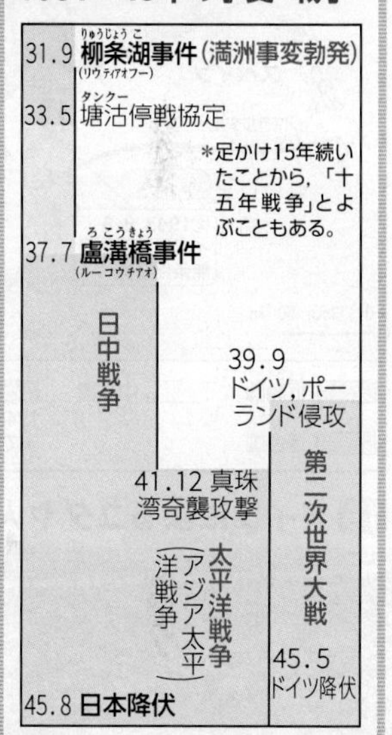

*足かけ15年続いたことから，「十五年戦争」とよぶこともある。

2D 日米交渉（1941〈昭和16〉年）巻末史料51

近衛文麿（← p.143）内閣（第2次1940年7月〜41年7月・第3次41年7月〜10月）

4月 日米日米関係改善案を非公式に作成。**日ソ中立条約**調印直後，日米交渉開始
5月 日案を修正し，アメリカにわたす
6月 独ソ戦開始。米日本の修正案に回答。日アメリカの回答に反発
7月 日昭和天皇臨席の御前会議で，対ソ戦準備・南方進出態勢強化を決定
　日日本軍，**フランス領インドシナ連邦南部**に進駐**（南部仏印進駐）**

Q 南方に進出したのは，なぜだろうか？

◁7サイゴンに上陸する日本軍 日本のフランス領インドシナ連邦南部進駐に対し，アメリカは，在米日本資産を凍結し，対日石油輸出を禁止した。

8月 米日本への石油輸出禁止。日日米首脳会談を提案（実現せず）
9月 日御前会議で，10月上旬までに対米交渉が不調の場合の対米開戦を決定

東条英機内閣（1941年10月〜44年7月）

11月日御前会議でアメリカへの提案を2種類決定
　米日本の案を拒否し，①〜③を提案**（ハル＝ノート）**
　①中国・仏領インドシナから日本軍の無条件撤退
　②「満洲国」などの否認
　③日独伊三国同盟の廃棄
12月1日 日御前会議で対米英蘭戦を決定

△8 東条英機（1884〜1948）

△9真珠湾攻撃 1941年12月8日，日本軍はアメリカの海軍基地があるハワイの真珠湾を奇襲攻撃し，太平洋戦争が始まった。ドイツ・イタリアもアメリカに宣戦布告し，戦争は拡大した。

2E 1941〜42年のアジア（日本の領土拡大期）

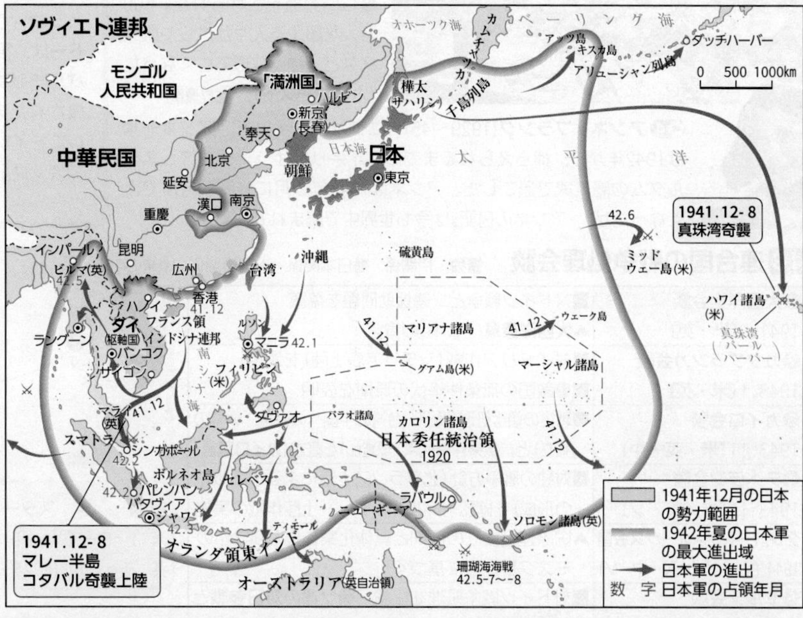

深めよう 第二次世界大戦から太平洋戦争へと，戦争が戦争を引き起こした理由は，何だろうか？

つなげよう 戦争はその後，どのように展開したのだろうか？

開戦を伝える新聞→

戦争の展開

アプローチ ドイツや日本が不利な戦況になったのは，なぜだろうか？

1 第二次世界大戦の展開

1A 1942～45年のヨーロッパ(ドイツの敗退期)

A1 スターリングラードの戦い(1942～43年)　攻撃するソ連軍(赤軍)の様子。ソ連軍はドイツ軍を包囲して壊滅的な打撃を与え，降伏させた。その後，スターリンは**コミンテルンを解散し，英・米との協力体制をとった。**

2 ソ連のベルリン占領(1945年5月2日)　4月20日，ソ連軍はベルリンを単独で攻撃。30日，ヒトラーは自殺し，ナチ党による「第三帝国」は完全に崩壊した。5月7日，ドイツは連合軍に無条件降伏し，**6年に及ぶヨーロッパの戦いは終結**した。

1B ドイツによるユダヤ人排斥

Q 靴が展示されているのは，なぜだろうか？

3 アウシュヴィッツ収容所の犠牲者の靴(ポーランド，アウシュヴィッツ・ビルケナウ博物館の展示)　ユダヤ人はアウシュヴィッツなどの収容所に送られ，厳しい労働をさせられた。600万人を超える人々が虐殺や飢餓，病など，様々な形で亡くなった(**ホロコースト**)。世界遺産

4 アンネ＝フランク(1929～45)　ユダヤ系ドイツ人。アンネ一家は1942年から，捕らえられるまでの2年余りをオランダのアムステルダムの隠れ家で過ごした。アンネは1945年3月に強制収容所で亡くなったが，『アンネの日記』は今も世界中で読まれている。

枢軸国の占領下における抵抗運動(レジスタンス)

第二次世界大戦中，仏・伊・ユーゴスラヴィアなどでは，**抵抗運動(レジスタンス)**が展開された。その情報収集や破壊活動，武力闘争は，連合軍の作戦行動に貢献することが多かった。

5 洞窟で会合するパルチザンの指導者たち　ユーゴスラヴィアの政治家**ティトー**は，第二次世界大戦でパルチザン(一般民衆で組織された非正規軍)を指揮してドイツ軍を撃退，ユーゴスラヴィアを解放した。➜p.154

1C 連合国の戦争処理会談

■独・伊関係　●日本関係　▲国連関係　巻末史料52・53

❶大西洋上会談 1941.8〔米・英〕	■対ドイツ戦争とソ連援助問題を協議 ▲**大西洋憲章**(➜p.146)の宣言
❷カサブランカ会談 1943.1〔米・英〕	■対イタリア作戦(シチリア島上陸)を決定 ■●敵国の無条件降伏の原則を表明
❸カイロ会談 1943.11〔米・英・中〕	●戦後の領土処理(満洲・台湾の中国への返還，朝鮮の独立)と，無条件降伏までの戦いを宣言(**カイロ宣言**)
❹テヘラン会談 1943.11〔米・英・ソ〕	■対独の戦争方針(北フランス上陸による第2戦線の形成)を確認➜ノルマンディー上陸作戦の実施
ダンバートン＝オークス会議 1944.8～.10〔米・英・中・ソ〕	▲国際連合設立の原則と具体化案作成(1943年のモスクワ宣言に基づく)
❺ヤルタ会談 1945.2〔米・英・ソ〕	■対ドイツ戦争処理を協議　●**ソ連の対日参戦**と南樺太・千島列島譲渡(**ヤルタ秘密協定**)
❻ポツダム会談 1945.7〔米・英・ソ〕	■ポツダム協定(対ドイツ処理方針)　➜p.150 ●**ポツダム宣言**(米・英・中の名で日本軍に無条件降伏勧告)

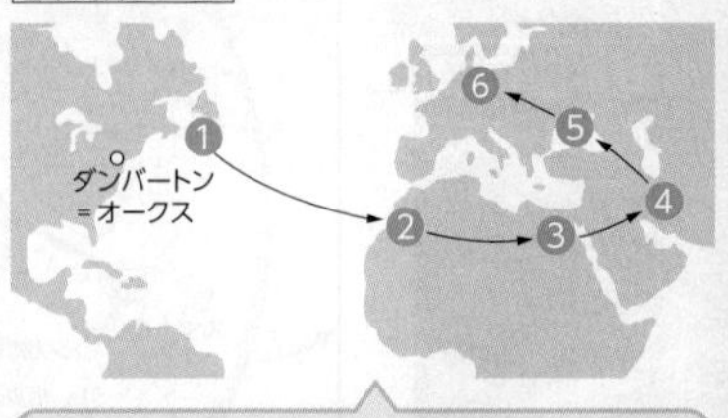

首脳　ソ：スターリン　中：蔣介石(チァンチェシー)
米：F＝ローズヴェルト(ポツダム会談はトルーマン)
英：チャーチル(ポツダム会談は途中からアトリー)

6 ヤルタ会談(1945年2月)　独の分割占領，東欧の新政権，秘密条項として**ソ連の対日参戦**などが協議された。ローズヴェルトが戦後の米ソ協力を重視し，スターリンに多大な譲歩を示したことは，戦後の冷戦の起点になったとされる。

②太平洋戦争の展開

2A 1942〜45年のアジア(日本の敗退期)

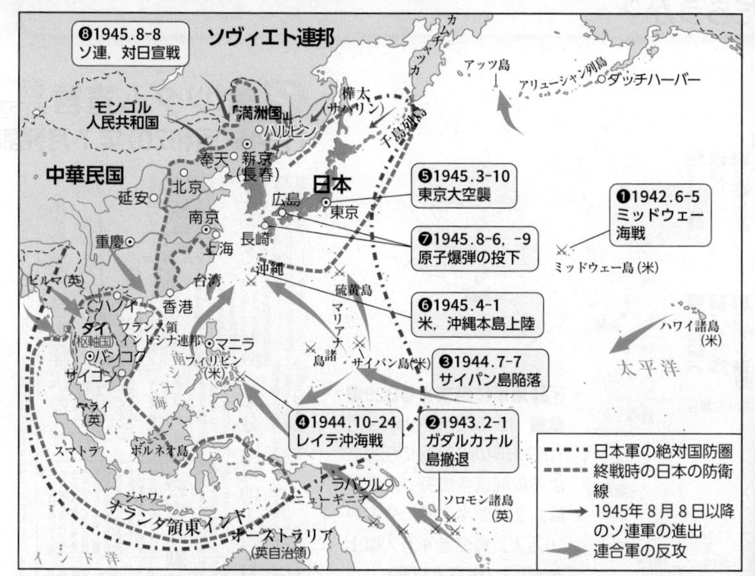

東太平洋の敵根拠地を強襲

ミッドウェー沖に大海戦

アリユーシャン列島猛攻

陸軍部隊も協力要所を奪取

米空母二隻(エンタープライズ、ホーネット)撃沈

わが二空母、一巡艦に損害

太平洋の戦局此一戦に決す

米、攻防の戦略基点

北方侵略線遂に崩る

Ⓐ7 ミッドウェー海戦を伝える新聞(「朝日新聞」1942年6月11日)　1942年，日本海軍の機動部隊はミッドウェー海戦で空母(くうぼ)4隻などを失い大敗したが，大本営(だいほんえい)は勝利と報道した。この海戦を機に，戦局は不利になった。

実際の被害
日…空母4隻
巡洋艦(じゅんようかん)1隻
航空機322機
米…空母1隻
駆逐艦(くちくかん)1隻
航空機150機

Ⓠ 事実と異なる報道をしたのは，なぜだろうか？

◀8 出陣が決まり靖国(やすくに)神社に参拝する学生たち(1943年)　太平洋戦争の激化に伴い，大学生や高等学校・専門学校の学徒らの徴兵猶予(ゆうよ)が停止され，陸軍や海軍の部隊に配属された(**学徒(がくと)出陣(しゅつじん)**)。

▶9 勤労動員(福岡県，1943年)　国民学校高等科・中等学校以上の生徒や，未婚女性らが動員され，軍事工場などで働いた。学徒勤労動員数は1945年3月に約311万人に達した。

「大東亜共栄圏(だいとうあきょうえいけん)」と日本への抵抗運動

日本が唱えた「大東亜共栄圏」は，欧米諸国の植民地支配からアジアを解放し，アジア民族が自立して助け合うというスローガンである。しかし，日本の支配は，資材や労働力の調達という性質が強く，現地の文化や生活に配慮しない側面があったため，日本への抵抗運動が起こった。

(1915〜47)
(1890〜1969)

◀10 アウン＝サン(左)とホー＝チ＝ミン(右)　ビルマのアウン＝サンの反ファシスト人民自由連盟や，ホー＝チ＝ミンのベトナム独立同盟会による日本への抵抗運動は，戦後，民族解放闘争に発展した。 ←p.123 ·→p.156

③ 資料から考える　日米戦力の比較と日本の選択

日本がおかれた状況は？

3A 日米戦力の推移

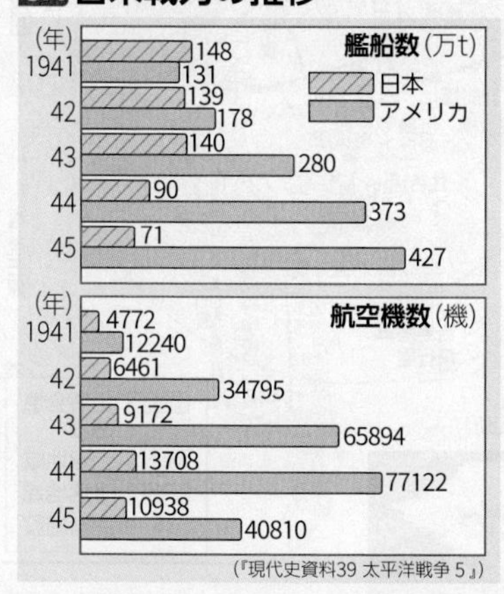

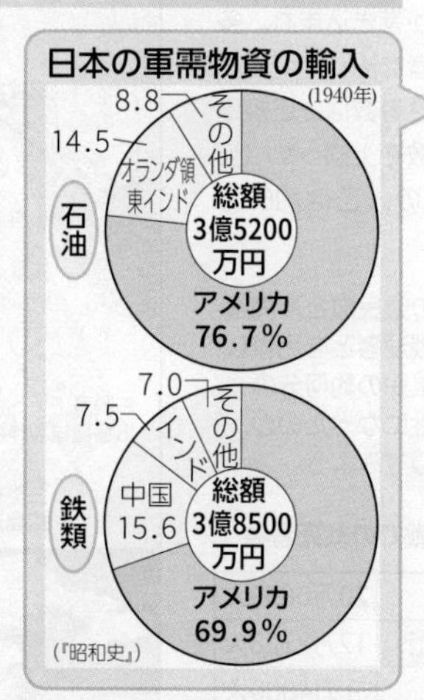

3B 開戦前(1941年夏)に日本で考えられていた選択肢*

開戦しない…1941年8月以降はアメリカの資金凍結(とうけつ)・石油禁輸措置(そち)により日本の国力は弱まり，開戦しない場合，2〜3年後には確実に「ジリ貧(ひん)」になり，戦わずして屈服(くっぷく)する。

開戦する…アメリカと戦うと，致命的な敗北を招く(「ドカ貧」)。しかし，独ソ戦が1942年中にドイツの勝利に終わり，ドイツが英米間の海上輸送を断(た)つか対英上陸し，日本が東南アジアを占領してイギリスが屈服すれば，アメリカは講和に応じるかもしれない。南方の資源を獲得できれば，国力は維持できる。

(牧野邦昭『経済学者たちの日米開戦』)

*様々な研究機関が政府に提示した主張をまとめたもの。

読みとろう

① 日本は石油などの軍需物資を，主にどの国に依存していたのだろうか？

② 3A 戦争が進むにつれ，日米の差は，どうなったといえるのだろうか？ 推移

考えよう

3B 日本は状況を正確に把握していたにもかかわらず，開戦したのは，なぜだろうか？

深めよう 第一次世界大戦と比べた時の第二次世界大戦の特色は，何だろうか？

つなげよう 日本は，どのような経過をたどり降伏したのだろうか？

ミッドウェー海戦の新聞→

戦争の終結とその惨禍

アプローチ 戦争は，どのように終結したのだろうか？

1 日本本土への空襲

✹東京で空襲があった日

1942年4月18日
東京初空襲

1944年11月

日	月	火	水	木	金	土
			1	2	3	4
5	6	7	8	9	10	11
12	13	14	15	16	17	18
19	20	21	22	23	✹24	25
26	✹27	28	✹29	30		

12月

日	月	火	水	木	金	土
					1	2
✹3	4	5	✹6	7	8	9
✹10	✹11	✹12	13	14	✹15	16
17	18	19	✹20	✹21	22	23
✹24	25	26	✹27	28	29	✹30
✹31						

1945年1月

日	月	火	水	木	金	土
	✹1	2	3	4	✹5	6
7	8	✹9	10	✹11	12	13
14	15	16	17	18	19	20
21	22	23	24	25	26	✹27
✹28	✹29	30	31			

2月

日	月	火	水	木	金	土
				1	✹2	3
4	5	6	7	8	9	✹10
11	12	13	✹14	✹15	✹16	✹17
18	✹19	20	21	22	23	✹24
✹25	✹26	27	28			

3月

日	月	火	水	木	金	土
				1	2	3
✹4	✹5	6	✹7	8	9	✹10
11	12	13	✹14	15	16	17
✹18	19	20	21	22	23	24
25	26	27	28	29	✹30	✹31

4月

日	月	火	水	木	金	土
✹1	✹2	3	✹4	5	6	✹7
8	9	10	11	✹12	✹13	14
✹15	16	17	✹18	✹19	20	21
22	23	✹24	✹25	26	27	✹28
✹29	✹30					

5月

日	月	火	水	木	金	土
		✹1	2	3	4	5
6	✹7	8	9	10	11	✹12
13	14	15	16	17	18	✹19
✹20	21	22	✹23	✹24	✹25	26
27	28	✹29	30	✹31		

(早乙女勝元『図説東京大空襲』)

空襲による死傷者(500人未満は省略)
● 10万人以上 ▲ 9999～1000人 赤字 陸軍兵器廠所在地
■ 9万9999～1万人 • 999～500人 青字 海軍工廠 所在地
＊神奈川県の海軍工廠は，横須賀市・座間市・海老名市・綾瀬市などにあった。
(『日本の空襲』三省堂)

釧路 室蘭 青森 釜石 多賀城 仙台 長岡 郡山 富山 敦賀 宇都宮 前橋 日立 水戸 熊谷 甲府 八王子 立川 銚子 千葉 東京 川崎 横浜 平塚 相模原 沼津 静岡 清水 浜松 豊川 豊橋 岡崎 名古屋 一宮 岐阜 四日市 桑名 鈴鹿 福井 舞鶴 明石 神戸 芦屋 西宮 尼崎 大阪 堺 津 和歌山 姫路 岡山 福山 呉 広島 光 徳山 岩国 下関 宇部 小倉 八幡 福岡 佐世保 大牟田 川棚 長崎 熊本 宇和島 松山 今治 高松 徳島 高知 鹿児島 沖縄

Q 大きな被害を受けたのは，どのような所だろうか？

▽1 東京に飛来するB29爆撃機　1945(昭和20)年3月10日未明の334機のB29による夜間低空焼夷弾攻撃では，2時間半の間に死者約10万人，負傷者4万人以上を出した(東京大空襲)。

2 ポツダム宣言 巻末史料53
(1945〈昭和20〉年7月発表)

米英重慶，日本降伏の最後條件を聲明
三國共同の謀略放送
多分に宣傳と對日威嚇
政府は默殺

△2 ポツダム宣言を伝える新聞(「朝日新聞」1945年7月28日)　ポツダム会談(←p.148)で，アメリカは対日戦争終結についての案をイギリスに示し，蔣介石(チァンチェシー)の同意を得てポツダム宣言を発表した。日本の鈴木貫太郎首相はポツダム宣言黙殺，戦争邁進の談話を出した。ソ連は対日宣戦布告5と共に，この宣言に参加した。

3 沖縄戦(1945年3月26日～6月23日～9月7日)

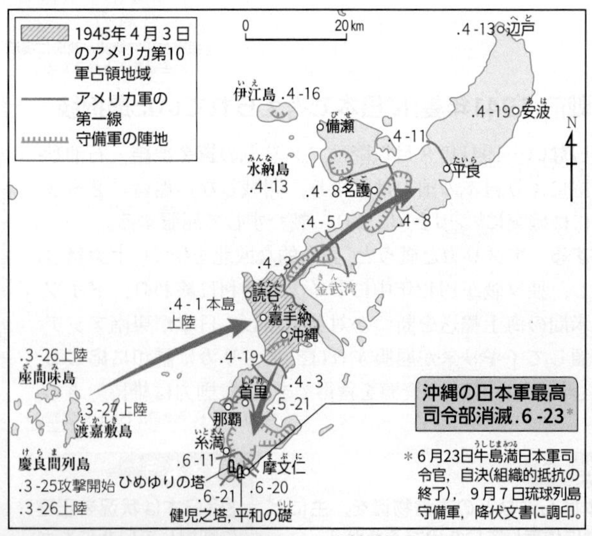

＊6月23日牛島満日本軍司令官，自決(組織的抵抗の終了)，9月7日琉球列島守備軍，降伏文書に調印。

［解説］沖縄戦は，太平洋戦争最後の大規模な地上戦。3か月に及ぶ激戦の末に沖縄守備隊は壊滅した。日米の直接的な戦闘が行われたため住民が巻き込まれ，多大な犠牲者を出した。沖縄県民の犠牲者数は，正規軍の犠牲者数を上回った(当時の沖縄の人口は約60万人)。

Q 当時の県民数と沖縄県出身戦没者とを比較して，県民の約何分の一が犠牲になったのか，計算してみよう。

◁3 火炎放射で攻撃するアメリカ軍の戦車　墓や洞穴などに身をひそめる日本軍や沖縄の人々に対し，アメリカは火炎放射でいぶり出し，攻撃した。

▽4 沖縄戦での戦死者数

沖縄戦の戦没者総数		20万656人
沖縄県出身戦没者合計		12万2228人
内訳	一般住民戦没者	9万4000人
	県出身の軍人・軍属	2万8228人
県外出身日本兵戦没者		6万5908人
米軍戦没者		1万2520人

(総務省資料)

4 広島に原爆投下(1945年8月6日)

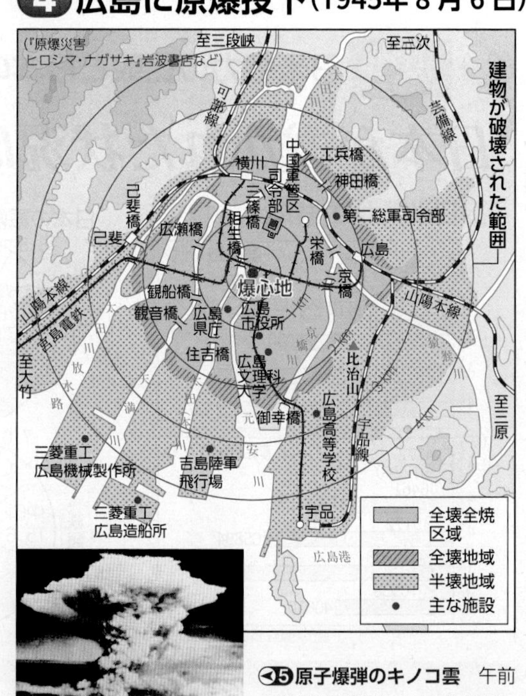

◁5 原子爆弾のキノコ雲　午前8時15分爆発(8時18分説も)。爆心地(半径500m以内)の地表面温度は3000～4000℃と推定。

5 ソ連の対日宣戦
(1945〈昭和20〉年８月８日)

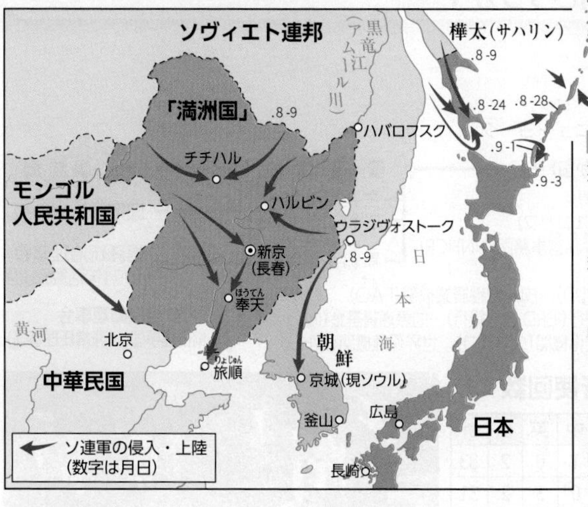

解説　1945年２月の米・英・ソのヤルタ秘密協定で，ソ連の対日参戦が決まった(➡p.148)。ソ連は，1946(昭和21)年４月24日まで有効であった日ソ中立条約(➡p.147)を無視し，８月８日に対日宣戦を布告したため，日本は不意をつかれた形であった。宣戦布告から１時間後，ソ連軍は満洲・朝鮮・南樺太(からふと)に侵攻した。➡p.82

6 長崎に原爆投下 巻末史料54
(1945年８月９日)

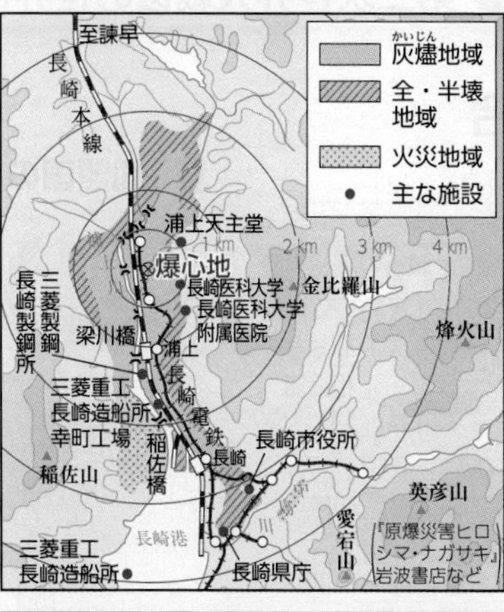

A6 原爆の熱線による人と梯子(はしご)の影　午前11時２分爆発。写真は爆心地から約４kmにあった板壁。

		広島		長崎	
人員	死亡者	11万8661人	死亡者	７万3884人
	行方不明者	3677人	負傷者	７万6796人
	重傷者	３万0524人	一般被災者	12万0820人
	軽傷者	４万8606人		(1945年12月末)
		(1946年８月)		
	当時の人口35万人前後		当時の人口27万人前後	
	５年以内の死者数約20万人		５年以内の死者数約14万人	
建物	全焼・全壊	６万1820戸	全焼・全壊	１万4146戸
	半焼・半壊	6040戸	半焼・半壊	5441戸
		(1945年11月)		(1945年11月)

(『広島・長崎の原爆災害』岩波書店など)

解説　日本人だけでなく在日外国人も多数被爆した。2021年３月末現在，被爆者は約13万人存在している。

7 終戦
7A 各地の終戦

戦争終結の大詔渙發さる
新爆弾の惨害に大御心 帝國、四國宣言を受諾
必ず國威を恢弘
聖断下る途は一つ

A7 1945年８月15日の日本の新聞(「朝日新聞」)　８月14日，ポツダム宣言の受諾(じゅだく)を通告後，天皇は終戦の詔書(しょうしょ)を自ら朗読し録音。ラジオ放送(「玉音放送(ぎょくおん)」)は８月15日正午に行われた。

JAPAN SURRENDERS TO END WORLD WAR
Reconversion Policy Outlined
JAP CABINET FORCED OUT BY HIROHITO
300 DIE WHEN U.S. CRUISER IS TORPEDOED
NIPS ORDERED TO HALT FIGHT IMMEDIATELY
MacArthur Named Chief

A8 1945年８月15日のアメリカの新聞(「Oshkosh Daily Northwestern」)

A9 ８月15日の宮城(きゅうじょう)前広場(現，皇居前広場)　日本は９月２日に降伏文書に調印し(➡p.158)，４年にわたる太平洋戦争は公式に終了した。

Q 終戦にはどのような意味があるのだろうか？

A10 終戦時の朝鮮

V11 終戦時の中国

シベリア抑留(よくりゅう)と中国残留孤児(ざんりゅうこじ) ➡p.107

シベリア抑留　ソ連の捕虜となった日本の軍人や民間人約57万5000人は，収容所に連行された。シベリア開発のため強制労働を課せられ，重労働や病，飢えや寒さで約５万5000人が亡くなった。これは国際法に違反していて，1993(平成５)年，ロシアはシベリア抑留を公式に謝罪した。

中国残留孤児　ソ連参戦以降，日本人の両親と生き別れるか死別し，当時13歳未満で自分の身元を知らず，中国に残留して成長した人々。約2800人が確認されている。1972(昭和47)年の日中国交正常化(➡p.178)後，中国残留孤児の帰国援護が行われてきた。

7B ２度の世界大戦の規模

		第一次世界大戦(1914〜18年)	第二次世界大戦(1939〜45年)
交戦国		36か国	61か国
兵力		6504万人	１億人
戦死者		802万人	1500万人
負傷者		2123万人	−
戦費		2819億ドル	１兆6000億ドル
各国の死傷者数(民間人含む)	日本	1207人	646万人
	ドイツ	599万人	1050万人
	イタリア	160万人	61万人
	オーストリア	482万人	52万人
	イギリス	300万人	77万人
	フランス	562万人	64万人
	ソ連	665万人	2013万人
	アメリカ	32万人	122万人

(『Collier's Encyclopedia』など)

日本　日中戦争以降の軍人・軍属の戦死者…230万人
民間人死者…80万人
多くは戦争末期に集中し餓死(がし)も多かった。

解説　第二次世界大戦での中国の死傷者数は，中国政府は3000万〜3500万人としているが，正確な数値はわかっておらず，1300万人，2250万人など諸説ある。

深めよう　この戦争がもたらした被害や災難は，何だろうか？
つなげよう　戦争終結後，どのような国際体制がつくられたのだろうか？

原爆投下(動画0:44)→

終戦のラジオ放送(画像・音声1:02)→

新たな国際秩序の形成

アプローチ 第二次世界大戦後の世界は，何を目指したのだろうか？

1 国際連合

1A 成立経過 ←p.148

大西洋憲章(1941.8) ←p.146
- 国際連合の基礎確立と戦後の平和構想
 F＝ローズヴェルト(米)　チャーチル(英)

連合国共同宣言(1942.1)
- 大西洋憲章の原則確認

モスクワ外相会議(米・英・ソ)

モスクワ宣言(1943.11)
- 平和機構設立を宣言

ダンバートン＝オークス会議(1944.8～.10)
- **国際連合憲章**草案作成と拒否権問題

ヤルタ会談(1945.2)
- **5常任理事国の拒否権制**を決定

サンフランシスコ会議(1945.4～6)
- 国際連合憲章採択…連合国50か国 ❷

国際連合発足(1945.10.24)
- 安全保障理事会の権限強化と**拒否権・武力制裁**　・総会における**多数決主義**

1B 加盟国の推移

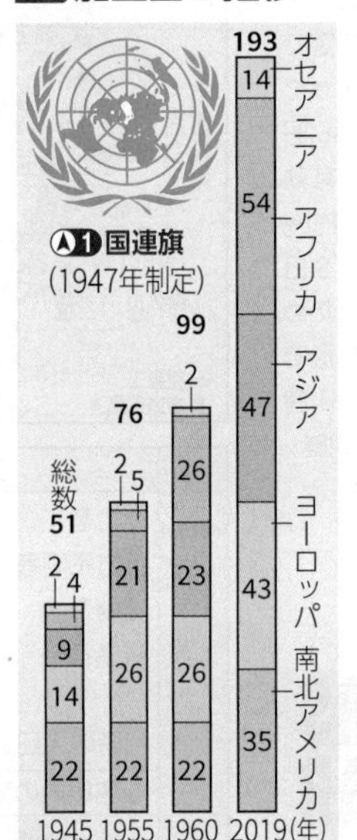

▲1 国連旗(1947年制定)

1C 組織 本部：ニューヨーク

- **国連総会**
  - 経済社会理事会(54か国)
    - おもな総会設立機関
      - 国連児童基金(ユニセフ)
      - 国連難民高等弁務官事務所(UNHCR)
    - おもな専門機関
      - 国際労働機関(ILO)，国連食糧農業機関(FAO)
      - 国際復興開発銀行(IBRD,世界銀行)，国際通貨基金(IMF)
      - 国連教育科学文化機関(ユネスコ)，世界保健機関(WHO)
  - 主要委員会
  - 国際原子力機関(IAEA)
  - 軍縮委員会
  - 事務局
  - 国際司法裁判所
  - 信託統治理事会(1994年活動停止)
  - 安全保障理事会(5常任理事国,10非常任理事国)

1D 拒否権の行使回数

年	米	ソ･ロ	中	英	仏	計
1946-55	0	**80**	1	0	2	83
1956-65	0	**26**	0	3	2	31
1966-75	12	7	2	10	2	33
1976-85	**34**	6	0	11	9	60
1986-95	**24**	2	0	8	3	37
1996-2005	10	1	2	0	0	13
2006-15	3	10	6	0	0	19
2016-20	3	14	7	0	0	24
合計	86	146	18	32	18	300

▲3 **拒否権の行使**(1950年12月)　朝鮮戦争(→p.157)中，中国義勇軍撤兵を求める決議に対してソ連代表が拒否権を行使している。

◀2 **国際連合憲章にサインするアメリカ代表**(1945年6月)　憲章は，第二次世界大戦中にアメリカのサンフランシスコで採択された。これに基づき，1945年10月に**国際連合**が発足した。

1E 国際連盟と国際連合の比較

Q 国際連盟の課題をどう克服しようとしているのだろうか？

国際連盟 (1920.1～1946.4 本部：ジュネーヴ) ←p.118		国際連合 (1945.10～ 本部：ニューヨーク)
ウィルソンの「**十四カ条**」	起点	「**大西洋憲章**」
総会(全会一致の原則)	中心機関	**安全保障理事会**(安保理)(5常任理事国の**拒否権**)
経済制裁(武力制裁手段なし)	制裁手段	国連軍による武力制裁と経済制裁
米・ソなど大国の不参加や日・独・伊の脱退	欠点	冷戦構造の中での米・ソ両陣営の対立が反映される

解説　**安全保障理事会**を中心に，武力制裁などの強い実行力を持った組織作りが進められたが，**その機能は米ソ対立や拒否権の行使によってしばしば停止した。**

2 ブレトン＝ウッズ体制

2A 国際通貨システムの変遷

1870年代～**金本位制**
- 各国の金保有量に見合う兌換通貨を発行
- 長所：為替の安定
- 短所：各国が金融政策を取りにくい

1914～18　第一次世界大戦
世界の金がアメリカに集中
1929　**世界恐慌**

ブロック経済(金本位制の崩壊) ←p.135
- 世界恐慌の不況の中，各国が関税切り上げ，為替切り下げ競争を行う

世界経済の縮小・各国の対立
1939～45　第二次世界大戦

ブレトン＝ウッズ体制
- ドルを基軸通貨とした**金ドル本位制**

固定相場制
1960年代　ベトナム戦争の長期化
1971　ドル＝ショック →p.184

1973～　変動相場制

2B 金ドル本位制

- 金を裏付けとした固定相場

▲4 アメリカ連邦準備銀行

解説　アメリカは世界の金の大部分を保有し，国際経済体制の中核となった。しかし，ベトナム戦争の長期化によって大量の金が流出。世界経済における地位は徐々に低下した。→p.174･184

2C ブレトン＝ウッズ体制の機関

1944　ブレトン＝ウッズ協定
国際通貨基金(IMF)，国際復興開発銀行(IBRD)設立決定

国際通貨基金(IMF)
1945年設立
加盟国：189(2019年)
- 各国が金と米ドルに対する固定レートを設定 **為替レートの安定**
- 外国為替の売買，保有の自由化 **為替制限の撤廃**
- 短期資金融資

国際復興開発銀行(IBRD，世界銀行)
1945年設立
加盟国：189(2019年)
- 戦災国の復興と開発途上国の開発を援助
- 加盟国政府・企業への長期的な資金貸し出し

→p.181

関税及び貿易に関する一般協定(GATT)　1948年発効
- 世界の貿易と雇用の拡大を目指す
- 関税の軽減，輸出入制限などの貿易に関する障害の軽減・撤廃
 ⟶1995年，**世界貿易機関(WTO)**に発展 →p.192
 加盟164か国・地域(2019年)

③日本とドイツの戦後処理 世界⇄日本

3A 戦後処理の経緯

ドイツ ➜p.168	日本(東アジア) ➜p.158
1945. 5 無条件降伏 .11 **ニュルンベルク国際軍事裁判**(〜46.10)	1945. 8(昭20) ポツダム宣言受諾 1946. 5(昭21) **極東国際軍事裁判(東京裁判)**(〜48.11) 1946.11 **日本国憲法公布** ➜p.161
1948. 6 ベルリン封鎖(〜49.5)➜p.155 1949. 5 **ドイツ連邦共和国**(西ドイツ)成立 .10 **ドイツ民主共和国**(東ドイツ)成立 東西分断の固定化	1950 朝鮮戦争(〜53) 1951. 9(昭26) **サンフランシスコ平和条約** 主権回復 **日米安全保障条約** ➜p.163
1955 西ドイツ再軍備 →NATO加盟	1954 自衛隊発足 1956 **国際連合加盟** 国際社会への復帰
1961 **ベルリンの壁**建設 1973 東西ドイツ国連加盟	1960(昭35) 日米新安保条約

Q 日本とドイツの戦後の経緯を比較してみよう。

平和に対する罪…国際法に違反した侵略戦争を計画・実行した個人の責任を追及。
人道に対する罪…主に一般市民に対する非人道的行為を指す。ドイツによるユダヤ人の大量殺戮(➜p.148)を受けて新設された。
　ニュルンベルク国際軍事裁判に際して，戦勝国が確立した新たな原則。東京裁判でも，これらの罪を犯したとされた者がA級戦犯として裁判にかけられた。

3B 国際軍事裁判

A5 ニュルンベルク国際軍事裁判　ナチ党の指導者22名が戦犯として裁かれ，12名が死刑となった。

東京裁判・廿五被告に世紀の断罪
東條以下七名に絞首刑
終身刑十六名 有期刑 東郷、重光

A6 判決を聞く東条英機元首相 ➜p.147　A7 判決を伝える新聞(「中部日本新聞」1948年11月13日)

3C 国際軍事裁判の主な被告人

	氏名	階級・主な経歴	訴因
ドイツ	ゲーリング	航空相	共同謀議(侵略戦争の計画の策定や実行など)，平和に対する罪，戦争犯罪(占領地域での虐殺，捕虜虐待など)，人道に対する罪　絞首刑
	リッベントロップ	外相	(同上)　絞首刑
	ヘス	副総統	共同謀議，平和に対する罪　終身禁錮
日本(A級戦犯とされた人々)	東条英機	陸軍大将・第40代内閣総理大臣など	侵略戦争の共同謀議，対アメリカ戦争決定に際しての主導的な役割，戦争法規遵守の拒否(捕虜・抑留者に対する残虐行為)ほか　絞首刑
	松井石根 ➜p.143	陸軍大将・中支那方面軍司令官*	南京占拠に際しての，無力な市民に対する日本軍の行為に効果的な防止策をとらなかった責任(南京事件)　絞首刑
	広田弘毅	文官・第32代内閣総理大臣	侵略戦争の共同謀議，南京における残虐行為に対する阻止義務の怠慢　絞首刑
	板垣征四郎(陸軍大将・陸相)…満洲事変の中心人物　絞首刑		
	木戸幸一(内大臣)，平沼騏一郎(首相)，小磯国昭(陸軍大将・首相)　終身禁錮		

＊南京攻略時

3D 占領下のドイツ・オーストリア

Q 占領方式にはどのような違いが見られるだろうか？

A8 ベルリン市内の検問所(1966年)

3E 占領下の日本

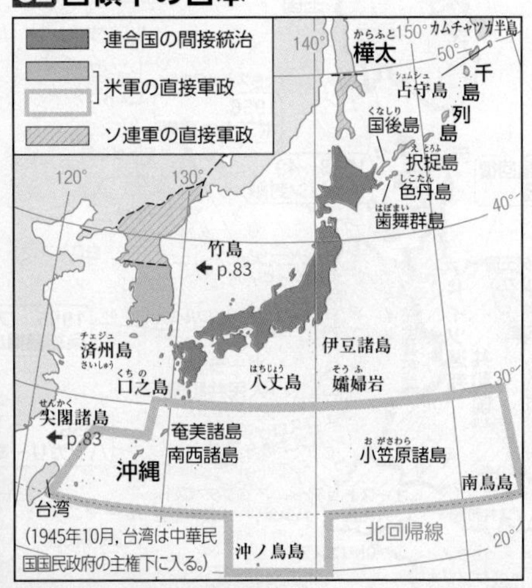

3F 占領政策の比較

ドイツ	日本
●米・英・仏・ソの**4か国軍による分割占領**の下での**直接軍政** ●ベルリンも4か国による共同管理	●**米軍による事実上の単独占領**の下で**間接統治**(GHQの指令・勧告で日本政府が政治を行う) ➜p.158

幻の日本分割統治プラン

　戦後日本の統治については，アメリカが単独占領による負担増を懸念する中で，米・ソ・英・中の4か国による分割統治案が一時立案された(1945年8月16日)。しかし，最終的には間接統治の原則に則り，アメリカが主導する形での統治が決定した。

●日本分割占領案(1945年8月)

(五百旗頭真『米国の日本占領政策 下』)

深めよう 2度の世界大戦の教訓は，どのように生かされたのだろうか？
つなげよう 戦後の国際社会は，争いを防ぐことが出来たのだろうか？

冷戦の始まり

アプローチ 第二次世界大戦後に生じた対立は，どのようなものだったのだろうか？

1 冷戦構造の形成 まとめ

➔p.166

	資本主義陣営(西側)	社会主義陣営(東側)
1945	.2 ヤルタ会談 **米英とソ連の対立** .10 国際連合発足 ←p.152	
1946	.3 フルトン演説 1A	○東欧で人民民主主義体制が成立(ハンガリー，ポーランドなど)
1947	.3 **トルーマン=ドクトリン発表** 政 4A .6 **マーシャル=プラン発表** 経 1B **封じ込め政策**	.9 **コミンフォルム(共産党情報局)結成** 政 4B
1948	.3 西ヨーロッパ連合条約	.2 **チェコスロヴァキア=クーデタ**(共産化) ❸
	1948.6～49.5 **ベルリン封鎖** ❺	
1949	.4 **北大西洋条約機構(NATO)発足** 軍 .5 **ドイツ連邦共和国(西ドイツ)成立**	.1 **経済相互援助会議(COMECON)発足** 経 .9 ソ連，原爆保有宣言 .10 **ドイツ民主共和国(東ドイツ)成立**
1955		.5 **ワルシャワ条約機構発足** 軍

政…政治 経…経済 軍…軍事

1A チャーチルの「鉄のカーテン」演説(フルトン演説，1946年3月)

▶1 演説するチャーチル

バルト海のシュテティン(ステッチン)からアドリア海のトリエステまで，**ヨーロッパ大陸をまたぐ鉄のカーテンが降りてしまった。**…ワルシャワ，ベルリン，ウィーン，ブダペストなどの諸都市は…ますます強まるモスクワのコントロールの下にあるのだ。…これまでのところ，**チェコスロヴァキア**をのぞいて，本当のデモクラシーなどは存在しない。(『世界史史料11』岩波書店)

Q ❷の地図で各都市の位置を確認しよう。

1B マーシャル=プラン

解説 トルーマン政権の国務長官マーシャルは，**ヨーロッパ経済復興援助計画(マーシャル=プラン)**により，ソ連を除く東欧諸国の取り込みを図った。

▶2 **ベルリン復興**(アメリカ占領地区，1950年)

マーシャル=プランの援助によるベルリン緊急プログラム

●**援助の配分比率**(1948.4.3～1951.6.30)

総額103億ドル

イギリス	フランス	西ドイツ	イタリア	オランダ	ベルギー・ルクセンブルク	オーストリア	その他
26.1%	20.1	11.4	10.1	7.9	5.2	4.8	14.4

(『マーシャル・プラン』中公新書)

2 冷戦下のヨーロッパ

チェコスロヴァキア大統領　スターリン　1949年5月

▲3 **チェコスロヴァキアの共産化** 当初マーシャル=プランの受け入れを表明していたが，1948年2月にソ連の圧力による政変で共産党政権が成立。西側諸国に衝撃を与えた。

ユーゴスラヴィア

自力でドイツからの解放を果たした**ティトー**(←p.148)は，ソ連が東欧諸国への管理を強化すると激しく反発。**1948年6月にコミンフォルムから除名**された後は，第三世界との連携を図るなど(➔p.170)，独自外交を展開した。

▶4 **ティトー**(1892～1980)

3 ベルリン問題

3A ベルリン分割管理

解説 ソ連への不審を抱く米・英は，フランスと共に3国の占領地区を統合し，ドイツを東西に分割する方針を打ち出した。ドイツ全土への影響力拡大を目指すソ連は強く反発。米・英・仏が西側管理地区内で独自の通貨改革を行うと，**西ドイツ本土から西ベルリンに至る交通路を遮断した(ベルリン封鎖)**。

▼5 西側諸国による物資の空輸(1948年) 封鎖された西ベルリンに対して，西側諸国は空輸作戦による生活物資の提供を行った。アメリカとの全面対決を避けたいソ連もこれを攻撃しなかった。27万回をこえる空輸は，アメリカのイメージの向上にもつながった。

テンペルホーフ

3B 人口の流出とベルリンの壁

時期	流出人口(万人)
敗戦(1945)～1948	73
ベルリン封鎖(1948.6～1949.5)	
東西ドイツの成立(1949.5～.10)	
1949～1961.8	269
ベルリンの壁建設(1961.8)	
1961.8～1970	28
1971～1980	14
1981～1989	53
ベルリンの壁開放(1989.11)	
東西ドイツ統一(1990.10)	

→p.191

(『社会主義の20世紀』日本放送出版協会)

解説 東西ドイツ成立後も自由な往来が可能だった東西ベルリンでは，1950年代には毎週数千人が東から西へと脱出した。若者や技術者の流出を懸念する東ドイツは，**1961年に東西の境界に壁を建設**。分断された都市は冷戦の象徴となった。

▼6 完成したベルリンの壁

西ベルリン

4 資料から考える 東西両陣営の形成

ヨーロッパ分裂？東西で深まる疑心暗鬼…

4A トルーマン＝ドクトリン(1947年3月)

アメリカ合衆国は，**ギリシア政府からの財政的経済的援助**を得たいという差し迫った要請を受け取った。…ギリシアの隣国である**トルコ**もまた，われわれが注意を向けるに値する。…世界史の現時点において，ほとんど全ての国は二つの生活様式の中から一つを選ばなければならない。

第一の生活様式は，**多数者の意思に基づき，自由な諸制度，代議政体，自由な選挙，個人的自由の保障，言論と宗教の自由，そして政治的抑圧からの自由**によって特徴づけられている。

第二の生活様式は，**多数者を力で強制する少数者の意思に基づいている**。それはテロと抑圧，統制された出版と放送，形ばかりの選挙，そして個人の自由を押さえつけることなどによって成り立っている。(『世界史史料11』岩波書店)

▶7 トルーマン＝ドクトリンの発表

4B コミンフォルムの結成(1947年9月)

ソ連の指導者，ジダーノフの報告

政治勢力の新たな構図が生まれた。戦争の終了から時を隔てるほどに，二つの本質的に異なる方向が一すなわち片や**帝国主義的で反民主主義的な陣営**と，片や**反帝国主義的で民主主義的な陣営**という方向が，いよいよ目立ってきた。(『世界史史料11』岩波書店)

4C 東西の分断を描いた風刺画

◀8 風刺画「ライバルのバス」(イギリス「パンチ」1947年6月18日)

読みとろう

① 4A トルーマンが支援しようとしている国はどこだろうか？
② 4A・4B アメリカとソ連は，お互いの陣営のことをどのように評価しているだろうか？ 比較

考えよう

ヨーロッパは，なぜ2つの陣営に分かれてしまったのだろうか？ 4C も参考にして考えよう。

深めよう なぜ，戦後間もない時期に再び対立が生じてしまったのだろうか？

つなげよう 東西両陣営の対立は，ヨーロッパ以外の地域にどのような影響を与えたのだろうか？

風刺画「ライバルのバス」→

アジア諸国の独立

1800		1900			2000	
江戸		明治	大正	昭和	平成	令和
朝鮮		韓国	日本領	北朝鮮・韓国		
清			中華民国	中華人民共和国		

アプローチ アジア諸国は，なぜ独立を達成できたのだろうか？

1 第二次世界大戦後のアジア まとめ

p.122・123
p.171・172・174

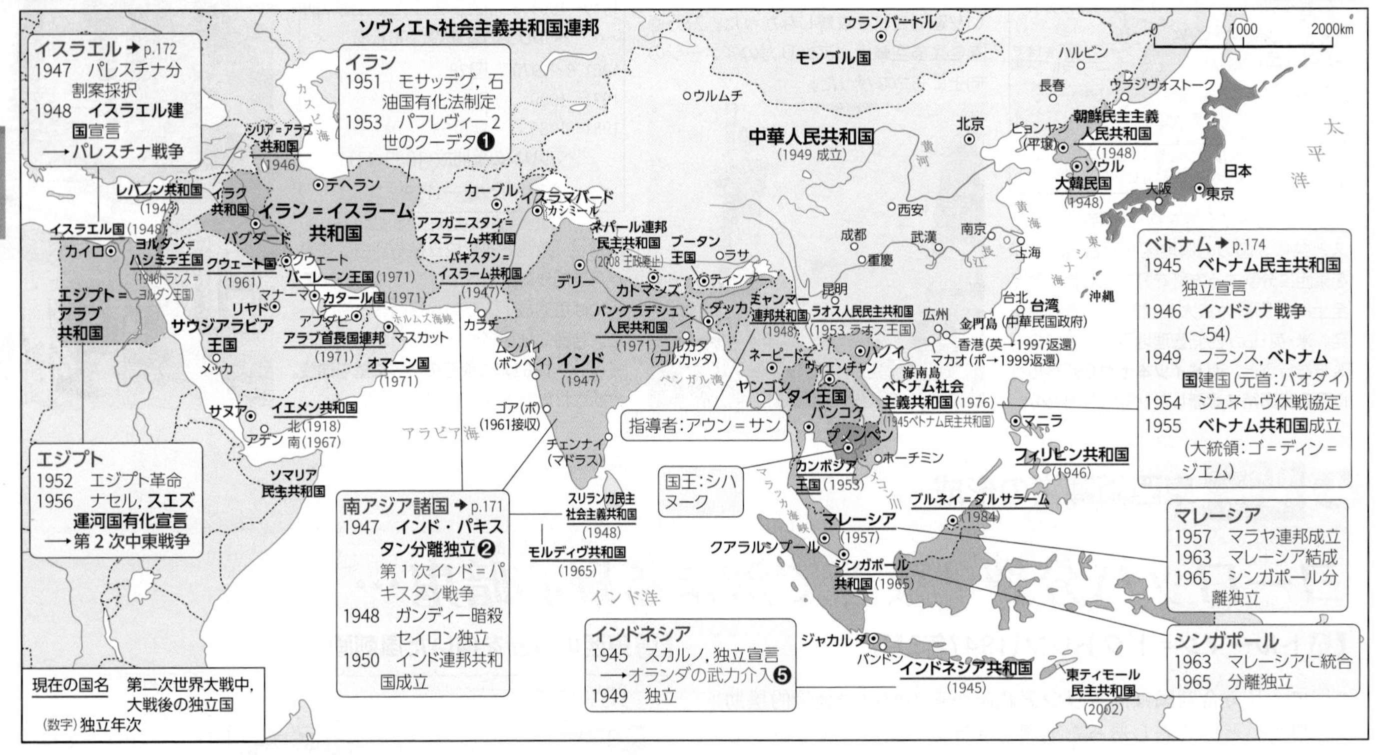

1A 西・南アジア諸国

❶パフレヴィー2世(右)とアイゼンハワー米大統領(左) **モサッデグ首相による石油の国有化**に対して，アメリカのアイゼンハワー政権の支持を受けたパフレヴィー2世がクーデタをおこし，首相を失脚させた。これにより，**中東の石油利権におけるアメリカの圧倒的優位が確立**された。➜p.194

❷**インド・パキスタンの分離独立**(1947年) イギリスによるヒンドゥー・イスラームの対立を利用した統治は，インド・パキスタンの分離独立という結果を招いた。➜p.171

分離独立後の混乱

インド（**ヒンドゥー教徒が多数派**）と，パキスタン(**ムスリムが多数派**)の分離独立が決まると，インド領内のムスリムはパキスタンへと移住した。ヒンドゥー教徒らも含めれば，1000万人以上が移動を強(し)いられ，多くの死者や難民が発生した。独立後も両国は対立を続け，ヒンドゥー・イスラームの融和(ゆうわ)を目指した**ガンディー**（➜p.123）も，急進的なヒンドゥー教徒によって暗殺された。

❸**パキスタンへ向かうムスリム難民**

1B 東南アジア諸国

● **ベトナム民主共和国独立宣言 (1945年9月2日)**

1776年の独立宣言（➜p.47）を広く解釈(かいしゃく)すると…全人民は生まれながらに平等であり，全人民は生きる権利，幸福になる権利，自由である権利を持つ。

フランス革命の人権宣言（➜p.48）は次のように述べている。「すべての人間は自由で，平等な権利を持つ者として生まれ，常に自由であらねばならず，平等な権利を持たねばならない」…しかるに，80年以上にわたって**フランスの帝国主義者は，自由・平等・友愛の原理を裏切り，我が父祖(ふそ)の地を侵略し，我が同胞市民を抑圧してきた。**

（『独立宣言の世界史』ミネルヴァ書房）

Q ベトナムの独立宣言は，どのような思想の影響を受けているか注目しよう。

❹**ホー＝チ＝ミン**➜p.123 欧米の市民革命（➜p.46~51）の思想を拠(よ)り所に，ベトナム民主共和国の成立を宣言し，それを認めないフランスと**インドシナ戦争**に突入した。

❺**インドネシア独立戦争** 支配の回復を目指すオランダは**スカルノ**（➜p.123）を逮捕するなど攻勢をかけたが，国際社会の批判を受け，独立を承認した。

② 中華人民共和国の成立と台湾

2A 国共内戦の再発 ←p.125・→p.170・186

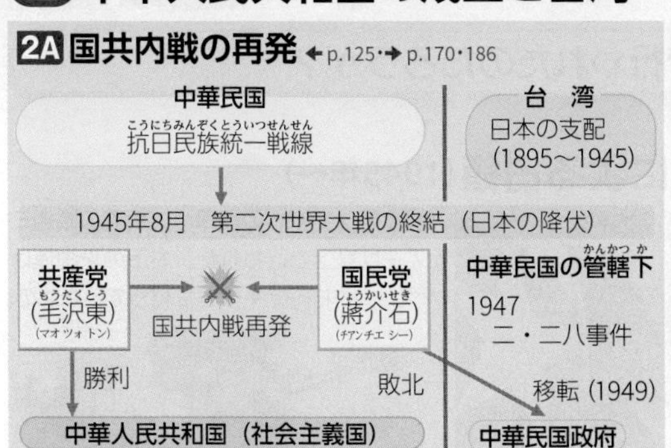

▲7 **毛沢東とスターリン**　建国直後から毛沢東はソ連を訪問し，日本とその同盟国（アメリカ）を仮想敵国とする**中ソ友好同盟相互援助条約**を締結した。

Q それぞれ，どのような勢力への接近を図ったのだろうか？

▲8 **蔣介石とマッカーサー** →p.158
台湾に逃れた国民党（中華民国政府）は，**アメリカ（西側陣営）の支持を受けた。**

◀6 **中華人民共和国建国宣言**（1949年10月）　日本の降伏後，**国民党と共産党は，再び内戦状態に陥った。**国民党が戦争による財政難などに対処できずにいる一方で，共産党は大地主の土地を農民に配分する土地改革などを進め，**主に内陸の農村部で支持を広めた。**共産党はソ連の援助も受けて内戦に勝利し，中華人民共和国を建国した。

フルシチョフ
アイゼンハワー
毛沢東
蔣介石
"YOU KEEP OUT! THIS IS AN ARGUMENT BETWEEN US CHINESE..."
出ていけ！これは私たち中国人の間の問題だ！

▲9 **中国・台湾関係を描いた風刺画**（1958年）

▼10 **故宮博物院**（台北）　国民党が台湾に移る際に，北京の故宮博物院から持ち出した品が所蔵されている。

③ 朝鮮戦争

3A 朝鮮戦争の構図

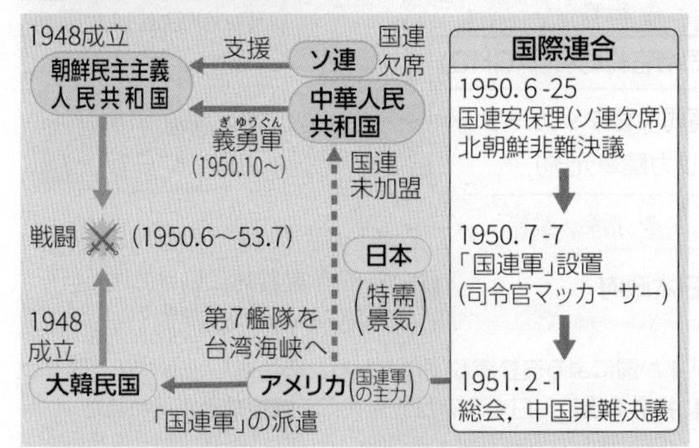

3B 交戦経過

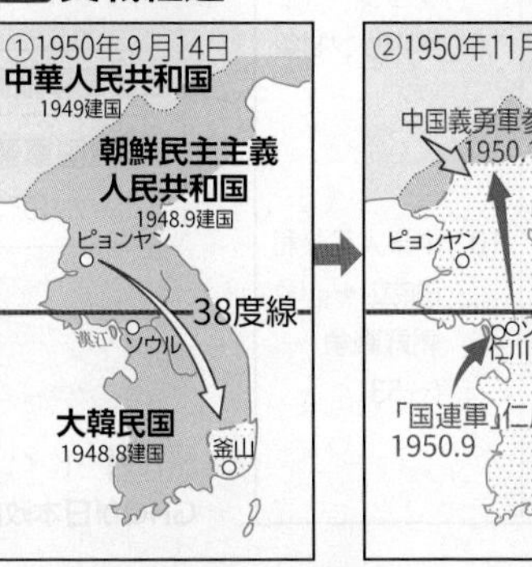

解説　当初北朝鮮が優位に進めた戦争は，**「国連軍」の派遣**によって形勢が逆転した。その後，**中国からの義勇軍の参戦**により，戦線は北緯38度付近で膠着した。

●**開戦時の韓国側の談話**
今25日早朝５時から８時の間，38度線全域にわたり，以北の傀儡集団は**大挙して不法南侵した。**

●**金日成の演説**
李承晩傀儡政権軍は，38度線全域にわたり，共和国北半分地域に対する**全面的な侵攻を開始した。**

（『世界史史料11』岩波書店）

Q 両国はお互いをどのように表現して，開戦の経緯を説明しているだろうか？

◀11 **李承晩**（イ スンマン）

▶12 **金日成**（キムイル ソン）

解説　韓国と北朝鮮は，自国が朝鮮半島唯一の正当政府であると主張し，**互いを米・ソ(中)の傀儡政権として非難した。**戦争は，**ソ連と中国の支持を得た北朝鮮が侵攻して勃発。**アメリカはソ連不在の安全保障理事会で「国連軍」の派遣を決定した。

3C 朝鮮戦争の影響

① **南北朝鮮分断の固定化と国土の荒廃**
兵士の死傷100万，民間人の死傷・行方不明300万とされ，朝鮮半島に甚大な被害をもたらした。統一を求める動きは「冷戦」の中にかき消された。

② **西側陣営における経済活動の活性化**
例：日本の特需景気→p.162

③ **東側陣営における北朝鮮への資本投下の増加**
軍事・経済の強化による西側への対抗

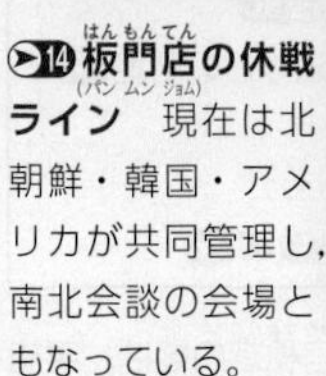

◀13 **38度線付近の攻防**（1950年）　**北緯38度線**付近では特に激しい戦闘が繰り広げられた。1953年に**板門店**で休戦協定が締結され，軍事境界線が設定された。

▶14 **板門店の休戦ライン**（パンムンジョム）　現在は北朝鮮・韓国・アメリカが共同管理し，南北会談の会場ともなっている。

深めよう　アジア諸国の独立をめぐる動きには，どのような共通点や違いがあったのだろうか？

つなげよう　独立によって，各国が抱えていた課題は解決したのだろうか？

占領下日本の民主化

アプローチ 占領下の日本の民主化は，どのような基本方針で行われたのだろうか？

1 占領下の日本 まとめ

➜p.176・180

内閣	年	日本の戦後改革　青字：インフレ対策 ➜p.160	世界の動き
東久邇宮	1945(昭20)	.8-14　ポツダム宣言を受諾 ⬅p.151	
		.8-15　昭和天皇による終戦の詔書を放送	
		.9-2　降伏文書に調印 ❷	
幣原		.10　GHQ，**人権指令**	.10　国際連合発足 ⬅p.152
		GHQ，**五大改革**を指令	
		.11　GHQ，**財閥解体**を指令 3A	
		.12　**労働組合法**を公布 3C	
	1946	.1-1　昭和天皇，「人間宣言」	
		.2　金融緊急措置令を公布	
		GHQ，**公職追放令**を公布	.3　チャーチル，「鉄のカーテン」演説 ⬅p.154
		.4　新選挙法による第22回総選挙を実施 ➜p.160	
		.5　**極東国際軍事裁判(東京裁判)**が開廷 ⬅p.153	
		食糧メーデー	
吉田①		.10　**農地改革** 3B	
		.11-3　**日本国憲法**を公布 ➜p.161	
		.12　傾斜生産方式を採用	
	1947	.3　**教育基本法**・学校教育法を公布	
		.4　労働基準法・独占禁止法・**地方自治法**を公布	
		参議院選挙・衆議院総選挙を実施	
片山		.5-3　日本国憲法を施行	.6　マーシャル＝プラン
		.12　過度経済力集中排除法を公布	
芦田	1948	.12　GHQ，経済安定九原則実施を指令	.6　ベルリン封鎖
吉田②③	1949	.1　衆議院総選挙を実施	
		.3　ドッジ＝ライン実施 ➜p.160	
		.4　単一為替レート(1ドル＝360円)を設定	
		.7-6　下山事件　.7-15　三鷹事件 ➜p.162	.10　中華人民共和国成立 ⬅p.157
		.8-17　松川事件	
	1950	.8　警察予備隊令を公布 ➜p.162	.6　朝鮮戦争(～53)
		.9　レッド＝パージの基本方針を決定 ➜p.166	
	1951	.9　**サンフランシスコ平和条約**に調印 ➜p.163	
		日米安全保障条約に調印 ➜p.163	

2 GHQによる占領(1945年～)

1 マッカーサーの来日 厚木飛行場(神奈川県)に降り立った。➜p.166

2 降伏文書への調印 東京湾の戦艦ミズーリ号上で行われた。右下の米国旗は，ペリーが来航時(⬅p.72)に持っていたもの。

2A 間接統治のしくみ

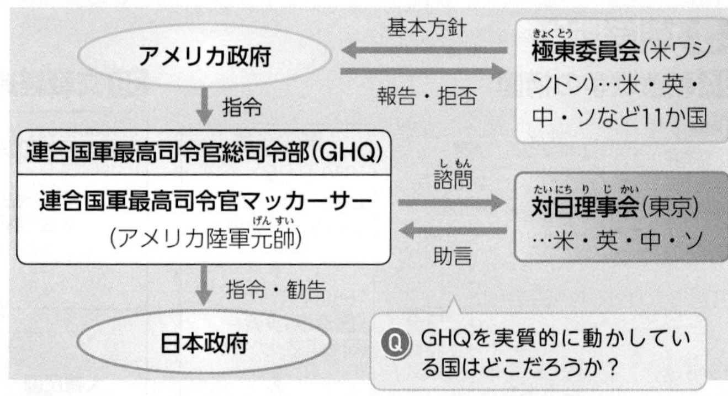

Q GHQを実質的に動かしている国はどこだろうか？

解説　ドイツが4か国による直接軍政下におかれたのに対し(⬅p.153)，日本は，**GHQが日本政府に指令を出し**，日本政府が政治を行う**間接統治**が行われた。

2B 非軍事化と民主化

注：⑥などはポツダム宣言の項目。

	ポツダム宣言 ⬅p.150に基づく改革
非軍事化	⑥**軍国主義者の排除** ➜ 戦争指導者・協力者を公職追放
	⑨**軍隊の解散** ➜ 陸軍・海軍の廃止
	⑩**戦争犯罪人の処罰** ➜ 極東国際軍事裁判(東京裁判) ⬅p.153
	民主主義的傾向の復活の障害除去 ➜ 人権指令
	GHQ，五大改革を指令　1945年10月
民主化	❶**婦人(女性)参政権の付与** ➜ 選挙法を改正 ➜p.160
	❷**労働組合の結成を奨励** ➜ 労働三法の制定 3C
	❸**教育制度の自由主義的改革** ➜ 教育基本法などの制定 3D
	❹**圧制的諸制度の撤廃** ➜ 治安維持法・特別高等警察の廃止 ⬅p.129
	❺**経済機構の民主化** ➜ 財閥解体 3A，農地改革 3B

解説　GHQによる人権指令に対し，東久邇宮稔彦内閣は，実施困難として総辞職した。代わった幣原喜重郎内閣に対し，GHQは**五大改革**と「憲法の自由主義化」を指令した。これを受け，憲法問題調査委員会を設置され，憲法改正案の作成が始まった。➜p.161

3 昭和天皇のマッカーサー訪問(1945年9月27日，米大使館)　GHQの指示により全国の新聞に掲載された写真。この写真を見た日本国民の多くは衝撃を受け，敗戦を実感したという。翌年元日，昭和天皇はいわゆる**「人間宣言」**により，自らの神格性を否定した。

Q この写真を見た日本国民は，どう感じたのだろうか？

勢力を結合、講和條約が調印され
るまでには、これらの人物および
組織を撲滅せんものと努力してき
たのである
ゆる分野にゆきわたっている、ク
ツみがきから大臣に至るまで参加
しているかと思えば、學者、政治

4 GHQによる検閲を受けた新聞(1947年)　占領軍への批判は禁止された。

提供/読売新聞社

③ 民主化政策 まとめ

	財閥解体 3A	農地改革 3B	労働の民主化 3C	教育の民主化 3D
背景	財閥は，戦争で巨大な利益を得ていた	寄生地主の支配による小作農の困窮	都市労働者の低賃金労働	国家主義的な教育
	GHQは，財閥・寄生地主などを日本の軍国主義の経済的基盤，侵略戦争の原因と分析			
施策	株式の所有により企業支配を行う，持株会社を解体 **独占禁止法**…持株会社・カルテル・トラストを禁止 **過度経済力集中排除法**…巨大な独占企業を解体・分割	**自作農創設特別措置法**…地主の農地所有を制限。政府が農地を買い上げ，小作農に安く売り渡す	**労働組合法**…労働運動・労働組合を公認 **労働関係調整法**…労働争議の自主的予防と解決の促進 **労働基準法**…8時間労働制など，労働条件の最低基準を制定	**教育基本法**…教育の機会均等，義務教育9年制，男女共学 **学校教育法**…6・3・3・4制の新学制 公選制の教育委員会制度
結果	大資本家の財産が急減，企業間で自由競争を行う条件が整う	小作地が減少，大半の農家が自作農に。大地主は経済力と社会的威信を失う	労働者の権利が拡大，労働争議が増加	国民の「教育を受ける権利」を保障，平和・民主主義を教育の目的に

3A 財閥解体

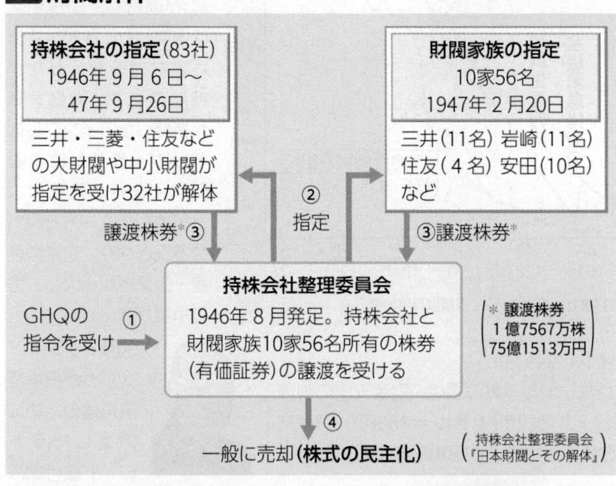

◁5 銀行の名称変更(1948年)　1952年の平和条約発効後，旧財閥社名の使用が許された。大阪銀行は住友銀行の名称に(現三井住友銀行)，千代田銀行は三菱銀行の名称に戻した(現三菱UFJ銀行)。

3B 農地改革

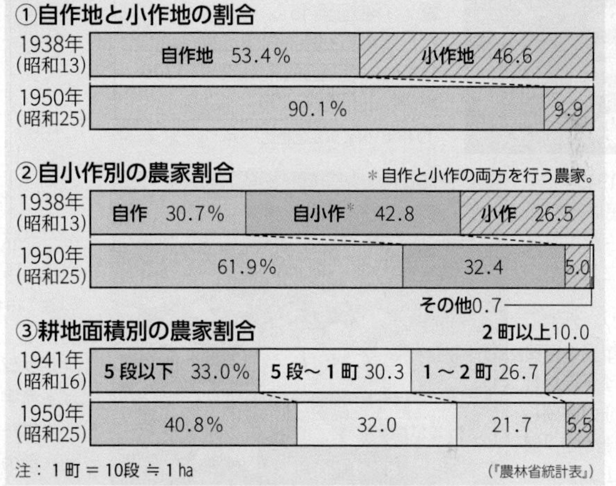

解説 政府による買い上げの対象となったのは，①不在地主の農地，②同じ市町村に在住する地主の一定面積を超える農地であった。これにより，**寄生地主制**(➡p.102)**は解体**された。

◁6 農村の民主化を勧めるポスター(1947年) 農林省が，農地改革の成果を宣伝するために作成。

Q 農地改革によって，どのような変化が訪れたとしているのだろうか？

3C 労働組合の結成

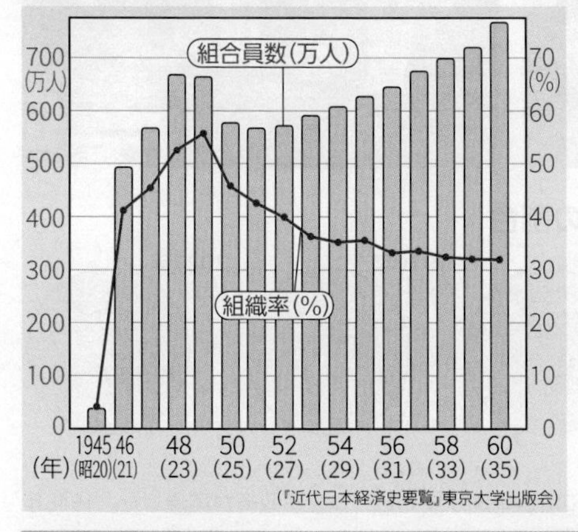

解説 労働組合の結成が奨励され，**労働争議が頻発した**。一方で，1947年2月の大規模なストライキ計画(二・一ゼネスト計画)は，GHQの命令により中止された。

3D 教育の民主化

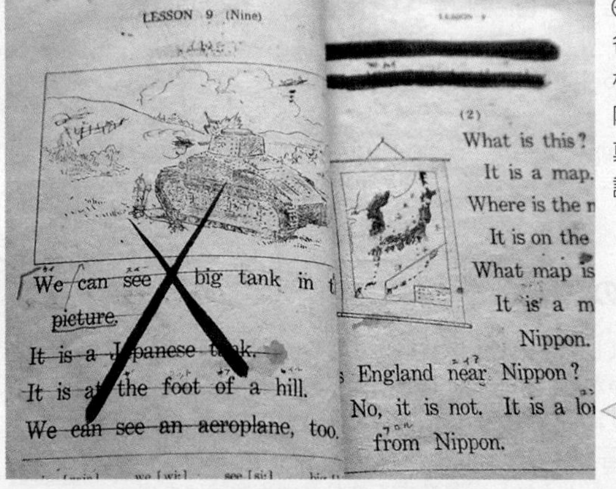

◁7 墨塗り教科書 文部省は，教科書から戦争教材や国家主義的教材を削除するよう通達した。写真は，1944年刊行の英語教科書。

提供／朝日新聞社

Q 左のページが消されているのはなぜだろうか？

深めよう GHQによるさまざまな占領政策の共通点は，何だろうか？

つなげよう GHQによる占領政策は，現代にどのような影響を与えているのだろうか？

農村の民主化を勧めるポスター→

日本国憲法の制定

アプローチ 日本の政治体制は，占領下でどのように変化したのだろうか？

1 終戦直後の国民生活

◁1 闇市(やみいち)（1946年，東京都） 都市の住民は，公定価格を無視して品物を売買する闇市で，食糧・日用品を確保した。

Q 闇市で買うのはなぜだろうか？

1A 闇市(やみいち)の価格

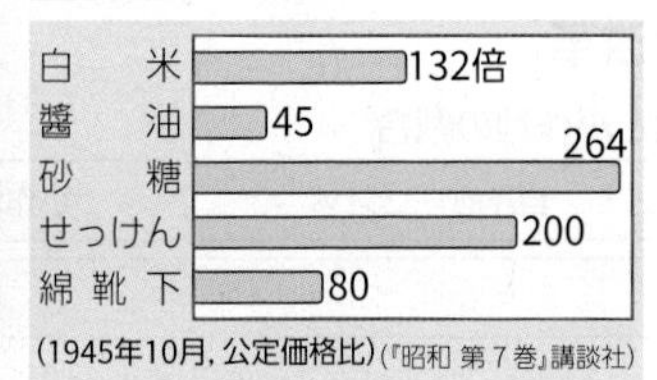

（1945年10月，公定価格比）（『昭和 第7巻』講談社）

▷2 買い出し列車（1945年，千葉県） 都市の住民は農村へ買い出しに向かい，サツマイモ・大根(だいこん)などを手に入れた。

解説 終戦により，外地に居留(きょりゅう)していた軍人・軍属(ぐんぞく)の復員(ふくいん)，一般日本人の引揚(ひきあ)げが行われ，合わせて600万人以上が帰国した。これによる人口激増で，深刻な食糧不足が発生した。

1B インフレーションとその収束

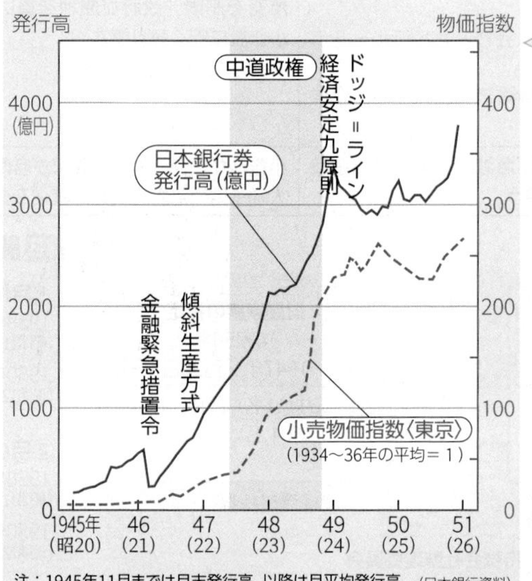

注：1945年11月までは月末発行高，以降は月平均発行高。（日本銀行資料）

Q インフレが収束したのは，どの政策がきっかけだろうか？

解説 食糧不足・品物不足などによってインフレーション（物価の上昇）が進行し，国民生活は困窮(こんきゅう)した。政府はさまざまな対策を行ったが抑制(よくせい)できず，労働争議(そうぎ)が多発した。インフレは，**ドッジ＝ライン**による財政引き締め政策により収束した。一方で深刻な不況となり，企業の倒産・失業者が増大し，労働争議が激化(げきか)した。

ドッジ＝ライン（1949.3）
- 赤字を許さない均衡(きんこう)予算の編成…財政支出の削減
- 単一為替(かわせ)レートの設定（**1ドル＝360円**）…国際競争の中での輸出振興(しんこう)による経済の発展を図る。

◁3 ドッジ アメリカが日本経済再建のために派遣した，デトロイト銀行頭取(とうどり)。

2 政党内閣の復活と女性参政権

2A 終戦直後の政党と内閣 →p.203

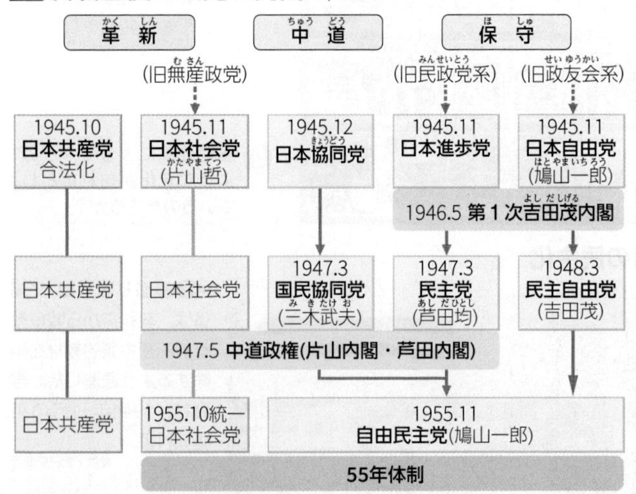

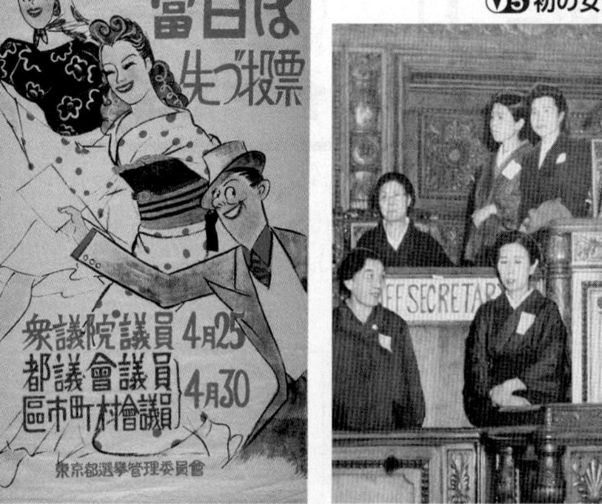

◁4 衆議院選挙のポスター（1947年）
東京都公文書館蔵

▽5 初の女性国会議員（1946年）

2B 投票する女性の気持ち

- 一人前になれたうれしさを感じた。政治のしくみや，権利・責任ということはよくわからなかったけれど，何しろ一票入れたら全部よくなるというううれしさを感じた。（当時24歳）
- ただ「行くんだ」と言われて投票にでかけた。…戦争中「戦いなさい」と言われて戦ったように。…選挙するのだという意識はあまりなかった。（当時22歳）

（吉見周子『近代日本女性史②』）

2C 女性の衆議院議員の割合

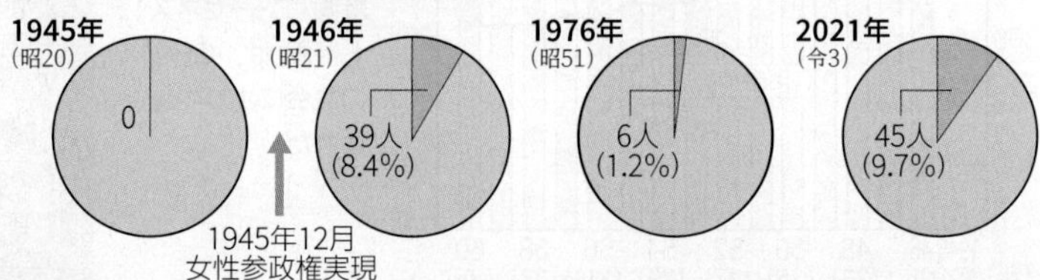

解説 1945（昭和20）年12月に新選挙法が成立し，女性参政権が実現した。1946年4月の戦後初の総選挙では，39人の女性議員が当選した。1947年4月には新憲法施行にともなって，衆議院・参議院選挙が行われ，中道(ちゅうどう)政権が成立した。このとき以後，女性の衆議院議員は減少し，1946年の割合を超えたのは2005（平成17）年のことである。

③ 資料から考える 日本国憲法の制定過程

日本国憲法にこめられた願い

3A 日本国憲法の制定過程

1889	**大日本帝国憲法**発布❶ ←p.87
1945(昭20)	.10　GHQ　憲法の自由主義化を指示 　　政府　憲法問題調査委員会を設置
1946	.2　政府　憲法問題調査委員会による**憲法改正要綱(松本案)**をGHQに提出❷ 　　GHQ　❷を拒否し，**憲法改正草案(マッカーサー草案)**を作成❸ .3　政府　❸に沿って**憲法改正草案要綱(政府原案)**を作成し，発表❹ .4　戦後初の総選挙 .8～10　帝国議会で❹を審議，修正。**日本国憲法**成立❺ .11-3　日本国憲法公布
1947	.5-3　日本国憲法施行
新憲法の三原則	国民主権と象徴天皇制，戦争放棄(平和主義)，基本的人権の尊重

帝国議会での追加項目

　マッカーサーは，松本案の内容を知ると，憲法改正を日本政府に任せておけないと判断。民間の研究会が作成した憲法草案も参考にしつつ，マッカーサー草案を作成した。草案は日本政府に示され，これを受け入れることが天皇を護持する唯一の可能な道であるとされた。政府は，マッカーサー草案をもとに憲法改正草案を作成し，帝国議会に提出した。

　帝国議会では，芦田均を委員長とする衆院憲法改正案委員会が設けられ，いくつかの重要な修正が加えられた。(3C参照)

- **9条2項**…自衛力の保持は否定せず。
- **生存権**(25条)…社会党がヴァイマル憲法を参考に社会権の拡充を提案。
- **二院制**(42条)…マッカーサー草案では，300～500人の一院制。
- **文民統制**(66条)…9条2項の修正を受け，極東委員会の要求により「国務大臣は非軍人」と規定。

3B 日本国憲法の条文の変遷

	天皇について	戦争と軍隊について
❶大日本帝国憲法	**第3条**　天皇ハ**神聖**ニシテ侵スヘカラス	**第11条**　天皇ハ**陸海軍**ヲ統帥ス
❷松本案(1946.2-8)	**第3条**　天皇ハ**至尊**ニシテ侵スヘカラス	**第11条**　天皇ハ**軍**ヲ統帥ス
❸マッカーサー草案(1946.2-13)	**第1条**　皇帝は**国家の象徴**にして又人民の統一の象徴たるべし。彼は其の地位を人民の主権意思より承け之を他の如何なる源泉よりも承けず。	**第8条**　国民の一主権としての戦争は**之を廃止す**。他の国民との紛争解決の手段としての武力の威嚇又は使用は永久に之を廃棄す。陸軍，海軍，空軍又は其の他の戦力は決して許諾せらるること無かるべく又交戦状態の権利は決して国家に授与せらるること無かるべし。
❹政府原案(1946.4-17)	**第1条**　天皇は，**日本国の象徴**であり日本国民統合の象徴であつて，この地位は，日本国民の至高の総意に基く。	**第9条**　国の主権の発動たる戦争と，武力による威嚇又は武力の行使は，他国との間の紛争の解決の手段としては，**永久にこれを放棄する**。 陸海空軍その他の戦力の保持は，許されない。国の交戦権は，認められない。
❺日本国憲法(1946.11-3)	**第1条**　天皇は，**日本国の象徴**であり日本国民統合の象徴であつて，この地位は，主権の存する日本国民の総意に基く。	**第9条**　日本国民は，正義と秩序を基調とする国際平和を誠実に希求し，国権の発動たる戦争と，武力による威嚇又は武力の行使は，国際紛争を解決する手段としては，**永久にこれを放棄する**。 前項の目的を達するため，陸海空軍その他の戦力は，これを保持しない。国の交戦権は，これを認めない。

3C 帝国議会での修正

第一條　天皇は、日本國の象徴であり日本國民統合の象徴であつて、この地位は、日本國民の至高の總意に基く。

第二章　戰爭の抛棄

第九條　國の主權の發動たる戰爭と、武力による威嚇又は武力の行使は、他國との間の紛爭の解決の手段としては、永久にこれを抛棄する。

陸海空軍その他の戰力は、これを保持してはならない。國の交戰權は、これを認めない。

い。

第二十三條　法律は、すべての生活部面について、社會の福祉、生活の保障及び公衆衞生の向上及び增進のために立案されなければならない。

Ⓐ6 条文の修正(❹から❺の間での修正)

3D 新憲法案についての世論調査

●草案の天皇制への賛否

支持	反対	不明
85%	13	2

●戦争放棄の条項は必要か

必要	不要	不明
70%	28	2

●国民の権利・義務・自由に関する草案の修正は必要か

不要	必要	不明
65%	33	2

[解説]　1946年4月に発表された政府原案に対して行われた世論調査結果(「毎日新聞」1946年5月27日)。

読みとろう

① 3B ❶～❺で，天皇の地位はそれぞれ何と表現されているだろうか？ [推移]
② 3B 政府原案❹第9条と日本国憲法❺の違いは何だろうか？ [比較]
③ 3C 不戦条約第1条(←p.121)やヴァイマル憲法第151条(→p.211)の影響はどこに見られるだろうか？ [関連]
④ 3D 国民は，新憲法をどのように受け止めていたのだろうか？

考えよう

日本国憲法の条文は，どのようにして完成したのだろうか？

深めよう　日本国憲法の意義は，何だろうか？

つなげよう　日本国憲法は，戦後日本の歩みにどのような影響を与えるのだろうか？

条文の修正→

資料

1 占領政策が転換されたきっかけは？

西側陣営	日本 非軍事化・民主化政策 ←p.158・159			東側陣営
1947.3 トルーマン＝ドクトリン ←p.155 .6 マーシャル＝プラン	1945.9 プレス＝コード .10 政治犯約500人釈放 治安維持法廃止 1947.1 **二・一ゼネスト計画中止**	1945.11 財閥の解体・資産凍結 1947.4 **独占禁止法** .12 **過度経済力集中排除法**	1946.2 公職追放令(軍国主義者の公職追放)	1947.1 中国，国共内戦激化。しだいに共産党優位 .9 コミンフォルム結成
1948.1 米陸軍長官ロイヤル，「日本は共産主義の防壁」と演説 ❶。占領政策の転換				
	①政治の安定・強化	②経済復興	③「再軍備」	
1948.8 **大韓民国成立** ←p.157 1949.4 北大西洋条約機構結成 .5 ドイツ連邦共和国成立	1949.5 公職追放解除開始 .7 三鷹事件 ❷	1948.7 政令201号で公務員の争議権を否定 .9 企業分割緩和 .12 経済安定九原則の実行指令 1949.3 ドッジ＝ライン←p.160		1948.6 ベルリン封鎖 ←p.155 .9 **朝鮮民主主義人民共和国成立** 1949.10 **中華人民共和国成立** ドイツ民主共和国成立 1950.2 中ソ友好同盟相互援助条約
1950.6 朝鮮戦争開始				朝鮮戦争開始
	1950.6 日本共産党中央委員24人全員公職追放 .9 **レッド＝パージ** →p.166	1950 朝鮮特需 ❸	1950.8 **警察予備隊令**❹。旧軍人3250人の追放解除 1951 警察予備隊,旧軍人に対して特別募集開始。旧将校約1万人追放解除	
1951.9 サンフランシスコ平和条約 ❺ 日米安全保障条約 ❻				調印拒否

2 占領政策は，どのように転換されたのか？

2A アメリカの初期の対日方針 (1945年9月公表)

①日本国が，再び**アメリカや世界の平和と安全の脅威とならない**ことを確実にすること。

②他国の権利を尊重し，国連憲章に示されたアメリカの目的を支持する，平和的で責任ある政府を樹立すること。

(『日本史史料 5』岩波書店)

解説 アメリカは当初，日本占領にあたり，**非軍事化・民主化**を基本方針としていた。

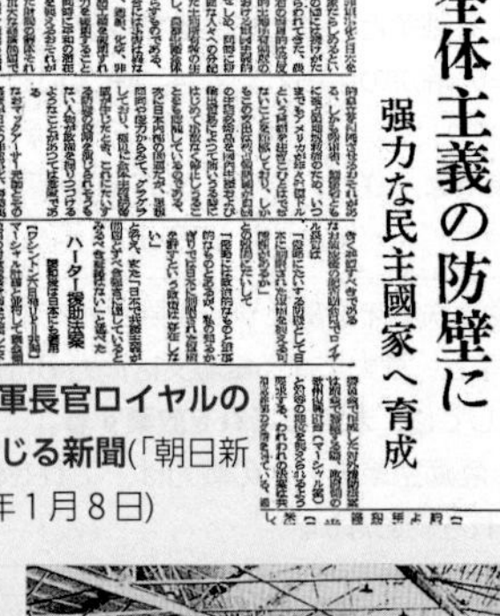
米の対日政策を語る
ロイヤル米陸軍長官
全体主義の防壁に
強力な民主國家へ育成

Ⓐ❶**米陸軍長官ロイヤルの演説を報じる新聞**(「朝日新聞」1948年1月8日)

2B 占領政策を転換する理由(ロイヤルの演説,1948年1月)

日本は，食糧の全部を供給し得たことはなく，7800万人がカリフォルニア州より小さい地域に住む国である。…

日本は純粋な農業国として生存できないと同様に，商人や職人の国としても自立できない。大量工業生産がない限り，日本には経済的赤字が続くものと予想できる。…

今後**極東に生じる他の全体主義的戦争の脅威に対する制止役として役立つほど十分に強く，且つ安定した**自足的民主政治を日本に建設するという，確固たる目的を固守するものである。

(『昭和財政史』東洋経済新報社)

解説 東アジアの共産化を受け，アメリカは，日本をアジアにおける資本主義陣営の防壁にしようとした。**日本の非軍事化・民主化の方針を見直し**，日本経済を復興させ，政治を安定させる方針に転換した。

Ⓐ❷**三鷹事件**(1949年7月) 無人電車が暴走し，6人が死亡。ドッジ＝ラインによる人員整理で，国鉄では労使対立が激化。この事件などで共産党員が逮捕された。翌年にはレッド＝パージが始まり，労働運動は衰退。

◁❸**米軍機の修理工場**(1953年，岐阜県) 米軍は，軍需物資の調達や兵器の修理などを日本に大量発注した。この**特需(特殊需要)**によって日本は好景気となり，経済復興が進んだ。

Q この飛行機は，何に使われるのだろうか？

Ⓐ❹**警察予備隊の発足** 在日米軍が朝鮮へ向かったため，日本国内の治安維持を目的に，GHQの指令により，発足した(➔p.176)。定員は7万5000人であった。写真は，バズーカ砲の訓練を行うようす(1951年)。

❸ 日本は，どのような条件下で独立したのか？

3A 講和を急ぐ理由(1950年1月)

●マッカーサーの年頭の辞

終戦後５度目の新年を迎えた今日，まぎれもなく１つの際立った事実が認められる。日本は今なお交戦状態にあるとはいえ，今日日本よりも平和な国はこの地球上に数えるほどしかない。

新しい年を迎えるに当たって，現在あらゆる日本人が不安にかられている２つの重要な未解決の問題がある。１つは，**中国が共産主義の支配下に入ったため，全世界的なイデオロギーの闘争が日本に身近なものとなったこと。**もう１つは，対日講和会議の開催が，手続きに関する各国の意見の対立から遅れていることである。

(『資料・戦後二十年史』日本評論社)

解説　冷戦が激化すると，アメリカは日本の戦略的価値を重視し，日本を西側陣営の一員として早期に独立させることとした。1951年１月，米特使ダレスが来日し，本格的な協議が始まった。

3B 講和への国内の意見

	単独講和論 (多数講和，「片面」講和) アメリカなど**西側諸国だけ**との講和	全面講和論 ソ連・中華人民共和国などを含む**全交戦国**との講和
主張した政党など	吉田茂内閣・自由党など保守政党， 日本社会党右派	日本共産党，日本社会党左派，学者，平和問題談話会(市民団体)
主張した主な理由	早期の独立回復を優先。日本に共産主義勢力が入ってくるのを防ぐためには，単独講和しかない	第二次世界大戦で，日本が多くの犠牲を出した地域を含まない講和では意味がない
世論調査*	45.6％が支持	21.4％が支持

＊(「朝日新聞」1950年11月15日)

Q 国民は，平和条約の締結を支持したのだろうか？

3C サンフランシスコ平和条約(1951年９月８日調印 1952年４月28日発効)

注：丸数字は条数。

①連合国は，日本の主権を認める。

②日本は，朝鮮の独立を認め，台湾・千島列島・南樺太・南洋諸島を放棄する。

➜日本の領土は本土に限られる。

③沖縄・小笠原などを，アメリカの施政権下におく。

⑥占領軍は，日本から撤退する。ただし，日本が外国軍の駐屯・駐留を認めることはさまたげない。

⑪日本は，連合国による裁判を受け入れる。

⑭日本は，連合国に賠償を支払うべきと認める。

➜連合国の多くは賠償を放棄。代わりに，日本は東南アジア諸国などに経済協力を行う。

⑲日本は，連合国への請求権を放棄する。

3D 講和への諸国の対応

会議に招かれなかった国	**中華人民共和国** ⟶1972年**日中共同声明** ➜p.178 **中華民国**(台湾) ⟶1952年**日華平和条約** …中国の代表権をめぐり，前者を支持する英と後者を支持する米が対立。 **大韓民国**…日本は，韓国とは交戦状態になかった，英は，韓国は連合国でなかった，と反対。
会議に招かれたが不参加の国(３か国)	**インド**…米の冷戦政策の一環としての日本の再軍備や，米軍の日本駐留継続に対する不満 ⟶1952年**平和条約** **ビルマ**(現ミャンマー)…賠償について不十分な内容に不満 ⟶1954年**平和条約** **ユーゴスラヴィア** ⟶1952年**国交回復**
会議に参加したが調印を拒否した国(３か国)	**ソ連**…南樺太・千島列島をソ連領，台湾・澎湖諸島を中国帰属とすることなどの規定が欠如と調印拒否 ⟶1956年**日ソ共同宣言** ➜p.176 **ポーランド** ⟶1957年**国交回復** **チェコスロヴァキア** ⟶**同上**
調印した国(48か国)	米，英，仏，インドネシア，フィリピン，ベトナム，オーストラリアなど

解説　条約草案は，米・英により共同提案された。会議では検討や修正は行われず，賛成する国が調印するという経過であった。

⑤平和条約・安保条約調印を報じる新聞(「東京新聞」1951年９月10日)

3E 日本の領土縮小 ←p.82

3F 日米安全保障条約(1951年９月８日調印 1952年４月28日発効)

注：丸数字は条数。

①米軍が日本国内に駐留することを認める。

➜平和条約で占領が終わるので，米軍は占領軍から駐留軍となる。

極東の平和と安全の維持や，日本国内の内乱鎮圧を含め国内の安全のため，この軍隊を使用できる。

➜米軍が日本を防衛する義務は明記されていない。

③米軍の配備については，日米行政協定で定める。

➜日本に不利な内容であるため，国会での批准が必要ない「協定」として締結された。

日米行政協定
1952年2月28日調印
1952年4月28日発効

- 日本は，駐留軍に施設および区域を提供する。
- 米軍の構成員と家族は，日本に入国できる。
- 米軍関係者の犯罪は，アメリカに裁判権がある。
- 日本は，米軍の駐留費用を分担する。

⑥**日米安全保障条約調印**(1951年)　吉田首相は，冷戦の情勢下，単独講和により西側陣営の一員として国際社会へ復帰することを選択。米軍の日本駐留を認めて安全保障を委ね，憲法改正により再軍備をするのではなく，経済復興を優先した。条約への評価に配慮し，吉田首相は１人で調印した。

Q 平和条約への調印❺と違って，安保条約には吉田首相が１人で調印しているのはなぜだろうか？

平和条約・安保条約調印を報じる新聞➜

グローバル化への問い

アプローチ 資料を読みとって疑問点を見つけ，「グローバル化への問い」をつくってみよう。

1 情報通信技術の発達

年	出来事
1946	最初の**コンピュータ**
1964	最初の汎用(はんよう)コンピュータ(IBMが14か国で発売)
1969	**インターネット**の原型(米国防総省(こくぼうそうしょう)が開発)
1974	最初の**パーソナルコンピュータ**発売
1983	学術研究用インターネット
1987	NTTによる**携帯電話**サービス
1990	商業用インターネットサービス(日本：93年～)

年	日本で登場したサービス(会社名)
1995	Windows(ウィンドウズ)95(マイクロソフト)
1996	Yahoo!(ヤフー)
1999	ｉ(アイ)モード(NTTドコモ)
2000	Google(グーグル)，Amazon(アマゾン)
2004	mixi(ミクシィ)
2008	Twitter(ツイッター), Facebook(フェイスブック), iPhone(アイフォーン)(ソフトバンク, アップル)
2011	LINE(ライン)
2014	Instagram(インスタグラム)

1A 日本の情報通信機器の利用者数

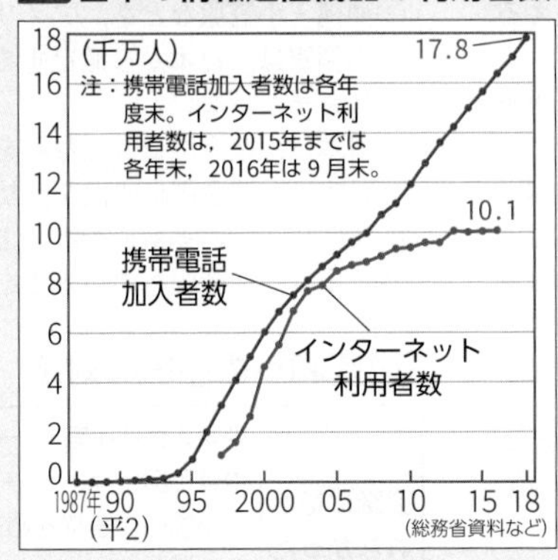

解説 2000年，**携帯電話**の契約数が，固定電話の契約数を上回った。現在では，１人１台以上普及している。**インターネット**によって，社会にあふれる情報量は飛躍(ひやく)的に増大し，距離や時間の壁をなくしつつある。

新たな社会
"Society 5.0"

Society 1.0 狩猟
Society 2.0 農耕
Society 3.0 工業
Society 4.0 情報

A1 Society(ソサイエティ) 5.0 日本政府の「第５期科学技術基本計画(2016年閣議(かくぎ)決定)」で示されたイメージ図。社会の発展段階を５区分した上で，**人工知能(AI)やロボットが活用される新たな社会**をSociety 5.0と位置付けている。

出典：内閣府ホームページ

1B 情報通信技術が変える世界

A2 ICタグがつけられた回転ずしの皿 社会のあらゆる分野がコンピュータのネットワークで結ばれた社会のことを，**ユビキタス社会**という。

A3 スマートフォンを使うアフリカの人々(2018年，マラウイ) 設置にともなう費用などの要因から，開発途上国では固定電話の段階を飛び越えて普及している。

A4 SNSで連絡を取り合うデモ参加者(2020年，タイ) 2011年の「アラブの春」の頃から，スマホ・SNSが民主化運動の手段として活用されるようになっている。

1C 世界の所得別情報通信の普及状況

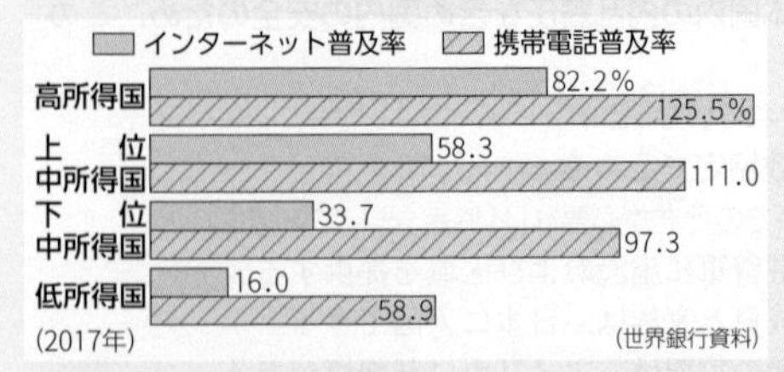

解説 所得・国だけでなく，年代などによる情報の格差(デジタル＝デバイド)が問題になっている。

A5 にせの情報(フェイクニュース)のウェブサイト
HILLARY…2016年米大統領選挙のヒラリー＝クリントン候補
ISIS…「イスラーム国」(➔p.193)

1D ビッグデータの分類

ソーシャルメディアデータ SNSに書きこまれたプロフィール，コメントなど	**マルチメディアデータ** 配信サイトに投稿された音声，動画など	**ウェブサイトデータ** 通販サイトの購入履歴(りれき)，ブログ情報など
カスタマーデータ ポイントカードの会員情報など	**ビッグデータ**	**センサーデータ** ＧＰＳの位置情報やＩＣカードの乗車履歴など
オフィスデータ オフィスのパソコンで作成された文書，Ｅメールなど	**ログデータ** インターネットへのアクセス記録やエラー記録など	**オペレーションデータ** 販売管理システムの売上情報など

1E 巨大IT企業(GAFA(ガーファ))の市場占有率

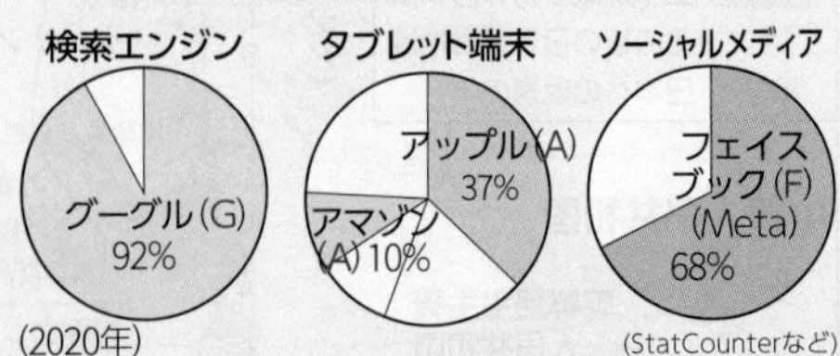

解説 インターネット上には膨大(ぼうだい)なデータが蓄積(ちくせき)され，個人情報の流出などが，重要な問題となっている。アメリカ西海岸に本社をおく巨大IT企業４社はGAFA(ガーファ)とよばれ，市場を独占している。また，ビッグデータを活用して，人工知能(AI)の開発も進んでいる。

読みとろう

比較

① 1A 携帯電話やインターネットと，新聞・テレビなどとの違いは何だろうか？
② 図❶のSociety 4.0と5.0は，どのように違うのだろうか？ 比較
③ 1D 1E ビッグデータが蓄積されるメリットとデメリットを考えてみよう。

考えよう

情報通信技術の発達のプラス面，マイナス面を挙げてみよう。

2 世界に広がった感染症と医療

古代

- 前5世紀後半　ヒッポクラテス(医学の祖)自然治癒説
- 前430〜429　アテネで疫病の大流行　ペリクレス死亡
- 前334〜324　アレクサンドロス大王の東方遠征 ⟶インド医学のギリシア伝播

中世

- 542　ビザンツ帝国で黒死病の大流行(人口半減)
- 9〜11世紀　アラビア医学の発展　イブン＝シーナー『医学典範』
- 11〜12世紀　十字軍がアラビア医学をヨーロッパに伝える
- 1320〜30年代　中国で黒死病の流行
- 1348　**ヨーロッパで黒死病の大流行**

大航海時代

- 1493〜95　梅毒がヨーロッパで流行⟶アジアにも伝わる
- 16世紀　**スペイン人がアメリカ大陸に天然痘を持ち込む**⟶先住民の人口が激減←p.18

絶対王政

- 1596　李時珍『本草綱目』刊行
- 1628　ハーヴェー，血液循環説

産業革命

- 1796　**ジェンナー，種痘法確立**
- 1830〜32　ヨーロッパ・アメリカでコレラの流行

帝国主義の時代

- 1882　**コッホ，結核菌を発見**←p.60
- 1883　**コッホ，コレラ菌を発見**
- 1885　パストゥール，狂犬病予防接種に成功
- 1890　コッホ，ツベルクリンをつくる
- 1895　レントゲン，X線を発見

第一次世界大戦

- 1918〜19　**スペイン風邪(インフルエンザ)が世界的に流行**

現代

- 1928　**フレミング，ペニシリン*を発見**
- 1944　**ワクスマン，ストレプトマイシン*を発見**
- 1981　アメリカでエイズ患者発見
- 2002　**中国でSARSの集団発生**
- 2020　**COVID-19(コロナウイルス)の世界的大流行**

＊抗生物質

解説　歴史上，**細菌**や**ウイルス**が原因の感染症により，膨大な人々が犠牲になった。一方で，ウイルスの特定や抗生物質の発見により，治療も可能となった。人類が根絶できた感染症は，天然痘のみである。

2A 今世紀に流行した感染症

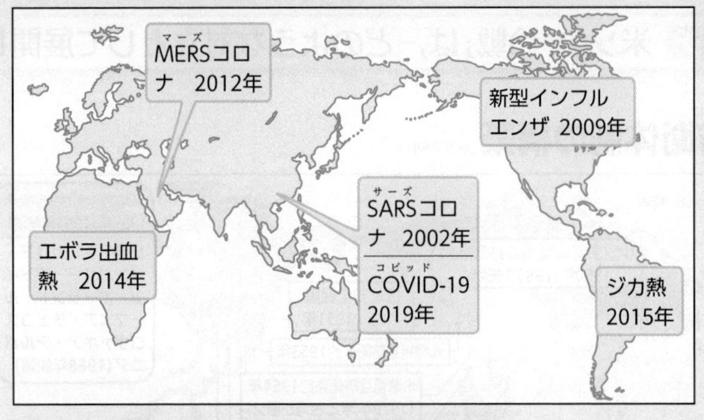

解説　グローバル化の加速により，人々が短時間で遠方へ移動するようになった今世紀，各地で感染症の流行が起こった。なかでも**2019年末に確認されたCOVID-19は，世界的に大流行し，**大きな影響を与えた。

2B 人に感染するコロナウイルスの種類

ウイルス種	出現年	同定年	ルーツ	疾患
ヒトコロナ229E	1800頃	1966	コウモリ	通常の風邪
ヒトコロナNL63	1200頃	2004	コウモリ	通常の風邪
ヒトコロナOC43	1890頃	1967	ネズミ	通常の風邪
ヒトコロナHKU 1	不明	2005	ネズミ	通常の風邪
SARSコロナ-1	2002	2003	コウモリ	SARS(終息)
SARSコロナ-2	**2019**	**2020**	**コウモリ**	**COVID-19**
MERSコロナ	2012	2012	コウモリ	MERS

解説　人に蔓延しているコロナウイルスは4種類が知られており，いずれも弱毒性で，風邪の原因の1つである。今世紀に確認された，動物から感染し重症肺炎を引き起こすコロナウイルスは3種類知られ，その1つがCOVID-19である。

2C 日本での死者数の比較 ←p.113

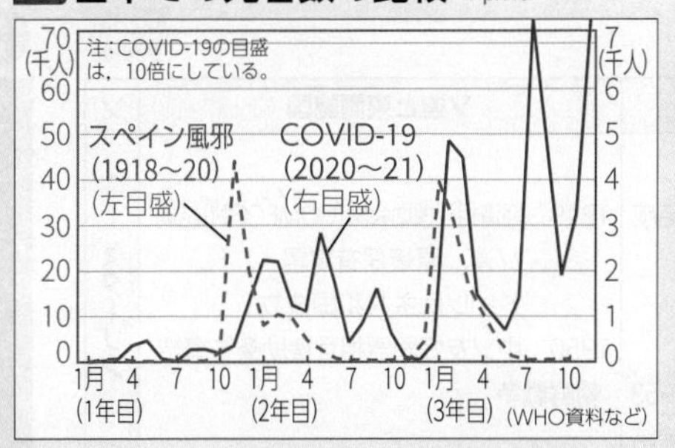

解説　スペイン風邪は，日本では2度の流行の波があった。1度目は日本人の4割が罹患，2度目は罹患者は減少したが死亡率が高まり，合計約40万人が亡くなった。COVID-19も，**流行の波が繰り返されている。**

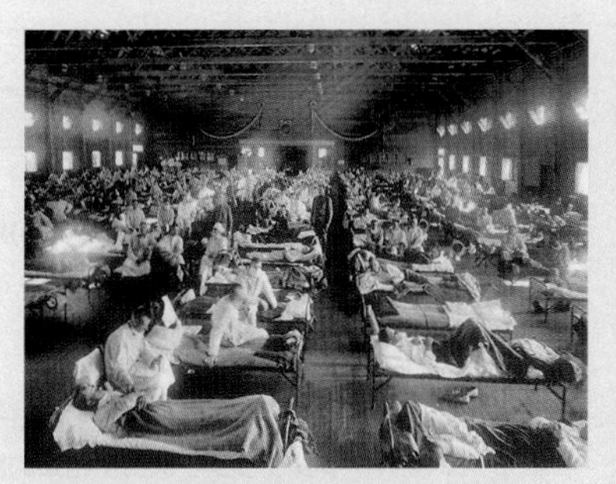

6 スペイン風邪に罹患した兵士(←p.113)(1918年，米カンザスの野戦病院)　アメリカでは，人口の4分の1が感染し，死者は67万人に及んだ。

2D 結核の流行と沈静化

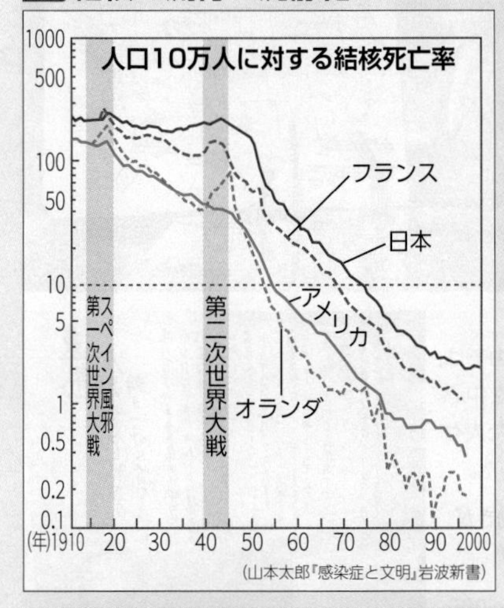

解説　結核は19世紀中頃のヨーロッパで，死因の4分の1を占め，日本でも多くの死者が出た。20世紀には，BCGワクチンによる予防(1921年実用化)や，抗生物質(ストレプトマイシン)による治療が可能になった。

2E 感染症と人々

7 黒死病の流行によるユダヤ人排斥(15世紀)　黒死病による不安から，「ユダヤ人が井戸に毒を入れた」とのデマが流れた。「ニュルンベルク年代記」1493年 ←p.17

8 「ヘイトクライム」への抗議運動(2021年，米ニューヨーク)　COVID-19は中国が発生源であったことから，アジア系の人々に対する差別が発生した。

読みとろう　関連

① 2D 結核の死亡率が急減した原因は何だろうか？上の年表も参考にしよう。

② 2E 感染症の流行下で，少数者に対する差別が発生するのはなぜだろうか？

考えよう　比較

過去の感染症とCOVID-19の流行を比較し，共通点・相違点を挙げてみよう。

》問いをつくろう《　情報通信技術の発達などによってグローバル化が加速し，世界は大きく変化した。また，近年では感染症がまたたく間に世界に広がり，影響を及ぼした。「グローバル化」について学習するなかで知りたいこと，考えてみたいことを挙げてみよう。

米ソの対立と共存

アプローチ 米ソの「冷戦」は，どのような対立として展開したのだろうか？

1 集団防衛体制の構築 ←p.154

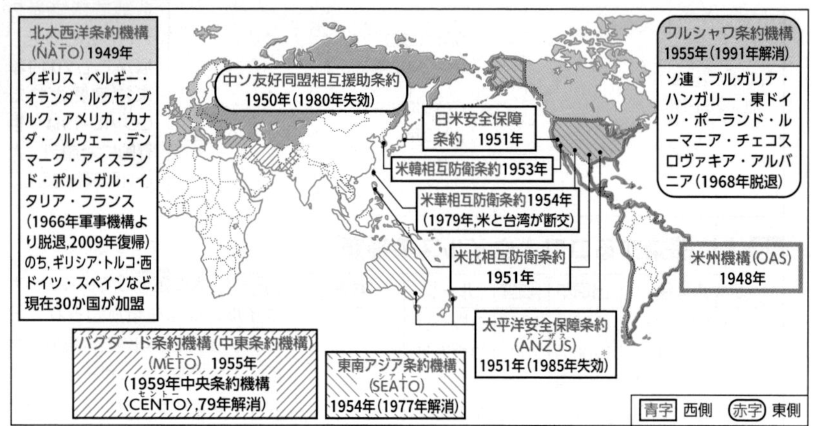

＊1984年ニュージーランド事実上離脱

解説 アメリカとソ連は，世界各地で集団防衛体制を築いたり，２国間の安全保障条約を結んだりした。戦後の国際関係は，**アメリカを中心とする資本主義陣営(西側陣営)**と，**ソ連を中心とする社会主義陣営(東側陣営)**の対立が基軸となって展開した。

1A 東西冷戦と「雪どけ」(1950年代) →p.174，190

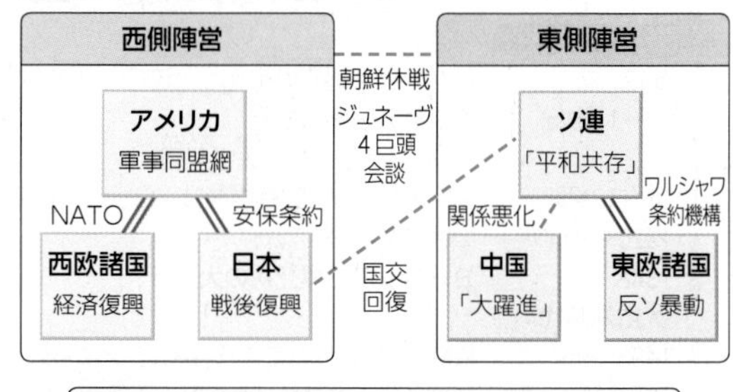

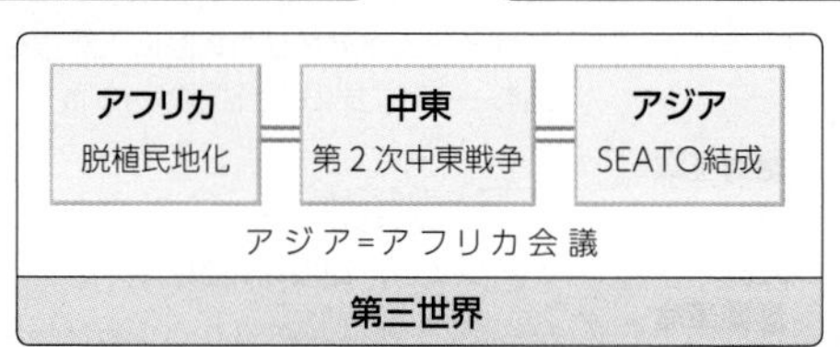

解説 スターリンの死後は，ソ連がアメリカとの**「平和共存」**政策を打ち出し，1960年までは**「雪どけ」**とよばれる緊張緩和の機運が生まれた。

1B 冷戦前期の世界 まとめ ←p.154 →p.190

米	アメリカと西側諸国	ソ連と東側諸国	ソ
トルーマン	1948 米州機構結成		スターリン
	1949 **北大西洋条約機構(NATO)**結成	1949 経済相互援助会議(COMECON)結成	
		ソ連，原爆保有宣言	
	ドイツ連邦共和国成立	ドイツ民主共和国成立	
	1950 米で**「赤狩り」**の始まり ❷	1950 中ソ友好同盟相互援助条約締結	
	1950～53 **朝鮮戦争**		
	1951 サンフランシスコ平和条約締結		
	日米安全保障条約締結 ←p.163		
アイゼンハワー		1953 スターリン死去 ❹	マレンコフ
	1954 東南アジア条約機構(SEATO)結成	東ベルリンで反ソ暴動	
	1955 西ドイツ，NATO加盟 →p.168	1955 **ワルシャワ条約機構**結成	ブルガーニン
	ジュネーヴ４巨頭会談		
	バグダード条約機構(METO)結成		
		3A 1956.2 フルシチョフ，**スターリン批判**	
		.6 ポーランドで**ポズナニ暴動**	
		.10 ソ連，日本と国交回復 →p.176	
		ハンガリーで反ソ暴動 ❺	
		1957 大陸間弾道ミサイル開発に成功	
		スプートニク１号打ち上げ成功	
		1959 キューバ革命 →p.173	フルシチョフ
	1959 **フルシチョフ，訪米** ❻		
	1960 米偵察機，ソ連により撃墜	1960 中ソ対立表面化	
ケネディ	1961 米，キューバと断交	1961 ソ連のガガーリン，宇宙飛行成功	
		ベルリンの壁建設 ←p.155	
	1962 **キューバ危機** →p.173		
ジョンソン		1963 中ソ対立本格化	
		1964 フルシチョフ解任	ブレジネフ
	1965 **ベトナム戦争，激化**(～75) →p.174		
ニクソン	1969 アポロ11号，月面着陸に成功	1968 「プラハの春」，チェコ事件 →p.174	
	1972 ニクソン米大統領，訪中 →p.178		

2 西側陣営の動向 世界 日本

◀❶**マッカーサーとトルーマン** トルーマンは，マッカーサーを連合国軍最高司令官に任命，占領政策を行わせた。マッカーサーは，朝鮮戦争で国連軍を指揮。中国爆撃を主張し，戦争拡大を懸念したトルーマンに解任された。

2A 反共の動き

▲❷**「赤狩り」**(1952年)
1950年代前半のアメリカでは，マッカーシー上院議員を中心に，「共産主義者」とされた人々を排撃する動きが起こった。

Q 日米で，なぜ同じ動きが起こったのだろうか？

▶❸**レッド＝パージ**(1950年)
「赤狩り」は，米軍などによる占領下の日本にも及んだ。

3 東側陣営の動向 巻末史料55

⬆4 **スターリン死去**(1953年)　25年にわたってソ連で独裁政治を行っていたスターリン(←p.135)の死後は，集団指導体制となった。写真は，スターリンの葬儀のようす。

3A スターリン批判(1956年)

スターリンは，説得や説明，あるいは人々との忍耐強い協力という方法には頼らず，**自分の考えを暴力的に押しつけ，無条件に服従させるという方法をとっておりました。**このような事態に反対したり，自分自身の見解の正しさを証明しようと試みた人々は，指導部からはずされたり，ひいては精神的，肉体的に抹殺される運命に陥ったのであります。

(志水速雄訳『スターリン批判』)

解説　ソ連共産党大会で，フルシチョフ第一書記は，スターリンによる個人崇拝の強要や，反対派の大量処刑を批判する演説を行った。このことが，ポーランドやハンガリーでの自由化を求める動きにつながった。

⬆5 **ハンガリー反ソ暴動**(1956年,ブダペスト)　スターリン批判を受け，ハンガリーの**ナジ＝イムレ**首相は，ワルシャワ条約機構からの脱退を表明。ソ連の軍事介入を招き，ナジは処刑された。

⬆6 **フルシチョフ訪米**(1959年)　スターリン死後のソ連では，フルシチョフが台頭した。フルシチョフは，ソ連指導者として初めて訪米した。1955年には，ジュネーヴで戦後初の米・英・仏との首脳会談が行われた。

Q 軍拡競争と宇宙開発競争には，どのような関係があるのだろうか？

もう1つの冷戦 宇宙開発競争

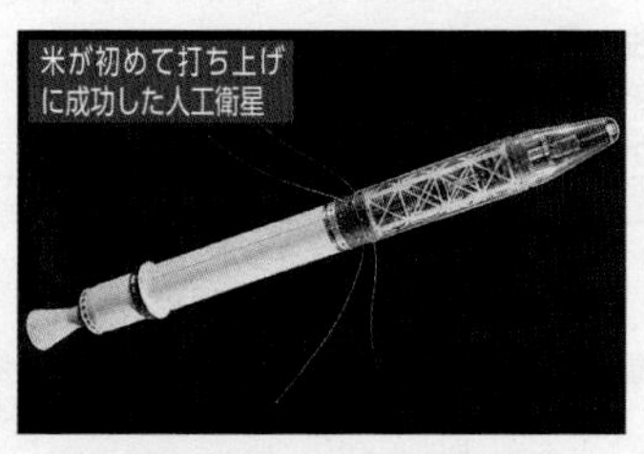

⬅7 **エクスプローラー1号**(1958年)

➡8 **スプートニク2号**　1957年ルーマニア発行の切手。絵柄は，動物として初めて地球を周回したとされる犬ライカ。

核兵器開発においては，核運搬技術の開発も重要であった。ソ連は，重爆撃機数でアメリカに対し劣勢であったが，1957年，米に先立ち大陸間弾道ミサイル(ICBM)を開発した。同年，人類初の**人工衛星スプートニク1号**の打ち上げ成功と合わせ，米に衝撃を与えた。1961年には，ソ連の**ガガーリン**が，最初の宇宙飛行を実現した。米は，国威発揚と技術力優位の確立をめざし，**アポロ計画**を進めた。1969年には，人類初の月面着陸に成功した。米ソ両国は宇宙開発をめぐっても競争をくり広げたのである。

資料

4 資料から考える 米ソの国防費の変化

軍拡競争に苦しんだのは？

4A 国防費総額の推移

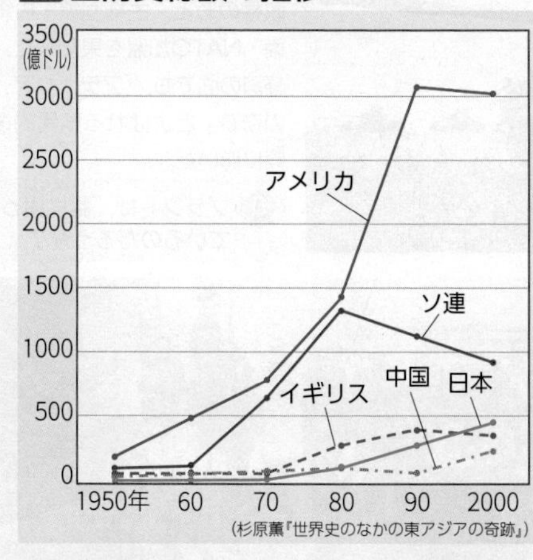

(杉原薫『世界史のなかの東アジアの奇跡』)

4B 国防費の対GDP比*の推移

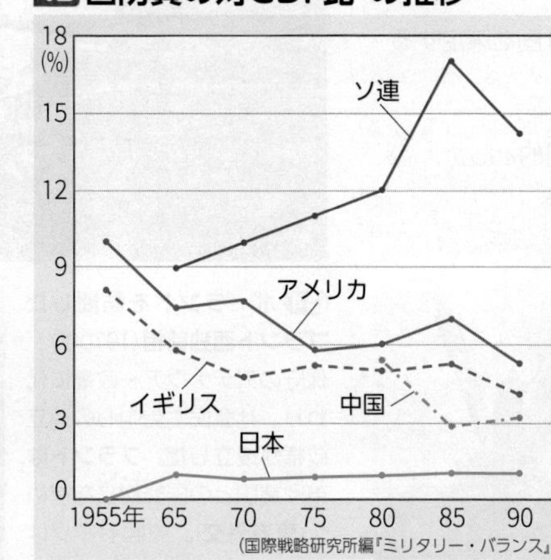

(国際戦略研究所編『ミリタリー・バランス』)

＊ソ連はGNP比，中国はNI(国民所得)比。1975年以前の中国はデータ不明。

読みとろう

① 4A アメリカとソ連の国防費の総額は，どのように推移したのだろうか？ 推移

② 4B アメリカとソ連の国防費の対GDP比が，最も高かった時期はいつだろうか？

③ 4B 日本の国防費の対GDP比は，どのように推移したのだろうか？ 推移

考えよう

軍拡競争が苦しかったのは，米ソのどちらの国だろうか？ 比較

深めよう　米ソの対立と，過去の時代における強国同士の対立の相違点は，何だろうか？

つなげよう　米ソ両陣営の対立は，各地域にどのような影響を与えるのだろうか？

西ヨーロッパ諸国の復興

アプローチ 大戦後の西ヨーロッパ諸国は，国際社会でどのような存在となったのだろうか？

1 西ヨーロッパ諸国の動向 まとめ

□「東方外交」関連

政権	イギリス	フランス	ドイツ(西ドイツ)	政権
労働	1945 アトリー政権	1944 フランス臨時政府成立	1945 分割占領 ←p.153	
	○**社会福祉政策**	1946 **第四共和政成立**	1948 ベルリン封鎖(～49) ←p.155	
	1949 アイルランド，英連邦離脱		1949 **ドイツ連邦共和国成立**	
保守政権	1951 チャーチル政権		**アデナウアー**(キリスト教民主同盟)政権	保守政権
	1952 核兵器の保有		1954 パリ協定で**主権回復**	
	1955 イーデン政権		1955 **再軍備・NATO加盟**❸	
	1956 スエズ戦争(第2次中東戦争)への介入失敗 ←p.172		ソ連・西ドイツ国交回復	
	1957 マクミラン政権	1958 ヨーロッパ経済共同体(EEC)発足		
	1960 **ヨーロッパ自由貿易連合(EFTA)**発足	1958 **第五共和政成立**❷		
		1959 **ド＝ゴール，大統領に就任**		
		1960 核兵器の保有		
			1961 東ドイツ，ベルリンの壁建設	
		1962 **アルジェリアの独立**❶		
	1963 仏の反対でEEC加盟失敗	1964 中華人民共和国を承認		
労働	1964 ウィルソン政権	1966 NATO軍事機構からの脱退		
		1967 ヨーロッパ共同体(EC)発足		
	1967 ポンド切り下げ	1968 五月危機	1969 **ブラント**連立政権	社民
	1968 スエズ以東より撤兵	1969 ド＝ゴール退陣	○**「東方外交」**❹	
	1969 北アイルランド紛争	ポンピドゥー政権	1970 ソ連・西ドイツ武力不行使条約	
保守			西ドイツ・ポーランド条約	
			1972 東西ドイツ基本条約	
	1973 拡大EC発足…**イギリス**・アイルランド・デンマークが新たに加盟			
労働	1974 ウィルソン政権		1973 **東西ドイツの国連加盟**	
	1975 全欧安全保障協力会議			
保守	1979 サッチャー政権	1981 **ミッテラン(社会党)連合政権**	1982 コール(キリスト教民主同盟)政権	保守
	1982 フォークランド戦争		1989 ベルリンの壁開放 ←p.191	
	1985 北アイルランド協定		1990 東西ドイツの統一	
	1992 **マーストリヒト条約**調印　1993 ヨーロッパ連合(EU)発足			
		1999 EU加盟国に**単一通貨ユーロ**を導入		

1A 植民地の自立

独立した旧植民地	
1946	仏 インドシナ戦争 ←p.174
1947	英 **インド・パキスタン分離独立** ←p.171
	英 **国連，パレスチナ分割案** ←p.172
1948	英 ビルマ・セイロン独立
1954	仏 **ジュネーヴ休戦協定**。インドシナから撤退
1956	英 スーダン独立
	仏 モロッコ・チュニジア独立
	英 仏 スエズ戦争(第2次中東戦争)
1957	英 ガーナ独立
1960	英 仏 など **アフリカ17か国が独立**(「アフリカの年」) ←p.171
1962	仏 **アルジェリア独立を承認**

1 アルジェリアから脱出するフランス人 ド＝ゴール大統領がアルジェリア独立を承認，100万人のフランス人入植者が帰還した。フランスは，インドシナに続いて植民地を失った。

1B イギリスとフランス

英 **ベヴァリッジ報告**　(『ベヴァリッジ報告』法律文化社)

8.…**欠乏**は，戦後の再建の道をはばむ5大巨悪の1つに過ぎない。その他の巨悪は，**疾病・無知・不潔・無為**である。

301.以下の前提がなければ，満足のいく社会保障計画を策定することはできない。

- 15歳以下の児童に対する**児童手当**。
- 疾病の予防と治療，ならびに労働能力の回復を目的とした，包括的な**保健およびリハビリテーション・サービス**。
- **雇用の維持**，すなわち大量失業の回避。

解説 1942年，チャーチル政権でベヴァリッジ委員長を中心に，社会保障に関する報告書を作成。これをもとに，1945年成立のアトリー労働党政権によって，社会政策の充実が図られた。イギリスの**福祉国家**政策は，「ゆりかごから墓場まで」と称された。

2 ド＝ゴールの第五共和政(1958年) 第四共和政に代わり，大統領権限を強めた第五共和政が成立した。ド＝ゴール(←p.146)は「フランスの栄光」をとなえ，西側陣営の中でも独自の外交を展開した。

1C 西ドイツ

3 西ドイツ軍に配備されたアメリカ製戦車 西ドイツは，**アデナウアー**による保守政権のもと，主権回復・再軍備・NATO加盟を果たした。経済の面でも，「アデナウアーの奇跡」とよばれる驚異的復興に導いた。

Q ブラントは，誰に謝っているのだろうか？

4 ポーランドを訪問したブラント西独首相(1970年) 保守のアデナウアー政権に代わり，社会民主党中心の連立政権が成立した。**ブラント**は，東欧諸国との国交樹立を進めた(**東方外交**)。東西ドイツは相互承認し，国際連合に加盟。冷戦下の1970年代に，**「緊張緩和(デタント)」**をもたらした。

ワルシャワのユダヤ人居住区跡でひざまずくブラント西独首相

❷ ヨーロッパの地域統合

1948　**ヨーロッパ経済協力機構(OEEC)**発足
西欧16か国　**マーシャル＝プラン**(➡p.154)受け入れ機関

↓ **シューマン＝プラン**(1950)　↓ ローマ条約(1957)

1952	1958	1958	1960
ヨーロッパ石炭鉄鋼共同体(ECSC) 発足	**ヨーロッパ経済共同体(EEC)**発足…域内関税を撤廃し，共同市場の形成をめざす	ヨーロッパ原子力共同体(EURATOM)発足	**ヨーロッパ自由貿易連合(EFTA)**発足
フランス，西ドイツ，イタリア，ベルギー，オランダ，ルクセンブルク			ＥＥＣに対抗するためイギリスが提案。原加盟国７か国

↓

1967　**ヨーロッパ共同体(EC)**発足
原加盟６か国
関税同盟形成，資本などの自由移動　ほか

↓ ドル＝ショック(1971) ➡p.184

1973　**拡大EC発足**
イギリス・アイルランド・デンマークが新たに加盟
1979　直接選挙によるヨーロッパ議会発足
1981　ギリシア加盟　1986　スペイン・ポルトガル加盟
1987　単一ヨーロッパ議定書発効。域内の通貨協力や人の移動の自由化など規定

↓

1992　**マーストリヒト条約**調印
⟶1993.11　**ヨーロッパ連合(EU)**発足…EC12か国による
1995.1　オーストリア・フィンランド・スウェーデン加盟
1999.1　**単一通貨ユーロ導入**
2004.5　エストニア・ラトヴィア・リトアニア・ポーランド・チェコ・スロヴァキア・ハンガリー・スロヴェニア・キプロス・マルタ加盟
2007.1　ブルガリア・ルーマニア加盟
2007.12　**リスボン条約**調印。ヨーロッパ理事会議長(EU大統領)や外務・安全保障政策上級代表(EU外相)を新設
2013.7　クロアティア加盟　2020.1　イギリス，EU離脱

2A シューマン＝プラン(1950年)

◀5 **アデナウアー西独首相**(左)**とシューマン仏外相**(1952年)　シューマン＝プランは，主権国家の枠組みを超える機関の設立をめざす提案。両者は協力してECSCを結成した。

ヨーロッパ諸国が１つとなるためには，…フランスとドイツこそが率先して行動を起こすべきなのです。…
フランス政府は，**独仏の石炭および鉄鋼の全生産物を共通の高等機関のもとで，ヨーロッパのその他の国々が参加する開放的組織に配することを提案します。**石炭・鉄鋼生産の共同化は，経済発展の共通基盤を早急に確立し，ヨーロッパ連邦の第一歩を記すでしょう。…このようにして取り結ばれる生産の連帯により，仏独間のいかなる戦争も想像すらできなくなるだけでなく，実質的に不可能となるでしょう。
(『世界史史料11』岩波書店)

2B 国境克服への試み

◀6 **独仏国境に集まった学生**(1950年)　約300人の学生が，国境の障壁を破壊した。

▶7 **フランスでつくられたポスター**(1951年)

Q このポスターは，何を表現しているのだろうか？

2C ヨーロッパの経済協力機構(冷戦時)

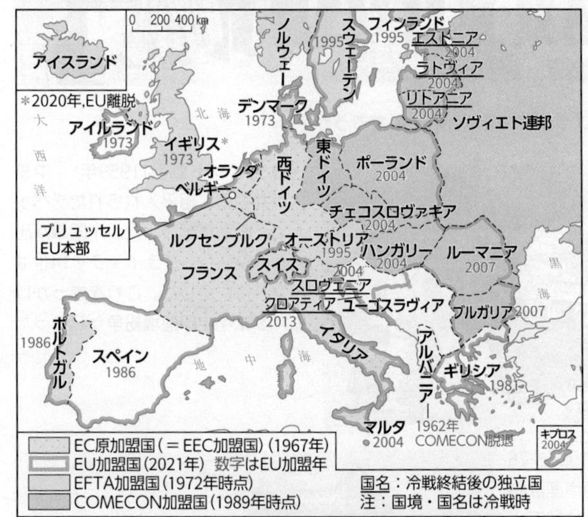

▶8 **ユーロの貨幣**　1999年に通貨統合を行い，「ユーロ」を導入。2002年から流通を開始した。イギリスなどは導入せず，現在は20か国で流通している。

2D 地域統合の成果と課題

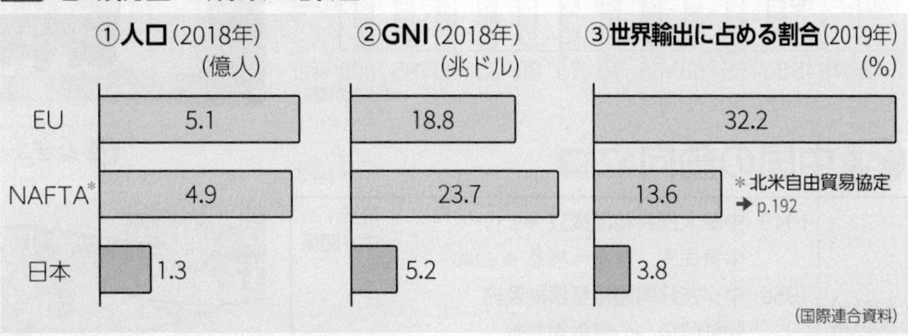

Finances : le plan Sarkozy
Le Journal du Dimanche
Bienvenue en Europe !

◀9 **EUの東方拡大を報じるフランスの新聞**(2004年５月１日)　10か国が同時にEUに加盟した。旧東側諸国の加盟は初めてであった。

EUへの純拠出額の多い国		EUへの純拠出額の少ない国	
①ドイツ	12756	㉘ポーランド	-8205
②イギリス	7431	㉗ギリシア	-3722
③フランス	4398	㉖ルーマニア	-3351
④イタリア	4045	㉕ハンガリー	-3079
⑤オランダ	3431	㉔ポルトガル	-2444
⑥スウェーデン	1651	㉓チェコ	-2346

(2017年，単位：百万ユーロ)
(ヨーロッパ会計監査院資料)

解説　EUへ支払った拠出金から，EUから受け取った補助金などを引いた額である。

Q ECの原加盟国，東欧の国を確認しよう。

深めよう　西ヨーロッパ諸国が地域内での連携を深めた理由は，何だろうか？
つなげよう　西ヨーロッパ諸国の植民地から独立した国々は，どのような道を歩むのだろうか？

第三世界の形成

アプローチ 大戦後のアジア・アフリカ諸国は，国際社会でどのような存在となったのだろうか？

1 第三世界(第三勢力)の台頭

世界 日本 巻末史料56・57

平和五原則(1954年 ネルー・周恩来(チョウエンライ)会談)

❶領土保全と主権の相互尊重 ❷相互不侵略
❸相互の内政不干渉 ❹平等と互恵
❺平和的共存

↓

平和十原則(1955年 アジア＝アフリカ会議)

①基本的人権と国連憲章の尊重 ②主権と領土保全の尊重(❶)
③人類と国家間の平等(❹) ④内政不干渉(❸)
⑤単独・集団の自衛権尊重 ⑥大国有利の集団的防衛排除
⑦武力侵略の否定(❷) ⑧国際紛争の平和的解決(❺)
⑨相互の利益・協力促進 ⑩正義と国際義務の尊重

❶〜❺：五原則を継承

↓

第1回非同盟諸国首脳会議(1961年)

①植民地主義の清算 ②平和共存
③民族解放闘争の支持 ④外国軍基地の一掃
⑤軍事同盟への不参加 ⑥原水爆反対

1A アジア・アフリカの独立国の推移

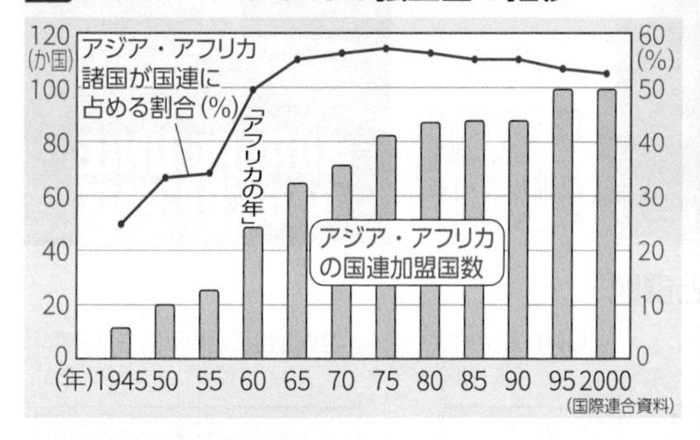

Q この頃中国は，国際社会でどのような位置付けだったのだろうか？

◀1 **周恩来**(チョウエンライ)(左)・**ネルー会談**(1954年) 中印首脳会談で，**平和五原則**を発表した。この頃，中華人民共和国は国連代表権をもたず，米・日などとの国交もないという状況であった。

『武力解決』の放棄
日本，平和宣言案を提出
バンドン会議
エジプトなど四カ国
来日決定のバンドン会議代表

▶2 **アジア＝アフリカ会議(バンドン会議)を報じる新聞**(「朝日新聞」1955年4月22日) インドネシアのバンドンで開かれ，29か国が参加，**平和十原則**を発表した。日本は，戦後はじめて国際会議に参加。唯一の元植民地支配国であった。

▼3 **第1回非同盟諸国首脳会議**(1961年) ユーゴスラヴィアのティトー大統領の呼びかけで開かれ，25か国が参加した。首脳会議は,その後もくり返し開かれた。

ユーゴスラヴィア(ティトー) キューバ エジプト(ナセル) モロッコ スリランカ インドネシア(スカルノ) ガーナ(エンクルマ)

Q なぜユーゴスラヴィアで開かれたのだろうか？

2 中国の動向 まとめ

➡p.186

青字：中ソ関係

指導者	年	できごと
毛沢東(マオツォトン)(党主席・国家主席) 周恩来(チョウエンライ)(首相)	1949	**中華人民共和国成立** ⬅p.157
		中華民国，台湾へ移る ➡p.186
	1950	**中ソ友好同盟相互援助条約**
		朝鮮戦争への義勇軍参戦
	1953	第1次五カ年計画
	1954	**平和五原則**❶
		米華相互防衛条約(米と台湾，〜79)
	1958	第2次五カ年計画
		「大躍進」政策(人民公社の開始)
	1959	**チベット動乱**❹
毛沢東(党主席) 劉少奇(リウシャオチー)(国家主席 1969死去) 周恩来(首相)	1960	**中ソ対立**の表面化(ソ連の「平和共存」政策への反論)
	1962	**中印国境紛争**激化
	1964	原爆実験に成功
	1966	**プロレタリア文化大革命**(〜76)❺，紅衛兵結成
	1967	第1回水爆実験 ➡p.174
	1969	珍宝島(チェンパオ)(ダマンスキー島)事件 **中ソ国境紛争激化**
	1971	国連代表権獲得(台湾の国連脱退)
	1972	**ニクソン米大統領訪中** ➡p.178 **米中接近**
		米中共同声明
		田中角栄首相訪中，**日中国交正常化**
	1976	周恩来死去，**毛沢東死去**

ポタラ宮殿(ラサ)を出るチベット人

◀4 **チベット動乱**(1959年) 中華人民共和国に組み入れられたチベットで，動乱が起こった。中国軍が出動して鎮圧し，ダライ＝ラマ14世は，インドに亡命した。これをきっかけに，1962年**中印国境紛争**が起こった。

▶5 **プロレタリア文化大革命**(1966〜76年) 毛沢東(マオツォトン)は，1958年に鉄鋼増産計画など**「大躍進」**政策を行ったが，2000万人といわれる餓死者を出して失敗した。代わって，**劉少奇**(リウシャオチー)・**鄧小平**(トンシャオピン)が社会主義を修正する政策をとった。毛沢東は，劉・鄧から権力を取りもどすことを目的に，**プロレタリア文化大革命**を始めた。若者たちは，紅衛兵として「毛沢東語録」をかざしながら知識人への迫害・文化財の破壊などを行った。この混乱は10年続き，中国全土で多大な犠牲・損害が発生した。

天安門 無産階級(プロレタリア) 万歳
无产阶级文化大革命万岁

③南アジアの動向 まとめ 巻末史料58
―アフリカ含む―

青字：アフリカ

1947	インド・パキスタン分離独立 ←p.156
	第1次**インド＝パキスタン(印パ)戦争**(～48)
1954	コロンボ会議(アジア＝アフリカ会議の開催を提案)
	周恩来(チョウエンライ)・ネルー会談 ❶
1955	**アジア＝アフリカ会議** ❷
1960	**「アフリカの年」**。17か国が独立
1961	第1回**非同盟諸国首脳会議** ❸
1962	中印国境紛争
1963	**アフリカ諸国首脳会議** ❼
	アフリカ統一機構(OAU)結成
1965	第2次インド＝パキスタン戦争
1966	インドにインディラ＝ガンディー政権成立(社会主義的な計画経済)
1971	第3次インド＝パキスタン戦争。東パキスタン，**バングラデシュ**として独立
1974	インド，最初の核実験
1991	インドで国民会議派政権による経済自由化
1998	インドに人民党(じんみんとう)政権成立
	インド・パキスタン核実験 ❻

3A 南アジア諸国の独立

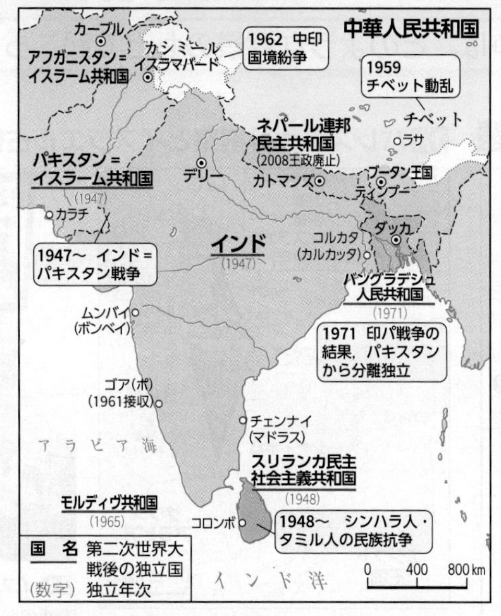

解説 イギリスから分離独立したインドとパキスタンは，カシミール問題などをめぐって，3度戦争となった(**印(いん)パ戦争**)。

3B カシミール問題

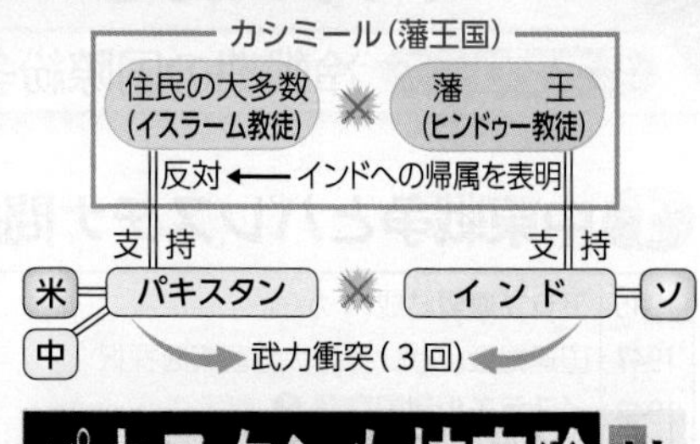

パキスタンも核実験
核管理体制崩れる恐れ
インドに対抗、強行
数日中に追加実験
社民、あす与党離脱
内閣不信任は反対へ
廃絶の道 再
シャリフ首相

A6 パキスタン核実験(「朝日新聞」1998年5月29日) 1974年に最初の核実験を行ったインドは，1998年にも再度行った。パキスタンも核実験を行い，印(いん)パの対立は，核保有国同士の対立となった。

④アフリカの脱植民地化

A7 アフリカ諸国首脳会議(1963年) エチオピアで開かれ，30か国が参加。アフリカ諸国の連帯をめざし，32か国で**アフリカ統一機構(OAU)**が結成された。2002年，アフリカ連合(AU)に発展。→p.192

4B アフリカ諸国独立後の問題点

国境と民族の不一致
独立後も人為的な国境線が継承され，民族対立が頻発(ひんぱつ)。同一の歴史や文化を共有する「国民」が形成されない

新植民地主義
植民地時代以来の，農鉱産物を輸出するモノカルチャー経済により，旧宗主国や先進国による経済支配の継続

↓

独裁政権の出現
国家・民族間抗争や経済開発の中で形成。圧政に対する不満が内戦などに発展

↓

内戦

解説 先進国と，アフリカなどの開発途上国との間の経済格差の問題(**南北問題**)も生じた。その解消のため，**国連貿易開発会議**(UNCTAD(アンクタッド))が設立された。

4A アフリカ諸国の独立

Q アラブ諸国以外で最初に独立を達成した国はどこだろうか？

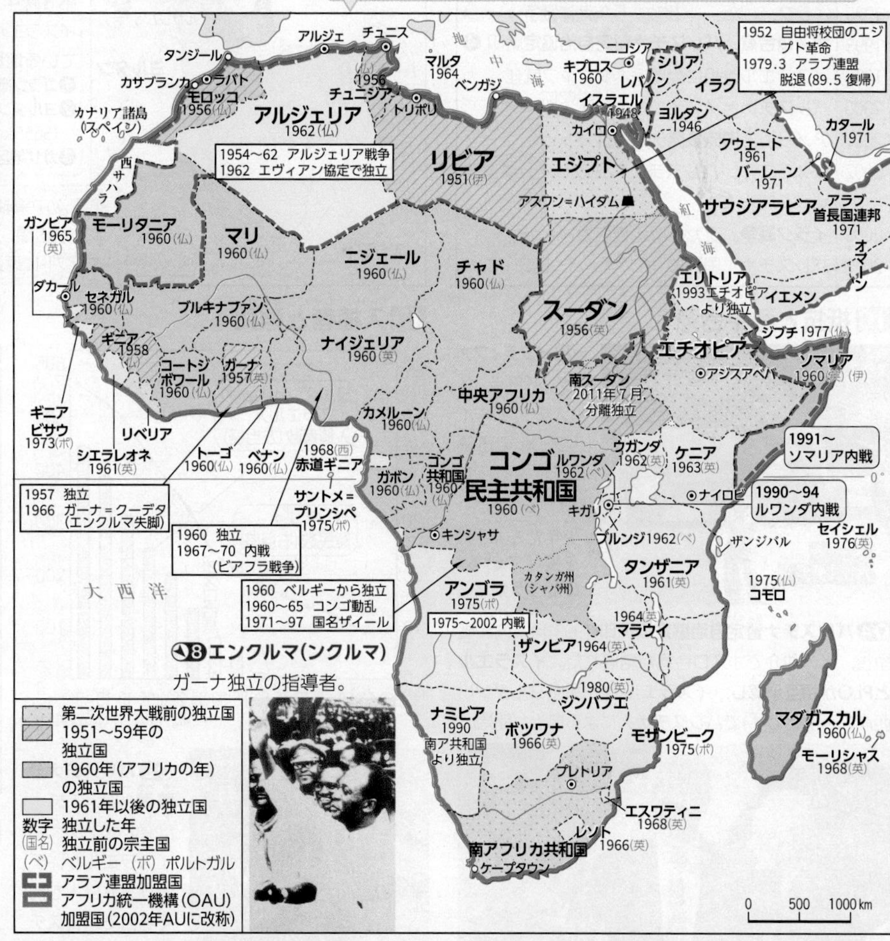

A8 エンクルマ(ンクルマ)
ガーナ独立の指導者。

深めよう アジア・アフリカ諸国が「第三世界」とよばれた理由は，何だろうか？

つなげよう 中国やアジア・アフリカ諸国は，冷戦下の世界にどのような影響を与えるのだろうか？

中東戦争とキューバ危機

アプローチ 冷戦期の国際紛争は，どのような背景のもとで起こったのだろうか？

1 中東戦争とパレスチナ問題

1945	**アラブ連盟**結成(7か国)
1947	国連総会，パレスチナ分割案を採択
1948	**イスラエル**建国宣言 ❶
	パレスチナ戦争(第1次中東戦争，～49)
1952	エジプト革命(ナセルら，王政を打倒)
1955	バグダード条約機構結成 ←p.166
1956	ナセル(エジプト)，**スエズ運河国有化宣言** ❷
	スエズ戦争(第2次中東戦争，～57)
1958	エジプト・シリア統合(～61)。イラク革命
1960	石油輸出国機構(OPEC)発足(5か国)
1964	パレスチナ解放機構(PLO)結成
1967	**第3次中東戦争**
	国連安保理決議(「領土と和平の交換」)
1973	**第4次中東戦争** →p.184
1979	**イラン＝イスラーム革命**。エジプトとイスラエル,平和条約調印。イラクにフセイン政権成立
1980	**イラン＝イラク戦争**(～88) →p.194
1987	インティファーダ(民衆蜂起)の開始 ❸
1990	イラク,クウェート侵攻。翌年**湾岸戦争** →p.194
1993	**オスロ合意**，**パレスチナ暫定自治協定**調印 ❹
1996	イスラエル首相に強硬派ネタニヤフ就任
2000	パレスチナとイスラエルの交渉決裂
2001	アメリカで**同時多発テロ事件** →p.194
2002	イスラエル，パレスチナに侵攻し，分離壁の建設を開始 ❺
2003	**イラク戦争**。フセイン政権崩壊 →p.194
2012	パレスチナ，国連の「オブザーバー国家」に

1A パレスチナ分割案とイスラエル占領地

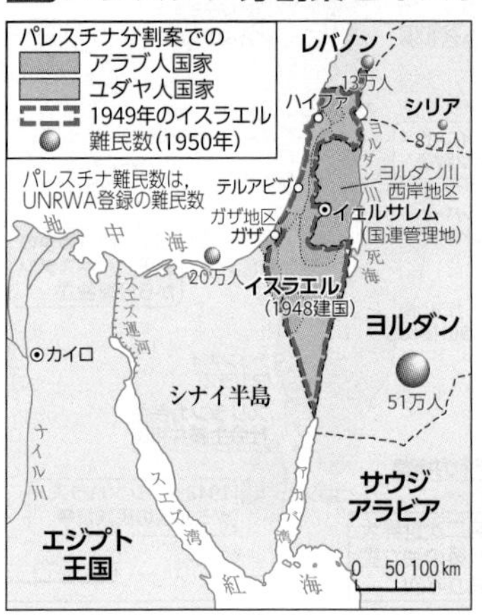

1967年のイスラエルの占領地
難民数は1970年のものを示している
レバノン
18万人
シリア
16万人
ハイファ
テルアビブ
イェルサレム
27万人
ガザ
31万人
イスラエル
ヨルダン
51万人
カイロ
シナイ半島
エジプト
0 50 100km

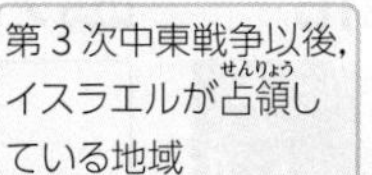

第3次中東戦争でイスラエルが占領し，1982年にエジプトに返還した地域

Q なぜスエズ運河が重要なのだろうか？

▲1 イスラエル建国宣言(1948年5月) 国連の分割案に基づき，ユダヤ人はパレスチナにイスラエルを建国。同年，アラブ諸国との間で戦争が始まった。

▲2 スエズ運河国有化の記念切手(1956年エジプト発行)

←p.64 ユニフォトプレス

1B 中東戦争の構図

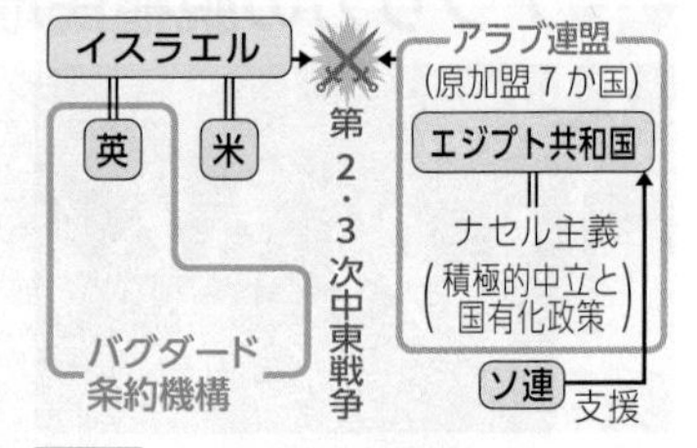

解説 エジプト大統領ナセルを旗手としてアラブ民族主義が高まったが，第3次中東戦争の敗北で挫折した。

1C 抵抗と和平合意

◀3 インティファーダ 1987年，パレスチナではイスラエルの占領に抵抗する民衆蜂起が始まった。

Q 少年たちは何を投げているのだろうか？

▼4 パレスチナ暫定自治協定の調印(1993年) 湾岸戦争後，米の仲介でオスロ合意が結ばれた。**イスラエルとPLOが相互承認し**，イスラエルの占領地(ヨルダン川西岸の一部とガザ)でパレスチナ人による自治が開始。

1D 入植者と難民

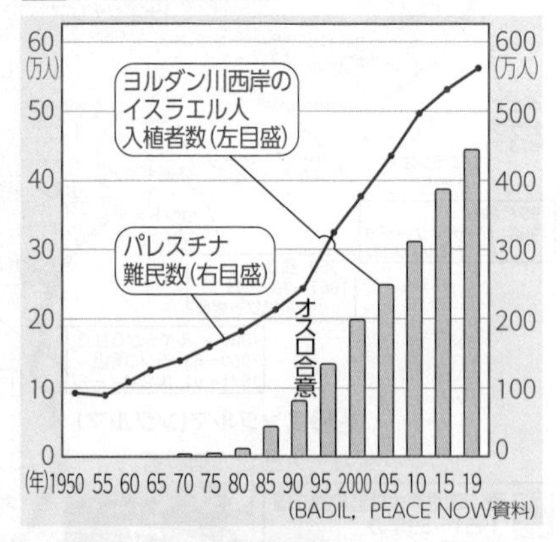

◀5 パレスチナ分離壁(パレスチナ自治区ベツレヘム) イスラエルが，テロリスト侵入を防ぐ名目でパレスチナ自治区との間に700kmにわたって築いた。

1E イスラエル・パレスチナの主張

イスラエル	争点	パレスチナ(穏健派ファタハ)*
1967年(第3次中東戦争)の占領地から全面撤退はしない	領土	1967年の占領地(ヨルダン川西岸，ガザ)の返還を求める
1967年の難民の帰還のみ交渉の用意	パレスチナの難民	全難民の帰還・補償を求める
一部の入植地を除き，イスラエルの管理下におく	ユダヤ人入植地	全入植地の撤去を求める
イェルサレムをイスラエルの恒久的首都として東西不可分	首都	東イェルサレムをパレスチナの首都に

*ハマス政権はイスラエルを承認していない

解説 第二次世界大戦後，多数のユダヤ人がパレスチナの地へ移住し，パレスチナ人との対立が起こった。国連がユダヤ人に有利な分割案を示したことにアラブ諸国が反発し，中東戦争が起こった。イスラエルは4度の戦争を経て，占領地を拡大した。オスロ合意後も，パレスチナ自治区周辺に入植地を拡大し続け，土地を追われたパレスチナ人が難民となる状況が固定化しつつある。

②ラテンアメリカの動向
p.53

Q なぜアメリカは，ラテンアメリカの国々に介入するのだろうか？p.93

ポピュリスト体制（民族主義政権）
左翼勢力の関連事件

アメリカ
メキシコ
キューバ
1959 キューバ革命
1962 キューバ危機
グレナダ侵攻1983（親ソ政権打倒）
グアテマラ
1951 グアテマラ左翼政権
1954 反共親米政権成立
パナマ侵攻1989（ノリエガ政権打倒）
ベネズエラ
1999～2013 チャベス政権
コロンビア
エクアドル
ニカラグア
1979～90 ニカラグア革命
（サンディニスタ民族解放戦線によるソモサ長期独裁政権打倒）
ペルー
1951～54 ヴァルガス政権
1964～85 軍事政権
ボリビア
ブラジル
パラグアイ
チリ
1968 左翼軍事政権成立
1990 フジモリ政権（～2000）
ウルグアイ
アルゼンチン
1946～55 ペロン政権（反米）
1973～74 ペロン再任
1982 フォークランド戦争
1970～73 アジェンデ社会主義政権
70 平和革命で成立
73 クーデタで崩壊
1974～90 ピノチェト軍事政権
88 国民投票で不信任，民政移管へ
フォークランド諸島

⑥アルゼンチン大統領ペロン（1973年） ナショナリズムを掲げ，反米政策をとった。Central Press /特派員

革命家エルネスト＝「チェ」＝ゲバラ

アルゼンチン出身で，盟友カストロとともにキューバ革命を起こした。その後，キューバ政府を去り，ボリビアの革命運動に身を投じ，1967年，政府軍に殺害された。親しみを込める意味で「チェ＝ゲバラ」とよばれている。

⑦カストロ(右)とチェ＝ゲバラ 1959年，キューバ革命を起こし，親米のバティスタ政権を打倒。1961年，アメリカと国交断絶し，社会主義国ソ連に接近した。

③ 資料から考える キューバ危機

気付いたら，「恐怖の均衡」

3A キューバとアメリカ

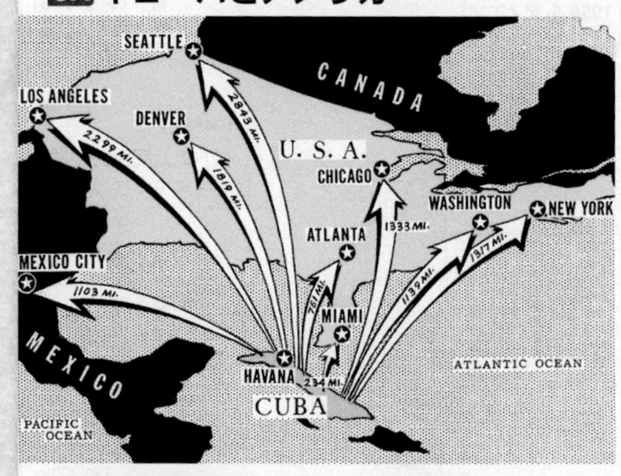

⑧新聞に掲載された北アメリカ地図（1962年，着色） キューバ危機のきっかけは，米軍の偵察機がキューバに建設中のミサイル基地を発見したことであった。

3B 両首脳の風刺画

⑨ソ連のフルシチョフ書記長(左)とアメリカのケネディ大統領 イギリス「デイリー・メール」1962年10月29日

3C キューバ危機の年表 巻末史料59

1961	米，キューバと断交 キューバ，社会主義宣言
1962	ソ連，キューバにミサイル基地建設を開始
.10-16	**ケネディ**大統領，キューバへのミサイル配備を知る
.10-22	ケネディ，全米に緊急演説
.10-23	米ソ代表者の話し合い。結論出ず
.10-24	米，キューバを海上封鎖
.10-28	書簡をやりとりし，ソ連が譲歩，ミサイル撤去を発表
1963	米ソ首脳間の直通電話（**ホットライン**）の設置を決定

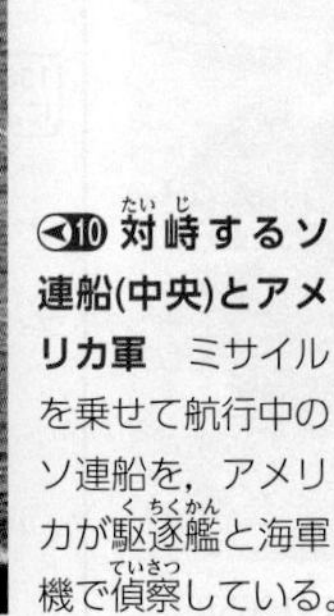

⑩対峙するソ連船(中央)とアメリカ軍 ミサイルを乗せて航行中のソ連船を，アメリカが駆逐艦と海軍機で偵察している。

3D ミサイルの射程範囲

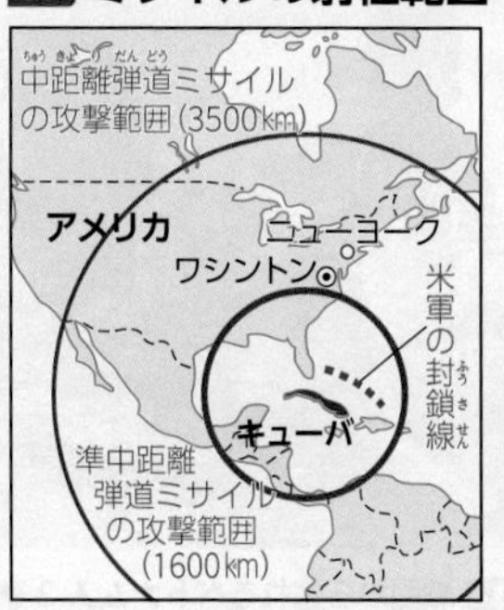

読みとろう

① 3A は，何を表しているのだろうか？
② 3B 風刺画の２人の手元にあるもの，いすになっているものは何だろうか？
③ 3A 3B は，それぞれ年表のどの時期を表した風刺画だろうか？ 時期

考えよう

キューバ危機は，米ソの政策にどのような影響を与えたのだろうか？ 関連

深めよう パレスチナやキューバが，冷戦下で対立の焦点となった理由は，何だろうか？

つなげよう 核戦争の危機は，世界の軍拡競争にどのような影響を与えるのだろうか？

資料

東西両陣営の動揺

アプローチ 「冷戦」とは，本当に冷戦だったのだろうか？

1 緊張緩和と多極化(1965～75年頃)

← p.166 → p.190

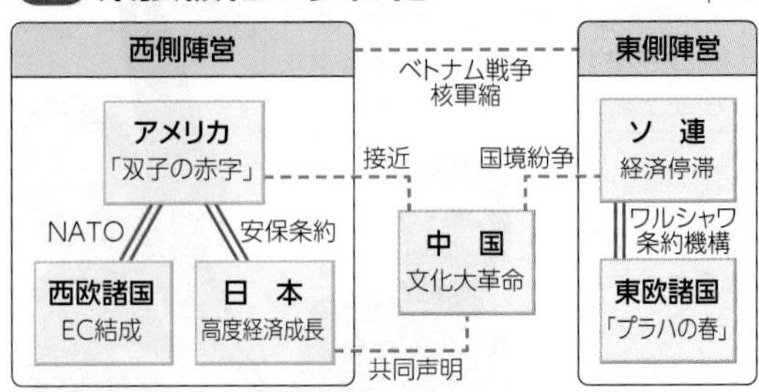

解説 フルシチョフ(← p.167)失脚後，**ブレジネフ**がソ連を率いた。米ソは関係改善し，**緊張緩和(デタント)**が進んだ。

1A 東側諸国の動向 巻末史料60

A1 チェコ事件(1968年) チェコスロヴァキアのドプチェク第一書記は，自由化・民主化改革を行った(**「プラハの春」**)。これに対し，ソ連はワルシャワ条約機構加盟国軍による介入を行い，改革は阻止された。

出動したソ連戦車と兵士

A2 中ソ国境紛争(1969年) 中国とソ連は同盟国であったが，フルシチョフのスターリン批判(← p.167)以後，しだいに対立を深めた。ついに国境にある中州の珍宝島(ダマンスキー島)で，武力衝突した。中ソの対立は，冷戦下の国際関係に大きな変化をもたらした。

2 ベトナム戦争

Q アメリカはなぜベトナムの統一を阻止しようとしたのだろうか？

ベトナム 激動の30年	
1945	ホー＝チ＝ミン(← p.123)，ベトナム民主共和国独立宣言
1946	インドシナ戦争開始(フランスからの独立を求める) 2A
1954	ディエンビエンフーの戦いで仏が敗北。**ジュネーヴ休戦協定**(北緯17度を境に南北分断，将来の統一を約束)
1955	南ベトナムで，ベトナム国に代わりベトナム共和国成立
1960	南ベトナム解放民族戦線(北ベトナム側)結成
1964	米軍艦，トンキン湾で北ベトナムの攻撃を受けたと主張
1965	ジョンソン米大統領，**北爆**(北ベトナム爆撃)開始 2B
	この頃，各地で反戦運動が起こる → p.179
1968	テト(旧正月)攻勢(北ベトナム側の反撃)。**北爆を停止**
1971	ニクソン米大統領，翌年の訪中を発表 → p.178
1973	米と南北ベトナムの**ベトナム(パリ)和平協定**。米軍撤退
1975	南ベトナムの首都サイゴンが陥落し，戦争終結
1976	ベトナム社会主義共和国成立(南北ベトナム統一)

Q アメリカ軍は，なぜ枯葉剤をまいたのだろうか？

米の南ベトナム援助額(ドル)	米軍兵力(人)	散布枯葉剤(L)
		62年 7万
		63 28万
	64年 2万	64 107万
65年 2億	65 18万	65 252万
66 58億	66 39万	66 960万
67 201億	67 49万	67 1939万
68 266億	68 54万	68 1926万
69 288億	69 48万	69 1726万
70 231億	70 34万	70 287万
71 147億	71 16万	71 4万
72 91億	72 2万	

2A インドシナ戦争(1946～54年)

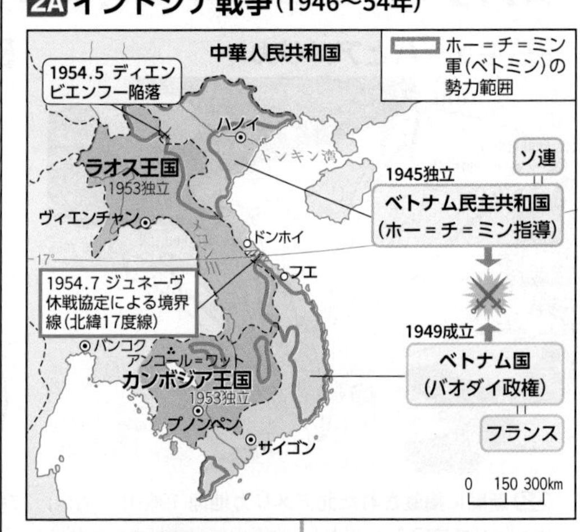

ジュネーヴ休戦協定 フランスは撤退，アメリカは調印拒否

2B ベトナム戦争(1965激化～75年)

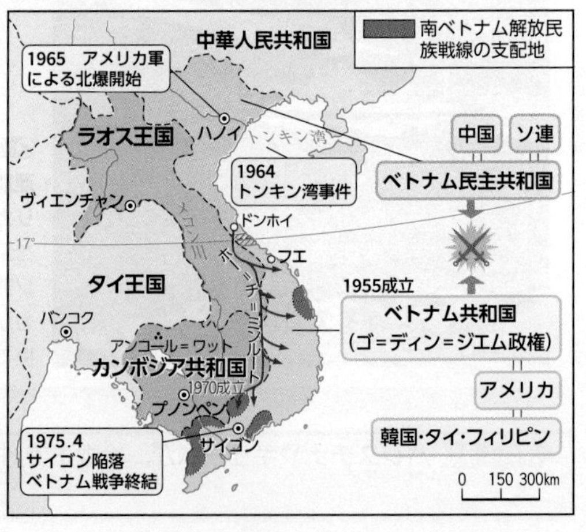

A3 戦地に降り立つアメリカ兵 アメリカによる北爆に対し，北ベトナム側は南ベトナム国内でのゲリラ戦を続けた。米軍はベトナムの密林に猛毒のダイオキシンを含む枯葉剤7200万 L をまいて，ゲリラを掃討しようとした。

A4 戦闘から逃れるベトナム人2家族(1965年) 米が，東南アジアでの共産主義国の拡大を恐れて激化させたベトナム戦争は，ベトナムの一般民衆に多大な犠牲をもたらした(この2家族は，命は取り留めた)。 ピュリッツァー賞受賞の写真。撮影/沢田教一「安全への逃避」

③ 核軍拡と核軍縮の歴史

赤字：多国間　■：米ソ(ロ)間

米ソ冷戦	1945	**アメリカ**，世界初の原爆実験。**広島と長崎に原爆投下** ←p.150・151
	1949	**ソ連**，最初の原爆実験
	1952	**イギリス**，最初の原爆実験 アメリカ，最初の水爆(水素爆弾)実験成功
	1953	ソ連，水爆実験成功 アイゼンハワー米大統領，国連総会で国際原子力機関(IAEA)設立を提唱(1957実現)
「雪どけ」	1954	アメリカ，**ビキニ水爆実験⑤(第五福竜丸事件)**
	1955	ラッセル・アインシュタイン宣言 3A 第1回原水爆禁止世界大会開催(広島)
	1957	パグウォッシュ会議開催(カナダ)
	1960	**フランス**，最初の原爆実験
	1962	**キューバ危機** ←p.173
	1963	部分的核実験禁止条約(PTBT)調印，発効 3E
	1964	**中国**，最初の原爆実験
緊張緩和	1968	核拡散防止条約(NPT)調印(1970発効)
	1972	米ソ，**第1次戦略兵器制限交渉(SALT Ⅰ)**調印
	1974	**インド**，最初の原爆実験(平和目的)
	1979	米ソ，SALT Ⅱ調印→発効せず
	1987	米ソ，**中距離核戦力(INF)全廃条約**調印⑥
冷戦終結後	1991	米ソ，**第1次戦略兵器削減交渉(START Ⅰ)**調印
	1996	包括的核実験禁止条約(CTBT)採択→未発効
	1998	インド・**パキスタン**の核実験 ←p.171
	2006	**北朝鮮**，核実験
	2017	国連で核兵器禁止条約を採択(2021発効)

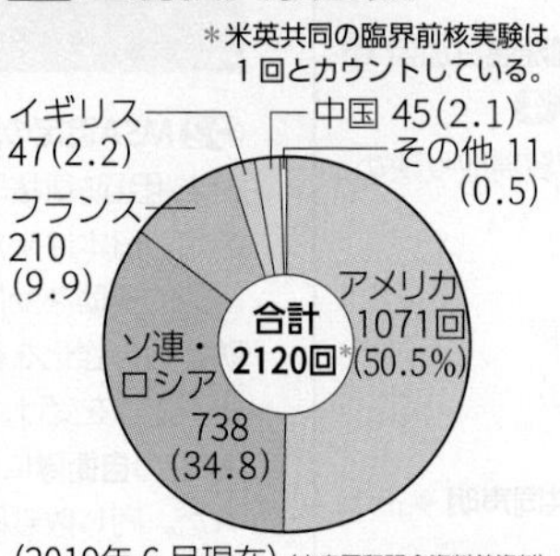

⑤ **ビキニ環礁での水爆実験**(1954年)　南太平洋で操業中であった日本のマグロ漁船**第五福竜丸**が被曝し，乗員1人が亡くなった。

3A ラッセル・アインシュタイン宣言(1955年) 巻末史料61

　大量の水素爆弾が使用されるならば，人類が絶滅する恐れがある。直後の死者は少数だが，多数が長きにわたって病気と肉体の崩壊の拷問にさいなまれる。…
　そこで，ここに私たちが提起する問題は，…**私たちが人類に絶滅をもたらすのか，それとも人類が戦争を放棄するのか**，である。(『世界史史料11』岩波書店)

解説　イギリスの哲学者ラッセルとアメリカの物理学者アインシュタインらが中心になって出した核廃絶宣言。日本の物理学者湯川秀樹も署名。前年の第五福竜丸事件もあり核反対運動が高まって，同じ1955年に広島で**原水爆禁止世界大会**が開かれた。

3B 国別核実験回数

＊米英共同の臨界前核実験は1回とカウントしている。

国	回数(%)
アメリカ	1071回＊(50.5%)
ソ連・ロシア	738(34.8)
フランス	210(9.9)
イギリス	47(2.2)
中国	45(2.1)
その他	11(0.5)
合計	2120回

(2019年6月現在)(広島平和記念資料館資料)

解説　米ソにとって，核軍拡競争は財政的に負担でもあった。←p.167

3C 米ソの核弾頭数の推移

Q 米ソの核弾頭数が減るきっかけは，それぞれ何だったのだろうか？

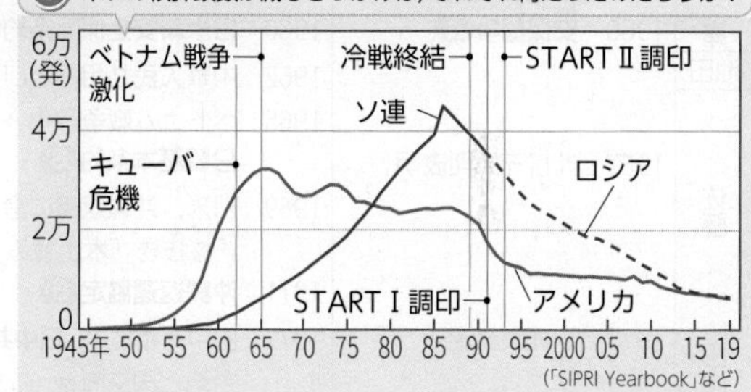

(「SIPRI Yearbook」など)

解説　米ソは大量の核兵器を配備して，お互いを牽制した。これにより全人類が，核の脅威にさらされることとなった。

3D 冷戦期の核配備

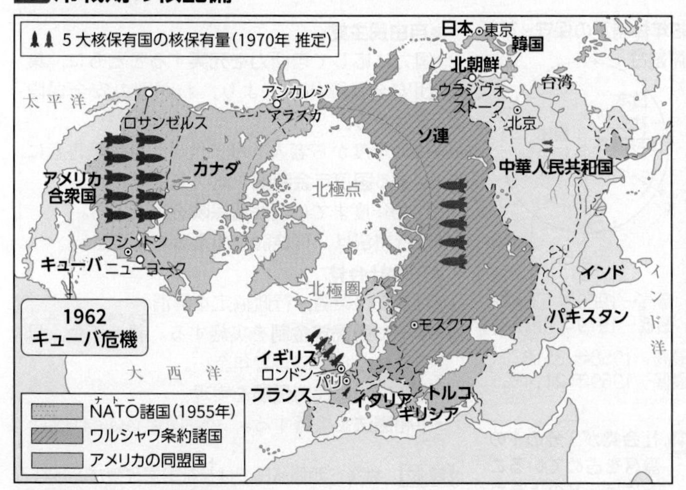

3E 多国間の核軍縮条約

1963　米・英・ソ　部分的核実験禁止条約(PTBT)
最初の核実験の制限
地下核実験以外の核実験を禁止
→地下核実験が進む米ソのみ有利

1968　核拡散防止条約(NPT)　1995無期限延長
核不拡散の国際ルール
核保有5か国(米英ソ仏中)以外の新たな核保有国の増加を防ぐ→核保有5か国の核廃絶には効果なし

1996　包括的核実験禁止条約(CTBT)
爆発をともなう核実験の制限
地下核実験も含め全核実験を禁止
→臨界前核実験は禁止されていない
　核廃絶の時期が明示されていない
　核疑惑国が条約未批准

宇宙空間(PTBTで禁止)
大気圏内(PTBTで禁止)
地下(CTBTで禁止)　水中(PTBTで禁止)

Q 各条約にはどのような意義・限界があるのだろうか？

3F 米ソの核軍縮条約

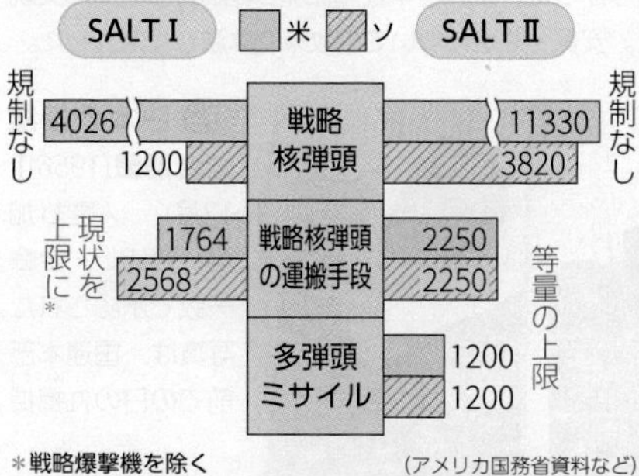

＊戦略爆撃機を除く　(アメリカ国務省資料など)

解説　米ソ間のSALT(**戦略兵器制限交渉**)は，1969年に開始された。**緊張緩和(デタント)**の流れのなか，核運搬手段の制限をめざした。米ソは，1991年には**START(戦略兵器削減交渉)Ⅰ**を開始，2010年には新STARTに調印した。2026年まで有効で，現在，米ロ間で唯一の核軍縮条約である。

⑥ **中距離核戦力(INF)全廃条約の調印**(1987年ワシントン)　米ソが，中射程の弾道ミサイルの廃棄に合意した。史上初の核兵器の廃棄であり，**冷戦終結**につながった(→p.190)。近年，中国が除外されているなどの課題から，トランプ米大統領が脱退を表明。2019年，失効した。

深めよう　1960年代に，冷戦の対立構造はどのように変化したのだろうか？

つなげよう　ベトナム戦争の「熱戦」は，冷戦下の世界にどのような影響を与えるのだろうか？

冷戦下日本の国際関係

アプローチ 独立後の日本は，国際社会でどのような存在となったのだろうか？

1 1950〜70年代の日本 まとめ

p.158 ➜p.196

内閣	国内政治	外交
吉田		1951 サンフランシスコ平和条約 ←p.163
	1952 血のメーデー事件	日米安全保障条約
	破壊活動防止法	1952 韓国と国交樹立交渉を開始
	保安隊発足 ❶	日華平和条約(台湾と)
	1954 **自衛隊**発足	1954 MSA協定 ❷
鳩山	1955 **日本社会党**統一 ❷	1955 アジア＝アフリカ会議に参加 ←p.170
	自由民主党結成	
	55年体制の成立	1956 **日ソ共同宣言**❸，**国際連合加盟** ❸
岸	1960 **安保闘争**❹	1960 **日米新安全保障条約**❹
池田		1962 中華人民共和国とLT貿易取り決め
佐藤		1965 ベトナム戦争激化 ←p.174
	1967 非核三原則表明	**日韓基本条約**❺
		1969 日米，沖縄返還に合意(「核抜き」「本土並み」)
		1971 **沖縄返還協定**❻
田中	1972 沖縄県発足	1972 田中首相訪中，**日中共同声明** ➜p.178
		台湾と国交断絶
福田		1978 **日中平和友好条約**

1A 防衛力の強化

◀1 **保安隊の発足** 警察予備隊(←p.162)は，1952年に保安隊に改編された。写真は1953年，京都市内を行進する保安隊の「特車」隊。

▶2 **MSA協定の調印**(1954年) 日米相互防衛援助協定など4協定。日本は米から軍事的・経済的援助を受ける一方で，防衛力の強化を義務付けられた。これを受け，保安隊は陸・海・空の**自衛隊**に改編・拡充された。同じ敗戦国の西ドイツがNATOに加盟し，再軍備を進める前年のことであった。(←p.168)

Q 与野党の政策を比較してみよう。

2 55年体制の成立(1955年) ➜p.196

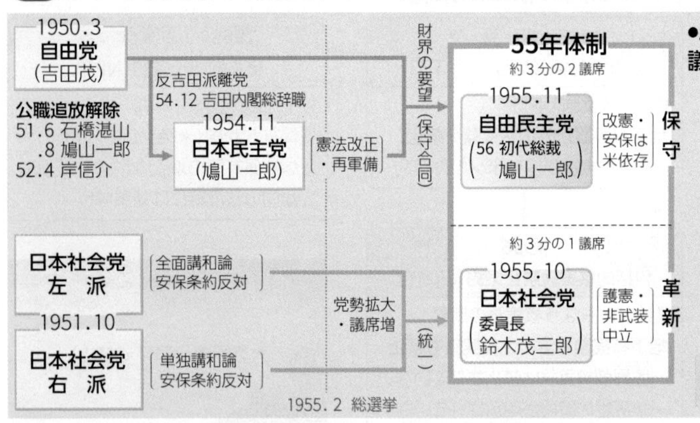

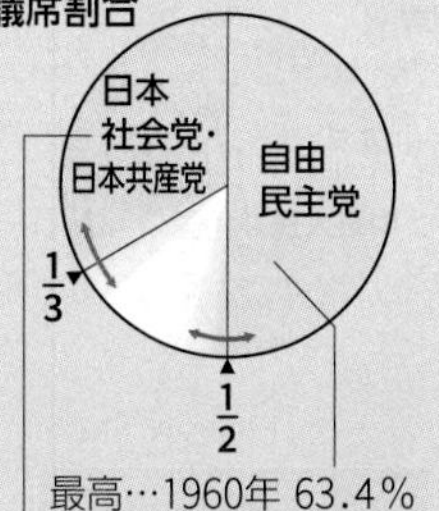

解説 1955年，**日本社会党**が統一した。これに対し，国内の財界やアメリカは，革新政党が勢力を伸ばすことを警戒して保守陣営の合同を働きかけ，**自由民主党**が誕生した。こうして成立した**55年体制は，冷戦の東西対立を反映**していた。自民党は，改憲に必要な3分の2議席を獲得できなかった。

Q 社会党が3分の1の議席を占めていることには，どのような意味があるのだろうか？

2A 与野党の政策(1958年衆議院選挙公約)

●**自由民主党**
- 国力に応じて**自衛力を充実**するとともに，集団安全保障体制により，わが国の安全保障をはかる。
- 1959年度から老人，母子世帯，身体障害者に対する**国民年金制度**を漸次実施する。
- 1960年度までに**国民皆保険**を達成する。
- 現行憲法は，再検討を加えるのは当然。

●**日本社会党**
- 日米安保条約，行政協定を解消。
- 早急に**国民年金制**を実施する。養老年金，母子年金と身体障害者年金…。
- 3年間で**国民皆保険**を実現。
- **平和憲法**を擁護する。 (『朝日新聞』1958年4月26日)

解説 戦後，西側諸国では福祉国家政策がとられるようになっており(←p.168)，両党の社会保障政策には大差はなかった。国民皆年金・国民皆保険は,1961年に実現した。安保・憲法についての政策では激しく対立した。

3 日ソ共同宣言(1956年10月調印)

注：丸数字は条数。

①日ソ間の戦争状態は終了し，両国の国交を回復する。
④**ソ連は，日本の国際連合への加入を支持する。**
➜ソ連が国連安保理で拒否権をもつため，ソ連が反対する限り，日本は国連に加盟できなかった。
⑤ソ連で有罪判決を受けたすべての日本人は，日本へ送還される。
➜終戦後もソ連のシベリアに抑留され，強制労働をさせられていた元日本兵の帰国を願う世論も，調印を後押しした。←p.151
⑥日ソ両国は，すべての請求権を相互に放棄する。
⑨**日ソ平和条約の締結後に，ソ連は歯舞群島・色丹島を日本に引き渡す。**
➜北方領土問題は棚上げされ，平和条約締結は課題として残された。

解説 鳩山一郎内閣は，「対米自主外交」をとなえ，吉田茂内閣の方針を修正してアメリカ以外との関係も重視した。フルシチョフによるスターリン批判(←p.167)以後，「平和共存」路線をとるソ連と国交を回復した。平和条約は現在も未締結で，北方領土問題も未解決である。

◀3 **日本の国際連合加盟**(1956年12月) ソ連も加盟に賛成し，全会一致で承認された。写真は，国連本部前での日の丸掲揚。

❹ 日米新安全保障条約(日米相互協力及び安全保障条約)(1960年)

③日米は，防衛力を維持し発展させる。
④日米は，日本の安全，または極東の平和と安全への脅威に対し，協議する。
→「極東」の範囲が不明確であると批判された。
⑤日米は，日本の領域への武力攻撃には，共同で対処する。
→米軍の日本防衛義務は，旧安保条約(←p.163)では明確でなく，この点が不平等と考えられていた。「日本の領域」には米軍基地も含まれる点が懸念された。
⑥米軍は，日本において，施設及び区域を使用できる。

注：丸数字は条数。

デモ、徹夜で国会を包む
一般市民参加、目立つ
三十三万を動員

◀❹ **安保闘争を報じる新聞**(「朝日新聞」1960年6月19日) デモ隊は約1か月間，国会を取り巻いた。デモ隊と警官隊が衝突する混乱の中で，デモに参加していた大学生1人が亡くなった。

▶❺ **国会に押し寄せたデモ隊**(1960年6月18日)

Q プラカードには何と書かれているのだろうか？

解説 岸信介内閣は，旧安保条約の不平等性解消をめざし，1960年1月に新安保条約に調印した。革新政党や労働組合は，**アメリカの戦争に日本が巻き込まれる**と反対した。岸内閣が，国会で条約批准を強行採決したことが非民主主義的な手段ととらえられ，安保闘争が激化した。6月に条約批准が国会で自然成立し発効すると，岸内閣は総辞職した。

❺ 日韓基本条約(1965年)

①両国間に国交を開設する。
→日本は高度経済成長期に入り，韓国を市場と期待し，国交を求める声が高まっていた。
②韓国併合条約(←p.97)は，もはや無効であることを確認する。
③韓国は，朝鮮にある唯一の合法的な政府であることを確認する。
→日本国内で，「朝鮮半島の分断を認めることになる」と反対論が起こった。

付属協定
財産・請求権をたがいに放棄し，日本は韓国に経済協力を行う。
→アメリカは，ベトナム戦争への韓国の協力が必要で，日本の韓国への経済援助を求めていた。

解説 植民地支配をめぐる歴史認識や戦後補償の問題で対立し，交渉は13年にも及んだ。冷戦の東西対立を背景に，アメリカは日韓の関係改善を求めた。韓国に朴正熙政権が成立すると交渉は進展し，1965年6月に佐藤栄作内閣が調印した。竹島問題は解決しなかった。→p.186

❻ 沖縄の復帰(1972年)

▲❻ **日本渡航証明書(左)と身分証明書** 左は，復帰前に沖縄住民が本土へ渡航する際に必要。右は，沖縄から日本以外の外国へ渡航する際に必要。
沖縄県立博物館・美術館蔵

▲❼ **祖国復帰運動**(1965年) 平和条約発効後もアメリカの施政権下におかれていた沖縄で，祖国復帰運動が高まった。

▼❽ 沖縄復帰を報じる本土の新聞

沖縄27年ぶり帰る
きょう東京・那覇で記念式典
「平和の島」を誓う 政府声明
屋良知事談話 全面解決へ協力を
革新団体は抗議集会
"核抜き"履行 米国務長官が書簡
「日本経済新聞」1972年5月15日

6A 全国と沖縄県の比較

全国		沖縄県(%は全国比)
37万7975km²(北方4島・竹島含む)	面積	2283km²(0.6%)
263.1km²	基地面積	184.8km²(70.3%)
78	基地施設数	31(39.7%)
2.8%	失業率*1	3.3%
330万円	1人当たり県民所得*2	235万円

(2021年。*1は2020年，*2は2017年度)
(防衛省資料など)

解説 佐藤栄作内閣と米政府の交渉により，1971年に**沖縄返還協定**が調印された。「祖国復帰」は実現したが，課題は残されている。

❼ 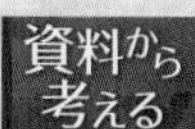 沖縄の米軍基地問題

資料から考える

本土復帰後も，課題は残された

7A 米軍基地面積の推移

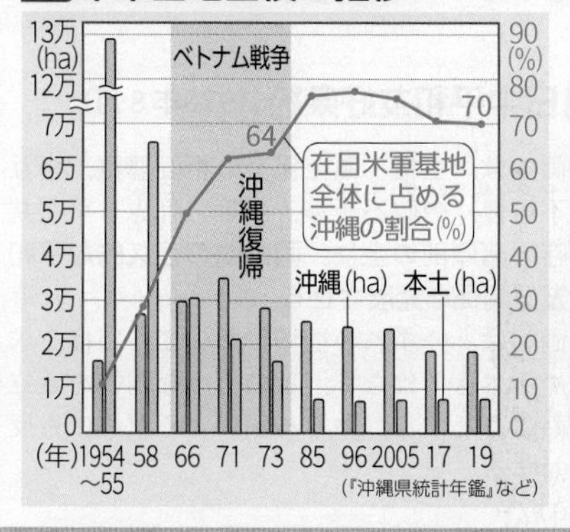

(『沖縄県統計年鑑』など)

7B 沖縄の新聞報道

琉球新報
変わらぬ基地 続く苦悩
いま 祖国に帰る
沖縄県 きびしい前途
なお残る「核」の不安

◀❾ **沖縄復帰を報じる新聞**(「琉球新報」1972年5月15日)

読みとろう
① 7A 沖縄の米軍基地が拡張された背景には，何があるのだろうか？
② 7A 在日米軍基地全体に占める沖縄の割合は，沖縄返還前後でどのように変化しているだろうか？

考えよう
❽❾沖縄の本土復帰への捉え方は，本土と沖縄ではどのように違っていたのだろうか？ 比較

深めよう 国際社会に復帰した日本に対し，冷戦はどのような影響を与えたのだろうか？
つなげよう 国際社会での日本の立場は，どのように変化していくのだろうか？

沖縄返還と基地問題(動画 1:02)→

つながりで読みとく冷戦の変容

1 ベトナム戦争は，国際関係にどのように影響したか？

ベトナム戦争の動向 ←p.174	アメリカ・西欧諸国 ←p.166	日本 ←p.176	中国 ←p.170	ソ連・東欧諸国 ←p.166
1955.10 ベトナム共和国成立			1958 「大躍進」政策	
1960.12 南ベトナム解放民族戦線結成	1960.1 **日米新安全保障条約** ←p.177		1960.4 **中ソ対立表面化**	
	1963.8 ワシントン大行進 .11 ケネディ大統領暗殺			1961.8 ベルリンの壁建設 ←p.155
1964.8 トンキン湾事件	1964.7 **公民権法**成立 ❽			
1965.2 **米，北爆開始**		1965.6 **日韓基本条約** ←p.177	1966.8 プロレタリア文化大革命	
1968.1 テト攻勢→米大使館占拠 .5 パリ和平会談開始	1968.4 キング牧師暗殺 .5 フランス，五月危機			1968.1 「プラハの春」 .8 チェコ事件 ←p.174
.10 **米，北爆を停止**				
	1969.8 **ウッドストック＝フェスティバル** ❾	1969.1 安田講堂事件(大学紛争)	1969.3 中ソ国境紛争 ←p.174	
1970.2 ニクソン＝ドクトリン	1970.4-22 **アースデイ** ❿			
	1971.6 **沖縄返還協定調印**			
1971.7 **ニクソン＝ショック**				
	1971.8 ドル＝ショック →p.184		1971.10 中華人民共和国，国連代表権獲得	
	1972.2 **ニクソン訪中** ❶ →		**米中首脳会談**	
		1972.5 沖縄復帰		
	.5 **ニクソン訪ソ** →			.5 **SALT I 調印** ←p.175
	1972.12 東西ドイツ基本条約	.9 **田中首相訪中** ❷ →	**日中共同声明**	
1973.1 **ベトナム(パリ)和平協定**				1973.6 ブレジネフ訪米
1975.4 ベトナム戦争終結				

2 米中・日中の国交正常化

2A 1960年代後半のアジア

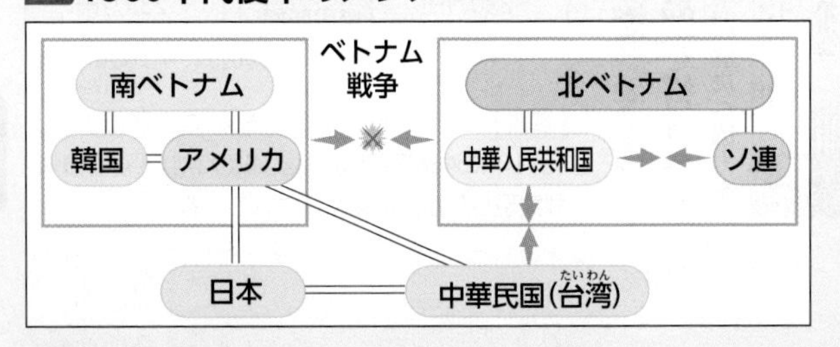

2B ニクソン＝ショック

Q アメリカは，なぜ中国への接近を図ったのだろうか？

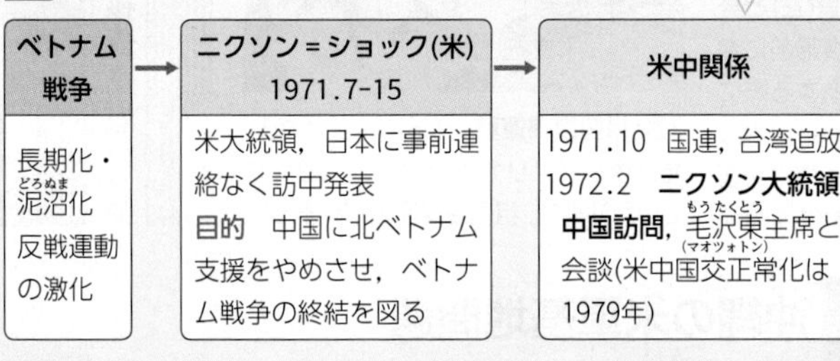

2C ニクソン訪中

周恩来　ニクソン

A1 ニクソン大統領の訪中(1972年２月)　ベトナム戦争の状況打開のため，アメリカは中国への接近を図った。中国も中ソ対立(←p.174)を背景にアメリカへの接近を図り，米大統領として初の訪中が実現した。第三世界を形成するアジア・アフリカ諸国は，台湾ではなく中国を支持しており，1971年には中国が国連に加盟していた。

2D 日中共同声明(1972年９月)

(前文)日本は，中国国民に重大な損害をあたえた責任を痛感し，深く反省する。
①日中間の不正常な状態は終了する。
②**日本は，中華人民共和国政府が中国の唯一の合法政府と認める。**
⑤中国政府は，日本に対する賠償請求を放棄する。
注：丸数字は条数。

A2 田中角栄首相の訪中(1972年９月)

2E 台湾との断交(1972年９月)

日中国交正常化の結果といたしまして，台湾と日本との間の外交関係は維持できなくなります。　(大平正芳外相の記者会見，外務省資料)

2F 日中平和友好条約(1978年８月)

①両国は，主権・領土保全の相互尊重，相互不可侵，内政不干渉，平等・互恵・平和共存の諸原則の上に，**両国間の恒久的な平和友好関係を発展させる。**
②両国は，いずれの地域においても覇権を求めるべきではなく，このような覇権を確立しようとするいかなる国による試みにも反対する。

解説　日本の財界は，巨大市場である中国との関係を重視していた。日中国交正常化が実現すると，日本は台湾との国交を断絶し，日華平和条約は破棄された。日本と台湾の民間交流は維持された。

3 世界の人々は，ベトナム戦争にどう反応したか？ ←p.174

◀3 アメリカでの反戦デモ(1969年) 北爆開始以降，アメリカではベトナム反戦運動が高まった。ワシントンでは，25万人がデモに参加した。

▲4 国際反戦デー　反戦運動は，西ヨーロッパや日本にも広まった。写真は，1967年に西ベルリンで行われたデモ。

3A ベトナム戦争を裁く法廷

●第１回ラッセル法廷判決(1967年５月，スウェーデン・ストックホルム)
アメリカ合衆国政府は，ベトナムに対して，国際法でいう侵略行為を犯したか。
有罪である(全員一致)。
●第２回ラッセル法廷判決(1967年12月，デンマーク・ロスキレ)
日本政府は，アメリカ合衆国政府がベトナムに対して行った侵略につき，共犯したことで有罪であるか。
有罪である(８対３の多数決)。
アメリカ合衆国政府は，ベトナム人民に対して行ったジェノサイドにつき有罪であるか。
有罪である(全員一致)。
(『世界史史料11』岩波書店)

解説　ラッセルは，ベトナム戦争でのアメリカと同盟国の戦争犯罪を裁くため，民間レベルの国際法廷を提唱。２度にわたって開催された。

▲5 ラッセル (1872〜1970) イギリスの哲学者。

Q 欧米や日本で行われたデモに共通する目的は何だろうか？

3B ベトナム戦争と日本

●1965年４月椎名悦三郎外相の国会答弁
いまの米軍が北越を爆撃しておりますのは，人員および物資によって絶えず浸透が行われておる，いわば…継続しつつある侵略行為に対して**やむを得ざる自衛行為として北爆をやっておる**，こういう解釈をしておるのであります。
(『世界史史料11』岩波書店)

▲6 日本での反戦デモ(1968年２月)　北爆を行う米軍機は，沖縄の米軍基地からも飛び立っていた。日本では，「ベトナムに平和を！市民文化団体連合(ベ平連)」が，反戦運動の中心となり，米兵の脱出援助も行った。日本人の親米感情も低下した。

▲7 反戦広告　1967年に「ワシントン・ポスト」に掲載された。文字は岡本太郎の筆による。その下には，"Stop the Killing! Stop the Vietnam War!" とある。　提供／公益財団法人岡本太郎記念現代芸術振興財団

Q なぜ日本人は，ベトナム戦争に関心が高かったのだろうか？

4 1960年代，アメリカ社会はどう変わったか？

4A 公民権運動 巻末史料62

●キング牧師の演説(1963年８月)
この共和国の礎を築いた者たちは，「独立宣言」と「憲法」の荘厳たる文言を書き記したとき，その後のすべてのアメリカ人たちを相続人とする約束手形に署名したのです。この手形はこう約束しています。黒人も白人も，「すべての人間には，生命，自由，幸福を追求する奪うべからざる権利が与えられている」。…
私には夢があります。アメリカン・ドリームの伝統に深く根ざした夢があるのです。**いつの日かこの国は立ち上がり，国の礎となった信念にしたがって…歩み始める，そんな夢が私にはあるのです**。
(『世界史史料11』岩波書店)

解説　**公民権運動**は，人種差別を実質的に撤廃しようという運動。1950年代半ば以降，キング牧師を中心に展開された。キング牧師は1964年にノーベル平和賞を受賞。1968年に暗殺された。

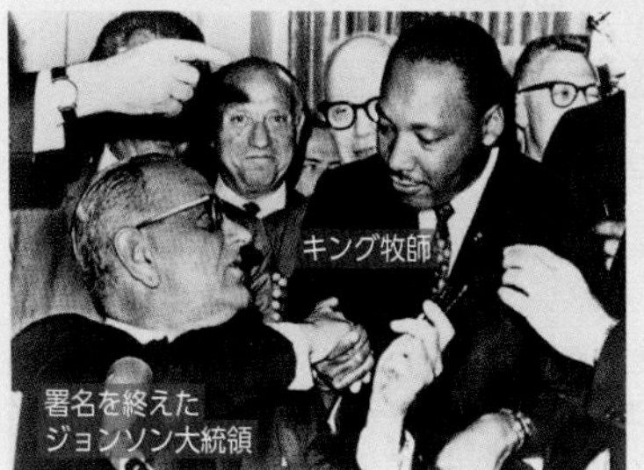

◀8 公民権法の成立(1964年)　平等な投票権の保障，教育や公共施設における差別禁止が示された。

4B 戦争権限法(1973年決議)

第1541条(a)　敵対行為への，または敵対行為に巻き込まれる差し迫った恐れのあることを状況が明白に示している事態への合衆国軍隊の投入および継続的使用について，**連邦議会および大統領の共同の判断がなされる**ことを確保する。(川西晶大「アメリカ合衆国の戦争権限法」)

解説　アメリカでは，外部からの攻撃を受けたとき，議会による戦争宣言がなくても，大統領が戦闘を命じることや，軍を海外に派遣する権限があると考えられていた。ベトナム戦争でも，議会による宣言なしに戦争が行われた。だが，戦争に対する国民の支持が失われると，議会の承認なしに大統領が戦争を行うことを制限する動きが生じた。ニクソン大統領のとき，議会で可決された。

4C 新しい若者文化

▼9 ウッドストック＝フェスティバル(1969年８月15〜17日)　米ニューヨーク州で行われた，ロック音楽の祭典。「ヒッピー」とよばれた対抗文化の若者ら40万人が参加した。

▼10 アースデイ(1970年４月22日)　アメリカ各地で行われた，地球環境の保護を訴える集会。全米でのべ2000万人が参加した。写真は４月23日フィラデルフィア。　写真：AP/アフロ

解説　ベトナム反戦運動や，**公民権運動**などの影響で，アメリカ社会は大きく動揺した。その中から，既存の社会に批判的な新しい若者文化が生まれ，**対抗文化(カウンターカルチャー)**とよばれた。若者たちは，ロック音楽を通じて「愛と平和」を訴え，ファッションやライフスタイルなどに特徴がみられた。この文化は西ヨーロッパや日本にも広まった。

日本の高度経済成長①

アプローチ 高度経済成長を経た日本は，どのような国になったのだろうか？

1 戦後の日本経済 まとめ

p.158

内閣	国内経済・社会	国際社会
	1952 IMF・世界銀行に加盟 ←p.152	1953 朝鮮戦争休戦
鳩山	1955 GATT(ガット)に加盟	
鳩山	1956(昭31) 経済白書(はくしょ)に「もはや戦後ではない」と記述	
池田	1960 **所得倍増計画**を閣議決定	
池田	1961 農業基本法を公布	1962 キューバ危機 ←p.173
池田	1963 GATT11条国に移行(いこう)(貿易の自由化)	
池田	1964 IMF 8 条国に移行(為替の自由化) OECDに加盟(資本の自由化) **先進国の仲間入り** 東海道新幹線開業❸ **東京オリンピック**を開催❶ **経済復興をアピール**	
佐藤	1965 名神(めいしん)高速道路全線開通❸	1965 米軍，北ベトナム空爆(くうばく)開始 ←p.174
佐藤	1967 東京都知事に美濃部亮吉(みのべりょうきち)就任 →p.183 公害対策基本法を公布 →p.183	
佐藤	1968 消費者保護基本法を公布 国民総生産(GNP)が資本主義国第2位に	
佐藤	1970 **大阪万博(ばんぱく)**を開催❷ コメの減反政策(げんたんせいさく)を開始	
佐藤	1971 環境庁(かんきょうちょう)を設置	→p.184 1971 ドル＝ショック
田中	1973 **第 1 次石油危機** →p.184 ←	1973 第 4 次中東戦争
田中	**高度経済成長の終了**	
田中	1974 戦後初のマイナス成長	1975 第 1 回先進国首(しゅ)脳(のう)会議(サミット)
	1979 **第 2 次石油危機** ←	1979 イラン＝イスラーム革命
	1985 NTT・JT発足 →p.189 男女雇用(こよう)機会均等法(きかいきんとうほう)を公布	1985 プラザ合意 →p.189
	1987 JR 7 社開業	
	1988 牛肉・オレンジの輸入自由化を決定	1989 APEC(エイペック)発足 マルタ会談(冷戦終結) →p.191
	1989 消費税を導入(3 %)	
	1991 **バブル経済崩壊** →p.197	
	1993 コメ市場部分開放を決定 →p.196	
	1997 北海道拓殖(たくしょく)銀行・山一証券(やまいちしょうけん)経営破綻(はたん)	1997 アジア通貨危機
		2008 リーマン＝ショック(世界金融(きんゆう)危機) →p.192
	2011 東日本大震災 →p.197	
	2020 COVID-19(コビッド)の流行 ←p.165	

1A 日本経済の復興(ふっこう) ―製造工業生産指数―

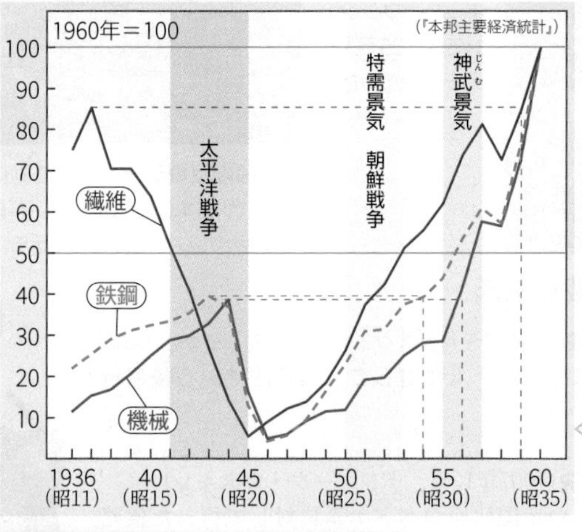

解説 特需景気(とくじゅけいき)(←p.162)により，戦後の不況に苦しんでいた日本経済は活気を取り戻した。実質GNPは1951年に戦前の水準にまで回復した。

Q なぜ1956年に，「もはや戦後ではない」といわれたのだろうか？

▲1 東京オリンピック(1964年) 第18回オリンピック競技大会。93の国と地域が参加。日本の復興と経済成長を世界に印象付けた。

▲2 大阪万博(ばんぱく)(1970年 3 ～ 9 月，大阪府吹(すい)田(た)市) 日本万国博覧会(ばんこくはくらんかい)。77か国が参加し，6421万人が入場した。

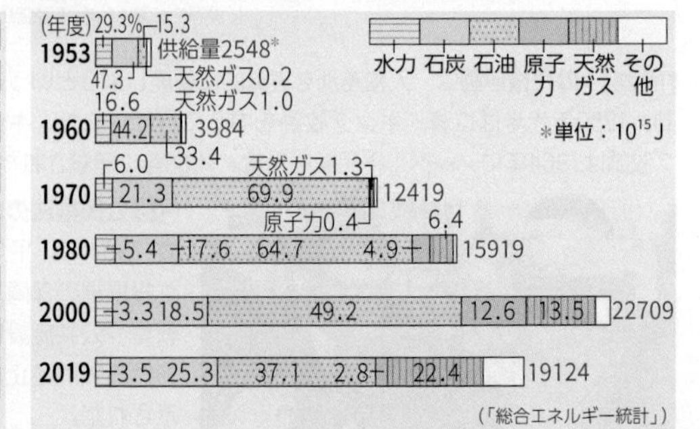

◀3 東海道新幹線と名神(めいしん)高速道路(1964年 9 月，岐阜県) 東京オリンピックに合わせて，東海道新幹線(東京～新大阪間)と首都高速道路が整備された(新幹線は，オリンピック開幕 9 日前に開業)。名神高速道路は1965年に全線開通し，名古屋～神戸間を結んだ。

1B 産業別就業者の割合の推移

年	第 1 次産業	第 2 次産業	第 3 次産業
1950年	48.4%	21.9	29.7
1970年	19.3%	34.1	46.6
1990年	7.2%	33.6	59.2
2010年	4.2%	25.1	70.7

内訳（各年の下段）

年	下段の値
1950年	男 24.7, 女 23.7, 16.8, 5.1, 19.8, 9.9
1970年	9.1, 10.2, 23.9, 10.2, 27.9, 18.7
1990年	3.8, 3.4, 22.5, 11.1, 33.1, 26.1
2010年	2.5, 1.7, 18.6, 6.5, 36.0, 34.7

(『近代日本経済史要覧』東京大学出版会など)

解説 高度成長期，第2次・第3次産業の割合が増加し，産業構造が高度化した。第1次産業では，専業(せんぎょう)農家数が激減(げきげん)し，兼業(けんぎょう)農家が増加した。

1C 工業製品出荷額の割合の推移

(年)	金属	機械	化学	食料品	繊維	その他
	重化学工業			軽工業		
1946	14.8%	26.7	13.1	12.6	9.5	23.3
1950	16.0%	13.9	14.3	13.4	23.2	19.2
1960	18.8%	25.8	11.8	12.4	12.3	18.9
1970	19.3%	32.3	10.6	10.4	7.7	19.7
1990	13.8%	43.1	9.7	10.2	3.9	19.3
2010	13.6%	44.7	19.1	11.7	1.3	9.6
2018	13.5%	46.0	18.3	11.9	1.2	9.1

(『工業統計表』など)

解説 第2次産業の中では重化学工業が発達し，1970年代には工業生産額の3分の2を占めた。鉄鋼・造船・自動車などが主要な輸出品となった。

1D エネルギー供給の割合の推移

(年度)	水力	石炭	石油	原子力	天然ガス	その他	供給量*
1953	29.3%	47.3	15.3		0.2		2548
1960	16.6	44.2	33.4		1.0		3984
1970	6.0	21.3	69.9	0.4	1.3		12419
1980	5.4	17.6	64.7	4.9	6.4		15919
2000	3.3	18.5	49.2	12.6	13.5		22709
2019	3.5	25.3	37.1	2.8	22.4		19124

*単位：10^{15} J

(「総合エネルギー統計」)

解説 産業を支えるエネルギー源は，石炭から石油への転換が進んだ(**エネルギー革命**)。一方で，国内の炭鉱での解(かい)雇(こ)・閉山(へいざん)をめぐり，激しい労働争議(ろうどうそうぎ)が起きた。

Q 下の写真の施設は，それぞれどの産業分野にあたるのだろうか？

2 国際経済の中の日本 世界 日本

2A 世界銀行からの借入金(万ドル)

産業分野	1953.10～57.8	1957.9～61.11	1963.9～66.7	合　計
電力(火力)	4020	1200		5220(6 %)
電力(水力)		1億0100	2500	1億2600(15%)
鉄　鋼	2790	1億3000		1億5790(18%)
自動車	235			235(0.3%)
造　船	315			315(0.4%)
農　業	1130			1130(1 %)
道　路		8000	3億5000	4億3000(50%)
鉄　道		8000		8000(9 %)
合　計	8490	4億0300	3億7500	8億6290(100%)

(浅井良夫「高度経済成長初期の世銀借款」)

解説 世界銀行は，日本に巨額の貸し付けを行い，戦後の経済復興に大きく貢献した。日本は，この借入金で，多くの施設をつくり上げ，借入金返済は1990年にようやく終わった。日本は現在では貸し手の立場となっており，「世界銀行の優等生」とよばれる。

愛知用水(1957年調印)

黒部第四ダム(富山県)(1958年調印)

東海道新幹線(1961年調印)

東名高速道路(1963年調印)

2B アジア諸国への戦後賠償

＊サンフランシスコ平和条約(← p.163)非批准のため

支払いの区分	国	供与期間	金額(億円)
サンフランシスコ平和条約に基づく賠償	フィリピン	1956～76	1902
	(南)ベトナム	1960～65	140.4
個別の平和条約に基づく賠償＊	インドネシア	1958～70	803.1
	ビルマ(ミャンマー)	1955～65	720
賠償額　合計			3565.5
経済技術協力協定などによる援助(賠償に準じる支払い) 注：一部略	タイ	1962～69	96
	ビルマ(ミャンマー)	1965～77	473.4
	韓国	1965～75	1020.9
	マレーシア	1968～72	29.4
	シンガポール	1968～72	29.4
賠償に準じる支払い額　合計(計8か国に対して)			1692.1

(外務省資料)

解説 サンフランシスコ平和条約締結後，条約に沿って日本は東南アジア諸国との間で，個別に交渉し，賠償を行った(賠償に準じる支払いも含め総合計5257億円)。賠償は現金の支払いではなく，日本企業が相手国で建設工事を請け負うなどの形で行われた。結果的に，日本企業が東南アジア諸国に経済進出する足がかりとなった。この方式は，後に政府開発援助(ODA)の形で引き継がれた。→ p.188

2C 輸出産業の発展

トヨタ自動車(株)

A4 タイに輸出されたトヨタの新車1号車(1965年) 1952年頃から準国産車の生産が開始され，高度成長期にアメリカをぬいて生産台数第1位となった。国際競争力を高め，輸出が増大した。

高度経済成長の要因	
国内的要因	●欧米諸国の先進技術の導入(**技術革新**)と，企業の積極的な**設備投資**(「投資が投資をよぶ」) ●若年人口の増加，教育水準の高等化 ●**「日本的経営」**…終身雇用，年功序列型賃金，労使協調
国際的要因	●中東の安い石油資源を輸入し，エネルギー源に → p.184 ●固定相場制により，1＄＝360円の円安水準が維持され国際競争に有利で，輸出産業が好調 → p.189 ●GNP費1％以下と低い防衛負担 ← p.167

3 資料から考える 国民総生産と経済成長率

世界2位の経済大国となった日本

3A 国民総生産と経済成長率の推移

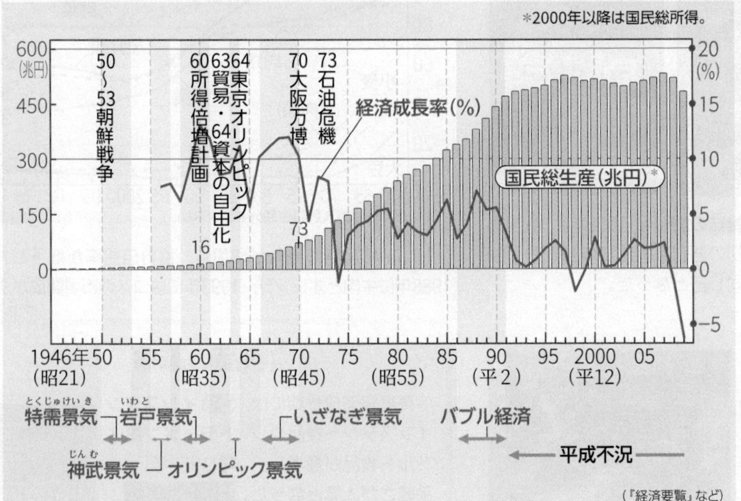

(『経済要覧』など)

3B 先進国の実質経済成長率

↓石油危機

年	1959～63	1964～68	1969～73	1974～78	1979～83
日本	10.6%	9.7%	7.8%	4.2%	2.8%
アメリカ	3.8%	5.0%	3.6%	3.7%	0.9%
イギリス	3.4%	2.7%	3.8%	2.0%	0.5%
西ドイツ	5.2%	3.3%	4.3%	2.4%	0.5%
フランス	6.2%	4.7%	5.1%	2.6%	1.5%

(『日本の財政』財経詳報社)

読みとろう

＊国民総生産を倍増させる計画。

① 3A 所得倍増計画＊は，10年後に達成されたのだろうか？
② 3A 日本が，5～15％の経済成長を続けた時期はいつからいつまでだろうか？
③ 3B 高度成長期の日本の経済成長率は，同時期の先進国と比べてどうだったのだろうか？

考えよう

1B 1C から，高度経済成長期に特に成長した産業は何だろうか？ 関連

深めよう 日本の高度経済成長の特色は，何だろうか？

つなげよう 高度経済成長は，日本の社会にどのような影響を与えるのだろうか？

新幹線の開業（動画0：46）→

資料

日本の高度経済成長②

アプローチ 国民の生活は，高度経済成長によってどのように変化したのだろうか？

1 消費の拡大

1A 家庭電化製品の普及率と国民所得の推移

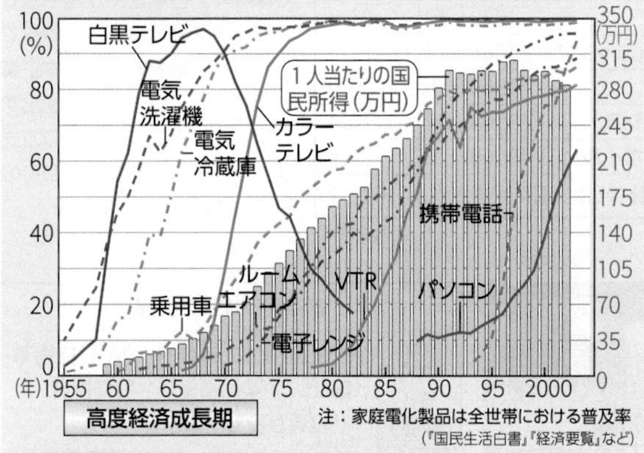

注：家庭電化製品は全世帯における普及率
(「国民生活白書」「経済要覧」など)

◀1「三種の神器」の広告

▶2 新「三種の神器」 車(car)，クーラー(cooler)，カラーテレビ(color TV)から，「3 C」ともよばれた。

Q 「三種の神器」は，いつ頃普及したのだろうか？

1B 家庭電化製品の普及による変化

Q「三種の神器」は，それぞれどのような影響を与えたのだろうか？

高度成長期以前		高度成長期以後
薪・炭	燃料	ガス・電気
井戸，水くみ	給水	水道
手洗い→すすぎ→しぼり(毎日１～２時間)	洗濯	電気洗濯機…室内やベランダで洗濯ができる
早起きして，竈で薪を燃やし，ご飯を炊く	炊飯	電気炊飯器…自動的に，失敗なく炊ける
毎日買い物に行く。牛乳などは毎朝の配達	食材	電気冷蔵庫…食品が保存できるようになる
はたき・ほうきで，外に掃き出す	掃除	電気掃除機…団地などでは外に出せないため
うちわ，炭ごたつ，いろり，火鉢	冷暖房	電気こたつ，ストーブ，扇風機

解説 耐久消費財の普及によって家事労働の時間が短縮され，女性の社会進出を後押しした。高度成長期を経て日本は，生活様式が均質化し，国民の間に「中流意識」が広がるとともに，大量生産と大量消費の社会となった。

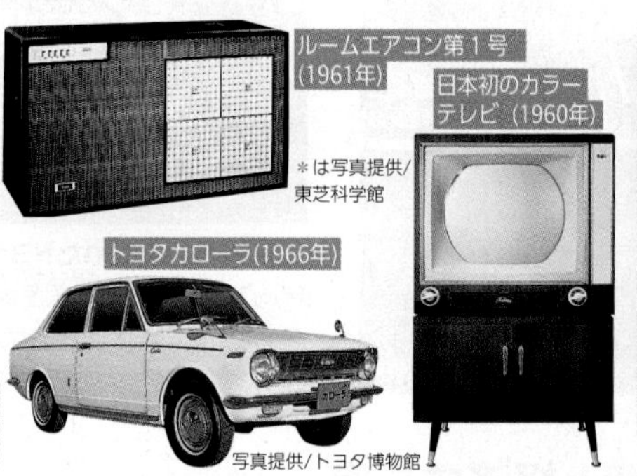

提供／松戸市立博物館

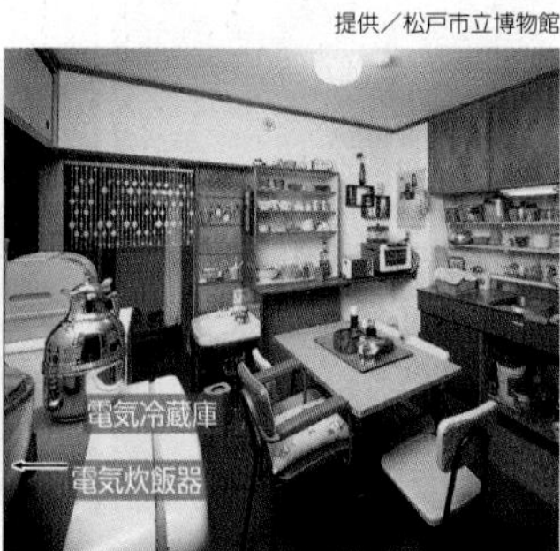

▲3 団地のダイニングキッチンの再現

2 マスメディアの発達

2A 新聞の発行部数と普及率の推移 ←p.132

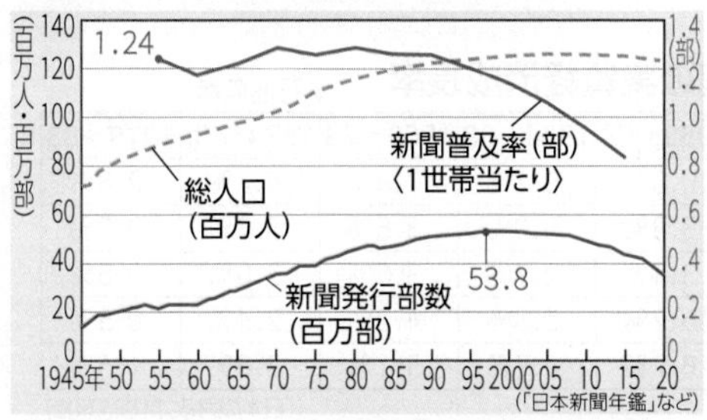

(「日本新聞年鑑」など)

解説 新聞・雑誌・テレビなどが大衆文化のにない手となった。本(書籍・雑誌)の販売金額，新聞の発行部数は1996(平成８)～97年に頂点に達した。→p.197

小学館 講談社

▲4 少年漫画雑誌の創刊号(1959年) 小学館と講談社は，初の週刊漫画雑誌の創刊日を競い合い，結局同じ日となった。

2B ラジオ・テレビの普及率の推移 ←p.133

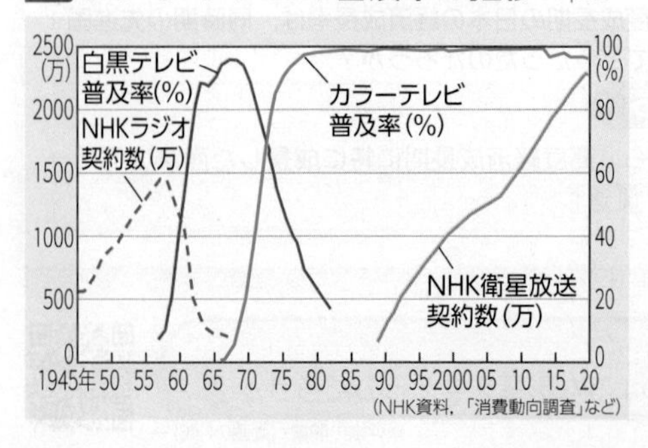

(NHK資料，「消費動向調査」など)

▶5 お茶の間でテレビを見る家族(1969年)

解説 テレビ・ラジオなどを通じた広告や宣伝により，大衆の購買欲は高められ，消費の大衆化が起こった。

3 食生活の変化

3A 農産物の自給率の推移

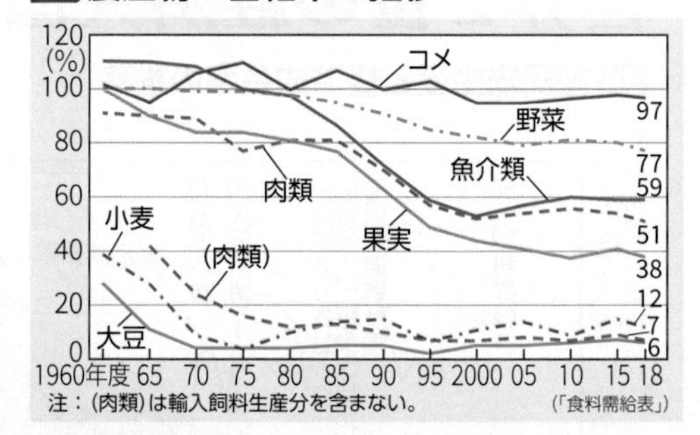

注：(肉類)は輸入飼料生産分を含まない。 (「食料需給表」)

解説 農産物の輸入が増加し，食料自給率が低下した。1988年に牛肉とオレンジ，1993年にはコメの市場開放が決定。→p.196

食料品の革命

高度経済成長期には，インスタント食品やレトルト食品が登場し，手軽さが人気となった。また，アメリカのファストフード店が日本に進出し，外食産業が活発になった。

▶6 インスタントラーメン第１号(1958年)

◀7 レトルトカレー第１号(1968年)

4 過密と過疎の問題

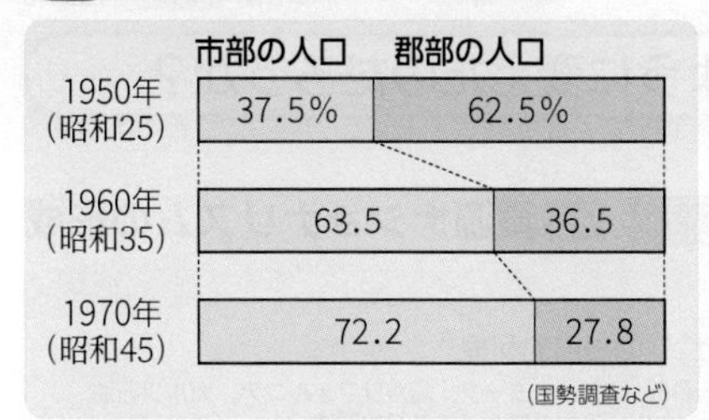

解説　地方の農村などから労働力不足の都市への大規模な人口移動がおきた。農村は**過疎**化し，大都市は**過密**の状態となった。

◀8 **集団就職する農村の中学生**(1952年，長野県松本駅) 若者たちは「金の卵」とよばれ，専用列車で地方から東京や大阪などへと向かった。

Q なぜ若者は，都会へ向かったのだろうか？

▲9 **廃校となった学校**(山形県)　農村などでは，人口が高齢化した。

◀10 **集合住宅**(1957年，大阪府堺市)　大都市の郊外で宅地開発が進められ，集合住宅や，その集合体であるニュータウンが開発された。

◀11 **渋滞する交差点**　自動車は1960年代以降急速に普及し，自家用車が交通手段の主力となった(モータリゼーション)。一方で，交通事故による死亡者は，1970年代には年間1万5000人を超えた。

5 公害問題とその対策

Q 公害対策としては，どのような政策がとられたのだろうか？

1885	この頃から，足尾銅山(栃木県)の鉱毒で，渡良瀬川流域が汚染 ← p.103
1919	この頃から，神通川(富山県)流域に**イタイイタイ病**発生
1956	**水俣病**(熊本)の公式確認
1961	**四日市ぜんそく**の被害が多発
1962	レイチェル＝カーソン『沈黙の春』刊行 → p.199
1964	**新潟水俣病**の公式確認
1967(昭42)	**公害対策基本法**(日本)公布 東京都知事に美濃部亮吉就任(革新都政の誕生)
1969	革新首長の東京都が国よりも厳しい環境保護の条例を制定 水俣病などの公害被害者全国大会の開催
1971	**環境庁**(日本)設置。イタイイタイ病・新潟水俣病訴訟第一審で患者側勝訴
1972	国連人間環境会議(環境問題で初の国際会議)を開催。ストックホルム宣言が採択され，「かけがえのない地球」が強調されるとともに，国連の機関として国連環境計画(UNEP)が発足
1973	水俣病(熊本)訴訟で患者側勝訴。公害健康被害補償法公布

▲12 **光化学スモッグにおおわれた東京**(1961年)　ビルのスチーム暖房に使われた石炭の煙に，自動車の排気ガスが混ざってスモッグが発生した。

▲13 **映画「ゴジラ対ヘドラ」**(1971年公開)　ヘドラは，ヘドロを主食とする怪獣。

5A 四大公害訴訟

	新潟水俣病 1964年 公式確認	四日市ぜんそく 1961年 多発	イタイイタイ病 1919年頃以降 発生	水俣病(熊本) 1956年 公式確認
発生原因	工場排水に含まれた有機水銀	工場煤煙に含まれた亜硫酸ガス	鉱山から流出したカドミウム	工場排水に含まれた有機水銀
被告企業	昭和電工	昭和四日市石油など6社	三井金属鉱業	チッソ
提訴	1967年	1967年	1968年	1969年
判決	1971年 原告勝訴	1972年 原告勝訴	1972年 原告勝訴	1973年 原告勝訴

解説　経済成長優先のもと，大気汚染・水質汚濁・騒音などさまざまな公害が深刻化した。政府の対策が遅れ，被害が拡大した。

革新自治体の誕生

▲14 **バスに乗る美濃部亮吉知事**(1970年)　スモッグ予報が出た朝，公害防止のため，バス通勤をしている。

自治体	知事	在職機関	初当選時の党派
東京都	美濃部亮吉	1967～79	社会党・共産党推薦
大阪府	黒田了一	1971～79	社会党・共産党推薦
京都府	蜷川虎三	1950～78	社会党公認

高度成長期，社会党・共産党が推薦した経済学者の美濃部亮吉が東京都知事となるなど，大都市では革新系の知事が当選した。公害規制条例の制定などの公害対策，高齢者への地下鉄無料乗車券配付・高齢者医療の無料化などの福祉政策に積極的に取り組み，成果をあげた。

深めよう　日本の高度経済成長期の課題は，何だったのだろうか？

つなげよう　高度経済成長期の社会問題は，現代の日本では解決されているのだろうか？

公害問題（動画1:00）→

ドル＝ショックと石油危機

アプローチ 国際経済における２つの「ショック」は，国際社会をどのように変えたのだろうか？

1 ドル＝ショックから変動相場制へ 世界 日本

ブレトン＝ウッズ体制／固定相場制

1949.4～ 金ドル本位制 ←p.152

金１オンス(＝約31g) ←→ 35ドル　１ドル＝360円
IMFは為替相場の安定のため，第二次世界大戦の荒廃をまぬがれ圧倒的に優位にある**米ドルを基軸通貨とし**，金との交換比率を固定する固定相場制をとった

↓

1960年代～ ドル危機 ←p.188

アメリカは，**ベトナム戦争**による軍事支出の増大や，対外援助などによって経常収支が赤字に→米ドルを金に交換する動きが強まり，大量の金が米から流出（ドルの信認が低下し，基準としての地位が揺らぐ）

↓

一時的に変動相場制

1971.8 ドル＝ショック

金 ←― 交換停止 ―→ ドル
ニクソン米大統領，突然**金ドル本位制を停止**と発表

↓

スミソニアン体制／固定相場制

1971.12 スミソニアン協定

国際通貨の混乱を防ぐため，米ワシントンのスミソニアン博物館で先進10か国の財務相・中央銀行総裁会議が開かれ，ドル切り下げで固定相場制を調整（１ドル＝308円）

↓

変動相場制

1973 西側諸国は変動相場制に移行

アメリカを中心としたブレトン＝ウッズ体制の崩壊。西欧諸国・日本との三極構造へ

米、ドル防衛に非常措置
ニクソン大統領、衝撃の発表
10％の輸入課徴金
物価・賃金を90日凍結
金交換を一時停止
国際通貨改革求む
ドル時代の終幕

◀1 **ドル＝ショックを報じる新聞**（「朝日新聞」1971年８月16日）

▶2 **１ドル＝308円への変更の報道**（1971年12月19日）

2 石油危機（オイル＝ショック） 世界 日本

2A 資源ナショナリズムの形成

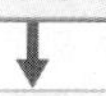

1950年代まで
国際石油資本（メジャー）７社*1 の独占的利権
*1 スタンダード石油ニュージャージー，同ニューヨーク，同カリフォルニア，ガルフ石油，テキサコ，ロイヤル＝ダッチ＝シェル，アングロ＝イラニアン石油

↓ モサッデグによる石油国有化の挫折（1951年） ←p.156

1960年代
石油輸出国機構（OPEC，1960年発足）資源カルテル
国連での「天然資源に対する恒久主権」採択（1962年）
アラブ石油輸出国機構（OAPEC，1968年発足）

↓

1970年代
欧米系石油会社の利権を国有化した国…イラク・イラン・ベネズエラ・リビア・ナイジェリアなど

↓ **現在**
欧米系メジャー７社は衰退，５社*2 に集約化
国営石油会社の台頭…サウジアラビア・イランなど
*2 エクソンモービル，ロイヤル＝ダッチ＝シェルなど

▲3 **OAPECの会議**（1973年）

2B 原油の公式販売価格の推移

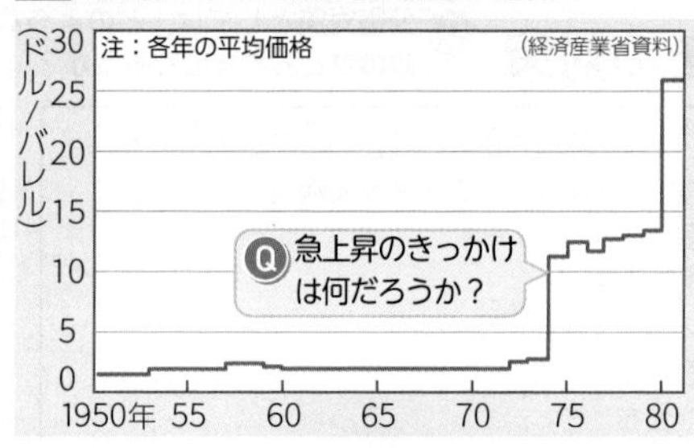

解説 1973年に第４次中東戦争（←p.172）が起こると，OAPECは，イスラエル寄りの西側諸国に対して，原油の輸出制限と値上げなどを行った。世界経済は混乱し，安い石油資源に依存していた先進国に，大きな打撃をあたえた。

◀4 **トイレットペーパーの買いだめに殺到する消費者**（1973年） 買いだめは風評に基づくものであったが，特に石油関係の製品が品不足となった。石油危機の影響は特に日本に大きく，「狂乱物価」とよばれる激しいインフレが発生した。**日本の高度経済成長は終わりを告げた。**

国際経済の転換点

● **ローマ＝クラブ『成長の限界』**

世界人口，工業化，汚染，食糧生産，および資源の使用の現在の成長率が不変のまま続くならば，来たるべき100年以内に地球上の成長は限界点に到達するであろう。

（『成長の限界』ダイヤモンド社）

この報告書は，スイスの研究機関であるローマ＝クラブが1972年の国連人間環境会議に向けて提案した。翌年に石油危機が発生したため，大きな注目をあびた。

▲5 **第１回先進国首脳会議（サミット）**（1975年，仏ランブイエ） ジスカール＝デスタン仏大統領の提唱で，世界経済について意見交換するために始まった。参加国は**米・日・西独・英・仏・伊**で，1976年以降は**カナダ**が加わり，G7とよばれた。1997～2013年にはロシアも加わった。

▲6 **新自由主義（ネオリベラリズム）の首脳たち** 福祉国家をめざす政策とは対照的に，1980年代に「小さな政府」をめざす**新自由主義**の潮流がおこった。規制緩和や公共事業の民営化によって自由競争を推進し，経済活性化をめざした。一方で，社会保障や公共サービスへの支出を削減し，国内での格差拡大を招くこともあった。 巻末史料63

③東南アジア諸国の経済発展

3A 東南アジア条約機構(SEATO)加盟国

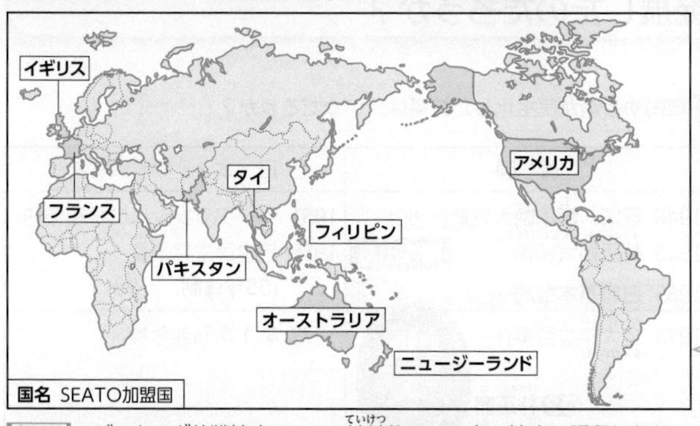

解説 ジュネーヴ休戦協定(←p.174)締結後の1954年，協定に調印しなかったアメリカの主導でSEATOが結成された。西側陣営における反共体制の強化を図る目的があった。1977年に解消された。

1954	SEATO結成
	ビルマ 日本と賠償協定←p.181
1955	アジア＝アフリカ会議←p.170
1956	フィリピン 日本と賠償協定
1958	インドネシア 日本と賠償協定
1963	マレーシア結成
1965	米軍，北ベトナム空爆開始←p.174
	シンガポール分離・独立
1967	インドネシア スカルノ失脚

Q ASEANの加盟国との違いは何だろうか？

▶7 **スカルノと米ソ首脳** 軍部と共産党の勢力均衡の上で民族主義的政策を推進した。ソ連・中国にも接近した。←p.123

Historical/寄稿者

3B 東南アジア諸国連合(ASEAN)加盟国 巻末史料64

A8 ASEAN+３首脳会議(2019年)
ASEANは1967年，５か国で結成された。当初は，北ベトナムなどに対抗する反共的立場をとっていた。1970年代になると地域経済協力機構へ転換し，1995年にはベトナムも加入した。ASEAN+３は，1997年以降，日・中・韓を加えた会議。

ミャンマー

1989	ビルマから改称
2016	アウン＝サン＝スー＝チー最高顧問⑫
2021	軍事クーデタ

カンボジア

1975〜79	ポル＝ポト政権(大量虐殺)
1991	和平協定
1993〜04	シハヌーク政権

ベトナム

1979	中越戦争⑪
1986	ドイモイ(刷新)政策

フィリピン

1965〜86	マルコス政権⑨
1986〜92	アキノ政権

マレーシア

1981〜03	マハティール政権

シンガポール

1965〜90	リー＝クアンユー政権⑩
1970代〜	NIESとして発展

インドネシア

1968〜98	スハルト政権

Q「開発独裁」の利点は何だろうか？

開発独裁政権

- 経済**開発**を優先し，自由・民主主義・人権などを軽視
- **独裁**的な政治体制で，軍部と結びつく

A9 マルコス(フィリピン)

A10 リー＝クアンユー(シンガポール)

フィリピンのマルコス大統領は，1965年に就任し，1986年に民衆運動により失脚し亡命した。**シンガポールのリー＝クアンユー首相**は，独立直後の1965〜90年に政権を維持し，のちに息子も首相となった。

これらの開発独裁政権は，共産主義に対抗することで，アメリカなどの外国資本・技術を受け入れた。工業化・経済開発を進めるためには強権的な政治が必要とし，急速な経済成長によって，その支配が正当化された。一方で，富が一部の特権階級に集中し，貧富の差が拡大した面もあった。

A11 中越戦争(1979年) ベトナムは，カンボジアに成立した親中のポル＝ポト政権を打倒するため，出兵した。これに対して，中国がベトナムに出兵し，**社会主義国同士の戦争**となった。

A12 アウン＝サン＝スー＝チー(1945〜)
民主化運動の指導者となり，ノーベル平和賞を受賞。2016年にミャンマーの指導者となった。

深めよう 戦後の東南アジア諸国の経済発展の特色は何だろうか？

つなげよう 東南アジア諸国は，現代ではどのような課題をかかえているのだろうか？

ドル＝ショックを報じる新聞→

東アジア諸国の経済発展

🔍アプローチ 東アジア諸国は，冷戦を背景にどのように発展したのだろうか？

1 東アジア諸国の動向 まとめ

Q 韓国や台湾が民主化した時期は，いつだろうか？

	中国 ←p.170	台湾	北朝鮮	韓国	日本 ←p.176・→p.196
米ソ冷戦	1949 建国，毛沢東主席 1966 文化大革命(～76) 1972 日中共同声明 ←p.178	1949 中華民国，台湾へ移る 蔣介石総統❸ 1952 日華平和条約	1948 建国，金日成首相 (のち，主席)	1948 建国，李承晩大統領(～60) 1963 朴正熙大統領 軍人出身 1965 日韓基本条約 ←p.177	1951 サンフランシスコ平和条約 1955 自由民主党政権 (55年体制，～93)
(多極化)	1976 周恩来・毛沢東死去 1978 日中平和友好条約 改革開放政策❷ 1979 米中国交正常化 中越戦争，中ソ友好同盟相互援助条約破棄通告 1985 人民公社解体 1989 中ソ関係正常化 天安門事件❼❽	1975 蔣介石総統死去 1978 蔣経国総統❸ 1986 民主進歩党結成 1987 戒厳令解除 1988 李登輝総統 初の本省人総統	Ⓐ❶金日成と金正日	1973 金大中拉致事件 ▶❷朴正熙 1979 朴正熙大統領暗殺 1980 光州事件❹ 全斗煥大統領(～88) 軍人出身 1988 盧泰愚大統領(～93) 軍人出身 (直接選挙で選出) ソウルオリンピック開催	1973 第1次石油危機 1989 元号が平成となる
冷戦終結後	1992 社会主義市場経済 1992 中韓国交樹立 1997 鄧小平死去，香港返還❾ 1999 マカオ返還 2001 世界貿易機関(WTO)加盟 →p.192 2008 北京オリンピック開催 2010 GDP世界第2位に 2013 習近平国家主席 2015 中台首脳会談 2020 香港国家安全維持法	1996 李登輝総統当選 初の総統選挙 2000 陳水扁総統 初の政権交代 2008 国民党が政権復帰 2016 民進党政権	1991 南北朝鮮，国連同時加盟 1994 金日成死去，金正日体制 2000 南北朝鮮首脳会談 2002 日朝首脳会談 2003 北朝鮮の核問題をめぐる6カ国協議(米中ロも) 2006 初の核実験 2011 金正日死去，金正恩体制❺ 2018 米朝首脳会談	1990 韓ソ国交樹立 1993 金泳三大統領(～98) 文民出身 1997 アジア通貨危機 1998 金大中大統領(～2003) 文民出身 2002 サッカーW杯を日韓共催	1992 PKO協力法公布 1993 55年体制崩壊 1995 戦後50年村山談話 2002 拉致被害者5名帰国 2009 民主党政権 2012 自由民主党政権 2019 元号が令和となる

1A 台湾

Ⓐ❸蔣介石(1887～1975)と蔣経国(1910～88) 国共内戦以後，1988年まで親子で政権を維持し，強権的な政治のもとで経済成長を実現した。写真中央は宋美齢(蔣介石の妻(←p.125))。1948年撮影。

1B 朝鮮半島 巻末史料65

李承晩ライン(1952年設置) 韓国が主権を主張する範囲。1965年日韓国交樹立時に消滅。

マッカーサーライン(1946～52年)日本の漁業・捕鯨許可区域。

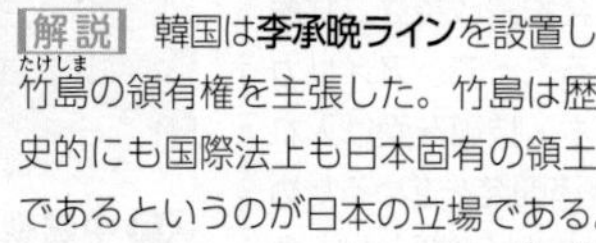

解説 韓国は李承晩ラインを設置し，竹島の領有権を主張した。竹島は歴史的にも国際法上も日本固有の領土であるというのが日本の立場である。←p.83

韓国軍空挺部隊と衝突する反政府デモ隊

◁❹光州事件(1980年5月) 1961年の軍事クーデタによって実権をにぎった朴正熙は，対日では国交正常化，対米ではベトナム派兵で関係を強め，**開発独裁による経済発展を実現**。1979年に朴正熙が暗殺されると，南部の光州で，民主化を求める市民を軍隊が弾圧。242人が亡くなったとされる。

1C NIES諸国の経済成長

(『東アジア長期経済統計5』勁草書房など)

年	億ドル*	1963	65	70	75	80	85	90	95	2000	05	10
韓国	12.85	1	1.9	8.0	49	217	461	1062	2181	3385	4556	6340
台湾	14.48	1	1.4	3.9	11	34	52	79	113	-	-	-
シンガポール	5.23	1	1.1	2.9	8.3	20	24	45	71	100	124	174
マレーシア	2.57	1	1.6	5.5	14	40	58	122	298	442	564	564
フィリピン	17.14	1	1.1	2.4	7.6	19	34	88	150	133	159	184

注：製造業生産額を，1963年＝1とする指数で示した。＊1963年の実数(億ドル)。
台湾の2000年以降はデータなし。

解説 NIESは**新興工業経済地域**のことで，1970～80年代に高い経済成長率を記録した。おもに，**韓国・台湾・香港・シンガポール**をさす。

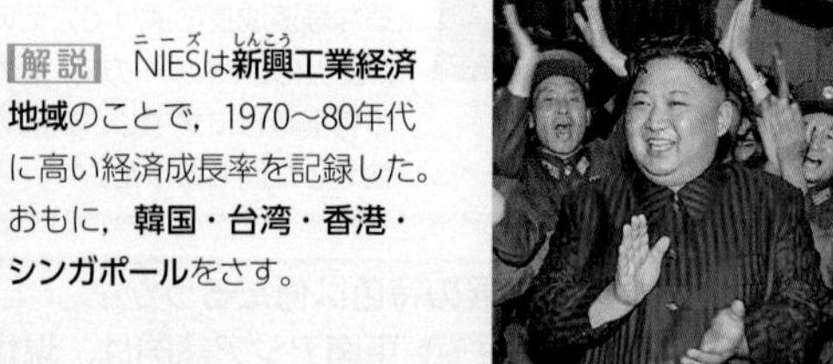

◁❺金正恩 金日成・金正日から3代，朝鮮労働党による一党独裁体制が続いている。写真は，2017年ICBM発射に立ち会う金正恩。

② 中国の改革開放政策

2A 中国の経済成長

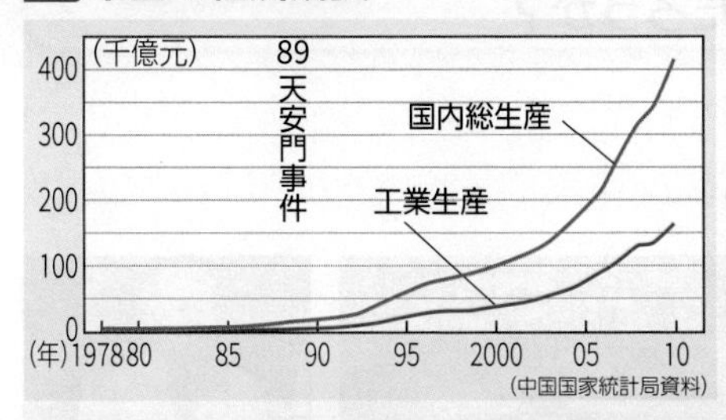

△6 日本の工場を見学する鄧小平(1978年) 日中平和友好条約批准のため来日し，自動車・家電メーカーなどを見学した。同年，鄧小平は農業・工業・国防・科学技術の「**四つの現代化**」をめざす意思を表明した。日本からのODAも受け入れつつ，**改革開放政策**を進めた。

2B 天安門事件(1989年) 巻末史料66

△7 民主化を求める人々(1989年6月1日) 人々は北京の天安門広場に集結した。 Peter Charlesworth/寄稿者

△8 中国軍に拘束された市民(1989年6月4日) 2019年に初めて公表された写真。

Q 「五・四」とは，何を意味しているのだろうか？ ←p.124

● **学生・市民のビラ「新五・四宣言」(1989年5月4日)**

今回の学生運動の目的はただ1つ，**民主主義と科学の大旗を高く掲げ，自由・人権・法制建設を促進し**，現代化建設を促進することである。このため，政府がすみやかに政治経済体制の近代化の歩みを早め，憲法が賦与した人民の権利を保障するよう求めるものである。

● **「人民日報」社説(1989年4月26日)**

ごく少数の者は，…民主の旗を掲げて民主と法体制を破壊したのであり，その狙いは…全国を混乱させ，安定・団結の政治的局面を破壊するにある。**これは計画的な陰謀であり，動乱である。**その実質は，中国共産党の指導と社会主義制度を根本から否定することにある。

(『世界史史料12』岩波書店)

解説 **「新五・四宣言」**は，1989年5月に北京で出されたビラ。**「人民日報」**は中国共産党中央委員会の機関紙である。

解説 国際社会が冷戦終結へと向かうなか，中国では市場経済の導入で貧富の格差が生まれる一方，共産党の一党独裁は維持された。これに対し，100万人以上の学生・市民による民主化運動が高まった。**中国政府は，民主化運動を武力で鎮圧。**多大な犠牲が生まれ，国際社会の批判をあびた。旧ソ連や東欧諸国などとは異なり，中国では，冷戦終結後も一党独裁体制が維持されている。

2C 鄧小平の「南巡講話」(1992年)

計画が多いか，市場が多いかは，社会主義と資本主義の本質的な違いじゃない。**計画経済イコール社会主義じゃない**し，資本主義にだって計画はある。逆に，**市場経済イコール資本主義じゃない**し，社会主義にだって市場はある。社会主義の本質は最終的にみんなが豊かになることじゃないのか。証券，株式市場，こういうものが一体，いいのか悪いのか，危険があるのかどうか，資本主義特有のものなのか，社会主義でも使えるのかどうか，断固試してみるべきだ。(毛里和子『新版現代中国政治』)

解説 鄧小平が，上海などを視察した後に幹部に通達。社会主義国でありながら市場経済を導入し(「**社会主義市場経済**」)，人民公社は解体された。深圳などには**経済特区**を設置し，外国資本・技術を導入。

2D 香港返還(1997年)

◁9 香港返還式典(1997年6月30日) イギリスから返還された。**一国二制度**・50年間の現状不変・香港人による統治が原則とされた。 ←p.69

③ 南アフリカの民主化

3A 人種別人口構成

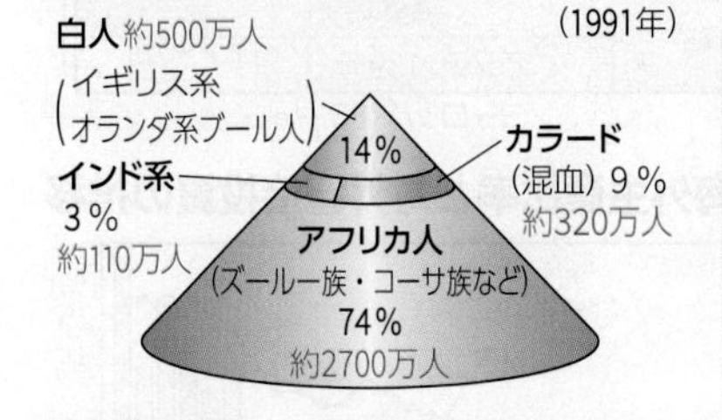

解説 南アフリカ共和国では，少数派である白人による支配体制を維持するため，**人種隔離(アパルトヘイト)政策**がとられた。このため，長く国際社会から孤立した。白人政権は，**アフリカ民族会議(ANC)**を率いるマンデラとの間で，白人への報復も共産主義化もしないことを確認した上で，差別法を撤廃（1991年）。ANCが選挙に勝利した。

3B アパルトヘイトの実態(1980年代)

ある日，母さんが仕事をクビになった。僕は母さんの友だちの家に行って，ソウェト(黒人地区)の学校に通い始めた。でも，すぐにうまくいかなくなった。その人は言うんだ。「あんたの母さんは，一銭もお金をはらってないんだよ。自分の食いぶちは，自分でどうにかしな。」僕は言った。「でも，どうやって働くの？僕はまだ9歳なんだよ。」それで家出をすることにした。仲間は7人いた。僕は，お金のせびりかたを教えてもらった。しばらくすると，年上の子たちが言った。「もっと稼ぎたかったら，鞄をひったくるんだ」。 (『世界史史料11』岩波書店)

解説 1990年代後半，17歳の若者がインタビューに答えて語った体験談。アパルトヘイト政策は非白人の居住区を定め，参政権を与えず，教育も分離した。

◁10 アパルトヘイト反対デモ(1988年，英マンチェスター)

Q デモをしている人々は何を主張しているのだろうか？

◁11 ネルソン＝マンデラ (1918～2013) アフリカ民族会議(ANC)を率いて，アパルトヘイトへの抵抗を続け，1990年までの27年間投獄された。1993年，ノーベル平和賞を受賞した。1994～99年南アフリカ大統領。

深めよう 急速に経済発展した中国の課題は，何だろうか？

つなげよう 中国と台湾，北朝鮮と韓国は，現在ではどのような関係になっているのだろうか？

経済大国日本

アプローチ 日本は，２つの「ショック」をどのように乗り越えるのだろうか？

1 日本経済の安定成長

1A 各国の１人当たり国民所得の推移

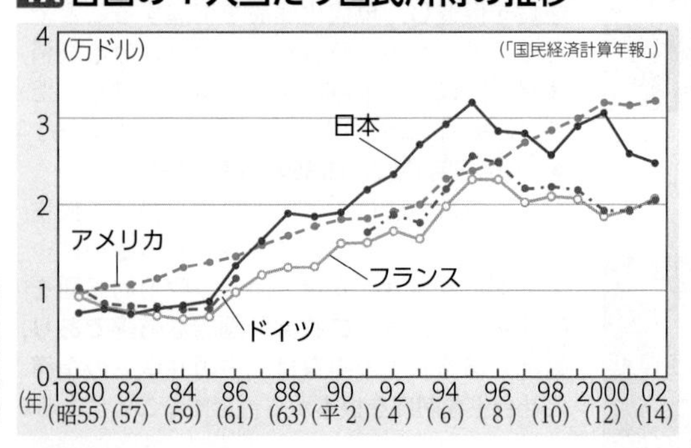

解説 日本の高度経済成長は1973年の石油危機(←p.184)で終わりを告げた。石油危機以後は，世界的に**「省エネルギー化」**が進められた。日本でも，原子力発電などの代替エネルギー開発が進み(←p.180)，安定的な経済成長を続けた。1980～90年代にかけて，日本は１人当たり国民所得が世界一の**「経済大国」**であった。

A1 **自動車工場**(1986年) コンピュータや産業用ロボットによって工場は自動化(OA化)され，生産ラインは無人となった。

A2 **「省エネルック」の大平首相**(1979年)

Q 半袖を着ているのはなぜだろうか？

1B 各国の政府開発援助(ODA)額の推移

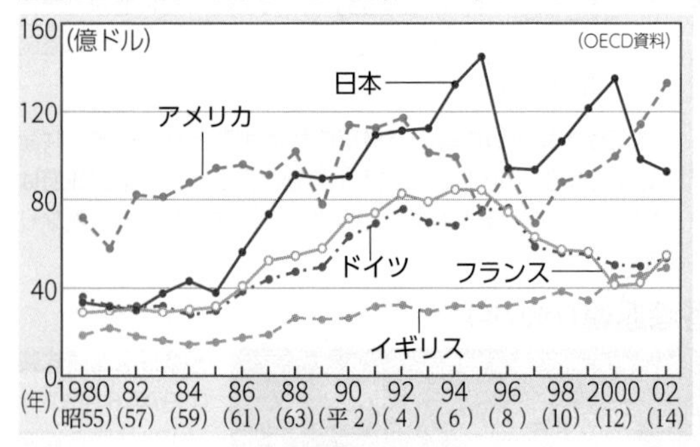

1C 日本の二国間ODA供給の地域別割合

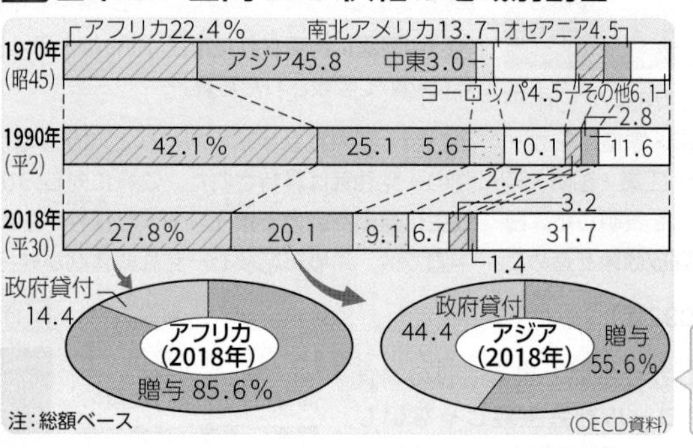

解説 1990年代，先進国から開発途上国に対する援助であるODAの額で，日本は世界最大の援助国となった。東南アジア諸国に対する戦後賠償(←p.181)に代わって，日本企業による進出の足掛かりとなった。

Q 日本の援助の方式は，対アジアとアフリカではどう違うのだろうか？

2 日米貿易摩擦 世界 日本

2A アメリカの「双子の赤字」

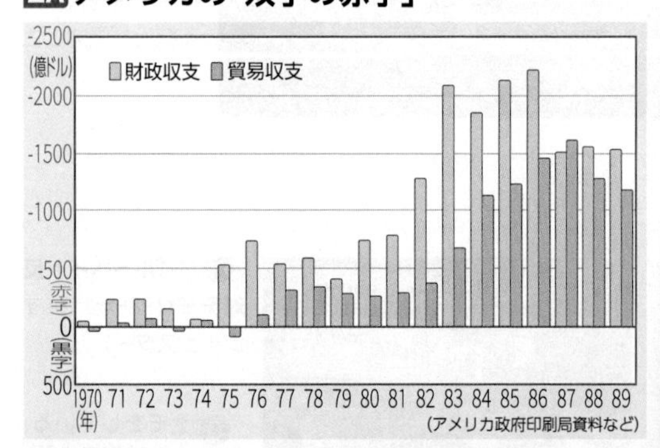

解説 アメリカは，ベトナム戦争の長期化(←p.174)による**財政赤字**と，日本などとの間での**貿易赤字**(国際収支赤字)の状態となり，**「双子の赤字」**とよばれた。

V3 **ジャパン＝バッシング**(1987年) アメリカでは日本製品がさかんに輸入され，アメリカの産業を脅かすとみなされた。日本製品をたたきこわすパフォーマンスも行われた。

解説 1970年代以降，日本からアメリカに対して，自動車や半導体などの輸出がさかんになった。日本にとっては大幅な輸出超過で，貿易黒字であった。アメリカは，日本に対しては貿易摩擦対策とあわせて農産物の輸入拡大を求めた。←p.182・→p.196

2B 日米貿易摩擦の推移と対応

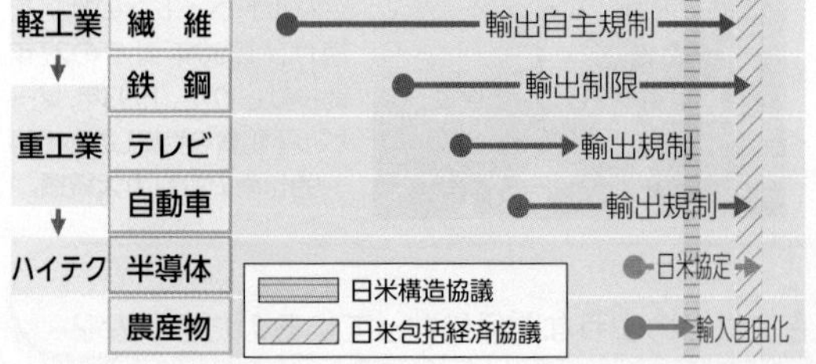

2C 日系自動車企業の国内外生産比

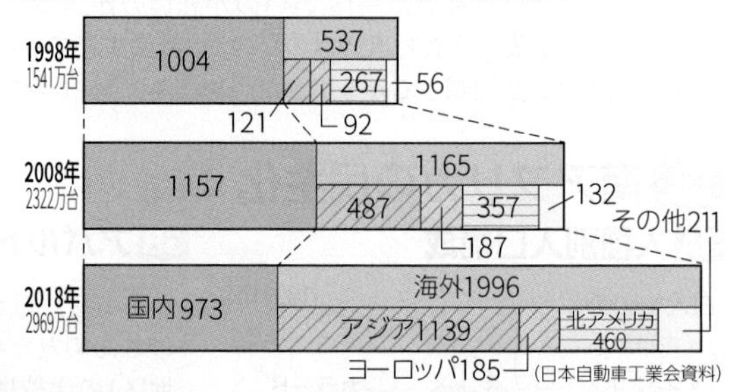

2D 日本の海外生産比率と対外直接投資の推移

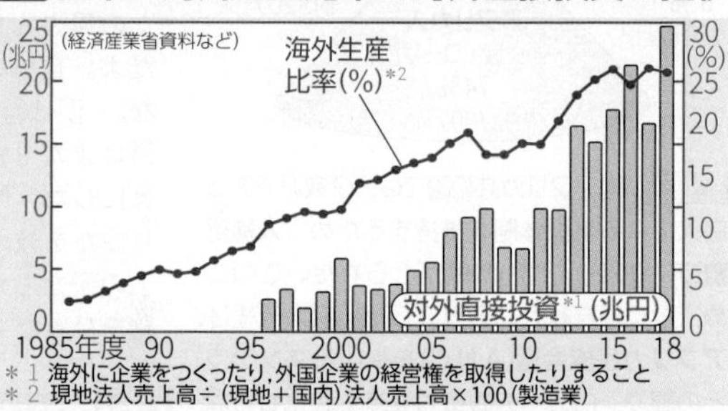

＊1 海外に企業をつくったり，外国企業の経営権を取得したりすること
＊2 現地法人売上高÷(現地＋国内)法人売上高×100(製造業)

解説 日本の製造業は，貿易摩擦を避けるためアメリカなどへ進出し，現地の労働者を雇用して生産を行った。また，1980年代後半の急速な円高は，労働賃金が安い東南アジアなどへの工場移転も促した。こうして対外直接投資が増加する一方，国内では**産業の空洞化**現象が生まれた。

3 新自由主義と日本 世界 日本

3A 日本の国民医療費の推移

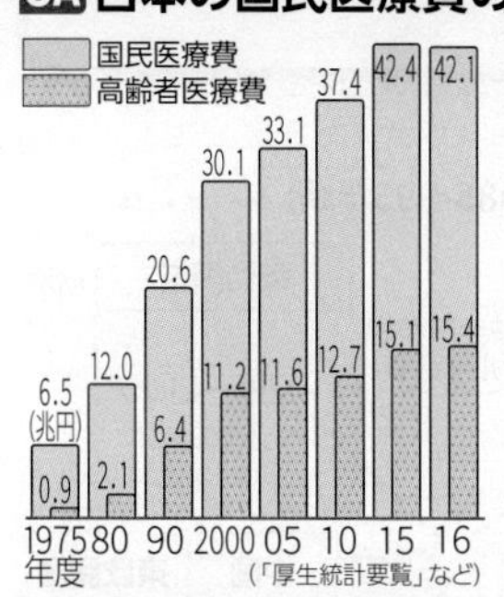

解説 日本の社会保障制度は，戦後，憲法25条(← p.161)に定められた生存権を理念として整えられてきた。近年，社会保障費の増加への対応が課題となっている。

◁4 福祉国家の危機 1981年に経済協力開発機構(OECD)が発表した報告書。**福祉国家**政策の行き詰まりが問題視され始め，米英などでの社会保障費の削減や「小さな政府」をめざす政策への議論につながった。

THE WELFARE STATE IN CRISIS

©OECD publishing

3B 行財政改革 巻末史料67

◁5 国鉄の民営化(1987年4月旧汐留駅) 中曽根康弘内閣は，西側諸国における**新自由主義**の潮流のもと(← p.184)，行財政改革を行い，**民営化**策を進めた。日本電信電話公社はNTTに，日本専売公社はJT(日本たばこ産業)に，日本国有鉄道はJRになった。 朝日新聞社提供

3C 日本のジニ係数の推移

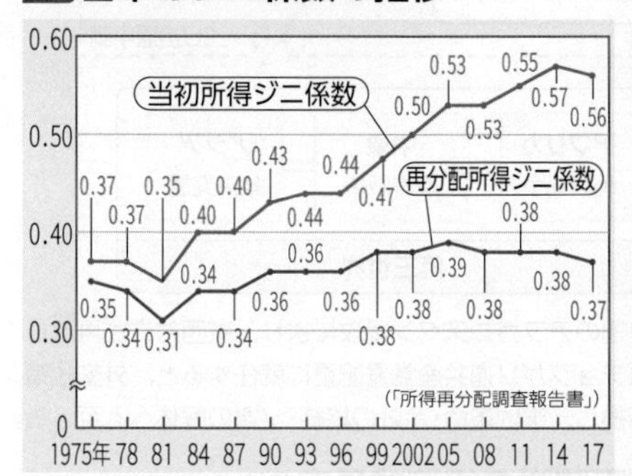

解説 新自由主義のもとで非正規労働者が増加したため，1990年代以降，当初所得ジニ係数が急増している。一方で，累進課税や社会保障によって格差を是正しているため，再分配所得ジニ係数はほぼ横ばいである。

ジニ係数…世帯ごとの所得格差を示す数値。0から1に近づくほど格差の拡大を意味する。当初所得から税金や社会保険料を引いたものが再分配所得。

3D 欧米での所得格差の推移

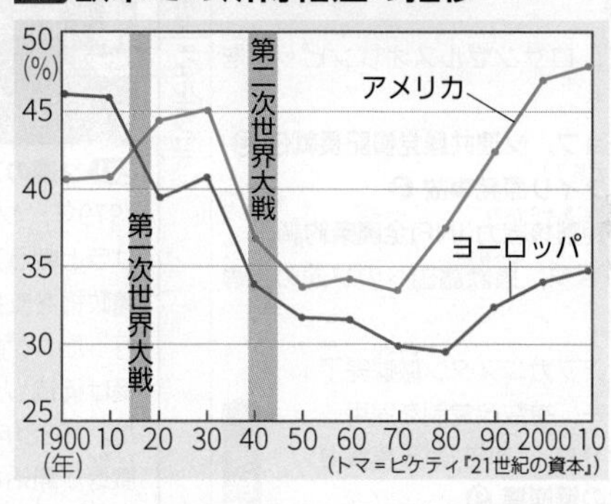

解説 1900〜2010年のヨーロッパとアメリカで，上位10%の富裕層がそれぞれの地域内における総所得の何%を占めているかを表している。

4 資料から考える 外国為替相場の推移

こうして，強い「円」が生まれた

4A 円・ドル相場の推移

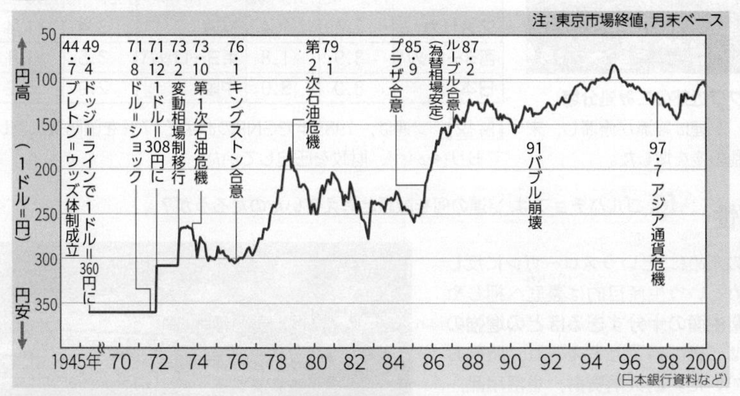

4B プラザ合意

ドル高修正へ協調強化

五カ国蔵相会議で合意

市場に積極介入

各国が努力目標 日本は内需拡大

円、一時228円台に

日銀、大量円買い

東京外為市場

◁6 プラザ合意を報じる新聞(「朝日新聞」1985年9月24日) 米ニューヨークのプラザホテルでの，米・日・西独・英・仏の財務相・中央銀行総裁会議での合意。ドル安に誘導することによって米の輸出力を強化するため，ドルと円などとの為替市場に協調介入することに合意した。

◁7 日本企業に53億円で落札された名画(1987年)

プラザ合意以後の円高進行
↓ 輸出産業に打撃
政府・日銀は金利を引き下げ
↓
余った資金が株と土地へ流れる
↓ 株価と地価が異常に上昇
「バブル経済」

読みとろう

① 4A 数値の推移のし方が，大きく変化したのはいつだろうか？
② 4A 急速に円高が進み，1ドル＝150円の水準に近付くきっかけとなった出来事は，何だろうか？ 関連
③ 4A ②以降の日本経済の状況は，何といわれただろうか？

考えよう

4B の合意は，何を目的としたものであっただろうか？ 関連

深めよう 高度成長期・安定成長期・現在の日本の共通点と相違点は何だろうか？

つなげよう 日本の安定成長期に起こった諸事象は，現在ではどのように変化しているのだろうか？

冷戦の終結

アプローチ 冷戦の決着は，どのようにしてついたのだろうか？

1 東側陣営の崩壊

まとめ p.166

Q ソ連のアフガニスタン侵攻は，冷戦にどのような影響を与えたのだろうか？

米	青字：米 ソ連と東側諸国	ソ
カーター	1979 .12 **ソ連軍，アフガニスタン侵攻** ❶ **緊張緩和(デタント)の終わり**	ブレジネフ
	1980 .7 米など，モスクワオリンピックをボイコット	
	.9 ポーランドで「連帯」による民主化運動 ❺	
レーガン	1982 .11 ブレジネフ死去	アンドロポフ
	1983 .3 米，戦略防衛構想(SDI，スターウォーズ計画)を発表	
	1984 .7 ソ連など，ロサンゼルスオリンピックをボイコット	チェルネンコ
	1985 .3 **ゴルバチョフ，ソ連共産党書記長就任** ❸	ゴルバチョフ
	1986 .4 **チェルノブイリ原発事故** ❹ ←p.175	
	1987 .12 米ソ，**中距離核戦力(INF)全廃条約**調印	
	1988 ゴルバチョフ，東欧諸国へのソ連の指導権を否定	
ブッシュ(父)	1989 .2 ソ連軍，アフガニスタン撤退完了	
	ハンガリー，複数政党制を採用	
	.6 ポーランドで，「連帯」が政権獲得 （東欧革命）	
	.11 **ベルリンの壁崩壊** ❾	
	チェコスロヴァキア，ビロード革命	
	.12 ルーマニア，チャウシェスク政権崩壊 ❼	
	米ソ，**マルタ会談** ❿ **冷戦終結**	
	1990 .3 ゴルバチョフ，ソ連大統領就任	
	.3～5 バルト3国，独立宣言(91.9承認⓬)	
	.10 **東西ドイツ統一**	
	1991 .6～7 COMECON・ワルシャワ条約機構解消	
	.7 エリツィン，ロシア共和国*大統領就任 ＊ソ連を構成する共和国の1つ。	
	.8 **ソ連保守派クーデタ失敗** ⓫	
	ソ連共産党解散	
	.12 ロシアなど，独立国家共同体(CIS)の創設に合意 **ソ連の解体** ⓭	

戦利品のソ連軍用車の上に立つ反政府ゲリラ

A1 ソ連のアフガニスタン侵攻
1979年，ソ連はイスラーム主義ゲリラと戦うアフガニスタンの社会主義政権を支援するため，軍事介入を行った。ゲリラはアメリカの支援を受け抵抗し，ソ連の介入は泥沼化した。1988年，ゴルバチョフにより撤退が開始された。

A2 モスクワ近郊のごみ処分場
(1990年) ソ連は経済が停滞し，末期には混乱の度を増した。

1A 東西冷戦の終結(1985～95年頃)

←p.166・174

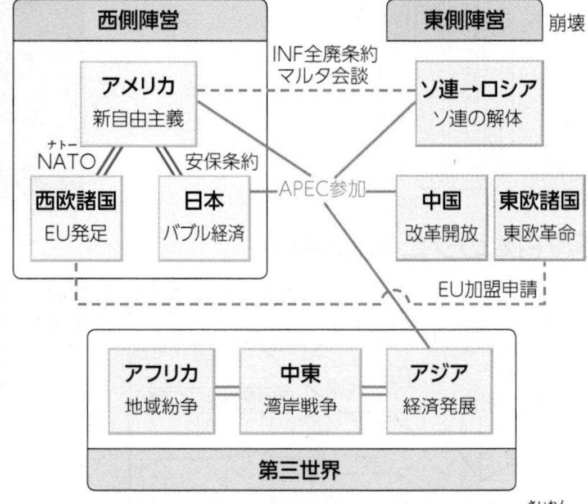

解説 ソ連のアフガニスタン侵攻により，東西対立が再燃した。ゴルバチョフがソ連共産党書記長に就任すると，外交政策を大きく転換し，東欧革命・冷戦の終結・ソ連の解体へと至った。

1B 東西両陣営の経済成長率(%)

GDP			(Angus Maddison)		
	1950～73	1973～92		1950～73	1973～92
アメリカ	3.9	2.4	ソ連	4.8	-0.5
西ヨーロッパ	4.7	2.2	東ヨーロッパ	4.7	-0.4
日本	9.2	3.8	中国	5.1	6.7
1人当たりGDP			(Angus Maddison)		
	1950～73	1973～92		1950～73	1973～92
アメリカ	2.4	1.4	ソ連	3.4	-1.4
西ヨーロッパ	3.9	1.8	東ヨーロッパ	3.5	-1.1
日本	8.0	3.0	中国	2.9	5.2

解説 ソ連は，1985年でGNPのおよそ17％を国防費に割いており(←p.167)，財政を圧迫していた。

2 ゴルバチョフによる改革

ペレストロイカ(建て直し)
経済の一部自由化など，全般的な改革
新思考外交
西側陣営との関係改善 中距離核戦力(INF)全廃条約の締結 ←p.175 アフガニスタンからの撤退 → 軍拡競争の経済的負担を軽減する目的
グラスノスチ(情報公開)
言論の自由 など

A3 ゴルバチョフ
(1931～2022) 54歳でソ連共産党書記長に就任。1990年に新設した**大統領**に就任。同年にノーベル平和賞を受賞した。

2A 経済改革の必要性

Q ゴルバチョフは，ソ連の何を課題と考えていたのだろうか？

「すべては人間の幸福のために」というスローガンに反して，国民生活向上のためという生産目的は裏庭へ押しやられ，**工業財生産と防衛生産の十分すぎるほどの増強の犠牲にされた。**軽工業は二級の事業と考えられ，時代おくれの状態に放置されていた。耐久消費財，生活用品，自動車の生産は世界のレベルからどうしようもないほどおくれていた。サービス分野は一昔前のままだった。

(『ゴルバチョフ回想録　上』新潮社)

2B ペレストロイカの方針(1986年)

現在のペレストロイカは経済ばかりでなく，社会的関係，政治システム，宗教・イデオロギー分野，党とすべてのわが要員の活動のスタイルと方法など**社会生活の他のあらゆる側面にも及んでいる。**ペレストロイカは，包括的なことばである。私はペレストロイカと革命という2つのことばの間に等号をつけたい。

(ゴルバチョフの演説，『世界史史料11』岩波書店)

A4 チェルノブイリ原子力発電所事故(現ウクライナ) 1986年4月26日，チェルノブイリ原発で爆発事故が起こり，大量の放射性物質が広範囲に飛散した。ソ連は事故を隠蔽するなど，その閉鎖的な政治体制を象徴する出来事となった。被曝による死者は，最終的に9000人にのぼる可能性が指摘されている。

3 東欧革命と冷戦の終結(1989年) 巻末史料68

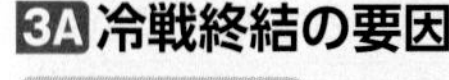

A5 ワレサと「連帯」(1980年) 自主管理労働組合**「連帯」**を率いて，民主化運動を始め，東欧民主化への道を開いた。1989年，選挙に勝利し東欧で最初の非共産党政権を成立させた。翌年大統領に就任。Marc BULKA/寄稿者

◀6 ハンガリー・オーストリア国境の有刺鉄線撤去(1989年5月) ハンガリーなど東欧諸国でも，自由化改革が進んだ。Votava/picture-alliance/dpa/Newscom/ユニフォトプレス

ルーマニア

テレビ放送された軍事法廷前のようす

◀7 チャウシェスク大統領夫妻の逮捕(1989年12月) 1974年以来，独裁政治を行い，東欧革命でも最後まで政権を維持していた。政権は数日で崩壊し，夫妻は処刑された。

◀8 東ドイツの市民運動(1989年11月4日) 東ベルリンで50万人以上によるデモが発生した。

WELT am SONNTAG

Die Gewinnzahl von Portfolio

2,7 Millionen Visa – Die Deutschen feiern ihr größtes Fest des Wiedersehens nach langer Trennung

◀9 ベルリンの壁崩壊の新聞(1989年11月12日) 東ドイツ政府が，西側諸国への移動を自由化したことを知った市民により，ベルリンの壁が破壊された。

◀p.155

Q ドイツ人にとって，ベルリンの壁は何を象徴していたのだろうか？

3A 冷戦終結の要因

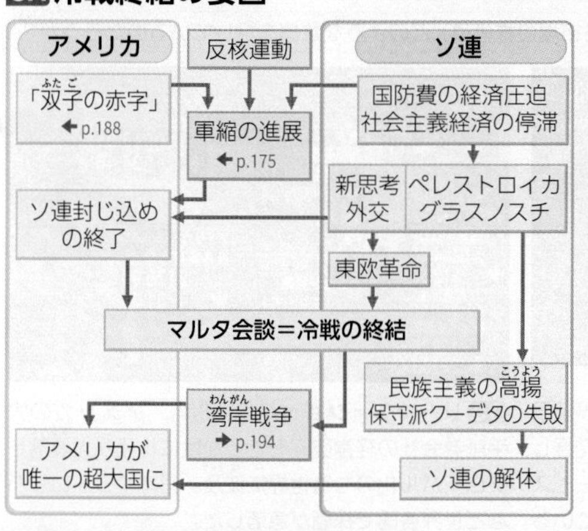

われわれは，永続的な平和を実現し，**東西関係を持続的な協力関係へと変えることができる。**ゴルバチョフ議長と私は，このマルタで，そのような未来をつくりはじめたのだ。(ブッシュ〈父〉米大統領の発言)

世界はひとつの時代を終え，次の時代に向かっている。われわれは平和が続く時代にいたる長い道を歩きはじめた。軍事力の脅威，不信，心理的・イデオロギー的闘争は過去のものとなるはずだ。(ゴルバチョフ・ソ連共産党書記長の発言)

A10 マルタ会談(1989年12月) 米ソ首脳は地中海のマルタで会談を行い，**冷戦の終結を宣言**した。翌年には，西ドイツが東ドイツを吸収した(**ドイツ統一**)。

4 ソ連の解体(1991年)

A11 ゴルバチョフとエリツィン(1991年8月) エリツィンはロシア共和国の大統領で，ゴルバチョフ以上の急進改革を主張。**ゴルバチョフの改革に反対する共産党保守派は，クーデタを起こし**ゴルバチョフを軟禁したが，エリツィンが機敏に対応し，**3日で失敗した。**写真では，エリツィンがゴルバチョフに，クーデタに関するメモを読むように求めている。

A12 バルト3国の独立(1991年9月) エストニア・ラトヴィア・リトアニアは，第二次世界大戦中に，ソ連に併合された経緯から(◀p.146地図)，最も早くソ連からの独立を宣言。保守派クーデタの失敗直後，**ソ連からの離脱を認められた。**写真は，ラトヴィアの首都リガで破壊されたレーニン像(8月)。

◀13 ソ連の消滅(1991年12月) エリツィン率いるロシアを中心に，ソ連に代わる**独立国家共同体(CIS)**の結成が宣言された。ゴルバチョフは大統領を辞任し，ソ連は消滅した。

Q どこの国の国旗があげられているのだろうか？

解説 1990年代，エリツィン大統領のもとロシアは，チェチェン紛争などもあって苦境が続いた。**2000年にプーチン大統領が就任**すると，国家権力を強化し，世界の強国の地位を取り戻しつつある。

深めよう 冷戦が，西側陣営の勝利で終結した理由は何だろうか？

つなげよう 冷戦の終結により，国際社会はどのように変化していくのだろうか？

冷戦後の地域統合と地域紛争

アプローチ 冷戦終結後の国際社会では，どのような動きがみられたのだろうか？

1 地域統合の進展 ←p.169・171・185 巻末史料69

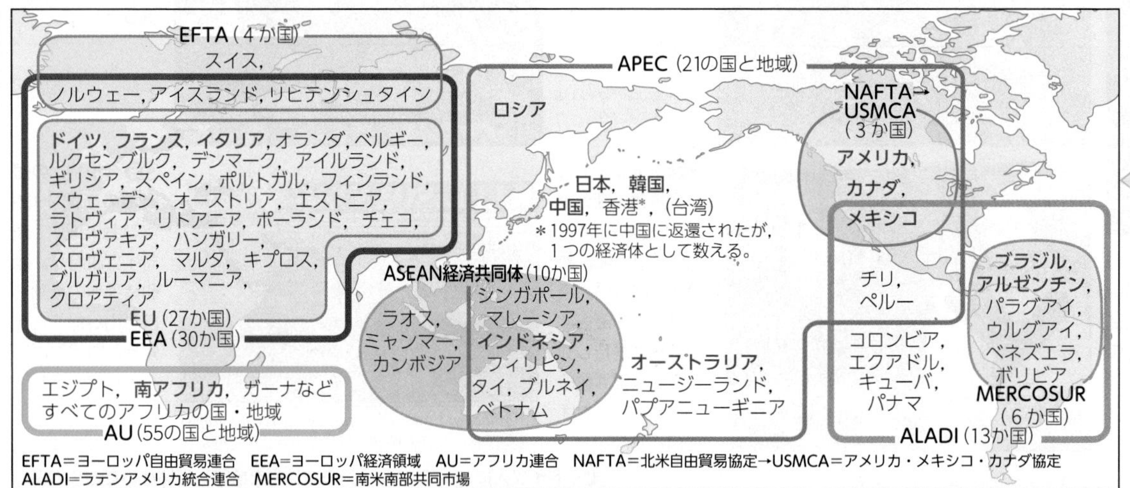

G20

左地図の**太字**，
イギリス，トルコ，
インド，サウジアラビア

Q 地域統合が進んでいない地域はどこだろうか？

解説 冷戦終結後，各地で国家の枠組みを超えた，経済的な地域統合が進んだ。ヨーロッパでは，旧東側諸国が次々と**EU**に加盟した（←p.169）。世界的な枠組みとしては，**G7**（←p.184）に新興国なども加えた，**G20**首脳会合も開かれている。

1A 経済のグローバル化

Q 各市場の株価は，どのような数値を示しているのだろうか？

A1 APEC首脳会議（2018年） 1989年発足の**アジア太平洋経済協力**。自由貿易の推進をめざす緩やかな枠組みである。また，APEC諸国の間では，**環太平洋パートナーシップ(TPP)協定**を結んで，さらなる経済的連携を進めている。

A2 中国のWTO加盟（2001年） 世界貿易機関(WTO)は，GATT（←p.152）から発展し，1995年に発足。モノに限らず，サービスなども含む自由貿易の拡大をめざしている。

A3 リーマン＝ショック（2008年） アメリカの大手証券会社の経営破綻をきっかけに株価が大暴落し，グローバル化のもと世界に波及。日本やヨーロッパなど世界各国で株価が急落した。

2 地域統合の危機

4 イギリスのEU離脱決定（2016年）

● **離脱派・残留派の主張**

離脱派	「移民の増加により，雇用環境が悪化，社会保障の負担が増加，治安が悪化した。」
残留派	「EU域内の共通関税を採用できず，経済に打撃。移民はイギリスの重要な労働力。」

2A ヨーロッパ議会選挙の結果

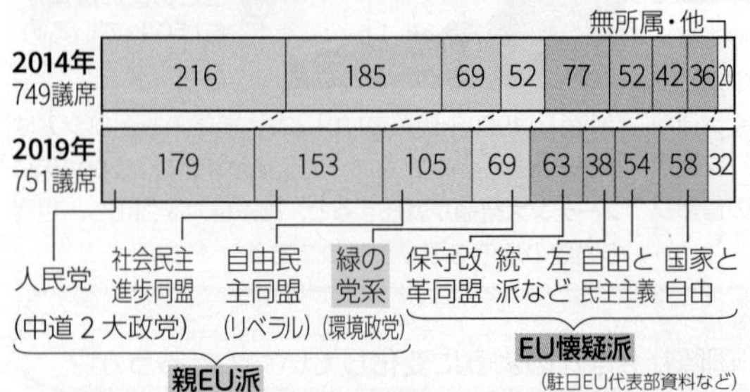

解説 シリア内戦などからのがれた難民が押し寄せたヨーロッパで排外主義が高まり，選挙にも影響を与えている。この動きは米など各地に広まりつつある。

2B 排外主義やポピュリズムの動き

年	月	国	出来事
2015	.10	ポーランド	愛国主義的右派政党「法と正義」が，総選挙で勝利
2016	.5	フィリピン	過激発言で知られるドゥテルテが，大統領に当選
	.6	イギリス	国民投票で，EUからの離脱が決定❹
	.11	アメリカ	**トランプ❺**が，「自国第一主義」を訴えて大統領に当選
2017	.5	フランス	右翼・国民戦線のルペンが，大統領選の決選投票へ進出
2018	.4	ハンガリー	EUに懐疑的な**オルバン❼**率いる与党が，総選挙で勝利
	.10	ブラジル	極右の元軍人のボルソナーロが，大統領に当選

国境を取りもどす。富を取りもどす。

A5 トランプ・アメリカ大統領（任2017～21）

主権を取りもどせ。

A6 ジョンソン・イギリス首相（任2019～22）

よそ者が，ハンガリーを我々から奪おうとしている。

A7 オルバン・ハンガリー首相（任2010～）

3 冷戦後の国際紛争

Q 紛争は何が原因で起こっているのだろうか？

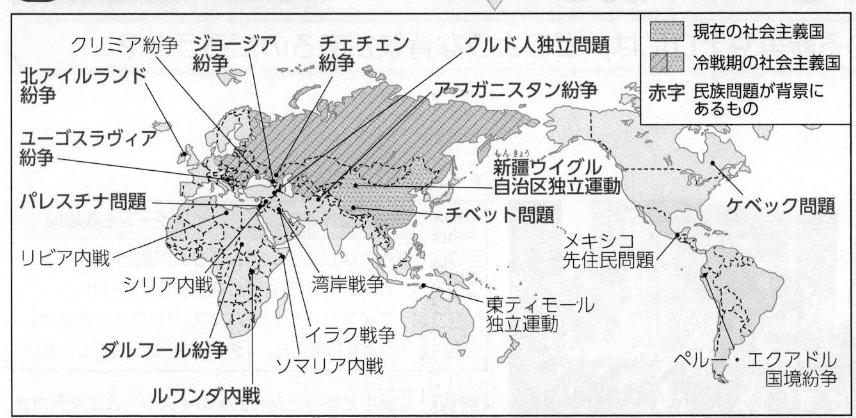

解説 冷戦終結後，各地で民族・宗教対立など，さまざまな背景を持つ紛争が表面化した。

アフリカの紛争(←p.171) 独立以前からの民族・宗教対立から，各地で激しい内戦が起こった。ルワンダでは，多数派のフツ族と少数派のツチ族の対立から，大量虐殺に発展した。

中東の紛争 2010年末以降，チュニジアでの民衆による抗議デモをきっかけに，各国で長期独裁政権に対する民主化運動が起きた(**「アラブの春」**)。エジプト・リビア・イエメンでは政権が倒れたが，民主化の実現には至っていない。シリアでは内戦が泥沼化し，多くの難民が発生している。➜p.200

◀8 **ルワンダ難民**(1994年7月) 1994年，フツ過激派によるツチ族の虐殺が行われ，短期間のうちに80～100万人が犠牲となった。難民が200万人以上も発生し，隣国へのがれた。

◀9 **「IS(イスラーム国)」の戦闘員** アル＝カーイダ(➜p.194)から分派した過激派組織。イラク戦争・シリア内戦などの混乱の中，両国で支配地域を広げた。

4 ユーゴスラヴィア紛争 巻末史料70

年	月	事項
1945		ユーゴスラヴィア連邦人民共和国成立(ティトー政権) ←p.148・154
1980		ティトー死去
1989		**冷戦終結** ←p.190
		スロヴェニア・クロアティア ✕ セルビアの紛争
1991	.6	**スロヴェニア・クロアティア**が独立宣言⑩ セルビアを中心とするユーゴ連邦軍が両国を攻撃
1992	.1	ECがスロヴェニア・クロアティアの独立を承認
		ボスニア内戦(ムスリム・クロアティア人 ✕ セルビア人)
1992	.3	**ボスニア＝ヘルツェゴヴィナ**が独立宣言。紛争が拡大 国連保護隊(PKF)が派遣される
	.4	セルビアとモンテネグロが(新)ユーゴスラヴィアを結成
1994	.4	NATOがボスニアのセルビア人勢力を空爆
1995	.7	スレブレニツァの虐殺⑫
	.12	ボスニア＝ヘルツェゴヴィナ・クロアティア・ユーゴ3首脳，ボスニア和平協定に調印
		コソヴォ紛争(アルバニア人 ✕ セルビア人)
1998	.2	ユーゴのセルビア治安部隊，コソヴォ解放軍に対して掃討作戦を展開(紛争激化)
1999	.3	NATOがユーゴに対して大規模な空爆を実施
	.6	セルビア勢力がコソヴォから撤退，空爆停止
2000	.10	ユーゴのミロシェヴィッチ大統領が失脚
2001	.6	ミロシェヴィッチ元大統領が旧ユーゴ国際刑事裁判所に引き渡される⑪
2003	.2	ユーゴ連邦が，連邦国家「セルビア・モンテネグロ」へ改編
2006	.6	**モンテネグロ**が独立
2008	.2	**コソヴォ**が，セルビアから独立

ボスニア内戦の構図：ボスニア＝ヘルツェゴヴィナ（クロアティア人・セルビア人・ムスリム），クロアティア，ユーゴスラヴィア（セルビア），NATO，空爆

4A ユーゴスラヴィアの民族分布

Q ユーゴスラヴィア紛争は，なぜ激化したのだろうか？

イタリア　スロヴェニア　リュブリャナ　ザグレブ　ハンガリー　ルーマニア　ユーゴ連邦(1945成立)　セルビア・クロアティア紛争(1991～92)　クロアティア　ボスニア＝ヘルツェゴヴィナ　ボスニア連邦　サライェヴォ　ベオグラード　セルビア　スレブレニツァ　セルビア人共和国　ボスニア内戦(1992～95)　モンテネグロ　コソヴォ　ポドゴリツァ　プリシュティナ　ドゥブロヴニク　ブルガリア　スコピエ　北マケドニア　コソヴォ紛争(1997～99)　ギリシア　民族分布1989年 国境2008年2月

旧ボスニア・ヘルツェゴヴィナの民族構成(1989年)：ムスリム40%，セルビア人32，クロアティア人18，その他10

凡例：セルビア人　クロアティア人　ムスリム　スロヴェニア人　アルバニア人　マケドニア人　モンテネグロ人　混住地域

▼10 **クロアティアの独立**(1991年) クロアティア国旗を燃やすユーゴスラヴィア軍。

解説 ユーゴスラヴィアも，ソ連同様に多くの民族からなる連邦国家で，「7つの国境，6つの共和国，5つの民族，4つの言語，3つの宗教，2つの文字，1つの国家」といわれていた。**冷戦終結後，激しい内戦となり，結果的に7か国に分裂した。**

▲11 **国際法廷でのミロシェヴィッチ元大統領**(2001年) セルビアの指導者で，ティトーの死後，ナショナリズムをあおる政策をとった。失脚後，国際人道法の重大違反を犯したとして，旧ユーゴ国際刑事裁判所に引き渡された。

▲12 **スレブレニツァの虐殺記念碑** ボスニア＝ヘルツェゴヴィナは，それ自体が複数の民族から構成されており，激しい内戦となった。1995年，東部スレブレニツァでムスリム系の住民数千人が殺害された。

深めよう 冷戦の終結が，地域統合や地域紛争につながった理由は何だろうか？

つなげよう 現在，地域統合にはどのような課題があるのだろうか？

中東の紛争と対テロ戦争

アプローチ 現在も各地で起こっている紛争やテロには，どのような背景があるのだろうか？

1 中東の紛争

1A イラン＝イスラーム革命(1979年) ←p.156

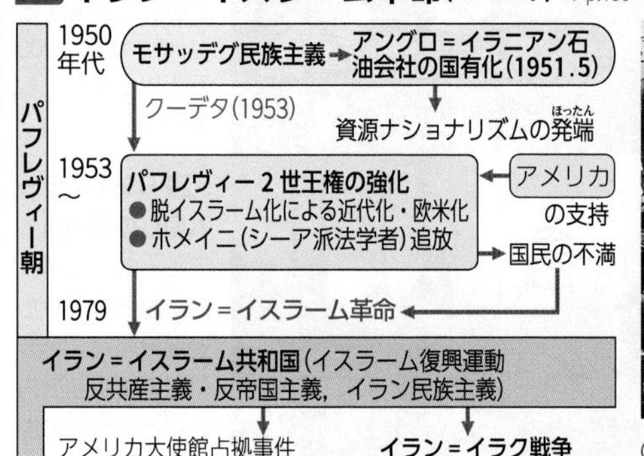

A1 ホメイニと熱狂する群衆(1979年)

●イスラーム主義の台頭

イスラーム復興運動	イスラーム主義組織
西欧的な近代化はムスリムの堕落とし，ムハンマドの教えに立ち返ってイスラーム世界を再生しようとする考え方。	ムスリム同胞団(エジプト) ヒズボラ(レバノン) ハマス(パレスチナ占領地) ターリバーン(アフガニスタン)

解説 亡命中であったシーア派のイスラーム法学者ホメイニが指導者となり，パフレヴィー朝を打倒した。そのさなかには，学生たちがイランのアメリカ大使館を1年以上占拠した。1970年代に勢力を拡大した反米・イスラーム主義は，イラン＝イスラーム革命で最高潮に達した。

1B イラン＝イラク戦争(1980年)

Q アメリカは，なぜイラクを支援したのだろうか？

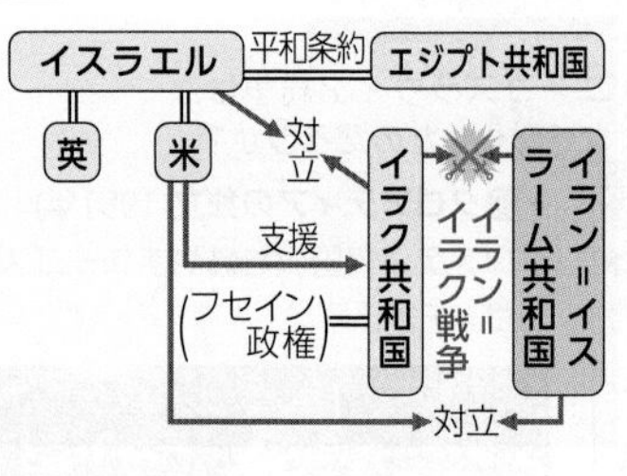

2 アメリカのイラク支援(1983年) イスラーム革命の「輸出」を警戒した，イラクのフセイン政権がイランを攻撃して開戦。米**レーガン**政権はイラクを支援し，戦争は8年間続いた。

1C 湾岸戦争(1991年)

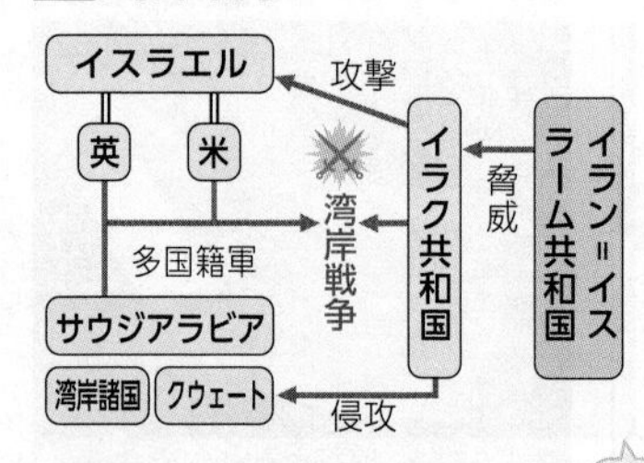

3 湾岸戦争(1991年) 1990年，イラクがクウェートに侵攻。冷戦終結直後の情勢下，国際社会は国連安保理を舞台に協調し，米を中心に多国籍軍を結成。クウェートを解放した。

1D 対テロ戦争(2001〜03年)

Q 湾岸戦争とイラク戦争への，国際社会の対応の違いは何だろうか？

4 アフガニスタンでの紛争(2001年) 米は，同時多発テロ事件の首謀者をかくまっているとして，アフガニスタンのターリバーン政権を攻撃した。この戦争は，国と国の争いではなく，国とテロ組織の**新しい戦争**であった。

5 イラク戦争(2003年) フセイン政権は，**ブッシュ(父)**政権期の湾岸戦争後も政権を維持していた。**ブッシュ(子)**政権は，国連による決議を経ずに，米・英軍のみでイラクを攻撃。24年間続いたフセイン政権は崩壊した。

アメリカの中東政策と反発

●アメリカの支援対象国

時期	対象国	支援理由
1950〜70年代	イラン	資源ナショナリズム ソ連への牽制
1980年代	イラク エジプト アフガニスタン	イスラーム革命への防波堤 イスラエル承認の見返り ソ連の侵攻阻止
1990年代	サウジアラビア	イラクに対する軍事拠点
2000年代	アフガニスタン イラク	中央アジアの天然ガス イラク戦争後の石油確保

米の中東における支援対象は，国際情勢によって変化した。米軍は，湾岸戦争後も聖地メッカがあるサウジアラビアに駐留を続けた。これに対し，イスラーム過激派は反発を強め，**同時多発テロ事件**につながった。

6 ウサーマ＝ビン＝ラーディン(1957〜2011) イスラーム過激派組織**アル＝カーイダ**を率い，同時多発テロ事件を計画した。4機の旅客機をハイジャックさせ，ニューヨークの高層ビルなどに突入させた。2011年，米軍により殺害された。巻末史料71

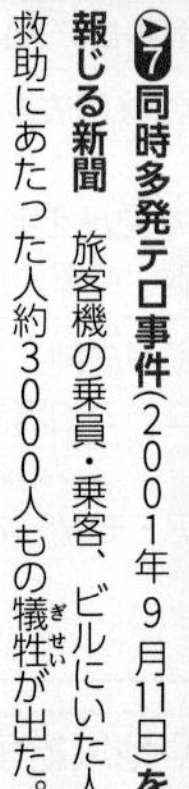
7 同時多発テロ事件(2001年9月11日)を報じる新聞 旅客機の乗員・乗客，ビルにいた人，救助にあたった人約3000人もの犠牲が出た。

The New York Times

U.S. ATTACKED

HIJACKED JETS DESTROY TWIN TOWERS AND HIT PENTAGON IN DAY OF TERROR

A CREEPING HORROR

President Vows to Exact Punishment for 'Evil'

「ニューヨークタイムズ」

2 国連平和維持活動(PKO) 世界 日本

Q 冷戦前後で，PKOの派遣先はどのように変化しているのだろうか？

冷戦期にPKO部隊が派遣された国・地域
冷戦後にPKO部隊が派遣された国・地域
①～⑭ 活動中のPKO（2019年3月末現在）
PKO協力法により日本が参加したPKO（2019年3月末現在）
注：地図中の年は日本の参加期間
（国際連合資料など）

1994 エルサルバドル監視団
2010～13 ハイチ安定化ミッション
1992～93 カンボジア暫定統治機構
1996～2013 ④兵力引き離し監視隊（ゴラン高原）
2008～11 スーダン・ミッション
1992 アンゴラ監視団
1993～95 モザンビーク活動
2011～ ⑪南スーダン共和国ミッション＊
1999 東ティモール・ミッション
2002 東ティモール暫定行政機構
2002～04 東ティモール支援団
2007～08,10～12 東ティモール統合ミッション

	活動中のPKO	総人員	死者	設立年月		活動中のPKO	総人員	死者	設立年月
①	国連休戦監視機構(パレスチナ，スエズ運河など)	374	52	1948.5	⑧	ダルフール国連・AU合同ミッション	10683	271	2007. 7
②	国連インド・パキスタン軍事監視団	117	11	1949.1	⑨	国連コンゴ民主共和国安定化ミッション	20486	169	2010. 7
③	国連キプロス平和維持隊	1004	183	1964.3	⑩	国連アビエ暫定治安部隊	4786	35	2011. 6
④	国連兵力引き離し監視隊(シリアのゴラン高原)	1094	52	1974.6	⑪	国連南スーダン共和国ミッション＊	19402	67	2011. 7
⑤	国連レバノン暫定隊	11155	313	1978.3	⑫	国連マリ多面的統合安定化ミッション	16453	195	2013. 3
⑥	国連西サハラ住民投票監視団	485	16	1991.4	⑬	国連中央アフリカ多面的統合安定化ミッション	15045	81	2014. 4
⑦	国連コソボ暫定行政ミッション	351	55	1999.6	⑭	国連ハイチ司法支援ミッション	1301	1	2017.10

＊2017年5月，日本は施設部隊撤収。指令部要員は残留。　（2019年3月末現在，国際連合資料）

解説　国際連合は，平和維持活動(PKO)を行い，停戦監視・兵力引き離し・平和維持・選挙監視などの活動を行っている。→p.196

（1999年）

▲8 東ティモールでの住民投票活動　住民投票の結果，2002年に独立。

和解への道

紛争の当事者同士での和解をめざし，NGOにより共通の歴史教材を作成する動きがある。

◀9 バルカン諸国の歴史教材　ユーゴ解体後に作成の資料集。←p.193

LEARNING EACH OTHER'S HISTORICAL NARRATIVE:
Palestinians and Israelis

▲10 パレスチナ・イスラエルの歴史教材　歴史のとらえ方を互いに知るために作成されたブックレット。←p.172
Sami Adwan and Dan Bar On/ PRIME.

3 資料から考える 今世紀のテロ

テロの恐怖，その報道と実態

3A テロによる死者数の推移

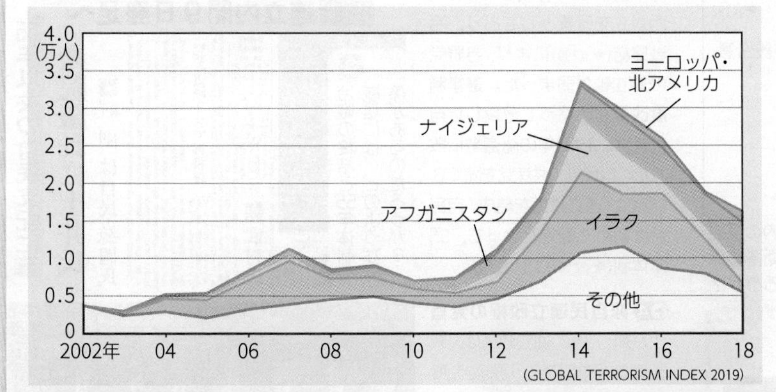

3B 日本で報道されたおもなテロ事件

年.月	発生国	事件名	死者数(人)
2001. 9	アメリカ	同時多発テロ	約3000
2002.10	ロシア	モスクワ劇場占拠テロ	約130
2004. 3	スペイン	列車爆破テロ⑪	約190
2005. 7	イギリス	ロンドン同時多発テロ	52
2007. 6	アフガニスタン	自爆テロ⑫	35
2008.11	インド	ムンバイ同時多発テロ	166
2013. 1	アルジェリア	天然ガス精製プラント人質事件	39
2015. 3	チュニジア	博物館襲撃	22
2015.11	フランス	パリ同時多発テロ	130
2016. 7	フランス	ニーストラックテロ	84

◀11 スペインでの列車爆破テロ（2004年）

▶12 アフガニスタンでのテロ(2007年)　警察のバスが爆発。ターリバーンが犯行声明を出した。

テロの現場を警備する警察官ら

読みとろう

① 3A から，テロの死者数は，どのような推移をたどっているのだろうか？ 推移
② 3B から，日本ではどのような地域で発生したテロが報道されているのだろうか？
③ 3A から，テロの死者数が多いのは，どこだろうか？

考えよう

3A 3B から，テロの報道について何がいえるだろうか？ 関連

深めよう　地域紛争と対テロ戦争への対応の相違点は，何だろうか？

つなげよう　現在，中東地域ではどのような動きがあるのだろうか？

資料

平成の日本

1800 1900 2000
江戸 | 明治 | 大正 | 昭和 | 平成 | 令和
朝鮮 | 韓国 | 日本領 | 北朝鮮・韓国
清 | 中華民国 | 中華人民共和国

アプローチ 冷戦終結は，日本にどのような影響を与えたのだろうか？

1 冷戦終結後の日本 まとめ

p.176

政権	年	国内政治(安保関係)，社会	国際社会，外交
自民党単独	1989	昭和天皇没。**平成と改元** ❶❷	冷戦終結 ←p.190
	(平1)	消費税3％実施	
	1991	この前後，株価・地価が下落 **バブル経済の崩壊**	**湾岸戦争** ←p.194 海上自衛隊掃海艇をペルシア湾へ派遣
	1992	PKO協力法公布 →	自衛隊をカンボジアへ派遣 ❻
非自民連立	1993	非自民連立政権成立 ❸❹ **55年体制の崩壊**	
		コメ市場部分開放を決定 ❺	
	1994	小選挙区比例代表並立制を導入	
自民党中心		自民党・社会党の連立政権成立	
	1995	**阪神・淡路大震災** ❾	沖縄で米兵による少女暴行事件。
		地下鉄サリン事件 ❿	米軍基地問題が再燃
		戦後50年の村山談話を発表	
	1996		日米安保共同宣言
	1997	消費税5％に引き上げ	
		金融機関の経営破綻あいつぐ ❼	
	1999	新ガイドライン関連法公布	
	2001	中央省庁を再編	
小泉内閣		テロ対策特別措置法公布 →	**米で同時多発テロ事件** ←p.194
	2002		小泉首相訪朝，日朝首脳会談
			→イージス艦をインド洋へ派遣
	2003	イラク復興支援特別措置法公布 →	**イラク戦争** ←p.194
	2004	有事関連七法公布	→自衛隊をイラクへ派遣
	2005	郵政民営化法公布	
	2008		**リーマン＝ショック**(世界金融危機) ←p.192
民主党中心	2009	民主党政権成立 **政権交代**	
	2010		普天間飛行場の辺野古移設合意
	2011	**東日本大震災** ⓫・**原発事故** ⓬	
自民党中心（安倍内閣）	2012	自由民主党政権復帰	
	2013	2020年東京五輪を招致	TPP協定交渉に合流
	2015	安全保障関連法公布(集団的自衛権の行使を容認)	
	2016	天皇，退位の意向を表明	
	2019	天皇退位。**令和と改元**	

Q 政府は，なぜ国内の反対を押し切って自衛隊の派遣を始めたのだろうか？

「国際貢献」への模索 世界・日本

湾岸戦争(←p.194)に際し，日本は多額の資金援助を行った。アメリカからは「人的貢献」を求められたため，戦争後，ペルシア湾の機雷除去のため，自衛隊の掃海艇を派遣した。しかし，クウェート政府が作成した国際社会への「感謝広告」に日本の名がないと報道されたことから，日本の「国際貢献」のあり方が大きな議論となった。

1992年，日本社会党などの激しい反対の中，国連平和維持活動(PKO)協力法が成立し，初めて**自衛隊の海外派遣**が可能となった。以後，自衛隊は各地でのPKOに参加し，国内でも評価を得ている。←p.195

▲6 カンボジアでの自衛隊 カンボジアでは約20年続いた内戦が終わり，国が再建された。←p.185

1A 昭和から平成へ(1989年)

天皇陛下 崩御
激動の昭和終わる
新元号「平成」
明仁親王ご即位
87歳 歴代最長の在位
「平成」あすから
「昭和」を送る

◀1 「昭和天皇崩御」を報じる新聞(「朝日新聞」1989年1月7日) 1979(昭和54)年に元号法が定められて以降，初の改元。昭和天皇は62年の歴代最長の在位で，87歳と歴代最高齢の天皇であった。「平成」は，2019年に天皇の85歳での退位により幕を閉じた。

◀2 「平成」の発表 当時の官房長官で，のちに首相となる小渕恵三。

1B 非自民連立政権の成立(1993年) 巻末史料72

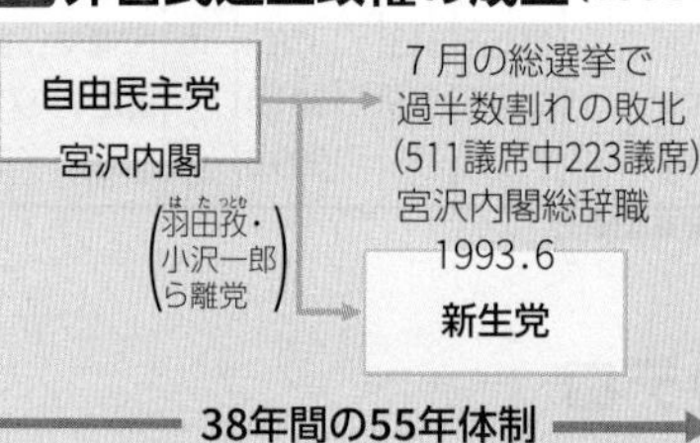

▶3 細川護熙首相の指名を報じる新聞(「読売新聞」1993年8月7日) 55年体制は冷戦の東西対立を背景としており，冷戦終結(←p.190)により，与野党の対立軸が弱まった。**選挙制度改革**をめぐって分裂した自民党は，1993年の総選挙に敗れた。自民党・共産党を除く8党派は，連立政権を結成。自民党は初めて野党となって，55年体制(←p.176)は崩壊した。

細川首相を指名
特別国会 連立内閣9日発足へ
55年以来の自民支配に幕
衆院議長に土井氏
憲政史上初の女性
「副」は自民・鯨岡氏
参院 武村氏
点呼ミスで再投票

Q 冷戦の終結と55年体制の崩壊には，どのような関係があるのだろうか？

▶4 非自民連立政権の党首(1993年7月) 連立政権は，衆議院に「政権交代」可能な制度として，小選挙区と比例代表を組み合わせた制度を導入。連立政権内では対立が起こり，1年弱で自民党が政権復帰した。

羽田 細川
社民連 民社 公明 社会 新生 日本新 さきがけ 民改連

コメ開放決定
新ラウンド，事実上合意
首相が会見で陳謝

◀5 コメ市場開放を報じる新聞(「朝日新聞」1993年12月14日) 貿易赤字をかかえたアメリカは(←p.188)，日本に農産物の**市場開放**を求めた。1986年に始まったGATT(←p.152)の交渉の結果，1988年に牛肉とオレンジの輸入自由化を決定，1993年にはコメ市場の部分開放を受け入れた。

2 日本経済の動向

2A バブル経済と「失われた20年」

Q 現在の日経平均株価はいくらか調べてみよう。

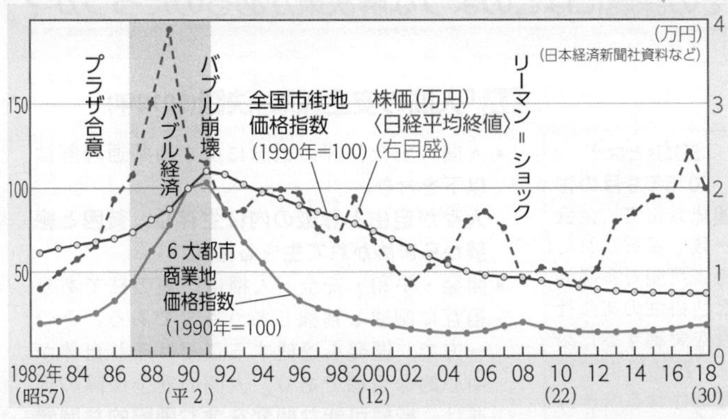

解説 1989(平1)年の年末，日経平均株価は現在も破られていない史上最高値3万8915円を記録した。1990年代に入ると，株価・地価ともに下落をはじめ，**「バブル経済」は崩壊**した。以後，日本経済は長期の**平成不況**となり，**「失われた20年」**とまでいわれた。1997年には大手金融機関の経営破綻が相次ぎ，失業率が上昇した。新規の採用も控えられたため，学生の就職内定率は下がり，2000年前後は「就職氷河期」といわれた。

◁7 山一証券の自主廃業(1997年11月) 4大証券の1つとされ，戦後最大の経営破綻であった。

▷8 バブル後，開発されずに残ったさら地(2000年，東京都内)

2B 1990年代後半に頂点に達した数値

	最高となった数値(年)	2019年の数値(対左列比)
書籍・雑誌の販売金額(円)	2兆6563億(1996)	1兆2360億(47%)
新聞の発行部数	5376万(1997)	3781万(70%)
CDの生産数量(枚)	4億5713万(1998)	1億3233万(29%)
チェーン店販売額(円)	16兆8636億(1997)	12兆4325億(74%)
パスポート発行数	628万(1996)	439万(70%)
民間給与額の平均(円)	419万(1998)	388万(93%)

解説 バブル経済の崩壊以後も，日本の経済成長率はプラスで(←p.181)，景気回復が期待されていた。少子高齢化は進んでいたが，日本の総人口は増加し，パソコンや携帯電話が普及し始めていた。1990年代後半に，日本の消費は最高潮に達した。

2C 各国のGDPの推移 世界 日本

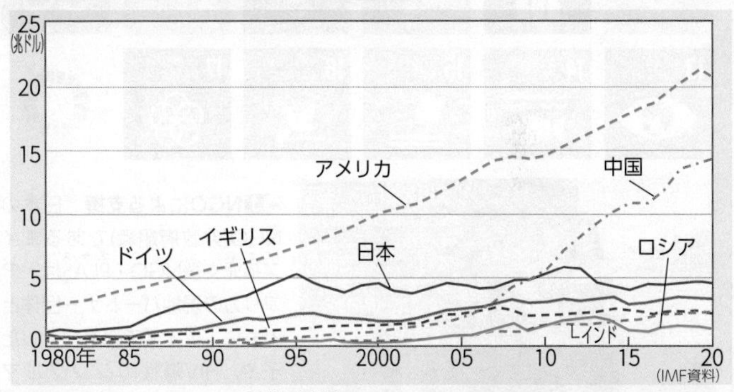

解説 2000年代初頭の**小泉純一郎**内閣は，新自由主義的(←p.184)な**構造改革**を行い不況からは脱出した。**規制緩和**の政策は，所得格差や都市と地方の格差を広げる結果を招いた。高度成長期以後，日本はGDPでみるとアメリカに次ぐ第2位の「経済大国」であったが，現在は中国に次ぐ第3位となっている。

Q 日本が中国に追い抜かれたのは約何年前だろうか？

3 災害と日本社会

3A 阪神・淡路大震災と地下鉄サリン事件(1995年)

1995年1月17日 午前5時46分
震源地 兵庫県淡路島北部
マグニチュード 7.3
死者・行方不明者 6437人
家屋全半壊 24万9180軒(2005年末，消防庁資料)

◁9 倒壊した高速道路の高架(神戸市東灘区) 大都市を襲った直下型地震により，多くの家屋や高速道路が倒壊した。水道などのライフラインが切断され，都市機能がまひした。一方で，ボランティア活動が盛んになるきっかけともなった。

地下鉄にサリン？ 5人死亡

東京，14駅で同時に
乗客250人以上負傷
車内の包みに異臭

▷10 地下鉄サリン事件を報じる新聞(「朝日新聞」1995年3月20日) バブル経済に浮かれる一方，世紀末の不安ただよう社会に疑問を感じた，新興宗教団体オウム真理教信者による事件。東京の地下鉄5本に猛毒サリンがまかれて13人が亡くなり，5800人以上がサリン中毒症となった。社会に大きな衝撃を与えた。

3B 東日本大震災と原発事故(2011年)

東日本 巨大地震
M8.8国内最大
大津波、死者数百人
三陸海岸 壊滅状態
仙台200
原子炉圧力

2011年3月11日 午後2時46分
震源地 宮城県三陸沖
マグニチュード 9.0(観測史上最大)
死者・行方不明者 2万2152人
家屋全半壊 40万2102軒
(2017年9月，消防庁資料)

◁11 東日本大震災を報じる新聞(「読売新聞」2011年3月12日) 東北地方の太平洋側を襲った高さ10m近い巨大津波などにより，多くの人が亡くなった。人々が家族や地域の「絆」の大切さを見直すきっかけとなった。

▷12 事故後の福島第一原子力発電所 震災により，福島第一原子力発電所はすべての電源を失い，原子炉や使用済み燃料を冷却できなくなった。このため，核燃料や炉心が溶け，水素爆発が発生した。放射性物質による汚染で，住民は今も避難生活が続いている。

提供／エアフォートサービス

深めよう 平成の日本で最も重要な出来事は何だろうか？

つなげよう 平成の日本で生じた課題は，その後の日本にどのような影響を与えるのだろうか？

世界と日本の課題

アプローチ 現在の世界はどのような課題に直面し，その課題にはどのような解決策があるのだろうか？

欧米
アジア
日本

1 持続可能な開発目標(SDGs)

SUSTAINABLE DEVELOPMENT GOALS

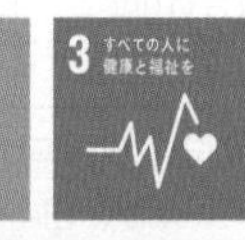

SDGsとは？
2015年９月の国連総会にて，全会一致で採択された。持続可能で多様性と包摂性のある社会を実現するために，2030年までに達成されるべき**17の「目標」**と**169のターゲット**で構成される。

Q 具体的にどのようなターゲットを掲げているか，調べてみよう。

支援を受けて，生活を立て直すためのスモールビジネスとして村にカフェを開業した女性たち

◁1 NGOによる支援 日本のNGO(非政府組織)であるエイズ孤児支援NGO・PLASは，アフリカの現地パートナー団体とともに，エイズで親を亡くした子や，HIV陽性のシングルマザー家庭を支援する活動を行っている。

写真提供／特定非営利活動法人エイズ孤児支援NGO・PLAS

1A 「人間の安全保障」決議(2012年)

- 人間の安全保障の概念に関する共通理解は以下を含む。
  人々が自由と尊厳の内に生存し，貧困と絶望からまぬがれて生きる権利。
- 開発・平和・安全・人権は国連の柱であり，相互に関連し補強しあうものである。その一方で，開発を達成することはそれ自体が中心的な目標であり，人間の安全保障の促進は，**持続可能な開発を含む国際的な開発目標の実現に貢献すべきである。**（外務省資料）

解説 グローバル化する現在の世界には，紛争・感染症・貧困などさまざまな脅威がある。この状況下，国家の安全保障だけでなく，**人間の安全保障**を考える必要性が意識されるようになった。2012年，国連総会で概念の共通理解が決議され，その考え方は**SDGs**にも反映されている。

読みとろう
①人類は，SDGｓ17の目標など世界の諸課題に，どのように対応してきたのだろうか？ 推移
②諸課題について，世界の中で日本の現状はどうなのだろうか？ 比較
③諸課題と歴史上の出来事には，どのような関連があるのだろうか？ 関連

考えよう
世界と日本の諸課題には，どのような解決策・改善策があるのだろうか？

2 飢餓と貧困

2A 栄養不足状態にある人々の割合

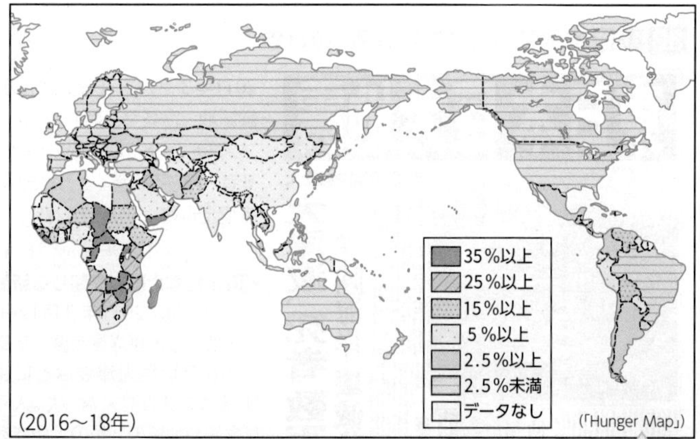

2C 「極度の貧困」状態にある人々の割合

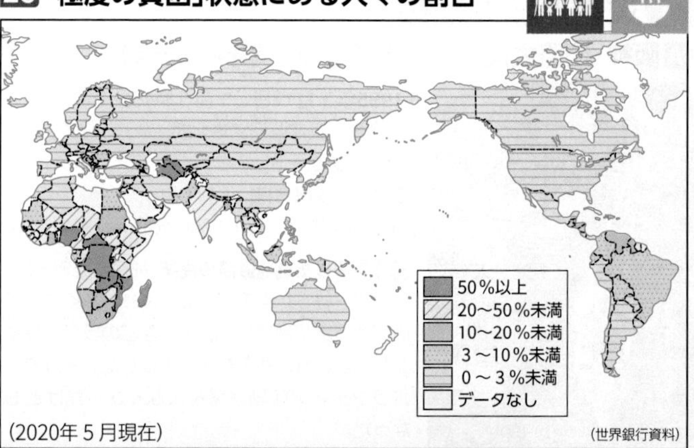

2B 主要国の食料自給率(カロリーベース)

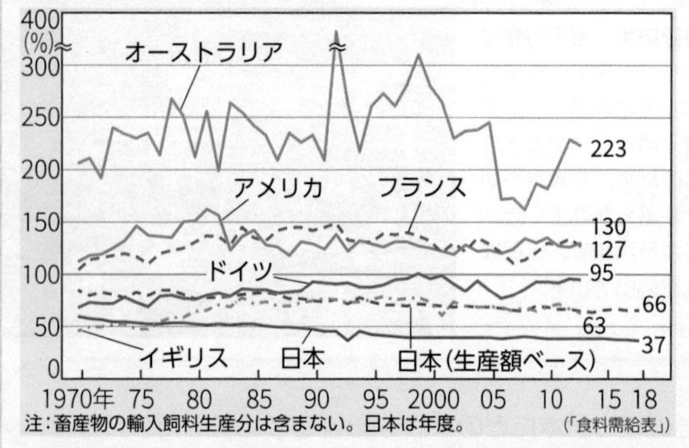

注：畜産物の輸入飼料生産分は含まない。日本は年度。（「食料需給表」）

Q 地球上の食糧は，適切に配分されているといえるのだろうか？

解説 世界ではおよそ８億2100万人が飢餓に苦しんでおり，サハラ以南のアフリカなど開発途上国に多い。アフリカ諸国の穀物自給率を見ると，タンザニア102％，ケニア61％など，日本の28％よりも高い(2018年)。ただし，日本の食料自給率は，カロリーベースでは37％と低いが，生産額ベースでは66％である。

◁2 国連機関による支援 世界食糧計画(WFP)は，1963年に活動を開始。2016年には，世界82か国で，8200万人に食料を支援。

解説 「極度の貧困」状態にある人々とは，世界銀行の定義によるもので，１日1.9ドル(約190円)未満で暮らす人々のこと。世界で約７億人がその状態にある(2015年)。

③ 地球環境とエネルギー

3A 地球環境の破壊

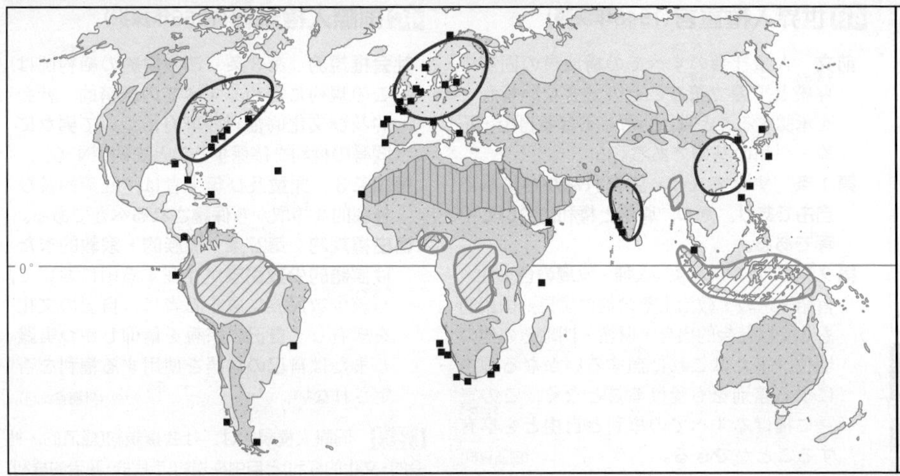

解説　**酸性雨**は，化石燃料(石油・石炭など)を燃やすことで発生する物質が原因となり，国境を越えて被害が発生する。熱帯林の減少は森林伐採が原因で，その結果，二酸化炭素を吸収する森林の機能が低下し，**地球温暖化による気候変動**を加速させる原因になっている。このほか，オゾン層の破壊，海洋汚染などの地球環境問題も発生している。

3B レイチェル＝カーソンの警告

◁3『沈黙の春』とレイチェル＝カーソン(1907～64)

> 自然は沈黙した。…ああ鳥がいた，と思っても，死にかけていた。ぶるぶるからだをふるわせ，飛ぶこともできなかった。春がきたが，**沈黙の春**だった。(『沈黙の春』新潮文庫)

解説　レイチェル＝カーソンは，『沈黙の春』(1962年)で，DDTなどの農薬による環境汚染について警告し，環境保護の大切さを認識させた。

3C 森林資源の減少

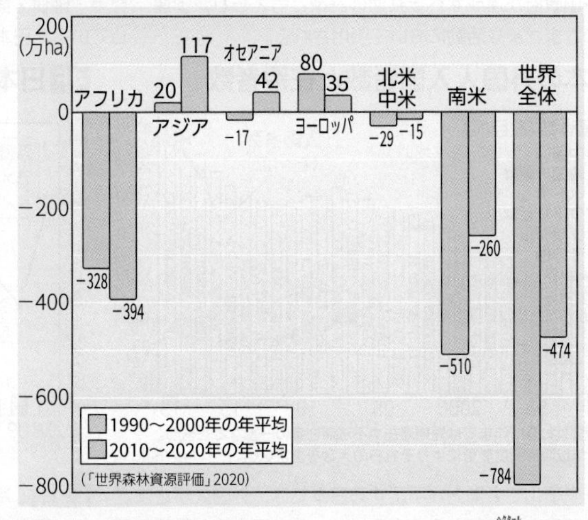

解説　2020年の世界の森林面積は，世界全体で約41億ha(陸地の約31％)であった。森林減少は，地球温暖化・砂漠化・災害の拡大・生態系の破壊など，幅広い影響をもたらす。

3D 各国の二酸化炭素排出量の推移

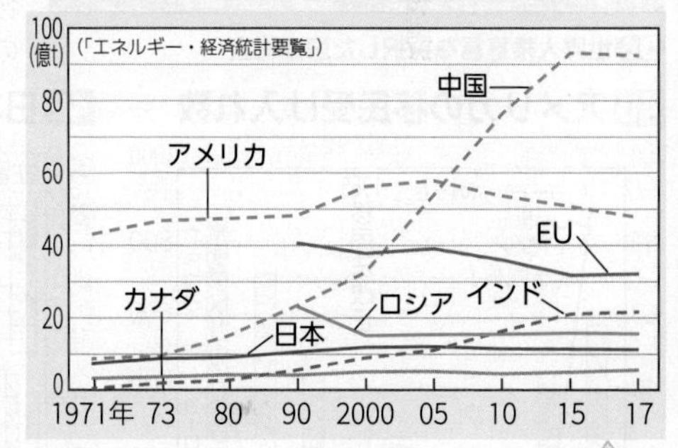

解説　二酸化炭素は，太陽光線内の赤外線が宇宙へ放出するのをさまたげる**温室効果**をもつ。このため，地球温暖化の主要な原因とみなされている。温暖化を防止するため，2015年に**パリ協定**が採択され，先進国・開発途上国のすべてが温暖化対策に取り組み，21世紀後半までに温室効果ガスの排出量を実質ゼロとすることが盛りこまれた。

Q 二酸化炭素排出量が増え続けているのは，どのような国々だろうか？

3E 気候変動問題をめぐる対立

> 2040年には，…(パリ協定が)**アメリカ経済に与える影響により，GDPが3兆ドル近く減少し，工業界の雇用が650万人分失われるでしょう。**…パリ協定は，わが国の犠牲で長い間富を得ようとしてきた外国の資本やグローバルな活動家から賞賛を得るためにアメリカ経済に負担を負わせるものです。彼らはアメリカ第一にはしません。私はします。(2017年6月，ホワイトハウス資料)

△4 トランプ米大統領

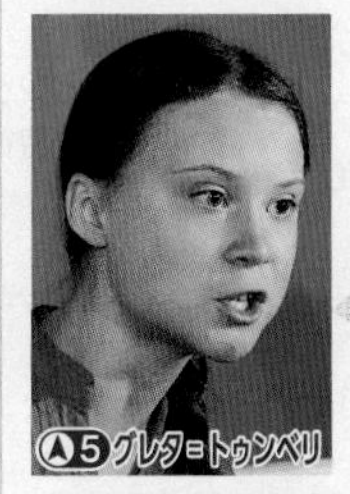
△5 グレタ＝トゥンベリ

> 生態系は崩壊しつつあります。私たちは，大量絶滅の始まりにいます。それなのに**あなたたちが話しているのは，お金のことと，永遠の経済成長というおとぎ話ばかり。**…あなたたちは私たちを失望させています。しかし若者たちは，あなたたちの裏切りに気づき始めています。すべての未来世代の目は，あなたたちに向けられています。もし，私たちを失望させることを選んだなら，あなたたちを決して許しません。(2019年9月，国連演説)

解説　気候変動問題の枠組みである**パリ協定**に対して，アメリカではオバマ政権(民主党)が積極的に参加。2017年，トランプ政権(共和党)が**離脱を表明**したが，2021年に誕生したバイデン政権(民主党)により復帰した。一方，国連気候行動サミットで，スウェーデンの環境活動家トゥンベリ(当時16歳)は，気候変動に対する若者世代の危機感を訴え，注目を集めた。

3F 再生可能エネルギーによる発電と利用の流れ

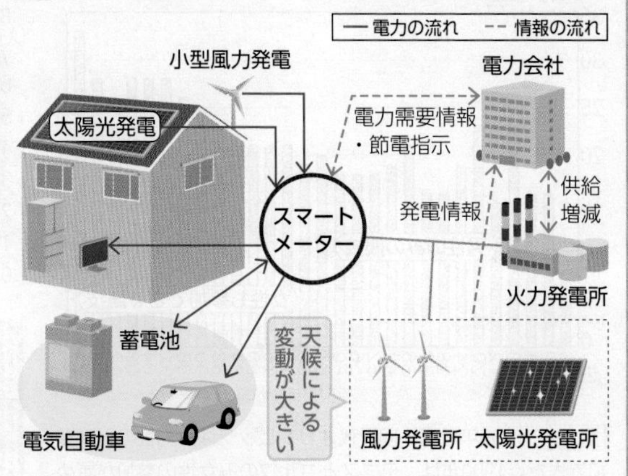

解説　情報通信技術を利用して，電力の需要と供給の効率化を図るシステムを，スマートグリッドという。発電所から電力を供給するだけでなく，太陽光など自宅で発電した再生可能エネルギー電力を電力会社に売るなど，双方向のやり取りが可能になる。

Q 再生可能エネルギーには，どのような長所と短所があるのだろうか？

諸課題

4 人々の平等と共生 ―外国人とジェンダー―

4A 国際人権章典の成立

第二次世界大戦の惨禍
↓
国際連合経済社会理事会(人権委員会)
抑圧と圧政，暴力と貧困から自由な人間の普遍的権利を確定するために
↙ ↘
世界人権宣言(1948) 普遍的人権宣言
国際人権規約(1966) 具体的権利規定

(『世界史史料 11』岩波書店より)

⑥世界人権宣言を採択した国連総会

4B 世界人権宣言(1948年決議)

前文 人類社会のすべての構成員の固有の尊厳と平等で譲ることのできない権利とを承認することは，世界における自由・正義・平和の基礎である。

第1条 すべて人は，**生まれながらにして自由であり，かつ，尊厳と権利について平等である。**

第2条 すべて人は，人種・皮膚の色・性・言語・宗教・政治上その他の意見，国民的もしくは社会的出身・財産・門地その他の地位，またはこれに類するいかなる理由による差別をも受けることなく，この宣言に掲げるすべての権利と自由とを享有することができる。(国連資料)

解説 世界人権宣言は，法的拘束力はもたないが，各国政府が達成すべき共通の基準と考えられ，国連のさまざまな活動において引用される。

4C 国際人権規約(1966年採択)

社会権規約 第3条 この規約の締約国は，この規約に定めるすべての経済的，社会的及び文化的権利の享有について**男女に同等の権利**を確保することを約束する。

第10条3 **児童**及び年少者は，経済的及び社会的な搾取から**保護される**べきである。

自由権規約 第27条 **種族的・宗教的または言語的少数民族**が存在する国において，当該少数民族に属する者は，自己の文化を享有し，自己の宗教を信仰しかつ実践しまたは自己の言語を使用する権利を否定されない。(外務省資料)

解説 国際人権規約は，社会権規約(経済的・社会的・文化的権利)と自由権規約(市民的・政治的権利)からなる条約。締約国は，規約に規定された権利を尊重・確保・実施するための措置をとることを約束している。日本は1979年に批准した。

4D アメリカの移民受け入れ数

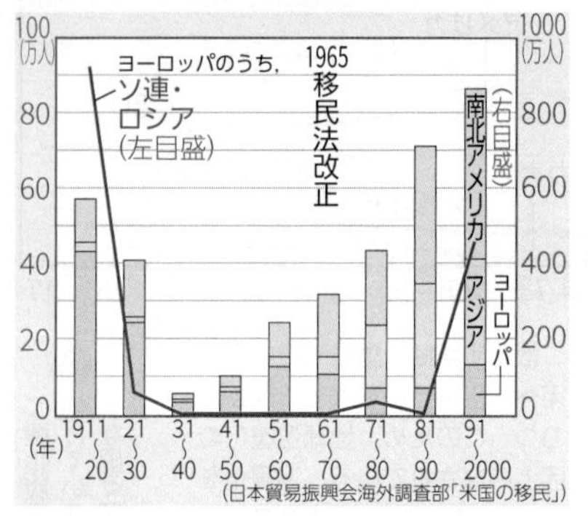

(日本貿易振興会海外調査部「米国の移民」)

解説 アメリカでは1965年の移民法改正により，出身国によって移民を制限する制度が大きく修正された。以後，アジアや中南米からの移民が特に増加している。(➡p.63・131)

4E 日本の外国人入国者数と在留者数

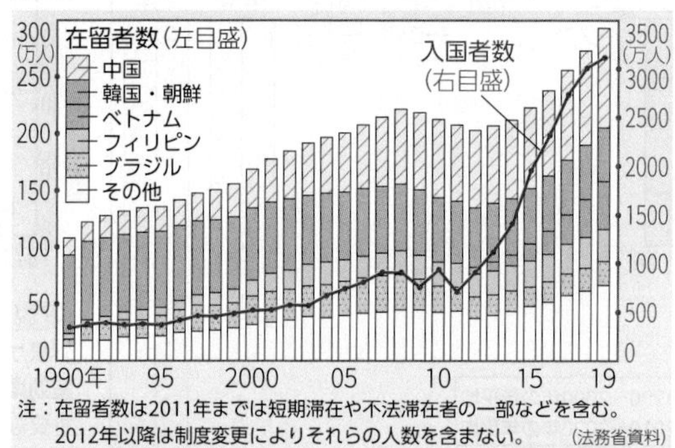

注：在留者数は2011年までは短期滞在や不法滞在者の一部などを含む。2012年以降は制度変更によりそれらの人数を含まない。(法務省資料)

解説 少子化で労働力が不足する日本では，外国人がさまざまな資格で日本に在留し働くようになった。日本への外国人入国者数は年々増加し，日本社会は外国人労働力への依存度を高めている。同時に，共生のあり方が課題となっている。

4F 日本の難民申請数と認定数

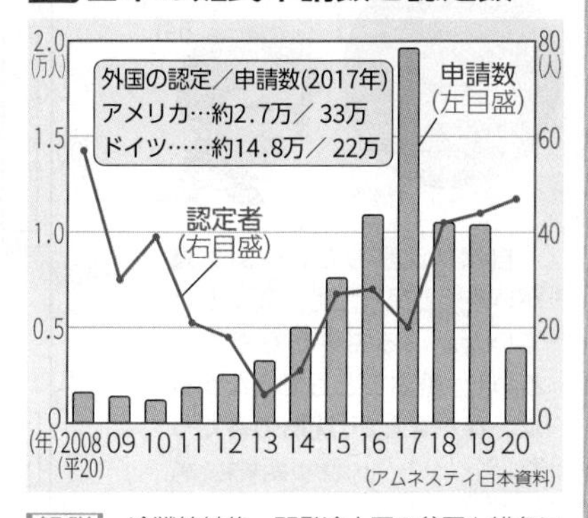

(アムネスティ日本資料)

解説 冷戦終結後，開発途上国の貧困と紛争により多くの難民が発生している。日本の難民受け入れ数は，先進国の中では格段に少ない。申請数自体が少ないが，審査が厳しく認定率も低い。

4G オリンピックの女性の参加が可能な競技数

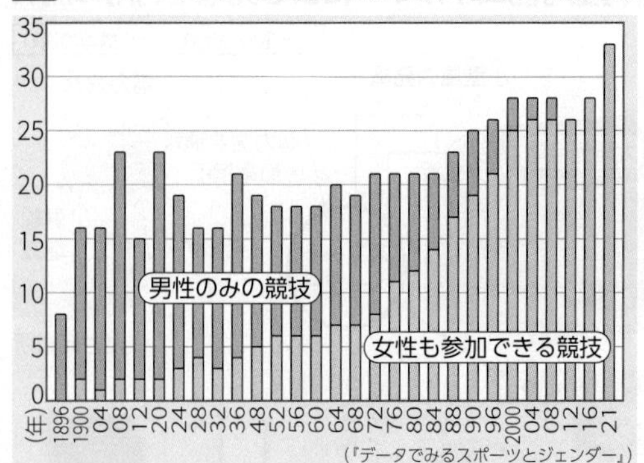

(『データでみるスポーツとジェンダー』)

解説 1896年の第1回近代オリンピックは，男性のみが参加できた。1900年は，テニスとゴルフのみ女性の参加が認められた。以後，しだいに女性が参加できる競技数は増え，今日では全競技に参加できるようになり，混合種目も増えている。

4H 野球漫画の女性像

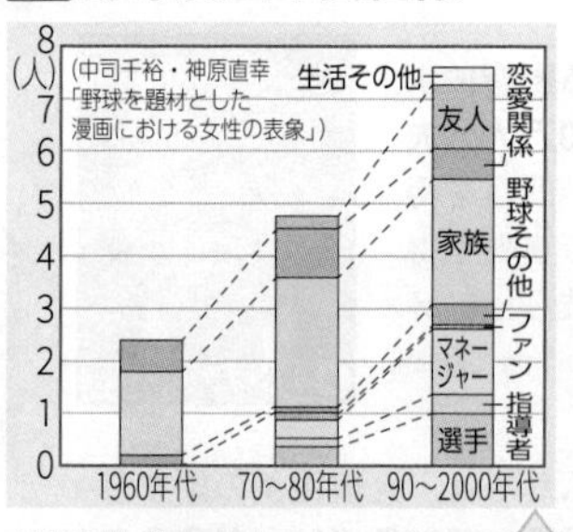

解説 日本の野球漫画には，さまざまな役割の女性が登場する。1作品あたりの人物数と役割を年代別に調査すると，役割が変遷していることがわかる。

Q 野球漫画に描かれる女性像が変化した背景は何だろうか？

⑦女性と野球をめぐる新聞報道(左「朝日新聞」1996年8月7日，右「読売新聞」2009年8月19日)

4I ジェンダー＝ギャップ指数

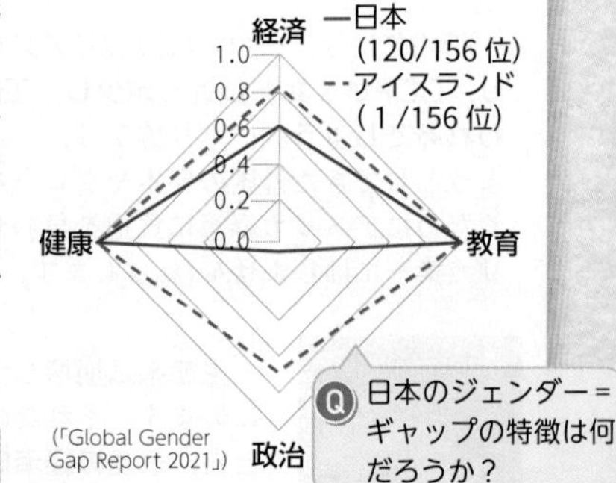

(「Global Gender Gap Report 2021」)

Q 日本のジェンダー＝ギャップの特徴は何だろうか？

解説 ジェンダー＝ギャップ指数は，世界経済フォーラムが公表する男女格差を測る指標。4分野について，0が完全不平等，1が完全平等を示す。総合では156か国中アイスランドが1位，日本は120位である。

深めよう これまでの学習をふり返り，テーマを選んで，問いを立てよう。

つなげよう 日本と他国の動向を比較・関連づけ，歴史的経緯を踏まえて，現代の課題を展望しよう。

世界の元首・首脳

アメリカ歴代大統領

	在職期間	大統領名	所属政党
1	1789～1797	**ワシントン**	フェデラリスト
2	1797～1801	J＝アダムズ	フェデラリスト
3	1801～1809	**ジェファソン**	リパブリカン党
4	1809～1817	マディソン	リパブリカン党
5	1817～1825	**モンロー**	リパブリカン党
6	1825～1829	J＝Q＝アダムズ	リパブリカン党
7	1829～1837	ジャクソン	民主党
8	1837～1841	ヴァン＝ビューレン	民主党
9	1841	W＝ハリソン	ホイッグ
10	1841～1845	タイラー	ホイッグ
11	1845～1849	ポーク	民主党
12	1849～1850	テーラー	ホイッグ
13	1850～1853	フィルモア	ホイッグ
14	1853～1857	ピアース	民主党
15	1857～1861	ブキャナン	民主党
16	1861～1865	**リンカン**	共和党
17	1865～1869	A＝ジョンソン	民主党
18	1869～1877	グラント	共和党
19	1877～1881	ヘイズ	共和党
20	1881	ガーフィールド	共和党
21	1881～1885	アーサー	共和党
22	1885～1889	クリーヴランド	民主党
23	1889～1893	B＝ハリソン	共和党
24	1893～1897	クリーヴランド(再任)	民主党
25	1897～1901	マッキンリー	共和党
26	1901～1909	**T＝ローズヴェルト**	共和党
27	1909～1913	タフト	共和党
28	1913～1921	**ウィルソン**	民主党
29	1921～1923	ハーディング	共和党
30	1923～1929	クーリッジ	共和党
31	1929～1933	フーヴァー	共和党
32	1933～1945	**F＝ローズヴェルト**	民主党
33	1945～1953	**トルーマン**	民主党
34	1953～1961	**アイゼンハワー**	共和党
35	1961～1963	**ケネディ**	民主党
36	1963～1969	L＝ジョンソン	民主党
37	1969～1974	**ニクソン**	共和党
38	1974～1977	フォード	共和党
39	1977～1981	カーター	民主党
40	1981～1989	**レーガン**	共和党
41	1989～1993	G＝H＝W＝**ブッシュ**	共和党
42	1993～2001	クリントン	民主党
43	2001～2009	G＝W＝**ブッシュ**	共和党
44	2009～2017	オバマ	民主党
45	2017～2021	**トランプ**	共和党
46	2021～	バイデン	民主党

ワシントン

ジェファソン

リンカン

ウィルソン

F＝ローズヴェルト

ケネディ

イギリス歴代首相

ト トーリ党　ホ ホイッグ党　保 保守党　自 自由党　労 労働党　連 連立　挙 挙国連立

在職期間	首相名	党
1721～42	**ウォルポール**	ホ
	(13代略)	
1783～1801	ピット(小)　(1代略)	
1804～06	ピット(小)(再任)	
	(4代略)	
1827	カニング	
1827～28	ゴードリッチ	ト
1828～30	ウェリントン	ト
1830～34	グレイ	ホ
	(5代略)	
1852	ダービー	保
1852～55	アバディーン	ホ連
1855～58	パーマストン	ホ
1858～59	ダービー(再任)	保
1859～65	パーマストン(再任)	自
1865～66	ラッセル(再任)	自
1866～68	ダービー(三任)	保
1868	**ディズレーリ**	保
1868～74	**グラッドストン**	自
1874～80	ディズレーリ(再任)	保
1880～85	グラッドストン(再任)	自
1885～86	ソールズベリ	保
1886	グラッドストン(三任)	自
1886～92	ソールズベリ(再任)	保
1892～94	グラッドストン(四任)	自
1894～95	ローズベリ	自
1895～1902	ソールズベリ(三任)	保
1902～05	バルフォア	保
1905～08	キャンベル＝バナマン	自
1908～16	アスキス	自
1916～22	ロイド＝ジョージ	挙
1922～23	ロー	保
1923～24	ボールドウィン	保
1924	**マクドナルド**	労
1924～29	ボールドウィン(再任)	保
1929～31	マクドナルド(再任)	労
1931～35	マクドナルド(三任)	挙
1935～37	ボールドウィン(三任)	挙
1937～40	ネヴィル＝チェンバレン	挙
1940～45	**チャーチル**	挙
1945～51	アトリー	労
1951～55	チャーチル(再任)	保
1955～57	イーデン	保
1957～63	マクミラン	保
1963～64	ヒューム	保
1964～70	ウィルソン	労
1970～74	ヒース	保
1974～76	ウィルソン(再任)	労
1976～79	キャラハン	労
1979～90	**サッチャー**(再・三任)	保
1990～97	メージャー	保
1997～2007	ブレア	労
2007～10	ブラウン	労
2010～16	キャメロン	保連
2016～19	メイ	保
2019～22	ジョンソン	保
2022	トラス	保
2022～	スナク	保

ウォルポール

ディズレーリ

グラッドストン

マクドナルド

チャーチル

サッチャー

フランスのおもな大統領

〈**第二共和政**1848～52〉
ルイ＝ナポレオン
〈**第三共和政**1870～1940〉
1871～73　ティエール
1873～79　マクマオン
(6代略)
1913～20　ポワンカレ
(5代略)
1940～44　ペタン
〈**第四共和政**(フランス連合)1946～58〉
1947～54　オリオール
1954～59　コティ
〈**第五共和政**1958～〉
1959～69　**ド＝ゴール**
1969～74　ポンピドゥー
1974～81　ジスカール＝デスタン
1981～95　**ミッテラン**
1995～2007　シラク
2007～12　サルコジ
2012～17　オランド
2017～　マクロン

ド＝ゴール

ミッテラン

ソ連→ロシア連邦

●**最高会議幹部会議長**
(1938年以前は**中央執行委員会議長**)
1917～19　スヴェルドローフ
1919～46　カリーニン
1946～53　シヴェールニク
1953～60　ヴォロシーロフ
1960～64　ブレジネフ
1964～65　ミコヤン
1965～77　ポドゴルヌイ
1977～82　ブレジネフ
1983～84　アンドロポフ
1984～85　チェルネンコ
1985～89　グロムイコ
1989～90　ゴルバチョフ
1990～91　ルキャノフ

●**ロシア最高会議議長**
1990～93　ハスブラトフ

●**ロシア首相**
1992～98　チェルノムイルジン
1998　キリエンコ
1998～99　プリマコフ

●**閣僚会議議長(首相)**
(1946年以前は**人民委員会議長**)
●**書記長**
(1966年以前は**第1書記**)
1917～24　**レーニン**
1924～30　ルイコフ
1930～41　モロトフ
1941～53　**スターリン**
1953～55　マレンコフ
1955～58　ブルガーニン
1953～64　**フルシチョフ**
1958～64　フルシチョフ
1964～82　**ブレジネフ**
1964～80　コスイギン
1982～84　アンドロポフ
1980～85　チーホノフ
1984～85　チェルネンコ
1985～91　**ゴルバチョフ**
1985～91　ルイシコフ

●**大統領**
1990～91　ゴルバチョフ

●**ロシア大統領**
1991～99　**エリツィン**
2000～08　**プーチン**
2008～12　メドヴェージェフ
2012～　プーチン(再任)

スターリン

ブレジネフ

プーチン

ドイツ

〈**ヴァイマル共和国**1919～33〉
大統領 1919～25　F＝**エーベルト**
1925～34　**ヒンデンブルク**
〈**第三帝国**1933～45〉
1934～45　**ヒトラー**(総統)
〈**ドイツ連邦共和国**1949～〉
首相
1949～63　**アデナウアー**
1963～66　エアハルト
1966～69　キージンガー
1969～74　**ブラント**
1974～82　シュミット
1982～98　コール
1998～2005　シュレーダー
2005～21　メルケル
2021～　ショルツ

〈**ドイツ民主共和国**1949～90〉
大統領 1949～60　ピーク
国家評議会議長
1960～73　ウルブリヒト
1973～76　シュトフ
1976～89　ホネカー
1989　クレンツ

大統領
1984～94　ワイツゼッカー
1994～99　ヘルツォーク
1999～2004　ラウ
2004～10　ケーラー
2010～12　ヴルフ
2012～17　ガウク
2017～　シュタインマイヤー

エーベルト　ヒトラー

アデナウアー

ブラント

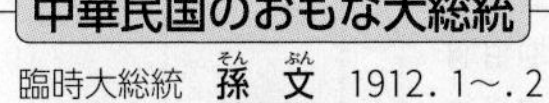

中華民国のおもな大総統

臨時大総統	**孫文**(そんぶん)	1912. 1～. 2
	袁世凱(えんせいがい)	1912. 3～13. 10
大総統	袁世凱	1913. 10～15. 12(以下5代略)
臨時執政	段祺瑞(だんきずい)	1924. 11～26
国民政府主席	**蔣介石**(しょうかいせき)	1928. 10～31. 12(以下1代略)
	蔣介石	1943. 9～48. 5

孫文

蔣介石

毛沢東

中華人民共和国国家主席

国家主席		首相	
1949～59	**毛沢東**(もうたくとう)	1949～76	**周恩来**(しゅうおんらい)
1959～68	劉少奇(りゅうしょうき)		
(毛沢東は党務専念)			
1975 国家主席制廃止		1976～80	華国鋒(かこくほう)
1983 国家主席制復活			
1983～88	李先念(りせんねん)	1980～87	趙紫陽(ちょうしよう)
1988～93	楊尚昆(ようしょうこん)	1988～98	李鵬(りほう)
1993～2003	江沢民(こうたくみん)	1998～2003	朱鎔基(しゅようき)
2003～2013	胡錦濤(こきんとう)	2003～2013	温家宝(おんかほう)
2013～	習近平(しゅうきんぺい)	2013～	李克強(りこくきょう)

日本の内閣①（明治）

①・②は第1次・第2次内閣を表す
非政党内閣（藩閥内閣，超然内閣など）　政党内閣

年	内閣	与党	出身／主な閣僚	事項（青字は対外関係）	
1885(明18).12	1 伊藤博文① 約2年4か月	松方財政	長州 伯爵 外相 井上馨 蔵相 松方正義	85.12 内閣制度制定 86. 5 井上外相の条約改正会議 87.10 高知県代表が三大事件建白書を提出 .12 **保安条例**公布 88. 4 **枢密院**設置 伊藤が枢密院議長に就任。総辞職の形でなく首相が交代	薩長藩閥政府
1888(明21).4	2 黒田清隆 約1年8か月	松方財政	薩摩 伯爵 陸軍中将 外相 大隈重信 蔵相 松方正義	89. 2 **大日本帝国憲法**発布 衆議院議員選挙法公布 .10 大隈外相暗殺未遂 （条約改正交渉中止） 大隈遭難事件で10月に首相辞任。内大臣三条実美が一時，首相兼任（10～12月）	薩長藩閥政府
1889(明22).12	3 山県有朋① 約1年4か月	松方財政	長州 伯爵 陸軍中将 外相 青木周蔵 蔵相 松方正義	90. 5 **府県制・郡制**公布 .7 **第1回衆議院議員総選挙** .10 **教育に関する勅語**（**教育勅語**）発布 .11 **第1回帝国議会**召集 議会運営に苦心し閉会後総辞職。伊藤が首相に松方を推薦	薩長藩閥政府
1891(明24).5	4 松方正義① 約1年3か月	松方財政	薩摩 伯爵 貴族院議員 外相 青木周蔵 榎本武揚 蔵相 松方正義 ＊組閣未完了の時に起こる。	91. 5 **大津事件**＊で青木外相辞任 （条約改正交渉中断） .12 田中正造の**足尾鉱毒事件**追及 92. 2 品川内相が第2回総選挙に大干渉 選挙干渉を非難され，しかも民党優勢で総辞職	薩長藩閥政府
1892(明25).8	5 伊藤博文② 約4年1か月	＊元勲内閣（元勲総出） 96.4 自由党	長州 伯爵 外相 陸奥宗光 内相(1896～) 板垣退助 ＊伊藤博文・山県有朋・黒田清隆・井上馨・大山巌・後藤象二郎ら。	94. 3 **甲午農民戦争** .7 **日英通商航海条約** （1899年施行，法権回復） .8 **日清戦争**宣戦布告 95. 4 **下関条約。三国干渉** 大隈の入閣工作に失敗。総辞職	薩長藩閥政府
1896(明29).9	6 松方正義② 約1年4か月	松隈内閣 進歩党	薩摩 伯爵 貴族院議員 外相 大隈重信	97. 6 官営**八幡製鉄所**設立 .10 **金本位制**の確立 進歩党・自由党が提携を拒否し総辞職	薩長藩閥政府
1898(明31).1	7 伊藤博文③ 約5.5か月		長州 侯爵 貴族院議員 陸相 桂太郎	98. 6 自由・進歩両党が地租増徴案（2.5%を4%）を否決 地租増徴案否決で総辞職。伊藤ら元老は首相に大隈を推薦	薩長藩閥政府
1898.6	8 大隈重信① 約4か月	隈板内閣 憲政党	佐賀 伯爵 内相 板垣退助 文相 尾崎行雄	98. 8 第6回衆議院議員総選挙 憲政党内の分裂で総辞職	
1898.11	9 山県有朋② 約1年11か月	98.12 憲政党支持 1900.5	長州 侯爵 元帥 陸軍大将 貴族院議員 外相 青木周蔵 蔵相 松方正義	98.12 地租増徴案（2.5%を3.3%）が成立 1900. 3 **治安警察法**公布。衆議院議員選挙法改正（15円→10円） .5 **軍部大臣現役武官制** .6 **義和団戦争** .9 **立憲政友会**結成 ロシアの満洲占領に対し，閣内不一致で総辞職。立憲政友会総裁の伊藤を首相に推薦	薩長藩閥政府
1900(明33).10	10 伊藤博文④ 約7.5か月	立憲政友会	長州 侯爵 貴族院議員 外相 加藤高明	01. 2 八幡製鉄所操業開始 .5 **社会民主党**結成，直後禁止 外・陸・海相を除く閣僚は政友会員。閣内不一致で総辞職	薩長藩閥政府
1901(明34).6	11 桂太郎① 約4年7か月		長州 子爵 陸軍大将 陸相 寺内正毅 海相 山本権兵衛 外相 小村寿太郎	01. 9 北京議定書（辛丑和約） 02. 1 **日英同盟**（**日英同盟協約**） 04. 2 **日露戦争** .8 第1次日韓協約 05. 9 **ポーツマス条約** **日比谷焼打ち事件** .11 第2次日韓協約（韓国保護条約） 日露戦争の戦後処理後，西園寺の就任を元老に推薦し総辞職	桂園時代
1906(明39).1	12 西園寺公望① 約2年6か月	立憲政友会	京都 侯爵〈公家〉 貴族院議員 内相 原敬 外相 加藤高明	06. 1 **日本社会党**結成（翌年禁止） .3 鉄道国有法公布 .11 **南満洲鉄道株式会社**設立 07. 7 ハーグ密使事件 第3次日韓協約 日露戦争後の財政難，社会主義対策への批判を受け，桂の就任を元老に推薦し総辞職	桂園時代
1908(明41).7	13 桂太郎② 約3年2か月		長州 侯爵 陸軍大将 貴族院議員 外相 小村寿太郎 陸相 寺内正毅 海相 斎藤実	09.10 **伊藤博文暗殺**される 10. 3 立憲国民党結成 .5 **大逆事件** .8 **韓国併合** .10 朝鮮総督府開庁 11. 2 **日米通商航海条約** （関税自主権の回復） .3 **工場法**公布（16.9施行） 政策の成果が出る一方，長期政権が批判される。桂は西園寺の就任を元老に推薦し総辞職	桂園時代
1911(明44).8	14 西園寺公望② 約1年4か月	立憲政友会	京都 侯爵〈公家〉 貴族院議員 内相 原敬 陸相 上原勇作	12. 7 明治天皇没 .11 閣議で陸軍の2個師団増設案否決 .12 上原勇作陸相が帷幄上奏後，単独辞職 陸軍が後継陸相を推薦せず，総辞職。元老は首相に桂を推薦	桂園時代
1912(大1).12					

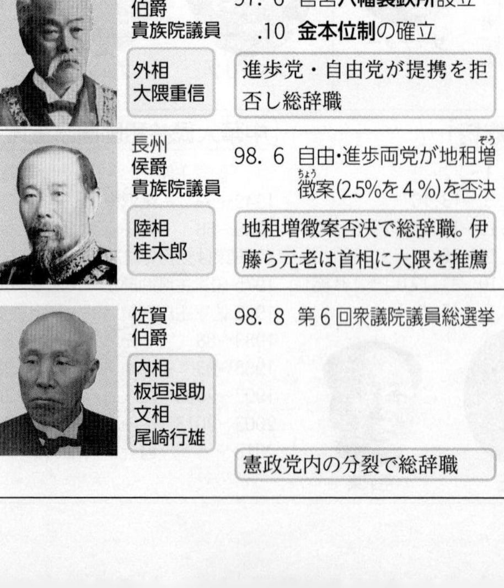

日本の内閣②(大正)

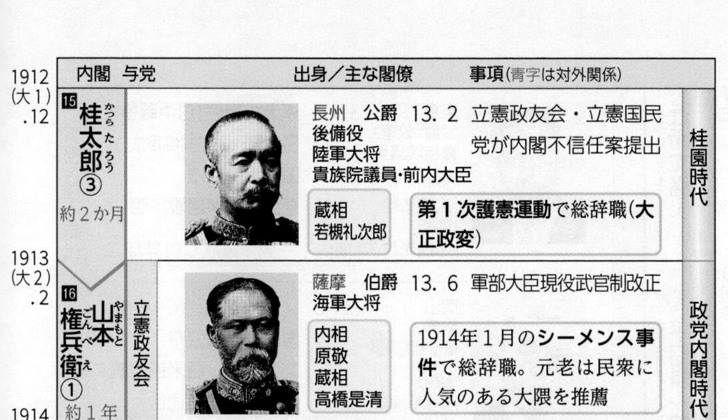

年	内閣	与党	出身／主な閣僚	事項(青字は対外関係)	時代
1912(大1).12	15 桂太郎(かつらたろう)③ 約2か月		長州 公爵 後備役 陸軍大将 貴族院議員・前内大臣 / 蔵相 若槻礼次郎	13. 2 立憲政友会・立憲国民党が内閣不信任案提出 / **第1次護憲運動**で総辞職(**大正政変**)	桂園時代
1913(大2).2	16 山本権兵衛(やまもとごんべえ)① 約1年2か月	立憲政友会	薩摩 伯爵 海軍大将 / 内相 原敬 蔵相 高橋是清	13. 6 軍部大臣現役武官制改正 / 1914年1月の**シーメンス事件**で総辞職。元老は民衆に人気のある大隈を推薦	政党内閣時代への過渡期
1914(大3).4	17 大隈重信(おおくましげのぶ)② 約2年6か月	立憲同志会など	佐賀 伯爵 貴族院議員 / 外相 加藤高明 石井菊次郎 蔵相 若槻礼次郎	14. 7 第一次世界大戦勃発 / .8 対ドイツ宣戦布告 / 15. 1 中国に二十一カ条の要求 / 16. 1 吉野作造,「**民本主義**」提唱 / .9 **工場法**施行(1911.3公布) / 元老の支持を失い総辞職	政党内閣時代への過渡期
1916(大5).10	18 寺内正毅(てらうちまさたけ) 約2年	立憲政友会 支持	長州 伯爵 元帥 陸軍大将 / 内相 後藤新平 / 注:超然内閣。	17. 3 露,二月革命(三月革命) / .9 金輸出禁止 / .11 露,十月革命(十一月革命) / 18.8-2 **シベリア出兵**を宣言 / -3 **米騒動**発生 / 米騒動の責任を取り総辞職。元老は原を推薦	政党内閣時代への過渡期
1918(大7).9	19 原敬(はらたかし) 約3年1か月	立憲政友会	岩手 / 蔵相 高橋是清 陸相 田中義一	19. 3 三・一独立運動 / .5 五・四運動 / .6 ヴェルサイユ条約 / 20. 1 国際連盟加入 / .5 第1回メーデー / 1921年11月,原暗殺で総辞職	政党内閣時代への過渡期
1921(大10).11	20 高橋是清(たかはしこれきよ) 約7か月	立憲政友会	東京 子爵 貴族院議員 / 陸相 山梨半造	21.11 ワシントン会議(〜22.2) / .12 四カ国(しかこく)条約 / 22. 2 **ワシントン海軍軍備制限条約(ワシントン海軍軍縮条約)**,九カ国条約 / 閣内不一致で総辞職	政党内閣時代への過渡期
1922(大11).6	21 加藤友三郎(かとうともさぶろう) 約1年3か月	立憲政友会 支持	広島 男爵 海軍大将 / 陸相 山梨半造	22. 7 日本共産党結成(非合法) / .10 シベリアから撤兵完了 / 1923年8月,加藤病死で総辞職	政党内閣時代への過渡期
1923(大12).9	22 山本権兵衛② 約4か月	革新倶楽部	薩摩 伯爵 退役 海軍大将 / 蔵相 井上準之助	9月1日,組閣中に関東大震災 / 23. 9 京浜地区に戒厳令(かいげんれい)施行 / 23.12 虎の門(とらのもん)事件 / 虎の門事件の責任を取り総辞職。元老は清浦を推薦	政党内閣時代への過渡期
1924(大13).1	23 清浦奎吾(きようらけいご) 約5か月	政友本党 支持	熊本 子爵 前枢密院議長 / 陸相 宇垣一成 / 注:最後の超然内閣。	24. 1 第2次護憲運動 / 総選挙で護憲三派が勝利し総辞職	政党内閣時代への過渡期

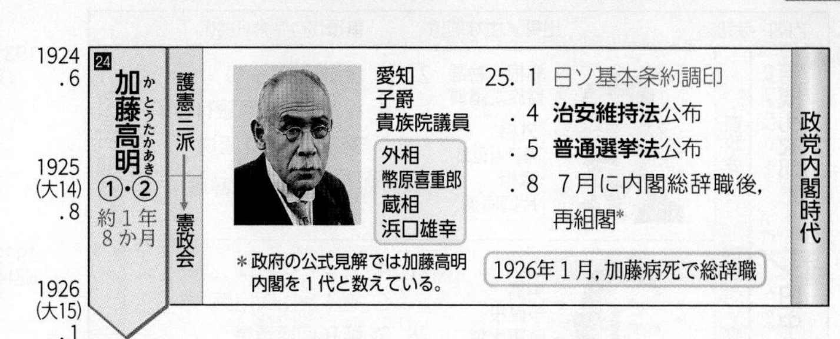

年	内閣	与党	出身／主な閣僚	事項	時代
1924.6	24 加藤高明(かとうたかあき)①・② 約1年8か月	護憲三派→憲政会	愛知 子爵 貴族院議員 / 外相 幣原喜重郎 蔵相 浜口雄幸	25. 1 日ソ基本条約調印 / .4 **治安維持法**公布 / .5 **普通選挙法**公布 / .8 7月に内閣総辞職後,再組閣* / 1926年1月,加藤病死で総辞職	政党内閣時代

＊政府の公式見解では加藤高明内閣を1代と数えている。

1925(大14).8　1926(大15).1

◆自由党と立憲改進党の変遷(1881〜1945年)

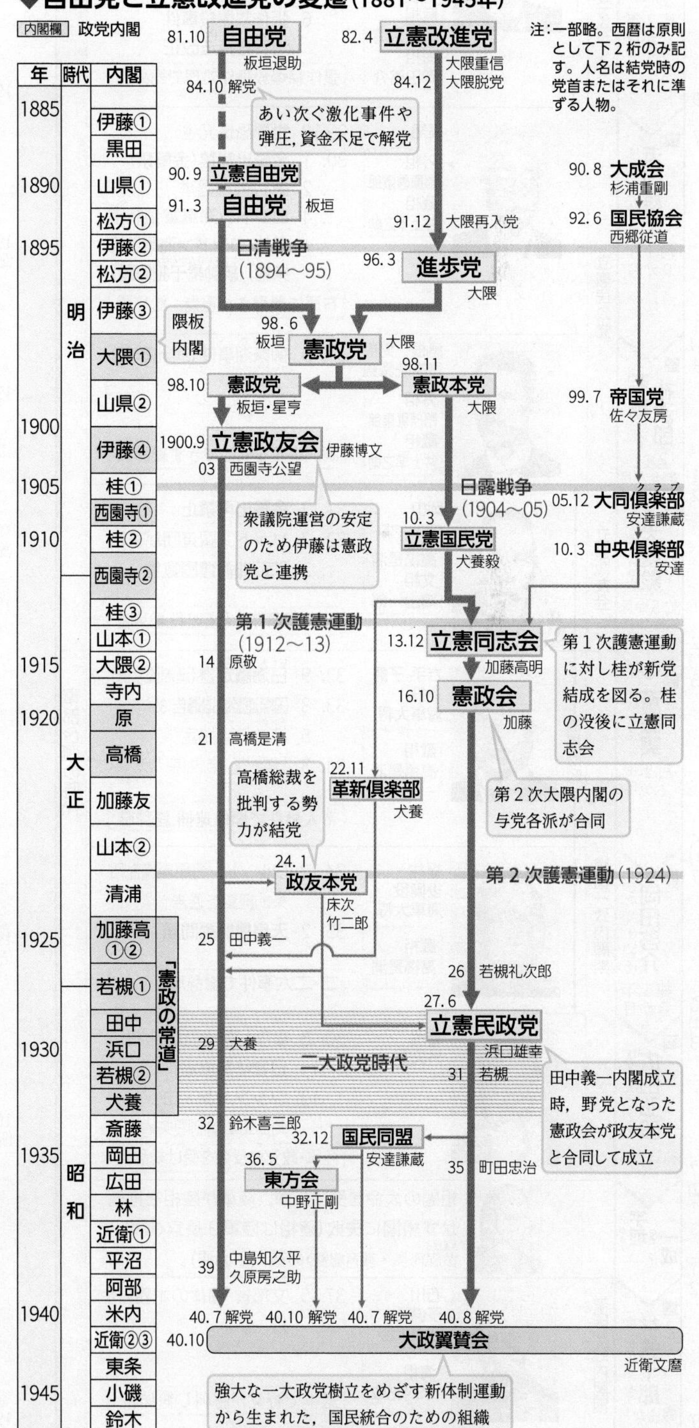

日本の内閣③（昭和戦前）

成立	内閣	与党	出身／主な閣僚	事項（青字は対外関係）
1926（大15）.1	25 若槻礼次郎① 約1年3か月	憲政会	島根 勅選 貴族院議員 外相 幣原喜重郎 蔵相 片岡直温	27. 3 金融恐慌（～.5） . 4 枢密院，台湾銀行救済緊急勅令案を否決 緊急勅令案否決で総辞職
1927（昭2）.4	26 田中義一 約2年2か月	立憲政友会	山口 男爵 予備役 陸軍大将 貴族院議員 蔵相 高橋是清 海相 岡田啓介	27. 4 モラトリアム . 5 第1次山東出兵 28. 2 第16回総選挙（第1回普通選挙） . 6 張作霖爆殺事件 治安維持法改正 張作霖爆殺事件処理で総辞職
1929（昭4）.7	27 浜口雄幸 約1年9か月	立憲民政党	高知 外相 幣原喜重郎 蔵相 井上準之助	29.10 世界恐慌発生 30. 1 金輸出解禁（金解禁） . 2 第17回総選挙 . 4 ロンドン海軍軍備制限条約（ロンドン海軍軍縮条約）（統帥権干犯問題） 右翼に襲撃され重傷，総辞職
1931（昭6）.4	28 若槻礼次郎② 約8か月	立憲民政党	島根 男爵 貴族院議員 外相 幣原喜重郎 蔵相 井上準之助	31. 9 柳条湖事件（満洲事変） 満洲事変を収拾できず総辞職
1931.12	29 犬養毅 約5か月	立憲政友会	岡山 蔵相 高橋是清 文相 鳩山一郎	31.12 金輸出再禁止 32. 2 リットン調査団が来日 . 3 「満洲国」建国宣言 五・一五事件で犬養暗殺，総辞職
1932（昭7）.5	30 斎藤実 約2年2か月	挙国一致内閣期（高橋財政）	岩手 子爵 退役 海軍大将 蔵相 高橋是清	32. 9 日満議定書（満洲国承認） 33. 3 国際連盟脱退通告（35年発効） . 5 塘沽停戦協定 34. 3 「満洲国」帝政（皇帝溥儀） 帝人事件で閣僚逮捕，総辞職
1934（昭9）.7	31 岡田啓介 約1年8か月	挙国一致内閣期（高橋財政）	福井 後備役 海軍大将 蔵相 高橋是清	34.12 ワシントン海軍軍備制限条約廃棄を通告 35. 2 天皇機関説問題 二・二六事件で総辞職
1936（昭11）.3	32 広田弘毅 約11か月	挙国一致内閣期	福岡 外交官	36. 5 軍部大臣現役武官制復活 .11 日独防共協定 .12 ワシントン・ロンドン両海軍軍備制限条約失効 陸軍・政党の反発を受け総辞職
1937（昭12）.1	宇垣一成			組閣の大命を受けたが，陸軍が陸相を推薦せず組閣に失敗（陸相は陸軍3長官〈陸相・参謀総長・教育総監〉の賛同が必要）。
1937.2	33 林銑十郎 約4か月	挙国一致内閣期	石川 予備役 陸軍大将 海相 米内光政	37. 5 文部省『国体の本義』刊行 選挙で野党が勝利し総辞職
1937.6	34 近衛文麿① 約1年7か月	挙国一致内閣期	東京 公爵〈公家〉 貴族院議員 外相 広田弘毅 海相 米内光政	37. 7 盧溝橋事件（日中戦争） .11 日独伊三国防協定成立 38. 4 国家総動員法 .11 東亜新秩序建設声明 閣内不一致で難航し総辞職
1939（昭14）.1	35 平沼騏一郎 約8か月	挙国一致内閣期	岡山 男爵 前枢密院議長 陸相 板垣征四郎 海相 米内光政	39. 5 ノモンハン事件（.9 停戦） . 7 国民徴用令公布 アメリカ，日米通商航海条約廃棄を通告 独ソ不可侵条約締結で「複雑怪奇」と声明して総辞職
1939.8	36 阿部信行 約4.5か月	挙国一致内閣期	石川 予備役 陸軍大将 外相 野村吉三郎	39. 9 第二次世界大戦勃発 .10 価格等統制令公布 陸軍・政党の支持を失い総辞職
1940（昭15）.1	37 米内光政 約6か月	挙国一致内閣期	岩手 予備役 海軍大将 拓務相 小磯国昭	40. 1 日米通商航海条約失効 . 3 汪兆銘，新国民政府樹立 . 6 近衛，新体制運動を開始 陸軍が陸相推薦を拒絶，総辞職
1940.7	38～39 近衛文麿②・③ 約1年3か月	挙国一致内閣期	東京 公爵〈公家〉 貴族院議員 前枢密院議長 外相 松岡洋右 陸相 東条英機 ＊松岡外相更迭のため総辞職。	40. 9 仏領インドシナ連邦北部進駐。日独伊三国同盟 .10 大政翼賛会発足 41. 4 日ソ中立条約。日米交渉開始 . 7 仏領インドシナ連邦南部進駐 東条陸相と対立し総辞職
1941.10	40 東条英機 約2年9か月	挙国一致内閣期	東京 陸軍大将 商工相 岸信介 注：内閣成立時，首相は陸相・内相を兼任，サイパン島陥落時，首相は軍需相・参謀総長を兼任。	41.12 ハワイ真珠湾奇襲攻撃 対米英宣戦布告（太平洋戦争） 42. 6 ミッドウェー海戦敗北 43. 2 ガダルカナル島撤退 . 9 イタリア，無条件降伏 .11 大東亜会議開催 カイロ会談 .12 学徒出陣 1944年7月のサイパン島陥落で絶対国防圏守れず総辞職
1944（昭19）.7	41 小磯国昭 約8.5か月	挙国一致内閣期	栃木 予備役 陸軍大将 海相 米内光政 外相 重光葵	44.10 レイテ沖海戦 45. 2 ヤルタ会談 . 3 東京大空襲。硫黄島陥落 . 4 沖縄戦 米軍の沖縄上陸後に総辞職
1945（昭20）.4	42 鈴木貫太郎 約4.5か月	挙国一致内閣期	大阪 男爵 元侍従長 退役 海軍大将 前枢密院議長 陸相 阿南惟幾 海相 米内光政	45. 5 ドイツ，無条件降伏 . 7 ポツダム宣言発表 . 8- 6 広島に原爆投下 - 8 ソ連，対日宣戦布告 - 9 長崎に原爆投下 -14 ポツダム宣言受諾を連合国側に通告 -15 天皇，終戦の詔書放送 終戦放送と同時に総辞職
1945.8				

政党内閣時代（1926～1932）／軍部台頭の時代（1932～）

日本の内閣④（昭和戦後）

年月	内閣	与党	出身／主な閣僚	事項（青字は対外関係）	区分
1945（昭20）.8	43 東久邇宮稔彦 約2か月		京都 皇族 陸軍大将 外相 重光葵 国務相 近衛文麿	45. 8 進駐受け入れ . 9 降伏文書調印 戦犯容疑者逮捕開始 .10 GHQ，**人権指令** 人権指令の実施は不可能として総辞職	終戦処理
1945 .10	44 幣原喜重郎 約7.5か月		大阪 外務官僚 元外相 外相 吉田茂 国務相 松本烝治	45.10 GHQ，**五大改革**指令 .11 GHQ，財閥解体指令 .12 GHQ，神道指令 新選挙法公布 労働組合法公布 第一次農地改革（案） 46. 1 昭和天皇の「人間宣言」 . 2 金融緊急措置令 公職追放令公布 戦後初の総選挙で日本自由党が第1党となり総辞職	占領下の民主化
1946（昭21）.5	45 吉田茂① 約1年	日本自由党・日本進歩党	東京 外務官僚 国務相 幣原喜重郎 斎藤隆夫 注：衆院に議席を持たず，「大命降下」で就任した最後の首相。	46.10 農地改革 .11 **日本国憲法**公布 .12 傾斜生産方式採用 47. 1 二・一ゼネスト計画中止 . 3 教育基本法公布 . 4 労働基準法公布 総選挙で日本社会党が第1党。新憲法下，初の首相指名	占領下の民主化
1947（昭22）.5	46 片山哲 約9.5か月	日本社会党・民主党・国民協同党	 和歌山 弁護士 日本社会党 外相 芦田均	47. 9 労働省設置 .12 改正民法（新民法）公布 社会党左派・右派の対立で社会主義政策が行えず総辞職	中道連立の内閣
1948（昭23）.3	47 芦田均 約7か月	日本社会党・民主党・国民協同党	 京都 外務官僚 民主党 文相 森戸辰男	48. 7 政令201号公布 昭和電工事件で閣僚逮捕，総辞職	中道連立の内閣
1948 .10	48〜51 吉田茂②〜⑤ 約6年2か月	民主自由党→自由党	 東京 外務官僚 蔵相 池田勇人 郵政相 佐藤栄作 注：1950年3月（第3次吉田内閣時），民主自由党と民主党の一部が合同し自由党となる。	49. 3 ドッジ＝ライン実施 50. 6 **朝鮮戦争** . 8 **警察予備隊**発足 51. 9 **サンフランシスコ平和条約** **日米安全保障条約**調印 52. 2 日米行政協定調印 . 7 破壊活動防止法公布 .10 保安隊発足 54. 3 MSA協定調印 . 7 防衛庁・**自衛隊**発足 造船疑獄事件で反吉田派が自由党を離党。総辞職	占領政策の転換→独立の回復
1954（昭29）.12					

年月	内閣	与党	出身／主な閣僚	事項（青字は対外関係）	区分
1954 .12	52〜54 鳩山一郎①〜③ 約2年	日本民主党→自由民主党	東京 地方議員 外相 重光葵 通産相 石橋湛山 注：鳩山①で左右の社会党が閣外協力。	55.4 アジア＝アフリカ会議参加 .10 日本社会党統一 .11 自由民主党結成（保守合同，55年体制） 56.10 **日ソ共同宣言**調印 .12 **国際連合加盟** 日ソ国交回復を機に引退，総辞職	国際社会への復帰
1956（昭31）.12	55 石橋湛山 約2か月	自由民主党	東京 ジャーナリスト 外相 岸信介	首相，発病し総辞職	
1957（昭32）.2	56〜57 岸信介①・② 約3年5か月	自由民主党	山口 商工官僚 外相 藤山愛一郎 通産相 池田勇人	60. 1 **日米新安保条約**調印 . 5 自民党，新安保単独可決 安保闘争で混乱 . 6 日米新安保条約，自然承認 日米新安保条約発効後に混乱の責任をとり総辞職	
1960（昭35）.7	58〜60 池田勇人①〜③ 約4年4か月	自由民主党	広島 大蔵官僚 厚生相 中山マサ* ＊初の女性閣僚。	60.12 所得倍増計画決定 61. 6 農業基本法公布 62.11 LT貿易取り決め 64. 4 IMF 8条国に移行 OECD加盟 **東京五輪**閉幕の翌日，首相，病気を理由に総辞職	高度経済成長
1964（昭39）.11	61〜63 佐藤栄作①〜③ 約7年8か月	自由民主党	山口 運輸官僚 外相 三木武夫 蔵相 福田赳夫 通産相 大平正芳 注：岸信介の実の弟。退任後にノーベル平和賞を受賞。	65. 6 **日韓基本条約**調印 67. 8 公害対策基本法公布 .12 非核三原則表明 68. 4 小笠原諸島返還協定調印 70. 3 大阪万博開催 . 6 日米新安保条約自動延長 71. 6 **沖縄返還協定**調印 . 7 環境庁設置 72. 5 沖縄県発足 長期政権に対し，退陣の世論。自民党総裁の任期切れを機に総辞職	高度経済成長
1972（昭47）.7	64〜65 田中角栄①・② 約2年5か月	自由民主党	新潟 会社経営 通産相 中曽根康弘 外相 大平正芳	72. 9 **日中共同声明**調印 73. 2 変動相場制に移行 .10 **第1次石油危機** 首相の金脈問題が明らかになり，総辞職	
1974（昭49）.12					

ともに首相になった兄弟

長州藩士の流れをくむ佐藤家には，３人の男子がいた。長男が跡を継ぎ，二男信介は父の実家岸家の養子，三男栄作は佐藤本家の養子となった。戦後，信介は首相に就任し安保改定を断行，栄作は蔵相として兄を支えた。池田勇人首相をはさんで栄作が首相に就任し，長期政権となった。

日本の内閣⑤（昭和戦後・平成）

時期	内閣	与党	出身／主な閣僚	事項（青字は対外関係）	
1974（昭49）.12	66 三木武夫（みきたけお） 約2年1か月	自由民主党	 徳島 大学卒業後，議員に。	75.11 第1回サミットに参加 76. 2 ロッキード事件が暴露 . 7 田中角栄前首相逮捕 総選挙で自由民主党が過半数割れで総辞職	安定成長・自民党内の派閥抗争
1976（昭51）.12	67 福田赳夫（ふくだたけお） 約1年11か月	自由民主党	 群馬 大蔵官僚	77. 5 領海法公布 . 8 国民栄誉賞を創設 78. 8 日中平和友好条約調印 首相が総裁選に敗れ総辞職	安定成長・自民党内の派閥抗争
1978（昭53）.12	68〜69 大平正芳（おおひらまさよし）①・② 約1年6か月	自由民主党	 香川 大蔵官僚	79. 1 第2次石油危機 79. 6 元号法公布 内閣不信任案可決，選挙遊説（ゆうぜい）中に首相が倒れ総辞職	安定成長・自民党内の派閥抗争
1980（昭55）.7	70 鈴木善幸（すずきぜんこう） 約2年4か月	自由民主党	 岩手 漁業組合職員 通産相 安倍晋太郎	82. 7 臨時行政調査会，国鉄・電電・専売3公社の分割・民営化など答申（とうしん） 増税なき財政再建の公約に批判，総裁選に出ず，総辞職	安定成長・自民党内の派閥抗争
1982（昭57）.11	71〜73 中曽根康弘（なかそねやすひろ）①〜③ 約4年11か月	自由民主党	 群馬 内務官僚 蔵相 竹下登 注：中曽根②で新自由クラブと連立。	85. 4 JT・NTT発足 . 6 男女雇用機会均等法公布 . 8 首相以下全閣僚が，靖（やす）国（くに）神社に公式参拝 87. 4 JR7社開業 売上税法案が廃案となり，総裁の後継を指名し，総辞職	安定成長・自民党内の派閥抗争
1987（昭62）.11	74 竹下登（たけしたのぼる） 約1年7か月	自由民主党	 島根 地方議員 外相 宇野宗佑 官房長官 小渕恵三	88. 7 リクルート事件 .12 消費税法公布 89. 1 昭和天皇没，平成と改元 リクルート事件で総辞職	平成時代へ・政治改革の失敗→55年体制の崩壊・自民党の下野
1989（平1）.6	75 宇野宗佑（うのそうすけ） 約2か月	自由民主党	 滋賀 地方議員	参議院選挙で大敗し総辞職	平成時代へ・政治改革の失敗→55年体制の崩壊・自民党の下野
1989 .8	76〜77 海部俊樹（かいふとしき）①・② 約2年3か月	自由民主党	 愛知 議員秘書	91. 1 湾岸戦争 . 3 湾岸戦争支援に90億ドルを拠出 . 4 ペルシア湾へ掃海艇（そうかいてい）派遣 党内情勢により自民党総裁選に出馬せず，総辞職	平成時代へ・政治改革の失敗→55年体制の崩壊・自民党の下野
1991（平3）.11	78 宮沢喜一（みやざわきいち） 約1年9か月	自由民主党	 広島 大蔵官僚 郵政相 小泉純一郎	92. 6 PKO協力法公布 . 9 自衛隊カンボジア派遣 不信任案が可決され総選挙に。自民党が敗れ，下野（げや）。野党8党派が連立政権を結成	平成時代へ・政治改革の失敗→55年体制の崩壊・自民党の下野
1993（平5）.8	79 細川護熙（ほそかわもりひろ） 約8.5か月	日新・社会・新生など8党	 東京 会社員 日本新党 外相 羽田孜	93.12 コメ市場部分開放を決定 94. 2 衆議院に小選挙区比例代表並立制を導入 首相の1億円借入疑惑で総辞職。社会党が連立離脱。	不安定な連立政権
1994（平6）.4	80 羽田孜（はたつとむ） 約2か月	新生・日新など5党	 長野 会社員 新生党	自民党提出の内閣不信任案に社会党も同調，総辞職。自社など3野党が連立政権を結成	不安定な連立政権
1994 .6	81 村山富市（むらやまとみいち） 約1年6か月	社会党・自民党・さきがけ	 大分 地方議員 社会党 外相 河野洋平 通産相 橋本龍太郎	95. 1 阪神（はんしん）・淡路（あわじ）大震災 . 3 地下鉄サリン事件 . 8 戦後50年談話を発表 最大与党の自民党に政権を譲るため総辞職	平成不況・自民中心の連立政権
1996（平8）.1	82〜83 橋本龍太郎（はしもとりゅうたろう）①・② 約2年7か月	自由民主党	 岡山 議員秘書 厚生相 菅直人 外相 小渕恵三 注：橋本②で社民，さきがけが閣外協力。	96. 4 日米安保共同宣言 97. 4 消費税を5％に . 5 アイヌ文化振興法公布 98. 6 中央省庁等改革基本法公布 参議院選挙で敗れ総辞職	平成不況・自民中心の連立政権
1998（平10）.7	84 小渕恵三（おぶちけいぞう） 約1年7か月	自民党・自由党・公明党	 群馬 大学院在学中に議員に。 蔵相 宮沢喜一	99. 5 新ガイドライン関連法公布 . 6 男女共同参画（さんかく）社会基本法公布 首相病気で総辞職	平成不況・自民中心の連立政権
2000（平12）.4	85〜86 森喜朗（もりよしろう）①・② 約1年1か月	自民党・公明党・保守（新）党	 石川 議員秘書 官房長官 福田康夫	00. 7 2000円紙幣の発行 01. 1 中央省庁を再編 「国民との間に溝」と総辞職	平成不況・自民中心の連立政権
2001（平13）.4	87〜89 小泉純一郎（こいずみじゅんいちろう）①〜③ 約5年5か月	自民党・公明党・保守（新）党	 神奈川 議員秘書 官房長官 安倍晋三 注：保守党は保守新党と改称ののち，自民党に合流。	01. 9 米で同時多発テロ事件 .11 テロ対策特措法公布 02. 9 日朝首脳会談 03. 3 イラク戦争 . 8 イラク復興支援特措法公布 05.10 郵政民営化法公布 総裁任期満了を機に総辞職	平成不況・自民中心の連立政権
2006（平18）.9	90 安倍晋三（あべしんぞう）① 約1年	自民党・公明党	 山口 議員秘書 注：岸信介の孫。 外相 麻生太郎	06.12 改正教育基本法公布 07. 5 国民投票法公布 参議院選挙に惨敗後，首相の「体調悪化」により総辞職	平成不況・自民中心の連立政権
2007（平19）.9	91 福田康夫（ふくだやすお） 約1年	自民党・公明党	 群馬 議員秘書 注：福田赳夫の子。	08. 1 補給支援特措法公布 . 6 参院で首相問責（もんせき）決議 . 7 北海道洞爺湖（とうやこ）サミット 参議院で野党多数のため，政権運営が困難，総辞職	平成不況・自民中心の連立政権
2008（平20）.9	92 麻生太郎（あそうたろう） 約1年	自民党・公明党	 福岡 会社経営 注：吉田茂の孫。	08. 9 リーマン＝ショック（世界金融（きんゆう）危機） 09. 5 裁判員制度開始 衆議院選挙で大敗し総辞職	平成不況・自民中心の連立政権
2009（平21）.9					

日本の内閣⑥(平成・令和)

期間	内閣	与党	出身／主な閣僚	事項(青字は対外関係)	
2009(平21).9	93 鳩山由紀夫 約8.5か月	民主党・社民党・国民新党	北海道 大学教員 財務相 菅直人 注：鳩山一郎の孫。	10. 3 子ども手当・高校無償化法公布 . 5 普天間飛行場を名護市辺野古に移設合意。社民党，連立離脱 政治資金問題，普天間飛行場移設問題と社民党の連立離脱で総辞職	民主中心の連立政権
2010(平22).6	94 菅直人 約1年3か月	民主党・国民新党	東京 政党職員 財務相 野田佳彦	11. 3 **東日本大震災**。原発事故 政権運営・大震災への対応に与野党から批判。震災対応への目途を機に総辞職	民主中心の連立政権
2011(平23).9	95 野田佳彦 約1年3か月	民主党・国民新党	 千葉 地方議員	12. 8 消費増税法公布 . 9 尖閣諸島を国有化 .12 衆院選，与党大敗 消費増税法成立を条件に野党と「近いうちに解散」と約束。総選挙に大敗し総辞職	民主中心の連立政権
2012(平24).12	96〜98 安倍晋三②〜④ *約7年9か月	自民党・公明党	 山口 議員秘書 官房長官 菅義偉 財務相 麻生太郎 外相 岸田文雄 *連続および通算在職日数は史上最長。	13. 9 **2020年東京五輪を招致** .12 特定秘密保護法公布 15. 9 安全保障関連法公布(集団的自衛権行使を容認) 16. 7 参院選後，両院で自民単独過半数 . 8 **天皇，退位の意向を表明** 18.11 日ロ平和条約交渉を加速 19. 5 **令和と改元** 20. 3 **東京五輪を延期と決定** . 4 全国に緊急事態宣言 新型コロナ対応のなか，首相の病気再発により総辞職	自民中心の連立政権
2020(令2).9	99 菅義偉 約1年	自民党・公明党	秋田 地方議員 財務相 麻生太郎	21. 7 **東京五輪を無観客で開催** 新型コロナ対応に批判。自民党総裁選に出馬せず総辞職	自民中心の連立政権
2021(令3).10	100〜101 岸田文雄①・②	自民党・公明党	 広島 議員秘書	22. 2 ロシア軍，ウクライナ侵攻 . 7 参院選遊説中に安倍元首相狙撃され死亡	自民中心の連立政権

◆内閣総理大臣(安倍晋三)談話

(2015〈平成27〉年8月14日)(部分)

終戦七十年を迎えるにあたり，先の大戦への道のり，戦後の歩み，二十世紀という時代を，私たちは，心静かに振り返り，その歴史の教訓の中から，未来への知恵を学ばなければならないと考えます。

百年以上前の世界には，西洋諸国を中心とした国々の広大な植民地が，広がっていました。圧倒的な技術優位を背景に，植民地支配の波は，十九世紀，アジアにも押し寄せました。その危機感が，日本にとって，近代化の原動力となったことは，間違いありません。アジアで最初に立憲政治を打ち立て，独立を守り抜きました。日露戦争は，植民地支配のもとにあった，多くのアジアやアフリカの人々を勇気づけました。

世界を巻き込んだ第一次世界大戦を経て，民族自決の動きが広がり，それまでの植民地化にブレーキがかかりました。この戦争は，一千万人もの戦死者を出す，悲惨な戦争でありました。人々は「平和」を強く願い，国際連盟を創設し，不戦条約を生み出しました。戦争自体を違法化する，新たな国際社会の潮流が生まれました。

当初は，日本も足並みを揃えました。しかし，世界恐慌が発生し，欧米諸国が，植民地経済を巻き込んだ，経済のブロック化を進めると，日本経済は大きな打撃を受けました。その中で日本は，孤立感を深め，外交的，経済的な行き詰まりを，力の行使によって解決しようと試みました。国内の政治システムは，その歯止めたりえなかった。こうして，日本は，世界の大勢を見失っていきました。

満洲事変，そして国際連盟からの脱退。日本は，次第に，国際社会が壮絶な犠牲の上に築こうとした「新しい国際秩序」への「挑戦者」となっていった。進むべき針路を誤り，戦争への道を進んで行きました。

そして七十年前。日本は，敗戦しました。

戦後七十年にあたり，国内外に斃れたすべての人々の命の前に，深く頭を垂れ，痛惜の念を表すとともに，永劫の，哀悼の誠を捧げます。

◆天皇(現，上皇)誕生日に際しての記者会見

(2018〈平成30〉年12月20日)(部分)

第二次世界大戦後の国際社会は，東西の冷戦構造の下にありましたが，平成元年の秋にベルリンの壁が崩れ，冷戦は終焉を迎え，これからの国際社会は平和な時を迎えるのではないかと希望を持ちました。しかしその後の世界の動きは，必ずしも望んだ方向には進みませんでした。世界各地で民族紛争や宗教による対立が発生し，また，テロにより多くの犠牲者が生まれ，さらには，多数の難民が苦難の日々を送っていることに，心が痛みます。

以上のような世界情勢の中で日本は戦後の道のりを歩んできました。終戦を11歳で迎え，昭和27年，18歳の時に成年式，次いで立太子礼を挙げました。その年にサンフランシスコ平和条約が発効し，日本は国際社会への復帰を遂げ，次々と我が国に着任する各国大公使を迎えたことを覚えています。そしてその翌年，英国のエリザベス二世女王陛下の戴冠式に参列し，その前後，半年余りにわたり諸外国を訪問しました。それから65年の歳月が流れ，国民皆の努力によって，我が国は国際社会の中で一歩一歩と歩みを進め，平和と繁栄を築いてきました。昭和28年に奄美群島の復帰が，昭和43年に小笠原諸島の復帰が，そして昭和47年に沖縄の復帰が成し遂げられました。沖縄は，先の大戦を含め実に長い苦難の歴史をたどってきました。皇太子時代を含め，私は皇后と共に11回訪問を重ね，その歴史や文化を理解するよう努めてきました。沖縄の人々が耐え続けた犠牲に心を寄せていくとの私どもの思いは，これからも変わることはありません。

そうした中で平成の時代に入り，戦後50年，60年，70年の節目の年を迎えました。先の大戦で多くの人命が失われ，また，我が国の戦後の平和と繁栄が，このような多くの犠牲と国民のたゆみない努力によって築かれたものであることを忘れず，戦後生まれの人々にもこのことを正しく伝えていくことが大切であると思ってきました。平成が戦争のない時代として終わろうとしていることに，心から安堵しています。

主権国家体制

1 ウェストファリア条約(1648年)

← p.42

第8条第1項　ローマ帝国のすべての選帝侯，諸侯，等族は，彼らの古き諸権利，諸優先権，諸自由，諸特権および領邦高権の自由な行使につき，教会および世俗の事柄において，また支配権限や国王大権やそれらの占有において，**誰からも，いつ何時でも，いかなる口実によっても実際に妨害されえない**こと，またそれが許されないことを，この条約により確定し，承認する。（『世界史史料5』岩波書店）

Q　諸侯に何を認めているだろうか？

解説　1648年，ヨーロッパ諸国が参戦した三十年戦争の結果締結された。領邦君主に対して外交権を含むほぼ完全な独立主権を認め，神聖ローマ帝国が事実上解体した。

イギリス革命の成就

2 権利の章典(1689年)

← p.20

僧俗の貴族および庶民は，…かれらの古来の自由と権利を擁護し，主張するため，つぎのように宣言した。

1．国王は，王権により，**国会の承認なしに法律〔の効力〕を停止し，または法律の執行を停止し得る権限があると称しているが，そのようなことは違法である。**

4．大権に名を借り，国会の承認なしに，〔国会が〕みとめ，もしくはみとむべき期間よりも長い期間，または〔国会が〕みとめ，またはみとむべき態様と異なった態様で，王の使用に供するために金銭を徴収することは，違法である。

6．平時において，国会の承認なくして国内で常備軍を徴集してこれを維持することは，法に反する。

8．国会議員の選挙は自由でなければならない。

（『人権宣言集』岩波書店）

Q　何を違法としているのだろうか？

解説　1689年2月の「権利の宣言」を法文化し，同年12月に制定。基本的人権の確立により，議会の王権に対する優位が保障された。

名誉革命の正当化

3 ロック『統治二論』(1690年)

← p.42・47

人間はすべて，生来的に自由で平等で独立した存在であるから，誰も，自分自身の同意なしに，この状態を脱して，他者のもつ政治権力に服することはできない。従って，**人々が，自分の自然の自由を放棄して，政治社会の拘束の下に身を置く唯一の方法**は，他人と合意して，自分の固有権と，共同体に属さない人に対するより大きな保障とを安全に享受することを通じて互いに快適で安全で平和な生活を送るために，**一つの共同体に加入し結合することに求められる**。（『統治二論』岩波書店）

Q　自然権思想，社会契約説を示す箇所は，それぞれどこだろうか？

解説　1690年刊行。ロックは，人間に対して自然権思想を，社会に対して社会契約説を主張した。名誉革命を理論的に正当化。

社会契約説

4 ルソー『社会契約論』(1762年)

← p.42

人間は自由なものとして生まれた。しかも至るところで鎖につながれている。自分が他人の主人であると思っているような者も，実はその人々以上に奴隷なのだ。…ある人民が服従を強いられ，また服従している間は，それもよろしい。人民がくびきを振りほどくことができ，またそれを振りほどくことが早ければ早いほど，なおよろしい。なぜなら，そのとき**人民は，〔支配者が〕人民の自由を奪ったその同じ権利によって，自分の自由を回復する**のであって，人民は自由を取り戻す資格を与えられるか，それとも人民から自由を奪う資格は元々なかったということになるか，どちらかだから。しかし，社会秩序はすべて他の権利の基盤となる神聖な権利である。…**この権利は自然から由来するものではない。それは，だから約束に基づくものである。**これらの約束がどんなものであるかを知ることが，問題なのだ。（『社会契約論』岩波書店）

Q　自由を抑圧する支配者に対して，抵抗権をもつと述べているのはどの部分だろうか？

解説　ルソーは自然法に基づき社会契約説を唱え，ロックよりも一歩前進した主権在民論を説いた。その思想は，フランス革命に大きな影響を与えた。

フランス革命

5 シェイエス『第三身分とは何か』(1789年)

← p.48

1．**第三身分とは何か。すべてである。**

2．政治制度において今日まで何であったか。無。

3．何を要求するか。そこで相当のものになること。（『世界歴史事典』平凡社）

Q　シェイエスは第三身分をどのような存在であったとしているか？

解説　聖職者出身のシェイエスが，1789年1月に発表したパンフレット。特権身分を批判し，世論に影響を与えた。シェイエスは，第三身分の代表として三部会に選出された。

社会主義の理論化

6『共産党宣言』(1848年)

← p.53

1つの妖怪がヨーロッパをさまよっている。―共産主義の妖怪が。旧ヨーロッパのあらゆる権力が，この妖怪を退治するために神聖な同盟を結んでいる。**これまでのすべての社会の歴史は階級闘争の歴史である。**…支配階級をして，共産主義革命のまえに戦慄させよ！プロレタリアは，この革命によって鉄鎖のほかに失うものを持たない。彼らの獲得するものは全世界である。**万国のプロレタリア団結せよ！**

（『マルクス・エンゲルス全集　第4巻』大月書店）

Q　これまでのすべての社会の歴史を，何ととらえているのだろうか？

解説　1848年2月，マルクスとエンゲルスがロンドンで発表。社会主義実現のために，労働者階級の団結を呼びかけ，その後の社会主義運動に大きな影響を与えた。

南北戦争

7 奴隷解放宣言(1863年)

← p.59

…指定された州および州の地域内で**奴隷とされている者はすべて自由の身であり，今後も自由である**ことを…私は命令し，宣言する。

そして私はここに，今自由であると宣言した人々に対し，自衛上必要でない限り，いかなる暴力も慎むよう申し渡す。また，あらゆる労働の機会において，正当な賃金を得るために誠意を持って働くことを推奨する。

さらに，適切な健康状態にある者は，…合衆国軍隊に受け入れられることを宣言し，周知させる。

（貴堂嘉之『南北戦争の時代』岩波書店）

Q　奴隷に何を認めたのだろうか？

解説　南北戦争中の1863年1月1日，アメリカ合衆国大統領のリンカンが宣言。連邦制維持のための南北戦争に，奴隷解放という目的を意味づけた点で画期的な宣言である。

8 ゲティスバーグ演説(1863年)

← p.59

87年前，われわれの父祖たちは，この大陸に，自由という理念によって育まれ，すべての人間は生まれながらにして平等であるという主張にその生命を捧げた新しい国家を作りあげました。

そしていま，われわれは，大規模な内戦を戦いながら，その国家が，すなわちそのようにして育まれ，そのような主張に己の生命を捧げた**国家が，はたして，これからも存続しうるのかどうかを試しているのです。**

…この国は，神の御許において，自由をあらたに胎動させるのだということ，そして，**人民を，人民によって，人民のために統治する**ことは，この地上から決してなくなりはしないのだということを，ここに固く決意することであります。（『史料で読むアメリカ文化史2』東京大学出版会）

Q　「87年前」の出来事とは何だろうか？

解説　南北戦争中の1863年11月19日，激戦地となったゲティスバーグにてリンカンが行った演説。南北戦争はアメリカ合衆国の国民統合をもたらした。

オスマン帝国の改革

9 ギュルハネ勅令(1839年)

← p.65

朕〔スルタン〕の至高なる国家〔オスマン帝国〕の成立当初以来，…全臣民の安寧と繁栄は，最高の限りに達していた。しかるに，この150年以来，…反対に脆弱と貧困に転ずるに至った。…今後…国土のよき統治のためにいくつかの新しい法の制定が必要かつ重要と見られ，その必要な諸法の基本的な内容は，**生命の保障，名誉と財産の保護，租税の賦課，並びに必要とされる兵士の徴集方法および服役期間**という諸事項からなる。

（『世界史史料8』岩波書店）

Q　何を宣言しているのだろうか？

解説　1839年，オスマン帝国は，ギュルハネ勅令によってタンジマートとよばれる改革を開始。伝統的なイスラーム神権国家から，近代的法治国家への転換を図った。

イギリス使節の中国訪問

10 アマースト使節の中国訪問(1816年)

← p.69

何事につけても，中途半端は望ましい方法ではない。**とりわけ文明化されていない民族を相手にする場合はそうである。**彼らはわれわれの忍耐を恐怖にもとづくものととりちがえ，そのことによって，新たな勇気をふるいおこすからである。…

つまり，**あの頭をガツンとやる儀式**〔砲撃事件〕は，**茶と慇懃**〔礼儀〕**とを二つながらもたらしたのである。**これこそが，われわれが中国人から受けることのできる合理的な唯一の叩頭にほかならない。

(ベイジル＝ホール『朝鮮・琉球航海記』)

Q イギリスのアマーストは，中国をどのように見ていたのだろうか？

解説 18世紀末～19世紀初頭，イギリスは，清に自由貿易や対等な国家関係の樹立を求めて使節を派遣した。

アヘン戦争と中国の開港

11 南京条約(1842年)

← p.69

一．今後，大皇帝は次のことをお許しになった。イギリスの人民が一族郎党を連れて沿海の**広州，福州，厦門，寧波，上海**などの五港に寄居し，妨げられることなく貿易通商をおこなうこと。英国君主が，領事や管理者などといった官を派遣し，五港の城邑に居住し，…イギリス人たちに以下に示すルールに従って，貨物にかかる税金をしっかりと納付させること。

一．…ここに大皇帝は，**香港一島をイギリス君主に与え，**以後も君主の位を継承した者が永きにわたってここを主管し，任意に制度や法をつくり，治めていくことをお許しになった。

(『世界史史料 9』岩波書店)

Q 何が決められたのだろうか？

解説 アヘン戦争に敗れた清は，1842年イギリスと南京条約を締結した。清にとって不平等な条約であった。

江戸 列強の接近

12 米大統領フィルモアの国書(1853年)

← p.72

私がペリーを派遣した目的は，アメリカと日本が友好関係を結び，通商関係を結ぶことを，日本に提案するためである。

毎年，多くのアメリカ船がカリフォルニアから中国へ行き，多くのアメリカ国民が日本沿岸で捕鯨にたずさわっている。悪天候のときには，多くのアメリカ船が日本沿岸で難破している。そのような場合，救援の船を派遣して積み荷や乗組員を保護するまで，不運な乗組員と積み荷を大切に保護していただきたい。

日本国内には石炭や食料が豊富であると聞いている。**我が国の船舶が日本に寄港し，石炭・食料・水を補給することを許していただきたい。**

(『ペルリ提督日本遠征記』)

Q アメリカは日本に対し，何を求めたのだろうか？

解説 ペリーは，日本の開国や薪水の補給などを求める大統領の国書を幕府に提出した。

江戸 ロシアとの交渉

13 日露和親条約(1854年[*1])

← p.73・82

第二条　今より後，**日本国と魯西亜国との境，エトロフ島とウルップ島との間ニあるへし。**エトロフ全島ハ，日本に属し，ウルップ全島，夫より北の方クリル諸島[*2]ハ，魯西亜ニ属す。**カラフト島ニ至りては，日本国と魯西亜国の間ニおいて，界を分たす。**是迄仕来の通たるへし。

第三条　日本政府，魯西亜船の為に，箱館，下田，長崎の三港を開く。…

＊1 太陽暦1855年。＊2 千島列島。(『幕末外国関係文書』)

Q 第二条では，何が定められたのだろうか？

解説 日露間の国境を択捉島と得撫島の間とし，樺太には国境を設けず両国人雑居の地とした。

江戸 新政府の樹立

14 王政復古の大号令(1867年)

← p.76

徳川内府[*1]，従前御委任ノ大政返上，将軍職辞退ノ両条，今般断然聞シ食サレ候。…之ニ依テ叡慮ヲ決セラレ，王政復古，国威挽回ノ御基立テサセラレ候間，今ヨリ**摂関・幕府等廃絶シ，即チ今先ズ仮ニ，総裁・議定・参与ノ三職ヲ置レ，**万機[*2]行ハセラルベシ。(『維新史』)

＊1 内大臣。徳川慶喜をさす。＊2 天下の政治。

Q どのような政治をめざしたのだろうか？

解説 摂政・関白・幕府を廃止して三職をおき，天皇中心の新政府の樹立を宣言した。

明治 明治初期の諸改革

15 学制序文(1872〈明治 5〉年)

← p.79

人はその才能に応じて勉学に励んで初めて，人生の道を開き，生計をたて職を盛んにすることができる。学問は身を立てる財本というもので，学んでこそそれが可能になる。以後，一般のすべての人民は，**必ず村には不学の家がなく，家には不学の人がいないようにせよ。**父兄はよくこれを理解し，愛育の情を厚くして，その子弟に必ず教育を与えること。高等教育についてはその人の才能に任せるが，**幼い子弟は，男女を問わず皆小学校へ通学させなければならない。これは父兄の責任である。**(『法令全書』)

Q 国民を通学させる目的は，何だろうか？

解説 近代的な教育制度の確立を図り，男女平等の国民皆学の重要性を説いた。

16 徴兵告諭(1872〈明治 5〉年)

← p.78

この世のものにはすべて税がかかっており，その税を以て国の費用に充てている。だから人たる者は，心と力を尽くして国に奉仕するべきである。**西洋人はこれを血税とよんでいる。自らの血を以て国に報いるという意味である。**

西洋の長所を取り入れて古くからの軍制を補い，海陸の二軍を備える。華族・士族・平民の区別なく，男子で20歳になった者はすべて兵籍に入り，緊急時に備えなければならない。

(『法令全書』)

Q 兵役の義務を負ったのは，誰だろうか？

解説 近代的な軍隊を創設した。満20歳以上のすべての男性に，兵役を義務付けた。

明治 明治初期の諸改革

17 地租改正条例(1873〈明治 6〉年)

← p.79

地租改正について，従来の田畑の課税方法は全廃し，地券の調査が済みしだい，地価の100分の3を地租として定めると命令があった。改正の趣旨は，別紙の条例の通りと心得よ。

(別紙) 地租改正条例

地租改正が実施されたら，地価により課税するので，**以後は豊作の年であっても増税を申し付けない。また不作の年であっても減税することはない。**

(『法令全書』)

Q 豊作・不作にかかわらず増税・減税をしないということは，どのような意味があったのだろうか？

解説 近代的な税制を確立した。政府は，全国同一の基準で，貨幣で徴収することで，安定した収入を確保した。

明治 文明開化期の啓蒙書

18『学問のすゝめ』(1872〈明治 5〉年)

← p.79

天は人の上に人を造らず人の下に人を造らずと云へり。されば天より人を生ずるには，万人は万人皆同じ位にして，生れながら貴賤上下の差別なく，万物の霊たる身と心との働を以て天地の間にあるよろづの物を資り，以て衣食住の用を達し，自由自在，互に人の妨をなさずして各安楽にこの世を渡らしめ給ふの趣意なり。されども今広くこの人間世界を見渡すに，かしこき人あり，おろかなる人あり，貧しきもあり，富めるもあり，貴人もあり，下人もありて，その有様雲と泥との相違あるに似たるは何ぞや。そのしだい，はなはだ明なり。実語教[*]に，人学ばざれば智なし，智なき者は愚人なりとあり。**されば賢人と愚人との別は学ぶと学ばざるとによって出で来たるものなり。**

＊学問と道徳的実践を説いた本。(『学問のすゝめ』初編)

Q 福沢諭吉は，何が大切だと主張しているのだろうか？

解説 『学問のすゝめ』は福沢諭吉の著作で，1872年に初編が刊行された。封建制を否定し，学問で身をたてることを説いた。

明治 国境の画定

19 樺太・千島交換条約(1875〈明治 8〉年)

← p.82

第一款　**大日本国皇帝陛下ハ…現今樺太島即チ薩哈嗹島[*1]ノ一部ヲ所領スルノ権理及君主ニ属スル一切ノ権理ヲ，全魯西亜国皇帝陛下ニ譲リ，**而今而後樺太全島ハ悉ク魯西亜帝国ニ属シ「ラペルーズ」海峡[*2]ヲ以テ両国ノ境界トス。

第二款　**全魯西亜国皇帝陛下ハ，…現今所領「クリル」群島[*3]，即チ第一「シュムシュ」島…第十八「ウルップ」島共計十八島ノ権理及ビ君主ニ属スル一切ノ権理ヲ大日本国皇帝陛下ニ譲リ，**…「ラパツカ」岬ト「シュムシュ」島ノ間ナル海峡ヲ以テ両国ノ境界トス。

(『大日本外交文書』)

＊1 樺太。＊2 宗谷海峡。＊3 千島列島。

Q 日本領と定められたのは，どこだろうか？ロシア領と定められたのは，どこだろうか？

解説 樺太をロシア領とし，その代わりに千島列島を日本領と定めた。

史料③(近代化)

明治　自由民権運動の始まり

20 民撰議院設立の建白書(1874〈明治7〉年)

←p.84

臣等＊1**伏シテ方今政権ノ帰スル所ヲ察スルニ，上，帝室ニ在ラズ，下，人民ニ在ラズ，而モ独リ有司**＊2**ニ帰ス。**…而モ政令百端，朝出暮改，政(刑)情実ニ成リ，賞罰愛憎ニ出ヅ。言路壅蔽＊3，困苦告ルナシ。…

臣等愛国ノ情自ラ已ム能ハス，乃チ之ヲ振救スルノ道ヲ講求スルニ，唯天下ノ公議ヲ張ル＊4ニ在ルノミ，**天下ノ公議ヲ張ルハ，民撰議院ヲ立ルニ在ルノミ。**則チ有司ノ権限ル所アツテ，而シテ上下其安全幸福ヲ受ル者アラン。請フ遂ニ之ヲ陳セン。

夫レ人民政府ニ対シテ租税ヲ払フノ義務アル者ハ，乃チ其政府ノ事ヲ与知可否＊5スルノ権利ヲ有ス。　（『日新真事誌』）

＊1 建白書署名者である板垣退助ら。＊2 上級官僚。
＊3 言論発表の道がふさがれる。＊4 公議世論を尊重する。
＊5 関知し，その可否を論ずる。

Q 「有司」は，どこの出身者が多かったのだろうか？

解説 薩摩・長州出身者らを中心とした藩閥官僚による専制政府を批判し，公議世論に基づく政治のために民撰議院の設立を求めた。

明治　諸法典の編纂

21 民法(1896〈明治29〉・98年)

←p.86

第七百五十条　家族カ婚姻又ハ養子縁組ヲ為スニハ**戸主ノ同意ヲ得ルコトヲ要ス**

第八百一条　**夫ハ妻ノ財産ヲ管理ス**

第八百七十七条　子ハ其家ニ在ル父ノ親権ニ服ス但独立ノ生計ヲ立ツル成年者ハ此限ニ在ラス

第九百七十条　被相続人ノ家族タル直系卑属ハ左ノ規定ニ従ヒ家督相続人ト為ル…

二　親等ノ同シキ者ノ間ニ在リテハ男ヲ先ニス

三　親等ノ同シキ男又ハ女ノ間ニ在リテハ嫡出子ヲ先ニス

（『法令全書』）

Q 現在の民法との違いは，何だろうか？

解説 ドイツ法を模範とした。女性の地位は低く，家父長制的な家の制度を温存した。

明治　「時事新報」の対外観

22 「脱亜論」(1885〈明治18〉年)

←p.88

今日の謀＊1を為すに，我国は隣国の開明を待て共に亜細亜を興すの猶予ある可らず，**寧ろ其伍**＊2**を脱して西洋の文明国と進退を共にし，**其支那朝鮮に接するの法も隣国なるが故にとて特別の会釈＊3に及ばず，正に西洋人が之に接するの風に従て処分す可きのみ。悪友を親しむ者は共に悪名を免かる可らず。**我れは心に於て亜細亜東方の悪友を謝絶する**＊4**ものなり。**

（「時事新報」掲載の社説）

＊1 西洋の文明国からの自立。＊2 仲間。
＊3 思いやり。＊4 朝鮮と清との交際を断る。

Q ここでいう「脱亜」とは，どのような意味なのだろうか？

解説 日本はアジアから抜け出し（「脱亜」），列強と共に行動すべきと主張した。

←p.89・94

明治　三国干渉

23 露国公使よりの勧告覚書(1895〈明治28〉年)

ロシア皇帝陛下の政府は，日本が清に求めた講和条件を調べたところ，その要求するところの遼東半島の日本領有は，常に清の都を危険にさらすだけでなく，同時に朝鮮の独立を有名無実にするものであって，以後，極東の永久平和に障害を与えるものと考える。**ここに日本政府に，遼東半島の領有を放棄することを勧告する。**

（『日本外交年表竝主要文書』）

Q ロシアが遼東半島の返還を求めた理由は，何だろうか？

解説 ロシアは，日本が遼東半島を領有すると清の都は危なくなり，朝鮮の独立も有名無実となることを危惧し，ドイツ・フランスと共に遼東半島の返還を日本に勧告した。

帝国主義と社会主義

24 第2インターナショナル(1889年)

←p.90

国際的労働者保護立法と労働日の法的規制

…資本主義的な生産様式に支配されているすべての国において効果のある労働者保護立法が絶対に必要だと決議する。その立法の基礎として，大会は要求する。

(a) 青年労働者の労働日は**最長8時間**に決めること

(b) 14歳以下の**児童の労働の禁止**

(e) 女性と18歳以下の青年労働者の**夜間労働の禁止**　（『世界史史料6』岩波書店）

Q 青年労働者について要求したのは，どのようなことだろうか？

解説 第2インターナショナル・パリ大会の決議。フランス革命100周年の1889年7月に開かれた。19世紀末～20世紀の初頭は，第2次産業革命により工業化が進展する一方，労働運動もさかんになった。

明治　日露戦争前の国際関係

25 日英同盟協約(1902〈明治35〉年)

←p.95

第一条　…大不列顛国＊1ニ取リテハ主トシテ清国ニ関シ，又日本国ニ取リテハ其ノ清国ニ於テ有スル利益ニ加フルニ韓国ニ於テ政治上並ニ商業上及工業上格段ニ利益ヲ有スルヲ以テ，…両締約国孰レモ該利益ヲ擁護スル為メ，必要欠クヘカラサル措置ヲ執リ得ヘキコトヲ承認ス。

第二条　若シ日本国又ハ大不列顛国ノ一方カ，上記各自ノ利益ヲ防護スル上ニ於テ，別国＊2ト戦端ヲ開クニ至リタル時ハ，**他ノ一方ノ締約国ハ厳正中立ヲ守リ，**併セテ其ノ同盟国ニ対シテ他国＊3カ交戦ニ加ハルヲ妨クルコトニ努ムヘシ。

第三条　上記ノ場合ニ於テ，若シ他ノ一国又ハ数国カ，該同盟国ニ対シテ交戦ニ加ハル時ハ，**他ノ締約国ハ来リテ援助ヲ与ヘ，協同戦闘ニ当ルヘシ。**…　（『日本外交年表竝主要文書』）

＊1 イギリス。＊2 ロシアをさす。＊3 フランスをさす。

Q イギリスと日本は何を取り決めたのだろうか？

解説 清と韓国における双方の利益の保持（第一条）と，第三国が参戦した場合，他の同盟国の参戦を定めた（第三条）。

明治　日露戦争と世論

26 内村鑑三の非戦・反戦論

←p.95

余は日露非開戦論者である許りでない，**戦争絶対的廃止論者である。**戦争は人を殺すことである。爾うして人を殺すことは大罪悪である。…サーベルが政権を握る今日の日本に於て，余の戦争廃止論が直に行はれやうとは，余と雖も望まない。然しながら戦争廃止論は今や文明国の識者の輿論となりつゝある。（『万朝報』第三五一九号，1903年）

Q 何を理由に戦争に反対しているだろうか？

解説 キリスト教徒である内村鑑三は，文明国の見識ある人々の間では戦争廃止論が主流であると訴え，主戦論に転じた「万朝報」を退社した。

27 「君死にたまふこと勿れ」与謝野晶子

←p.95・96

（旅順口包囲軍の中に在る弟を歎きて）

あゝをとうとよ君を泣く

君死にたまふことなかれ

末に生れし君なれば

親のなさけはまさりしも

親は刃をにぎらせて

人を殺せとをしへしや

人を殺して死ねよとて

二十四までをそだてしや…　（『明星』1904年）

Q 何を訴えた詩だろうか？

解説 世論が日露開戦を支持するなか，与謝野晶子は出兵した弟を想う詩を発表し，反戦を訴えた。

辛亥革命

28 『三民主義』孫文(1924年)

←p.98

近年，ヨーロッパ，アメリカの革命の波が中国にもつたわってきて，中国の新しい学生や多くの志士たちは，立ちあがって自由をとなえている。そして，むかしのフランスのようなヨーロッパの革命はすべて自由を争ったのであるから，われわれのいまの革命もヨーロッパ人にまなんで，自由を争わなくてはならぬ，とかれらは考えている。だが，こういう議論は，他人の口まねというべきものだ。民権と自由とにたいする研究に心をくばったこともなく，徹底的に理解したものでもない。われわれ革命党が，前々から三民主義による革命は主張しても，革命によって自由を争うことを主張しないのは，たいへん深い意味があるのである。**むかし，フランス革命のスローガンは「自由」であり，アメリカ革命のスローガンは「独立」であった。そして，われわれの革命のスローガンは「三民主義」である。**これは，多くの時間をかけ，多くの努力をそそいでできあがったものであって，他人の口まねとはわけがちがうのである。

（『三民主義(上)』岩波書店）

Q 孫文は，欧米では何が行き過ぎたと考えたのだろうか？

解説 辛亥革命の指導者孫文はアメリカからイギリスに渡り，革命理論である三民主義（民族，民権，民生）を着想した。1912年，アジア史上初の共和国を樹立。

大正 第一次世界大戦と日本

29 二十一カ条の要求(1915年) ← p.112

第一号〔山東省のドイツ権益の継承に関する件〕
　第一条　支那国政府ハ，独逸国カ山東省ニ関シ条約其ノ他ニ依リ支那国ニ対シテ有スル一切ノ権利・利益・譲与等ノ処分ニ付キ，日本国政府カ独逸国政府ト協定スヘキ一切ノ事項ヲ承認スヘキコトヲ約ス

第二号〔南満洲及び東部内蒙古の権益に関する件〕
　第一条　両締約国ハ，旅順・大連租借期限並南満洲及安奉両鉄道各期限ヲ何レモ更ニ九十九ケ年ヅツ延長スヘキコトヲ約ス

第三号〔漢冶萍公司を日中合弁事業にする件〕
　第一条　両締約国ハ，将来適当ノ時機ニ於テ，漢冶萍公司ヲ両国ノ合弁トナスコト…

第五号〔懸案その他解決に関する件〕
　一　**中央政府ニ政治・財政及軍事顧問トシテ有力ナル日本人ヲ傭聘セシムルコト**

(『日本外交年表竝主要文書』)

Q　日本がこの要求を行った目的は何だったのだろうか？

〔解説〕山東省のドイツ権益の継承をはじめとする日本権益拡大の要求。特に，当初秘匿されていた第五号の要求は，アメリカやイギリスの不審を招いた。

第一次世界大戦後の国際社会

30 ウィルソンの「14カ条」(1918年) ← p.118

1．平和の盟約が公開のうちに合意された後は，**外交はつねに正直に，公衆の見守る中で進められねばならず**，いかなる私的な国際的了解事項もあってはならない。

3．すべての経済障壁をできる限り除去し，平和に同意し，平和の維持に連合するすべての国家間に，**平等な通商条件が樹立されねばならない**。

4．国内の安全に最低限必要なところにまで国家の**軍事力が削減**されるように，充分な保障が相互に与えられねばならない。

5．すべての植民地に関する要求は，自由かつ偏見なしに，そして厳格な公正さをもって調整されねばならない。

10．われわれは，オーストリア=ハンガリーの人々が**民族としての地位を保護され保障される**ことを望んでいる。

13．明らかにポーランド人が居住する領土を含む**独立したポーランド国家**が樹立されねばならない。

14．大国と小国とを問わず，政治的独立と領土的保全とを相互に保障することを目的とした明確な規約のもとに，**国家の一般的な連合が樹立されねばならない**。

(『世界史史料10』岩波書店)

Q　民族自決が適用される地域として言及されているのはどこだろうか？

〔解説〕ウィルソンが提示した民族自決の原則は，旧オーストリア=ハンガリー帝国の支配下やポーランドの諸民族のみを対象としていた。アジアやアフリカの植民地には適用されず，各地で民族運動が活発となった。

ヴェルサイユ体制の成立

31 ヴェルサイユ条約(1919年) ← p.118

第119条　ドイツは**海外領土にかかわるすべての権益，権利を放棄し**，これらは主要連合国と協調国に与えられる。

第156条　ドイツは，1898年3月6日に中国と締結した条約，および**山東省**にかかわるその他すべての取り決めに基づいて獲得した，すべての権益，権利，特権，とりわけ，膠州地域に関するもの，鉄道，鉱山，海底ケーブルについて，放棄し，**これらは日本に与えられる**。

第160条
　(3)　ドイツ参謀本部およびあらゆる類似の組織は解散し，いかなる形態であれ再建してはならない。

第231条　ドイツおよびその同盟国の侵略による戦争の結果，連合国とその協調国およびそれらの国民にあらゆる損失と損害を生じさせたことに対し，ドイツとその同盟国が責任を有することを，連合国とその協調国政府は確認し，ドイツはこれを承認する。

(『世界史史料10』岩波書店)

Q　ドイツにはどのようなことが課せられているのだろうか？

〔解説〕ドイツに対しては，植民地の放棄や再軍備の禁止，巨額の賠償金といった厳しい条項が定められた。

国際連盟の発足

32 国際連盟規約(1919年) ← p.118

締約国は，**戦争に訴えないという義務を受諾し**，各国間の開かれた公明正大な関係を定め，各国政府間の行為を律する現実の規準として国際法の原則を確立し…いっさいの条約上の義務を尊重することにより，国際協力を促進し各国間の平和と安全を達成することを目的として，この国際連盟規約に合意する。

第8条　連盟加盟国は，平和を維持するためには，国の安全と，国際的な義務遂行のための共同行動実施とに支障がない最低限度まで，その軍備を縮小する必要があることを承認する。

第11条　戦争または戦争の脅威は，連盟加盟国のいずれかに直接の影響がおよぶか否かを問わず，**すべて連盟全体の利害関係事項である**ことをここに声明する。…

第16条　…約束を無視して戦争に訴えた連盟加盟国は，当然**他のすべての連盟加盟国に対して戦争行為を行ったものとみなされる**。他のすべての連盟加盟国は，その国とのいっさいの通商上または金融上の関係の断絶，自国民とその違約国国民との間のいっさいの交通の禁止，また連盟加盟国であるか否かを問わず他のすべての国の国民とその違約国国民との間のいっさいの金融上，通商上，または個人的交通の阻止を，ただちに行う。

(『世界史史料10』岩波書店)

Q　国際連盟では，どのような原則が確立されたのだろうか？

〔解説〕侵略国に対して共同で制裁を行う集団安全保障の原則が確立されたが，その手段は経済制裁のみであった。

大正 国際連盟と日本

33 人種差別撤廃の提案(牧野伸顕全権の演説)(1919年) ← p.120

余は最初2月13日国際連盟委員会に，文化の程度進み連盟員として充分資格を有するものと認めらるる国家の人民に対しては，**その人種あるいは国籍の如何を論ぜず均等公平の待遇を与えることの主義**を包含せる連盟規約修正案を提出せり。当時余は人種問題は常に苦情の種となり何時緊急危険の問題となるやも計り難きものなるにつき，これに関する条項を連盟規約中に設くることは極めて望ましきことなる旨同委員会の注意を喚起せり…

(『日本外交年表並主要文書』)

Q　日本は何を提案したのだろうか？

〔解説〕日本は，国際連盟規約に人種平等の条項を追加することを提案したが，朝鮮支配を批判する各国の反対により否決された。

ヴァイマル共和国

34 ヴァイマル憲法(1919年) ← p.121

第22条　議員は，普通，平等，直接および秘密の選挙において，比例代表の諸原則に従い，**満20歳以上の男女によって選出される**。

第48条　…ドイツ国内において，公共の安全および秩序に著しい障害が生じ，またはそのおそれがあるときは，…ライヒ大統領は一時的に第114条〔人身の自由〕，第115条〔住居の不可侵〕，第117条〔信書・郵便・電信電話の秘密〕，第118条〔意見表明の自由〕，第123条〔集会の権利〕，第124条〔結社の権利〕，および第153条〔所有権の保障〕に定められている**基本権の全部または一部を停止することができる**。

第151条　経済生活の秩序は，**すべての人に，人たるに値する存在を保障する**ことを目ざす，正義の諸原則に適合するものでなければならない。

第153条　**所有権は憲法により保障される**。…所有権は義務を伴う。その行使は同時に公共の福祉に役立つものであるべきである。

(『世界史史料10』岩波書店)

Q　ヴァイマル憲法が，民主的な憲法と評価されるのはなぜだろうか？

〔解説〕男女平等の普通選挙や，社会権，所有権が保障されていた。一方で，大統領に与えられた強大な権限は，ヒトラーの台頭を招いた。

エジプトの民族運動

35 エジプト革命(1919年)の回想 ← p.122

アズハル(モスク兼教育施設)ではイスラームやキリスト教の宗教者たちが…相互間の絆を強化するために行動していた。…**キリスト教の聖職者の黒いターバンと，シャイフ**(イスラーム法学者)**の白いターバンとが並んでいる様子も，祖国のための団結の象徴であった**。

…3月16日，多くの上流家庭の妻たちがカイロの街角に繰り出し，自由と独立万歳と叫び，保護国体制打倒を呼びかけた。

(『世界史史料10』岩波書店)

Q　革命に参加したのはどのような人々だろうか？

〔解説〕キリスト教徒とイスラーム教徒，女性も加わった運動は，1922年の独立につながった。

史料⑤(大衆化)

アジアの民族運動

36 孫文「大アジア主義」演説(1924年) ←p.105

…三十年前において日本国が各国との間に存在した所の不平等条約，平等ならざる条約の改正を得たという時から，亜細亜民族というものが始めて地位を得たのであります。

…日本が露西亜と戦って勝ったという事実は，即ち全亜細亜民族の独立運動の一番始りである(拍手)それ以来二十年間におきまして，この希望，運動が益々盛んになりまして，今日にあっては埃及の独立運動も成功し，又土耳其の独立も完全に出来上り，波斯の独立も，又阿富汗尼斯坦の独立も成功し，そうして印度の独立運動も益々盛んになる次第であります…けれども唯亜細亜の東におきまして，**日本と我国とのこの二国の結合，連繋というのが未だ出来ていないのであります**…

…この亜細亜の我々の称する大亜細亜問題というのは即ち文化の問題でありまして，この仁義道徳を中心とする亜細亜文明の復興を図りまして，この文明の力を以て彼等のこの覇道を中心とする文化に抵抗するのである，この大亜細亜問題というのは我々のこの東洋文化の力を以て西洋の文化に抵抗するという，西洋文化に感化力を及ぼす問題である…。

(「大阪毎日新聞」1924年12月3日-6日)

Q 孫文はアジアの現状をどのように語っているのだろうか？

解説 日露戦争以降のアジア各地の独立運動を称えてアジア諸民族の連帯による西洋列強への抵抗を説き，一方で日中関係の悪化に懸念を示した。

大正 ワシントン体制

37 ワシントン海軍軍備制限条約(1922年) ←p.120

第1条　締約国は本条約の規定に従い，各自の海軍軍備を制限すべきことを約定する。

第4条　各締約国の**主力艦**合計換算トン数は基準排水量において合衆国52万5000トン…，イギリス帝国52万5000トン…，フランス17万5000トン…，イタリア17万5000トン…，日本31万5000トン…を超えることができない。

(『世界史史料10』岩波書店)

Q この条約で決定されたことは何だろうか？

解説 海軍の主力艦の保有比率を，米：英：日=5：5：3と定めた。

昭和 不戦条約の締結

38 帝国政府宣言書(1929〈昭和4〉年) ←p.120

帝国政府ハ1928年8月27日巴里ニ於テ署名セラレタル戦争抛棄ニ関スル条約第1条中ノ「其ノ各自ノ人民ノ名ニ於テ」ナル字句ハ帝国憲法ノ条章ヨリ観テ**日本国ニ限リ適用ナキモノト了解スルコトヲ宣言ス**

(『世界史史料10』岩波書店)

Q なぜこのような宣言が必要だったのだろうか？

解説 日本国内の反発を受けた政府は，天皇大権の侵害と批判された部分は日本に適用されないことを宣言し，批准した。

大正 「デモクラシー」の思想

39 吉野作造の民本主義(1916〈大正5〉年) ←p.126

民主主義といへば，社会民主党などといふ場合におけるがごとく，「国家の主権は人民にあり」といふ危険なる学説と混同されやすい。…政治上，一般民衆を重んじ，其の間に貴賤上下の別を立てず，**しかも国体の君主制たると共和制たるとを問はず，あまねく通用する所の主義たるがゆえに，民本主義といふ比較的新しい用語が一番適当であるかと思ふ。**…(デモクラシーなる)言葉は…一つは「国家の主権は法理上人民に在り」といふ意味に，又モ一つは「国家の主権の活動の基本的の目標は政治上人民に在るべし」といふ意味に用ひらるゝ。この第二の意味に用ひらるゝ時に，我々は之を民本主義と訳するのである。

(「中央公論」に掲載の「憲政の本義を説いて其の有終の美を済すの途を論ず」)

Q 民本主義は，どのような思想なのだろうか？

解説 吉野作造は，主権は君主にあっても，国民のために政治を行う民本主義を唱えた。

大正 男性普通選挙

40 普通選挙法(1925〈大正14〉年) ←p.129

第五条　**帝国臣民タル男子ニシテ年齢二十五年以上ノ者ハ選挙権ヲ有ス**

帝国臣民タル男子ニシテ年齢三十年以上ノ者ハ被選挙権ヲ有ス

(「官報」号外)

Q 選挙権の条件は，何だろうか？

解説 満25歳以上の男性全員が選挙権をもつことになり，有権者は約4倍に増えた。

昭和 治安維持法の改正

41 治安維持法改正の緊急勅令(1928〈昭和3〉年) ←p.129・138

第一条　国体ヲ変革スルコトヲ目的トシテ結社ヲ組織シタル者，又ハ結社ノ役員其ノ他指導者タル任務ニ従事シタル者ハ，**死刑又ハ無期**，若クハ五年以上ノ懲役，若クハ禁錮ニ処シ…

(「官報」号外)

Q 改正前(←p.129)と比較しよう。

解説 政府は，三・一五事件などを受けて改正した。違反者に死刑・無期を加えた。

アメリカの農業不況

42 小説『怒りの葡萄』(1919年) ←p.130

(果物)の**価格を維持するためには，…果樹たちの根がせっかく作り上げたものを，壊滅してしまうより途はないだろう**…車いっぱいに積まれたオレンジが，何台も何台も地面にぶちまけられる。それを拾おうと人々は何マイルもの遠方から集まってきたが…車で出かけていって拾うことができるのだったら，誰が1ダース20セントも出してオレンジを買うものか。…百万もの人間が腹をすかしてその果実を必要としているというのに，金色に輝くオレンジの山の上には石油がふりかけられるのだ。…飢えた者の目に怒りの気味が募ってゆく。そして人々の魂の中に，怒りの葡萄がふくらみ始め…しだいに重たげに実ってゆく。

(野崎孝訳『世界文学全集41』)

Q どのような状況を描いているだろうか？

解説 農作物の生産過剰により価格が暴落したため，農民の生活が窮乏した。

宥和政策とヒトラー

43 ミュンヘン会談(1938年) ←p.137

ドイツ，イギリス，フランス，イタリアは，**ズデーテン・ドイツ人領域のドイツへの割譲**についてはすでに基本的に到達されている合意を考慮し，同割譲の諸条件および態様，および割譲後に採用されるべき措置について合意し，かつ，本協定によりドイツ，イギリス，フランス，イタリアは，その実現を保証するために必要な諸措置にそれぞれ責任を持つことに合意した。

(『世界史史料10』岩波書店)

Q ドイツ・イギリス・フランス・イタリアの4か国は，ミュンヘン協定で何を決めたのだろうか？

解説 ヒトラーが要求した，チェコスロヴァキアのズデーテン・ドイツ人領域のドイツへの割譲が認められた。これによって大国間の一時的な平和を確保した(宥和政策)。ソ連や，当事国のチェコスロヴァキアは会談に招待されなかった。

ファシズムの台頭

44 ナチ党員の戦後の回想 ←p.137

いちばん小さな行為のすぐ後で…最悪の行動が起きていれば—『ドイツ人の店』というステッカーが，非ユダヤ人経営の店にはられた直後に，43年のユダヤ人のガス室殺人がおこなわれていれば—何千人，いや何百万人の人たちは大きなショックをうけたでしょう。**でも，現実は…そのあいだに何百もの小さな段階があります。**

…そしてどの段階も，つぎの段階でショックを受けないような準備をしているのです。第三段階は第二段階よりそんなに悪くないのです。あなたが第二段階で抵抗しなければ，なぜ第三段階で抵抗しなければならないでしょうか。こうして，事態は第四段階に進みます。

…そしてある日，おそまきながら自分の原理に気がつくと，あなたはそれらの原理によってうちのめされるのです。

(『彼らは自由だと思っていた』未来社)

Q ドイツにおけるユダヤ人迫害は，どのように進んだと回想されているだろうか？

解説 ユダヤ人店舗の不買運動などから徐々に迫害が過熱し，大規模な暴力行為や強制収容所での大量殺戮が行われた。

昭和 「満洲国」の承認

45 日満議定書(1932〈昭和7〉年) ←p.140

一　満洲国ハ…満洲国領域内ニ於テ，**日本国又ハ日本国臣民カ**，従来ノ日支間ノ条約，協定其ノ他ノ取極及公私ノ契約ニ依リ，**有スル一切ノ権利利益ヲ確認尊重スヘシ**

二　日本国及満洲国ハ…**両国共同シテ国家ノ防衛ニ当タルヘキコトヲ約ス。之カ為所要ノ日本国軍ハ，満洲国内ニ駐屯スルモノトス**

(『日本外交年表並主要文書』)

Q 各条文は，何を定めているのだろうか？

解説 日本は「満洲国」を正式に承認した。「満洲国」は同国における日本の権益を確認し，日本軍の無条件駐屯を認めた。

昭和　国際連盟の脱退

46 脱退の通告文（1933〈昭和８〉年）

←p.141

今年２月24日の国際連盟臨時総会での報告書は，日本の意図が東洋の平和の確保のみであることを考えず，また事実認識や判断に大きな誤りを犯している。**特に９月18日の柳条湖事件の際の日本軍の行動を自衛ではないと根拠もなく判断し**，またそれ以前以後の日中間の状態の全責任が中国にあることを見逃し，東洋の政局に新たな混乱の原因を作っている。一方，満洲国成立の真相を無視し，同国を認めた日本の立場を認めず，東洋の事態安定の基礎を破壊しようとしている。

日本政府は，これ以上連盟と協力する余地がないと信じ，連盟規約により**日本が国際連盟を脱退することを通告する**。（『日本外交年表竝主要文書』）

Q　脱退を通告した理由は，何だろうか？

解説　国際連盟はリットンの報告書に基づき，「満洲国」を不承認。不服とした全権松岡洋右は総会を退場し，後日，脱退を通告した。

昭和　天皇機関説問題

47 美濃部達吉の主張（1935〈昭和10〉年）

←p.126・142

所謂機関説と申しますのは，国家それ自身で１つの生命あり，それ自身に目的を有する恒久的の団体，即ち法律学上の言葉を以ってせば１つの法人と観念いたしまして，**天皇は此の法人たる国家の元首たる地位に在しまし**，国家を代表して国家の一切の権利を総攬し給ひ，天皇が憲法に従つて行はせられまする行為が，即ち国家の行為たる効力を生ずると云ふことを云ひ表はすものであります。（「官報」号外）

Q　天皇機関説は，どのような説だろうか？

解説　美濃部の学説は国体に反するとして，貴族院議員が糾弾したことから，政治問題へと発展した。美濃部は国家法人説により，統治権は国家に属し，天皇は統治権を行使する最高の機関であるとし，正当性を主張した。

昭和　戦時統制

48 国家総動員法（1938〈昭和13〉年）

←p.144

第一条　本法ニ於テ国家総動員トハ戦時（戦争ニ準ズベキ事変ノ場合ヲ含ム，以下之ニ同ジ）ニ際シ**国防目的達成ノタメ，国ノ全力ヲ最モ有効ニ発揮セシムルヨウ人的及物的資源ヲ統制運用スルヲ謂フ**

第四条　政府ハ戦時ニ際シ，国家総動員上必要アルトキハ**勅令ノ定ムル所ニ依リ，帝国臣民ヲ徴用シテ総動員業務ニ従事セシムルコトヲ得**。…

第八条　政府ハ戦時ニ際シ，国家総動員上必要アルトキハ勅令ノ定ムル所ニ依リ，総動員物資ノ生産，修理，配給，譲渡其ノ他ノ処分，使用，消費，所持及移動ニ関シ必要ナル命令ヲ為スコトヲ得（「官報」）

Q　政府に与えられた権限は，何だろうか？

解説　日中戦争の長期化が予想され，経済や生活の統制を強化するために制定された。議会の承認なく勅令で，人的・物的資源を動員できる権限が政府に与えられた。

昭和　第二次世界大戦期の国際関係

49 日独伊三国同盟（1940〈昭和15〉年）

←p.147

第三条　…三締約国中何レカノ一国カ，現ニ欧州戦争又ハ日支紛争ニ参入シ居ラサル一国*ニ依テ，攻撃セラレタルトキハ，**三国ハ有ラユル政治的，経済的及軍事的方法ニ依リ，相互ニ援助スヘキコトヲ約ス**

*アメリカをさす。（『日本外交年表竝主要文書』）

Q　何を抑止しようとしたのだろうか？

解説　交戦中の国以外から攻撃を受けた場合，互いを援助するという攻守同盟で，アメリカの参戦抑止を企図した。

50 日ソ中立条約（1941〈昭和16〉年）

←p.147

第二条　**締約国ノ一方カ一又ハ二以上ノ第三国ヨリノ軍事行動ノ対象ト為ル場合ニハ**，他方締約国ハ該紛争ノ全期間中，**中立ヲ守ルヘシ**

第三条　本条約ハ両締約国ニ於テ其ノ批准ヲ了シタル日ヨリ実施セラルヘク，且五年ノ期間効力ヲ有スヘシ

両締約国ノ何レノ一方モ，右期間満了ノ一年前ニ本条約ノ廃棄ヲ通告セサルトキハ，本条約ハ次ノ五年間自動的ニ延長セラレタルモノト認メラルヘシ（『日本外交年表竝主要文書』）

Q　この条約の有効期間は，何年だろうか？

解説　有効期間は５年（1946年４月24日）であったが，ソ連は1945年８月８日に日ソ中立条約を無視して，対日参戦した。

昭和　日米交渉

51 ハル＝ノート（1941〈昭和16〉年）

←p.147

三　日本は，中国・インドシナからすべての陸・海・空軍兵力や警察力を撤退させること。

四　日米両国は，臨時に重慶に首都をおく中華民国国民政府（蔣介石政府）以外の，中国におけるどのような政府・政権も，軍事的・経済的に支持してはならない。

九　日米両国のいずれかが他国と締結したどのような協定も，本協定の根本目的である，太平洋地域全体の平和の確立と保持に矛盾するような解釈をしてはならない。

（『日本外交年表竝主要文書』）

Q　アメリカが要求したことは，何だろうか？

解説　米国務長官ハルが示した対日回答。満洲事変以前の状態に戻す要求であった。日本は最後通告と受け止め，日米交渉は決裂。

昭和　終戦への動き

52 ヤルタ秘密協定（1945〈昭和20〉年）

←p.148

ドイツが降伏し，欧州の戦争が終結した後，２，３か月して**ソ連は連合国に味方して左の条件で日本に宣戦する**。

二　樺太南部およびその周辺の島々は，ソ連に返還する。

三　**千島列島は**，ソ連に引き渡す。

（『日本外交年表竝主要文書』）

Q　この協定の内容を，３つ挙げよう。

解説　米・英・ソの協定。秘密協定で，ドイツ降伏後３か月以内のソ連の対日参戦，ソ連への南樺太返還，千島列島の譲渡を定めた。

昭和　終戦への動き

53 ポツダム宣言（1945〈昭和20〉年）

←p.148・150

六　無責任な軍国主義が世界からなくなるまで，平和・安全・正義の新秩序は生まれないので，日本国民をだまし，世界を征服させようとしたものの権力・勢力は永久に取り除かなければならない。

八　カイロ宣言の条項は実行され，また**日本の主権は本州・北海道・九州・四国，連合国の決める特定の諸小島に限られる。**

九　日本の軍隊は，完全に武装を解除された後，各自の家庭に復帰し，平和的で生産的な生活を営む機会を得る。

十　われらは，日本人を民族として奴隷化し，または，国民として滅亡させる意図はない。しかし，われらの捕虜を虐待した者を含む**一切の戦争犯罪人に対しては厳重な処罰を加える**。日本政府は，国民の間における民主主義的傾向の復活・強化に対する一切の障害を除去する。言論，宗教，思想の自由および基本的人権の尊重を確立する。

十三　**日本政府が，今すぐ全日本軍の無条件降伏を宣言し**，その行動に対する日本政府の誠意を十分に保障することを，日本政府に要求する。**それ以外の日本の選択は完全な壊滅あるのみである。**

（『日本外交年表竝主要文書』）

Q　日本軍に対し，何を勧告したのだろうか？

解説　米・英・中の名で，日本の戦後処理方針や，日本軍の無条件降伏勧告などを宣言。

54 原子爆弾投下後のトルーマン大統領の声明（1945〈昭和20〉年８月９日）

←p.150

日本国民が降伏できる一般的条件を規定しました。**われわれの警告は無視されました。**…私は，原子爆弾の悲劇的な意義を実感しています。原子爆弾の生産とその使用は，本政府によって軽率になされたものではありません。しかし，われわれは，われわれの敵が原子爆弾を探求していたことを知りました。…われわれは，もしかれらが最初にそれを獲得していたとしたら，この〔アメリカ〕国民を，そして平和を愛するすべての国民を，すべての文明を見舞ったであろう惨事を予知しました。

…われわれは，パールハーバーにおいて無警告でわれわれを攻撃したものたち，アメリカの捕虜を餓死させ，殴打し，処刑したものたちに対して，…原子爆弾を使用したのです。われわれは，**戦争の苦痛の期間を短くするために，若いアメリカ人の多数の生命を救うために**，それを使用したのです。

（小川岩雄ほか編『国際シンポジウム　原爆投下と科学者』）

Q　原爆投下の理由がどのように語られているだろうか？

解説　ソ連の対日参戦に危機感を抱いたトルーマンは，対日戦の早期終結を図った。原爆投下に対しては，アメリカ国内でも日本への報復を肯定する考えと，多くの一般市民を殺傷したことに対する批判や反省の声がある。

米ソの軍拡競争

55 フルシチョフ訪米時の演説(1959年)

← p.167

われわれは，水素エネルギーの秘密をあなた方より先に発見しました。**われわれはあなた方より先に大陸間弾道ロケットをつくりあげました。**これは事実上，あなた方のところにはまだないものです。そして大陸間弾道ロケットこそは，人間の創造力の真の凝集といえるのではないでしょうか。…

長いあいだ，あなた方の世界第１位の地位を犯そうとするものは１人もなかった。しかし…みずからあなた方に挑戦しようとする国が現れたのです。ソ連がこの経済競争で勝つこと，あなた方に追いつき追いこすことは，まちがいのないことです。

(『フルシチョフ　じかに見たアメリカ』光文社)

Q **フルシチョフが人工衛星の打ち上げを「大陸間弾道ロケット」と表現した意図は何だろうか？**

解説　1957年10月４日,ソ連は人類初の人工衛星スプートニク１号の打ち上げに成功した。その２年後，ソ連の指導者フルシチョフが訪米し，ワシントンのホテルで演説を行った。

植民地の独立

56 国連の植民地独立付与宣言(1960年)

← p.170

国際連合総会は…，従属下にあるすべての人民の自由を求める切実な願いと，これらの人民が独立の達成のために決定的な役割を果たすことを承認し，**これらの人民の自由の否認に起因する紛争が増加し，それが世界平和に対する重大な脅威となっていることを認め，**…あらゆる形態の植民地主義を速やかにかつ無条件に終わらせる必要があることを厳粛に宣言する。

(『世界史史料11』岩波書店)

Q **植民地主義にはどのような問題があるとしているだろうか？**

解説　国際連合の総会で採択され，アジア・アフリカ諸国の独立達成につながった。

第三世界の形成

57 第１回非同盟諸国首脳会議宣言(1961年)

← p.170

戦争が今日ほど人類にとって重大な結果をもたらす脅威となったときはない。…

帝国主義は弱まりつつある。…しかし，**現存の軍事ブロックはますます強力な軍事的経済的政治的集団となって成長しており，**彼ら相互の関係の論理またその性格からして，必然的に国際関係の定期的な悪化をもたらしており，冷戦と，またそれが現実の戦争へと転化する危険が，常にそして深刻に存在している。

(『世界史史料11』岩波書店)

Q **平和五原則のどのような内容が引き継がれているのだろうか？**

解説　第１回非同盟諸国首脳会議は，東西両陣営どちらの軍事同盟にも参加せず，平和共存を主張する首脳らのよびかけで開催された。

南アジアの動向

58 ネルーの社会主義型社会論(1955年)

← p.171

〔昨日提案した決議案の中で,〕われわれは，われわれが**社会主義型社会をめざしている**ことが明瞭に理解されることを望むと述べました。

国民収入が大いに向上しない限り，世界の社会主義のすべて，または共産主義をもってしても，インドに福祉国家をもつことはできません。社会主義あるいは共産主義はもし君たちが望むなら，現存する君たちの富の分配を手助けするかもしれませんが，インドには分配すべき富などなく，分配すべき貧困があるのみです。

…**われわれは富を創り出し，しかる後それを公平に分配しなければなりません。**富なしでいかに福祉国家をもち得ましょう。

(『世界史史料11』岩波書店)

Q **ネルーがインドで「社会主義型社会」が必要だと主張したのはなぜなのだろうか？**

解説　インドの首相ネルーが，国民会議派の大会で行った演説である。インドは，社会主義的な計画経済と福祉国家の両立をめざした。

キューバ危機

59 ケネディのフルシチョフへの書簡(1962年)

← p.173

私が，キューバで一定の事態が生じれば，アメリカは自国と同盟国の安全を守るため**あらゆる行動をとる**と公式に声明したのは，貴国政府がキューバに関して誤った判断を下すのを避けるためです。

…キューバでは，長距離ミサイル基地を含む攻撃的兵器システムの配備が急速に進められています。アメリカは，**この西半球の安全への脅威を除去する決意であると申し上げなければなりません。**

(『世界史史料11』岩波書店)

Q **ソ連によるミサイル基地建設に対し，米はどのように対抗するといっているだろうか？**

解説　この書簡がソ連に届けられた約１時間後，ケネディは全米向け演説でソ連のミサイル基地撤去を要求。海上封鎖を発表した。

中ソ対立

60 中ソ両国政府の覚書(1969年)

← p.174

中国　**ソ連国境守備隊は中国黒竜江省珍宝島地区に侵入して発砲し，**我が国境守備隊員多数を殺傷し，極めて重大な国境武装衝突を引き起こした。…我が守備隊はソ連国境守備隊に再三警告したが，効果なく，自衛のための反撃を余儀なくされた。

ソ連　中国当局は，ソ中国境で武力挑発を行った。…この地区を警備していたソ連国境警備隊によれば，突然，**中国側から機関銃と自動小銃による発砲を受けた。**…このギャング的襲撃の結果，ソ連国境守備隊に死傷者が出た。

(『世界史史料11』岩波書店)

Q **中ソ双方の主張は，どのようにすれ違っているのだろうか？**

解説　中ソ間では，領土・国境問題をめぐる紛争も生じた。対立のピークが珍宝島(ダマンスキー島)での国境守備隊の衝突であった。

核軍縮

61 国際司法裁判所の勧告的意見(1996年)

← p.175

国家は非戦闘員を攻撃の対象にしてはならず，したがって非戦闘員と軍事目標を区別できない兵器を使用してはならない。また，戦闘員に対して，不必要な苦痛を与えるべきではない。…

核兵器の威嚇または使用は，武力紛争に適用される**国際法の規則に一般的には違反するであろう。**しかし，国家の存亡がかかっている極限的な自衛状況では，核兵器の威嚇や使用が合法か非合法かを明確に結論づけることはできない。国際的な統制の下で，核軍縮につながる交渉を進め，成功に導く義務がある。

(国際司法裁判所資料)

Q **この意見は，核廃絶・核軍縮の歴史のなかで，どのような意味があるのだろうか？**

解説　国際司法裁判所は国連の司法機関である。勧告的意見で拘束力はないが，一定の権威をもつ。

アメリカの公民権運動

62 ケネディ米大統領の演説(1963年)

← p.179

今日，私たちは，**自由でありたいと願うすべての人々の権利を促進し保護するために，世界的な闘いを繰り広げています。**アメリカ人がベトナムや西ベルリンに送られるとき，それは白人だけに限ったことではありません。…

すべてのアメリカ人が，人種や肌の色に関係なく，アメリカ人であるという特権を享受できなければなりません。…

私たちが直面しているのは，主として道徳的な問題なのです。…問題の核心は，すべてのアメリカ人に平等な権利と平等な機会が与えられるべきだということなのです。

(JFKライブラリー資料)

Q **アメリカの「世界的な闘い」の相手は，どのような勢力のことと考えられるだろうか？**

解説　公民権法成立の前年，ホワイトハウスで行った演説。

新自由主義

63 サッチャー英首相の発言(1987年)

← p.184

あまりにも多くの子どもや大人たちが，もし自分たちに問題があれば，**それに対処するのは政府の仕事だと思いこまされた時代を過ごしてきた**…彼らは自分たちの問題を社会に転嫁しています。…社会などというものは存在しないのです。存在するのは，個々の男と女ですし，家族です。そして，**最初に人びとが自分たちの面倒をみようとしないかぎりは，どんな政府だって何もできはしないのです。**

(『世界史史料11』岩波書店)

Q **サッチャー首相はどのような点を強調しているだろうか？**

解説　イギリス誌「ウィメンズ＝オウン」に掲載されたインタビュー。1980年代以降，西側諸国では「新自由主義」とよばれる経済政策が台頭した。

東南アジアの地域統合

64 ASEAN協和宣言(1976年)

← p.185

加盟国は，**地域同一性**の意識を発展させるとともに，互恵的関係を基礎とし，かつ，民族自決，主権平等および**内政不干渉**の原則に従って，すべての国から尊重されかつすべての国を尊重する，強力なASEAN共同体を創設するため，あらゆる努力を行う。

ASEAN協力のための枠組みとして次の行動計画をここに採択する。

2．東南アジア友好協力条約を調印すること。

3．**域内紛争を平和的手段により可及的速やかに解決すること。**

4．平和，自由および中立地帯の承認と尊重への第一歩を，可能なものから速やかに検討すること。

(データベース「世界と日本」)

Q　この宣言では，何が強調されているだろうか？

解説　第1回ASEAN首脳会議は，南北ベトナムが社会主義体制のもとに統一される動向をふまえて開催され，協和宣言が発表された。

東アジアの経済発展

65 韓国の民主化宣言(1987年)

← p.186

1．大統領直選制に改憲し，新たな憲法による大統領選挙を通して1988年2月の平和的政府移譲を実施する。

2．直選制改憲だけでなく民主的実践のため，自由な出馬と公正な競争が保障されるように大統領選挙を改正する。

3．**国民的和解のため金大中氏などを赦免復権して時局関連事犯を釈放する。**

4．国民の基本権を最大限伸長するために制度的改善を追求し人権侵害事例の即刻な是正を通して実質的な効果を収める。

(『世界史史料11』岩波書店)

Q　金大中の赦免復権を表明したのはなぜなのだろうか？

解説　韓国では，朴正熙政権以来軍事独裁政権が続いていた。与党の大統領候補であった盧泰愚は，野党側の要求に歩み寄る方針を表明し，民主化実現につながった。赦免された金大中は民主化運動の指導者で，1973年に朴政権によって拉致・逮捕されていた。

中国の経済発展

66 天安門事件について東独外相の発言(1989年)

← p.187

中国外相の銭其琛は，**事態の正常化**と社会主義のさらなる建設に関する中国共産党と政府の政策について説明した。オスカー＝フィッシャーは，…**中国および中国友好民族との連帯を確認した。**

(「Neues Deutschland」ドイツ社会主義統一党機関紙)

Q　東ドイツは，天安門事件での中国の対応にどのような姿勢をしめしたのだろうか？

解説　フィッシャー東ドイツ外相は，天安門事件の直後，中国の外相と会談した。その時の発言を伝えた，東ドイツの独裁政党の機関紙の報道である。

昭和　新自由主義と日本

67 行財政改革の提唱(1981年)

← p.189

安定成長に移行した今日，行政需要とそれを充足すべき財政収入の間には大きなギャップが存在し，巨額の赤字公債に依存することになっている。…政府と民間，国と地方との適正な機能分担の下に，**簡素で効率的な政府を実現し，**国も地方も民間も全体として活力を高めることが急務とされる…。

(『日本史史料5』岩波書店)

Q　この頃の日本において，「簡素で効率的な政府」がめざされたのは，なぜなのだろうか？

解説　首相の諮問機関である臨時行政調査会の答申。規制緩和と民間活力の導入が強調され，1980年代後半に実施された国鉄の民営化などの行財政改革に大きな影響を及ぼした。

東欧革命

68 「連帯」とポーランド政府の合意(1980年)

← p.191

第1項1．ポーランド人民共和国における労働組合の活動は，勤労者の希望と期待に応えるものではなかった。勤労階級を真に代表する**新しい自治的な労働組合の発足は理にかなったものと考えられる。**

第3項3．ラジオとテレビ，および新聞と出版は，その活動が多様な思想・見解・判断の表明に奉仕するものでなければならない。

第4項(d)．**公的・職業的な場において信念を表明する自由は完全に守られる。**

(『世界史史料11』岩波書店)

Q　「連帯」と政府の間で，何が合意されたのだろうか？

解説　ポーランドのグダンスクの造船所で結成された工場間ストライキ委員会は，議長にワレサを選び，21か条の要求を発表して政府と交渉。その合意内容に基づき，自主管理労働組合「連帯」が発足した。

平成　東アジアの地域協力と日本

69 ASEAN＋3首脳会議の宣言(2005年)

← p.185・192

われわれは，地域および国際の平和と安全，繁栄および進歩の維持に貢献する**東アジア共同体を長期的目標として実現していく**共通の決意をあらためて表明し，ASEAN＋3プロセスは引き続きこの目的を達成するための主要な手段であることを確信し，ここに宣言する。

5．われわれは，長期的目標としての東アジア共同体形成に貢献するものとして，ASEAN統合を支持する。

7．われわれは，東アジア諸国の学生・学者・研究者・芸術家・メディアおよび青少年の間のさらなる相互交流を通じた考え方の共有を促進する。

(外務省資料)

Q　ASEAN＋3の長期的な目標は何とされているだろうか？

解説　ASEAN＋3は，1997年に始まったアジア通貨危機を機に開始された。首脳会議で出されたクアラルンプール宣言。

地域紛争への対応

70 国際刑事裁判所に関するローマ規程(1998年)

← p.193

この規程の締約国は，**20世紀の間に多数の児童，女性および男性が人類の良心に深く衝撃を与える想像を絶する残虐な行為の犠牲者となってきた**ことに留意し，このような重大な犯罪が世界の平和，安全および福祉を脅かすことを認識し，国際正義の永続的な尊重を決意して，次のとおり協定した。

第1条．国際刑事裁判所を設立する。

第5条1．裁判所は，次の犯罪について管轄権を有する。

(a)集団殺害犯罪　(b)人道に対する犯罪

(c)戦争犯罪　(d)侵略犯罪

(外務省資料)

Q　「想像を絶する残虐な行為」とは，具体的にはどの事件が念頭にあるのだろうか？

解説　国際刑事裁判所(ICC)は，国際社会にとって極めて深刻な罪を犯した個人を国際法に基づき訴追・処罰するための常設法廷。1990年代に入り，旧ユーゴスラヴィアやルワンダでの大量虐殺などを機に関心が高まり，設立。

テロとの戦争

71 同時多発テロ事件翌日の国連安保理決議(2001年)

← p.194

安全保障理事会は，あらゆる手段により，テロ行為に起因する**国際の平和と安全に対する脅威と闘う**ことを決意し，

1．2001年9月11日にニューヨークなどで発生した恐ろしいテロ攻撃を断固として非難するとともに，かかる行為を**国際の平和と安全に対する脅威と見なす。**

4．国際社会に対し，協力の強化，ならびに，テロ行為を防止し，取り締まる努力をさらに強めるよう求める。

(国連広報センター資料)

Q　テロ行為を，どのようなものだとしているだろうか？

解説　9月12日の国連安保理決議1368。この翌月，米軍などはアフガニスタン攻撃を開始した。

平成　冷戦の終結と日本

72 細川護熙首相の発言(1993年8月)

← p.196

米ソ両大国を頂点とする世界の二極化は，否応なく日本の政治の二極化をもたらしてまいりましたが，この長く続いた冷戦の時代はもはや過去のものとなりました。**この度の選挙結果は，多くの国民が冷戦構造に根差す保革対立の政治に訣別し，現実的な政策選択が可能な政治体制を選択したものと受け止めております。**ここに1つの時代が明確に終わりを告げたことを，国民の皆様方と共に確認をし，21世紀に向けた新しい時代が今，幕開きつつあることを高らかに宣言したいと思います。(データベース「世界と日本」)

Q　55年体制の崩壊は，冷戦終結とどのように関係するのだろうか？

解説　細川護熙の首相就任に際して行われた記者会見での発言。「この度の選挙」とは，同年7月に行われた衆議院議員選挙のこと。

総合年表　紀元前－16世紀

世紀	アメリカ	地中海世界・ヨーロッパ	西アジア
紀元前		（ローマ共和政） 前6世紀　ローマで共和政開始 （ギリシア（都市国家）） ○**都市国家（ポリス）**の形成 ○**アテネ民主政**の完成 前431　ペロポネソス戦争（～前404） 前334　**アレクサンドロスの東方遠征**（～前324） **アレクサンドロス大王の帝国** ○ローマ，地中海の覇権確立 前2～前1世紀　ローマ「内乱の1世紀」 前27　ローマで帝政始まる	前7世紀　**アッシリア**，エジプトを征服しオリエント統一 前525　**アケメネス朝**，オリエント統一 前500　ペルシア戦争（～前449） ○ゾロアスター教，広まる （アケメネス朝） ○ヘレニズム文化の東方伝播 （パルティア）
紀元後1	（マヤ文明）	（ローマ帝国） 96　ローマ帝国「五賢帝時代」（～180）	○**イエス**の布教 →**キリスト教**の成立
2		○**「ローマの平和」（パクス＝ロマーナ）**	
3		235　ローマ帝国，軍人皇帝時代（～284） 293　ローマ帝国，四帝分治制採用（元首政から専制君主政へ）	224　ペルシアにササン朝成立
4		392　ローマ帝国，キリスト教国教化 375　**ゲルマン人の大移動**始まる 395　**ローマ帝国，東西に分裂**	（ササン朝）
5		（西ローマ）（東ローマ帝国（ビザンツ帝国）） 476　西ローマ帝国滅亡 496　フランク王国のクローヴィス，アタナシウス派に改宗	
6		（フランク王国） ○ユスティニアヌス大帝，地中海帝国再建	○ビザンツ帝国とササン朝の抗争
7			610頃　**ムハンマド**，神の啓示を受ける →**イスラーム教**成立 ○スンナ派とシーア派の分裂 （ウマイヤ朝）
8		732　トゥール・ポワティエ間の戦い ○**東西キリスト教会の対立** 800　カールの戴冠　**西ヨーロッパ世界の形成**	750　**アッバース朝**成立 **イスラーム帝国**の成立 （アッバース朝）
9		**843　ヴェルダン条約，870　メルセン条約（フランク王国の分裂）** **フランス・ドイツ・イタリアの形成** ○**ヴァイキングの活動**	
10		**封建社会の形成** （フランス）（神聖ローマ帝国） 962　神聖ローマ帝国成立 987　カペー朝成立	○**トルコ民族のイスラーム化** （ファーティマ朝）（ブワイフ朝）
11		（イギリス） 1066　ノルマン朝成立 1054　東西教会分離 **1096　第1回十字軍（～99）**	1055　セルジューク朝で，スルタン制始まる （セルジューク朝）
12		○教皇権の最盛期	（アイユーブ朝）
13	（インカ文明）	1215　大憲章（マグナ＝カルタ）発布 **モンゴル帝国の侵攻を受ける**	1258　アッバース朝，モンゴル帝国により滅亡 ○**ユーラシア交流圏の形成** （イル＝ハン国）
14	（アステカ文明）	1303　アナーニ事件 1339　英仏百年戦争（～1453） **黒死病（ペスト）の流行**	1300頃　**オスマン帝国**成立 1370　ティムール朝成立 （オスマン帝国）（マムルーク朝）（ティムール朝）
15	1492　**コロンブス，アメリカに到達**	○イタリア＝**ルネサンス**の繁栄	1453　オスマン帝国，コンスタンティノープル占領。**ビザンツ帝国滅亡**
16	1519　マゼランの世界周航（～22） 1533　ピサロ，インカ帝国征服	1534　イエズス会成立 1534　イギリス国教会成立 ○イギリス絶対王政全盛期 1562　ユグノー戦争（～98） 1517　ルター，「九十五カ条の論題」（宗教改革） 1529　第1次ウィーン包囲（オスマン帝国，神聖ローマ帝国を圧迫）	1501　**サファヴィー朝**成立 1571　レパントの海戦（スペイン海軍に大敗） （サファヴィー朝）

赤字：文化(教育を含む)　青字：外交関係　○：「この頃」を示す　○：月不明を示す　1872年までの日本欄の年月日は旧暦(太陰太陽暦)をもとに表記　将軍欄の数字は代数を示す。内閣総理大臣欄の数字は代数を，丸付数字は第１次・第２次を示す

南アジア		東南アジア	東アジア		朝鮮	日本		世紀
マウリヤ朝	前15世紀頃　アーリヤ人，インドに進出 ○ヴァルナ制とバラモン教成立 前６～前５世紀頃　仏教，ジャイナ教の成立 前317頃　マウリヤ朝成立		秦 前漢	前16世紀頃　殷成立 前11世紀頃　周成立 前770～　春秋時代(～前403) 前６世紀　儒教の創始(孔子) ○鉄製農具の使用始まる 前403～　戦国時代(～前221) 前221　秦，中国統一 中央集権的国家体制の成立 前202　前漢成立 前139　武帝が張騫を西域に派遣(～前126)		○縄文文化 前500頃　水稲耕作が広がる ○弥生文化 ○百余国に分立，漢(楽浪郡)に遣使	縄文 弥生	紀元前
クシャーナ朝	１世紀　クシャーナ朝成立 ○ヘレニズム文化の影響を受けた仏教美術栄える	○中国・インドの中継貿易の影響を受ける	後漢	後25　後漢成立		57　倭の奴国の王，後漢に遣使		紀元後1
		２世紀末　ベトナム南部にチャンパー成立	後漢	166　大秦王安敦の使者，日南郡に来訪		107　倭国王帥升等，後漢に生口160人献上		2
	○竜樹(ナーガールジュナ)，大乗仏教の教義確立		魏晋南北朝	220　三国時代(魏・呉・蜀)(～280)		239　邪馬台国の女王卑弥呼，魏に遣使 ○古墳文化		3
グプタ朝	320頃　グプタ朝成立 ○ヒンドゥー教の定着		魏晋南北朝	313　高句麗，楽浪郡を滅ぼす	高句麗・百済・新羅	○ヤマト政権の成立	古墳	4
								5
			隋	581　隋建国 ○隋，科挙(選挙)実施		○仏教伝来　593　厩戸王(聖徳太子)，政務参加　○遣隋使	飛鳥	6
ヴァルダナ朝	606　ヴァルダナ朝成立 ○唐の玄奘，ナーランダー僧院で学ぶ	670頃　スマトラ島にシュリーヴィジャヤ王国成立	唐	618　唐建国 ○唐を中心とした東アジア文化圏の形成 ○国際色豊かな文化が栄える		630　遣唐使の派遣開始 645　乙巳の変　大化改新 663　白村江の戦い　672　壬申の乱		7
			唐	751　タラス河畔の戦い(唐・アッバース朝) 755　安史の乱(～763)	新羅	701　大宝律令の完成 710　平城京へ遷都 794　平安京へ遷都	奈良	8
		○カンボジアにアンコール朝成立		875　黄巣の乱(～884)	新羅	894　遣唐使派遣の停止		9
	962　アフガニスタンにガズナ朝成立(～1186)			907　唐滅亡 936　高麗，朝鮮半島統一 960　宋(北宋)建国　文治主義		939　平将門の乱(～940) 藤原純友の乱(～941) ○藤原氏による摂関政治の展開	平安	10
		1009　ベトナム北部，大越国成立	北宋→南宋			1016　藤原道長が摂政となる 1017　藤原頼通が摂政となる(19関白就任) 1086　白河上皇が院政を始める	平安	11
	○ゴール朝，北インド進出	○アンコール＝ワット造営	北宋→南宋	1127　北宋滅亡→南宋建国 ○江南の開発進展 ○宋学(朱子学の大成)	高麗	1167　平清盛が太政大臣となる 平氏政権の確立　○日宋貿易の隆盛 1185　平氏滅亡 ○鎌倉幕府の成立		12
デリー＝スルタン朝	1206　デリー＝スルタン朝(～1526) ○インドのイスラーム化進む	○タイにスコータイ朝成立 1293　ジャワにマジャパヒト王国成立(ヒンドゥー教)	元	1206　チンギス＝ハン，モンゴル統一 モンゴル帝国成立 1271　フビライ＝ハン，国号を元とする ○マルコ＝ポーロ来訪　1279　南宋の滅亡	高麗	○新仏教の興隆 1203　北条時政，執権就任　執権政治 1274・81　モンゴルの襲来(文永・弘安の役)	鎌倉	13
デリー＝スルタン朝	1336　南インドにヴィジャヤナガル王国成立	1351　タイにアユタヤ朝成立	元 明	○倭寇(前期)の活動盛んになる 1368　明建国 ○海禁政策(民間人の海上貿易禁止)		1333　鎌倉幕府の滅亡 →建武の新政・南北朝の動乱 1338　足利尊氏，征夷大将軍に(室町幕府) 1392　足利義満，南北朝の合体を実現	南北朝	14
デリー＝スルタン朝	1498　ヴァスコ＝ダ＝ガマ，カリカット到達	1445頃　マラッカ王国，イスラーム教に改宗	明	1405　鄭和の南海大遠征(７回，～33)	朝鮮(李朝)	1404　勘合貿易の開始 1429　尚巴志，琉球王国を建国 1467　応仁の乱(～77)	室町	15
ムガル帝国	○シク教成立 1526　ムガル帝国建国 ○人頭税(ジズヤ)廃止	1511　ポルトガル，マラッカ占領 1571　スペイン，マニラ建設	明	○倭寇(後期)の活動盛んになる 1557　ポルトガル，マカオ居住権獲得	朝鮮(李朝)	1543　鉄砲伝来(42年説も) 1549　キリスト教の伝来 1573　織田信長，室町幕府を滅ぼす 1582　本能寺の変。太閤検地(～98) 1590　豊臣秀吉が全国を統一 1592～93,97～98　秀吉の朝鮮出兵	戦国 安土・桃山	16

17-18世紀

米 アメリカ，英 イギリス，仏 フランス，露 ロシア，墺 オーストリア 普 プロイセン

年代	アメリカ	西ヨーロッパ	東・中央ヨーロッパ
1600	1604 カナダ植民開始(仏) 1607 ヴァージニア植民地建設(英) 1608 ケベック市建設(仏) 1614 ニューネーデルラント植民地建設(オランダ)(～64) 1620 ピルグリム＝ファーザーズ，プリマス上陸(英) 1626 ニューアムステルダム建設（オランダ） 1630 ボストン建設(英)	1600 英 **東インド会社**設立 1602 オランダ，東インド会社設立 1604 仏 東インド会社設立 1625 英 チャールズ1世即位(～49) 1628 英 権利の請願 1629 英 チャールズ1世，議会を解散(1640年まで招集せず) 1642 英 **ピューリタン革命**(～49) 1643 仏 **ルイ14世**即位(～1715) 1648 **ウェストファリア条約**（神聖ローマ帝国，事実上の崩壊。**主権国家体制の確立**） 1648 仏 フロンドの乱(～53) 1649 英 チャールズ1世処刑，共和政宣言	1613 露 ロマノフ朝成立(～1917) 1618 **三十年戦争**(～48) (新教同盟と旧教連盟の争いから，ブルボン家対ハプスブルク家の国際戦争へ発展)
1650	1664 オランダ領ニューアムステルダム，イギリスに奪われニューヨークと改名 1681 ペンシルヴェニア植民(英) 1689 英・仏 ウィリアム王戦争(～97)	1652 イギリス＝オランダ戦争(第1次)(～54) 1653 英 **クロムウェル**，護国卿となる 1660 英 チャールズ2世即位(～85)。王政復古 1665 イギリス＝オランダ戦争(第2次)(～67) 1672 イギリス＝オランダ戦争(第3次)(～74) 1685 英 ジェームズ2世即位(～88) 1685 仏 ナントの王令(勅令)廃止 1688 英 **名誉革命**(～89) 1689 英 **「権利の章典」**発布 1690 英 **ロック**『統治二論』	1682 露 ピョートル1世(大帝)即位(～1725) 1683 墺 オスマン帝国の第2次ウィーン包囲 1689 露 ネルチンスク条約(清との国境画定条約) 1697 露 カムチャツカに進出
1700	1702 英・仏 アン女王戦争(～13) 1713 ユトレヒト条約 1732 ジョージア植民地建設，**13植民地**がそろう 1744 英・仏 ジョージ王戦争(～48)	1707 英 大ブリテン王国成立 1701 スペイン継承戦争(～13) 1721 英 ウォルポール内閣(責任内閣制の確立)(～42) 1733 英 ジョン＝ケイ，飛び杼を発明 1740 オーストリア継承戦争(～48) 1748 仏 モンテスキュー『法の精神』(三権分立)	1727 露 キャフタ条約(清との国境画定条約) 1740 墺 マリア＝テレジア即位(～80) 1740 普 フリードリヒ2世即位(～86)
1750	1754 英・仏 フレンチ＝インディアン戦争(～63) 1760 英軍，モントリオール占領（イギリスのカナダ支配） 1763 英・仏 パリ条約 1765 印紙法 1773 茶法 1773 **ボストン茶会事件** 1774 第1回大陸会議 1775 **アメリカ独立戦争**(～83) 1776 トマス＝ペイン『コモン＝センス』(『常識』) .7-4 **アメリカ独立宣言** 1783 パリ条約(イギリス，独立承認) 1787 米 アメリカ合衆国憲法制定 1789 米 アメリカ連邦政府発足。初代大統領**ワシントン**就任(～97) 1793 米 ホイットニー，綿繰り機を発明	1756 **七年戦争**(～63) ○ 英 **産業革命**はじまる 1762 仏 **ルソー**『社会契約論』『エミール』 1764頃 英 ハーグリーヴズ，多軸(ジェニー)紡績機を発明 1769 英 アークライト，水力紡績機を発明 1769 英 ワット，**蒸気機関**の改良 ○綿工業の発展 1779 英 クロンプトン，ミュール紡績機を発明 1785 英 カートライト，力織機を発明 1789.5 仏 **三部会**招集 .6 国民議会。球戯場(テニスコート)の誓い 仏 **フランス革命** .7 **バスティーユ牢獄襲撃** .8 封建的特権の廃止宣言 .8-26 **人権宣言** .10 ヴェルサイユ行進 1791.9 1791年憲法制定 .10～ 立法議会 1792.4 オーストリアに宣戦，**革命戦争**開始 .8 8月10日事件 .9～ 国民公会 .9 王政廃止，共和政宣言 1792.4 墺・普 フランスに宣戦 1793.1 ルイ16世処刑 .6～ 山岳(ジャコバン)派の恐怖政治 .6 1793年憲法制定 .7 封建地代の無償廃止の確定 1793 第1回対仏大同盟(～97) 1794.7 テルミドール9日のクーデタ(ロベスピエール処刑) 1795.8 1795年憲法制定 .10～ 総裁政府 1796 ナポレオンのイタリア遠征(～97) 1798 ナポレオンのエジプト遠征(～99) 1799 第2回対仏大同盟(～1802) 1799.11 ブリュメール18日のクーデタ(フランス革命終了) .12～ 統領政府(**ナポレオン＝ボナパルト**，第一統領)	1762 露 エカチェリーナ2世即位(～96) 1772 普・墺・露 第1回ポーランド分割 1781 普 カント『純粋理性批判』 1792 露 **ラクスマン**，根室来航 1793 普・露 第2回ポーランド分割 1795 普・墺・露 第3回ポーランド分割(ポーランド消滅)
1800			

印 インド，清 清朝

西・南アジア	東・東南アジア	日本	将軍	年代・年号
○**オスマン帝国**，**サファヴィー朝**，**ムガル帝国**の支配 1633 印 英，ベンガル植民開始 1640 印 英，マドラス占領 1649 印 ヴィジャヤナガル王国滅亡(1336～)	1601 マテオ＝リッチ，北京に入る 1607.5 朝鮮使節来日 1609.3 **対馬藩**，**朝鮮と通商条約**を結ぶ(己酉約条) 1619 オランダ，ジャワに東インド総督設置 1623 アンボイナ事件（オランダ，アジアからイギリス勢力を駆逐） 1624 オランダ，台湾占領(～61) 1636 清 後金，国号を**清**と改める 1637 清 朝鮮を服属 1638 清 明に大挙侵入 1641 オランダ，マラッカ占領 1644 明，滅亡	1600(慶長5).9 **関ヶ原の戦い** ○慶長小判の鋳造 1603(慶長8).2 **徳川家康**，征夷大将軍となり幕府を開く(**江戸幕府**) 1609(慶長14).2 島津家久，**琉球王国**征服 .7 オランダとの貿易開始(平戸に商館設置) 1612(慶長17).3 幕府の直轄地に**禁教令**(13.12 全国に禁教令) 1615(元和1).7 **武家諸法度**制定 1624(寛永1).3 スペイン船の来航禁止 1635(寛永12).5 中国船の来航を長崎に制限 .6 **参勤交代**制度化 1637(寛永14).10 **島原の乱**(～38) 1639(寛永16).7 ポルトガル船の来航禁止 1640(寛永17).6 宗門改役を設置 1641(寛永18).4 オランダ商館を**長崎の出島**に移す(**「鎖国」の完成**)	①家康 ②秀忠 ③家光	1600 慶長5
1658 印 **アウラングゼーブ**即位(～1707) 1661 印 英，ボンベイ獲得 1673 印 仏，シャンデルナゴル獲得 1674 印 マラーター王国成立。仏，ポンディシェリ獲得 1679 印 **人頭税(ジズヤ)**復活 1683 オスマン帝国，第2次ウィーン包囲(失敗) 1690 印 英，カルカッタ建設 1699 カルロヴィッツ条約	1661 清 **康熙帝**即位(～1722) 1661 鄭成功，台湾に拠る(鄭氏台湾) 1683 鄭氏が降伏，台湾が清の領土となる 1689 清 ネルチンスク条約（露清間の国境を定める） 1697 露 カムチャツカに進出 1699 清 イギリスの広州貿易許可	1669(寛文9).7 シャクシャインの戦い 1671(寛文11).7 東廻り航路整備(72西廻り航路整備) .10 宗門改帳の作成を命じる ○樽廻船運航開始 1685(貞享2).7 5代将軍**徳川綱吉**，最初の生類憐みの令 1688(元禄1).7 唐人屋敷を長崎郊外に建設(89完成) 1695(元禄8).8 元禄小判の鋳造	④家綱 ⑤綱吉	1650 慶安3
1708 印 マラーター同盟結成 1710 印 シク教徒の反乱(～15) 1736 **サファヴィー朝**滅亡 1737 印 マラーター同盟，デリーに迫る 1744 印 カーナティック戦争(～63) 1744頃 ワッハーブ王国建国	1715 清 カスティリオーネ来る 1720 清 チベット征服 1722 清 **雍正帝**即位(～35) 1724 清 青海を平定。キリスト教布教禁止 1727 清 キャフタ条約（露清間の国境を定める） 1735 清 **乾隆帝**即位(～95)	1709(宝永6).1 **新井白石**の登用。生類憐みの令を廃止 1714(正徳4).5 正徳小判の鋳造(翌年，慶長小判と同品位に) 1716(享保1).5 8代将軍**徳川吉宗**，**享保の改革**(～45) 1720(享保5).12 漢訳洋書の輸入制限を緩和 1732(享保17) ○享保の飢饉 1733(享保18).1 江戸で初の打ちこわし	⑥家宣 ⑦家継 ⑧吉宗	1700 元禄13
1757 印 **プラッシーの戦い**（インドでのイギリス支配進む） 1767 印 マイソール戦争（4回にわたる，～99） 1775 印 第1次マラーター戦争(～82) 1796 **ガージャール朝**，イランを統一	1755 清 琉球国王に授印 1757 清 対ヨーロッパ貿易を**広州**に限定(公行の独占) 1758 清 ジュンガルを併合 1759 清 東トルキスタン(回部)を平定，ジュンガルと合わせて**新疆**と命名 1771 ベトナム 西山の乱(西山政権，～1802) 1773 中国・インド・イギリスの**三角貿易**開始 1787 ベトナム 阮福暎，フランスと攻守同盟を結ぶ 1789 ベトナム 大越国(黎朝)，西山政権に滅ぼされる 1793 清 英使節マカートニー，北京に来る(通商要求不成功) 1795 イギリス東インド会社，マラッカ占領 1796 清 **アヘン輸入の禁止**	1764(明和1).3 **俵物**の生産を奨励 1765(明和2) ○オランダ船から初めて金・銀を輸入 1768(明和5).4 上田秋成『雨月物語』(76.4 刊行) 1772(安永1).1 **田沼意次**，老中就任 1774(安永3).8 前野良沢・杉田玄白ら『解体新書』刊行 1775(安永4).8 スウェーデンの医師・植物学者ツンベルク来日 1778(安永7).6 ロシア船，蝦夷地厚岸に来航して松前藩に通商要求 1782(天明2) ○天明の飢饉(～87) 1783(天明3).7 伊勢の大黒屋光太夫らアリューシャン列島に漂着 1785(天明5).2 幕府，蝦夷地調査を命じる(最上徳内ら) ○**林子平**『**三国通覧図説**』(86刊行) 1786(天明6).8 田沼意次，失脚 ○最上徳内ら千島を探査 ○林子平『海国兵談』(91.4 刊行) 1787(天明7).7 老中**松平定信**，**寛政の改革**(～93) .8 倹約令 1792(寛政4).5 林子平，『海国兵談』『三国通覧図説』の版木没収され，蟄居 .9 **ラクスマン**，光太夫らを伴い根室に来航し通商要求 1794(寛政6) ○東洲斎写楽，この年から翌年にかけて百数十枚余の役者絵を世に出して姿を消す 1798(寛政10).7 近藤重蔵ら択捉島に「大日本恵登(土)呂府」の標柱を設置 .10 **本多利明『経世秘策』** 1799(寛政11).1 東蝦夷地を一時的な直轄地に(1802永久直轄地) 1800(寛政12).閏4 **伊能忠敬**，蝦夷地を測量(01～全国の測量開始)	⑨家重 ⑩家治 ⑪家斉	1750 寛延3 1800 寛政12

1801-1825

年代	アメリカ・ヨーロッパ	アジア(アフリカなど含む)	日本	将軍	年代·年号
1801	1801 米 ジェファソン大統領就任(～09) 1801 露 アレクサンドル1世即位(～25) 1801 英 大ブリテン＝アイルランド連合王国成立 1802.3 英・仏 アミアンの和約(第2回対仏大同盟解消) 1802.8 仏 ナポレオン，終身統領となる 1803 米 フランスよりミシシッピ川以西のルイジアナを買収 1804.3 仏 民法典(ナポレオン法典)制定 .5 ナポレオン皇帝就任(第一帝政) 1804 ハイチ，フランスより独立 1804 墺 ハンガリーを併合，オーストリア帝国成立(～67)	1802 ベトナム 阮福暎，西山政権を滅ぼしベトナムを統一(阮朝成立) 1803 印 第2次マラーター戦争(～05) 1803 英，デリー占領 1804 ベトナム 阮朝，国号を越南と称す(越南国)	1802.2 蝦夷地奉行設置(.5 箱館奉行と改称) .10 志筑忠雄『暦象新書』 ○近藤重蔵ら択捉を視察 1804.9 レザノフ，長崎に来航し通商を要求		1801 享和1 1804 文化1
1805	1805.5 仏 ナポレオン，イタリア王兼任 1805.8 第3回対仏大同盟 .10 英・仏 トラファルガーの海戦 1805.12 仏・墺・露 アウステルリッツの戦い 1806.6 仏 ナポレオン兄，ナポリ王に即位。弟，オランダ王に即位 1806.7 ライン同盟成立 .8 神聖ローマ帝国消滅(962～) 1806.11 仏 大陸封鎖令 1807 米 フルトンの実用蒸気船，ハドソン川を航行 1807 英 奴隷貿易の禁止 1807 仏・普・露 ティルジット条約(ワルシャワ大公国成立) 1807 プロイセン改革(シュタイン・ハルデンベルクの指導)(～10) 1808 米 奴隷貿易の禁止 1808 普 フィヒテ『ドイツ国民に告ぐ』 1808 スペイン反乱(～14) 1809 仏 ナポレオン，教皇領を併合 墺 メッテルニヒ外相就任 1809 露 フィンランド併合	1805 ワッハーブ王国，メディナを征服 1805 エジプト総督ムハンマド＝アリーの改革(～49) 1806 清 江蘇，浙江等の米の海外輸出厳禁 1808 英，マカオ攻撃 1809 清 広州互市章程成立	1805.6 関東取締出役(八州廻り)設置 1806.1 薪水給与令 .9 ロシア船，樺太を攻撃 1807.2 幕府，西蝦夷地を直轄地に .5 ロシア船，利尻島へ侵入 .10 松前奉行設置 1808.4 間宮林蔵ら，樺太を探査 .6 樺太が島であることを確認 .8 フェートン号事件 1809.7 間宮林蔵，黒竜江下流を探査し海峡確認(間宮海峡)		1805 文化2
1810	1810 仏 ナポレオン，オーストリア皇女と結婚。オランダ併合 1811 ベネズエラ独立，パラグアイ独立 1811 仏 ナポレオン2世誕生，ローマ王とする 1811頃 英 機械うちこわし(ラダイト)運動おこる 1812 アメリカ＝イギリス(米英)戦争(～14) 1812 仏 ナポレオンのロシア遠征(.6 ロシア侵入 .9 モスクワ入城 .10 モスクワ退却) 1813.2 第4回対仏大同盟(～14) .3 諸国民の解放戦争おこる .10 英軍，仏侵入 1814.3 連合軍，パリ入城 1813.10 仏・墺・普・露 ライプツィヒの戦い(ナポレオン，敗れる) 1813 ライン同盟解体 1814 英 スティーヴンソン，実用蒸気機関車開発 1814.5 仏 ナポレオン，エルバ島配流。ブルボン朝復活(ルイ18世) 1814.9 ウィーン会議(ウィーン体制の成立)(～15)	1810 カメハメハ1世，ハワイ統一 1811 清 ヨーロッパ人の布教と居住を厳禁 1811 英，ジャワ占領(～16) 1811 ムハンマド＝アリーのエジプト，事実上独立 1811 朝鮮 洪景来の乱(～12) 1813 清 アヘン販売厳禁 1813 東インド会社，茶以外の貿易独占権廃止 1814 英，ニュージーランド占領	1810.2 幕府，白河藩・会津藩に江戸湾防備を命ず 1811.5 通信使との国書交換を対馬に変更(易地聘礼)，将軍謁見なし。高橋景保の建議により天文方に蛮書和解御用を設置 .6 ロシア艦長ゴローウニンらを国後島で捕らえる 1812.8 高田屋嘉兵衛，国後島沖でロシア艦に捕らえられる 1813.9 ゴローウニン事件解決(高田屋嘉兵衛が送還後，尽力) 1814.10 幕府，箱館・松前以外の蝦夷地守備兵を撤収	⑪家斉	1810 文化7
1815	1815 神聖同盟の成立(ロシア皇帝アレクサンドル1世提唱)。四国同盟の成立。ドイツ連邦の成立。オランダ王国成立 1815 英 スリランカ・マルタ島・ケープ植民地領有 1815 英 穀物法公布 1815.3 仏 ナポレオン，パリ帰還 .6 ワーテルローの戦い .10 ナポレオン，セントヘレナ島配流 1816 アルゼンチン独立 1817 米 モンロー大統領就任(～25) 1818 五国同盟成立(フランス参加)。チリ独立 1819 米 スペインよりフロリダを買収 1819 コロンビア独立(シモン＝ボリバル) 1819 独 カールスバート決議(ブルシェンシャフト弾圧)	1815 清 アヘン輸入厳禁 1815 英，スリランカ領有 1816 清 イギリス使節アマースト到着 1816 オランダ，ジャワ回復 1817 印 第3次マラーター戦争(～18) 1819 イギリス植民地行政官ラッフルズ，シンガポール買収	1815.4 杉田玄白『蘭学事始』 1817.9 イギリス船，浦賀に来航 1818.2 幕府，鎌倉で大砲を試射 .5 イギリス人ゴルドン，浦賀に来航 1819.6 文政小判の鋳造		1815 文化12 1818 文政1
1820	1820 米 ミズーリ協定 1820 スペイン立憲革命(～23) 1820 伊 カルボナリの蜂起(～21) 1821 ギリシア独立戦争(～29) 1821 メキシコ・ペルー独立 露 アラスカ領有 1822 ブラジル帝国成立 1822 英 カニング外交(諸国の自由主義運動援助)(～27) 1823 米 モンロー宣言。中央アメリカ連邦成立 1825 ボリビア独立(シモン＝ボリバル) 1825 英 ストックトン・ダーリントン間に鉄道開通 1825 露 デカブリストの乱	1820 清 回教徒の乱(～28) 1821 ギリシア独立戦争(～29) 1823 ワッハーブ王国再建 1823 清 ケシ栽培とアヘン製造禁止 1824 第1次ビルマ戦争(～26) 1824 英，マラッカ・シンガポール獲得 1825 英，タスマニア島領有	1821.7 伊能忠敬「大日本沿海輿地全図」完成 .12 東西蝦夷地を松前藩に還付 1822.8～.10 西国にコレラ流行 1823.7 シーボルト，長崎に来航 1824.5 イギリス捕鯨船員，常陸大津浜に上陸 .8 同じく薩摩宝島に上陸 ○シーボルト，鳴滝塾を設立 1825.2 異国船打払令(無二念打払令) .3 会沢安(正志斎)『新論』		1820 文政3 1825 文政8
1825					

年代	アメリカ・ヨーロッパ	アジア（アフリカなど含む）	日本	将軍	年代・年号
1826	1828 英 審査法廃止 1828 トルコマンチャーイ条約（ロシア・イラン） 1829 英 カトリック教徒解放法 1829 アドリアノープル条約（ギリシア独立戦争）	1826 英により海峡植民地成立	1827 ○薩摩藩調所広郷の財政改革 1828.10 シーボルト事件 1829 ○葛飾北斎「富嶽三十六景」刊行開始		1826 文政9
1830	1830 仏 **七月革命**，ルイ＝フィリップ即位（～48） 1830 英 **マンチェスター・リヴァプール間に鉄道開通** 1830 ドイツ蜂起。ベルギー独立。ポーランド蜂起（～31） 1831 イタリア蜂起。マッツィーニの「**青年イタリア**」 1832 ポーランド王国廃止，事実上ロシアに併合 1832 英 第1回選挙法改正 1833 英 工場法制定（児童労働の規制，週48時間制） 1833 ウンキャル＝スケレッシ条約（第1次エジプト＝トルコ戦争） 1833 英 東インド会社の商業活動停止・中国貿易独占権廃止（34実施） 1834 ドイツ関税同盟発足	1830 オランダ領ジャワで強制栽培制度実施 1831 印 マイソール，東インド会社の支配下に入る 1831 第1次エジプト＝トルコ戦争（～33） 1832 清 福建，台湾反乱	1830.1 水戸藩主徳川斉昭の藩政改革 .閏3～.8 御蔭参り盛ん 1832 ○長州藩の村田清風，藩政改革案を上申 1833 ○天保の飢饉（～39） ○歌川広重「東海道五十三次」刊行開始 1834.3 **水野忠邦**，老中就任（～43）	⑪家斉	1830 1830 天保1
1835	1836 仏 ティエール内閣 1837頃 英 **チャーティスト運動**（～58） 1838 英「人民憲章」発表 1839 中央アメリカ連邦解体 1839 英 反穀物法同盟結成（コブデン・ブライト）	1838 第1次アフガン戦争（～42） 1839 清 林則徐，アヘン2万箱を没収。英船，広州入港禁止 1839 第2次エジプト＝トルコ戦争（～40） 1839 オスマン帝国，**タンジマート**開始	1837.2 **大塩の乱**（大坂） .6 モリソン号事件 1838.8 長州藩，村田清風を登用し財政改革 .10 渡辺崋山『慎機論』。高野長英『戊戌夢物語』 1839.5～.12 **蛮社の獄** .12 水野忠邦，老中首座に就任		1835 天保6
1840	1840 **アヘン戦争**（～42**南京条約**） 1840 ロンドン条約（第2次エジプト＝トルコ戦争） 1841 海峡協定（ウンキャル＝スケレッシ条約破棄） 1844 米 モールス電信機実用化	1843 清 洪秀全ら，広西省で拝上帝会設立。五港通商章程。虎門寨追加条約 1844 清 望厦条約（対米），黄埔条約（対仏）	1840.7 オランダ船がアヘン戦争を報告 .11 **三方領知替え**（41.7 撤回） 1841.閏1 徳川家斉没 .3 徳川斉昭，大砲を鋳造 .5 高島秋帆，武蔵徳丸原で西洋式砲術実演。**水野忠邦，天保の改革**（～43）。倹約令 .12 株仲間の解散令 1842.7 **天保の薪水給与令（異国船打払令の緩和）** 1843.3 人返しの法 .4 奢侈の禁止 .6 **上知令**（失敗） .閏9 水野忠邦，老中免職 1844.5 徳川斉昭謹慎 .6 忠邦，老中首座に再任（～45） .7 オランダ国王の開国勧告国書受理		1840 天保11 1844 弘化1
1845	1845 米 テキサス併合 1845 アイルランド大飢饉（～49） 1846 デンマーク，シュレスヴィヒ・ホルシュタイン併合 1846 米 オレゴン併合 1846 アメリカ＝メキシコ戦争（～48） 1846 英 穀物法廃止 1847 英 工場法制定 1848 独 **マルクス・エンゲルス『共産党宣言』** 1848 仏 **二月革命**。臨時政府成立，**第二共和政**（～52）。国立作業場設置。四月（普通）選挙。六月蜂起（暴動） 1848 ドイツ**三月革命**。ハンガリー民族運動。ベーメン民族運動。イタリア民族運動 1848 英 チャーティスト運動最高潮 1848 米 カリフォルニア獲得。翌年，ゴールドラッシュ 1848 独 **フランクフルト国民議会**（全ドイツ議会）（～49） 1849 伊「青年イタリア」，ローマ共和国成立。サルデーニャ，ヴィットーリオ＝エマヌエーレ2世即位（～61） 1849 英 航海法廃止	1845 印 第1次シク戦争（～46） 1847 リベリア独立，共和政 1848 印 第2次シク戦争（～49） 1848 イラン，バーブ教徒の乱（～52） 1849 印 英，パンジャーブ併合	1845.2 **阿部正弘**，老中首座に就任 1846.閏5 米使ビッドル浦賀に来航，通商を要求 1847.2 関東沿岸の防備強化 .9 徳川慶喜，一橋家を相続 1849.5 幕府，打払令復活の可否を諸大名に諮問	⑫家慶	1845 弘化2 1848 嘉永1
1850	1850 米 カリフォルニア，自由州として連邦加入 1851 英 ロンドン万国博覧会 1851 仏 1851年クーデタ 1852 仏 **ナポレオン3世**即位（～70） 1852 米 ストウ『アンクル＝トムの小屋』 1853 **クリミア戦争**（～56パリ条約） 1854 米 カンザス・ネブラスカ法。共和党結成 1855 露 **アレクサンドル2世**即位（～81）	1851 清 洪秀全，広西省で挙兵。**太平天国**（～64） 1852 トランスヴァール共和国成立（ブール人）（～1902） 1852 第2次ビルマ戦争（～53） 1853 清 太平天国軍，南京を陥れて首都とし，天京と称す 1854 オレンジ自由国成立（～1902）	1850.10 肥前藩，**反射炉**の築造開始 1851.1 中浜万次郎（ジョン万次郎）ら米から帰国 1853.4 米使ペリー，琉球王国に来航 .6 **ペリー，浦賀に来航** .7 開国に関して諸大名に諮問。露使**プチャーチン**，長崎来航 .8 品川台場の築造開始（～54） 1854.1 ペリー再来日 .3 **日米和親条約（神奈川条約）** .4 韮山で反射炉築造開始（57完成） .6 琉球王国，アメリカと**琉米条約（琉米修好条約）** .8 日英和親条約 .12 **日露和親条約** 1855.2 蝦夷地を再び直轄地に .7 長崎に海軍伝習所 .10 安政の江戸大地震。堀田正睦，老中首座に就任 .12 日蘭和親条約	⑬家定	1850 嘉永3 1854 安政1
1855					1855 安政2

年代	アメリカ・ヨーロッパ	アジア(アフリカなど含む)	日本	将軍	年代・年号
1856	1856 **第2次アヘン戦争(アロー戦争)**(~60)(58天津条約。60北京条約) 1857 **インド大反乱**(~59) 1858 アイグン(愛琿)条約(ロシア，清) 1858 東インド会社解散。ムガル帝国滅亡。英，インドの直接統治開始 1858 仏越戦争(~62。仏，コーチシナ東部獲得)		1856.2 洋学所(55.1 設置)を蕃書調所と改称 .4 江戸築地に講武所設置 .7 **ハリス**，下田に着任 1858.2 堀田正睦，条約勅許を奏請(.3 朝廷却下) .4 **井伊直弼**，大老就任 .6 **日米修好通商条約**。徳川慶福を将軍継嗣と決定。コレラ流行(~.10。江戸の死者約3万人・10万人とも) .7 徳川斉昭ら謹慎。蘭・露・英と修好通商条約(仏は.9) .8 天皇，条約締結に不満の勅諚 .9 **安政の大獄**(~59)	⑬家定	1856 安政3
	1859 伊 イタリア統一戦争 1859 英 **ダーウィン**『種の起源』(進化論)	1859 スエズ運河起工			
1860	1860 仏 サヴォイア・ニース獲得 1860 伊 シチリア占領，中部イタリア併合 1861 米 **リンカン**大統領就任(~65)(共和党) 1861 露 **農奴解放令** 1861 伊 **イタリア王国**成立。**ヴィットーリオ=エマヌエーレ2世**即位(~78) 1861 米 **南北戦争**(~65) 1861 仏 ナポレオン3世のメキシコ出兵(~67) 1862 米 ホームステッド法 1863 米 **奴隷解放宣言** 1863 露 ポーランドの反乱 1863 英 ロンドン地下鉄開通 1864 普・墺 デンマーク戦争 1864 赤十字条約 1864 **第1インターナショナル**(~76)	1860 仏，セネガル獲得 1860頃 清 **洋務運動**(~94頃) 1860頃 朝鮮 崔済愚，東学を創始 1861 清 **総理各国事務衙門**設立。ウォード(米)，常勝軍組織。同治帝(~74) 1862 清 **李鴻章**，淮軍(淮勇)を組織 1863 仏，カンボジアを保護国化 1863 清 ゴードン(英)，常勝軍指揮 1863 朝鮮 高宗即位。**大院君**摂政(~73) 1864 清 太平天国滅亡	1859.5 英使オールコック着任 .6 安政小判の鋳造 1860.1 安藤信正，老中就任。条約批准の渡米使節出発(咸臨丸，太平洋横断) .3 **桜田門外の変**(井伊直弼暗殺) .4 万延小判の鋳造 .10 皇女和宮，将軍家茂への降嫁勅許(62.2 婚儀) .12 ヒュースケン暗殺 1861.2 露艦対馬占拠事件 .5 東禅寺事件 .12 遣欧使節出発 1862.1 坂下門外の変 .5 蕃書調所を移転し洋書調所と改称。島津久光，勅使を奉じて東下 .7 **徳川慶喜**ら文久の改革開始 .8 **生麦事件** .閏8 参勤交代を緩和 .11 朝廷，攘夷を決定 .12 英公使館焼打ち事件 1863.4 幕府，5月10日の攘夷決行奏上 .5 長州藩，外国船砲撃。長州藩士の伊藤博文ら5名がイギリスに留学 .7 **薩英戦争** .8 八月十八日の政変。洋書調所を開成所と改称 1864.3 仏公使ロッシュ着任 .6 池田屋事件 .7 禁門の変(蛤御門の変)。第1次長州征討(.11 長州藩謝罪，.12 幕府軍撤兵) .8 **四国艦隊下関砲撃事件**	⑭家茂	1860 万延1 1861 文久1 1864 元治1 1865 慶応1
1865	1866 大西洋横断海底電信ケーブル敷設 1866 **プロイセン=オーストリア(普墺)戦争** 1867 米 ロシアよりアラスカ買収 1867 独 北ドイツ連邦成立 マルクス『資本論』第1巻 1867 **オーストリア=ハンガリー帝国**成立 1867 英 カナダ連邦(自治領)成立。第2回選挙法改正 1867 ルクセンブルク公国，永世中立国となる 1868 露 ブハラ=ハン国を保護国化 1868 米 キューバの独立運動(~78) 1869 米 最初の**大陸横断鉄道**開通	1865 清 捻軍，山東で活躍(68鎮圧) 1867 英，海峡植民地を直轄領化 1867 フランス，全コーチシナ獲得 1867 清 左宗棠，回教徒の乱鎮定(~78) 1869 スエズ運河開通	1865.閏5 英公使パークス着任 .9 長州再征の勅許。四国公使条約勅許を要求 .10 条約勅許(兵庫港除外) 1866.1 坂本龍馬の立会で**薩長同盟**(盟約)の密約 .5 改税約書調印。江戸・大坂で大規模な打ちこわし .6 第2次長州征討(~.8) .7 将軍家茂没 .12 慶喜，将軍就任 1867.5 兵庫開港勅許 .7 「ええじゃないか」始まる .10 山内豊信，幕府に大政奉還を建白 -14 徳川慶喜，**大政奉還**の上表 .12-9 **王政復古の大号令**。小御所会議 **明治維新** 1868.1 鳥羽・伏見の戦い(**戊辰戦争**~69.5)。王政復古を各国公使に布告 .3 **五箇条の誓文**公布，**五榜の掲示**。神仏分離令 .4 江戸城開城 .閏4 各国領事，キリスト教徒弾圧に抗議 .5 奥羽越列藩同盟結成。彰義隊，上野で壊滅。**太政官札**発行 .7 江戸を**東京**と改称 .9 **明治**と改元(**一世一元の制**)。会津藩降伏 1869.3 東京遷都 .5 榎本武揚ら箱館五稜郭で降伏(戊辰戦争終了) .6 **版籍奉還**を許可し，藩主を**知藩事**に任命 .7 官制の改革。兵部省・**開拓使**などを設置 .8 蝦夷地を**北海道**と改称 .12 東京-横浜間電信線開通	⑮慶喜	1868 明治1
1870	1870 エムス電報事件。**プロイセン=フランス(普仏)戦争**(~71) 1870 仏 第三共和政宣言 1870 英 教育法制定 1870 伊 教皇領占領，イタリアの統一完成 1871 独 **ドイツ帝国**成立。初代皇帝**ヴィルヘルム1世**即位(~88)。初代宰相**ビスマルク**(~90)。**「文化闘争」**(~80) 1871 英 労働組合法制定 1871 仏 臨時政府成立。パリ=コミューン 1873 スペイン，第一共和国成立(74王政復活) 1873 独・墺・露 三帝同盟成立 1873 露 ヒヴァ=ハン国を保護国化	1871 ロシア，イリ地方占領(~81) 1873 朝鮮 **閔妃(閔氏)**，政権を握る 1873 アチェ戦争(~1912) 1874 スタンリー，アフリカ横断(~77)	1870.9 平民に苗字(名字)を許可 .10 兵制を統一(海軍は英式，陸軍は仏式と布告) .閏10 **工部省**設置 .12 **「横浜毎日新聞」**創刊 1871.2 薩・長・土より御親兵を徴集 .3 東京-大阪間**郵便制度**実施 .4 戸籍法公布 .5 **新貨条例**公布 .7 **廃藩置県**。太政官制を改め，正院・左院・右院を設置。**日清修好条規** .8 華族・士族・平民相互の結婚を許可。「解放令」公布 .11 **岩倉使節団**出発(73帰国)。琉球漂流民殺害事件 1872.2 **戸籍法**施行(壬申戸籍)。陸海軍両省設置。福沢諭吉『学問のすゝめ』刊行 .8 **学制**公布 .9 新橋-横浜間鉄道開通。**琉球藩**設置 .10 **富岡製糸場**開業 .11 **国立銀行条例**公布。**徴兵告諭** .12 **太陽暦**採用 注：1873年以降は，太陽暦で示す。 1873.1 **徴兵令**公布 .2 キリスト教禁制の高札撤廃 .7 **地租改正**条例公布 .10 **征韓論**敗れ，西郷・板垣ら下野(**明治六年の政変**) .11 **内務省**設置 .12 秩禄奉還の法公布 1874.1 愛国公党結成。東京警視庁設置。**民撰議院設立の建白書**提出 .2 佐賀の乱 .4 **立志社**結成 .6 屯田兵制度設置		1870 明治3
		1874.5 日本の**台湾出兵**	1874.5 日本の**台湾出兵**		
1875	1875 英 スエズ運河会社の株式買収 1875 独 ドイツ社会主義労働者党結成 1875 仏 第三共和国憲法制定		1875.1 大阪会議 .2 平民に苗字許可。**愛国社**結成 .4 元老院・大審院設置。**漸次立憲政体樹立の詔** .5 **樺太・千島交換条約**調印 .6 **讒謗律・新聞紙条例**公布 .9 出版条例の改正。**江華島事件** ○加藤弘之『国体新論』刊行(後に自ら絶版)		1875 明治8

年代	アメリカ・ヨーロッパ	アジア(アフリカなど含む)	日本	内閣総理大臣	年代・年号
1876	1876 露 コーカンド=ハン国併合 1877 インド帝国樹立。英ヴィクトリア女王，インド皇帝を兼任 1877 ロシア=トルコ(露土)戦争(78サン=ステファノ条約，ベルリン条約) 1878 独 社会主義者鎮圧法(～90) 1879 独 保護関税法	1876 オスマン帝国憲法(ミドハト憲法) 1878 オスマン帝国憲法停止 1878 第2次アフガン戦争(～80)	1876.2 日朝修好条規(江華条約) .3 廃刀令公布 .8 国立銀行条例改正公布。金禄公債証書発行条例(秩禄処分)公布 .10 小笠原諸島領有 ○地租改正反対一揆激化 1877.1 地租を地価の3%から2.5%に減額 .2 西南戦争(～.9) .4 東京大学設立 .8 第1回内国勧業博覧会開催 1878.4 愛国社再興 .7 地方三新法公布 .12 参謀本部設置 1879.4 琉球藩及び琉球王国を廃止，沖縄県を設置(琉球処分)		1876 明治9
1880	1880 英 アフガニスタンを保護国化 1881 露 イリ条約で清にイリ地方返還 1881 仏 チュニジアを保護国化 1882 独・墺・伊 三国同盟 1882 英 エジプト占領 1883 仏 ユエ(フエ)条約(越南を保護国化) 1884 清仏戦争(～85 天津条約) 1884 英 第3回選挙法改正 1884 ベルリン=コンゴ会議(アフリカ分割)(～85)	1881 ウラービーの反乱(エジプト)(～82) 1881 マフディー派の抵抗(スーダン)(～98) 1882.7 朝鮮 壬午軍乱(壬午事変) 1884.12 朝鮮 甲申事変(甲申政変)	1880.3 国会期成同盟結成 .4 集会条例公布 .7 刑法・治罪法公布 1881.7 開拓使官有物払下げ事件 .10 開拓使官有物払下げ中止，大隈重信の罷免。国会開設の勅諭(明治十四年の政変)。自由党結成。松方正義，紙幣整理を開始(松方財政) ○私擬憲法作成される 1882.1 軍人勅諭 .3 伊藤博文，渡欧 .4 立憲改進党結成 .5 大阪紡績会社設立(翌年開業) .6 日本銀行設立 .8 朝鮮と済物浦条約 .10 中江兆民『民約訳解』刊行。加藤弘之『人権新説』を刊行し天賦人権の思想を批判 1883.11 鹿鳴館完成 1884.7 華族令公布 .10 自由党解党。秩父事件(～.11) 1885.4 天津条約		1880 明治13
1885	1885 露 アフガニスタンに進出 1885 独 マーシャル諸島を領有 1886 英 ビルマ併合 1886 アメリカ労働総同盟(AFL)の成立 1887 英・露 アフガニスタンの境界を定める 1887 仏 ブーランジェ事件(～89) 1887 独・露 再保障条約(～90) 1887 仏 フランス領インドシナ連邦成立 1888 英 北ボルネオ領有 1888 独 ヴィルヘルム2世即位(～1918) 1889 米 第1回パン=アメリカ会議 1889 ブラジル，共和国となる 1889 第2インターナショナル(～1914)	1885 印 インド国民会議発足 1885 第3次ビルマ戦争(～86) 1886 トランスヴァールに金鉱発見 1888 清 北洋軍成立 1889 清 西太后摂政やめ，光緒帝の親政開始 1889 「青年トルコ人」，統一と進歩団結成	1885.5 銀兌換銀行券発行(銀本位制～97) .10 日本郵船会社開業 .11 大阪事件 .12 内閣制度制定 1886.3 帝国大学令公布 .4 小学校令等公布(学校令) .5 井上馨外相，第1回条約改正会議開催 .7 東経135度の子午線時を日本標準時と決定 .10 大同団結運動。ノルマントン号事件 1887.6 伊藤，憲法起草開始 .7 条約改正会議の無期延期を各国公使に通告 .9 井上外相辞職 .10 高知県代表，三大事件建白書を元老院に提出 .12 保安条例公布 1888.4 市制・町村制公布。枢密院設置 .6 枢密院，憲法草案審議(～89.2) 1889.2 大日本帝国憲法発布。皇室典範制定。衆議院議員選挙法公布。黒田首相，超然主義演説 .5 民法典論争始まる(～92) .7 東海道線(東京―神戸間)全通	1 伊藤博文① 2 黒田清隆	1885 明治18
1890	1890 英 セシル=ローズ，ケープ植民地首相就任(～96) 1890 独 ビスマルク辞職，ヴィルヘルム2世の親政 1890年代 米 フロンティア消滅 1891 露 シベリア鉄道起工 1891～94 露仏同盟成立 1891 独 社会民主党大会 1892 伊 イタリア社会党結成 1893 独 ディーゼル，内燃機関発明(97完成) 1894 露 ニコライ2世即位(～1917) 1894 仏 ドレフュス事件(～99)	1891 イランでタバコ=ボイコット運動おこる(～92) 1892 ホセ=リサール，フィリピン民族同盟結成 1893 ハワイで革命，共和国となる 1894 朝鮮 甲午農民戦争(東学の乱) 1894 清 孫文ら，興中会創立	1890.4 民事訴訟法・商法公布 .5 府県制・郡制公布 .7 第1回衆議院議員総選挙 .10 刑事訴訟法公布。教育に関する勅語(教育勅語) .11 第1回帝国議会(第一議会) ○1890年恐慌(初の恐慌) 1891.5 大津事件 .10 濃尾大地震 .12 田中正造，議会で足尾鉱毒事件を質問 1892.2 第2回総選挙 1893.5 海軍軍令部を設置 .7 陸奥宗光の条約改正交渉開始 .9 富岡製糸場を三井へ払下げ 1894.7 日英通商航海条約(領事裁判権撤廃，99年施行) 1894 日清戦争 .7 豊島沖海戦 .8 日清戦争宣戦布告 .9 黄海海戦 .11 旅順占領	3 山県有朋① 4 松方正義①	1890 明治23
1895	1895 キューバの独立運動 1895 英 植民相ジョゼフ=チェンバレン(～1902) 1895 伊 マルコーニ，無線電信の実験成功 1895 伊 エチオピア侵入(～96) 1896 第1回国際オリンピック大会(アテネ) 1896 露 東清鉄道敷設権獲得 1897 米 マッキンリー大統領就任(～1901)(共) 1897 ギリシア=トルコ戦争	1895 清 変法運動はじまる 1895 朝鮮 閔妃殺害事件 1895 英領マレー連合州成立 1896 フランス，マダガスカル領有	1895.1 閣議決定で尖閣諸島を日本領に編入 .2 威海衛占領 1895.4 下関条約。三国干渉(ロシア・ドイツ・フランス) .5 遼東半島還付 1896.3 立憲改進党を中心に進歩党結成。造船奨励法・航海奨励法公布。台湾総督府条例公布 .4 民法(修正民法第1～3編)公布 .6 明治三陸大津波 .7 日清通商航海条約 1897.3 貨幣法公布(.10 施行，金本位制確立)	5 伊藤博文②	1895 明治28
1897	1897 第1回シオニスト大会(スイス)	1897 朝鮮 大韓帝国と改称	.7 労働組合期成会結成 .10 台湾総督府官制公布	6 松方正義②	1897 明治30

年代	アメリカ・ヨーロッパ	アジア（アフリカなど含む）	日本	内閣総理大臣	年代・年号
1898	1898 露 ロシア社会民主労働党結成 1898 アメリカ＝スペイン(米西)戦争 1898 英・仏 ファショダ事件 1898 米 フィリピンなど領有，ハワイ併合	1898 清 戊戌の変法。膠州湾(独)，旅順・大連(露)，威海衛・九竜半島北部(英)租借。戊戌の政変 1898 アギナルド，フィリピン独立宣言	1898.6 自由・進歩両党合同し憲政党結成。保安条例廃止。隈板内閣成立 .10 憲政党分裂 .11 第2次山県内閣成立 .12 地租増徴案可決(2.5%から3.3%に)	7伊藤③ 8大隈①	1898 明治31
	1899 米 中国に関する門戸開放宣言。 清 仏，広州湾租借 1899 英 南アフリカ戦争(～1902) 1899 独 バグダード鉄道敷設権獲得		1899.1 「中央公論」創刊 .3 北海道旧土人保護法公布	9 山県有朋②	
1900	1901 米 セオドア＝ローズヴェルト大統領就任(～09)(共) 1901 露 社会革命党結成	1900 清 義和団戦争(～01) 8カ国連合軍出兵 1901 オーストラリア連邦，自治領に	1900.3 治安警察法公布。改正衆議院議員選挙法公布 .5 軍部大臣現役武官制の確立 .6 義和団戦争に対して陸軍派遣を決定 .9 伊藤博文が立憲政友会結成 1901.2 官営八幡製鉄所操業開始 .5 社会民主党結成(直後禁止)	10伊藤博文④	1900 明治33
		1901.9 北京議定書(辛丑和約)			
	1902 キューバ独立(米の保護下) 1902 英 オレンジ，トランスヴァールをケープ植民地に併合 1903 露 社会民主労働党分裂 1904 英仏協商 1904 米 パナマ運河起工	1903 ロシア，満洲を軍事占領	.12 田中正造が足尾鉱毒事件で天皇に直訴(失敗) 1902.1 第1次日英同盟(日英同盟協約) 1903.4 国定教科書制度		
		1904.2 日露戦争始まる。日韓議定書 .3 旅順港口閉塞 .8 黄海海戦。第1次日韓協約 .9 遼陽占領 .11 旅順総攻撃	1904.9 与謝野晶子『君死にたまふこと勿れ』	11 桂太郎①	
1905		1905.1 旅順陥落 .3 奉天会戦 .5 日本海海戦 .7 日本軍，樺太上陸。桂・タフト協定 .8 第2次日英同盟 .9－5 ポーツマス条約			1905 明治38
	1905 露 血の日曜日事件(ロシア第一革命開始)。十月宣言(勅令) 1905 仏・独 第1次モロッコ事件 1905 仏 フランス社会党結成 1905 英 シン＝フェイン党結成 1905 ノルウェー，スウェーデンより独立 1906 英 労働党成立 1906 露 国会(ドゥーマ)開設。ストルイピンの反動政治(～11)	1905 ベトナム ドンズー(東遊)運動盛ん .11 第2次日韓協約 1905 清 孫文，中国同盟会結成（三民主義）。科挙の廃止。立憲大綱制定 1905 印 ベンガル分割令 1905 イラン立憲革命(～11) 1906 印 全インド＝ムスリム連盟結成 インド国民会議カルカッタ大会 1907 ニュージーランド，自治領に	1905.1 竹島を日本領と再確認 .9 日比谷焼打ち事件 1906.1 平民党・日本社会党結成(.2 合流) .2 統監府開庁 .3 鉄道国有法公布 .6 露より樺太の北緯50度以南を受領 .8 関東都督府官制公布 .11 南満洲鉄道株式会社(満鉄)設立 1907.3 樺太庁官制公布 .6 日仏協約		
	1907 英露協商。三国協商成立（英仏・英露協商）	1907.7 ハーグ密使事件。第3次日韓協約。韓国の民衆，義兵運動で抵抗	.7 第1次日露協約	12 西園寺公望①	
	1908 墺 ボスニア・ヘルツェゴヴィナ併合 1908 ブルガリア，独立宣言	1908 インドネシアでブディ＝ウトモ結成 1908 青年トルコ革命 1908 清 憲法大綱の発表。国会開設の公約。宣統帝溥儀即位(～12)	1908.3 増税法公布 .4 第1回ブラジル移民出発 1909.7 閣議で韓国併合の方針確定 .10 伊藤博文，暗殺 .12 米国務長官，南満洲鉄道中立化案提議 ○生糸の輸出量が世界第1位となる		
1910	1910 ポルトガル革命，共和国成立 1910 メキシコ革命(～17)		1910.1 日露両国がアメリカの南満洲鉄道中立案を拒否 .5 大逆事件の検挙始まる(幸徳秋水ら) .7 第2次日露協約		1910 明治43
		1910.8 韓国併合条約(大韓帝国を朝鮮と改称)		13 桂太郎②	
	1911 仏・独 第2次モロッコ事件 1911 イタリア＝トルコ戦争(～12)	1910 清 英米仏独四国借款団設立 1910 南アフリカ連邦成立 1911 インドネシアでイスラーム商業同盟結成 1911.5 清 幹線鉄道国有化 .9 四川暴動 .10－10 武昌蜂起 辛亥革命(～12) 1911 印 ベンガル分割令取消し	.10 朝鮮総督府開庁。土地調査事業の開始(～18) 1911.2 日米通商航海条約改正(関税自主権回復) .3 工場法公布(16.9 施行) .7 第3次日英同盟 .8 警視庁，特別高等課(特高)設置 .9 平塚らいてう「青鞜」創刊		
	1912 独 社会民主党，総選挙で第一党となる 1912 第1次バルカン戦争(～13) 1912 アルバニア，独立宣言 1912 仏 モロッコを保護国化	1912.1 中国 中華民国建国，孫文臨時大総統 .2 宣統帝退位，清朝滅亡 .3 袁世凱臨時大総統 .8 中国同盟会改組，国民党成立 1912 アフリカ民族会議(ANC)結成 1912 インドネシアのイスラーム商業同盟，イスラーム同盟（サレカット＝イスラム）に改称	1912.3 美濃部達吉『憲法講話』。上杉慎吉，天皇機関説を批判し論争 .7 第3次日露協約 －30 明治天皇没(61歳)。皇太子嘉仁親王が践祚し，大正と改元 .8 鈴木文治ら友愛会結成 .11 2個師団増設案閣議で否決 .12 西園寺内閣総辞職。第1次護憲運動（立憲国民党・立憲政友会）	14 西園寺公望② 15桂太郎③	1912 大正1
1913	1913 米 ウィルソン大統領就任(～21)(民)。カリフォルニアで排日土地法成立 1913 第2次バルカン戦争。ブカレスト条約	1913 中国 孫文日本へ亡命。袁世凱，大総統に就任(～15)。チベット，独立宣言	1913.2 桂内閣総辞職(大正政変) .6 軍部大臣現役武官制改正公布 .10 中華民国承認 .12 立憲同志会結成	16 山本権兵衛①	1913 大正2

年代	アメリカ・ヨーロッパ	アジア（アフリカなど含む）	日本	内閣総理大臣	年代・年号
1914	1914.6－28 **サライェヴォ事件**	1914.6 孫文，東京で中華革命党結成	1914.1 シーメンス事件		1914 大正3
	1914.7 **第一次世界大戦**勃発	1914.8－23 日本，ドイツに宣戦布告（**第一次世界大戦参戦**）			
	1914.8 タンネンベルクの戦い .9 マルヌの戦い	.10 日本，ドイツ領南洋諸島占領	.11 日本，青島占領		
	1914.9 英 **アイルランド自治法**成立 .12 英 エジプト保護国化		.11 猪苗代第一発電所竣工		
	1914.10 オスマン帝国，同盟側に参戦			17 大隈重信②	
1915	1915.4 イープルの戦い .5 イタリア，三国同盟を離脱し，オーストリアに宣戦 ルシタニア号沈没，アメリカ，ドイツに抗議 .10 ブルガリア，同盟側に参戦 **フセイン・マクマホン協定**（イギリス，アラブ人独立国家支持を約束）	1915.1 日本，中国に**二十一カ条の要求**提出 .5 中国調印 .9 中国 **陳独秀**『新青年』創刊			1915 大正4
	1916.2 ドイツ，ヴェルダン要塞を攻撃 .5 ユトランド沖海戦 .6 ソンムの戦い		1916.1 **吉野作造「民本主義」を説く**		
	1916.4 英 イースター蜂起 .5 **サイクス・ピコ協定**（英・仏・露）	1916.6 袁世凱没	.7 第4次日露協約 .9 工場法施行 .10 **憲政会**結成		
	1917.2 独 無制限潜水艦作戦の宣言	1916.12 印 国民会議派，自治を要求			
	1917.3 露 ペトログラード蜂起。**二月（三月）革命**。ロマノフ朝滅亡，臨時政府成立		1917.6 **本多光太郎**，KS磁石鋼発明		
	.4 四月テーゼ（レーニン） .11－7 **十月（十一月）革命** .11 **「平和に関する布告」**「土地に関する布告」採択。憲法制定会議		.9 **金輸出禁止** .11 石井・ランシング協定		
	1917.4 米 ドイツに宣戦 .11 英 **バルフォア宣言**（ユダヤ人国家建設を支持）			18 寺内正毅	
	.12 フィンランド，ロシアより独立				
	1918.1 米 **「十四カ条」**（「十四カ条の平和原則」）発表	1918 ○エジプトでワフド党結成			
	1918.1 露 ボリシェヴィキ独裁 .3 ブレスト＝リトフスク条約（対独・墺講和） ボリシェヴィキ，ロシア共産党と改称。○対ソ干渉戦争（～22）		1918.8－2 **シベリア出兵**宣言 －3 富山県に**米騒動**		
	1918.6 英 **第4回選挙法改正（女性参政権）**		.9 寺内内閣総辞職。**原敬**内閣成立		
	1918.11 独 キール軍港の水兵反乱，**ドイツ革命**。皇帝退位。ドイツ休戦協定調印				
	1918.11 **第一次世界大戦**終結				
	1918.11 バルト3国，ロシアより独立。ポーランド独立		.12 **新人会**結成		
	1919.1 **パリ講和会議** .6－28 **ヴェルサイユ条約** .9 サン＝ジェルマン条約 .11 ヌイイ条約				
	1919.1 独 スパルタクス団の蜂起	1919.3 **朝鮮 三・一独立運動**			
	.8 **ヴァイマル憲法**制定，ヴァイマル共和国成立（～33）	1919.3 印 **ローラット法**。ガンディー，非暴力・不服従運動開始	○**普選運動**各地に拡大		
	1919.1 米 **禁酒法**制定（～33）				
	1919.1 英 シン＝フェイン党，アイルランド共和国の独立宣言	.4 アムリットサール事件			
	.12 インド統治法制定 ○金輸出禁止	1919.5 **中国 五・四運動**			
	1919.3 **コミンテルン（第3インターナショナル）**結成（～43）	1919.10 中国 中華革命党，中国国民党と改称	1919.5 選挙法改正公布 .6 日本，ILO加盟		
	1919.3 伊 **ムッソリーニ**ら，**ファシスト党**結成（21政党設立）	1919.12 印 **インド統治法**	.8 友愛会，大日本労働総同盟友愛会と改称	19 原敬	
	1919 ギリシア＝トルコ戦争（～22）				
1920	1920.1 **国際連盟**正式成立（**アメリカは不参加**）		1920.1 **国際連盟**に加入		1920 大正9
	1920.6 トリアノン条約 .8 セーヴル条約	1920.4 **ムスタファ＝ケマル**，アンカラでトルコ大国民議会開催	.3 **新婦人協会**結成。戦後恐慌		
	1920 ポーランド＝ソヴィエト戦争		.5 日本最初のメーデー		
	1920.8 米 女性参政権獲得 ○最初のラジオ放送	.8 セーヴル条約	.12 日本社会主義同盟結成（21禁止）		
	1920.12 仏 フランス共産党結成	1920.5 **インドネシア共産党**結成			
	1920 独 ○国民社会主義ドイツ労働者党（**ナチ党**）成立		1921.4 山川菊栄ら**赤瀾会**結成		
	1921.1 伊 イタリア共産党結成	1921.7 中国 **中国共産党**成立（陳独秀ら）	.10 日本労働総同盟友愛会，日本労働総同盟（総同盟）と改称		
	1921.3 米 ハーディング大統領就任（～23）（共）				
	1921.3 露 **新経済政策（ネップ）**実施		.11 原首相，刺殺		
	1921.11 **ワシントン会議（～22.2）** .12 **四カ国条約**（日・英・米・仏 23発効。日英同盟解消）			20 高橋是清	
	1922.2 **九カ国条約 ワシントン海軍軍備制限条約**				
	1922.2 常設国際司法裁判所設立（ハーグ）	1922.2 エジプト，イギリスより独立	1922.3 **全国水平社**創立大会		
	1922.4 ラパロ条約（独ソ通商条約）		.4 **日本農民組合**結成。治安警察法改正公布 .7 **日本共産党**結成（非合法） .10 シベリア撤兵完了		
	1922.10 伊 **ローマ進軍**（ファシスト内閣成立）			21 加藤友三郎	
	1922.12 アイルランド自由国成立	1922.11 オスマン帝国，スルタン制廃止の宣言（**オスマン帝国滅亡**）			
	1922.12 **ソヴィエト社会主義共和国連邦**成立		1923.1 **『文藝春秋』**創刊		
	1923.1 フランス・ベルギー両軍，**ルール占領**	1923.7 ローザンヌ条約 .10 **トルコ共和国**成立	.9 **関東大震災**。第2次山本権兵衛内閣成立。亀戸事件。甘粕事件	22 山本権兵衛②	
	1923.8 米 クーリッジ大統領就任（～29）（共）				
	1923.8 独 **シュトレーゼマン**内閣 .11 ミュンヘン一揆。レンテンマルク発行		1924.1 **第2次護憲運動**。立憲政友会分裂。政友本党結成 .6 **護憲三派**内閣 .12 婦人参政権獲得期成同盟会結成	23 清浦奎吾	
	1924.1 ソ レーニン没	1924.1 中国 **第1次国共合作**（～27）			
	1924.1 英 第1次マクドナルド労働党内閣 .2 ソ連承認	1924.3 **カリフ制廃止**（トルコ）			
	1924.4 **ドーズ案**発表	1924.11 モンゴル人民共和国成立	1925.1 「**キング**」創刊。日ソ基本条約（国交回復）		
	1924.5 米 **移民法**（「排日移民法」日本を含むアジア系移民禁止）実施			24 加藤高明	
	1925.1 伊 ファシスト党一党独裁制	1925.3 中国 **孫文**没	.3 東京放送局**ラジオ放送開始**		
	1925.1 ソ トロツキー失脚，**スターリン**権力掌握	.5 五・三〇運動（反帝運動）	.4 日本労働総同盟分裂。**治安維持法**公布		
	1925.5 独 **ヒンデンブルク**大統領就任 ○ヒトラー『我が闘争』出版	.7 広州国民政府成立			
	1925.9 英 金本位制復活	1925.12 イランに**パフレヴィー朝**成立（国王 レザー＝ハーン）	.5 **普通選挙法**公布 .7 内閣総辞職（8月以降を第2次とする見方もある）		
1925	.12 **ロカルノ条約**				1925 大正14

1926-1937

年代	アメリカ・ヨーロッパ	アジア(アフリカなど含む)	日本	内閣総理大臣	年代・年号
1926	1926.5 ポーランド，ピウスツキのクーデタ 1926.9 独 国際連盟に加入 1926.10 イギリス帝国会議(自治領の連邦内平等) 1926.11 イタリア，アルバニアを事実上保護国化 1927.5 米 リンドバーグ，大西洋単独無着陸飛行成功 ○トーキー映画開始 1927.5 英 対ソ断交 .6 ジュネーヴ会議 1928.7 英 第5回選挙法改正 .8 **不戦条約** 1928.9 伊 ファシズム大評議会，国家最高機関となる 1928.10 ソ 第1次**五カ年計画**(～32) 1929.2 伊 ラテラノ(ラテラン)条約 1929.3 米 フーヴァー大統領就任(～33)(共) 1929.6 英 第2次マクドナルド内閣(～31) 1929.6 ヤング案発表 1929.10－24 米 ニューヨーク株式市場(ウォール街)の株価大暴落，**世界恐慌**おこる	1926.7 中国 国民革命軍(**蔣介石**)の**北伐** 1927.1 中国 武漢政府成立(汪兆銘) .3 国民革命軍，上海・南京占領 .4 蔣介石の上海クーデタ，南京**国民政府**成立 .5 日本，第1次**山東出兵** .9 南京・武漢政府合体 .10 **毛沢東**，井崗山に革命根拠地樹立 1927.7 **スカルノ**，インドネシア国民同盟結成(28**インドネシア国民党**と改称) 1928.4 日本，第2次山東出兵 .5 済南事件 .6 **張作霖爆殺事件** 1928.6 中国 北伐完成 .10 蔣介石，国民政府主席に就任(～31) 1928.11 トルコ，文字改革 1929.12 印 国民会議ラホール大会開催，完全独立(**プールナ＝スワラージ**)を決議	1926.4 労働争議調停法公布 .12 改造社『現代日本文学全集』刊行(円本時代始まる) －25 大正天皇没(48歳)。摂政裕仁親王が践祚し，**昭和**と改元 1927.3 **金融恐慌** .4 台湾銀行救済緊急勅令案枢密院否決，若槻内閣総辞職。各地で取付け騒ぎ。**モラトリアム**(支払猶予令)施行 .6 **立憲民政党**結成 .12 上野－浅草間に初の地下鉄開通 1928.2 **第1回普通選挙** .3 三・一五事件(共産党員大検挙) .6 治安維持法改正公布 .8 **不戦条約** 1929.4 四・一六事件(共産党員大検挙) .6 中国国民政府正式承認 .7 張作霖爆殺事件責任者の処分発表。田中内閣総辞職	25 若槻礼次郎① 26 田中義一	1926 大正15 昭和1
1930	1930.1 ソ スターリン，クラーク(富農)の追放開始 1930.1 ロンドン軍縮会議 1931.4 スペイン革命(第二共和国成立～75) 1931.6 米 フーヴァー＝モラトリアム 1931.8 英 マクドナルド挙国一致内閣成立(～35) .9 金本位制停止 .12 **ウェストミンスター憲章**(**イギリス連邦**成立) 1932.2 ジュネーヴ会議 .6 ローザンヌ会議(ヤング案修正) .7 英 イギリス連邦経済(オタワ)会議(**ブロック経済**の形成) 1932.7 独 総選挙，**ナチ党**第一党となる 1932.11 仏ソ不可侵条約 1933.1 独 **ヒトラー**内閣成立 .2 **国会議事堂放火事件** .3 **全権委任法**成立 .10 **国際連盟脱退** 1933.3 米 **フランクリン＝ローズヴェルト**大統領就任(～45)(民) ○**ニューディール**(新規まき直し)(～35) .4 金本位制停止 .5 農業調整法(AAA)，テネシー川流域開発公社(TVA) .6 全国産業復興法(NIRA) .11 ソ連承認 1933.6 ロンドン世界経済会議(失敗) 1933 ソ ○第2次五カ年計画(～37) 1934.8 独 **ヒトラー総統**就任(～45) 1934.9 ソ 国際連盟に加入 ○スターリンの大粛清	1930.2 ベトナムの**ホー＝チ＝ミン**，**インドシナ共産党**結成 1930.3 印 **ガンディー**，第2次非暴力・不服従運動。**塩の行進** .11 第1回英印円卓会議(～31) 1931.9－18 **柳条湖事件**(**満洲事変**おこる) 1931.11 中国 毛沢東，江西省瑞金に中華ソヴィエト共和国臨時政府樹立 1932.1 第1次上海事変 .2 **リットン調査団**来日 .3－1 「**満洲国**」建国宣言 .5 上海日中停戦協定 1932.6 タイ(シャム)**立憲革命** 1932.9 サウジアラビア王国成立 1932.10 イラク王国独立 1933.5 **塘沽停戦協定** 1934.3 「**満洲国**」で帝政実施(**溥儀**，皇帝となる) 1934.10 中国 紅軍(共産党軍)の**長征**(瑞金→延安)(～36.10) 1934.10 印 ネルー，国民会議派の指導者となる	1930.1 **金輸出解禁**。ロンドン海軍軍縮会議参加 .4 **ロンドン海軍軍備制限条約**(ロンドン海軍軍縮条約)。**統帥権干犯問題**おこる .5 日中関税協定(中国の関税自主権を承認) .11 浜口首相，狙撃される(31.8 没) ○**昭和恐慌** 1931.3 三月事件 .4 重要産業統制法公布 .10 十月事件 .12－11 若槻内閣総辞職 －13 **金輸出再禁止** －17 金貨兌換停止令(**管理通貨制度移行**) 1932.5－15 **五・一五事件**(**政党内閣崩壊**) .9 **日満議定書**(満洲国承認)。農山漁村経済更生運動 .10 リットン報告書公表。「満洲国」へ試験移民が出発 1933.2 国際連盟，撤兵勧告案を可決 .3 **国際連盟脱退を通告**(35発効) 1934.12 ワシントン海軍軍備制限条約(ワシントン海軍軍縮条約)廃棄を米に通告 ○東北地方大冷害	27 浜口雄幸 28 若槻② 29 犬養毅 30 斎藤実	1930 昭和5
1935 1937	1935.1 独 ザール地方編入 .3 **再軍備宣言**(徴兵制復活) .6 英独海軍協定 1935.5 仏ソ相互援助条約 1935.7 米 ワグナー法(全国労働関係法)成立 1935.7 コミンテルン第7回大会(人民戦線戦術採択)(～.8) 1935.10 伊 **エチオピア侵攻**(36併合) 1936.2 スペイン人民戦線内閣 1936.3 独 **ラインラント進駐** 1936.6 仏 ブルム**人民戦線内閣**(～37，38) 1936.7 **スペイン内戦**(～39) .10 **フランコ**国家主席 1936.10 ベルリン＝ローマ枢軸の結成 .11 **日独防共協定** 1936.12 ソ 新憲法(スターリン憲法)制定 1937.5 英 ネヴィル＝チェンバレン内閣(～40) 1937.11 **日独伊三国防共協定**成立 .12 伊 国際連盟脱退 1937.12 ユーゴスラヴィア共産党書記長，**ティトー**就任 1937.12 アイルランド，エールと改称し事実上連邦を離脱	1935.1 中国 **遵義会議**(指導権毛沢東へ) .8 中国共産党，八・一宣言 1935.3 ペルシア，国名をイランと改称(イラン王国) 1935.8 印 新(改定)インド統治法 1935.11 フィリピン独立準備政府成立 1936.12 中国 **西安事件**(**張学良**ら，蔣介石を監禁) 1937 ビルマ，インドより分離 1937.7－7 **盧溝橋事件**(**日中戦争**おこる) .8 第2次上海事変 1937.9 中国 第2次国共合作(抗日民族統一戦線の成立)。紅軍，国民政府軍の指揮下に入り，八路軍と称す .11 国民政府，重慶へ遷都(重慶政府) 1937.12 日本軍，南京占領	1935.2 **美濃部達吉の天皇機関説問題化** .3 ソ連，北満洲鉄道を日本に譲渡 .5 第16回メーデー(戦前最後) .8 政府，**国体明徴声明** ○**華北分離工作** 1936.1 ロンドン海軍軍縮会議脱退 .2－26 **二・二六事件** .5 斎藤隆夫，粛軍演説。軍部大臣現役武官制復活 .11 **日独防共協定** .12－31 ワシントン・ロンドン両海軍軍備制限条約失効 1937.9 輸出入品等臨時措置法公布 .10 国民精神総動員中央連盟設立。企画院設置 .11 **日独伊三国防共協定**。大本営を設置	31 岡田啓介 32 広田弘毅 33 林銑十郎 34 近衛文麿①	1935 昭和10 1937 昭和12

年代	アメリカ・ヨーロッパ	アジア（アフリカなど含む）	日本	内閣総理大臣	年代・年号
1938	1938.3 独 オーストリアを併合 .9 ミュンヘン会談(ドイツ，ズデーテン地方獲得) 1938.11 米 産業別組織会議(CIO)，成立 1939.3 独 チェコスロヴァキア解体 1939.4 伊 アルバニア併合 1939.8 西 フランコ，独裁権を握る 1939.8 独ソ不可侵条約 1939.8 英・仏 対ポーランド相互援助条約	1938.10 日本軍，広東占領。武漢三鎮占領 1938.12 ビルマでアウン＝サンらタキン党の反英独立運動激化 1939.5 ノモンハン事件 1939.6 シャム，タイと改称	1938.1 国民政府を対手とせずと声明(第1次近衛声明) .4 国家総動員法公布 .5 徐州占領 .7 産業報国連盟結成(各職場に産業報国会結成) .11 東亜新秩序建設を声明(第2次近衛声明) .12 近衛三原則声明(第3次近衛声明) 1939.7 国民徴用令公布。米，日米通商航海条約廃棄を通告(40.1 発効) .8 平沼内閣，欧州情勢は複雑怪奇と声明し総辞職 .10 価格等統制令公布	34 近衛文麿① 35 平沼騏一郎 36 阿部信行	1938 昭和13
	第二次世界大戦勃発				
1940	1939.9-1 独 ポーランド侵攻 -3 英・仏 対ドイツ宣戦布告 -17 ソ ポーランド侵入 .11 ソ フィンランドに侵入 1940.4 独 デンマーク・ノルウェー侵入 .5 アウシュヴィッツ強制収容所設立 1940.5 英 チャーチル戦時連立内閣(～45) 1940.5 独 ベルギー・オランダに侵入 .6 イタリア参戦。ドイツ軍，パリ占領。ペタン政府成立，フランス降伏。ド＝ゴール，ロンドンに亡命 .7 仏 ヴィシー政府成立。ソ バルト3国併合 .9 日独伊三国同盟締結 1941.3 米 武器貸与法成立 1941.4 日ソ中立条約 .5 ロンドン大空襲 .6 独・伊 対ソ連宣戦布告(独ソ戦開始) .7 英ソ軍事同盟 .8 大西洋憲章	1940.3 中国 汪兆銘，南京に新国民政府樹立 1940.9 日本軍，フランス領インドシナ連邦北部進駐 1941.5 ホー＝チ＝ミン，ベトナム独立同盟会(ベトミン)結成 1941.7 日本軍，フランス領インドシナ連邦南部進駐 1941.6 トルコ，独と友好条約 1941.6 イラン中立宣言 1941.9 シリア，独立宣言	1940.2 斎藤隆夫，軍部批判演説 .6 新体制運動 .7 日本労働総同盟解散。立憲政友会解党 .8 立憲民政党解党。大日本農民組合解散 .9 日独伊三国同盟調印 .10 大政翼賛会発足 .11 大日本産業報国会結成 1941.3 国民学校令公布。治安維持法改正公布 .4 日ソ中立条約調印。日米交渉開始(～.12) .8 米，対日石油禁輸の措置 .11 米，最終提案(ハル＝ノート)。米穀配給通帳制全国実施 .12-1 御前会議で開戦決定	37 米内光政 38,39 近衛文麿②③	1940 昭和15
	太平洋戦争勃発				
	1941.12 独・伊 対アメリカ宣戦布告 1942.5 英ソ相互援助条約 .8 スターリングラードの戦い(43独軍降伏) 1942.8 米 原子爆弾製造計画(マンハッタン計画)開始 1942.11 英 ベヴァリッジ報告作成 1943.1 カサブランカ会談 1943.5 ソ コミンテルン解散 1943.7 連合軍シチリア上陸 .9 イタリア無条件降伏 .10 伊 対ドイツ宣戦布告 1943.11 カイロ会談，テヘラン会談 1944.1 ソ ポーランド国境突破 1944.6 連合軍ノルマンディー上陸 .7 ブレトン＝ウッズ会議 .8 ダンバートン＝オークス会議(～.10) .8 連合軍，パリ解放 1944.9 仏 共和国臨時政府成立(首班ド＝ゴール) 1945.2 ヤルタ会談(米・英・ソ) .4 米 ローズヴェルト没。トルーマン大統領(民) .4 サンフランシスコ会議(国際連合憲章採択) 1945.4 ソ連軍ベルリン攻略開始。イタリアでムッソリーニ処刑。ヒトラー自殺 .5-7 ドイツ無条件降伏，ヨーロッパ戦線休戦 .6 ドイツ，分割占領。国際連合憲章調印(50か国) .7 米 原子核爆発実験成功 .7 ポツダム会談(米・英・ソ) .7 英 アトリー労働党内閣(～51) 1945.8-8 ソ 日本に宣戦，満洲・朝鮮・樺太に侵入	1943.11 レバノン共和国完全独立 1945.2 トルコ，対日独宣戦 1945.3 アラブ連盟結成	1941.12-8 マレー半島奇襲上陸。ハワイ真珠湾奇襲攻撃。対米英宣戦布告 -10 マレー沖海戦 1942.1 マニラ占領 .2 シンガポール占領 .4-18 米機(B25)，日本本土初空襲 .6 ミッドウェー海戦 .8 米，ガダルカナル島上陸 1943.2 日，ガダルカナル島撤退 .5 アッツ島日本守備隊全滅 1944.7 サイパン島日本守備隊全滅(サイパン島陥落) .10 神風特別攻撃隊，レイテ沖で米艦攻撃 .11-24 サイパン島発進の米機(B29)，東京を空襲 1945.3-10 B29，334機で東京大空襲 .4-1 米軍，沖縄本島上陸(沖縄戦) .8-6 広島に原爆投下 -8 ソ連，対日宣戦布告 -9 長崎に原爆投下 -14 ポツダム宣言受諾 -15 天皇，終戦の詔書放送 1942.2 味噌・醤油切符制，衣料点数切符制実施。大日本婦人会結成 1943.3 谷崎潤一郎「細雪」連載中止 .11 東京で大東亜会議開催 .12-1 学徒出陣 1944.6 学童疎開決定 .7「中央公論」「改造」廃刊命令 .8 学徒勤労令公布。女子挺身勤労令公布 1945.1 東海地方に大地震(死者1961人)	40 東条英機 41 小磯国昭 42 鈴木貫太郎	
	第二次世界大戦，日中戦争，太平洋戦争終結				
1945	1945.10-24 国際連合発足 1945.11 ユーゴ，王政廃止し連邦人民共和国となる 1945.12 国際通貨基金(IMF)，国際復興開発銀行設立	1945.8 インドネシア共和国の独立宣言(大統領スカルノ) 1945.8 朝鮮，南北に分断され占領(北緯38度線) 1945.9 ベトナム民主共和国独立宣言(大統領ホー＝チ＝ミン) 1945.11 中国 国共内戦開始	1945.9 降伏文書調印。昭和天皇，マッカーサー訪問 .10 GHQ，人権指令。五大改革指令。日本共産党再建 .11 日本社会党・日本自由党・日本進歩党結成。GHQ，財閥解体を指令 .12-15 GHQ，神道指令 -17 新選挙法公布(女性参政権) -22 労働組合法公布	43 東久邇宮稔彦 44 幣原喜重郎	1945 昭和20

年代	アメリカ・ヨーロッパ	アジア(アフリカなど含む)	日本	内閣総理大臣	年代・年号
1946	1946.1 第1回国連総会 .3 英 チャーチルの「鉄のカーテン」演説 1946.6 伊 王政廃止し共和国宣言 1946.10 仏 第四共和国憲法制定，第四共和政成立 1947.2 パリ講和条約 .3 米 **トルーマン＝ドクトリン**(封じ込め政策) .6 ヨーロッパ経済復興援助計画(**マーシャル＝プラン**)提唱 .9 **米州共同防衛条約**(リオ協定) 1947.9 **コミンフォルム**結成(~56)(ソ連圏成立) 1947.10 関税及び貿易に関する一般協定(GATT)調印 1947.12 伊 新憲法制定，イタリア共和国成立 1947.12 ルーマニア，王政廃止し人民共和国宣言 1948.2 **チェコスロヴァキア＝クーデタ** 1948.3 西ヨーロッパ連合条約(ブリュッセル条約) .4 **ヨーロッパ経済協力機構(OEEC)**結成 .12 世界人権宣言 1948.4 米 対外援助法成立。**米州機構**(OAS)成立 1948.6 独 西側占領地区で通貨改革 .6 **ベルリン封鎖**(~49.5) 1948.6 コミンフォルム，ユーゴを除名 1949.1 ソ **経済相互援助会議(COMECON)**設立 1949.4 **北大西洋条約機構(NATO)**結成 1949.4 アイルランド(エール)，英連邦を離脱 1949.5 独 **ドイツ連邦共和国(西ドイツ)**成立 .10 **ドイツ民主共和国(東ドイツ)**成立 1949.8 伊 NATOに加盟 1949.9 ソ 原子爆弾保有宣言 .10 中国を承認	1946.3 トランスヨルダン王国独立 1946.4 シリア共和国完全独立 1946.7 フィリピン共和国独立宣言 1946.12 ベトナムで**インドシナ戦争**(~54) 1947.3 中国 人民解放軍創設 1947.8 印 **インド・パキスタン**，英自治領として**分離独立** .10 第1次**インド＝パキスタン戦争** 1947.11 国連，パレスチナ分割案 1948.1 ビルマ連邦共和国独立(英連邦離脱) 1948.1 印 ガンディー暗殺される 1948.2 セイロン，英自治領として独立 1948.5 **イスラエル国**成立。**パレスチナ戦争(第1次中東戦争)**(~49) 1948.8 朝鮮 **大韓民国**成立(大統領**李承晩**) .9 **朝鮮民主主義人民共和国**成立(首相**金日成**) 1949.6 ベトナム国樹立(主席**バオダイ**) 1949.7 ラオス王国独立 1949.10 中国 **中華人民共和国**成立(主席**毛沢東**，首相**周恩来**) .12 国民政府，台湾へ移る 1949.11 カンボジア王国独立 1949.12 インドネシア連邦共和国成立(オランダ連合内)	1946.1-1 天皇の「人間宣言」 .2 **金融緊急措置令**公布。GHQ，**公職追放令**公布 .4 新選挙法による第22回総選挙 .5 **極東国際軍事裁判**(東京裁判)開廷(~48.11) .9 **労働関係調整法**公布 .10 **自作農創設特別措置法**公布 .11-3 日本国憲法公布 .12 **傾斜生産方式**採用 1947.1-31 GHQ，二・一ゼネスト計画中止指令 .3 農地改革実施。**教育基本法・学校教育法**公布 .4 **労働基準法・独占禁止法・地方自治法**公布。第1回参議院議員選挙。第23回総選挙 .5-3 **日本国憲法施行** .12 **過度経済力集中排除法**・改正民法公布 1948.3 民主自由党結成 .7 教育委員会法公布。政令201号公布 .12 GHQ,経済安定九原則実施を指令 1949.3 **ドッジ＝ライン**実施 .4 **単一為替レート**設定(1ドル＝360円) .5 公職追放一部解除 .6 国鉄・専売公社・国税庁など発足 .7 下山事件。三鷹事件 .8 松川事件	44 幣原喜重郎 45 吉田茂① 46 片山哲 47 芦田均	1946 昭和21
1950	1950.2 **中ソ友好同盟相互援助条約**成立 1950.2 米 **「赤狩り」**(共産主義者の追放)始まる 1950.5 仏 シューマン＝プラン提案 1951.4 **ヨーロッパ石炭鉄鋼共同体(ECSC)**条約調印 1951.9 太平洋安全保障条約(ANZUS)調印 サンフランシスコ講和会議 1952.2 英 エリザベス2世即位 .10 原子爆弾実験 1952.11 米 マーシャル諸島で世界初の**水素爆弾**実験 1953.1 米 アイゼンハワー大統領就任(~61)(共) 1953.1 ユーゴ，憲法改正，ティトー大統領就任 1953.3 ソ スターリン没 .8 水素爆弾保有宣言 1953.6 独 東ベルリンで反ソ暴動 1954.7 **ジュネーヴ休戦協定**(インドシナ戦争終結，ベトナム南北分割) 1954.11 仏 アルジェリア独立戦争(~62)	1950.1 印 インド連邦共和国成立 1950.6 朝鮮 **朝鮮戦争**おこる .7 「国連軍」朝鮮派遣 1951.5 イラン**石油国有化**法公布 1951.12 リビア独立 1952.1 韓国 李承晩ライン設置 1952.7 **エジプト革命** 1953.1 中国 第1次**五カ年計画** 1953.7 朝鮮 朝鮮休戦協定成立 1953.10 米韓相互防衛条約 1953.10 ラオス完全独立 .11 カンボジア完全独立 1954.4 コロンボ会議 1954.6 **ネルー・周恩来**会談，**平和五原則**宣言 1954.9 **東南アジア条約機構(SEATO)**調印 1954.9 中国 中華人民共和国憲法公布 1954.11 エジプト，**ナセル**実権掌握 1954.12 米華相互防衛条約	1950.6 GHQ,日本共産党幹部追放指令 .7 日本労働組合総評議会(総評)結成 .8 **警察予備隊令**公布 .9 公務員の**レッド＝パージ**の基本方針決定 .10 公職追放解除発表 ○朝鮮戦争で**特需景気**おこる 1951.6 国際労働機関(ILO)に加盟 .9 **サンフランシスコ平和条約**調印，**日米安全保障条約**調印(52 発効) .10 日本社会党，左派・右派に分裂 1952.2 **日米行政協定**調印 .4 日華平和条約調印 .5 血のメーデー事件 .7 **破壊活動防止法**・保安庁法公布 .8 IMF(国際通貨基金)・世界銀行に加盟 1953.2 NHK，テレビの本放送開始 .12 奄美諸島返還の日米協定調印 1954.3 ビキニの米水爆実験で第五福竜丸被曝。**MSA協定**(日米相互防衛援助協定など)調印 .7 防衛庁・陸海空**自衛隊**発足	48~51 吉田茂②~⑤	1950 昭和25
1955	1955.5 独 西ドイツ，主権回復。NATO加盟 .9 ソ連と国交回復 1955.5 **ワルシャワ条約機構**結成 1955.7 ラッセル・アインシュタイン宣言 .7 ジュネーヴ4巨頭会談 1955.12 米 キング牧師，バス＝ボイコット運動 1956.2 ソ **スターリン批判** .4 コミンフォルム解散 1956.6 ポーランド,ポズナニ暴動 .10 ハンガリー反ソ暴動 1956.7 エジプト，**スエズ運河国有化**宣言 .10 **スエズ戦争(第2次中東戦争)**(~57.3) 1956.9 国際原子力機関(IAEA)設立(57.7 発足)	1955.4 **アジア＝アフリカ会議(バンドン会議)**，平和十原則 1955.10 **ベトナム共和国**(南ベトナム)成立(大統領**ゴ＝ディン＝ジエム**) 1955.11 **バグダード条約機構**(中東条約機構，**METO**) 1956.1 スーダン独立 1956.3 モロッコ・チュニジア独立	1955.8 第1回原水爆禁止世界大会(広島) .9 GATTに加盟 .10 日本社会党統一 .11 **自由民主党**結成(保守合同)〈**55年体制**〉 ○神武景気 1956.10 **日ソ共同宣言**調印 .12 **日本，国際連合加盟**	52~54 鳩山一郎①~③ 55 石橋湛山	1955 昭和30 1956 昭和31

年代	アメリカ・ヨーロッパ	アジア（アフリカなど含む）	日本	内閣総理大臣	年代・年号
1957	1957.3 **ヨーロッパ経済共同体（EEC）・ヨーロッパ原子力共同体（EURATOM）**の結成調印 .7 パグウォッシュ会議（核実験中止の要請声明） 1957.8 ソ 大陸間弾道ミサイル（ICBM）開発 .10 **人工衛星スプートニク1号**打ち上げ成功 1957.9 米 公民権法（黒人投票権保障） 1958.1 **ヨーロッパ経済共同体（EEC）**発足 1958.3 **ソ フルシチョフ**第一書記，首相兼任 1958.10 **仏 第五共和政**成立 1959.1 **仏 ド＝ゴール**大統領就任（～69） 1959.1 **キューバ革命（カストロ・ゲバラ**が主導）。**バティスタ**政権崩壊 1959.9 **米・ソ** フルシチョフ訪米	1957.3 ガーナ独立（大統領**エンクルマ**） 1957.8 マラヤ連邦独立 1958.5 **中国「大躍進」**政策 .8 **人民公社**開始。金門島を砲撃 1958.7 イラク革命（王政廃止。共和国に） 1958.10 ギニア独立 1959.3 **中国 チベット動乱** .4 **劉少奇**国家主席就任 1959.6 シンガポール独立（英連邦内） 1959.8 バグダード条約機構を中央条約機構（CENTO）と改称	1957.8 在日米地上軍撤退開始発表。憲法調査会第1回総会 .10 日本，安全保障理事会の非常任理事国に初当選 1958.10 安保条約改定交渉開始 .11 警察官職務執行法（警職法）改正案廃案 ○岩戸景気 1959.4 皇太子明仁親王成婚	56・57 岸信介 ①②	1957 昭和32
1960	1960.2 **仏** 初の核実験 1960.5 **ヨーロッパ自由貿易連合（EFTA）**正式発足 1961.1 **米** キューバと国交断絶。**ケネディ**大統領就任（～63）（民） 1961.4 **ソ** ガガーリン，最初の宇宙飛行成功 1961.5 キューバ社会主義宣言 1961.8 **独** 東ドイツ，東西ベルリンの境界封鎖。**ベルリンの壁**建設 1962.10 **米・ソ キューバ危機** 1963.8 **米・英・ソ** 部分的核実験禁止条約調印 .8 **米** ワシントン大行進 .11 ケネディ暗殺。**ジョンソン**大統領就任（～69） 1964.3 **ソ** フルシチョフ，中国非難 .10 **ブレジネフ**第一書記就任（～82） 1964.3 国連貿易開発会議（UNCTAD）総会 1964.7 **米 公民権法**成立 .10 **キング牧師**にノーベル平和賞	1960 アフリカ諸国，相次いで独立（**「アフリカの年」**） 1960.4 **韓国** 四月革命，李承晩退陣 1960.4 中ソ対立，表面化 1960.6 ベルギー領コンゴ独立 .7 **コンゴ動乱** 1960.9 **石油輸出国機構（OPEC）**発足 1960.12 **南ベトナム解放民族戦線**結成 1961.5 **韓国** 軍部クーデタ（**朴正熙**ら） 1961.5 南アフリカ共和国成立 1961.6 クウェート独立 1961.9 **第1回非同盟諸国首脳会議**（ベオグラード） 1962.7 **アルジェリア**独立 1962.10 **中印国境紛争** 1963.5 **アフリカ諸国首脳会議**（アジスアベバ）**アフリカ統一機構（OAU）**結成 1963.9 マレーシア結成 1963.11 南ベトナム＝クーデタ，ゴ政権崩壊 1963.12 **韓国** 朴正熙大統領就任（～79） 1964.1 **中国** フランスと国交樹立 .2 中華民国政府，フランスと国交断絶 .10 原子爆弾実験成功 1964.5 **パレスチナ解放機構（PLO）**結成 1964.8 **米** トンキン湾（ベトナム）事件 1965.2 **米 ベトナム戦争激化**（～75.4）	1960.1 三池争議。**日米新安保条約**調印。民主社会党結成 .5 衆議院，新安保条約承認。**60年安保闘争** .6 日米新安保条約自然成立 .7 岸内閣，総辞職 .9 カラーテレビ本放送開始 .12 **所得倍増計画**決定 1961.6 **農業基本法**公布 .10 衆議院・参議院，核実験禁止を決議 1962.11 日中貿易に関する覚書調印（LT貿易） 1963.8 日本，部分的核実験禁止条約署名 1964.4 IMF（国際通貨基金）8条国に移行。OECD（経済協力開発機構）加盟 .10 **東海道新幹線**，東京－新大阪間開通。**東京オリンピック**開催 .11 公明党結成	58～60 池田勇人 ①～③	1960 昭和35
1965	1965.9 **英** 北海油田発見 1965.12 ローマ＝カトリック教会とギリシア正教会，相互破門を取り消す 1966.7 **仏** NATO軍事機構より正式脱退。南太平洋のムルロア環礁で核実験 1967.5 第1回ラッセル法廷判決 1967.7 EEC・EURATOM・ECSC統合，**ヨーロッパ共同体（EC）**発足 1968.1 チェコスロヴァキア民主化（**「プラハの春」**） 1968.7 **核拡散防止条約（NPT）**調印 1968.8 ソ連・東欧5か国軍，チェコ侵入 1968.10 **米 北爆の停止** 1969.1 **米 ニクソン**大統領就任（～74）（共） 1969.4 チェコのドプチェク第一書記解任 1969.4 **英** 北アイルランド紛争 1969.7 **米 アポロ11号**，月着陸に成功 .8 ウッドストック・フェスティバル 1969.10 **独** 西ドイツ，**ブラント**内閣（**東方外交**）	1965.6 日韓基本条約調印 1965.8 シンガポール分離独立（首相**リー＝クアンユー**） 1965.9 **中国** チベット自治区成立 1965.9 第2次インド＝パキスタン戦争（カシミール戦争） 1965.12 フィリピン，マルコス政権成立 1966.1 **印** インディラ＝ガンディー首相就任 1966.2 ガーナ＝クーデタ（エンクルマ失脚） 1966.8 **中国 プロレタリア文化大革命。紅衛兵**結成 1967.3 インドネシアのスカルノ大統領失脚，**スハルト**将軍，大統領代行に 1967.5 ナイジェリア内戦（～70） 1967.6 **第3次中東戦争**。イスラエル軍，イェルサレム・シナイ半島占領 1967.8 **東南アジア諸国連合（ASEAN）**結成 1968.1 **アラブ石油輸出国機構（OAPEC）**発足 1968.1 ベトナム解放軍のテト攻勢はじまる 1968.11 **中国** 劉少奇，中国共産党除名 1969.2 アラファト，PLO議長に就任 1969.3 **中国** 中ソ両軍，珍宝島で衝突	1965.6 新潟水俣病が発生 .7 名神高速道路全通 1966.7 新東京国際空港建設地を千葉県成田市三里塚に決定 ○いざなぎ景気 1967.4 東京都知事に革新の美濃部亮吉当選 .8 **公害対策基本法**公布 .12 佐藤首相，**非核三原則**を表明 1968.4 小笠原返還協定調印（.6 日本復帰） .5 イタイイタイ病，公害病と認定 ○GNPが資本主義国で第2位に 1969.5 **東名高速道路**全通 .11 佐藤・ニクソン会談（安保条約堅持，沖縄施政権の返還）	61～63 佐藤栄作 ①～③	1965 昭和40
1970	1970.3 **独** 東西ドイツ首相会談初開催 .12 ブラント首相，ポーランド訪問 1970.4 **米** アースデイ 1970.11 チリ，**アジェンデ**政権発足 1970.12 石油輸出国機構（OPEC），原油値上げ発表 1970.12 ポーランドの反政府運動，ゴムウカ辞任	1970.3 カンボジア＝クーデタ，シハヌーク失脚 1970.4 米軍，カンボジア侵攻 1970.9 エジプト，ナセル没。サダト大統領就任	1970.2 核兵器拡散防止条約調印 .3 **大阪万博**（日本万国博覧会）（～.9） .6 日米新安保条約，自動延長入り		1970 昭和45

1971-1980

年代	アメリカ・ヨーロッパ	アジア(アフリカなど含む)	日本	内閣総理大臣	年代・年号
1971		1971.1 エジプト,**アスワン=ハイダム**完工式	1971.6 **沖縄返還協定**調印		1971 昭和46
	1971.2 米軍,ラオス侵攻		.7 環境庁設置		
	1971.7 米 **ニクソン,訪中の意向を発表**	1971.3 **バングラデシュ**独立宣言	.8 株価大暴落(**ドル=ショック**)	61~63 佐藤栄作 ①~③	
	.8 金ドル本位制の停止(**ドル=ショック**)	1971.10 中華人民共和国の国連参加,中華民国政府の国連脱退	.9 新潟水俣病訴訟,原告勝訴		
	.12 スミソニアン体制発足	1971.12 第3次インド=パキスタン戦争。バングラデシュ独立	.12 10カ国蔵相会議で決定の円切り上げ		
	1972.2 米 **ニクソン大統領訪中**,共同声明発表				
	1972.5 米 ニクソン訪ソ,第1次戦略兵器制限交渉(SALT I)調印	1972.5 セイロン,スリランカと改称	1972.2 札幌冬季オリンピック開催		
	.6 国連人間環境会議		.5 **沖縄返還**,沖縄県発足		
			.7 四日市ぜんそく訴訟,原告勝訴		
			.8 イタイイタイ病訴訟,原告勝訴		
	1972.12 独 東西ドイツ基本条約,本調印	1972.9 田中首相訪中,日中共同声明発表(**国交正常化**)。台湾政府,日本と断交			
	1973.1 拡大EC発足				
	1973.1 **ベトナム(パリ)和平協定**調印		1973.2 **変動相場制**に移行		
	.3 米軍,ベトナム撤兵		.3 水俣病訴訟,原告勝訴		
	1973.6 米ソ首脳会談,核戦争防止協定調印		.5 東独と国交回復	64·65 田中角栄 ①②	
	1973.9 チリ軍事クーデタ		.8 金大中事件		
	1973.9 独 **東西ドイツ,国連加盟**				
	1973.10 **第4次中東戦争**。OAPEC,石油値上げを通告(**第1次石油危機**)				
	1973.11 米 戦争権限法成立	1974.5 インド,初の核実験			
	1974.7 キプロスにトルコ軍侵攻				
	1974.8 米 フォード大統領(~77.1)(共)	1974.9 エチオピア革命,皇帝廃位	1974.10 佐藤栄作前首相,ノーベル平和賞受賞		
	1974.12 チリ,ピノチェト大統領就任		.11 田中首相の金脈問題		
1975	1975.2 英 IRAが無制限停戦を発表	1975.4 台湾で蔣介石総統没,後継に蔣経国	1975.3 山陽新幹線開通		1975 昭和50
	1975.11 第1回**先進国首脳会議**(ランブイエ**サミット**)	1975.4 カンボジア民族統一戦線,プノンペン制圧	.7 改正公職選挙法・改正政治資金規正法公布 .11 三木首相,**サミット**に出席		
	1975.11 スペイン,フランコ総統没。王政復古	1975.4 サイゴン陥落(**ベトナム戦争終結**)		66 三木武夫	
		1975.12 ラオス人民民主共和国成立			
		1976.1 中国 周恩来首相没	1976.6 新自由クラブ結成		
		.9 **毛沢東没**	.7 田中前首相逮捕(ロッキード事件)		
		.10 「四人組」逮捕。華国鋒,党主席に就任			
		1976.1 民主カンプチア成立			
		1976.7 ベトナム社会主義共和国の樹立宣言			
	1977.6 ソ ブレジネフ書記長,最高会議幹部会議長兼任	1977.6 SEATO解散			
		1977.7 中国 **鄧小平**,党副主席 .8 文化大革命終結宣言	1978.4 **尖閣諸島**の日本領海に中国船が入り,退去要求無視		
		1977.11 エジプト大統領サダト,イスラエル訪問			
		1978.2 中国 新憲法公布(「四つの現代化」)	.5 **新東京国際空港**(成田)開港	67 福田赳夫	
		1978.8 **日中平和友好条約**調印 .10 鄧小平来日し,批准書交換			
	1978.9 アメリカの仲介で,エジプト・イスラエル,和平文書調印(キャンプ=デーヴィッド合意)		.10 靖国神社,A級戦犯14名を合祀		
	1978.10 ローマ教皇ヨハネ=パウロ2世(~2005.4)	1978.12 ベトナム軍,カンボジア侵攻			
		1979.1 カンボジア,**ポル=ポト**政権崩壊。カンボジア人民共和国成立			
		1979.1 **イラン=イスラーム革命**(~.2)(**第2次石油危機**)			
	1979.1 **米中国交正常化**。アメリカ,台湾と断交				
	1979.3 米 スリーマイル島原発事故	1979.2 **中越戦争**(~.3)			
	1979.5 英 サッチャー保守党政権(~90)	1979.3 エジプト=イスラエル平和条約調印			
	1979.6 米ソ首脳会談,第2次戦略兵器制限交渉(SALT II)調印(ウィーン)	1979.3 **イラン=イスラーム共和国**成立	1979.6 東京サミット		
		.11 イラン,米大使館占拠		68·69 大平正芳 ①②	
	1979.7 ニカラグア革命	1979.4 中ソ友好同盟相互援助条約破棄を通告			
	1979.10 パナマ運河,米・パナマ共同管理に移行	1979.7 イラク大統領サダム=**フセイン**(~2003)			
		1979.10 韓国 朴正熙大統領暗殺			
	1979.12 ソ **アフガニスタンに軍事介入**				
1980		1980.2 中国 劉少奇名誉回復。胡耀邦党総書記			1980 昭和55
	1980.4 米 イランと国交断絶				
		1980.4 ジンバブエ独立			
	1980.5 ユーゴ大統領ティトー没	1980.5 韓国 **光州事件**	1980.5 華国鋒中国首相来日		
	1980.7 モスクワオリンピック(西側諸国の一部・中国,不参加)	.8 全斗煥大統領就任	.6 第36回総選挙・第12回参院選挙(初の衆参同日選挙)		
		1980.6 ベトナム軍,タイ・カンボジア国境進出			
	1980.9 ポーランド自主管理労組「**連帯**」結成	1980.9 **イラン=イラク戦争**(~88)	○自動車生産台数,世界第1位		
		1980.9 中国 趙紫陽首相(~87)		70 鈴木善幸	
		.12 胡耀邦が文革を全面否定			

年代	アメリカ・ヨーロッパ	アジア（アフリカなど含む）	日本	内閣総理大臣	年代・年号
1981	1981.1 米 **レーガン**大統領就任(～89.1)(共) .4 スペースシャトル打ち上げ 1981.5 仏 大統領に社会党のミッテラン(～95) 1981.10 OECD,『福祉国家の危機』報告 1982.4 アルゼンチン，英領フォークランド（マルビナス）諸島占領，英と断交(**フォークランド戦争**) 1982.6 米・ソ 戦略兵器削減交渉(START)開催 .11 ソ ブレジネフ書記長没，後任にアンドロポフ 1983.3 米 戦略防衛構想(SDI)発表 .10 米軍，グレナダ侵攻	1981.7 マレーシア，マハティール政権成立 1981.10 エジプト大統領ムバラク(～2011) 1982.4 イスラエル，シナイ半島を全面返還 1982.7 民主カンボジア（3派）連合政府発足 1983 スリランカでタミル人の分離独立運動 1984.1 ブルネイ，英自治領として独立	1982.6 東北新幹線大宮－盛岡間開通 .11 上越新幹線大宮－新潟間開通 1984.7 総務庁設置	70 鈴木善幸	1981 昭和56
	1983.9 ソ連軍により大韓航空機撃墜	1984.9 韓国の全斗煥大統領，訪日			
	1984.2 ソ アンドロポフ書記長没，後任にチェルネンコ 1984.7 ロサンゼルスオリンピック（ソ連圏不参加）	1984.10 印 インディラ＝ガンディー首相暗殺，後任にラジブ＝ガンディー			
	1984.12 英・中 香港返還協定調印				
1985	1985.3 ソ チェルネンコ書記長没，**ゴルバチョフ書記長就任** .11 米ソ首脳会談（ジュネーヴ） 1986.1 スペイン・ポルトガル，EC加盟 1986.4 ソ **チェルノブイリ原子力発電所事故**（チョルノービリ） 1987.12 米・ソ **中距離核戦力(INF)全廃条約**調印	1985 中国 **人民公社解体** 1986.2 フィリピン，**マルコス**失脚，新大統領にコラソン＝**アキノ** 1986 ベトナム，**ドイモイ**（刷新）政策採用 1987.1 中国 胡耀邦（フーヤオバン）総書記辞任（.11 後任に趙紫陽（チャオツーヤン）） ○パレスチナでインティファーダ（民衆蜂起）の開始 1988.1 台湾総統に李登輝（リートンフイ）(～2000) 1988.2 韓国 大統領盧泰愚(～93) .9 ソウルオリンピック開催	1985.4 日本電信電話(NTT)，日本たばこ産業(JT)発足 .6 男女雇用機会均等法公布 .9 日米英仏独５カ国財務相中央銀行総裁会議，**プラザ合意** 1986.5 東京サミット .9 土井たか子，社会党委員長に就任 ○**バブル経済** 1987.4 JR７社開業 1988.3 青函トンネル開業 .4 瀬戸大橋開通	71～73 中曽根康弘 ①～③	1985 昭和60
	1988.5 ソ アフガニスタン駐留軍撤退開始				
	1989.1 米 G＝H＝W＝ブッシュ大統領就任(～93.1)(共)	1988.9 ビルマ，軍部クーデタ	.6 **牛肉・オレンジ輸入自由化**の日米交渉妥結	74 竹下登	
	1989.5 ソ ゴルバチョフ訪中，中ソ関係正常化				
	1989.6 ポーランド，「**連帯**」政権獲得	1989.6 中国 **天安門事件** 趙紫陽総書記解任，後任に江沢民（チアンツォミン）	.7 リクルート事件 .12 **消費税法**公布	75 宇野宗佑	
	1989.11 **アジア太平洋経済協力(APEC)**発足		1989.1－7 昭和天皇没，明仁親王即位 －8 **平成**と改元		1989 平成1
	1989.11 独 **ベルリンの壁崩壊** 1989.12 米・ソ **マルタ会談，冷戦終結宣言** 1989.12 ルーマニア，チャウシェスク政権崩壊		.4 消費税３％実施 .9 日米構造協議の開始		
1990	1990.3 ソ ゴルバチョフ大統領就任(～91.12) 1990.3 リトアニア・エストニア独立宣言 .5 ラトヴィア独立宣言 1990.10 西ドイツ，東ドイツを編入(**東西ドイツの統一**)	1990.2 南ア，ANC議長**マンデラ**，28年ぶりに釈放 1990.8 **イラク，クウェート侵攻** 1990.9 **朝鮮** 南北首相会談		76･77 海部俊樹 ①②	1990 平成2
	1991.1 **湾岸戦争**(～.3) アメリカを中心とした多国籍軍がイラクを攻撃し，クウェート解放		1991.2 湾岸戦争支援90億ドルを含む補正予算成立		
	1991.5 **ユーゴスラヴィア紛争**開始 1991.6 ロシア共和国大統領にエリツィン当選(～99) 1991.6 **クロアティア・スロヴェニア**，ユーゴより独立宣言 1991.6 COMECON解消 .7 ワルシャワ条約機構解消 1991.7 米・ソ 第１次戦略兵器削減交渉(START Ⅰ)調印 .8 ソ 保守派クーデタ。共産党解散 1991.9 バルト３国の国連加盟 1991.12 ソ **独立国家共同体(CIS)**創設。ソ連解体 1992.2 EC統合の基本となる**マーストリヒト条約**調印 1992.3 **ボスニア＝ヘルツェゴヴィナ**独立宣言 1992.6 国連環境開発会議（地球サミット） 1992.12 **北米自由貿易協定(NAFTA)**調印 1993.1 チェコとスロヴァキアが分離 1993.1 米・露 第２次戦略兵器削減交渉(START Ⅱ)調印 .1 米 クリントン大統領就任(～2001.1)(民) 1993.11 マーストリヒト条約発効，**ヨーロッパ連合(EU)**発足 .12 ウルグアイ＝ラウンド合意 1994.12 露 ロシア軍，チェチェン侵攻	1991.6 南アフリカ共和国のデクラーク大統領，**アパルトヘイト**体制の終結宣言 1991.9 **朝鮮** 韓国・北朝鮮，国連同時加盟 1991.10 カンボジア和平協定調印（カンボジア内戦終結） 1991.10 ミャンマーの民主化運動指導者アウン＝サン＝スー＝チー，ノーベル平和賞受賞 1992.1 中国 南巡講話(～.2) .8 中韓国交樹立 1992.3 国連カンボジア暫定統治機構正式発足 1992.12 ソマリアに多国籍軍を派遣 1993.2 **韓国** 大統領金泳三(～98) 1993.9 イスラエルとPLO，**パレスチナ暫定自治協定**に調印 1993.9 シハヌーク，カンボジア国王に即位 1994.4 ルワンダ内戦勃発 1994.5 南アフリカ共和国大統領にマンデラ就任（初の黒人大統領）(～99) 1994.7 北朝鮮，金日成主席没。後継に**金正日**	.4 牛肉・オレンジ輸入自由化。海上自衛隊掃海艇，ペルシア湾へ出発(～.10) ○**バブル経済崩壊** 1992.5 日本新党結成 .6 **PKO協力法**公布 .9 **自衛隊，カンボジアPKO派遣** .10 天皇・皇后，訪中 ○地価が下落 1993.6 皇太子徳仁親王成婚。新党さきがけ結成。新生党結成（自民党分裂） .7 第40回総選挙 .8 細川護熙非自民連立政権成立(**55年体制の崩壊**) .11 **環境基本法**公布 .12 法隆寺・姫路城など，**世界遺産**に。コメ市場部分開放を受諾 1994.6 村山富市連立政権成立 .12 新進党結成	78 宮沢喜一 79 細川護熙 80 羽田孜	
1995	1995.1 **世界貿易機関(WTO)**発足		1995.1 **阪神・淡路大震災** .3 地下鉄サリン事件 .8 村山談話	81 村山富市	1995 平成7
	1995.7 ベトナムとアメリカ，国交正常化				
	1995.5 仏 大統領シラク(～2007) 1995.5 核拡散防止条約(NPT)無期限延長を採択	1995.7 ベトナムASEAN加盟 1995.11 イスラエルのラビン首相暗殺	.9 **日米地位協定問題化** .11 Windows95発売		

年代	アメリカ・ヨーロッパ	アジア（アフリカなど含む）	日本	内閣総理大臣	年代・年号
1996	1996.9 国連，包括的核実験禁止条約(CTBT)を採択 1997.5 英 ブレア労働党政権成立 1997.9 対人地雷全面禁止条約採択 1998.4 英 北アイルランド和平合意 1999.1 欧州共通通貨「ユーロ」取引開始 1999.3 ハンガリー・チェコ・ポーランドのNATO正式加盟 .3 NATO軍，ユーゴ空爆を開始(～.6) 1999.12 米 パナマ運河経営権をパナマに返還 1999.12 露 エリツィン大統領，辞任。代行にプーチン首相を任命	1997.2 中国 最高実力者，鄧小平没 .7 英より**香港返還**，一国二制度 1997.7 **アジア通貨危機** 1997.7 ラオス・ミャンマー，ASEAN加盟 1997.10 **金正日**，北朝鮮の党総書記に就任 1998.2 韓国 大統領**金大中**(～03) 1998.5 インド・パキスタン核実験 1998.5 インドネシアでジャカルタ暴動，スハルト大統領辞任 1999.5 印・パ，カシミールで紛争 1999.12 中国 ポルトガルよりマカオ返還	1996.1 社会党，社会民主党と改称 .4 らい予防法〈新法〉(53制定)を廃止。普天間飛行場返還合意 .9 民主党結成 .10 第41回総選挙(初の小選挙区比例代表並立制) 1997.4 消費税5％実施 .5 **アイヌ文化振興法**公布 .6 改正男女雇用機会均等法公布 .11 北海道拓殖銀行と山一証券の経営破綻 .12 財政構造改革法公布。 地球温暖化防止京都会議開催，**京都議定書**採択 1998.2 長野冬季オリンピック開催 .6 改正財政構造改革法公布。中央省庁等改革基本法公布。金融システム改革法公布 1999.5 **新ガイドライン関連法**公布 .6 **男女共同参画社会基本法**公布 .7 改正地方自治法公布。国会審議活性化法公布 .8 国旗・国歌法公布 .10 小渕改造内閣成立(自自公3党連立)	82・83 橋本龍太郎 ①② 84 小渕恵三	1996 平成8
2000	2000.2 露 ロシア軍，**チェチェン**首都を制圧 .5 **プーチン**大統領就任(～08) 2000.7 中東和平会談開始 2001.1 米 G＝W＝ブッシュ大統領就任(～09.1)(共) .9 **同時多発テロ事件**。 ブッシュ大統領，対テロ戦争宣言 .10 **アフガニスタン攻撃**開始 .11 **ターリバーン**政権崩壊 2002.1 ユーロの流通開始 2003.3 **イラク戦争**(～.4) 米 イラクを攻撃。フセイン政権崩壊 2004.5 EUに東欧諸国などが加盟 .6 「EU憲法」採択	2000.5 台湾総統に，民進党の**陳水扁**就任 2000.6 南北朝鮮首脳会談 2001.11 中国・台湾，WTO加盟決定 2002.5 東ティモール民主共和国独立 2002.5 日韓共催でサッカー・ワールドカップ開催 2002.7 **アフリカ連合(AU)**発足 2002.9 小泉首相，北朝鮮訪問。**日朝首脳会談** 2002 中国 **SARS**の集団発生 2002 イスラエル，パレスチナ分離壁の建設開始 2003.2 韓国 大統領盧武鉉(～08) 2003.3 北朝鮮，核保有を表明 2003.3 中国 胡錦濤国家主席就任 2003.8 北朝鮮の核問題を協議する**6カ国協議**開催 2004.6 イラク暫定自治政府発足	2000.3 年金改革関連7法公布 .4 森喜朗内閣成立(自公保3党連立) .7 金融庁発足。九州・沖縄サミット開幕 .9 プーチン・ロシア大統領来日，共同声明を発表 2001.4 情報公開法の施行。 **小泉純一郎**内閣成立(自公保3党連立) .5 熊本地裁，ハンセン病訴訟で国に賠償命令 .11 テロ対策特別措置法公布 .12 皇太子妃，内親王ご出産(称号は敬宮，名前は愛子) 2002.10 北朝鮮に拉致された5名，帰国 .12 イージス艦をインド洋に派遣決定 2003.4 日本郵政公社発足 .5 個人情報保護関連5法公布 .6 **有事関連3法**(武力攻撃事態対処法など)公布 .8 イラク復興支援特別措置法公布 .12 イラクへの自衛隊の派遣を決定 2004.5 裁判員制度法公布。小泉首相，訪朝 .6 首相，自衛隊の多国籍軍参加を表明。道路公団民営化法，年金改革関連法，有事関連7法公布	85・86 森喜朗 ①② 87～89 小泉純一郎 ①～③	2000 平成12
2005	2005.4 ローマ教皇ベネディクト16世(～13) 2005.7 英 ロンドン同時多発テロ事件 2005.11 独 **メルケル**首相就任 2006.6 モンテネグロ独立 2007.5 仏 大統領サルコジ(～12) 2007.6 英 ブラウン労働党政権(～10) 2007.9 先住民族の権利に関する国際連合宣言 2008.2 コソヴォ，独立を宣言 2008.5 露 メドヴェージェフ大統領(～12) 2008.9 米 **リーマン＝ショック**(世界金融危機) 2009.1 米 **オバマ**大統領(～17.1)(民) 2009.6 新型インフルエンザ流行 2009.10 ギリシア，経済危機が表面化(**ユーロ危機**) 2009.12 EUの新基本条約であるリスボン条約発効	2006.10 タイ，軍事クーデタ 2006.10 北朝鮮，核実験 2008.2 台湾総統に国民党の馬英九就任 2008.2 韓国 大統領李明博(～13) 2008.3 中国 チベット自治区で暴動 .8 北京オリンピック開催 2008.12 イスラエル，**ガザ地区**に大規模な空爆 2009.7 中国 新疆ウイグル自治区で暴動	2005.3 愛知万博開幕 .8 参院で郵政民営化法案否決。衆院解散 .10 郵政民営化法公布。日米，普天間飛行場の移転先合意 2006.7 陸上自衛隊，イラクより撤収完了 .9 秋篠宮家に悠仁親王誕生 2007.1 防衛省発足 .11 インド洋より自衛隊撤収 2008.6 アイヌ民族を先住民族とすることを求める決議 .7 北海道洞爺湖サミット .12 航空自衛隊，イラクより撤収 2009.3 海上自衛隊護衛艦，ソマリア沖へ出発 .4 ソマリア沖海賊への海上警備行動を発令。弾道ミサイル破壊措置命令 .5 **裁判員制度**開始 .9 鳩山由紀夫内閣成立(**民主党への政権交代**)	90 安倍晋三① 91 福田康夫 92 麻生太郎 93 鳩山由紀夫	2005 平成17
2010	2010.5 英 キャメロン保守党連立政権	2010.5 中国 上海万博開幕 2010.11 北朝鮮が韓国の延坪島砲撃 2010.12 **チュニジア**で反政府デモ 「**アラブの春**」始まる	2010.5 日米共同声明に米軍普天間飛行場の移設先を明記。社民党，連立内閣離脱 .9 尖閣諸島沖で，中国漁船の衝突事件 .11 メドヴェージェフ・ロシア大統領，国後島訪問	94 菅直人	2010 平成22

年代	アメリカ・ヨーロッパ	アジア（アフリカなど含む）	日本	内閣総理大臣	年代・年号
2011	2012.5 **露** プーチン大統領再任 .8 WTOに加盟	2011.2 エジプトの**ムバラク大統領辞任** 2011.2 バーレーンで反政府デモ 2011.3 **シリア内戦** 2011.7 南スーダン独立 2011.8 リビアのカダフィ政権崩壊 2011.12 金正日(キムジョンイル)没，後継に**金正恩**(キムジョンウン)	2011.3-11 **東日本大震災。福島第一原発事故** .10 円相場１ドル＝75円の最高値 .11 野田首相，環太平洋経済連携協定(TPP)交渉への参加表明 2012.8 消費増税法公布 .9 政府，尖閣(せんかく)諸島を国有化。日本維新の会結党	95 野田(のだ)佳彦(よしひこ)	2011 平成23
	2012.11 国連総会でパレスチナを「オブザーバー国家」に格上げ採択		.12 **安倍晋三**内閣成立（自民党政権復帰）		
	2013.3 ローマ教皇フランシスコ 2014.3 **露** ウクライナの**クリミア自治共和国併合**を宣言 2014.9 **英** スコットランド，住民投票。イギリスからの独立を否決	2013.2 **韓国** 大統領朴槿恵(パククネ)就任 2013.3 **中国** **習近平**(しゅうきんぺい)(シーチンピン)国家主席就任 2013.7 エジプト，軍のクーデタでモルシ大統領失脚 2014.6 **「IS(イスラーム国)」**樹立宣言 2014.7 イスラエル，ガザ地区侵攻 2014.11 **中国** 習近平，**「一帯一路」**(いったいいちろ)構想提唱	2013.5 共通番号制度関連法公布 .9 2020年オリンピック，東京開催決定 .10 国連の核兵器不使用共同声明に賛同 .12 国家安全保障会議(NSC)発足。特定秘密保護法公布 2014.4 消費税８％実施。武器禁輸原則を撤廃(てっぱい) .6 アイヌ文化振興のための民族共生象徴空間の整備を決定 .7 **集団的自衛権の行使容認を閣議決定**		
2015	2015.5 **英** キャメロン保守党単独政権 2015.6 ギリシア，経済危機 2015.7 **米** キューバと国交を回復 2015.9 国連サミットで**「持続可能な開発目標(SDGs)」**採択 ○ヨーロッパでシリア難民急増 2015.11 **仏** パリ同時多発テロ事件 2015.12 COP21で**パリ協定**採択 2016.2 **環太平洋パートナーシップ(TPP)協定**に12か国が署名 2016.6 **英** **国民投票でEU離脱派が過半数に** .7 メイ保守党政権（～19） 2017.1 **米** **トランプ**大統領就任（～21）(共) TPP離脱表明 .6 パリ協定離脱表明 2017.5 **仏** 大統領マクロン就任 2017.7 国連で**核兵器禁止条約**採択 2018.5 **米** イラン核合意離脱表明 .10 中距離核戦力(INF)全廃条約離脱表明 2018.12 TPP11発効（アメリカ除く11か国）	2015.10 **中国** 「一人っ子政策」廃止 2015.11 ミャンマー総選挙でアウン＝サン＝スー＝チー率いる国民民主連盟が大勝 2016.1 北朝鮮，水爆実験 2016.1 台湾総統に民主進歩党の**蔡英文**(さいえいぶん)(ツァイインウェン)就任 2016.4 ミャンマー，アウン＝サン＝スー＝チー国家顧問に 2017.5 **韓国** 大統領**文在寅**(ムンジェイン)就任 2017.8 ミャンマーで**ロヒンギャ問題**が深刻化 2017.12 イラク，「IS」との戦闘終結宣言 2018.9 韓国・北朝鮮，「平壌(ピョンヤン)共同宣言」署名	2015.4 **日米ガイドライン（防衛協力指針）**の改定 .6 改正公職選挙法公布（選挙権年齢引下げ） .9 **安全保障関連法**公布 .10 辺野古(へのこ)で埋め立ての工事着手 .12 日韓外相会談で，慰安婦(いあんふ)問題の解決策に合意 2016.1 マイナンバー運用開始 .5 伊勢志摩(いせしま)サミット。オバマ米大統領，広島訪問 .8 **天皇，「象徴(しょうちょう)としての務め(つと)について」表明** .10 国勢調査で，**日本の総人口が初めて減少** .12 IR推進法公布 2017.4 陸上自衛隊，南スーダンより撤退を開始 .6 天皇退位特例法，改正組織犯罪処罰(しょばつ)法公布 .10 立憲(りっけん)民主党結成 .12 皇室会議・閣議で，天皇退位決定 2018.5 候補者男女均等法公布 .6 「18歳成人」改正民法公布 .7 働き方改革関連法公布 .12 **改正出入国管理・難民(なんみん)認定法**公布 2019.2 沖縄県民投票で，米軍普天間飛行場の移設にともなう埋め立てに反対多数 .4 アイヌ施策推進法公布。天皇が退位	96～98 安倍(あべ)晋三(しんぞう) ②～④	2015 平成27
	2019.7 **英** **ジョンソン**保守党政権	2019.6 **中国** 香港で大規模デモ発生 .12 **中国** **COVID-19**(コビッド)の発生が確認される	.5-1 徳仁(なるひと)親王即位，**令和**と改元 .7 韓国への輸出管理規制を強化 .9 首里城正殿(しゅりじょうせいでん)が焼失 .10 **消費税10％実施**（軽減(けいげん)税率導入） .12 海上自衛隊の中東派遣を決定		2019 令和１
2020	2020.1 **英** **EU離脱** 2020.7 アメリカ・メキシコ・カナダ協定(USMCA)発効	2020.6 **中国** **香港国家安全維持法**成立	2020.1 厚労省，国内でもCOVID-19の感染者の確認を発表 .3 東京オリンピックの１年延期を決定 .4 全国に１回目の**緊急事態宣言** .7 国立アイヌ民族博物館開業		2020 令和２
	○COVID-19感染拡大により各国で都市封鎖（ロックダウン）が行われる 2020.9 ナゴルノ・カラバフをめぐり，アルメニアとアゼルバイジャンが軍事衝突	2020.11 RCEP(アールセップ)（東アジア地域包括的経済連携）協定 15か国署名			
	2021.1 **米** バイデン大統領就任（民） 2021.1 核兵器禁止条約発効 2021.8 **米** アフガニスタンから撤退。ターリバーン政権復権 2022.2 **露** **ウクライナに侵攻**。欧米諸国はロシア制裁を発動 .9 ウクライナ東南部４州の併合を宣言 2022.9 **英** エリザベス２世死去 2023.4 フィンランド，NATO加盟 2023.6 **露** 民間軍事会社ワグネルが武装反乱 2023.7 **英** TPP加盟承認	2021.2 ミャンマー軍事クーデタ 2022.5 **韓国** 大統領尹錫悦(ユンソンニョル)就任 2023.3 **中国** 習近平主席三選 2023.4 インド，人口世界最多へ 2023.10 **ガザ地区でハマス・イスラエルの紛争激化**	2021.2 COVID-19ワクチンの接種(せっしゅ)を開始 .7 **東京オリンピック**開催 .8 東京パラリンピック開催 2022.4 「18歳成人」改正民法施行 .7 **安倍晋三**(あべしんぞう)**元首相狙撃され死亡** 2023.5 広島サミット（ゼレンスキー・ウクライナ大統領が参加）	99 菅(すが)義偉(よしひで) 100・101 岸田(きしだ)文雄(ふみお) ①②	

ア

イ

ウ

エ

オ

カ

キ

■写真提供者ならびに協力機関（敬称略　五十音順）

朝日新聞社　足尾に緑を育てる会　アフロ　天草市立天草キリシタン館　アマナイメージズ　石川県立歴史博物館
石黒敬章　石橋湛山記念財団　石山寺　和泉市久保惣記念美術館　板橋区立美術館　市川房枝記念会
ＮＨＫエンタープライズ　ＮＨＫ放送博物館　大分市歴史資料館　大久保利泰　大阪府立弥生文化博物館　大杉豊
大月書店　大村次郷　岡本太郎記念現代芸術振興財団　沖縄県平和祈念資料館　沖縄県立芸術大学附属図書・芸術資料館
沖縄県立博物館・美術館　小野崎敏　外務省外交史料館　学習研究社　鎌倉秀雄　切手の博物館　九州国立博物館
共同通信イメージズ　京都大学総合博物館　京都府立京都学・歴彩館　玉泉寺　宮内庁三の丸尚蔵館　宮内庁侍従職
宮内庁書陵部　宮内庁長官官房　久米美術館　黒船館　慶應義塾大学図書館　慶應義塾大学三田メディアセンター
慶應義塾福澤研究センター　ゲッティイメージズ　講談社　高知県立歴史民俗資料館　神戸市立博物館
国文学研究資料館　国立教育政策研究所教育図書館　国立公文書館　国立国会図書館　国立歴史民俗博物館　金剛院
さいたま市立漫画会館　Ｃｙｎｅｔ Ｐｈｏｔｏ　佐賀県立九州陶磁文化館　産業技術記念館　ＣＰＣ　四方邦熙
時事通信フォト　静岡浅間神社　渋沢史料館　島根県竹島資料室　島根県立古代出雲歴史博物館
自由が丘産業能率短期大学　衆議院憲政記念館　小学館　相国寺　相国寺承天閣美術館　尚古集成館
市立岡谷蚕糸博物館　市立函館博物館　シルク博物館　水平社博物館　鈴鹿市文化振興部文化課
スターバックス コーヒー ジャパン　世田谷文学館　泉涌寺　増上寺　大黒屋光太夫記念館　伊達市噴火湾研究所
種子島開発総合センター　たばこと塩の博物館　田原市博物館　致道博物館　中尊寺　中日新聞社　長興寺
ＤＮＰアートコミュニケーションズ　鉄道博物館　天理大学附属天理参考館　天理大学附属天理図書館
東京経済大学図書館　東京国立博物館　東京新聞社　東京大学史料編纂所　東京大学総合図書館
東京大学大学院情報学環　東京大学文書館　東京大学明治新聞雑誌文庫　東京都江戸東京博物館　東京都公文書館
東京都立大学図書情報センター　東京都立中央図書館　東京農工大学科学博物館　東芝未来科学館
ＴＯＨＯマーケティング　東北大学金属材料研究所　東洋文庫　東洋紡　徳川記念財団　徳川美術館　豊田市郷土資料館
トヨタ自動車　トヨタ博物館　内藤記念くすり博物館　長崎歴史文化博物館　中濱京（万次郎直系５代目）
名古屋市博物館　名古屋大学附属図書館　那覇市歴史博物館　鍋島報效会　奈良市観光戦略課　西尾市岩瀬文庫
日光山輪王寺　日本学士院　日本カメラ博物館　日本銀行金融研究所貨幣博物館　日本近代史研究会　日本近代文学館
日本製鉄九州製鉄所　日本燐寸工業会　日本漫画資料館　日本郵船歴史博物館　芳賀ライブラリー　博物館明治村
ＰＰＳ通信社　光市教育委員会　ＰＩＸＴＡ　彦根城博物館　福岡市博物館　福山城博物館　藤田美術館
法政大学大原社会問題研究所　法政大学史センター　北海道開拓の村　北海道大学大学文書館
北海道大学附属図書館北方資料室　毎日新聞社　松戸市戸定歴史館　松戸市立博物館　三笠保存会
三越伊勢丹ホールディングス　三菱ＵＦＪ銀行貨幣資料館　港区立郷土資料館　宮城県図書館　明治神宮聖徳記念絵画館
目黒区美術館　野外民族博物館リトルワールド　郵政博物館　有隣堂　ユニチカ　ユニフォトプレス　横浜開港資料館
横浜美術館　読売新聞　琉球大学附属図書館　霊山歴史館　鹿苑寺　六波羅蜜寺　ＷＰＳ
早稲田大学大学史資料センター　渡辺伸子

他にも多くの諸機関・個人のご協力を得ました。

● 以下の写真は，ColBase(https://colbase.nich.go.jp/) を出典とする
p.21 踏絵　p.35 陶磁器　p.37「市川鰕蔵」 p.40 琉球舞楽図巻

● 写真クレジット
p.13 金印…福岡市博物館 /DNPartcom
p.17 永楽帝の勅書・p.36 徳川家康・p.36 徳川綱吉・p.127 米騒動絵巻
…© 徳川美術館イメージアーカイブ /DNPartcom
p.19 南蛮屏風・ザビエル…Kobe City Museum/DNPartcom
p.41 イオマンテ…TNM Image Archives
p.73 井伊直弼…彦根 清凉寺 /DNPartcom
p.74 桜田門外の変…彦根城博物館 /DNPartcom
p.132 地下鉄開通のポスター…MOMAT/DNPartcom
p.194 アフガニスタンでの紛争…Scott Peterson/Getty Images News

● p.19～30 の年表中に掲載している写真の所蔵やクレジット
p.19 織田信長…愛知 長興寺蔵
p.21 徳川家康…愛知 徳川美術館蔵
©徳川美術館イメージアーカイブ /DNPartcom
徳川家光…栃木 日光山輪王寺蔵
p.22 徳川吉宗…徳川記念財団蔵　松平定信…三重 鎮国守国神社蔵
p.24 水野忠邦…東京都立大学図書情報センター提供

● おもな参考文献（歴史地図）

アジア歴史地図（平凡社） カラー世界史百科（平凡社） 世界史アトラス／ATLAS of WORLD HISTORY（集英社） 世界史大年表（山川出版社） 世界史年表（岩波書店） 世界史歴史地図（三省堂） 世界歴史地図（学研） タイムズ／世界歴史地図（朝日新聞社）
ATLAS ZURWELTGESCHICHTE（WESTERMANNS） HISTORICAL ATLAS（PHILIP） HISTORISCHER WELTATLAS（PUTZGER） THE NEW CAMBRIDGE MODERN HISTORY（CAMBRIDGE UNIVERSITY PRESS）

現代の世界

A 世界の人口動向

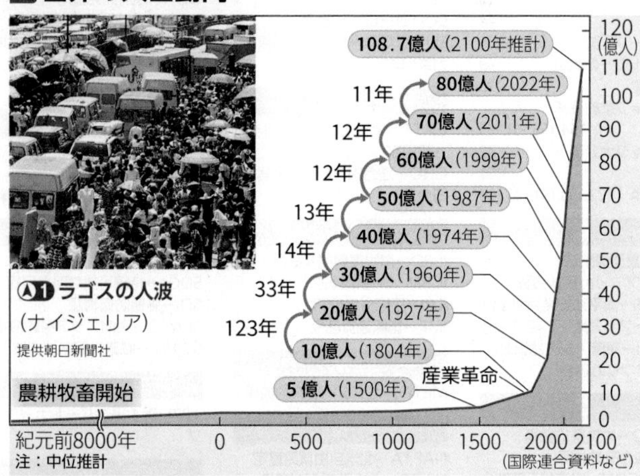

A1 ラゴスの人波(ナイジェリア)
提供朝日新聞社

B 地域別人口の推移

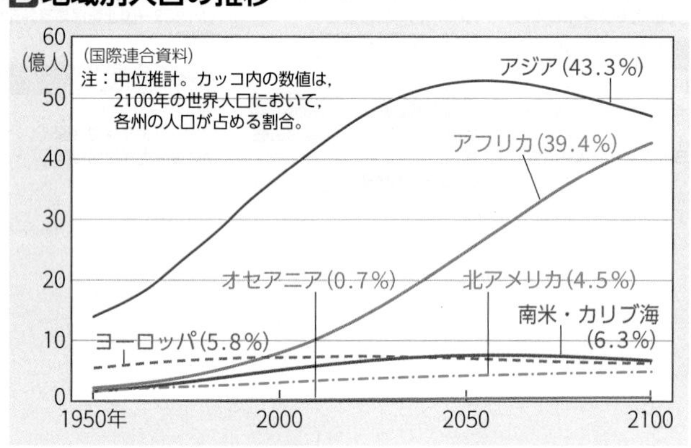

C 人口ピラミッドの推移

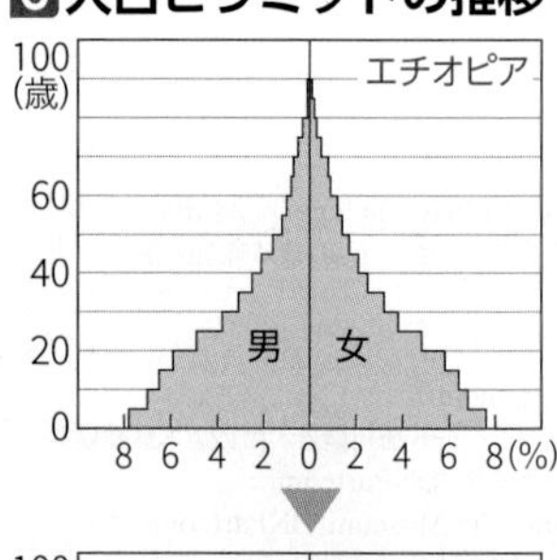

富士山型(ピラミッド型)

多産多死…発展途上国では，労働力の確保や，乳児死亡率の高さのために多産であることが多い。女性の識字率が低く，健康や保健に関する知識が不十分であったり，妊娠・出産の自己決定権が尊重されていない場合もある。

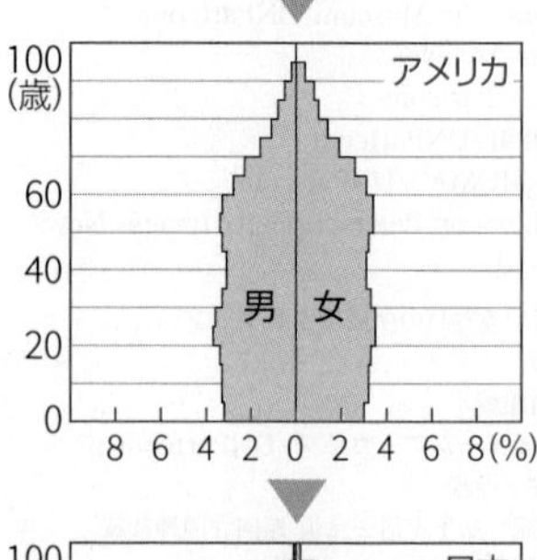

つりがね型

少産少死…多産多死から，衛生状態の改善や乳児死亡率の低下によって平均寿命が延びると，多産少子を経て少産少死の状態に達する。多くの先進国では，出生率が一定で推移し，低年齢層と高年齢層の差が小さい。

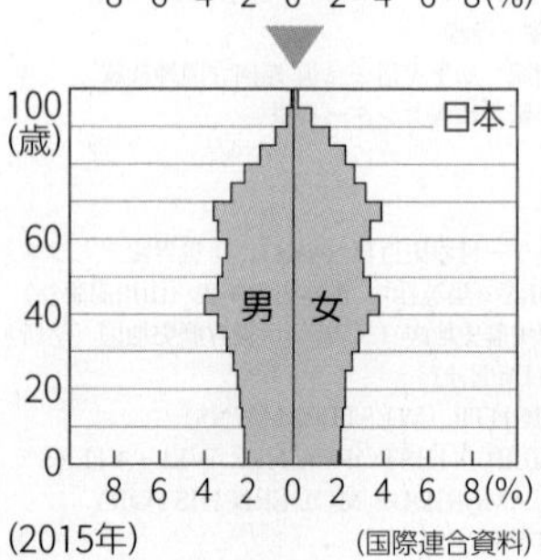

つぼ型

少産少死…つりがね型の状態から更に出生率が低下した状態。現在の日本が該当する。出生率が毎年減少して低年齢層の割合が低下する**少子高齢化**が進行する。総人口は停滞か減少に転じていく。

D 世界のGDPの割合の推移

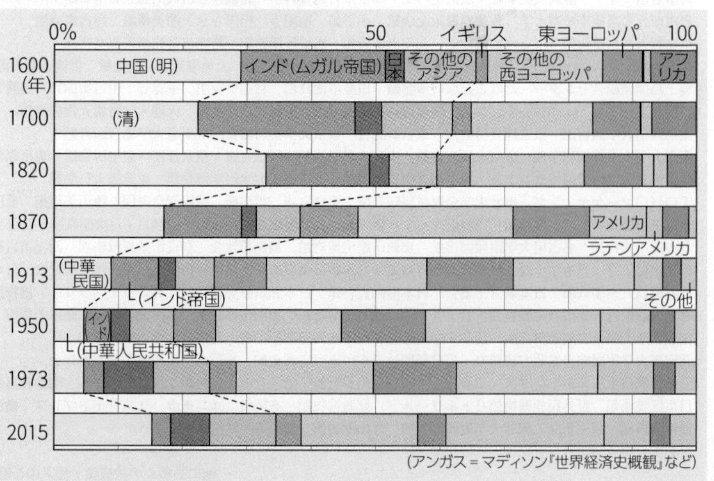